TRÉSORS ET SECRETS DU QUAI D'ORSAY

Recherches documentaires et transcriptions : Karole BEZUT, Jérôme CRAS, Grégoire ELDIN, Pierre FOURNIÉ, Véronique GODEFROY, Marie-Andrée GUYOT, Jean-Yves KIND, Agnès MOINET-LE MENN, Isabelle NATHAN, Anne-Marie PANNIER, Agnès POUILLON, Françoise WATEL

Secrétariat : Nancy MARSAN, Sylvie SOETENS, Monique PILARD

Photographies : Christelle ROUSSEAU

TRÉSORS
ET SECRETS
DU QUAI D'ORSAY

par PIERRE-JEAN RÉMY
de l'Académie française

Avec la participation de

M. Yvon Roé d'Albert,
Mme Monique Constant,
Isabelle Richefort,
Florence Le Corre

pour la direction
et la coordination des recherches

JC Lattès

Avertissement de l'éditeur

Les documents les plus anciens ont, dans l'ensemble, été reproduits dans leur orthographe d'origine.

Quant aux notes, elles sont de deux sortes : celles annoncées par un astérisque font partie intégrante du document ; celles annoncées par un chiffre ont été ajoutées lors de publications ultérieures au document.

Sommaire

INTRODUCTION

Les négociations secrètes des traités de Westphalie et l'ouverture officielle de celui de Versailles ou Paul Claudel espion de fortune au Danemark, la correspondance d'un consul de France en Italie nommé Henri Beyle, dit Stendhal, les dépêches de M. de Chateaubriand ou le récit de la Nuit de Cristal par tous les consuls de France en Allemagne, témoins horrifiés : voilà, au hasard, quelques-uns des trésors que renferment les Archives du ministère des Affaires étrangères. À la fois inépuisable source de documentation, de renseignements et d'études, formidable bibliothèque où la bibliophilie la plus pointue côtoie de volumineux dossiers qu'on n'oserait qualifier de poussiéreux tant les conservateurs du Quai d'Orsay veillent jalousement sur leurs richesses, mais aussi musée de reliures, de sceaux, d'autographes célébrissimes ou de mille et un paraphes plus modestes, paradis du chercheur, galerie à l'échelle du monde de curiosités, répertoire d'anecdotes succulentes ou d'histoires insolites, enfin collections sans fin de grands moments de l'histoire du monde comme des plus menus incidents qui sont le tous-les-jours de la vie diplomatique, les Archives du ministère des Affaires étrangères – au Quai d'Orsay, on dit « le Département », avec ou sans majuscule ! – constituent en France, avec celles du ministère de la Défense, l'un des deux seuls dépôts d'archives d'État conservant leurs propres archives. Avec quatre-vingts kilomètres de rayonnages linéaires en France seule, cette gigantesque masse de documents illustre tout à la fois l'envers et l'endroit des relations internationales de la France avec le reste du monde, sans pour autant négliger l'histoire interne de la France même, dont bien des instructions aux ambassadeurs, par exemple, décrivent souvent la réalité difficile ou officieuse, tandis que des correspondances venues du monde entier font état des réactions des autres capitales à tel ou tel événement se déroulant en France. La partie apparente de l'iceberg, l'éclat des traités ou des déclarations de principe claironnées au reste du monde, y côtoie la face secrète de l'histoire, les intrigues d'espions qui s'appelaient Paul Claudel (mais c'est anecdotique : il s'agit d'une « curiosité », presque d'un moment d'humour involontaire) ou Beaumarchais (là c'était, pour l'auteur du *Mariage de Figaro*, un véritable métier) mais qui ont patiemment tissé ce qu'on appelle aujourd'hui le renseignement, pour serrer au plus près l'information et abreuver de rapports confidentiels des ministères tout à la fois assoiffés de révélations de première importance et susceptibles de se satisfaire à l'occasion de petites indiscrétions toujours utiles.

La direction des Archives du ministère des Affaires étrangères, qui a la responsabilité de cette accumulation de références, est une très vieille dame dont de multiples changements d'organisation ont fait au cours des siècles une grande administration modèle. On n'entrera pas ici dans le détail de cette histoire, pour en relever seulement quelques moments essentiels.

Sans remonter à la création du « Trésor des Chartes » qui existait déjà tout près de la Sainte-Chapelle du temps de Charles V mais dont les dépôts, peu à peu, s'espacèrent, il faut se souvenir que, pendant longtemps, les ministres ou les responsables de négociations s'estimaient en quelque sorte propriétaires des résultats de leurs travaux. Il faut attendre la fin du XVIe siècle pour qu'un règlement évoque pour la première fois des documents que le roi lui-même, et non ses agents, doit conserver dans ses coffres. C'est en 1589, on parle de « coffres » du Roi. L'expression est jolie. Pourtant, bien avant cette date, nombreux étaient, parmi les agents que le roi envoyait en mission à l'étranger, ceux qui, souvent par pure vanité, faisaient copier eux-mêmes leurs papiers pour les publier. S'ils informaient ainsi le monde de leurs haut faits diplomatiques, ils conservaient déjà pour l'avenir des traces de négociations, voire des observations politiques sinon sociologiques qui auraient sans cela disparu.

Perdus, de nombreux documents de la plus haute importance le furent cependant. Ainsi disparut purement et simplement des collections publiques le contrat de mariage de Louis XIII avec Anne d'Autriche, pièce essentielle, même si anecdotique, des relations franco-espagnoles. Cela conduisit le garde des Sceaux du moment à ordonner, par arrêt en Conseil d'État, le dépôt au Trésor des Chartes de tous les originaux de traités – sans pourtant, encore une fois, que cette décision fût suivie d'un véritable effet.

En réalité, les archives diplomatiques ont réellement vu le jour quand Charles Colbert de Croissy, frère du « Grand Colbert », accéda en 1680 à la fonction de secrétaire d'État au Affaires étrangères. Colbert de Croissy commença à rassembler et à faire systématiquement relier tous les papiers relatifs à ses négociations. Les centaines d'admirables volumes revêtus de maroquin rouge et portant la couleuvre qui servait d'armes aux Colbert (« guivre tortillée d'azur mise en pal ») constituent une superbe ouverture à ces collections, bientôt augmentées et probablement déposées d'abord à Saint-Germain-en-Laye puis, à partir de 1710, dans le donjon du Vieux Louvre. Ce fut ensuite un autre Colbert, le marquis de Torcy, fils du précédent, qui en assura alors la conservation.

Illustres ou méconnus, les successeurs de Torcy perfectionnèrent le système du dépôt. Le cardinal Dubois, éminence grise de la Régence, eut même l'idée de transformer ce dépôt du Louvre en École politique. Mais il eut surtout l'intelligence de vouloir mettre en œuvre une grande réforme prenant pour exemple l'organisation des archives diplomatiques vénitiennes.

On parlait alors de la « Secrète » de Venise pour qualifier cette redoutable administration dont les papiers étaient non pas reliés mais « enfilés » sur des lacets (*infil-*

zar) par des agents étroitement surveillés. Les rapports des ambassadeurs que Venise envoyait dans quelques capitales soigneusement choisies étaient en effet des modèles d'information, parfaitement exhaustifs, complets, détaillés et bien souvent contés en une langue très littéraire. On n'en trouvera évidemment pas trace dans ce volume, mais il importe de conserver en mémoire l'espèce de modèle qu'ont très vite constitué les longues dépêches de ces envoyés particulièrement zélés, comme les méthodes rigoureuses qui présidaient à leur classement. La republication récente en français (dans la collection « Bouquins ») d'une importante somme de ces rapports relatifs à la Révolution française en démontre amplement l'intérêt.

Outre Venise, on pouvait avoir à l'époque d'autres références, bien plus achevées que le modèle français. Ainsi en allait-il de l'Angleterre, de la Savoie ou du Saint-Siège. Il fallut attendre pourtant la fin du XVIIIe siècle pour que Choiseul instituât, en 1765, une réglementation beaucoup plus stricte qui aligna la discipline des Affaires étrangères sur celle, beaucoup plus rigoureuse, de la Guerre et de la Marine. Mais depuis 1761, le dépôt du Vieux Louvre avait été transféré à Versailles, ce qui en rendait l'administration plus compliquée encore.

C'est seulement au cours de la Révolution que les Archives des Affaires étrangères reviennent à Paris (1795) et qu'une organisation déjà un peu plus scientifique de leur classement et de leur conservation sera réellement mise en place. C'est ainsi qu'en 1812 une division en « Bureaux » spécialisés permit de distinguer ce qui concernait le protocole, la garde des traités, les cartes de géographie et d'hydrographie et les archives consulaires, tandis qu'un bureau dit « des renseignements » préfigurait un centre de recherche et qu'un « Bureau d'histoire » confirmait la vocation pédagogique que Torcy, en son temps, avait voulu donner au dépôt du Vieux Louvre. Il faut à cet égard citer le nom du comte de Hauterive, qui de 1806 à 1830, dirigea l'ensemble du service, avec une intelligence remarquable et une non moins spectaculaire capacité à s'adapter, comme son maître Talleyrand, à tous les régimes politiques qui se succèdent alors en France. Il est vraisemblable que, n'eût-il disparu en 1830, il aurait servi les Archives diplomatiques de la Monarchie de Juillet avec le même zèle que celles de l'Empire et des deux Restaurations. Qui osera dire que les grands commis de l'État ne sont pas imperméables aux fluctuations de l'opinion et à celles des princes qui les gouvernent ?

Mais trêve de mauvais esprit, après Torcy, Hauterive a été l'un des grands acteurs qui ont fait des Archives de ce qui est devenu aujourd'hui le « Département » un dépôt de documents de première importance.

Quelques noms encore pour conclure ce bref rappel historique. Celui de François-Auguste-Alexis Mignet, d'abord. Nommé à trente-quatre ans par Thiers, en août 1830, Mignet était un historien. Il n'a fait son chemin ni sous les lambris des chancelleries, comme on ne dit pas encore vraiment à l'époque, ni même dans les bureaux plus que poussiéreux d'une administration parisienne encore très balzacienne dans ses mœurs comme dans les décors où elle s'agitait lentement. Face à « la plus riche collection de papiers d'État qui existe », selon sa propre expression, Mignet va donc se conduire en historien enthousiaste. On a pu écrire que son travail allait être une « prise de possession du dedans en vue d'une exploitation raisonnée de sources et de la construction d'une œuvre[1] ». Dans le même temps, Mignet envoie un peu partout en Europe des émissaires chargés de prospecter les dépôts étrangers, avec, par exemple, l'appui d'un Metternich à Vienne. Mignet n'agit pas seulement en historien et en collecteur de documents, il est également à l'origine d'une ordonnance de 1833 qui sera la première (et la dernière avant la loi de 1979 !) à réglementer les Archives du ministère.

1. Paulette Enjalran, in « Les Archives du Ministère des Relations extérieures », Paris, 1984.

Après Mignet, « démissionné » au début de 1848 pour avoir trop librement commenté dans la presse italienne les velléités d'indépendance de l'Italie du Nord, il faut encore citer les noms de Prosper Faugère, celui du baron de Viel-Castel, premier président d'une commission des Archives diplomatiques née en 1874, voire celui d'Albert Sorel, qui fut un temps secrétaire adjoint de ladite commission.

Dès lors, les chercheurs, souvent bien étrangers à des préoccupations purement diplomatiques, commencent à fréquenter assidûment les Archives solidement installées dans les nouveaux bâtiments du Quai d'Orsay. Il n'est jusqu'à José-Maria de Heredia, poète mais aussi père de trois jeunes filles délurées et célèbres, qui vint y examiner des manuscrits concernant Charles Quint, succédant ainsi à Mérimée lui-même, qui s'était lancé dans l'entreprise difficultueuse du déchiffrement des lettres de Philippe II. Les Archives du ministère des Affaires étrangères deviennent dès lors un sujet d'études parfois fort éloignées des missions du ministère, voire un objet de curiosité. À partir de 1880, et à l'initiative d'Albert Sorel, l'organisation du service va encore se modifier, pour parvenir au cours du XXe siècle aux structures qui sont celles de la direction actuelle, régie par la loi de 1979.

La composition des ces fonds ? Elle est bien sûr des plus variées. À se limiter à l'essentiel, c'est-à-dire aux documents en provenance des postes diplomatiques et consulaires français à l'étranger et destinés au ministère avec, en corollaire, toute la correspondance du ministère adressée à ces mêmes postes (à savoir l'ensemble de la « Correspondance politique » ou diplomatique), on négligerait une multitude de fonds particuliers, de collections. Outre, naturellement, le dépôt des traités, il faut en effet compter avec les fonds géographiques, les archives des cabinets, mais également avec des collections entières de références acquises avec les siècles et constituant à la fois le fonds proprement dit des Archives et la bibliothèque qui lui est rattachée.

C'est donc dans ces sources que l'on veut aujourd'hui puiser. On aura compris, en effet, que leur intérêt dépasse de loin celui des seuls chercheurs ou des spécialistes de l'histoire des relations internationales. On a d'ailleurs pu voir la curiosité qu'a suscitée, dans un domaine bien différent, on l'admet, l'exposition de photographies organisée en 2000 à Paris, à partir de clichés conservés, précisément, dans ces fonds. Le catalogue publié à cette occasion constitue un remarquable document quant à l'histoire de la photographie « exotique » : non seulement ces messieurs les diplomates et autres consuls, nos grands-grands-pères en faux-col, comme les missionnaires ou ingénieurs qui travaillaient à l'autre bout du monde dans leur sillage, étaient souvent d'excellents photographes, mais ils savaient choisir des sujets d'un intérêt souvent saisissant. On n'a pas oublié cette série de photos prises en Chine où l'on voit les têtes fièrement levées de condamnés à mort tomber une à une sous le sabre du bourreau. Eh bien, ces images, comme celles de beautés asiatiques ou africaines captées par l'œil indiscret de l'appareil de quelques diplomates un peu voyeurs, font elles aussi partie des fonds fabuleux que créa voilà près de quatre siècles le petit frère du grand Colbert.

Avec ce volume, nous voulons pourtant aller plus loin. Toute une équipe de conservateurs de l'actuelle direction des Archives du ministère des Affaires étrangères s'est mise au travail. Il s'agissait, à travers les kilomètres de rayonnages linéaires qu'on a dit, les grands in-folio aux armes de la couleuvre « tortillée d'azur », les cartons rapportés des quatre coins du monde – surtout depuis que des spécialistes du « Département » sont allés, à Pékin ou à Florence, trier les archives entreposées là depuis des décennies sans que, hormis quelques dilettantes indiscrets, nul n'ait eu la curiosité d'y fourrer son nez – également au fil des lettres, dépêches, télégrammes parvenus à Paris de ces mêmes quatre coins du monde, de chercher les perles plus rares que les autres, les correspondances pittoresques comme quelques-uns des documents les plus marquants de l'histoire de la France et du monde, donc, depuis le XVIe siècle.

On trouvera dans les pages qui vont suivre plusieurs types de documents. Bien sûr, y figurent en bonne place quelques-uns des textes fondateurs qui ont balisé leur époque : ils ont depuis toujours été conservés aux Archives des Affaires étrangères et leur place était, par priorité, dans ce volume. Mais on y lira aussi des comptes-rendus, descriptions, témoignages de diplomates ou d'observateurs français en poste à l'étranger sur des moments essentiels, soit de l'histoire de telle ou telle nation, soit sur la vie, même privée, de grandes figures de l'Histoire. Face à ces pièces, qui appartiennent à notre patrimoine, on proposera également des « curiosités », des écrits dont le pittoresque l'emporte à coup sûr sur le sens historique, mais qui font également partie de l'exceptionnel comme du plus courant de la correspondance diplomatique. Enfin, plus que beaucoup d'autres, le ministère des Affaires étrangères peut s'enorgueillir de la présence dans ses rangs d'agents illustres ou même simplement de correspondants de tout premier plan. On a cité en ouverture notre cher consul de France à Civitavecchia. D'autres noms viendraient aisément sous la plume, tels celui du négociateur du congrès de Vérone, par exemple, ou celui d'un secrétaire général du ministère des Affaires étrangères qui signait sa correspondance de son vrai nom, Alexis Léger. Que Chateaubriand ou Saint-John Perse fassent partie de notre sélection n'étonnera personne.

Bien sûr, dans ces kilomètres de rayonnages, il fallait choisir. Il fallait d'abord chercher ce qui, à tel ou tel des titres que l'on vient d'évoquer, pouvait intéresser les lecteurs d'un ouvrage qui ne veut, en rien, s'adresser à des spécialistes. Cela, les agents de la direction des Archives se sont donné tout le mal de le faire. Ensuite, dans cette première moisson, il fallait opérer une seconde sélection. Diplomate pour les écrivains et écrivain pour les diplomates, rien n'aurait donc dû désigner l'auteur de ces lignes à ce travail. C'est avec passablement de témérité et sur la suggestion d'un éditeur ami qu'il s'y est tout de même lancé. On dira alors que c'est ce qu'il y a d'un peu plus écrivain en lui, conjugué à ce qui lui reste de sa part de diplomate, qui l'a guidé dans ce choix. Après tout, il en a lui-même rédigé, des télégrammes et des dépêches : et si l'une d'entre elles figurait parmi notre sélection, histoire de jouer anonymement avec l'histoire ?

Certains des documents publiés dans ce volume peuvent faire sourire et c'est à dessein qu'on les a choisis : quels cadeaux offrir, au tout début du XIXe siècle, à des chefs d'État musulmans sans heurter leur sensibilité ? On en disserte ici savamment. Mais d'autres textes, souvent publiés pour la première fois, sont d'un d'un intérêt capital pour l'histoire du monde. On a dit les récits haletants d'une poignée de consuls de France en Allemagne qui voient avec horreur la vague brune déferler sur les Juifs allemands, la violence, la terreur, la mort. Ou encore, ce sont quelques écrits qui, mis bout à bout, expliquent comment la France a pu partir en guerre comme un seul homme en 1870 à la seule lecture d'une « dépêche d'Ems » qui n'existait pas : partout, en premières lignes, des diplomates étaient présents qui, inlassablement, rapportaient à leur ministre ce qu'ils lisaient dans des courriers plus ou moins officiels, ce qu'ils apprenaient dans des dîners en ville ou par des « fuites » soigneusement organisées, ce qu'ils humaient dans l'air du temps. Avec parfois le don de se tromper magistralement mais aussi – et beaucoup plus souvent ! – celui de deviner, de prévenir. Les moyens d'information d'aujourd'hui nous ont fait trop vite oublier ce qu'étaient les talents cachés de tant de diplomates : publier cette poignée de textes, c'est non seulement leur rendre justice, mais aussi, peut-être raconter une autre histoire de la France, de l'Europe et du monde.

Il restait encore à organiser ces matériaux. Le plus simplement du monde, on a choisi l'ordre chronologique. Siècle après siècle. Étant entendu qu'à mesure que l'histoire se rapproche de nous, les documents qui la constituent deviennent de plus en plus nombreux. Notre premier document date de 1496 et le dernier du 7 août 1968, puisque la règle en la matière veut qu'il faille attendre trente ans pour avoir accès à l'essentiel des archives du ministère des Affaires étrangères et plus s'il s'agit de dossiers personnels. On s'efforcera donc, siècle après siècle, de présenter la physionomie générale qui a régi les rapports internationaux du temps, tout en mettant en quelque sorte en scène les documents retenus.

Les archives avant les Archives !

Si ce recueil s'ouvre par quelques documents remontant au XVIe siècle, date à laquelle commencent à se constituer de véritables archives, il ne faut pourtant pas croire que les relations internationales de la période précédente n'aient été elles aussi bruissantes d'échanges de lettres, correspondances, messages et autres traités de première importance comme de billets d'intérêt purement anecdotique. La principale caractéristique de cette période est à la fois la concentration et l'éclatement, la dispersion des relations entre puissances.

D'une part, en effet, deux blocs, trois même, dominent la scène internationale. Il y a la papauté, avec des institutions originales qui lui sont propres et dont le réseau d'activité s'étend à l'ensemble du monde connu. En face d'elle, va progressivement s'organiser le système de l'Empire, le Saint Empire romain germanique, dont les structures sont plus souples mais qui constitue lui aussi le cœur d'un centre de décisions et d'échanges qui ne cesse d'affirmer son, ses territoires, et de les défendre.

Mais il faut compter également avec ce qu'il reste de l'empire d'Orient et de Byzance, dont l'influence va être en déclin mais dont le rôle, fût-il parfois théorique, va demeurer essentiel sur l'échiquier Orient-Occident. À Byzance, il faut d'ailleurs ajouter l'ensemble du monde arabe et ottoman, dont l'éclatement n'atténue en rien l'importance stratégique et la position d'arbitre que telle ou telle partie peut y jouer dans des conflits internes au monde occidental.

Éclatement… Éclatement du monde arabo-ottoman, mais que dire alors de la multitude des États, principautés, villes souveraines, voire républiques, qui, parfois au sein même des grands ensembles qu'on vient de voir, jouent un rôle actif, souvent très indépendant, et contribuent à multiplier encore le volume des échanges entre États ? Il y a les États allemands, les villes hanséatiques, les principautés en marge de la Russie… Beaucoup d'autres encore. Et puis il y a des puissances, minuscules en apparence, quelques arpents de territoire, mais aux immenses moyens. Le nom de Venise revient naturellement aussitôt à l'esprit, Venise que l'on a déjà vue en introduction et qui servira souvent de modèle à l'Europe entière.

Ainsi, avant même la période avec laquelle nous ouvrons ces pages, pendant tout le Moyen Âge, un véritable code des relations internationales s'est déjà mis progressivement en place avec, pour résultat, l'apparition naturelle de textes, évidemment manuscrits. Dès le haut Moyen Âge d'ailleurs, échanges et négociations aboutissaient à la conclusion d'accords dont des traces nous sont restées. Très souvent, c'étaient les souverains eux-mêmes et les chefs d'État qui se déplaçaient pour des entrevues historiques. Les voyages étaient en général longs, hasardeux, parfois franchement dangereux. Plus exposés encore étaient les ambassadeurs ou émissaires, légats de toutes sortes, qui représentaient les monarques. Ainsi c'est seulement en 801 qu'un certain Isaac, membre d'une ambassade envoyée en 797 par Charlemagne jusqu'à Bagdad, put revenir auprès de son maître. Il revint seul, le reste de l'ambassade ayant été décimé. Sûrement moins déplaisant fut le long séjour à Senlis, auprès de Charles le Chauve, d'une ambassade de l'émir de Cordoue qui dut demeurer toutefois de longs mois en France en attendant que les circonstances de son retour en Espagne soient plus sûres. Rentrés chez eux, les ambassadeurs de cette période reculée de notre histoire faisaient pour la plupart des rapports oraux à leur souverain. Cependant il semble qu'à Byzance, par exemple, la plupart des rapports en question aient déjà été des rapports écrits.

Des sources remontant au début du IXe siècle, sources écrites donc, rapportent ainsi de manière précise les présents qu'échangeaient entre eux certains chefs d'État. On peut donc savoir qu'un Harun âl Rachîd offrit en 802 un éléphant à Charlemagne et, en 807, une horloge admirablement travaillée... Chaque échange correspondait à des intentions précises. Dans certains cas, par exemple à Constantinople, les usages qui étaient ceux de l'Empire romain étaient toujours en vogue, plus compliqués encore. Une étiquette minutieuse et écrite en précisait tous les détails. Mieux conservés à Byzance que dans le reste de l'Europe, des documents font dès lors état de la magnificence avec laquelle étaient équipés les envoyés des califes et autres potentats musulmans dans les cours occidentales.

Une source importante pour toute l'histoire de cette époque est constituée par la très précieuse *Vie de Charlemagne* écrite en latin par Eginhard, né à Maingau vers 775 et mort en 840. Les « Annales » qu'on lui a également attribuées, mais aussi de nombreuses lettres laissées par lui, décrivent par le menu le cérémonial qui présidait, dans les temps carolingiens, à la réception d'une ambassade étrangère par l'Empereur.

En ces temps de bruits et de fureur, lorsque le mariage était une forme de gouvernement, qu'un Sigebert, roi d'Austrasie, et un Chilpéric, roi de Neustrie, épousaient en 567 Brunehaut et Galswinthe, filles d'Athanagilde, roi des Wisigoths, pour tenter un rapprochement avec celui-ci, négociations et accords revêtaient néanmoins des formes encore sommaires. De la même façon tira-t-on des plans sur la comète lors du couronnement de Charlemagne, en imaginant un mariage de l'Empereur avec Irène, impératrice de Byzance. Mais, renversée en 802, Irène ne gagna jamais l'Occident. De même, l'adoption constituait-elle une autre forme de rapprochement et faisait-elle l'objet de négociations, particulièrement à l'égard des chefs des peuples considérés comme « barbares » par les empereurs de Byzance. On pouvait aussi conférer des titres honorifiques. Clovis fut nommé consul en 508 par l'empereur Anastase, Justinien donna des titres de « silentiaire » ou de « patrice » à des roitelets iraniens ou arabes. Enfin, il était de bonne guerre, surtout pour parvenir à la paix, de distribuer largement subsides et ressources financières. On achetait des souverains, leurs peuples et leurs troupes en même temps, pour mettre au point des alliances, fût-ce par la guerre. Ainsi Sisenand parvint au trône wisigoth d'Espagne en 630 après avoir payé 200 000 sous d'or une alliance avec Dagobert Ier, alors roi de France.

Naturellement, des documents existaient, le *scriptum pacti*, mais déclarations verbales, voire « louanges rituelles » décernées (fût-ce en grec !) à Charlemagne par des ambassadeurs byzantins avaient une tout autre valeur. Certains traités écrits, voire des indications précises sur leur préparation, ont cependant été gardés, comme le traité de Verdun qui, en 843, régla le partage de l'Empire entre les fils de Louis le Pieux ; ou celui de Meersen, organisant en 870 la succession du royaume de Lothaire II entre ses deux oncles, Louis le Germanique et Charles le Chauve. Un des plus anciens traités connus et conservés remonte à 840. Conclu à Pavie au nom de Lothaire Ier et se rattachant à des textes antérieurs que nous ne connaissons pas, il réglemente de manière très stricte un certain nombre de droits dont les Vénitiens usaient et abusaient sans vergogne à l'égard de leurs voisins, puisqu'ils n'hésitaient pas à réduire certains d'eux en esclavage.

À la fin du Moyen Âge, la situation n'a fait qu'évoluer, sans pourtant se codifier réellement, pour établir certaines normes. Les rencontres de souverains continuent à constituer la base des grands accords. C'est en quelque sorte ce que l'on appelle aujourd'hui des « sommets ». Un Philippe le Bel, par exemple, n'aurait pas imaginé de négocier autrement. Froissart nous en décrit le cérémonial de manière fort plaisante, insistant sur ce que représentait la différence – majeure !– entre un cheval blanc et un cheval noir pour le roi de France, Charles V, qui, à la fin du XIVe siècle, offrit précisément un cheval noir à l'empereur Charles IV venu le visiter. Le cheval blanc ayant plus de prestige, c'était un moyen d'indiquer que le roi de France ne s'inclinait pas devant l'Empereur !

Mais de telles pratiques n'allaient pas sans danger. La rencontre du duc de Bourgogne, Jean sans Peur, au pont de Montereau, avec le Dauphin, qui devait devenir Charles VII, se termina ni plus ni moins par l'assassinat de Jean sans Peur par des hommes du Dauphin !

Quand ce n'étaient pas les souverains eux-mêmes qui se déplaçaient, on imaginait parfois d'envoyer leurs épouses. Ainsi Lucrèce, femme de Pierre de Médicis, se rendit pour son mari auprès du pape en 1467 ; tandis que Béatrice d'Este, épouse du duc de Milan, Ludovic le More, fut envoyée en ambassade par ce dernier auprès de la sérénissime république de Venise en 1493.

Cependant, de plus en plus, ce sont des « envoyés » qui vont mener les négociations. On notera que, lorsqu'il s'agissait de simples messages, ceux-ci étaient portés à leurs destinataires par des « chevaucheurs » ordinaires qui se déplaçaient naturellement plus vite que les émissaires de haut rang avec tout l'apparat de leur suite.

Des envoyés, donc… Du coup, une certaine forme de spécialisation du personnel diplomatique commence à apparaître. Ainsi, les ambassades constituées parfois d'un personnel important sont de plus en plus en faveur. L'Angleterre est certainement, à ce titre, l'un des pays le plus en avance sur son temps. Une ambassade peut être composée d'un grand du royaume, proche du souverain, qui dispose d'un nom, d'un titre, du prestige et de la considération qui vont avec ; un ecclésiastique, la plupart du temps un évêque, fait également partie de ces délégations permanentes. Mais on y compte également des agents plus spécialisés encore, voire de simples marchands, qui préfigurent en quelque sorte nos attachés commerciaux d'aujourd'hui. Enfin, des clercs de chancellerie assurent le suivi écrit de toutes les négociations. Parmi les envoyés, on distingue le *legatus*, qui parle directement en son nom propre comme en celui de son souverain, et le *nuntius*, qui n'est que porteur d'un message. Enfin, les Italiens, surtout les Vénitiens, naturellement, qui sont les plus évolués en ce domaine, emploient dès le XIIIe siècle le terme d'*ambasciator*, auquel on peut ajouter le titre d'*orator* ou de *procurator*.

C'est seulement au XVe siècle qu'apparaissent les missions diplomatiques permanentes de tel ou tel État à l'étranger, les ambassades au sens que l'on donne aujourd'hui à ce mot. Ainsi en 1446, et avant même de prendre le pouvoir à Milan, Francesco Sforza va nommer son représentant permanent à Florence, un Nicodème de Pontremoli, qui demeurera en poste après l'accession de Sforza au pouvoir ducal à Milan.

En sens inverse, en 1450, un premier ambassadeur permanent de Florence est nommé à Milan. Milan encore : en 1455, le duc est représenté de façon permanente à Naples tandis que Naples n'est elle-même représentée à Milan que onze ans plus tard, en 1466. On pourrait multiplier les exemples de ce type : c'est l'Italie, dans toute cette période-là, qui prend les premières initiatives, tout particulièrement Milan et Venise.

Du côté français, on était plus réticent puisqu'un Louis XI indiquera très nettement, en 1464, à un ambassadeur milanais de passage, que ces pratiques-là, exclusivement italiennes, ne sont pas adoptées par la France. La seule exception que fit Louis XI à cette règle concerna un ambassadeur de Sforza, encore lui, parce que la France avait alors conclu une alliance avec le duc de Milan pour s'opposer aux princes groupés contre lui dans la ligue du Bien Public. Il faut attendre plus tard dans le siècle, en 1471, avec Venise qui envoie un représentant auprès du duc de Bourgogne, pour voir accrédités de manière permanente des ambassadeurs italiens de l'autre côté des Alpes. Venise est dès lors présente auprès de l'Empereur et du roi d'Espagne dans les toutes dernières années du siècle. Elle est présente à Londres en 1496 mais ce n'est qu'au tout début du XVIe siècle qu'elle aura la possibilité d'assurer une représentation permanente en France.

Nous parlons d'archives, on ne peut pas ne pas en arriver aux échanges de documents qui, vers la fin du Moyen Âge, commencent à connaître un caractère régulier. D'abord les fameuses « lettres de créance » qui, aujourd'hui encore, sont présentées aux chefs d'État avec le cérémonial que l'on sait par tout ambassadeur nouvellement nommé. Les lettres de créance du XIVe siècle comportent plusieurs éléments : la demande de tel souverain à tel autre d'ajouter foi à son envoyé ; les pleins pouvoirs qui sont conférés à celui-ci ; les sauf-conduits nécessaires à la traversée de territoires étrangers ; enfin, des instructions écrites, parfois secrètes et souvent chiffrées, comme à Venise vers la fin du Moyen Âge. Parvenus sur place, les envoyés faisaient des rapports, la plupart du temps écrits, comme ce fut le cas de manière régulière à Venise dès la fin du XIIIe siècle. Il y avait un rapport de début de mission, le *dispaccio*, et un rapport de fin de mission, la *relazione*, dont on a conservé à Venise des exemplaires datant de 1380 pour les premiers, de 1492 pour les derniers.

Les traités commencèrent également à prendre une forme plus régulière. En général, on constituait un instrument unique établi en plusieurs exemplaires afin que chacune des parties puisse avoir le sien. L'instrument lui-même, qui devait dans tous les cas servir de preuve, pouvait être accompagné de documents complémentaires, souvent unilatéraux, qui précisaient les intentions de tel signataire. Ce fut le cas du traité de Paris conclu entre saint Louis et Henri II en 1259, qui stipulait sans équivoque la renonciation de l'Angleterre à toutes ses prétentions sur la Normandie. Lorsque les documents complémentaires, établis par une ou plusieurs parmi les parties, étaient d'une importance particulière, il arrivait qu'ils deviennent partie intégrante du texte des traités. Enfin, ceux-ci pouvaient être affectés de « sûretés », qui représentaient en quelque sorte des garanties, qu'il s'agisse de démonstrations ostentatoires, tel un baiser donné à la Sainte-Croix lors de la conclusion de traités entre villes allemandes et États russes ; ou de sanctions rigoureuses prévues en cas de non exécution des traités, pouvant aller jusqu'à des sanctions ecclésiastiques telles que l'excommunication ou l'interdit. On allait jusqu'à réclamer des engagements écrits des principaux princes relevant d'un souverain signataire d'un traité.

Le non respect de traités conduisait naturellement à des représailles, elles-mêmes peu à peu codifiées. Ainsi certaines populations, des représentations de ville en arrivaient à obtenir la limitation, voire la suppression de ces représailles, dont les conséquences pouvaient être catastrophiques pour l'économie de toute une région.

Les traités commencent également à prendre une forme plus régulière. En général, on constituait un instrument unique établi en plusieurs exemplaires afin que chacune des parties puisse avoir le sien. L'instrument lui-même, qui devait dans tous les cas servir de preuve, pouvait être accompagné de documents complémentaires souvent unilatéraux qui précisaient les intentions de tel signataire. C'est le cas du traité de Paris conclu entre saint Louis et Henri III en 1259 qui stipulait sans équivoque la renonciation de l'Angleterre à toutes ses prétentions sur la Normandie, tandis que les documents complémentaires établis par l'une ou plusieurs parmi les parties étaient d'une importance particulière, [illegible] partie intégrante du texte des traités. Enfin, ceux-ci pouvaient être assortis de « sûretés », qui constituaient en quelque sorte des garanties, qu'il s'agisse de démonstrations ostentatoires (tel un baiser donné à la Sainte-Croix lors de la conclusion de traités entre villes allemandes et italiennes), ou de sanctions hypothétiques prévues en cas de non-exécution des traités, pouvant aller jusqu'à des sanctions ecclésiastiques telles que l'excommunication ou l'interdit. On allait jusqu'à réclamer des engagements écrits des principaux princes relevant d'un souverain signataire d'un traité.

Le non-respect des traités conduisant naturellement à des représailles, elles-mêmes peu à peu codifiées. Ainsi certaines populations des représentations de ville en arrivaient à obtenir la limitation voire la suppression de ces représailles, dont les conséquences pouvaient être catastrophiques pour l'économie de toute une région.

XVIe SIÈCLE

Pendant tout le XVIe siècle, la physionomie des relations internationales va beaucoup évoluer. Les grands « blocs » qui se sont développés tout le temps du Moyen Âge vont peu à peu se désagréger ou du moins perdre de l'importance. Byzance ne représente plus grand chose, le Saint Empire s'est effrité pour faire place aux très catholiques rois d'Espagne avec leurs possessions extérieures, notamment dans les Flandres. Quant à la papauté, son pouvoir temporel se réduit sensiblement, jusque dans l'Italie elle-même. En revanche, et par le biais de l'Inquisition, un nouveau pouvoir spirituel va s'affirmer, si l'on ose dire, sur les terrains qui lui sont le plus favorable.

Dans le même temps, émerge une notion très neuve, celle de nationalisme, même si le mot ne prendra le sens qu'on lui connaît aujourd'hui que bien plus tard au XIXe siècle. Cette affirmation de communautés « nationales » chez des peuples jusque-là souvent divisés en intérêts rivaux, sinon éparpillés entre des puissances aux intérêts divergents, conduira à l'affrontement de ces États-nations que sont au premier chef la France, l'Espagne et l'Angleterre. Si l'Italie est encore bien loin de toute unité nationale, la carte des différents royaumes, duchés et principautés qui la composent s'est également simplifiée. Dans le même temps, des peuples qui se considèrent comme opprimés par d'autres commencent à prendre conscience de ces notions de nationalismes et nationalités. On a cité les Flandres, le *Don Carlos* de Schiller, comme le *Don Carlo* de Verdi ont pour thème le vent de révolte qui souffle là, contre l'oppresseur espagnol.

Les principaux États en présence ? Quelles que soient les aspirations à de nouvelles formes de liberté qui se manifestent au sein de ses emprises, l'Espagne demeure encore la principale puissance européenne, au moins dans les deux premiers tiers du siècle. Et ce ne sont pas les guerres d'Italie menées par la France qui vont réellement affaiblir cette hégémonie, mais bien plutôt l'émergence de l'Angleterre de Henri VIII et d'Élisabeth Ière. Quant à la France, empêtrée dans les guerres de Religion, elle ne retrouvera la prépondérance qui a été la sienne au début du siècle qu'au commencement du suivant, avec la politique volontariste d'un Richelieu, d'un Mazarin, d'un Louis XIV. Mais nous n'en sommes pas là.

Un nouvel élément va intervenir, superposant à l'ancien ordre des premières années de la Renaissance en Europe une situation internationale totalement nouvelle : la Réforme et ses conséquences géopolitiques. Désormais, sinon toujours, des alliances, du moins des connivences de fait vont se développer essentiellement entre États protestants, voire entre souverains. À la fin du siècle, une Élisabeth d'Angleterre aide un Henri de Navarre à s'approcher du trône de France. Des petits États allemands protestants et l'Autriche catholique vont se retrouver de plus en plus souvent face à face. Ce qui n'empêche en rien les très catholiques Espagne et France de continuer à s'affronter : l'état des choses n'a pas vraiment changé, on lui applique seulement de nouvelles grilles de contraintes imposées par des facteurs religieux nouveaux.

Et puis il y a le vaste monde. La découverte de l'Amérique ouvre un nouveau terrain à toutes les ambitions. Espagnols, Anglais, Portugais, Hollandais et naturellement Français s'affrontent sur les mers, souvent par corsaires ou même pirates interposés, pour défendre de nouveaux marchés qui n'existent parfois pas encore. L'Amérique, les Indes orientales sont le théâtre de microrivalités locales auxquelles le chemin qu'il faut faire pour y parvenir donne une dimension planétaire.

Tel est, brossé à grands traits, l'état des forces en présence au cours du XVIe siècle. Les techniques mises en œuvre pour assurer, développer les contacts entre États, voire pour y mettre fin par un conflit ouvert, ne sont elles, que le perfectionnement de ce qui a précédé : davantage d'ambassades permanentes, beaucoup moins de contacts directs de souverain à souverain, une spécialisation de plus en plus accrue des émissaires et des diplomates, un rythme accéléré des correspondances entre puissances, mais surtout entre les États et leurs émissaires.

Le choix de textes qu'on lira ici reflète bien l'état des choses en ce premier siècle où nous avançons en explorateurs : guerres européennes, guerres de Religion et ouverture de l'Europe au reste du monde ; mais aussi témoignages sur ces rituels des mariages royaux ou des sacres de souverains qui n'étaient pas seulement religieux ni uniquement politiques.

1496 : Les guerres d'Italie

Si l'Italie de la fin du XVᵉ et du début du XVIᵉ siècle est celle du triomphe de la Renaissance, l'Italie de Florence, de Venise, de Rome même où vont se développer des formes d'art qui illumineront le reste de l'Europe, elle est aussi, à partir de la fin du XVᵉ siècle, une terre déchirée par ce qu'on appellera les guerres d'Italie. L'expédition française de 1494 dans la péninsule marque le point de départ d'une succession d'invasions, de combats, de résistances, de querelles et d'imbroglios. En 1515, ce sera Marignan mais, en 1525, le désastre de Pavie.

Tout est né du désir de Charles VIII, petit-fils de Charles VII, fils et successeur de Louis XI, de faire valoir les droits sur l'Italie que les derniers princes de la maison d'Anjou avaient légués à sa famille. C'est sur le conseil de Guillaume Briçonnet, cardinal, marié avant de recevoir les ordres et dont Charles VIII avait fait son Premier ministre, que le roi se lança dans cette expédition. Ses premiers succès furent foudroyants puisque, dès février 1495, il envahissait le royaume de Naples. Très vite pourtant, face à une coalition regroupant Venise, le pape Alexandre VI et Ludovic Sforza, devenu duc de Milan, il devait battre en retraite, réussissant tout juste à s'ouvrir une voie vers la France après la victoire de Fornoue.

Nous sommes donc au cœur d'une guerre qui ne fait pourtant que commencer. Les documents que l'on publie ici témoignent à la fois de l'incroyable volonté de puissance d'un roi de France, encore tout imprégné des romans de chevalerie dont il a fait la lecture principale de ses années d'adolescence, un envahisseur ivre de ses premiers succès, en même temps que de la résolution de ceux qui sont déjà ses ennemis et qui lui répondent parfois vertement. Tel fut le cas, en particulier, de la réponse des Napolitains de Ferdinand d'Aragon aux envoyés du roi de France.

Les messages échangés prennent ici la forme de harangues, discours oraux officiels adressés par un haut personnage à des interlocuteurs qu'il considère généralement comme ses inférieurs. On trouvera ainsi deux harangues du roi de France adressées l'une au pape Alexandre VI, le 12 juillet 1496, et l'autre à Ferdinand, roi d'Aragon et de Naples, le 26 juillet suivant. Et l'on verra sur quel ton les harangués répondaient à leur harangueur… La violence verbale des combattants de l'extrême fin du XVe siècle n'a rien à envier aux discours de propagande du siècle qui vient de s'achever.

1496. Harangues des envoyés de Charles VIII, roi de France, à différents États italiens

Sur les conseils de Guillaume Briçonnet, Charles VIII entreprit de faire valoir les droits que son père Louis XI avait hérités de la maison d'Anjou sur le royaume de Naples. Avant le départ du roi de France pour Naples, ses envoyés prononcèrent des harangues à différents États italiens ainsi qu'au pape et à Ferdinand d'Aragon, roi de Naples.

Figurent ci-après les harangues de ces envoyés aux Vénitiens, aux Florentins, au pape Alexandre VI et au roi de Naples avec les réponses de ceux-ci (textes en latin avec traduction française).

Voir en particulier la réponse du roi de Naples :

« hommes les plus pervers qu'il y ait dans la nature, après avoir répandu votre fiel dans notre belle Ausonie, vous voici arrivés devant nous pour y accomplir votre odieuse mission par vos conseils infâmes et criminels. Les injures attroces que votre langue impie vient de proférer nous ont pénétré d'une telle indignation que nous serions tenté de vous faire mettre la main dessus pour vous faire subir mille tourments en expiation de votre audace… ».

Mémoires et documents, Italie, 11.

Harangue au Pape Alexandre VI prononcée le 12 juillet

Notre Roi, Alexandre VI, souvent par ses ambassadeurs, plus souvent par ses lettres, vous a pressez à l'effet de le favoriser et l'aider à recouvrer son royaume de Naples, dont les rois d'Arragon l'ont dépouillé et dont ils jouissent jusqu'à ce jour contre toute justice. Il croyoit que vous déféreriez à des désirs si permis dans les vues d'arrêter une guerre prêtte à éclater entre deux princes chrétiens ; mais comme il voit qu'à toutes ses instances vous n'avez répondu que par des plaisanteries et fait la sourde oreille, il a résolu de prendre soin lui-même de ses blessures et d'employer le fer, alors que les remèdes qu'offroit la médecine devenoient inutiles. Charles VIII nous envoie devant vous, de nouveau, il nous a ordonné de vous avertir que ce n'est plus le moment de vous opposer à ses volontés, que si après avoir tenté tous les moyens, nous ne pouvons rien obtenir, nous vous dénoncions la guerre à vous et aux vôtres. Soyez bien convaincu qu'il mettra autant de courage à vous la faire que nous en mettons à vous la déclarer. Ne croyez pas que cette nation qui souvent mit en danger et sens dessus dessous ces Romains déjà parvenus à un haut point de gloire, qui renversa leur ville, qui mit en déroute l'armée jusqu'alors invincible de ces maîtres du monde, qui vainquit Lucius Papirius, Torquatus, les illustres Fabius et tant d'autres généraux ; ne croyez pas, dis-je, que cette nation puisse jamais redouter de lâches prêtres, qui nourris dans la molesse et la débauche redoutent et ont horreur de la guerre. Pouvez-vous espérer vous et vos complices efféminés que vous pourrez seulement regarder en face nos troupes sous les armes rangées en battaille, dont l'approche, le choc ou l'attaque eût rempli d'effroi Camille, Marcellus, Scipion l'Affricain lui-même ? Mais si l'on en vient aux mains, si de loin ou de près, si tête a tête, si pied à pied les choses se passent, le javelot, le fer à la main, si la férocité trop naturelle à des soldats animés, renversent ceux qui à eux se présenteront ; ils augmenteront çà et là le nombre des morts, partout on les verra les uns sur les autres. Comment des hommes séduits par les amorces de la volupté qui vivent au milieu de la plus honteuse prostitution supporteront-ils ce spectacle ? Vos yeux se détourneront, Alexandre ! Même au premier choc. Par des prières tardives vous vous adresserez à l'Eternel. Lorsque vous entenderez le bruit des armes partout autour de vous, vous demanderez la paix qui si souvent vous fut offerte. Le roi irrité vous la refusera, quelles que soient d'ailleurs les conditions humiliantes auxquelles vous vous soumetteriez pour l'obtenir. C'est pourquoi nous protestons et nous voulons que toute la chrétienté sache que notre roi n'a point pris les armes contre la Sainte Eglise, qu'il honore et révère en toute humilité, mais bien contre vous, Alexandre. [...]

Réponse d'Alexandre VI Borgia

Nous avons lu avec attention, souvent nous avons ouï que la personne des ambassadeurs devoit être sacrée. Si nous ne savions que nos prédécesseurs n'eussent tenu cette maxime pour constante, déjà nous vous eussions fait arracher du gosier cette langue impie et scélérate qui contre nous vient de vomir tant d'injures ; mais notre modération, notre piété surmontera notre juste indignation. L'une et l'autre serviront à vous faire revenir de votre erreur, et vous prémuniront comme un bouclier. L'expérience nous a appris qu'il étoit bien plus beau de savoir se vaincre soi-même, de réprimer les sentimens de son âme que de triompher de son ennemi. Telle est la conduite que nous avons résolu de tenir aujourd'hui, sous la condition néanmoins qu'après vous ne proférerez pas une parole qui puisse nous être contraire ; car autrement vous payeriez par une peine proportionnée et avec usure votre audace, votre insolence et votre folie. Vos menaces ! Autant en emporte le vent, c'est le propre de votre nation. Vains et orgueilleux, vos œuvres hélas ! ne ressemblent en rien à vos pompeuses paroles : car tout en rappellant les beaux exploits, le courage et la valeur de vos ancêtres, ce souvenir pour vous est plus honteux que glorieux, vous ne reçutes d'eux que le nom. Cette gloire, cet honneur, ce courage qui furent leur partage sont morts avec eux et renfermés dans leurs tombeaux. Oui tout le monde l'avouera, vos ancêtres furent de vaillants coqs et leurs neveux de misérables poules. Pour peu que l'on jette les yeux sur la magnanimité des uns et sur l'ignoble lâcheté des autres. Malheureusement, nous ne voyons plus de Camille parmi nous, mais où trouver un Brennus parmi vous ? Vous qui mettez votre gloire à vivre au milieu de la plus sale crapule, de l'impudicité et du libertinage, voilà les arts où vous excellez. Ces vérités sont connues de tout le monde. Séditieux en paix, moux et efféminés dans la guerre ; pompeux et vains en superbes paroles avant l'action, poltrons et sans courage sur le champ de bataille. Si votre roi a pris la résolution de venir nous trouver, nous ne chercherons point à l'en détourner. On ne lit nulle part que la victoire ait accompagné longtemps vos drapeaux. Toujours votre nation fut vaincue plus honteusement qu'elle ne vainquit glorieusement ; vous ne savez ni vaincre ni user de la victoire, en quoi vous différez beaucoup de vos ancêtres qui au moins furent couronnés quelque fois par la victoire. Vous ne savez inspirer aucune crainte à vos ennemis. Vous venez, vous vous avancez avec aisance et gaîté, mais un seul jour vous suffit pour reparcourir en fuyant, le chemin que vous avez fait en quatre jours en venant. [...]

Mémoires et documents, Italie, 11.

La régence de Louise de Savoie et la paix de 1525

La paix de 1525 entre la France et l'Angleterre est l'œuvre de Louise de Savoie. Fille de Philippe II, duc de Savoie, et de Marguerite de Bourbon, elle épousa en 1488 Charles de Valois, duc d'Angoulême dont elle fut bientôt veuve ; elle avait eu de lui deux enfants, François Ier et Marguerite de Valois. Belle, intelligente, intrigante aussi mais ambitieuse, elle détourna à son profit une partie des fonds destinés à la guerre d'Italie. Ce fut elle qui conduisit à la trahison le connétable de Bourbon, qu'elle avait d'ailleurs voulu épouser. Néanmoins, après le désastre de Pavie, elle assura une régence des plus diplomatiques. Ainsi lui doit-on la libération de François Ier en échange d'une rançon qu'elle se garda toutefois de payer.

Mais il fallait d'autre part assurer la paix entre la France et l'Angleterre. Le texte que l'on trouvera ci-joint traduit bien quelles étaient néanmoins les limites du pouvoir royal. Il s'agit du compte-rendu des différentes réunions qui furent nécessaires pour faire approuver cette paix par le conseil de ville de Paris. Le formalisme de la procédure est extrême, puisque conseillers et représentants de chacun des quartiers de la ville, les « quarteniers », devaient délibérer sur le sujet avant de donner leur avis et parvenir à les réunir semblait des plus compliqué…

Publication de la paix de 1525 entre la France et l'Angleterre

Le texte de la proclamation est envoyé le 17 septembre 1525 par la régente Louise de Savoie au prévôt des marchands et au conseil de ville de Paris. [...]

L'assemblée se réunit dans la grand'salle de l'hôtel de ville le 4 octobre 1525.

« En l'assemblée faite en la grande salle de l'hostel de la ville, auquel estoient appellez gens de tous états tant d'Église, révérend père en Dieu monsieur l'évêque de Paris, le recteur de l'université et les députez des facultez, les abbez de Sainte-Genevieve, de Saint-Magloire, les prieurs des Célestins, de Saint-Martin des Champs et autres gens d'Église, messeigneurs de la cour de parlement en tel nombre qu'il leur plairoit députer, messieurs des Comptes, les généraux de la justice, des aydes et autres officiers du roy et autres cours et jurisdictions de Paris, les conseillers et quarteniers de la ville en bon nombre de gros et notables bourgeois marchands d'icelle, jusqu'au nombre de trois ou quatre cents personnes, pour oppiner sur la réponse à faire aux lettres de madame la régente par elle envoyées à la ville touchant les traittez de paix par ses ambassadeurs faits et accordez avec le roy d'Angleterre et les obligations requises par lesdites lettres autrepassées par lad. ville, tant en général que particulier, selon la forme par elle envoyée pour l'entretènement dud. traitté de paix qui autrement demeureroit nul et sans aucun effet, est venu en lad. assemblée monsieur l'archevesque d'Aix avant que l'on eust commencé à oppiner. Lequel a dit que, depuis huit jours en ça, madame la régente mère du roy luy avoit envoyé un paquet de lettres dont les unes s'adressoient à la ville, qu'il avoit baillées au prévost des marchands et eschevins, et les autres s'adressoient à luy, par lesquelles siennes lettres ladite dame luy écrivoit qu'il eust à présenter celles de ladite ville et remonstrer que, pour avoir paix et repos en France, elle a procuré et tant fait par ses ambassadeurs qu'elle avoit envoyés en Angleterre qu'elle avoit eu paix avec le roy d'Angleterre et telle qu'elle l'espéroit de durée, et que par le moyen d'icelle on trouveroit grande ayde à la liberté et délivrance du roy. En faisant lequel traitté et accord de paix estoit promis faire ratifier les articles contenus en iceluy par les bonnes villes de ce royaume, autrement l'accord nul et sans effet. À celle cause requéroit lad. dame que cette ville de Paris qui est la première et principale de ce royaume et à laquelle chacun prendra exemple, passant ladite promesse et obligation selon la forme et teneur qu'elle leur avoit envoyée qui sera cause d'un gros bien et utilité pour le royaume ; et a sur ce ledit monsieur d'Aix monstré ses lettres que lad. dame luy avoit envoyées, lesquelles ont esté leues en ladite assemblée [...].

« Après, monsieur le prévost des marchands a fait lire lesdites lettres de madame [...] ensemble deux formulaires, l'un en latin contenant la forme d'obligation qu'elle requiert estre passée par cette ville, laquelle obligation mond. sieur le prévost des marchands a déclaré en françois pour ceux, peut-estre, qui ne l'entendent pas ; et l'autre en françois contenant la forme de la publication de paix qui s'en ensuivra. Ce fait, a sur ce demandé particulièrement les avis et opinions aux assistans, et a esté par leurs opinions délibéré que l'assemblée pour telle matière n'estoit quant à présent suffisante pour y opiner, et mesmement que les principaux tant gens d'Église que officiers du roy des cours et jurisdictions de cette ville qui y avoient esté appellez, comme dit est, n'y estoient présens ne venus ; et aussy qu'il estoit expédient et requis de voir préalablement les articles de l'obligation requise par lesdites lettres de madame estre passée par cette dite ville, et à cette cause qu'il convenoit commettre à cette assemblée à plus grande compagnie à un autre jour qui sera advisé, et y rappeller derechef messieurs de la cour de parlement en tel nombre qu'il leur plaira, jusqu'à dix ou douze personnes, messieurs des Comptes et autres officiers du roy des cours et jurisdictions de Paris ; semblablement monseigneur l'évesque de Paris, chapitre de Paris, le recteur de l'université accompagné d'aucuns docteurs députez des facultez, les abbez de Sainte-Geneviève et de Saint-Magloire, les prieurs de Saint-Martin des Champs et Célestins, les conseillers et quarteniers de la ville avec bon nombre de notables bourgeois et marchands de la ville, à ce que les uns ne s'excusent sur les autres, et sera requis cependant d'avoir les articles dud. traitté avant que d'oppiner en la manière. Cy a esté conclue. »

Le samedi 28 octobre 1525, jour des saints Simon et Jude, « estant au bureau de la ville maistre Jean Morin, prévost des marchands, sire Claude Foucault et Jean Turquin, eschevins, sont venus audit bureau monseigneur l'archevesque d'Aix, lieutenant de roy, le seigneur d'Alègre, prévost de Paris, et monsieur de Jonas, capitaine. Et a dit led. monsieur d'Aix que depuis l'assemblée faite en l'hostel de la ville pour rendre réponse aux lettres de madame touchant led. traitté de paix par elle fait avec les Anglois [...] ne luy avoit encore esté fait aucune réponse, et après s'estoit retiré d'icelle assemblée, pourquoy n'avoit peu avertir ladite dame de chose certaine, mais bien avoit entendu par quelqu'un que l'assemblée n'avoit esté suffisante par les assistans pour opiner lors sur l'affaire, au moyen de plusieurs gros et principaux personnages tant d'Église qu'autres officiers du roy, notables personnages qui n'y estoient comparus, combien qu'ils y eussent esté appellez, et aussy qu'il estoit bien recquis pour la gravité de la matière voir les articles dont l'on recquéroit estre passé obligation. À ces causes avoit esté remise l'assemblée à un autre jour où seroient rappellez derechef les deffaillans et autres en plus grand nombre, et cependant l'on recouvreroit les articles.

« Or, en cet intervalle, madame, abbatue qu'elle n'avoit eu nouvelles de la ville, a écrit à mondit sieur le prévost de Paris d'en parler derechef à la ville, et envoya par delà led. sieur de Jonas, là présent, pour entendre d'où procéderoit le délay, afin d'en estre avertie, afin que led. prévost de Paris et sieur Jonas ont déclaré estre vray, et estoit la cause qui les avoit là amenez. Et ont recquis aud. prévost et eschevins de faire leur assemblée et y mettre fin ; et pour satisfaire à la délibération de la ville de voir les articles dud. traitté de paix, led. monsieur d'Aix a dit, combien qu'ils n'eussent de madame aucune charge expresse ny de son conseil de les monstrer et bailler à la ville ne autres, et qu'il n'est pas toujours besoin que toutes choses que les roys et princes font soient monstrées et communiquées à un chacun, néantmoins, quand ils ont considéré le grand bien qu'il adviendra de cette paix et le grand zesle que madame et les princes y ont, qui jà y sont obligez, d'autre part que lesdits articles ont esté leus et publiez, enregistrez et approuvez en la cour de parlement, désirant rompre la cause du retardement de réponse, a mis peine à recouvrer de lad. cour lesd. articles collationnez, lesquelz il a présenté en trois cahiers aud. prévost des marchands et eschevins pour les voir et communiquer où ils verront que requis sera et nécessaire. Et ont esté baillez au greffier de la ville pour les doubler à diligence, afin de les lui rendre pour rapporter à la cour [...] Et ce fait, led. monsieur le prévost des marchands a prié et recquis mond. Sr le prévost de Paris, comme noble, bourgeois et citoyen de la ville, de soy trouver lundy prochain à deux heures de relevée aud. hostel de la ville à l'assemblée ordonnée pour cette matière, ce qu'il a accordé faire. Alors, mond. Sr d'Aix a dit qu'il s'y trouvera, semblablement le Sr de Jonas »[...].

« Et après lesd. remonstrances faites, mond. sieur prévost des marchands a demandé séparément aux assistans leurs opinions, lesquels ont esté d'avis de remettre la matière à autre et plus ample assemblée parce que les principaux personnages de cette ville [...] qui deussent estre icy présens pour y donner leurs opinions ne y sont venus et qu'ils y soient rappellez, et cependant qu'on doit bailler à chacun quartenier le double des contracts du traitté de paix pour les communiquer avec aucun nombre de notables personnes à leurs quartiers et adviser et digérer entr'eux ce qui leur sembleroit bon de faire pour en estre fait rapport à ladite assemblée, et illec, le tout ouy, en estre délibéré et conclud. Et sur la forme des préparatifs de faire icelle assemblée, pour ce qu'aucuns ont esté d'avis que chacun quartier et les mandez de leur quartier se retirassent céans pour en communiquer en chacun quartier séparément, les autres qu'ils se devoient retirer en la maison de chacun quartier pour adviser comme dessus, et les autres que l'un ne l'autre ne se doit faire, mais en venir opiner céans en pleine assemblée, se sont confusément jettées et proférées diverses fois et opinions sans ordre, lesquelles n'ont peut estre entendues ne rédigées par écrit et sans y mettre fin ne conclusion s'est départie l'assemblée. »

Le mercredi 8 novembre 1525, s'assemblent au bureau de la ville les conseillers et quarteniers [...]

Le vendredi 17 novembre 1525 ont esté assemblés au bureau de la ville les seize quarteniers d'icelle [...]

Le lundi 20 novembre 1525, « en assemblée en l'hostel de ville, monseigneur le comte de Brienne a dit : "Il nous est commandé vous remonstrer le grand bien et utilité qui peut venir de la paix d'entre le roy et les Anglais, vous suppliant supporter si je maldis. Je trouve si grand bien et utilité de paix qu'il n'est homme qui le sceust autrement dire. Vous pouvez considérer que la désassemblée du roy d'Angleterre et de l'empereur sera cause de la grande utilité du roy et du royaume et grâce de Dieu, que l'argent que l'on demande, combien qu'il soit deub dès piesça, se fera en plusieurs payemens et longues années et que c'est peu de charge en ce royaume, que les autres villes prendront exemple sur vous. Vous estes le miroir de toutes et a le royaume merveilleuse fiance en cette ville. [...] Monseigneur de Montmorency a dit qu'il ne sçavoit dire autre chose outre ce que monsieur le comte de Brienne a dit [...]

« Lesdits seigneurs de Brienne et de Montmorency retirez, a esté procédé a demander les opinions, et ont aucuns sur ce dit leurs avis et délibération. Et a esté continué jusqu'à la nuit, et pour l'heure qui estoit tarde, a été remise et le reste des opinions des assistans à demain, heure d'une heure après midy ».

Mémoires et documents France, vol. 366,
recueil Brienne, copie.

Sacres de François II et de Charles IX

La cérémonie du sacre d'un roi de France, dans la cathédrale de Reims, constituait en quelque sorte la consécration par Dieu de la charge royale, en même temps que l'authentification de son titulaire qui « devient, au terme d'une profonde mutation, la configuration de Dieu », explique J. Barbey, dans *Être roi* (Paris, 1992), d'où l'idée d'une « religion royale, qui manifeste continuement l'état sacré et saint du monarque... ». Depuis Pépin le Bref, la religion royale est consubstantielle au pouvoir royal... Elle supplée la réelle faiblesse de la majesté royale entre le Xe et le XIIe siècles en lui imprimant une transcendance qui fonde sa légitimité et lui permet de surplomber, dans le principe, le monde vassalique et féodal : le roi est le seul seigneur à pratiquer des rites « ecclésiastiques ».

C'est dans cette tradition que, depuis 816, le sacre « en la ville de Reims en Champagne » fait partie d'un véritable rituel. C'est ainsi que François II, né à Fontainebleau en 1544, fils aîné d'Henri II et de Catherine de Médicis, petit-fils de François Ier, marié à quatorze ans à Marie Stuart, reine d'Écosse, fut sacré en 1559. Il mourut l'année suivante et c'est Charles IX, lui-même deuxième fils d'Henri II et de Catherine de Médicis, qui lui succédera.

Le ministère des Affaires étrangères conserve dans ses Archives la description minutieuse du sacre de François II, dont on trouvera ici des extraits. Un document des plus elliptique, « Ce qu'il faut pour le sacre du roi Charles IX », décrit les ornements, bagues, couronnes et autres robes nécessaires à la cérémonie. Ce sont les premières de ces relations officielles de sacre, formule de base dans la conduite des relations internationales de l'époque, que nous reproduisons ici.

Le Sacre et couronnement du Roy François deuxiesme de ce nom fait et célébré en la ville de Reims en Champagne

Ledit seigneur, ayant délibéré de procéder à sondit sacre et couronnement, fit apporter devers luy en son chastel de Saint Germain en Laye les ornemens estans en garde en l'abbaye de Saint Denis en France, destinez audit sacre et couronnement. C'est a sçavoir les camisole, sendalles ou bottines, esperons, espée, tunique, dalmatique, mantel royal, sceptre, main de justice, grande et moyenne couronne pour voir en quel ordre lesdits ornemens estoient et pour ce que lesdites camisole, sendalles, tunique, dalmatique et mantel estoient plus longs qu'ils ne convenoit pour servir au couronnement dudit seigneur qui estoit en aage de quinze à seize ans seulement. Il voulut et luy pleut en faire faire de tout neuf. C'est a sçavoir ladite camisole de satin armoisy excellent doublée de taffetas aussy armoisy et bordée d'un tissu d'or d'un poulce de large à deux petites narveures de soye bleue.

Lesdites sendalles ou botines furent faites de satin bleu asure, couvertes plus plein que vuide, de fleurs de lys de fil d'or doublées de taffetas et semelées de satin armoisy, et au demourant enrichies par les bords et par divers endroits de l'avant pied, d'une riche brodeure de perles assisses sur fond d'or traict [...]

Le mantel royal aussy de satin bleu asure semé de fleurs de lys de riche broderie doublé de satin armoisy enrichi d'un bord de perle sur fond d'or trait d'un grand demy pied de large fait à F. couronnée comme les précédens [...]

Et procédant ledit seigneur à l'effet de sondit sacre et couronnement le XVIe septembre mil cinq cent cinquante [neuf], il se rendit en une maison privée prochaine des portes de ladite ville de Reims là où il receut l'obéissance, offres et requestes de ceux de ladite ville.

Et ce faict, feit son entrée en icelle en laquelle luy avoient esté préparez plusieurs plaisans et somptueux spectacles et tant chemina qu'il arriva au portail de la grande église là où il trouva Monseigneur le cardinal de Lorraine archevesque de Reims accompaigné des pairs ecclésiastiques, de ses évesques suffragants et plusieurs autres prélats en habits pontificaulx...

Icelle convocation faite par mondit seigneur, le cardinal de Lorraine, archevesque de Reims, se leva de sa chaire et se tourna devers le grand autel sur lequel il print la grand couronne de Charlemagne apportée de Saint Denis, comme dict a esté, la meit sur le chef du Roy sans toutes fois le toucher, a laquelle tantost les pairs séculiers et ecclésiastiques meirent les mains pour la soutenir et pareillement mondit seigneur de Reims disant l'oraison *Coronet te Deus* et puis luy seul assis et posa sur le chef dudit seigneur ladite couronne à laquelle tous ses autres pairs meirent aussy la main disant par mondit sieur de Reims l'oraison *Accipe coronam* et plusieurs autres oraisons, lesquelles finies et achevées, mondit seigneur de Reims print le Roy par la manche du bras dextre tenant ledit seigneur le septre et la main de justice en ses mains, lesdits pairs estans autour dudit seigneur et mettans autant qu'ils pouvoient la main a sa couronne, marchant devant luy Monsieur le Conestable, l'espée nue en la main apres luy Monsieur le Chancellier, et après d'un rang Monsieur le mareschal Saint-André a droite pour grand maistre, a senextre Monsieur de Longueville comme grand Chambellan.

Et en cest ordre et convoy mondit seigneur le cardinal de Loraine, archevesque de Reims, mena le Roy en son trosne et haut siège préparé au pulpitre ainsy que dit a esté. Et là arrivez, estant le Roy tourné le doz contre la nef, mondit seigneur de Reims le tenant toujours luy dict *In hoc Regem solio,* sy avec une plus longue oraison. Et commança *Te deum laudamus* accompagné d'orgues et autres musiques, apres lequel fini et estant ledit seigneur assis en son siege, il osta sa mistre et apres grand reverance et honneur par luy fait au seigneur le baisa et puis dict a haulte voix *Vivat rex in eternum.* Apres luy le baiserent tous les autres pairs disant semblement chacun d'eux *Vivat rex in eternum* et, incontinant apres que chacuns desdits pairs eut dict *Vivat rex in eternum,* les chantres du Roy disoient les mesmes mots en musique. Et après que lesdits pairs eurent avec la révérence et honneur susdit baisé le Roy et dit *Vivat rex in eternum* le hérault commença a faire son cry et lors tout le peuple fit acclamation de « Vive le Roy », sonnans les trompettes, hautbois et tous instrumens et durant cette joye et acclamations tant dedans la nef que dehors en la place de devant le grand portail se feit gect, donnée et largesse d'environ mil pièces d'or, dix mil pièces d'argent, forgées et frappées de la représentation et effigie dudit seigneur, avec la datte du jour et année de son très saint sacre et couronnement et de autre grande quantité d'escus et monnoye commune.

Mondit seigneur le cardinal de Lorraine, archevesque de Reims, après avoir intronisé ledit seigneur en son siège royal et satisfait à ce que dessus, descendit a bas pour officier et dire la grand messe. […]

Et quand ce vint a l'heure de l'offerte Messieurs les princes de la Roche sur Yon, le marquis de Beaupréau, le prince de Joinville et le comte d'Eu, lesquels estoient assis durant le sacre et couronnement derrière les pairs laiz, et lorsque le Roy monta en son throsne, se vindrent mettre en quatre chaires des chanoines de ladite église qui leur avoient esté aornées et parées de drap d'or raz pour estre plus près et a propos pour servir a porter les offices de ladite offerte partirent en l'ordre qui s'ensuit. C'est a sçavoir le comte d'Eu portant le vin en un grand vaisseau d'agathe garny d'or et enrichy de pierrerie de très grand prix et valeur. Monsieur le prince de Gynville portant un grand pain d'argent, Monsieur le marquis de Beaupréau un autre grand pain d'or, Monsieur le prince de la Roche sur Yon une riche bourse de broderie en laquelle y avoit treize grandes et espesses pièces d'or emprainteѕ de l'effigie dudit seigneur d'un costé et de l'autre de la sainte ampolle, avec la date du jour et année dudit sacre, marchans devant les dessusdicts deux roys d'armes et ne obmettans rien des révérences en tel cas requises, montèrent jusques au throsne du roy et, incontinant eux là arrivez, en repartirent en l'ordre qui s'ensuit. […] Le Roy tenant en sa dextre le septre, en la senextre la main de justice environné de tous les pairs tant d'église que laiz et demoura audict throsne comme pour le garder, mondit sieur de Longueville servant de grand chambellan ledit seigneur ainsy arrivé au grand autel lesdits héraulx huissiers, Messieurs les conestable, chancelier et mareschal de Saint André se tirèrent des deux costez faisant place a Monsieur de Montpensier vint révéremment prandre le septre pour en décharger le roy et Monsieur le comte Daulphin la main de justice, et lors Monsieur le prince de la Roche sur Yon, après révérence deue et avoir baisé la bourse en laquelle estoient lesdites treize pièces, la meit en la main du roy pour lesdites offrir, Monsieur le marquis de Beaupréau le pain d'or, Monsieur le prince de Gynville celuy qui estoit d'argent et Monsieur le comte d'Eu le riche vaisseau ou estoit le vin de laditte offrande ainsy parfaicte et ayant ledit seigneur repris lesdits septre et main de justice s'en retourna en son throsne et hault siège, accompagné de mesdits sieurs les pairs conestable chancelier mareschal Saint André et ceux qui avoient porté les offices de l'offrande s'en retournèrent aux chaires des chanoines où ils estoient auparavant.

Se poursuivant la messe jusque à *Pax Domini* Monsieur le cardinal de Bourbon print la paix de mondit seigneur de Reims le baisant en la joue, et remonta au throsne et siège du roy auquel il donna et présenta la paix par ce mesme baiser, et ce fait, tous les pairs qui estoient près dudit seigneur tant ecclésiastiques que laiz, luy donnèrent le baiser de paix.

La messe achevée, mondit seigneur de Reims s'apuya sur l'autel, attendant que mesdits sieurs les autres pairs ecclésiastiques et séculiers avec la Compagnie qui estoit en ce hault siège et throsne royal eussent amené le roy, lequel arrivé près du grand autel, se meit sous le pavillon dont cy dessus est fait mention, pour se reconseiller avec son confesseur et puis se vint mettre a genoulx devant le grand autel. Et après avoir dict son *Confiteor* et [l'absolution a luy donnée] par mondit seigneur le cardinal de Lorraine, archevesque de Reims, receut le précieux corps et sang de nostre Seigneur en grande humilité et parfaite dévotion, et ce fait, mondit seigneur de Reims luy osta la grande couronne qu'il avoit sur sa teste et luy meit la moyenne plus legiere ; et icelle première couronne fut baillée a Monsieur le prince de Condé pour la porter devant ledit seigneur jusques audit pallais, marchant toutesfois mondit seigneur le conestable entre deux et plus prochain dudit seigneur.

Ce qu'il faut pour le sacre du Roy Charles IX

Le reliquaire que le Roy présentera après sa première arrivée en l'église de Rheims.

Les ornemens destinez au sacre et couronnement du Roy, cest a sçavoir les camisolles, sandalles, esperons, espée, tunique, dalmatique, mantel royal, sceptre, main de justice, grande et moyenne couronne.

La bague de la fleur de lis ou de la croix de diamant accompaigné d'un diamant rond et quatres autres en forme de larmes, ou clous ou telle autre bague qu'il plaira à la reyne pour agraffer ou attacher sur l'espaule pour le mantel royal.

La couronne, les bagues et joyaux des coffres du roy.

La robe de nuit en laquelle messeigneurs les pairs eclésiastiques trouveront le Roy sur son lit, enrichie de pierrerie…

Mémoires et Documents, France, vol 183.

Les fastes d'un mariage royal : Charles IX

Et voici à présent le premier de ces mariages royaux qui scellent des alliances entre familles régnantes, certes, mais aussi entre États. La négociation d'un mariage est une affaire de haute diplomatie. Dès lors, les pourparlers, qui durent parfois longtemps, peuvent commencer très tôt. Aussi les souverains se marient-ils souvent très jeunes : Charles V à douze ans, Louis VIII à treize. Ce peut être le régent ou la régente qui négocie un mariage à la place du roi, si celui-ci est trop jeune. Ainsi Marie de Médicis négocie-t-elle le mariage de Louis XIII, Philippe d'Orléans tente-t-il de faire réussir le premier projet de mariage de Louis XV avec une infante espagnole. Les futures souveraines sont parfois plus jeunes encore. Charlotte de Savoie, que Louis XI épousera en dépit de l'hostilité de son père, n'a que huit ans à l'époque du mariage. Celui-ci a lieu, avec toute la pompe nécessaire, mais les époux ne se retrouveront que quelques années plus tard. De même, Louis VIII et Blanche de Castille se marient-ils à douze et treize ans.

Bientôt, la consanguinité, qui pouvait constituer un obstacle sérieux à tout mariage, fût-il royal, perdra de son importance aux yeux de l'Église. On passera ainsi du septième degré canonique, *quatorze deuxième degré* civil, considéré comme empêchant tout mariage, au quatrième degré, en 1215, lors du quatrième Concile de Latran. Dans bien des cas, il suffira d'ailleurs d'une dispense pour marier des cousins germains, comme ce fut le cas de Charles IV, qui épousa sa cousine Jeanne d'Evreux.

Nous en sommes aux prémices de ces textes décrivant avec un luxe de détails des noces qui sont en fait des alliances. Le document que l'on publie ici correspond aux premières pages d'une description faite à l'époque de ce mariage et conservée dans les Archives du ministère des Affaires étrangères, au titre de la correspondance politique avec l'Autriche.

Récit de la cérémonie du mariage de Charles IX et d'Élisabeth d'Autriche

La reine fut menée en une chambre pour commencer à l'habiller et parer pour aller à l'église faire les épousailles ; et environ deux heures après, elle étant preste et habillée, c'est à sçavoir une robe de toile d'argent couverte de perles, et un grand manteau royal dessus de velour violet semé de fleurs de lis d'or bordé d'hermines mouchetées, la queue dudit manteau contenant à vue d'œil plus de vingt aunes de long, dessus la tête ayant une couronne impériale ornée de diaments, rubis et émeraudes de prix excessif.

Le Roy habillé d'une robe de toile d'argent couverte en broderie de perles et fourée de loup cervier, comme aussy mesdits seigneurs d'Anjou, et d'Alençon, et de Lorraine, Madame de Lorraine et Madame Marguerite en avoient de pareilles.

Alloient premièrement dix sept rangs de lansquenets de la reine, trois à chaque rang étant vetus d'incarnat, blanc et gris.

Les Suisses du Roy, des couleurs du Roy conduits par le lieutenant du duc de Bouillon, leur raportant qu'il étoit demeuré malade en son chasteau de Sedan.

Ceux de Monsieur habillez de velour vert et noir, conduits par le seigneur de Larchant leur capitaine.

Ceux de M. le Duc, de ses couleurs [...]

Marchant de cette façon par la grande rue, arrivèrent à l'église Notre-Dame, où se trouvant à l'entrée, Monsieur le cardinal de Bourbon, acoutré avec les ornements d'église, accompagné des évêques de Lodève et de Chalons, pareillement acoustrez d'ornements pontificaux, et là furent épousez le Roy et ladite Reine Isabel, agé de vingt ans à la fin de juin dernier passé, et ladite damoyselle ayant eu seize ans audit mois, mois fatal pour la naissance de tous les deux qui se devoient rencontrer en mariage.

Puis la messe se célébra avec la plus excellente musique qu'il étoit possible d'ouir, le Roy et la Reyne étant pres le grand autel à main droite, sous un drap de toil d'or et d'argent.

Et la Reine mère à main gauche sous un ciel de velours noir.

Et la solemnité de l'église parachevée, fut jetté de l'argent, à sçavoir écus, sols, pistollets, demy écus, et testons en signe de témoignage de largesse et libéralité et fut par le héraut proclamé à haute voix le mariage de leurdites Majestez... »

Correspondance politique, Autriche, vol. 9.

1565 : À propos des corsaires turcs

L'année 1566 marque l'apogée de l'empire ottoman. Soliman II, dit le Magnifique, était sur le trône depuis 1520. En 1521, il avait pris Belgrade, avant que toute la Hongrie passe sous son protectorat en 1526. En dépit d'un échec devant Vienne en 1529, la Turquie continue à étendre ses possessions sur toute une partie de l'Europe, notamment vénitienne, avec la prise de Rhodes en 1522. Depuis 1520, grâce au corsaire Khayr Al-Dîn Barberousse, l'Algérie est sous souveraineté ottomane, et c'est toute la Méditerranée qui se trouve sous sa menace. La Grèce, les provinces danubiennes, la Transylvanie, la Crimée sont turques. Quant à la flotte ottomane, elle contrôle la plus grande partie de la Méditerranée orientale.

Le rôle des corsaires turcs, dans cette expansion qui s'achève à la mort de Soliman le Magnifique, est essentiel. Plus tard, le XVIIe et le XVIIIe siècles en feront des personnages d'opéra, de comédie. *L'Enlèvement au Sérail*, de Mozart, comme *L'Italienne à Alger*, de Rossini, reposent sur la captivité forcée de belles Occidentales entre les mains de sultans plus ou moins sages ou benêts qui se sont vu fournir des esclaves à la peau claire par des corsaires.

C'est pour répondre à la menace latente que font sans cesse peser les corsaires turcs sur les navigateurs occidentaux que Pétremol, ambassadeur de France en Turquie, écrit en 1565 à Charles IX pour lui faire état de la démarche qu'il effectue auprès de Mustapha Pacha, « Général » de « l'armée du Grand Seigneur » pour « empêcher les insolences et les incursions » des corsaires turcs.

Nous sommes là au cœur d'un problème politique et militaire qui va perdurer jusqu'au début du XIXe siècle.

1565 : Lettre de Pétremol, ambassadeur en Turquie, adressée au roi

Sire,

J'espère que vostre Majesté aura conneu par mes lettres du dix septieme may le debvoir que je fis lorsque l'armée du Grand Seigneur partit de ce port pour empescher les insolences et incursions des corsaires et l'expres commandement que le Grand Seigneur fit a Mustafa Bassa, général de ladicte armée, a y avoir l'œil spécialement que vos subjects allans et venans en mer pour leur traffic et marchandise ne receussent aucun déplaisir, ce que ledict sieur Mustafa Bassa m'avoit promis faire. Nonobstant lesquels commandements et promesses les corsaires n'ont délaissé faire beaucoup de maux en la coste de la Provence et Languedoc jusques à mettre pied en terre comme vostre Majesté a faict entendre au Grand Seigneur par ses lettres du vingt neufviesme juin me commandant de requérir un général commandement pour faire cesser l'insolence desdicts corsaires...

Correspondance politique, Turquie, vol. 2.

1572 : La Saint-Barthélemy

C'est dans la nuit du 23 au 24 août 1572 que fut déclenché à Paris, et les jours suivants en province, le Massacre de la Saint-Barthélemy. On en rappellera simplement ici les circonstances. La paix de Saint-Germain, en 1570, avait été particulièrement favorable aux protestants. Charles IX et sa mère, Catherine de Médicis, étaient sur le point de s'en rapprocher encore davantage, ne fût-ce que pour préparer l'avènement du futur Henri IV, Henri de Navarre, dans l'hypothèse, vraisemblable à l'époque, où Charles IX lui-même et ses frères mourraient sans enfants. D'où l'influence grandissante de l'amiral de Coligny, jusque-là chef de la rébellion protestante. Le rôle de Coligny à la cour parut vite éminemment dangereux à Catherine de Médicis. En effet, celui-ci se hâtait de préparer une alliance de Charles IX avec le prince d'Orange contre Philippe II d'Espagne, allié traditionnel de la cour de France. Dans le même temps, on ébauchait un projet de mariage entre Élisabeth d'Angleterre et le duc d'Anjou, voire le duc d'Alençon. Dans l'esprit de Coligny, il s'agissait de lancer les Français dans une guerre contre l'Espagne, sinon dans une conquête des Flandres, afin d'éviter que reprît la guerre civile.

Une réaction catholique ne pouvait se faire attendre. Dirigée par les Guise, soutenue par l'opinion, elle risquait ni plus ni moins de conduire au renversement des Valois.

D'où la décision de Catherine de Médicis et de Charles IX de prendre les devants en revenant sur la politique qui avait été la leur pendant deux ans. À contrecœur, comme on le sait, Charles IX consentit au massacre. Ce fut le tocsin à Saint-Germain l'Auxerrois et la mort de plus de trois mille personnes à Paris. L'amiral de Coligny fut naturellement parmi les premières victimes.

La relation de cette nuit tragique, faite en espagnol, a été traduite à l'époque en français. Elle constitue un témoignage de première main qu'on peut lire à la manière d'un véritable reportage journalistique.

La Saint-Barthélemy

Le 22e du mois d'aoust 1572, sortant l'Admiral de France hors du Louvre a Paris, environ les 10 heures du matin, vers son logis, en lisant une lettre, luy fut tiré ung coup d'harquebouse hors d'une fenestre, de la maison d'un chanoine, qui avoit esté précepteur de Monsieur de Guise, ung peu plus bas que la maison qui de présent est à Monseiur frere du Roy. L'harquebouse estoit chargé de quatre balles, mais l'une seulle addressa et dona premièrement au doigt premier, apres le poulce de la main droite, lequel fuct emporté ; puis passant à la main gauche en dessoubz des doigtz, entroit en la paulme de la main, passant par le bras sortoit deux doigts en dessus du coulde, froissant et desrompant tous les os dudit bras. La maison avoit deux portes ; l'une sur la rue par où passoit l'Admiral, et cella estoit derrière ; l'aultre, sur une rue estroite et celle cy estoit ouverte, où ung lacquay tenoit ung cheval d'Espaigne blancq, sur lequel celluy qui fit le fait se saulva par la rue Saint Anthoine, et à la porte, voyant qu'il n'estoit suivy, eut le loisir dy prendre ung cheval turc, sur lequel il monta et tira le chemin de Brye, comme pour lors on présuma. Durant ce faict, le Roy estoit jouant a la paulme avec Monsieur de Guise, et oyant le bruit qui se menoit par la rue, voulut sortir, entendant que l'Admiral estoit mort ou blessé pour le moins ; mais Monsieur de Guise ayant mis la teste à la porte qui respondoit sur la mesme rue, s'approcha du Roy et luy dict quelques parolles en l'oreille ; puis se retirarent tous deux et les gentilzhommes de leur suyte au Louvre par la montée secrete, qui tombe audict jeu de paulme, où Monsieur d'Aumale se retrouva aussy tost et bien cent gentilzhommes de sa suyte. Quant à l'Admiral se sentant blesé, dict aussi tost « Le guisart m'a dressé ceste embusche et quelqu'aultre avec luy ». Incontinent, se retirarent en son logis, le prince de Biarn et le prince de Condé, messieurs de la Rochefoucault, marquis de Revel, Montgomery et plusieurs aultres grans seigneurs, et ne demorant gueres que avec le prince Condé, sortirent pour enquerir de ce fait, pendant que, d'aultre costé, le prince de Biarn alloit faire ses plaintes aux Roy et Reyne mère. [...] L'Admiral estant achevé de penser environ le 12 heures de mère, depescha soudainement 20 personnes en tous les endroictz de la France, afin que le plustost que faire se pourroit, ilz eussent les plus prochains se rendre a Paris et les aultres se joindre ensemble en quelques lieux du Royaulme, advertissant semblablement les ministres et ceulx de la religion, qui pour lors estoient à Paris, de se renforcer de bonne quantité d'armes et ce le plus secretement que faire se pourroit. D'aultre costé, Monsieur de Guise et Monsieur d'Aumale faisoient le mesme [...] Le Roy, la Royenne mère, Monsieur frere du Roy et les aultres princes furent voir l'Admiral environ les 3 heures après disner, saulf Messieurs de Guise et d'Aumale, et ayant faict assambler les chirurgiens principaulx du Roy et de la court, le premier fut d'advis de couper le bras, incontinent a l'Admiral, mais les trois aultres furent d'opinion contraire, touttesfois le plus grand nombre emporta la voix que on attendroit jusques au lendemain, pour apres avoir leue la premiere application, se reigler comme ilz trouveroient convenir. Tout ce soir l'on n'entendist aultre chose, fors que au partir de chez l'Admiral, la Royenne mere luy vouloir tousjours persuader de vouloir se faire transporter dans le Louvre, craindant que ceulx qui luy auroient procuré ce coup, n'entreprinsent de le partuer ; mais l'Admiral respondit qu'il n'estoit nul besoing et puis qu'il avoit adverty d'avoir des ennemis en celle court ; il avoit bon moyen de leur faire amender sa blessure, ayant, comme il disoit, sept cens gentilzhommes pour lors en Paris, qui tous perdroient volontairement la vie pour luy, et qu'il avoit bien tant de credit au Royaulme, qu'avant huict jours il pouvoit assembler 20 mil hommes pour faire teste au plus hardy du royaulme ses propos ne pleurent gueres au Roy ni à la Royenne [...] Le lendemain, l'on s'apperceut que a la balle avoit du poison, car l'inflamation fut si grande, que environ les huit heures du matin, toute l'espaule gauche, le col et l'œil gauche estoient en feu, et descouvrant le premier appareil et luy trouvant ja toute la chair pourye, et une forte fiebre, les médecins jugearent quil ne provoit gueres durer plus que trois jours, et que encore que lon luy coupase le bras, il n'amendroit pour tant. Sur ce, l'Admiral fit appeller son conseil et y furent l'espace de quatre heures. La resolution fust pour asseurance de leur religion et conservation d'eux tous, exécuter promptement ce que ja ilz avoient auparavant arresté entre eulx, à scavoir lever le Roy de Navarre pour Roy et tuer le Roy, les Royennes meres et filles, Messieurs d'Anjou et d'Alençon mesmes, le chevalier d'Angoulesme, frere bastard du Roy, et les principaulx de la faiction de Guise ; pour à quoy parvenir, faisoient estat de se saisir du Louvre par le quartier du prince de Biarn, du Palais par le moyen du President de la Place et de Saint Bernard, parce que la maison du Roy de Navarre y logeoit [...] Cecy estant conclud, ilz convocarent le prince de Biarn ; Monsieur l'Admiral luy declara la bonne volunté qu'il avoit porté a son service et que, voyant qu'il estoit de ne pouvoir plus longuement suivre, il avoit pensé ung bon moyen pour donner asseurance a les estatz, aux termes lesquels se retrouvoient les affaires de la religion et pour la vengeance de sa mort. Puis de mot a aultre, luy declara qu'il convenoit promptement exécuter ce que dessus, luy disant pour la fin et, de ce fait, je mouray content, vous laisant en testament le Royaulme de France ; et ainsi fut ordonné que Monsieur de Beauvois, les deux Pardillans, le capitaine Pile, Monsieur de Hancourt et six aultres capitaines coucheroient celle nuit au quartier dudit prince et que environ les 4 heures du matin par la cuisine du dit prince, entreroit Monsieur de Bricquemor et son filz, avec deux cens gentilzhommes ; le conte de la Rochefoucault monteroit cependant a cheval et avecq deux cens gentilzhommes se feroit fort du Palais et quelques aultres de la faction logez prest Saint Jean de Greve, avec certains soldatz se saisiroient de la place [...] Le prince de Biarn se retira environ les six heures au Louvre, et ayant souppé, ne faisoit que suzpirer et s'estant retiré pres une fenestre avec la princesse, sa femme, luy déclara ce qui s'estoit passé ce jour, luy adjoustant, que la cruaulté du faict ne pouvoit permettre qu'il laissâst executer une telle entreprise contre les personnes si proches de son sang, bien que ce fut avec si asseure espérance de se faire si grand Roy, et que partant elle en advertisse la royenne mère, ce quelle fit environ les 7 heures et demye. La Royenne mère assambla incontinent ses enfans au Conseil et les Princes du sang, et ainsy en pied, fut prise conclusion d'executer à la minuict, ce que l'admiral pensoit faire luy mesme contre eulx, et ainsy le plus secrettement qu'il fut possible, l'on fit venir, environ les dix heures, touttes les gardes avec leurs capitaines, les gentilzhommes que l'on dit de la garde du Roy et ceulx de la suyte de Messieurs freres du Roy, de Messieurs de Guise et d'Aumale. Fut ordonné que Monsieur de Guise avec cincquante gentilzhommes de la garde, cincquante archiers et les gentilzhommes de sa suyte, qui pouroient estre cent ou six vingtz accompaigné de Monsieur le chevalier d'Angoulesme, yroit assaillir l'Admiral ; et Monsieur frère du Roy, avec cent gentilzhommes de sa suyte, une compaignie d'harquebousiers de celles de la porte, de cincquante archiers, iroit au logis de la Rochefoucault, le chef du guet de la ville vers le Palais avec ses gens ; le prévost des marchans, soubz Monsieur de Nevers, avec cent et cincquante archiers de l'estoille se tiendroient a la place de Saint Jehan en greve et maison de la ville de Paris. Comme il fut ordonné, ainsi fut exécuté ; de sorte que a une heure apres minuict, qui fut le jour Saint Barthelemy, Monsieur d'Anjou sortit par la porte du Louvre et Monsieur de Guise par les cuisines du Roy et executa premier que Monsieur se rendant, par derriere, à la fenestre de l'avant-chambre de l'Admiral, laquelle ayant esté portée par terre par le capitaine Cossin, le lieutenant de Philippe Strossy se jetta dedens avec 20 gentilzhommes ayant tous, deux pistolets ; ils trauverent en ceste pièce environ 20 persones, lesquelz furent incontinent massacrés et rompant l'huis de la chambre de l'Admiral renversé sur son lict, faisant le mort et luy secouant le bras blessé et le capitaine luy dict : « Sus fier Regnart, venes voir Monsieur de Guise qui vous attend la bas » mais il ne faisoit semblant de rien, tant qu'estant levé par trois ou quatre, fut mis pour estre jecté par la fenestre. Allors escrivant du piedt contre la fenestre, et embrassant l'estanficque avec le bras droict, dit au capitaine « Pour Dieu, tuez moy, sans me jetter la bas » lors le capitaine luy dict « Tu n'es doncq pas mort » et ce disant, le jecta avecq ung coup de piedt en bas, disant a Monsieur de Guise se qui estoit en la court : « Tenes Monsieur, voylà le meschant qui a tué Monsieur votre père ». L'Admiral tomba sur le visaige et se froissit tout ; touttesfois voyant Monsieur de Guise luy dict : « Tuez moy ». Monsieur de Guise le regardant ung petit, luy repondit « Ah ! Meschant traistre à Dieu et à ton Roy, penses-tu que je vueille mettre les mains en ung si malheureux homme que toy, et y souiller mes mains ? Tiens et en ce disant, luy donna ung coup de piedt contre la terre, et passa oultre pour donner ordre que le surplus de ce qui restoit en la maison fut mis en pièces. Entretant, ung gentil homme là présent, donna a l'Admiral ung coup de pistolle au travers de la teste. Cependant, Monsieur frère du Roy avoit exécuté son entreprise et ainsy retournans vers le Louvre, le Roy ordonna à Monsieur de Guise d'aller trouver Montgomery et le vidame de Chartres, mais pensant faire entrer son cheval en la barcq, pour passer la riviere, jamais il n'y volut entrer, qui fut cause que Monsieur de Guise, retournant vers le pont au change, print quattre trompettes du Roy et les héraulx et faisoit crier alarme pour le Roy par toutte la ville, contre les Huguenotz qui avoient voulu tuer le Roy et Messieurs ses frères ; ordonnant aux quartiers, que tous firent croix de papier blanc sur leurs chapeaulx, pour se recognoistre ; lors sortirent les catholiques et donnans l'alarme par la ville, se saisirent des carrefours et estans maistres d'iceulx, environ les 4 heures, començarent a saccager les Huguenotz sans mercy avec telle diligence qu'il y en eut avant les 11 heures du midy morts plus de trois mil six cens. [...] Le 24e après disner, continuoit encor le massacre ; cependant l'on prit les corps des gentilzhommes suyvans et aultres cinquante deux dont je ne sçay les noms et les passa l'un de l'aultre côté de Seyne en une grande et largue fosse, qui estait joignant la riviere, où l'on estoit accoustumé de jecter les charognes mortes et là leur jeutant quelque peu de terre, furent a demy ensevelis [...] Le lendemain continua ce massacre tout le jour par la ville de Paris, et saccageoient les maisons des Huguenotz jusques a ce que, environ le midy l'on fit commandement a tous les habitans se retirer chacun en sa maison et en leur quartier, sur paine de la vie. Le surplus du jour, les gardes tant du Roy comme de la ville, ne faisoient aultre chose que sacquer les Huguenotz hors leurs maisons, et les mener sur le petit pont, et au pont au change et les precipiter en bas ou tuer, tellement que en tout ce jour et le precedant, l'on tient que le nombre des tués et noyés passoit entre hommes et femmes huict mille. Ce soir fut tiré de sa maison le President Villemor et ung italien nommé capitaine Mansin, et furent menez comme les aultres sur le pont et tost apres on fit le mesme au President de la Place, et à sa femme et filles ; mais il y fut mené avec les Archiers du Roy et sur ce terme, ayant ceulx du conseil du Parlement et requis au Roy que la sentence, aultrefois donnée par eulx contre l'Admiral, fust executée, l'on meit le corps sur une claye et fut traisné par les rues ; mais il ne fut possible le prendre comme on pensoit au Montfaulcon, car ung gentilhomme de Paris luy trancha la teste, et l'ayant fiché au bout de son espée, la portoit à cheval avec ung grande suyte d'hommes et de femmes par touttes les rues de Paris, criant a haulte voix : « Voicy le meschant qui at voulu tuer le Roy, Messieurs ses freres, et a faict tant de maulx à la couronne de France et a notre ville de Paris », et le suyvirent tant de gens, que en peu d'heure tout le corps fut mis en tant de pièces, qu'il noust este possible d'y en retrouver une, pour estre pendue. Le lendemain au matin qui fut le 26e, l'on eust nouvelles que à Meaulx, Orléans et Rouan s'estoit faict le mesme, ou il n'estoit demoré homme vivant.

Mémoires et documents, Espagne,
vol. 318, fol. 293-300.

1574 : *Catherine de Médicis et le sultan Soliman II*

On a vu l'apogée de la puissance turque en 1566, à la mort de Soliman le Magnifique. Très vite pourtant, l'Empire ottoman allait connaître ses premiers revers. Ce fut la bataille de Lépante, le 6 octobre 1575, où l'Espagne, le pape, Venise et les chevaliers de Malte triomphèrent de la flotte turque. Même si, dans les années suivantes, ce succès militaire sera sans conséquence immédiate, il marque une victoire sans précédent pour l'Occident chrétien. En 1573, Tunis fut pris par Don Juan d'Autriche, mais repris en 1574 par les Turcs. Ceux-ci demeurèrent en Hongrie.

Il n'en reste pas moins que les relations entre l'Occident et la Porte s'étaient établies sur des bases nouvelles. En témoigne la lettre en date du 1er juin 1574 par laquelle Catherine de Médicis, à nouveau régente, rend compte au « Grand Seigneur » de la maladie et de la mort de son « très cher seigneur et fils », Charles IX. Soliman II, fils de Soliman Ier, y est qualifié de « magnanime Prince Empereur des Musulmans ». Nous sommes là en face d'une correspondance diplomatique de routine telle que l'usage est en train de s'en développer en Europe.

Lettre de la reine régente au grand seigneur du premier juin 1574

Très hault, très excellent et très puissant, très magnanime, et invincible Prince, le grand empereur des mousulmans sultan Soliman en qui tout honneur et vertu abonde nostre très cher et parfaict, amy Dieu veuille augmenter vostre grandeur avecques fin très heureuse. Nous estimons que vostre hautesse aura cy devant entendu la maladie survenue au feu Roy nostre très cher seigneur et fils de laquelle enfin il a pleu a Dieu l'appeller a soy, la perte que nous avons faicte en luy est telle et si grande (pour estre la chose qui nous estoit la plus chere et plus prétieuse) que comme mere naturelle nous en portons extresme douleur et regret. Toutesfois reconnoissant que c'est chose qui procede de la volonté de Dieu a laquelle nous desirons conformer toutes nos actions, nous avons recours a sa bonté pour en icelle trouver la consolation qui nous est nécessaire en cette affliction, ayant donné charge au sieur de Dacqs son ambassadeur résident a vostre Porte se condouloir avec icelle de nostre part de ce triste et facheux inconvénient estant asseurée qu'elle en recevera très grand déplaisir pour avoir faict perte en nostre dict sieur et fils d'un très parfaict et entier amy, la suppliant vouloir continuer en ce royaume la mesme affection qu'elle y a tousjours eue et adjouster foy a ce que ledict sieur de Dacqs luy fera entendre de nostre part comme elle voudroit faire a nous mesmes et a tant très hault, très excellent, très puissant, très magnanime, et invincible prince l'Empereur des mousulmans, nostre tres cher et parfaict amy nous prierons Dieu qu'il veuille augmenter vostre grandeur enfin très heureuse.

Escrit au chasteau royal de Vincennes le premier de juin 1574 signé vostre bonne et parfaite amie Catherine.

Correspondance politique, Turquie, vol. 2.

Marguerite de France à Catherine de Médicis

Les guerres de religion continuent à faire rage. La Saint-Barthélemy a été le signal d'une reprise des luttes entre protestants et catholiques sur l'ensemble du territoire français. Néanmoins, l'alliance de Marguerite de Valois, fille d'Henri II et princesse de France avec Henri de Navarre, futur Henri IV, décidée après la paix de Saint-Germain, continuait à assurer un lien entre les Valois et celui qui, encore protestant, pourrait un jour leur succéder. Marguerite de Valois, future reine de France, joua à cet égard un rôle fondamental. Henri de Navarre n'avait sauvé sa vie, lors de la Saint-Barthélemy, qu'en abjurant le protestantisme. Retenu cependant à demi captif à la cour de France, il réussit en 1576 à retrouver sa liberté et renonça aussitôt au catholicisme pour prendre la tête de l'armée protestante. La paix de Bergerac, du 15 septembre 1577, accorda un premier répit aux calvinistes, en acceptant la liberté de leur culte et en leur attribuant des villes qui contribuèrent à faire du parti protestant un État dans l'État. Ainsi Bergerac resta-t-il une véritable citadelle calviniste jusqu'au début du XVIIe siècle. Ce fut Louis XIII qui démantela la ville en 1621.

Écrivant régulièrement à sa mère, Marguerite de France décrit l'atmosphère qui règne autour du futur

Henri IV pour préciser que le roi de Navarre s'efforce de demeurer étranger aux mouvements qui continuent à agiter toute une partie du royaume. Il est bien évident que cette correspondance, comme toutes celles qu'entretint Marguerite de France avec sa mère, a pour objet d'atténuer les responsabilités qui peuvent être celles de son époux dans la poursuite de la guerre et, ce faisant, de préparer davantage encore son accession au trône à la mort d'un Henri III dont les sympathies envers les protestants conduisirent à son assassinat, par le moine ligueur Jacques Clément, le 1er août 1589. Ici, alliance avec l'Espagne et situations politiques et familiales se conjuguent en un document particulièrement intéressant pour l'histoire de la France dans le dernier tiers du XVIe siècle.

Lettre autographe, signée, de Marguerite de France à sa mère Catherine de Médicis.

Madame, Vous daipaichant le roi mon mari ce porteur pour les aucasions qu'antanderés par sa lettre, je ne l'ai voulu laiser partir sans vous ramantevoir, Madame, par cette lettre le tres humble servise que je vous dois et vous ai pour jamés desdié, auquel me reconnaitrés perpetuelement un zele tres afectionné. Le roi mon mari vous escrit, Madame, les particularités de la cherge que Monberaut avoit du marechal de Belegarde et n'i pouvant pour ce regart ajouter que redites, je vous dire seulement, Madame, que ce que j'ai peu aprendre et juger de ses aferes, le marechal de Belegarde s'est uni avec ceux de Daufine Le roi mon mari ni estant aucunement compris aiant despuis la conference ceux de Daufine suivi le chemain que Colignon leur avoit ouvert de treter separcement de leurs aferes et ainsi eux seul ont fait cete union avec le marechal de Belegarde lequel ne prandera ni le parti du roi d'Espagne ni d'autre prinse estranger, se sentant apuié des huguenos de cette provinse qui li sont voisins. Je ne doute point que n'aiés de la paine avec eux ; toutefois j'espere que votre traval n'i sera inutile, car ancore que le roi mon mari ne soit pas obéi de ceux de Daufine absolumant, si aise qui portent bien ases de respaict a son avis et a ses voulentés pour se conformer a la paix lors qui le voiront aresté en cete resolution, comme je sai qu'il i fait et que par toutes ses despaiches il ne leur persuade et conselle autre chose que de l'antretenir et s'adreser a vous, Madame, pour leurs plaintes don ils peuvent esperer an chose raisonnable tout satisfaction et contantament Despuis uit jours que nous somes en ce lieu de Neirac Messieurs de Lavoguion, esvesque d'Agen de Congna et senechal d'Agen sont arrives pour le Conseil. Il ne reste plus que les deux presidens auquels si ne vous plait escrire pour leur faire baller de l'ariant i ne vienderont point, car i ne veulent marcher sans cela. Nous avons ausi pleusieurs fois escrit a Monsieur le marechal de Biron et voiant que pour nos lettres et prieres il ne vouloit venir, nous avons prié Monsieur Destrosi qui s'an retournoit a la Court, de paser par Bordaux pour luy parler et luy persuader antant ce qui luy sera posible. Je ne sai si cela i servira, il ne fait aucune justise des contraventions de la paix de sorte que toutes les plaintes que l'on nous an faisoit lors que vous partites, sont encores an mesme estat et souvant le roi mon mari est averti qui parle de luy fort indignemant. Si continue de ceste fason, je voi le roi mon mari plus mal avec luy qui ne fut james. Je ne veux, Madame, pour le commandemant que m'an aves fait faillir a vous an avertir pour i remesdier selon que vostre prudance connoitera estre bon. Je vous suplie tres humblemant, Madame, m'onorer de vos commandemans, demeurant asurée de ma fidele servitude et me vouloir randre si heureuse d'estre continuée an vostre bonne grasce, me permestant de vous baiser, Madame, tres humblement les mains, priant Dieu, Madame, qui vous donne heureuse et longue vie que vous dessiré

Vostre tres humble et tres obeissante servante fille et sueur

MARGUERITE

Mémoires et documents, France, vol. 761, fol. 205bis-205ter.

1586 : Mort de Marie Stuart

La tragédie de Marie Stuart est bien connue. Fille de Marie de Guise, ou de Lorraine, et du roi d'Écosse Jacques V, elle devint reine à la mort de son père. Elle n'avait pas huit jours, et ce fut sa mère, Marie de Guise, qui assura la régence. Marie de Guise joua toute sa vie la carte de la France contre celle de l'Angleterre. Elle décida ainsi de marier sa fille Marie, née en 1542, au Dauphin de France, le futur François II. Élevée à la cour d'Henri II, Marie Stuart épousa donc le Dauphin le 24 avril 1558. Ce faisant, elle signa également un acte secret par lequel il était précisé que, dans le cas où elle mourrait sans enfant, ses droits sur l'Écosse, voire sur la couronne d'Angleterre – car elle était la petite-fille d'Henri VII – passeraient à la France. Dès l'année suivante, en 1559, François II monta sur le trône. Veuve après dix-huit mois, Marie Stuart retourne en Écosse. Tout le pays était agité par la Réforme, sous l'influence du protestant John Knox. Remariée en 1565 avec Lord Darnley, elle se heurta aux complots de son mari, qui souhaitait se voir assurer à titre personnel la couronne d'Écosse. Naviguant de favori en favori, elle finit probablement par faire assassiner son propre mari en 1567. D'où un troisième mariage, avec James Hepburn, comte de Bothwell, d'ailleurs probablement responsable de la mort de Darnley. Condamné par le pape, ce mariage n'empêcha pas Marie de se retrouver en butte à l'hostilité des protestants. Vaincue une première fois, elle fut emprisonnée, s'évada, abdiqua en faveur de son fils Jacques VI, le futur Jacques Ier d'Angleterre, et finit par se réfugier en Angleterre où elle se mit sous la protection d'Élisabeth Ière, sa cousine. Protection dangereuse, puisque la malheureuse fut immédiatement emprisonnée et qu'elle resta dix-huit ans internée dans une bonne dizaine de forteresses du royaume. Finalement, de conspiration en conspiration, devenue dangereuse pour la reine Élisabeth dont elle semblait menacer le trône, elle fut jugée et condamnée à mort le 5 octobre 1586. Cette mort a donné lieu à bien des interprétations, des pièces de théâtre, des romans. C'est celle-ci que décrit avec une extraordinaire vérité le document que l'on trouvera ici.

[Fotheringhay, Northamptonshire, 18 février 1587]
Le rapport au vray de l'exécution de la majesté de la royne d'Escosse, douairière de France, faicte le VIIIe jour de février mil Vc quatre vingtz sept selon le calendrier d'Angleterre et XVIIIe selon celuy de France, au chasteau de Fadringuet, avec la rellation des parolles proférées en icelle, traduit d'anglois en françois

[…]

Estant supporté par les deux susdictz gentilshommes du sire Amias Paullet et maistre Melvin qui portoit la queue de sa robbe et aussy accompaignée de ceulx ci-dessus mentionnez, seigneurs, chevaliers et gentilzhommes, le prévost, marchant devant, elle passa hors de ladicte entrée dedans la grande salle avecq contenance non triste, se portant plutôt joieuse que triste et douloureuse et, ainsy, volontairement, elle monta sur l'eschaffault qui luy estoit préparé en ladicte grande salle, estant de deux piedz de haut et douze piedz de large et barrières tout alentour et tendu et couvert de noir. Puis, luy ayant apporté la selle, elle s'assit et, près d'elle, à la main droite estoit assis le conte de Sherausbury et le conte de Kent et à la main gauche se tenoit debout le prévost de la province et devant elle ses deux exécuteurs, et tout autour des barrières estoient les susdictz chevalliers, gentilzhommes et autres. Puis, ayant fait silence, la commission de Sa Majesté fut leue par maistre Robert Beale, clerc du Conseil, et, ayant finy, furent prononcées ces parolles par l'assemblée : *Dieu sauve la royne.* Durant la lecture de ladicte commission, la royne d'Escosse usoit de sillence, l'escouttant avecq aussy peu de regard en cest endroit, come s'il ne luy eust en rien conserné, et d'une contenance aussy joyeuse comme si ce luy eust esté ung pardon de la part de Sa Majesté pour sa vie, usant aussy estrangement, tant en parolles qu'en fait, comme si elle n'eust jamais cogneu aucun de l'assemblée ou qu'elle eust esté ignorante du langage anglois. Puis, maistre docteur Flescher et

Peterboru, estans vis à vis d'elle au dehors des barrières, se courbant du corps, fit grande révérence, commenceant ceste exortation qui s'ensuict : « Madame la très excellente majesté de la royne », et, proférant ses parolles trois ou quatre fois, elle respondit qu'elle estoit résolue en la relligion catholique, apostolique et romayne et espéroit y espendre son sang en deffence d'icelle [...]. Puis, les seigneurs appellèrent le maistre doien qui, s'agenouillant sur les degrés de l'eschaffaut, commencea ses prières, disant : « Dieu très gracieux et père miséricordieux. » Toutte l'assemblée sauf la royne d'Escosse et servans dirent après luy, durant laquelle prière la royne d'Escosse, assize sur une selle, ayant ung *Agnus dei* autour du col et ung crucifix en sa main et une paire de patinostres à sa ceinture avecq une croix dorée au bout d'icelles et ung livre latin en sa main, commencea avecq larmes, haute et ferme voix à prier en latin et, au millieu de ses prières, elle se mist de sa selle à genoux et dit plusieurs prières en latin et, en la fin des prières de maistre le doien, elle, estant à genoux, pria en anglois à cest effect pour l'église affligée de Christ et pour la fin de leurs troubles, pour son filz et pour la majesté de la royne affin qu'elle peust prospérer et servir à Dieu en droicture. Elle confessa qu'elle espéroit estre sauvée au sang de Jésus-Christ, aux piedz duquel crucifix elle vouloit respandre son sang. Puis le conte de Kent luy dit : « Madame, mettez Christ Jésus en vostre cœur et laissez ses fatras et tromperies. » Puis, elle, n'aiant esgard à cela, de se sainct et bon conseil passa outre en ses prières, désirant Dieu de destourner son ire de ceste isle et qu'il luy pleust luy donner sa grâce et pardon de ses péchés et ses prières et autres. Elle dist, en anglois, disant qu'elle pardonnoit à ses ennemis de tout son cœur et spéciallement à ceulx qui avoient recherché son sang, priant à Dieu les voulloir convertir en la vérité et, en la fin de ses prières, elle pria tous les saincts qui feussent intercesseurs pour elle à Jésus Christ et, ainsy, baisant le crucifix et le croissant aussy, dit ses parolles : « Tout ainsy que tes bras furent estenduz ainsy reçoy moy en tes bras de mercy et me pardonne tous mes péchez. » Ces prières estans finies, ses exécuteurs s'agenouissant, priant sa grâce, leur voulloir pardonner sa mort, à qui elle leur respondit disant : « Je vous pardonne de bon cœur, car à ceste heure j'espère que vous mettrés fin à tous mes troubles. » Puis eulx et ses deux femmes luy aydans, commencèrent à la despouiller de ses habitz. [...] Tout durant le temps qu'on luy tira ses habitz, elle ne changea jamais de contenance, ains avecq sousriante façon de faire, elle proféra ces parolles qu'elle n'avoit jamais eu telz serviteurs pour la despouiller et qu'elle n'avoit jamais despouillé ses habitz devant telle compagnie. Puis, estant despouillée de tous ses habitz sauf son cotillon, ses deux femmes, la regardant, firent grandes lamentacions, plorans, se seignoient du signe de la croix, prians en latin, puis, se retournant vers eulx, les embrassa, disant ses parolles en françois : « Ne craignez point car j'ay promis et respondu pour vous », et, en faisant le signe de la croix sur eulx, les baisa, leur disant qu'elles priassent pour elle et qu'elles se resjouissent sans plus plorer car à présent ilz verroient la fin de tous les troubles de leur maistresse. Puis, se retournant d'une joyeuse contenance vers ses serviteurs, comme Melvin et le reste qui estoient sur ung bancq près de l'eschaffaut, qui d'aucunes fois ploroient et communément crioient à haute voix, se seignans continuellement de la croix, de sa main sur eulx, leur dist adieu, leur suppliant de prier pour elle jusques à la dernière heure.

Cecy estant faict, l'une de ses femmes ayant un linge de *corons christy* qu'elle ploioit en trois quars et, le baisant, le mit par dessus la face de la royne d'Escosse et l'attacha au scophion de sa teste. Puis, les deux femmes se partirent d'elle et, s'agenouillant en bas sur un coisin très résolument, sans aulcun signe de crainte ou appréhension de la mort, disant le pseaulme à haute voix : *In te Domine speravi non confondar in æternum,* puis, tastant pour trouver le billot, coucha sa teste bas, mectant son menton par dessus ledit billot avecq ses deux mains soubz son menton comme si elle eust voulu prier, quelles eussent esté coupées si on ne les eust apperceues, puis, se couchant sur le billot très paisiblement et tendant ses jambes, criant : *In manus tuas Domine commando spiritum meum* trois ou quatre fois. Puis, estant couschée sur le billot sans remuer nullement, l'un des exécuteurs, la tenant légèrement d'une de ses mains, elle endura deux coups de l'autre exécuteur avecq une hache, ne faisant que bien peu de bruict ou non du tout et ne remuant aulcune part d'elle de la place où elle estoit couchée. Ainsy l'exécuteur luy coupa la teste sauf un petit grillon, lequel, estant couppé, il leva la teste pour la monstrer à toutte l'assemblée, disant : « Dieu sauve la royne ». Lors, sa coiffure tombant de sa teste, apparu aussy grise que si elle eust eu l'aage de 70 ans, ses cheveulx estans tondus fort court, sa face en ung momment tellement changée au regard de quand elle estoit en vie que peu on l'eusse sceu recognoistre par son visaige, morte ; ses lèvres remuèrent hault et bas bien ung quart d'heure après qu'elle eust la teste trenchée. Puis, maistre le doien dist à haute voix : « Ainsy périssent tous les ennemis de la royne », et, après, le conte de Kent vint près le corps mort, et se tenans par-dessus, dist à haute voix : « Telle fin puisse il advenir à tous ennemis de l'Évangile » [...]

Correspondance politique, Angleterre, vol. 22, fol. 444-447.

1597 : Portrait d'Élisabeth d'Angleterre par l'ambassadeur de France

Toujours la cour d'Angleterre.

En 1597, Élisabeth Ière a soixante-quatre ans. Fille d'Henry VIII et de Ann Boleyn, elle a été couronnée en 1558. Sa politique extérieure s'inspire d'un véritable réalisme en même temps qu'elle défend beaucoup plus les positions politiques et économiques de son pays que ses préoccupations religieuses. Elle soutiendra donc les Pays-Bas révoltés contre l'Espagne et la flotte anglaise triomphera, en 1588, de « l'invincible Armada » de Philippe II. Bien sûr, la mort de Marie Stuart lui a aliéné un temps l'opinion française. Mais en 1595, Henri IV a déclaré la guerre à Philippe II et a envahi la Franche-Comté, tandis que les Espagnols prennent une large partie de la Picardie, assiègent et finissent par s'emparer de Cambrai. L'année suivante, les Espagnols occupent Calais et Ardres. S'en suit, en 1596, l'alliance de la France, de l'Angleterre et des Provinces-Unies contre l'Espagne. Dès lors, après la prise puis la reprise d'Amiens, la France et l'Angleterre agissent de concert. D'où l'audience accordée par Élisabeth le 8 décembre 1597 à Hurault de Haisne, ambassadeur du roi de France à Londres du 24 novembre 1597 au 15 janvier

1598. L'ambassadeur vient d'arriver à Londres, il présente en quelque sorte ses lettres de créance.

Mais, on l'a dit, la reine a soixante-quatre ans. D'où le portrait en pied, très conforme à l'iconographie de la fin du XVIe siècle, qu'il donne ici de la Reine vierge. Le tableau est saisissant de vérité. Que ce soit Hurault lui-même ou l'un de ses secrétaires qui l'ait rédigé, il constitue à coup sûr l'une des grandes pages de cette littérature diplomatique qui fait l'orgueil du ministère des Affaires étrangères.

Entretien de l'ambassadeur de France avec la reine Élisabeth d'Angleterre

Le huictième jour dudict mois de décembre mil cinq cents quatre vingtz dix sept, je ne pensois point avoir audience pour ce jour là et estois résolu de m'en plaindre, mais environ une heure après midy, vint un gentilhomme de la reine qui me dict que Sa Majesté estoit bien marrie que Elle ne m'avoit donnée audience plus tost et qu'elle me prioit de l'aller trouver à l'heure mesme. Il m'amena un carrosse pour me mener jusques à la rivière où l'une des barques m'attendoit, et allasmes dedans jusques à la porte du logis de la reine. À la descente me vint trouver un gentilhomme parlant fort bon italien, nommé le sieur Otton, qui me dict que Sa Majesté me mandoit, que je serois le très bien venu, et qu'Elle m'attendoit. [...]

Il me conduisit à travers une salle assez grande dans laquelle estoient les gardes de la reine et de la chambre de présence, qu'ils appellent, en laquelle tous ceux qui y sont – encores que la reine n'y soit – demeurent descouverts. Il me mena en un lieu à part où y avoit un oreillier apresté pour moy. Je fus là quelque temps à attendre et le milhort chambellan, qui est celuy qui a la charge de la maison de la reine non comme maistre d'hostel mais pour faire donner audience et y conduire ceux qui la demandent et nommément les ambassadeurs, et me vint prendre où j'estois et me conduisit par un passage assez obscur dans une chambre nommée par eux la chambre privée, en la teste de laquelle estoit la reine, assise en une chaire basse, seulle et reculée loing de tous les seigneurs et dames qui y estoient, eux estans en un lieu et elle à l'autre. Après que je luy eut faict la révérence dès l'entrée de la chambre, elle se leva et vint cinq ou six pas au devant de moy, presque jusques au milieu de la chambre. Je luy baisay le bas de sa robbe et elle m'embrassa des deux mains et me feit fort bon visage et commencea pour s'excuser qu'elle ne m'avoit donné plus tost audience, disant que le jour de devant elle avoit esté fort malade d'une défluxion sur le costé droict du visage et que je ne le croirois point à veoir ses yeux et son visage, mais qu'elle ne se souvenoit point de s'estre trouvée encores si mal. Elle s'excusa de ce que je la trouvois habillée avecques sa robe de nuict, et commencea à répréhender ceux de son Conseil qui estoient là, leur disant « que diront ces gentilzhommes (parlant de ceux qui m'accompagnoient) à me veoir habillée de cette façon ? Je suis bien marrie qu'ils me voyent en cet estat ».

Lors, je luy respondis qu'il ne falloit point d'excuse en mon endroict, que je suis venu là pour la servir et honnorer et non pour luy donner aucune incommodité. Elle me répliqua que je ne luy en donnois point et qu'elle me voyoit très volontiers. Je luy dis que le roy m'avoit commandé de la visitter et luy baiser les mains de sa part et donné charge de sçavoir des nouvelles de sa bonne prospérité et santé, que je voyois, Dieu mercy, estre telle que ses serviteurs et amis pouvoient désirer, et que je priois Dieu que ce fut pour longues années et en toute prospérité et grandeur. Elle se tenoit ce pendant debout, mais enfin, elle s'en retourna en sa chaire, voyant que je ne luy parlois que de propos généraux. Je m'approchay de sa chaire et commençay à traicter avecques elle ce que j'avois en charge, et parce que je me tenois descouvert, elle me faisoit d'heure à autre signe de la main de me couvrir, ce que je feis. Elle me feit puis après apporter un placet sur lequel je m'assis et commençay à parler à elle.

Elle estoit estrangement habillée d'une robbe de toille d'argent blanche et incarnate ou gaze d'argent, qu'ils appellent. Cette robbe estoit à manches ouvertes, doublée de taffetas rouge, et estoit ceinte d'autres petites manches qui pendoient jusques à terre, qu'elle ceignoit et desceignoit assez souvent. Elle avoit le devant de sa robbe ou manteau ouvert et luy voyoit on toute la gorge et assez bas, et souvent comme si elle eut eu trop chaud, elle eslargissoit avecques les mains le devant dudict manteau. Le collet dudict manteau estoit fort hault et la doublure du devant tout garny de petits pendants de rubis et de perles et en grande quantité, mais toutes petites. Elle avoit aussy un carcan de rubis et de perles au col. Elle avoit sur la teste une guirlande de la mesme estoffe et dessoubz une grosse perruque tirant sur le roux, avecques une infinité de papillotes d'or et d'argent et quelques perles qui luy pendoient sur le front, non de trop grand valeur. Aux deux costez des oreilles pendoient deux grands passe-filens de cheveux quasy jusques sur les espaules et tomboient au dedans du collet de son manteau avecques des papillotes comme au dessus de la tête. La gorge se monstre assez ridée, autant que le carcan qu'elle portoit au col, mais, plus bas, elle a encores la charnure fort blanche et fort déliée, autant que l'on eut peu veoir.

Quant à son visage, il est fort envieilly et se monstre tel. Il est long et maigre, au prix de ce qu'elle a esté autresfois à ce que l'on dict. Elle a les dents fort jaulnes et inégales, au prix de ce qu'elle les a eu autrefois, à ce que l'on dict, et du costé gauche moins que du costé droict. Il luy en deffault beaucoup, qui fait que l'on ne l'entend point facilement quand elle parle viste. Elle a la taille belle et haulte et bonne grâce à ce qu'elle faict, et tient sa grandeur autant qu'il est possible, et toutesfois fort humble et gratieuse. Pendant que je parlay à elle, elle se levoit souvent de sa chaire, et sembloit qu'elle eut quelque impatience de ce que je luy disois. [...] Elle me dict qu'elle prenoit très grand plaisir à se tenir debout et qu'elle parloit ainsy aux ambassadeurs qui la viennent trouver et qu'elle les laissoit, dont ils se plaignoient quelquefois. Je la suppliois de ne se contraindre point et me levois aussytost qu'elle, et puis elle se rasseoit et moy aussy. Au partir, elle se leva et me conduisit au mesme endroict où elle m'estoit venue recepvoir, et recommencea à dire qu'elle estoit bien marrie que tous les gentilshommes que j'avois amené la vissent en cet estat, et les appella pour les veoir. [...]

Correspondence politique, Angleterre, vol. 23.

XVIIe SIÈCLE

C'est à partir du XVIIe siècle que les relations entre États vont commencer à prendre la physionomie qui sera la leur jusqu'au milieu du XXe. À cet égard, deux dates dans la première moitié du siècle ont une signification particulière. D'abord, 1625, qui voit la parution du *De jure belli ac Pacis*, « Du droit de la guerre et de la paix », du juriste, diplomate et théologien Grotius, né à Delft en 1583. Le *De Jure belli...* fait de son auteur le fondateur du droit international tel que nous le connaissons aujourd'hui. D'autre part, la signature des traités de Westphalie qui marquent, en 1648, la fin de la guerre de Trente Ans, constitue la première vraie négociation diplomatique – et multilatérale !– des temps modernes. On conçoit dès lors que la notion même de documents et d'archives diplomatiques revête à partir de ce moment un sens très neuf.

Mais le XVIIe siècle confirme aussi, dans les faits, une double évolution très importante par rapport à la période précédente. D'abord, le rôle des individus – on devrait dire des individualités – dans la conduite des affaires internationales s'affirme davantage. Aux Charles Quint, Philippe II et Henri VIII du siècle précédant succèdent naturellement un Henri IV et un Louis XIV, mais ce sont surtout des ministres, des hommes d'État d'une nature et d'une stature bien différentes de celles des seuls princes régnants qui vont s'affirmer : les Richelieu, les Mazarin, les Cromwell. Dans leur sillage, les « grands commis » à la Colbert, Louvois, deviennent les ombres portées de leurs maîtres, mais ombres combien agissantes.

C'est également au XVIIe siècle que se manifeste avec le plus de vigueur la vraie naissance de l'État-Nation, et son corollaire intellectuel et sentimental qui est l'opinion publique, qu'elle se reflète chez des écrivains, des pamphlétaires ou même dans le peuple. Autant aux problèmes économiques que politiques intérieurs, cette opinion publique réagit aux problèmes extérieurs dont – les guerres !– elle ne peut que souffrir. Les nations se forment et se heurtent. En face de l'empire de Charles Quint, se dressent une demi-douzaine d'États-Nations d'importance pourtant inégale. La France domine l'Europe de son temps, ne serait-ce que par l'importance de sa population, dix-huit à dix-neuf millions d'habitants contre quinze pour l'ensemble des États allemands, à peine une dizaine pour la Russie et six pour l'Angleterre et l'Espagne. D'où la poursuite des conflits du siècle précédent, mais avec une France en perpétuelle position d'équilibre par rapport à l'Espagne et l'Angleterre.

Enfin, la maîtrise des mers est devenue une donnée essentielle de l'équilibre européen. Pour l'Angleterre ou la Hollande, il y a nécessité d'expansion. En face, un Richelieu va vouloir contrecarrer les projets espagnols ou anglais outre-mer. D'où le regain d'intérêt de la France pour les Amériques – Québec, Louisiane ou Antilles – mais aussi pour les Indes, voire pour Madagascar. Le résultat, c'est un éclatement de rivalités européennes à l'échelle de la planète, en même temps que la poursuite d'une politique turque ou arabe de la France et l'établissement de liens avec l'Asie. Les rois de Siam et leurs ambassadeurs ne sont pas seulement une image coloriée pour grands enfants sages.

C'est dans ce contexte que s'inscrivent les deux grandes périodes de la politique extérieure de la France au XVIIe siècle : avant et après 1661. Avant, 1661, Henri IV, Richelieu et Mazarin en sont les acteurs principaux. Cette époque est dominée par la guerre de Trente Ans qui, après quatre ans de négociations à Münster et Osnabrück, voit donc les traités de Westphalie consacrer la fin d'un Empire puissant au bénéfice d'une multitude de nouveaux États tandis que la France a avancé à l'est, en Haute et Basse-Alsace. L'année 1627 a, d'autre part, marqué la rupture entre la France et l'Angleterre : guerre ouverte sur les océans qui trouve son expression continentale avec le siège de La Rochelle et d'Artagnan ou plus tard Cyrano de Bergerac qui deviendront des héros nationaux. Enfin, la première révolution anglaise, l'exécution de l'infortuné Charles Ier et l'accession au pouvoir de Cromwell montrent à toute l'Europe qu'un temps viendra où les princes héréditaires s'effaceront devant le peuple. D'où la politique de soutien actif de la France aux royalistes catholiques anglais que le mariage d'Henriette, sœur du roi, rendait d'autant plus naturelle.

En mars 1661, dès la mort de Mazarin, Louis XIV va prendre seul en main le destin de la France et, tout naturellement, de sa politique étrangère. C'est alors la mise en place de toute cette armée de grands commis de l'État qu'on a évoquée. Avec un Colbert pour contrôler la situation intérieure, le roi peut se lancer dans une politique extérieure risquée qui, à un moment ou à un autre, lui aliénera tour à tour à peu près toute l'Europe. La guerre de Hollande, de 1672 à 1679, permet à Louis XIV de consolider ses frontières. La paix de Nimègue lui assure Strasbourg. Dans le même temps qu'il révoque l'Édit de Nantes, ce qui lui attire l'hostilité d'une partie de l'Europe protestante, il trouve le moyen de se prendre de querelle avec la papauté. Pariant sur les successions à venir, voulant tailler à la France un véritable empire colonial, il se trouve engagé dans une nouvelle guerre, celle de la ligue d'Augsbourg qui, pendant onze ans, de 1686 à 1697, va l'opposer à plus de la moitié de l'Europe et marquera la fin de la suprématie française sur le continent, la réconciliation forcée avec l'Angleterre.

La guerre de Succession d'Espagne et les ultimes prétentions de Louis XIV ébranlent ce fragile équilibre et les traités d'Utrecht et de Rastadt, en 1713 et 1714, font cette fois de l'Angleterre la nouvelle puissance européenne. Mais le siècle de Louis XIV est bien fini. Le Grand Dauphin meurt de la petite vérole, le duc de Bourgogne et le duc de Bretagne, le duc de Vendôme meurent aussi :

le roi disparaît enfin en 1715. Un nouvel équilibre international est en place où la France n'a plus le rang qu'elle avait un demi-siècle plus tôt. Les relations internationales sont désormais entre les mains des ministres et des diplomates.

Les Archives du Quai d'Orsay sur toute cette période commencent à devenir beaucoup plus riches. On y trouve déjà tous les types de documents diplomatiques : instructions, traités, comptes-rendus de missions, etc.... Mais on y découvre encore bien d'autres textes susceptibles de nous renseigner sur tel ou tel aspect de la vie intérieure française, qu'elle soit politique ou sociale.

1600 : Henri IV et Marie de Médicis

Comme au siècle précédent, le mariage continue à constituer une forme privilégiée de lien entre États. D'où la première série de documents que l'on trouvera ici et qui concernent le mariage de Henri IV avec Marie de Médicis. Heureux en amour, le « Vert Galant » ne l'avait guère été jusqu'ici dans sa vie conjugale. Sa première épouse, Marguerite de Valois, la reine Margot dont, déjà de son vivant, l'opinion fit des gorges chaudes, avait été mariée pour des raisons politiques à Henri de Navarre en 1572. Fille d'Henri II et de Catherine de Médicis, elle représentait l'instrument idéal d'une réconciliation entre catholiques et protestants. Pourtant, même si les frasques, sinon les crimes, qu'a pu prêter Alexandre Dumas à la reine Margot sont bien souvent nées dans l'imagination du romancier, Henri de Navarre devenu Henri IV n'avait plus besoin de pareille épouse. D'où sa relégation, dès 1587, en Auvergne puis, en 1599, l'annulation de son mariage par le pape Clément VIII. Du coup, Henri IV était libre de convoler une seconde fois en justes noces, ce qu'il s'empressa de faire en épousant lui aussi une Médicis, Marie, qui descend de la branche cadette. Elle est la fille de ce François de Médicis qui mourut à Florence en 1587, probablement empoisonné avec sa maîtresse, la belle Bianca Capello, par son frère Ferdinand, qui devait lui succéder. C'est ce Ferdinand de Médicis qui donna toute sa splendeur à la Villa Médicis de Rome. Pour sceller son alliance avec Henri IV, Ferdinand lui proposa donc en mariage sa nièce. Le mariage eut lieu en 1601, ce qui n'empêcha pas le grand-duc de Toscane de revenir aux anciennes alliances de sa famille et de tourner plus tard le dos à la France pour regarder du côté de l'Espagne.

Les trois lettres qui figurent dans la correspondance politique des Archives du ministère des Affaires étrangères ont été envoyées par Henri IV en 1600, alors qu'il faisait sa cour à sa future épouse. On est donc bien loin, là, d'un document diplomatique au sens strict du mot. Bien au contraire, il s'agit d'une correspondance d'amoureux, bien qu'elle contienne des références à la politique du temps qu'un Henri IV n'aurait probablement pas glissées dans ses lettres à une Gabrielle d'Estrées ou à une Henriette d'Entraygues, avec lesquelles il devait ensuite tromper sans retenue la belle Marie de Médicis.

1600. – 24 mai.– Ier. À Madame la princesse de Toscane.

Les vertus et perfections qui reluisent en vous et vous font admirer de tout le monde, avoient, il y a desjà longtemps, allumé en moy un desir de vous honorer et servir comme vous le merités ; mais ce que m'en a rapporté Halincourt l'a faict croistre ; et ne vous pouvant moy mesme representer mon inviolable affection, j'ay voulu, en attendant ce contentement (qui sera bien tost si le ciel favorise à mes vœux), faire election, Madame, de ce mien fidelle serviteur, Frontenac, pour faire cest office en mon nom, asseuré qu'il s'en acquittera fidelement, comme celuy que j'ay nourry, et qui, mieulx que nul autre, a cognoissance de mes intentions. Il vous descouvrira mon cœur, et que vous trouverés non moins accompagné d'une passionnée volonté de vous cherir et aimer toute ma vie comme maistresse de mes affections, mais de ployer doresnavant sous le joug de vos commandemens celluy de mon obeissance comme dame de mes volontez, ce que j'espere de vous pouvoir tesmoigner un jour, et vous confirmer en personne le gage qu'il vous porte de ma foy, si vous adjouxtés pareille foy à luy que à moy mesme ; de quoy je vous prie, et de luy permettre, après vous avoir saluée et baisé les mains de ma part, qu'il vous presente le service d'un prince que le ciel vous a desdié et fait naistre pour vous seule, comme pour moy il a faict vostre merite. Ce xxiiije may 1600, à Paris.

Mémoires et documents, France, vol. 394.

[1600.] – 24 juillet. À Madame la princesse de Toscane.

Ma Maistresse, Je viens de recevoir une lettre de vous par les mains de Juanini, qui m'a apporté beaucoup de contentement, comme seront toutes celles que je recevray, vous priant de m'en honorer le plus souvent que vous pourrés. Le duc de Savoye a faict le fin jusques à ceste heure, mais je le presse de façon qu'il est au bout de son rolet ; et si dans huict jours il ne me satisfaict, la premiere lettre que vous recevrés de moy sera datée de Chambery. Toute son esperance est de me faire quelque mechanceté, mais Dieu m'en gardera premierement pour vous, puis pour mes subjects. J'ay prins des eaux de Pougues[1], de quoy je me suis tres bien trouvé ; j'achevay hier d'en prendre. Comme vous desirés la conservation de ma santé, j'en fais ainsin de vous et vous recommande la vostre, affin que, à vostre arrivée, nous puissions faire un bel enfant, qui face rire nos amys et pleurer nos ennemys. Frontenac me dict, à son arrivée, que vous desirés avoir quelque modelle de la façon que l'on s'habille en France. Je vous en envoye des poupines[2], et avec Mr le Grand je vous envoyeray un tres bon tailleur. Je commence à vous escrire librement ; usés-en de mesmes, car nous sommes liez d'un lien que rien que la mort ne peut separer. Resolvés-vous, ma belle maistresse, de me faire faire une faveur, car de vous seule en veux-je porter à ceste guerre. Je finiray par ceste requeste, que je vous supplie m'accorder, et baiseray cent mille fois vos belles mains. Ce XXIIIJe juillet, de Lyon.

HENRY

Mémoires et documents, France, vol. 394.

1. C'étaient alors les eaux minérales le plus en vogue. Pougues, village de l'ancien Nivernais, est aujourd'hui un chef-lieu de canton de l'arrondissement de Nevers, dans le département de la Nièvre.

2. De petites poupées utilisées pour faire connaître les modes de France. Le mot *poupée* était usité aussi dès lors.

1600. – 3 septembre. À Madame la princesse de Toscane

J'ay receu une lettre de vous du XVIe d'aoust, par laquelle vous estes en peine pour avoir esté quelque temps sans sçavoir de mes nouvelles. Vous en aurés esté en bref delibvrée, car bien tost aprés vous en aurés receu et souvent despuis, n'ayant laissé passer une seule occasion sans vous escrire. Despuis ma derniere depesche j'ay pris Conflans, ville importante pour fermer le passage de la Tarentaise, et assez forte, pour la difficulté d'y mener l'artillerie. Il y avoit mille soixante hommes bien armez, mais peu courageux. Je tiens un fort assiegé, qui est bon et bien guarny ; mais j'espere, avec l'aide de Dieu, en estre le maistre ceste sepmaine. Il ferme la vallée de la Meurienne. Cela faict, toute la Savoye et la Bresse sont à moy, fors les citadelles de Bourc, Montmeilian et fort Sainte-Catherine, que j'assiegeray tout à mon aise et à ma commodité. Ce pendant, je fais nouvelles levées, tant de Suisses que de François, pour rendre mon armée composée, dans la fin de ce mois, de vingt mille hommes de pied et deux mille cinq cens chevaulx. C'est pour battre tout ce qui me pourroit venir sur les bras. Laissons la guerre pour parler de vous, ma maistresse : hastés vostre voyage le plus que vous pourrés ; et, pour ce faire, croyés et suivés surtout les conseils de Mr de Sillery. S'il estoit bien seant de dire qu'on est amoureux de sa femme, je vous dirois que je le suis extremement de vous ; mais j'aime mieulx le vous tesmoigner en lieu où il n'y aura tesmoing que vous et moy. Bonjour, ma maistresse, je finis, baisant cent mille fois vos belles mains. Ce IIj[e] septembre.

Mémoires et documents, France, vol. 394.

Ces trois lettres ont été publiées par Berger de Xurey, *Recueil de lettres missives de Henri IV*, t.V (1599-1602), Paris, Imprimerie nationale, 1850.

1610 : L'assassinat d'Henri IV

Ravaillac agit-il seul, en fanatique inspiré par ce qu'il croyait être le vrai Dieu, lorsque le 14 mai 1610, muni des sacrements de l'Église, il suivit le carrosse du roi à sa sortie du Louvre avant de le frapper de deux coups de couteau au milieu de la rue de la Ferronnerie, ayant mis à profit ce qu'on appellerait aujourd'hui un embouteillage pour sauter sur le carrosse ? Pour certains, le régicide aurait pu être manipulé sans le savoir par l'Autriche ou l'Espagne, voire par Marie de Médicis, elle-même (la destinataire des lettres précédentes !), que la bienveillance du roi à l'endroit des protestants un peu partout en Europe, singulièrement en Suisse et en Allemagne, avait d'autant plus irritée qu'elle avait pour conséquence une perte d'influence des deux grandes nations catholiques. Dans le même temps, sa tolérance à l'intérieur, voire, pourquoi pas, ses infidélités multiples auraient pu conduire quelqu'un à armer le bras de l'assassin.

Toujours est-il que les deux documents que l'on trouvera ici n'infirment en rien la thèse de l'œuvre d'un fanatique. Né près d'Angoulême en 1578, François Ravaillac a été valet de chambre, clerc, maître d'école et frère convers peu convaincant l'espace de quelques saisons chez les Feuillants. C'est à pied qu'il s'est rendu à Paris pour commettre son forfait.

Le premier document que nous publions est une relation, on pourrait dire de première main, faite de l'assassinat par Bouthillier d'Avray à Armand-Jean du Plessis, évêque de Luçon. La lettre date du 16 mai 1610, Armand-Jean du Plessis recevra le chapeau de cardinal douze ans plus tard, c'est naturellement Richelieu. Cette lettre constitue un véritable reportage du temps.

Le deuxième document est d'une cruauté remarquable. Il s'agit de la relation de l'interrogatoire, de la condamnation et de l'exécution de « François Ravaillac, accusé de parricide sur la personne du Roy de France Henri IV ». On y décrit en détail la séance de torture du 27 mai 1610 puis la mise à mort fameuse. On notera que ce texte contient la dernière exclamation de Ravaillac pour affirmer qu'il fut le seul assassin : « Il n'y a que moy qui l'aye faict ! ».

Lettre de Bouthillier d'Avray à Armand Jean du Plessis, évêque de Luçon, relatant la mort d'Henri IV et la régence

Paris, 16 mai 1610

Monsieur,

Comme je me disposois à vous escrire quelque chose de ce qui s'estoit passé au couronnement de la reine et des préparatifs qui se faisoient pour son entrée, il est arivé le plus estrange et le plus funeste accident dont la France pouvoit estre affligée, que vous l'aurez déjà peu apprendre par le bruict qui en a couru et par les nouvelles qui en ont esté envoiées partout. La reine aiant esté couronnée le jeudy à Saint Denis, le roy assista à la cérémonie qui y fut faicte, avec toute la démonstration de resjouissance et de contentement qu'il pouvoit tesmoigner. Le vendredy quatorsiesme, Sa Majesté estoit allée voir à la rue Saint-Denis ce qu'on préparoit pour l'entrée de la reine et, en revenant, estant en la rue appelée de la Ferronerie, un meschant homme ou plustost un monstre le plus exécrable de la terre, monta sur les branches du carosse au fonds duquel estoit Sa Majesté et, sans estre retenu du respect et de la crainte qui estoient deues à l'oinct du Seigneur et au plus grand prince du monde, prenant par derrière celuy dont la face apportoit de la terreur à ses ennemis et de l'asseurance à tous ses subjects, il luy donna deux coups de cousteau, dont le premier qui n'estoit pas mortel, encore qu'ils feussent au milieu du corps. Comme le bruict commença à courir par Paris que le roy estoit mort, vous ne sçauriez penser, Monsieur, combien tout le peuple estoit désolé, la noblesse estonnée et tout un chacun triste et abbatu. Et néantmoins, au milieu de ceste tristesse commune, on prist une résolution courageuse d'establir la reine régente, de sorte que de trois heures après ce malheur, le roy aiant expiré, la court de Parlement s'assembla aux Augustins où Monsieur le prince de Conti, Messieurs de Guise, d'Espernon, de Montbason et plusieurs autres se trouvèrent, et la Court vérifia les lettres patantes de la régence que le feu roy avoit faict expédier. Il ne se peut dire combien la reine fut saisie et vivement touchée de cest accident, et toutesfois elle Sa Majesté a eu tant de constance et de vertu qu'Elle commanda incontinant à sa douleur et essuia pour un peu de temps ses larmes afin d'adviser à donner ordres aux affaires. Elle receut dès le soir les asseurances et les protestations de la fidélité des principaux seigneurs de la court. Le lendemain, qui estoit le samedy quinsiesme, le roy fut au Palais où la Court le déclara roy et légitime successeur de la couronne. Monsieur le prince de Conty, Monsieur d'Anguien au défaut de Monsieur le conte de Soisson absent, y assistèrent, et Messieurs les cardinaux, tous quatre. Le roy passa à cheval, habillé de violet, qui est son habit de deuil, tous les seigneurs alloient au devant de luy, à pied ; entre autres je vis Monsieur de Seuilly qui alloit avec Monsieur de Montbason. Tout le peuple crioit *Vive le roy,* mais leurs cris estoient fort tristes pour le ressentiment d'une plaie si récente, tout le monde remarqua que le roy avoit la façon infiniment bonne et asseurée et que sa contenance et ses actions ne ressentoient rien de son aage. [...]

De Paris, ce 16 apvril [*sic*] 1610.

Vostre très humble et très obéissant serviteur,

BOUTHILLIER D'AVRAY

Mémoires et documents, France, vol. 767, fol. 173-174.

Relation de l'interrogatoire, de la condamnation et de l'exécution de François Ravaillac, accusé de parricide sur la personne du roi de France Henri IV. Séance du 27 mai 1610

Commencé le 17 mai 1610, l'interrogatoire de Ravaillac s'achèvera le 27 mai de la même année, par son exécution en place de Grève.

Du 27me may 1610.

À la levée de la Cour, en la chambre de la Beuvette.

Par devant tous Messieurs les présidens et plusieurs des conseillers a esté mandé François Ravaillac, accusé et convaincu du paricide commis du feu roy, auquel, estant à genoux, a esté, par le greffier, prononcé l'arrest de mort contre luy donné et que, pour révélation de ses complices, sera aplicqué à la question et le serment de luy pris, exhorté ; prévenir le tourment et s'en rédimer par la recongnoissance de la vérité qui l'avoit induit, persuaddé, fortiffié à ce meschant acte, à qu'il en avoit communicqué et conféré, a dict que par la damnation de son âme n'y a eu homme, femme ny autre que luy qui l'aye sceu.

Aplicqué à la question des brodequins, et le premier coing mis, s'est escrié que Dieu eust pitié de son âme, luy feist pardon de sa faulte et non pas d'avoir recellé personne, ce qu'il a réitéré avecq mesmes dénégations comme il a esté interogé.

Mis le IIe coing. A dict avecq grandz cris et clameur : « Je suis pécheur, je ne sçay autre chose, par le serment que j'ay faict et doibz à Dieu et à la Cour. Je n'en ay parlé que ce que j'ay dit au petit cordelier, soit en confession ou autrement », n'en a parlé au gardien d'Angoulesme, ne s'est confessé en ceste ville, et que la Cour ne le feist désespérer.

Continuant de frapper le 2me coing, s'est escrié : « Mon Dieu, prenez ceste pénitence pour les grandes faultes que j'ay faictes en ce monde. O Dieu, recevez ceste peine pour la satisfaction de mes péchez par la foys que je doys à Dieu. Je ne sçay autre chose et ne me faictes désespérer mon âme. »

Mis au bas du piedz le troisiesme coing, est entré en sueur universelle et comme pasmé, ayant esté mis du vin à la bouche, ne l'a receu, la parolle luy faillant, a esté relaché et sur luy jecté de l'eaue puis fait prendre du vin.

[…]

Incontinant trois heures, tiré de la chapelle pour sortir la consiergerie, les prisonniers, en multitude et confusion, avecq injures : « meschant traistre » et autres semblables, l'ont voullu offencer, sinon que les archers et autres officiers de la justice pour la main-forte et en armes les ont empeschez.

Sortant la conciergerie pour monter au tombereau et, y estant le peuple de tous costez et en sy grand nombre que la place estoit difficile aux archers et officiers de la justice pour la main-forte, s'est mis à crier les ungs 'le meschant', les autres 'paricide', les autres 'le traistre', les autres 'le murtrier' et autres parolles d'indignation et oprobres et s'efforceans plusieurs l'offencer et se jecter sur luy, dont la force les a empeschez. Et, faisant lecture de la condamnation, sur les motz 'tué le roy de deux coups de couteau', recommencé leurs criz à plus haulte voix et les mesmes oprobres, qui ont continué jusques à l'église de Paris, où la clameur et criz ont esté semblablement à la lecture de l'arrest qui a esté exécuté pour l'amende honorable, puis, conduit à la Grève, recevant en cheminant les mesmes injures et clameurs d'indignation du déplaisir de tous, plusieurs se voulant jetter sur luy.

Le coy[1] fait à la Grève avant que descendre du tumbereau pour monter sur l'eschauffault, encores admonesté, à réiitéré les précédentes déclarations et prière au roy et à la reyne et à tout le monde de luy pardonner la faulte qu'il avoit faite grande et faire prier Dieu pour luy, le peuple continuant ses clameurs d'injures et indignation contre luy.

Monté sur l'escauffault, y a esté consollé et exhorté par les docteurs qui, aians faict ce qui estoit de leur profession, le greffier l'a d'abondant[2] exhorté, finissant sa vie, penser à son salut pour la nue vérité, à quoy n'a voullu dire que ce qu'il avoit [dit] au précédent.

Le feu mis à son bras tenant le cousteau, s'est escrié : « À, Dieu » et plusieurs foys dit : « Jésus Maria », [...] et lors le greffier luy a remonstré comme la grande indignation du peuple estoit, le jugement contre luy qui l'obligeroit à se disposer de tant plus à la vérité ; il a continué et dict : « Il n'y a que moy qui l'aye faict ».

Faict tirer les chevaux environ demye heure par intervale. Arrestez, enquis et admonesté, a persévéré en ses dénégations, et le peuple, de toutes qualitez, qui là estoient proches et loing, continué ses clameurs et tesmoignages de resentiment

1. Calme, tranquilité.
2. De plus, de nouveau.

du malheur de la perte du roy, plusieurs mis à tirer les cordes avecq telle ardeur que l'un de la noblesse, qui estoit proche, a faict mettre son cheval au lieu de l'un de ceux qui estoit recreu, et enfin, par une grande heure tiré sans estre démembré, a rendu l'esprit, et lors démembré, le peuple, de toutes quallitez, se sont jectez avecq espées, cousteaux, bastons et autres choses qu'ilz tenoient, à frapper, coupper, deschirer les membres ardemment mis en diverses pièces, raviz à l'exécuteur, les trainant que çà que là par les rues, de tous costez, avecq telle fureur que rien ne les a peu arrester, et ont esté bruslez en divers endroitz de la ville.

Mémoires et documents de France,
vol. 767, fol. 184-198.

1617 : L'assassinat de Concino Concini, maréchal d'Ancre

L'assassinat du maréchal d'Ancre représente la première tentative du jeune Louis XIII pour se libérer de la tutelle toute-puissante de sa mère, Marie de Médicis. Né en 1601, le jeune roi fut d'abord soumis à la régence de la reine mère. Déclaré majeur en 1614, il était à peine âgé de treize ans et dut subir encore pendant trois ans l'influence de celui qui, dès 1611, avait remplacé Sully à la tête des affaires politiques.

Le personnage du maréchal d'Ancre, celui de sa femme, Leonora Galigaï, entrés dans la littérature par la petite porte, font pourtant en quelque sorte figures de légende. Mais le fils du secrétaire du grand-duc de Toscane qui vint en France avec Marie de Médicis en 1600 était bien plus qu'un personnage de théâtre. S'appuyant sur l'influence de sa femme, femme de chambre et favorite de la reine, il acquit dès 1610 le marquisat d'Ancre, puis fut nommé gouverneur de Normandie et fait maréchal de France sans avoir jamais servi sous les armes. Grâce à un réseau d'espions dissimulés à tous les niveaux du pouvoir, il amassa rapidement une fortune considérable. Exerçant une autorité tyrannique sur la cour, il devint très vite odieux au jeune roi Louis XIII. Il semble bien que ce soit une décision personnelle de celui-ci qui conduisit Nicolas de L'Hospital, marquis puis duc de Vitry, capitaine des gardes de Louis XIII, à arrêter et à tuer dans la cour du Louvre Concino Concini. Condamnée ensuite comme sorcière, sa femme, la maréchale d'Ancre, fut décapitée puis brûlée.

C'est le maréchal, duc de Chartres, qui fit de la mort de Concino Concini le récit, le « narré », que l'on trouve ici.

Relation de la mort du Maréchal d'Ancre

La lundy 24, le Roy se leva de grand matin, et fit dire qu'il vouloit aller à la chasse, et que tous ses ordinaires et chevaux légers eussent à estre prests pour l'accompagner, leur ayant fait bailler leur rendez-vous à la pluspart au bout de la gallerie des Tuilleries ; où il fit tenir un carosse à six chevaux. Son départ fut différé d'heure à heure, tantost pour déjeuner, tantost pour jouer au billard, tantost pour autre prétexte, et s'entretint mesmes fort longtemps dans la gallerie, avec le jeune Bautru ; devant lequel il ne faisoit autre chose que racler un parchemin, pour le rendre plus mince, le tout à dessein. Monsieur de Luynes et le colonel d'Ornano ne s'esloignerent gueres d'auprés de luy toute la matinée : et il eut le soin d'aller dire à la Reine sa femme, que si elle oyoit du bruit, qu'elle ne s'estonnast de rien. Cependant Vitry avoit mis diverses personnes aux aguets, pour l'advertir quand le mareschal viendroit au Louvre. [...] Sur les dix heures estant adverty que le mareschal sortoit de son logis, s'en venoit, accompagné de cinquante ou soixante personnes qui marchoient la pluspart devant luy, il sortit de la salle des Suisses, avec son manteau sur l'espaule, et son baston à la main, et s'en alla droit à la porte. En mesme temps du Hallier, Persan et les autres prirent le mesme chemin, et se trouverent une quinzaine autour de luy. Quand il fut dans le passage, entre la basse cour et le pont levis, il fendit petit à petit la presse que faisoient ceux qui marchoient devant le mareschal, [...] il eut telle peine à se dépestrer dans cette foule qu'il laissa passer ledit mareschal à sa main gauche sans l'avoir apperceu, et se trouva deux ou trois pas plus avant qu'il ne falloit ; jusques à ce que, rencontrant en son chemin le sieur Colombiers Cauvigny et luy ayant demandé où estoit le mareschal, le luy monstrant avec son bras, luy disant, « le voylà qui lit une lettre ». C'estoit à l'entrée du pont dormant du Louvre, du costé de la barriere septentrionale, que marchoit ledit mareschal fort lentement. [...] Vitry donc se trouvant du costé où estoit ledit mareschal, dés que l'on le luy eust monstré, lui porta la main sur le bras droit, disant : « Le Roy m'a commandé de me saisir de vostre personne. » Le mareschal en grand estonnement dit : « A me ? » Et faisant un pas arriere, s'avança contre la barriere dudit pont, y fit semblant de vouloir mettre la main sur la garde de son espée ; et autres adjoustent qu'il demanda d'aller à son petit logis. Vitry répliqua : « Ouy à vous », l'empoignant de plus près, fit signe à ceux qui le suivoient, de charger : et à l'instant du Hallier, frere dudit Vitry, Perray, Guichaumont, Morsains et le Buisson se jetterent sur luy, et lascherent tout en un moment chacun un coup de pistolet, sans que l'on puisse sçavoir qui fut le premier, dont les deux ne porterent que sur le bois de la barriere, les autres trois porterent, l'un dans la teste entre les deux yeux, l'autre dans le gosier, et le troisième à la joue sur l'oreille droite. Perray croyoit estre le premier, Morsain le croyoit aussi, et Guichaumont plus que tous les autres, et sembla y avoir plus de part, d'autant qu'il estoit vestu de dueil. Sarroque, Persant, Tarand, la Chesnaye, Boyer, et autres en voulurent estre aussi. Sarroque donna un coup d'espée dans le flanc, sous le tétin : il s'estoit offert au Roy plus d'un mois auparavant de tuer le personnage. Tarand donna deux coups d'espée, dont l'un estoit dans le col. Les autres en donnerent aussi, mais il estoit déjà mort. Tant y a, qu'il tomba sur les genoux, appuyé contre ladite barriere ; et Vitry criant : « Vive le Roy », luy donna un coup de pied, qui l'acheva d'estendre par terre, et aussi tost toutes les portes du Louvre furent fermées, et les gardes mises en bataille. [...] Colombiers qui s'estoit retiré en arriere au bruit des pistolets, apres que la presse fut dissipée, eut la curiosité de s'en approcher de plus prés, pour voir s'il estoit mort, jusques à lui manier une main, et lui trouva le visage tout noircy de la poudre et de la boue et la fraise toute enflambée et bruslante, comme mesche d'arquebuse allumée. Le corps fut incontinent emporté dans une petite chambrette des soldats des gardes. [...] Cependant Vitry, rentrant dans la cour du Louvre où il se promena quelque temps tout au milieu, et allant çà et là, tenant toutes choses en bride ; la Catherine, qui avoit ouy le coup de pistolet, ouvrit un des chassis de la chambre de la Reine qui tournent sur ladite cour, demanda audit Vitry, « Qu'est-ce que c'estoit ? » ; il respondit que c'estoit le mareschal d'Ancre, qui estoit tué. Elle demanda qui avoit fait le coup, il dit que c'estoit luy qui l'avoit fait par le commandement du Roy : sur quoy elle referma le chassis, et l'alla dire à la Reine ; laquelle dit : « J'ay régné sept ans, je n'attends plus qu'une couronne au ciel. »

La Place vint tost apres vers la Reine, pour luy dire qu'on ne sçavoit comment un pourroit annoncer cette nouvelle à la mareschalle, et voir si Sa Majesté voudroit prendre la peine de la luy dire. La Reine luy dit qu'elle avoit bien d'autres choses à penser : que si on ne luy vouloit dire la nouvelle, qu'on la luy chantast. La mareschalle le sceut donc sans épandre aucune seule larme et envoya La Place sçavoir de la Reine si elle avoit agréable de la venir voir, pour se consoler ensemble, et la supplier de la protéger. La Reine estoit dans son Cabinet du luth, accompagnée de madame la douairiere de Guyse, de madame la princesse de Conty, et de madame de Guercheville, et se promenoit eschevelée, battant ses mains et, ayant entendu ledit de La Place, elle luy répondit qu'elle avoit assez à faire elle-mesme ; qu'on ne luy parlat plus de ces gens-là ; qu'elle leur avoit bien dit, qu'il y avoit longtemps qu'ils deussent estre en Italie. Et sur cela raconta que le soir précédent elle avoit dit au mareschal, qu'elle voyoit bien que le Roy ne l'aymoit point, et qu'il falloit qu'il songeast de se retirer en Italie. […] Voicy donc comme elle (la maréchale) la sçeut : elle se promenoit par sa chambre, et la porte ayant esté ouverte, elle vid paroistre des gardes du Roy. Elle demanda ce qu'ils vouloient, qu'ils se retirassent, et en mesme temps elle oüit du bruit dans la cour du Louvre, et demandant que c'estoit, on luy dit que c'estoit une querelle dans laquelle Vitry estoit meslé, et parce qu'elle avoit entendu les coups de pistolets, elle dit : « Comment, Vitry ? et des coups de pistolets dans le Louvre ? Vous verrez que c'est contre mon mary ! » Et là dessus arriva un qui luy vint dire : « Madame, il y a de mauvaises nouvelles, monsieur le mareschal est mort. » À quoy elle respondit incontinent : « Il a esté tué ? – Il est vray, dit celuy-la, et c'est Vitry qui l'a tué » ; et elle adjousta aussitost : « C'est donc le Roy qui l'a fait tuer. » Et au mesme temps elle mit ses pierreries dans la paillasse de son lict, et s'estant fait deshabiller s'y coucha dedans. Le Roy estant dans son cabinet des armes, oüit le bruit des pistolets ; et comme il attendoit impatiemment des nouvelles, le colonel d'Ornano vint battre à la porte du cabinet, et dit que c'estoit fait. Le Roy dit a Cluseaux : « Ça ma grosse Vitry », qui est une carabine que Vitry luy avoit ballée, et prenant son espée hors des pendans, vint à la grande salle, ou ledit Colombiers arriva en mesme temps, et dit qu'il avoit veu le mareschal bien mort. Lors on ferma les portes de la sale, et le Roy se vint présenter aux fenestres qui tournent sur la cour ; et pour estre mieux veu : le colonel d'Ornano l'embrassa et l'esleva, pour le montrer à ceux qui estoient en bas avec ledit Vitry, ausquels le Roy cria tout haut : « Grand mercy, grand mercy a vous ; à cette heure je suis Roy. » Puis le Roy alla aux autres fenestres qui tournent sur la cour des cuisines, et cria : « Aux armes, aux armes, compagnons ! » : auquel cry tous les soldats des gardes se rangèrent en bon ordre, […] En mesme temps le Roy dit : « Loué soit Dieu, me voylà Roy : qu'on m'aille quérir les vieux serviteurs du feu Roy mon pere, et anciens conseillers de mon conseil d'Estat. C'est par le conseil de ceux là que je me veux gouverner désormais. » […]

Cependant, comme le Roy estoit sur la délibération d'oster les gardes de la Reine sa mere, […] voylà entrer Bressieux, qui vint de la part de la Reyne pour supplier le Roy qu'elle eust moyen de parler à luy. Le Roy luy respondit qu'il estoit trop empesché pour cette heure-là, que ce seroit pour une autre fois ; et qu'elle s'asseurast qu'il l'honoreroit tousjours comme sa mere, mais puisque Dieu l'avoit fait naistre Roy, il estoit résolu dorénavant de regner, et de faire sa charge, et à ces fins qu'il ne vouloit plus que la Reine eust d'autres gardes que les siennes, et qu'il le luy fist sçavoir. Bressieux s'en alla rendre compte à la Reine de son message ; et s'y estant arresté un peu longuement sans venir congédier lesdites gardes, Vitry eust commandement de les aller desarmer. [...] Après, Vitry envoya encore d'autres archers au quartier de la mareschalle, lesquels la trouverent encore dans le lict ; et quelqu'un y fut avec eux pour saisir les coffres, et empescher que l'argent ne fust destourné. On fouilla partout, pour trouver les pierreries, sans rien trouver ; et parce qu'on sçavoit bien qu'il y en avoit, on la fit lever pour fouiller dans son lict ou elles furent trouvées : [...]

Bressieux voulut venir rendre réponse au Roy de la part de la Reine ; mais le Roy lui fit dire, que pour luy, s'il avoit quelque chose à luy dire qui le concernast en son particulier, il pouvoit venir ; sinon, si ce n'estoit que pour la Reine, qu'il ne s'en mist pas en peine, qu'il la traitteroit selon le devoir d'un fils à sa mere. Et peu apres voulut venir encore une troisième fois, mais lors le Roy luy fit dire qu'il se contentast des réponses qui luy avoient esté faites auparavant ; et qu'il n'y revinst plus ; que s'il y revenoit, il l'envoyeroit en lieu où il le trouveroit bien quand il voudroit.

L'ambassadeur d'Espagne s'estant présenté à la porte du Louvre, on le laissa entrer à pied par le petit guichet. Il s'en alla toujours avec son chapeau à la main, et estant dans la cour, voulut prendre le chemin du logement de la Reine à son accoustumée : mais Vitry qui se promenoit par la cour, luy cria : « Où allez-vous, monsieur ? Ce n'est pas par là qu'il faut aller maintenant, c'est au Roy qu'il faut aller donner le bon jour » ; l'ambassadeur rebroussa chemin, et alla du costé du quartier du Roy.

Mémoires et documents, France, vol. 364.

1636 : Louis XIII à À Richelieu

Une simple correspondance, datée de 1636. Le roi a trente-cinq ans, il s'adresse au cardinal de Richelieu comme à un mentor auquel il donne des informations sur la vie de tous les jours et s'inquiète auprès de lui des affaires du royaume. Cette lettre manuscrite, à la grosse écriture chaotique signée Louis, est bien représentative du type de relations qui pouvaient exister entre le roi et son ministre.

Le ministère des Affaires étrangères conserve, certes, de nombreuses correspondances de ce type, il a paru néanmoins intéressant d'en publier un exemple, d'un intérêt historique sans doute moindre que ce qu'il révèle de la psychologie de Louis XIII.

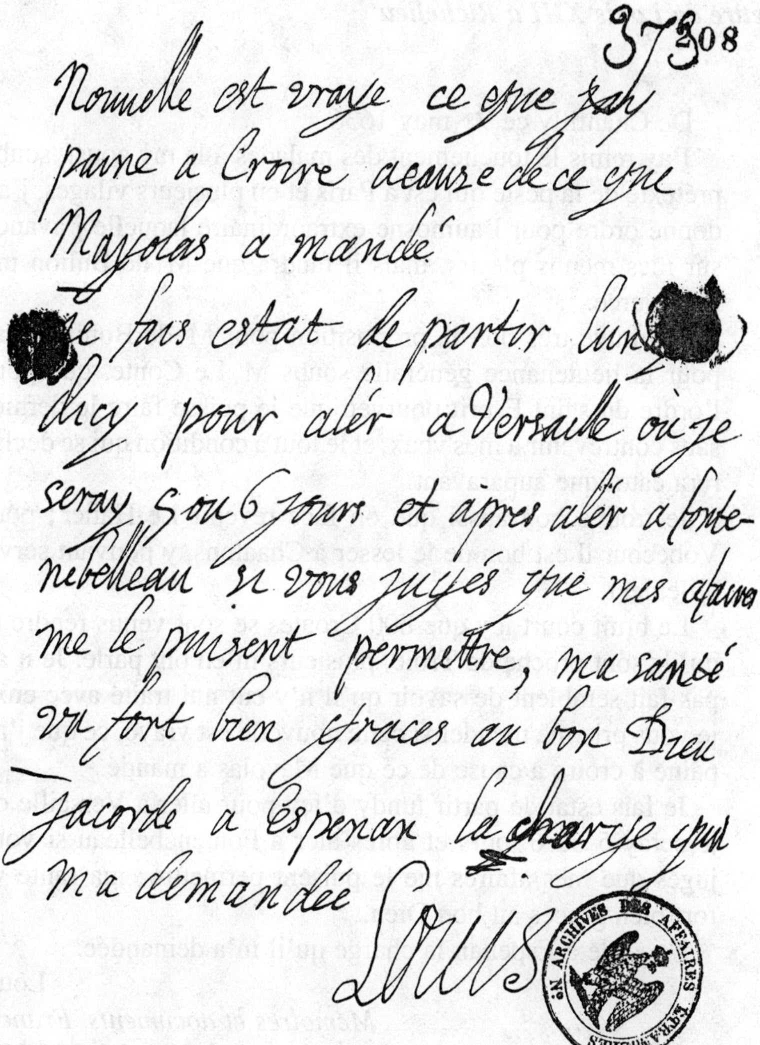

37308

Nouvelle est vraye ce que jay
paine a croire acause de ce que
Mazolas a mande
Je fais estat de partir lundi
dicy pour aler a Versaille ou je
seray 5 ou 6 jours et apres aler a fonte-
nebelleau si vous jugés que mes afaires
me le puisent permettre, ma santé
va fort bien graces au bon Dieu
jacorde a Espenan la charge qui
ma demandée
Louis

Lettre de Louis XIII à Richelieu

Lettre de Louis XIII a Richelieu

De Chantilly ce 9me may 1636

J'ay remis le touchement des malades à la my aoust, soubs prétexte de la peste qui est à Paris et en plusieurs vilages, j'ay donné ordre pour l'aumosne extraordinaire laquelle j'avance sur mes menus plésirs, mais il faudra que Mr de Bulion me rembource.

Je trouve très bon la proposition pour Mr de Bouilon tant pour la lieutenance généralle soubs M^r Le Conte, que pour l'ordre du saint Esprit pourveu que je puisse faire le dernier sans contrevenir à mes veux, et le tout à condition qui se déclarera catolique auparavant.

Je trouve bon aussi que on face revenir Le Halier ; pour Vobécour il est bon de le lesser à Chaalons, y pouvant servir utilement.

Le bruit court icy que 800 Croates se sont venus rendre et qu'ils sont proche de Troie, plusieurs m'en ont parlé. Je n'ay pas fait semblent de savoir qu'il n'y eut nul traité avec eux ; je vous prie me mender si cette nouvelle est vraye, ce que j'ay paine à croire à cause de ce que Mayolas a mandé.

Je fais estat de partir lundy d'icy pour aller à Versaille où je seray 5 ou 6 jours et après aler à Fontenebelleau si vous jugés que mes afaires me le puisent permettre ; ma santé va fort bien graces au bon Dieu.

J'acorde à Espenan la charge qu'il m'a demandée.

Louis

Mémoires et documents, France,
vol. 244, fol. 201-208.

1636 : Le père Joseph, éminence grise et voyant

C'est d'une véritable curiosité qu'il s'agit cette fois. Si Richelieu fut le mentor et, en quelque sorte, l'éminence grise de Louis XIII, la véritable « Éminence grise » de cette période fut celui à qui l'on donna bel et bien ce surnom, le père Joseph. Fils d'un ambassadeur à Venise et de Marie de La Fayette, il commença une carrière militaire puis une carrière mondaine. Enfin, en 1599, François-Joseph Le Clerc du Tremblay quitta le monde, à l'âge de vingt-deux ans, et revêtit la robe grise des capucins. On le voit alors un peu partout en France, travaillant à la conversion des protestants. On le voit aussi en Italie, où il prêcha une croisade contre les Turcs et fut nommé en 1625 préfet des missions. Mais dans le même temps, conseiller de Marie de Médicis, il s'était lié à Richelieu et c'est en 1624 qu'il devint son plus proche collaborateur. D'où le surnom d'Éminence grise de ce père tout de gris vêtu.

Dès lors, le père Joseph va d'abord s'occuper de politique étrangère, s'efforçant par tous les moyens d'affaiblir les Habsbourg. C'est lui qui négociera l'alliance de Gustave-Adolphe de Suède avec la France. C'est encore lui qui, à la Diète de Ratisbonne, au cours de l'automne 1630, fera en sorte de troubler les rapports entre les princes catholiques et l'empereur. Bien que le père Joseph n'eût jamais de fonctions officielles, il vécut dans l'ombre de Richelieu comme une personnalité particulièrement agissante. À sa mort, en 1638, il venait d'être fait cardinal.

On a dit que le document que l'on publie ici est une curiosité. Il s'agit en effet du récit d'une vision qu'eut le plus intime conseiller de Richelieu au cours de l'été 1636…

Papier du père Joseph, escrit de la main du père Ange, touchant une révélation, 15 juillet 1636

Le mardi 15 juillet cette forme de la Vierge luy est apparue visiblement, qui luy a dit en voix distincte : « Vous avez tort d'avoir si peu de foy que de vous estonner pour de petits inconvéniens. Mon fils les permet pour les raisons que je vous ay dites, qui sont pour esprouver la foy, et pour apprendre à recourrir à mon fils, et à ne point se confier en soy mesmes. Les chastimens sont continués dont les effets sont terribles, et toutefois ces chastimens seront avec douceur. »

Sur cela il fut donné un instinct en l'esprit de cette personne que ces effets terribles estoient des bruslemens d'églises, prophanation des saints lieux, violemens et pillages qui se commettoient vers La Capelle et aux environs des bourgs et vilages et non en des villes et places de conséquence exprimé par ces parolles, que ces chastimens seroient avec douceur et qu'ils n'auroient pas grande suite.

Par ce mesme instinct, il luy fut montré confusément que les ennemis avoient lors dessein d'attaquer quelque place aucunement proche de La Capelle et qu'ils n'estoient pas encores résolus et marchandoient. Elles n'en a point veu encores l'événement.

Puis cette forme de la Vierge poursuivit à dire vocalement : « Faites sçavoir à Sr Nicole qu'il fasse advancer les trouppes vers les ennemys, et que j'aideray puissamment à les chasser de la France. Et qu'il falloit que le Roy prist soin de faire son debvoir vers Dieu, tant en ce qui est de sa charge que de sa personne. »

Il luy a esté aussy monstré en esprit qu'il falloit veiller par les frontières de Languedoc et de Guyenne, et que les Espagnolz y ont quelque peu d'intelligence qu'il ne faut pas négliger, mais qu'il faut y envoyer promptement affin que ceux qui y sont obligés y prennent garde.

Le 16e juillet il luy apparut une grande et longue vision qui dura près de troys heures, estant alliennée de ses sens. Il luy sembla voir le fils de Dieu, en l'air remply d'une grande majesté et lumière sur un grand throsne devant lequel elle vit plusieurs personnes de divers royaumes et de diverses conditions, ausquelles celuy qui estoit dans le throsne communiquoit diverses graces par ses regards et en leur présentant la main comme en les appellant, ou faisant d'autres actions. Entr'autres elle vit le Roy, M^r le Cardinal et autres de son conseil. Il luy sembla que celuy qui estoit dans le throne se leva et prit le Roy par la main, et le mena en divers lieux parmy des combats qui se faisoient sous son authorité. Elle voyoit en quelqu'uns un grand nombre de gens de guerre, et en d'autres un moindre nombre. Elle voyoit aussy sur le chemin où le Roy estoit mené de grandes masses comme des montagnes. Elle ne pouvoit connoistre aussy si ces masses et de grands corps estoient des villes ou des montagnes. Il luy sembloit que cela signifioit de grands obstacles et empeschemens de diverses sortes qui arrestoient le Roy en chemin, et qu'il ne pouvoit survivre sans le secours de celui qui le menoit.

Mémoires et documents, France, vol. 821, fol. 91-94.

1644 : Westphalie, les négociateurs

Commencées en 1644, les négociations qui devaient aboutir aux traités de Wesphalie durèrent plus de quatre ans. Ces deux traités, conclus le 24 octobre 1648 à Osnabrück entre les puissances protestantes et à Münster entre la France et le Saint Empire romain germanique, constituèrent en effet les fondements d'une organisation de l'Europe qui va, pour l'essentiel, demeurer en place jusqu'à la Révolution française et aux conquêtes napoléoniennes. Les traités de Westphalie eurent notamment pour conséquence un effacement certain des Habsbourg, une division encore plus marquée de l'Allemagne et le début de l'apogée française en Europe.

Comme plus tard au congrès de Vienne, les négociations qui se déroulèrent pour l'essentiel à Münster firent l'objet d'une surenchère de protocoles, d'arguties, mais aussi de festivités de la part des principaux ambassadeurs.

Pourtant, l'un des événements les plus remarquables pendant tout le temps que dura la négociation fut l'opposition que se manifestèrent les deux négociateurs que Mazarin et Brienne, son ministre des Affaires étrangères, avaient choisis pour les représenter. Bien que dirigée officiellement par Henri d'Orléans, duc de Longueville, la délégation française était en réalité bicéphale. Le duc de Longueville n'arriva d'ailleurs lui-même en Allemagne qu'au cours de l'année 1645. En revanche, dès les premières étapes de leur voyage, le comte d'Avaux et Abel Servien, les deux diplomates, ouvrirent entre eux les hostilités. Théoriquement, c'était Claude de Mesmes, comte d'Avaux, qui avait le pas sur Servien, au terme des pouvoirs qui leur avaient été remis à Paris avant leur départ. D'où l'attitude certainement arrogante de d'Avaux à l'endroit de son collègue. Cette mésentente était aggravée par le fait que, bien qu'ambassadeur depuis longtemps, d'Avaux avait dû quitter pour se rendre à Münster la charge fort rentable de surintendant des Finances. De son côté, Servien avait toute la confiance de Mazarin, après avoir d'abord servi son prédécesseur, Richelieu. Dans l'esprit du cardinal de Mazarin, Servien devait certainement jouer un rôle essentiel dans la négociation.

Voulant affirmer sa primauté, d'Avaux commença par charger son collègue de la rédaction des dépêches. Or, ce faisant, il permettait à Abel Servien de contrôler en quelque sorte l'information qui partait pour la France. Qu'on ajoute à cela des positions politiques fort différentes de la part des deux négociateurs. L'un d'entre eux, Servien, considère que sa mission consiste d'abord à abaisser le plus possible la maison d'Autriche, fût-ce par le moyen d'alliances protestantes. De son côté, d'Avaux se pose en champion des intérêts de l'église et de la papauté.

Cette querelle des négociateurs ne fit que s'amplifier pendant toute la durée des rencontres, elle suscita le mécontentement des autorités françaises en même temps que l'ironie des observateurs de tout poil. Avant d'entrer dans le cœur même de ce qui devait devenir les traités de Westphalie, on trouvera ici deux lettres adressées par M. d'Avaux au cardinal de Mazarin, ainsi qu'une correspondance de Mazarin relative à ces divergences.

Lettre de d'Avaux à Mazarin

Le 13 aoust 1644

Monseigneur,

J'ay espuisé toutes mes plaintes envers vostre Eminence mais Mr Servien n'épuisera jamais ses injures et ses violences contre moy. Ces mots sont trop doux pour qualifier son dernier insulte, et apres cela je ne dois plus attendre de sa part que le poignard, ou le poison. Je supplie seulement Vostre Eminence de jetter les yeux sur l'infame libele qu'il a escrit contre la légitime et nécessaire deffense que j'ai opposée a son aggression, et si elle juge que j'en doive parler en d'autres termes, je veux passer pour le plus injuste de tous les hommes. Je ne veux point en estre cru, je m'en rapporte aux sentimens mesmes de mon adversaire qui, apres m'avoir traité avec la hayne d'un Turc, ou d'un More, et les termes d'un crocheteur, n'a pas pu se résoudre de venir chez moy, malade et languissant depuis quinze jours, pour concerter ensemble nos dépesches, selon que nous avons accoustumé [...] Il a cru qu'il n'y avait point de violence qu'il ne dust justement attendre d'un homme de cœur si laschement outragé quelque asseurance que je luy aye donnée par Mr de Bregy que ma modération passée en des occasions fort approchantes de celle cy luy devoit estre une suffisante caution ; son appréhension a prévalu a ce qu'il doit au Roy, et a l'obligation de sa charge ; il se résolut une fois d'y venir, mais après avoir tesmoigné audit Sr de Bregy, qu'il vouloit donc estre sur ses gardes, et accompagné de ses domestiques pour me faire l'affront tout entier ; il changea d'avis, et conclut à une rupture manifeste de nos conferences, et a ne nous plus voir, sa passion qui cedoit auparavavant au service de sa Majesté, une heure la semaine, fait qu'il ne connoist plus en ma personne l'homme du roy mais seulement l'objet de sa hayne.

Ma maladie ne me permet pas de vous en dire davantage pour cette fois, seulement, Monseigneur, je vous conjure par la nécessité des affaires du roy, et par l'intérest de l'Estat qui vous est si cher de me tirer de la persécution de cet homme. Il se laisse entendre que j'ay grand dessein de sortir d'icy, et est bien si hardy de me l'escrire a moy mesme, quoyque je n'y aye jamais pensé mais c'est qu'il se promet d'estre icy tout seul, ou qu'il n'aura point de compagnon, dont il ne devienne le maistre, cette espérance luy a fait porter les choses a l'extrémité, afin de réduire votre Eminence a la nécessité de rappeler l'un et l'autre. J'avoue bien aussy, Monseigneur, qu'il est désormais impossible de nous laisser tous deux ensemble, mais je ne choisis pas, comme luy, je suis dans une pure indiférence et résignation a vos volontez, il m'importe peu en quelle station je sois, pourveu qu'elle ne me soit, point commune avec luy.

Dans l'attente, Monseigneur, de ce qui vous plaira ordonner, je me jette à l'ombre de votre protection, je suis pressé de douleur et je vous le confesse d'autant plus ingéneument que je désire, que vous sçachiez la grandeur de l'obligation, que je vous auray de me protéger en cette rencontre.

Quoy que je sois comblé de vos bienfaits, que je tienne de vous tous les ornemens de ma fortune, il n'y a toutesfois point faveur de Votre Eminence, qui puisse m'obliger davantage a demeurer toute ma vie [...]

Correspondance politique, Allemagne, vol. 30, fol. 165-166.

Lettre de d'Avaux à Mazarin

Le 27 aoust 1644

Monseigneur,

Quand vous m'avez fait l'honneur de m'inscrire pour m'ordonner la réconciliation avec Monsieur Servien, vous n'estiez pas informé du nouvel outrage que j'en ay receu, néanmoins, Monseigneur, aussitost que j'ay apris la volonté de votre Éminence, tant par la lettre dont il vous a plu m'honorer que par une autre de Mr de Mesmes, et par la bouche de Mr de Saint Romain, j'ay obéi si ponctuellement, et de si bon coeur, que j'espère que votre Éminence en demeurera satisfaite. Je ne vous céleray pas, Monseigneur, que j'ay eu de la peine a vaincre mon ressentiment, et mon jugement tout ensemble, il falloit oublier les injures receues, et ce qui est a tel point, qu'au plus fort de nos querelles je n'ay pas laissé de parler dignement de luy en toutes occasions (ce qu'il a reconnu) qu'il y avoit sujet de douter si nous serions propres a servir dans un mesme employ, veu mesme la différence qui se remarque en toutes nos actions, et inclinations, mais que je le suppliois de croire que j'y contribueray de ma part, et de bonne foy tout ce qui me sera possible. Il m'a répondu civilement, et tesmoigné qu'il consentoit a l'amnistie. Ce n'est pas un grand effort, après avoir pleinement satisfait sa passion dans la satyre, qu'il m'envoia le 10e de ce mois ; au reste, Monseigneur, il faut que j'avoue que dans une affaire ou j'ay senty des grandes amertumes rien ne me tant mortifie, que l'opinion que vous avez eue, que je n'avois pas une parfaite confiance en vous. Elle est si grande, Monseigneur, que rien ne me console en tout ce désordre que la seule asseurance que j'ay que vostre protection ne me manquera jamais, comme aussy je ne puis manquer a la gratitude et fidélité que je vous dois. Je conjure vostre Éminence de le croire absolument, et d'accepter ce que j'ay fait aujourd'huy pour une preuve de cette vérité. Enfin je me mets de tout coeur et tous mes intérests entre vos mains, et ne désire pas que vous les portiez, ou conserviez, qu'autant que vous me croyez.

Correspondance politique, Allemagne, vol. 30, fol. 241-242.

Lettre du cardinal de Mazarin à Servien

10 septembre 1644

Monsieur,

La nouvelle de votre réconciliation avec M^r^ d'Avaux m'a apporté une joie que je ne vous sçaurois exprimer. Je ne doute point qu'elle ne soit de durée, espoirs que les choses se conservent par les mesmes causes que celles qu'ils ont produites ; j'ay raison de me persuader que les motifs qui vous ont porté à une action si nécessaire continuant tousjours, il faut nécessairement que l'effet continue et subsiste aussi. Je croy mesme qu'ayant esté prévenu en cette rencontre par M^r^ d'Avaux, vous ne voudrez pas qu'il ait sur vous cet avantage de civilité, sans que vous en preniez sur luy quelque autre et qu'il y aura entre vous deux de l'émulation de vivre ensemble avec des manières les plus obligeantes et les plus pleines de respect et de confiance dont vous vous pourrez aviser ; outre que le bien général de la chrestienté et l'intérest particulier de sa Majesté le requièrent ainsi. Je vous proteste qu'il n'y a rien en quoy vous me puissiez plus sensiblement obliger, ny me rendre de plus agréables preuves de l'amitié que vous m'avez promise. Asseurez vous que je tascheray de m'en revancher, de vous faire paroistre dans les ocasions que personne au monde n'est plus que moy.

Votre très affectionné et très véritable serviteur.

Le cardinal de Mazarin

Correspondance politique, Allemagne, vol. 30, folio 250-251.

1646 : Westphalie, les instructions

Dans le bel article consacré aux plénipotentiaires français en Westphalie qu'Anne-Marie Enaux a écrit pour le catalogue de l'exposition sur les traités de Westphalie, l'auteur nous fait partager la vie ordinaire des porteurs de courrier entre Paris et Münster, tout le temps que dura la longue négociation. « Chaque semaine, au jour fixé, le mardi, deux porteurs de dépêches quittaient l'un Münster, l'autre Paris, et se croisaient à mi-chemin… » Pour couvrir cette distance, il fallait aux chevaux de poste une dizaine de jours et souvent davantage car ce parcours n'était pas dépourvu de péril. Il arriva plus d'une fois à Brienne de se plaindre de l'irrégularité de l'arrivée du courrier, deux dépêches rédigées à huit jours d'intervalle pouvant lui parvenir ensemble, parfois même en mauvais état. « Pour éviter ces incidents, dès le début des négociations et sur le conseil des plénipotentiaires, le secrétaire d'État avait pris la précaution de leur adresser les dépêches de la cour sous l'enveloppe du paquet du sieur Hoeupst, un marchand banquier de Paris, qui correspondait avec son agent à Hambourg… » Aucune solution (définitive) n'avait encore été adoptée quand les plénipotentiaires reçurent des dépêches du roi ouvertes ou amputées, « le courrier qui portait ces dernières ayant été volé entre Anvers et la Meuse par des gens qui avaient plus de curiosité de voir ces lettres que d'espérance de profiter de son argent. Des lettres adressées à la cour subirent le même sort... ».

On le voit, transmettre à longueur d'année, pendant quatre ans, des informations en provenance des négociateurs et recevoir des instructions en sens inverse était une tâche ardue. Arrivées à Paris, les dépêches devaient être déchiffrées, puis transmises au cardinal de Mazarin par l'intermédiaire de M. de Brienne. « Il fallait en conséquence presque deux semaines pour que les plénipotentiaires fussent avisés des réponses données par Mazarin aux mémoires qu'ils avaient dictés à leurs secrétaires... ». On publiera ci-dessous un mémorandum adressé par Louis XIV à Longueville, d'Avaux et Servien en date du 6 novembre 1646, faisant état d'événements survenus en Espagne le 9 octobre précédent.

L'instruction en date du 6 novembre voit dans la mort de l'infant Balthazar Charles un « aiguillon nouveau et bien pressant pour obliger le roi d'Espagne à n'apporter aucune difficulté en tout ce qui pourrait retarder d'un seul moment la conclusion de la paix... », et en profite pour les inciter à davantage de fermeté. La haute politique s'y mélange cette fois aux effets de la providence divine, les supputations sur l'avenir à des considérations matrimoniales presque sordides.

***Mémorandum de Louis XIV
à Longueville, d'Avaux et Servien***

On receut dimanche dernier la nouvelle d'un événement digne de grande considération et qui peut avoir beaucoup de suittes à désirer ou à craindre selon qu'il plaira à Dieu d'en ordonner, c'est la mort du prince d'Espagne qu'une fièfvre de quatre jours a emporté à Sarragosse le 9e du passé.

La Reyne a esté fort touchée de la perte de ce jeune prince qui luy estoit sy proche, et Sa Majesté a déploré sur tout et compaty au malheur du roy son frère qui a esté frappé en peu de tempz des plus rudes coupz qu'un homme puisse recevoir dans sa famille, ayant perdu la reyne sa femme, l'impératrice sa sœur, qu'il aymoit tendrement, et son filz unicque, et qui se veoid par là en danger imminent de veoir sortir la monarchie d'Espagne hors de sa branche.

Après ces premières considérations Sa Majesté en a faict beaucoup d'autres sur cet accident qui regardent les affaires généralles qu'elle est bien ayse de communicquer succinctement à messieurs les plénipotentiaires.

Premièrement Sa Majesté juge que cette mort servira d'un esguillon nouveau et bien pressant pour obliger le roy d'Espagne à n'apporter difficulté aucune en tout ce qui pourroit retarder d'un seul moment la conclusion de la paix, et quand les avis que nous avons de bon lieu ne nous en asseureroient pas positivement comm'ilz font, plusieurs raisons que l'on ne s'amusera pas à déduire, parce qu'elles tombent d'abbord dans le sens d'un chacun, nous le persuaderoient assez.

En second lieu Sa Majesté tient non seullement pour indubitable que le filz de l'empereur espousera l'infante héritière, mais qu'il ne se passera pas longtemps qu'on ne le voye passer en Espagne, quoyque le mariage ne puisse estre sy tost consommé, mais affin que s'il arrivoit quelqu'accident au roy d'Espagne dont la santé n'est pas bien bonne ny fort asseurée, il y ayt un prince de la maison pour recueillir la succession et pour gouverner, et quand mesme la princesse viendroit après à mourir, qu'il se trouvast en possession et en estat de disputter à la Reyne les droicts légitimes que Sa Majesté y auroit alors.

Les histoires rapportent que Charles Quint après avoir ceddé l'Empire à son frère Ferdinand s'en repentit et voullut y faire naistre des obstacles qui ne furent surmontez que par la déclaration que fist Ferdinand qu'il feroit la guerre pour faire valloir la cession, d'où l'on peut inférer qu'aussy tost que la maison d'Austriche verra le moyen de mettre l'Empire et la couronne d'Espagne en une seulle teste, elle n'en perdra pas l'occasion.

En troisième lieu Sa Majesté attribue à un effect de la providence divine et de la bonté qu'elle continue d'avoir pour cette couronne, que cet accident debvant arriver, elle ayt permis que ç'ayt esté dans une conjoncture où les conditions de la paix estoient à la veuille d'estre arrestées, et que ne l'estans pourtant pas entièrement, la France, avant que passer outre, eust assez de tempz pour considérer tout ce dont elle peut estre menacée à l'advenir en suitte de cette mort et pust songer à prendre d'autant mieux ses mesures et ses précautions pour la seureté de la paix qui se conclura, car il n'est pas question seulement aujourd'huy de se munir contre l'intention des Espagnolz qui ne se portent à la paix que pour sortir d'un mauvais pas, et avec dessein de prendre leur revanche aussytost qu'ilz en trouveront l'occasion favorable, mais il faut considérer extrêmement que l'union des deux maisons d'Allemagne et d'Espagne en une seulle teste peut leur donner lieu de nous faire plus de mal qu'ilz n'en ont eu jusqu'icy, comm'il est à appréhender que ce prince-là ne soit plus puissant et plus à craindre que n'estoit le roy d'Espagne avant qu'il eust faict tant de pertes en cette guerre, puisqu'il ne pouvoit pas disposer de la vollonté et des forces de l'Empereur comme fera celluy-cy joignant les deux dignitez ensemble. Et sy nous avions tant songé aux moyens d'empescher que l'Empereur par intérest d'alliance ne se portast comm'autresfois il a faict à assister les Espagnolz, au cas que nous fussions demeurez en guerre avec eux après l'accommodement de l'Empire ou que, la paix généralle se faisant, l'Espagne l'eust rompue à quelque tempz de là, à plus forte raison y devons-nous penser et prendre touttes les précautions imaginables à présent qu'il ne s'agira pas de secourir un tiers par mouvement de proximité, mais de soustenir ses intérestz propres et d'agir luy-mesme en sa propre cause.

Les meilleurs moyens pour cela sont ceux que l'on a mandez diverses fois, et que messieurs les plénipotentiaires ont marquez dans leur dernière despesche, et les plus solides de tous sont l'un d'affoiblir nos ennemis autant qu'il se pourra, l'autre de s'unir plus estroictement que jamais avec nos alliez, et le dernier de donner plus d'occupation à l'Espagne dans le Portugal qu'elle ne croid y en trouver.

En quatrième lieu Sa Majesté a considéré que messieurs les Estatz sont ceux qui ont plus de raison d'appréhender l'union qui se va faire des deux maisons en une seulle personne, car toutes les déclarations que l'Espagne fera en leur faveur par ce traicté touchant leur liberté et leur souveraineté et touttes les renonciations de droicts et de prétentions sur eux ne sçauroient les mettre en condition plus asseurée qu'ilz sont à présent ny empescher que l'Espagne ayant moyen de faire valloir son droict avec ses forces propres et avec celles de l'Empire desquelles les Provinces-Unies ont le plus à craindre, elle n'en perde pas l'occasion, et que s'ilz voyent jamais jour à rompre contre messieurs les Estatz avec apparence de bon succez, ilz ne se mettront pas beaucoup en peine de ce que ce roy-cy aura promis pour sortir d'un mauvais pas, et practiqueront leur ancienne maxime qu'on ne doit pas garder la foy aux héréticques.

Et cela doibt faire entrer en considération les Provinces-Unies en quel estat elles se trouveroient maintenant sy elles s'estoient laissé induire à commettre quelque manquement de foy envers cette couronne et à l'offenser, estant le seul véritable appuy dont ilz peuvent s'asseurer en tout tempz.

Les Suédois ont aussy grand intérest de s'unir plus estroictement que jamais avec la France pour la conservation des pays qui leur demeureront par ce traicté, puisque sy on vient à leur en disputter la possession ilz auront à faire à un Empereur qui employera contre eux ses forces et celles du roy d'Espagne.

En cinquième lieu Sa Majesté a considéré que le roy de Portugal est celuy à qui cette mort du prince d'Espagne peut estre la plus utille, non seullement en ce que vraysemblablement elle décourragera la nation espagnolle et pourra attiédir l'ardeur avec laquelle il eust esté attacqué, mais parce que le roy d'Espagne qui n'a pas trop de santé peut aussy manquer, et qu'alors soit à cause de la minorité de la princesse, soit pour le changement qui se feroit dans tout l'Estat et la nouveauté du gouvernement, il ne luy seroit pas malaysé avec un peu d'assistence estrangère de se soustenir et se conserver en la possession de tous ses Estatz, outre que sy avant tous ces événements-cy et avant les grandes pertes que le roy d'Espagne a faittes, il s'est trouvé un duc de Medina Sidonia et le marquis d'Ayamont qui ont voullu se rendre maistres de l'Andalousie et eussent esté suivis d'autres qui attendoient quel succez auroit la résolution de ceux-cy, il est à croire que la monarchie d'Espagne estant affoiblie au point qu'elle l'est, et dans des accidens de mortz ou de mutations de gouvernement, il pourroit s'en trouver beaucoup qui, voyans plus de jour à faire leur fortune, seroient en pareille humeur que ledit duc et ledit marquis et en disposition de faire leur proffit par des brouilleries qu'ilz susciteroient.

En suitte de tout ce que dessus Sa Majesté estime qu'il n'y a rien présentement de plus nécessaire que d'engager messieurs les Estatz à soustenir le roy de Portugal. Cette guerre, sy elle peut occupper l'Espagne, sera la seureté desdits sieurs Estatz et celle de nostre repos, mais pour y parvenir il fault travailler incessament à oster touttes les aigreurs que les Provinces-Unies ont contre ledit roy par un accommodement où elles ayent toutte satisfaction sur leurs différens du Brésil.

Il semble que dans cette conjoncture cela ne sera pas malaysé, parce que d'un costé messieurs les Estatz feront sans doutte grande refflexion à l'intérest notable qu'ilz ont d'occuper aillieurs que chez eux les armes d'Espagne, maintenant que celles de l'Empire sont en chemin d'estre à un mesme maistre, et de l'autre le roy de Portugal à ce qu'on nous mande ayant pezé tout ce qui luy a esté réprésenté d'icy, a résolu à quelque prix que ce soit de contanter lesdits sieurs Estatz, et nous avons avis de Lisbonne que le comte de Vidiguiera repasse par deça avec qualité d'ambassadeur extraordinaire non seullement avec plain pouvoir sur cette affaire, mais avec de grandes sommes d'argent que l'on dict aller jusques à millions pour distribuer parmy les Provinces-Unies. Messieurs les plénipotentiaires agiront donc dez à présent pour conduire bientost cette négociation à une heureuse fin et pour faire une réunion des espritz aussy sincère que celle de leurs intérestz les y convie.

Sa Majesté a enfin considéré que cette mort rompant le mariage de la fille de l'Empereur pourra bien donner lieu à Trautmansdorff de jetter quelque propos de celluy du Roy avec elle, sy ce n'est que le Roy d'Espagne veuille pour luy-mesme ce qui estoit destiné pour son filz, mais ilz se contanteront d'escoutter ce qui pourra leur en estre dict et d'en donner avis icy.

Il eschect aussy de considérer que les filles ne succèdent pas à la duché de Milan, et que cela pourroit donner jour avec le tempz, le roy d'Espagne venant à manquer, d'en obtenir l'investiture pour le Roy par marriage, eschange ou autrement.

Voylà les refflexions que Sa Majesté a faites de prime abord sur l'accident impréveu de la mort du prince d'Espagne. Il en tombe à chacque moment de nouvelles dans la pensée et peu de tempz fera encore pénétrer plus avant et juger de l'avenir avec plus de fondement. Cependant messieurs les plénipotentiaires sçauront que l'on est averty de très bon lieu que le roy d'Espagne et les ministres qui sont prez de luy, comme aussy le marquis de Castel Rodrigo qui a eu plus tost que nous l'avis par la voye de la mer, appréhendent extrêmement que cette mort n'empesche la paix ou qu'elle ne nous fasse demander des choses auxquelles on n'a point encores pensé, croyant bien que nous considérerons qu'avec le tempz l'union des deux maisons en une teste nous peut donner beaucoup d'affaires et que voyans desjà les choses en un grand panchant nous voudrons les pousser plus avant pour nous mettre à couvert de tout ce qui peut arriver[1].

Correspondance politique, Allemagne, vol. 78, fol. 299-304.

---

1. *Acta pacis Westphalicae, die französichen Korrespondenzen*, t. IV, 1646, doc. n° 180.

1645 : Les ambassadeurs polonais

La description de « La magnifique entrée des ambassadeurs polonais dans la ville de Paris » en 1645 constitue l'un de ces morceaux de bravoure conservés aux archives du ministère des Affaires étrangères, où un rédacteur s'en donne à cœur joie pour décrire un cortège officiel. On sait que les « entrées » de souverains, notamment des rois de France dans les grandes villes du pays, faisaient déjà l'objet à la fois de festivités et de narrations souvent grandiloquentes. Celle des ambassadeurs polonais de 1645, venus chercher Louise-Marie de Gonzague, princesse de Nevers, mariée au roi de Pologne, a été décrite à plusieurs reprises, notamment par Madame de Motteville. Ses « Mémoires pour servir à l'histoire d'Anne d'Autriche » constituent un document important pour l'histoire de la Fronde. Mais l'auteur de cette description officielle est plus prolixe encore. Il est vrai que peu de temps auparavant, en 1640, une ambassade de seigneurs polonais venus en France habillés à la française avait quelque peu déçu les nombreux spectateurs massés sur les rives de la Seine et qui espéraient des sensations plus exotiques. Cette fois, l'entrée polonaise connut un succès éclatant. La cour de France, qui séjournait à Fontainebleau, en revint plus tôt pour l'occasion. Heiduks en dolomons – ou longs jupons de satin jaune –, et sérézies, manteaux d'écarlate fourrés de zibeline, plumes blanches de grue et massues de bois d'Inde, tout était sûrement fait pour impressionner le bon peuple de Paris. Peut-être celui-ci vit-il d'ailleurs, dans cette splendeur, les signes d'une barbarie quelque peu orientale. Il n'en reste pas moins que le texte que l'on trouvera ici atteste d'une luxuriance à laquelle s'est manifestement complu la plume de son auteur.

La magnifique entrée des ambassadeurs polonois dans la ville de Paris

Avec la première audiance qu'ils ont eue de Leurs Majestez et de la princesse Louise-Marie, destinée reine de Pologne.

[…]

Tout ce que l'on nous raconte de l'ancienne splendeur des Romains et de celle d'aujourd'huy des Perses et des autres peuples orientaux a paru en abrégé dans la superbe entrée des ambassadeurs extraordinaires de Pologne, venus pour faire les cérémonies du mariage de leur roy avec la princesse Louise-Marie de Gonzague, qui nous ont fait confesser, que soit en la richesse, soit en la naifveté des couleurs, soit en l'avantage que tirent de la forme de leurs habits les nations long-vestues, ce siècle n'a rien veu plus digne d'admiration et de l'applaudissement que leur a donné cette grande et populeuse ville.

Nostre Cour ne fut pas plus tost retournée de Fontainebleau, que le jour de dimanche dernier, 29 du passé, fut arresté pour cette pompeuse entrée, qui avoit fait avancer ce retour. Sur les unze heures du matin de ce jour-là, le sieur de Berlize, l'un des introducteurs des princes et ambassadeurs estrangers en cette Cour, après avoir receu les ordres du roy et de la reine pour ce sujet, se rendit avec les carosses de Leurs Majestez en l'hostel du duc d'Elbeuf, qui avoit eu commandement d'elles d'accompagner, avec le comte d'Harcourt, son fils, ces ambassadeurs extraordinaires de Pologne, que ces princes allèrent quérir après-midy au-delà du fauxbourg Saint-Antoine de cette ville, au logis du sieur de Rambouillet, où ils les atendoyent.

Ils estoyent accompagnez en cette cavalcade des marquis de Miossan et de Jarzey ; le premier, enseigne des gendarmes, et l'autre, cornette des chevaux-légers du roy, suivis chacun de cinquante gentilshommes, du marquis de Moni, premier escuyer de Monseigneur le duc d'Orléans, du sieur de la Roussière, escuyer du prince de Condé, du sieur du Violart, escuyer du duc d'Anguyen, du comte de Noailles, capitaine des gens d'armes de Son Éminence, et du comte de Barrault, de la part de la princesse Louyse-Marie, chacun d'eux suivi de quantité de noblesse ; tous lesquels, ayans pris leurs rangs, partirent de là en cette sorte.

Premièrement, marchoit le sieur Girault, pour faire entretenir les ordres de l'introducteur des ambassadeurs, puis le sieur Chlapowski, capitaine des heiduks ou gardes du palatin de Posnanie, l'un desdits ambassadeurs, couvert d'un dolomon ou long jupon de satin jaune, et au-dessus d'une férézie (qui est en nostre langue un long manteau) d'escarlate fourrée de zibelline, le bonnet en teste de drap d'or à fond d'argent, fourré de mesme, et au-dessus des plumes blanches de grue, toutes droites attachées au bonnet avec une enseigne de pierreries, tenant en main son busdigan ou massue de bois d'Inde, estant par le haut à six angles d'argent dorez, ayant à sa gauche un cimeterre dans son fourreau d'argent couvert de turquoises et à sa droite pendoit à la selle de son cheval une longue espée dans un fourreau pareil au précédent. Il estoit monté sur un beau cheval, sellé et houssé en broderie d'or à fleurs, les deux estriers d'argent forts larges comme tous les autres à la polonoise, la bride, le poitral et la croupière faites de chaînons d'argent fort industrieusement travaillez.

Il estoit suivi de sa compagnie d'heyduks, qui estoit composée de trente hommes à pied, couverts d'un jupon de drap rouge à manches coupées et d'un manteau par-dessus, de mesme estofe et couleur, retroussé sur l'espaule, attaché chacun avec huit grosses boucles d'argent de chaque costé, le bonnet fourré aussi de mesme, orné d'une lame d'argent en forme de plume, portans une carabine sur l'espaule droite et une hache d'armes sur la gauche, ayans tous le poil razé à la polonoise, c'est-à-dire à la réserve d'un bouquet de poil au sommet de la teste et des deux moustaches sur la lèvre. Ces heyduks estoyent précédez de quatre autres, vestus de mesme livrée, portans chacun une enseigne de couleur mi-partie de rouge et jaune, et suivis de six autres vestus de mesme, qui jouoyent chacun d'un fifre.

Puis marchoit le sieur Pieczowski, capitaine des heyduks de l'évesque de Varmie, l'autre desdits ambassadeurs, couvert d'un jupon de satin rouge cramoisi et d'une férézie de velours de mesme couleur, fourrée de zibelline, le bonnet en teste de mesme estofe, couleur et fourrure et orné de semblables plumes et joyaux que celui du palatin de Posnanie. Il estoit aussi monté et équippé de mesme.

Après lui venoit sa compagnie d'heyduks, au nombre de ving-cinq, armez et vestus à la façon des précédens, sinon que les habits estoyent de drap verd et que les seize grosses boucles d'argent qui atachoyent le manteau d'un chacun d'eux estoyent en forme de fleurs de lys.

Cinq autres joueurs de fifres les suivoyent, aussi vestus comme ceux de leur compagnie.

Puis paroissoit le sieur Del Campe, avec les gentilshommes de son académie, en fort bel ordre.

Le sieur Choinski, escuyer et capitaine des carabins de l'ambassadeur palatin, vestu d'un dolomon de satin incarnat et d'une férézie de velours verd, le bonnet de mesme, garni de six plumes blanches de grue, enrichies de pierreries. Il estoit très bien monté sur un cheval richement harnaché, ayant son cimeterre et son espée, l'un à son costé, l'autre pendante à la selle, comme les deux autres capitaines polonois.

Il estoit suivi de sa compagnie de carabins, au nombre de 26, vestus pareillement de drap rouge, tous bien montez et leurs chevaux sellez et houssez de mesme, estans, outre leurs cimeterres et espées, armez de leurs carabines.

Après venoit le sieur de Vaux avec son académie, dont les chevaux dressez à la françoise, comme ceux de la précédente et de toutes les autres, estoient ornez d'une infinité de galands.

Puis se présentoit le sieur Trezeski, premier gentilhomme de la chambre de l'ambassadeur palatin, vestu d'un dolomon de satin violet et d'un long manteau sans collet, qu'ils appellent contouz de tabi ondé de mesme couleur violette, doublé de zibelline, tenant en main un grand marteau d'acier ayant son manche d'argent doré, son espée et son cimeterre tout couvert de turquoises, la selle et la housse de son cheval de broderie d'or et d'argent, la bride, le poitral et tout le reste de chaisnons d'argent.

[...]

Enfin paroissoient les ambassadeurs, ayans devant eux le sieur de Berlize : l'évesque de Varmie, vestu de tabi violet, avec un chapeau et un cordon d'or enrichi de diamans, estoit à la droite, et le palatin de Posnanie, à la gauche, vestu de brocar d'or chargé de force pierreries, comme estoyent aussi son cimeterre, son espée et ses estriers, tous couverts de turquoises, rubis et diamans, ayant son cheval sellé et houssé de toile d'or et ferré de quatre fers d'or, l'un desquels se déferra à dessein dans les rues. Ils estoient entre le duc d'Elbeuf et le comte de Harcourt, son fils, suivis de plusieurs gardes à cheval et de force carrosses, 2 desquels, par leur beauté, attiroyent les yeux d'un chacun, outre ceux de cette cour qui précédoyent les autres. Dans les leurs estoyent les sieurs Markiewicz, chanoine de Posnanie, Pilchowicz, secrétaire du roy de Pologne, trois pères jésuites, Wapowski, parent et confesseur de l'ambassadeur évesque, et Czeski, le père Bernardin Zmyiewski, le baron de Wolzogen, conseiller et secrétaire de l'ambassadeur palatin, les sieurs Freudenhamer et Knefel, médecins des deux ambassadeurs, et les autres officiers et domestiques qui, tant à pied qu'à cheval et dans les carosses susdits, passoyent le nombre de deux cents. Entre les chevaux, il y en avoit quarante turcs, vingt-trois desquels estoyent ferrez d'argent, outre celuy cy-dessus ferré d'or. Ils avoient aussi un si grand nombre de chariots chargez de leurs meubles que la nuit les trouva encore par les rues où ils passèrent, qui furent la rue Saint-Anthoine, la place Royale, les rues des Francs-Bourgeois, de Paradis, du Brac, Sainte-Avoye, Neufve-Saint-Merri, Saint-Martin, des Lombards, de la Ferronnerie et Saint-Honoré, où, ayans passé devant le Palais Royal, ils furent descendre en l'hostel de Vendosme, le pavé et les fenêtres de toutes ces rues estans bordez d'un nombre incroyable de peuple.

Mémoires et documents, France, vol. 24.

Le Testament politique de Richelieu

Le « Testament politique de Richelieu » est bien connu. Publié seulement en 1688, il fut longtemps considéré comme apocryphe. Tout prouve aujourd'hui qu'il est bien de la main du Cardinal. Quelque part dans la lignée d'un Machiavel ou d'un Jean Bodin, Armand du Plessis de Richelieu s'y montre l'un des plus grands moralistes du XVIIe siècle. Il s'agit pour l'essentiel d'une justification de toute la conduite du Cardinal, mais aussi d'un ensemble de conseils qu'il entendait laisser au roi. Souhaitant faire du passé un modèle pour l'avenir, Richelieu y préconise l'abaissement des grands, la lutte contre les protestants, autant de combats pour la plus grande gloire de la France. Il comporte des exposés juridiques sur les trois ordres, clergé, noblesse et tiers état, où le gallicanisme de l'Église et la loyauté des nobles face au pouvoir royal sont présentés comme les fondements de la monarchie.

Après le « Testament politique », on publia encore en 1730 une « Histoire de la Mère et du Fils » qui sont des mémoires édités avec une certaine complaisance après sa mort, ainsi que de nombreuses lettres, instructions diplomatiques et papiers d'État pour la plupart publiés entre 1853 et 1877. Les archives du Quai d'Orsay conservent une bonne partie de cette correspondance, ainsi que l'original du Testament politique.

Les deux passages qu'on en publie ici sont particulièrement significatifs. L'un, fameux, « traite des moyens d'arrêter le cours des duels ». On sait que, voulant mettre fin aux duels qui décimaient une partie de la noblesse, Richelieu eut en effet recours à des moyens radicaux puisque le jeune François, comte de Montmorency-Bouteville, après avoir été condamné pour avoir tué en duel le comte de Thorigny en 1624 et s'être réfugié ensuite à Bruxelles pour en revenir par bravade se battre en plein jour avec le marquis de Beuvron, fut condamné à mort et exécuté.

Le second texte, très bref, traite « de la puissance du prince » et de la nécessité de se montrer « puissant pour estre considéré de ses sujets et des estrangers ».

Qui traite des moyens d'arrêter le cours des duels

Il s'est fait tant de divers édits pour empescher les duels sans que, jusqu'à présent, on ait pu tirer le fruit qu'on en devoit attendre et qu'on en désiroit, qu'il est difficile de trouver un moyen asseuré pour arrêter le cours de cette rage.

Les François méprisent tellement leur vie que l'expérience nous a fait connoitre que les plus rigoureuses peines n'ont pas toujours esté les meilleures pour arrêter leur frénésie.

Ils ont souvent estimé qu'il y avoit d'autant plus de gloire à violer les édits qu'ils faisoient voir par une telle extravagance que l'honeur leur estoit en bien plus grande recommendation que leur vie, estant plus capables d'appréhender de perdre les commoditez sans lesquelles ils ne peuvent vivre heureux en ce monde, que de mourir hors la grâce de Dieu, sans laquelle ils seront malheureux dans l'autre.

La crainte de perdre leurs charges, leurs biens et leur liberté a fait plus d'effet sur leurs esprits que celle de perdre la vie. Je n'ay rien oublié de ce qui m'a esté possible pour trouver quelque remède propre à la guérison de ce dangereux mal.

J'ay souvent consulté pour sçavoir si, ainsy qu'il est permis aux roys de faire battre des particuliers pour éviter une bataille et décider par ce moyen le différent qui leur a mis les armes en main, ils ne pouvoient pas aussy accorder quelques combats pour éviter la multitude des duels qui se font tous les jours.

Je disois qu'il y avoit grande apparence qu'on pouroit, par ce moyen, garantir la France de cette frénésie qui luy cause tant de mal, veu qu'en faisant espérer la permission du combat à ceux qui auront un juste sujet de le prétendre, chacun se soumettroit volontiers aux juges députez pour connoistre la qualité de leur offense, ce qui vraysemblablement empescheroit le malheur des duels, veu qu'il se trouveroit peu de querelles qui ne pussent estre terminées par un bon accord.

J'ajoutois, pour favoriser cette pensée, qu'autrefois on avoit permis plusieurs duels en ce royaume, ce qui s'estoit aussy pratiqué en divers Estats.

J'estimois qu'on pourroit, par ce moyen, abolir l'usage de la barbarie qui veut que tout homme offensé peut se faire justice soy-même et trouver sa satisfaction dans le sang de son ennemy.

[...]

J'ay reconnu qu'il y avoit grande différence entre faire battre deux particuliers pour éviter une bataille et finir une guerre, et les faire battre pour tâcher d'éviter les duels.

Le premier est permis parce que la nature nous enseigne que la partie doit s'exposer pour le tout, et que la raison veut que le particulier se hasarde pour le général, parce qu'outre que cet expédient a esté pratiqué de tout temps, on en trouve deux exemples dans les Saintes Lettres et que son effet est saint et certain en ce que, quelque événement qu'ayt un duel permis, en ce cas il sauve la vie à un grand nombre de personnes qui peuvent servir le public en d'autres occasions.

Mais il n'est pas de mesme du second qui est illicite par sa nature, en ce qu'au lieu de sauver certainement le général par le hazard de quelques particuliers et ainsy garantir d'un plus grand mal pour un moindre, il expose déterminément les particuliers à leur perte sur la seule imagination d'une utilité publique qui n'a point de fondement certain.

Ce moyen est d'autant moins recevable qu'au lieu d'arrêter le cours des duels, il est capable d'en augmenter la licence, en ce que l'aveuglement de la noblesse est si grand que beaucoup, estimant que demander le combat par cette voye seroit rechercher le moyen de ne se battre pas, feroient vanité de prendre un chemin plus court pour tirer raison de leurs injures et donner des preuves de leur courage.

[...]

Or, parce que les meilleurs loix du monde sont inutiles si on ne les fait observer inviolablement, et que souvent ceux qui tombent en ce genre de faute usent de tant d'artifices pour en éviter les preuves qu'il est presque toujours impossible de les convaincre, je ne crains point de dire à V. M. que ce n'est pas assez de punir les appels et les duels avérés par la rigueur de ses édits, mais lorsqu'il y aura notoriété sans preuve, vous devez prendre les délinquans et les mettre prisonniers à leurs despens pour plus ou moins de temps selon les diverses circonstances de leurs fautes. Autrement, la négligence dont usent ordinairement vos procureurs généraux à informer, l'indulgence de vos parlemens et la corruption du siècle, qui est telle qu'un chacun estime autant d'honeur d'aider ceux qui se sont battus à déguiser leurs crimes qu'un vray gentilhomme tiendroit à honte de receler le vol d'un larron, rendront vos édits et vos soins inutiles.

[…]

Elle fera tout ce qui peut probablement arrêter le cours de ceste frénésie ; et le soin qu'Elle prendra de conserver la vie de la noblesse la rendra maistresse de leur cœur et l'obligera à une si estroite fidélité qu'elle payera avec usure ce que V. M. en peut attendre dans tous les employs dont ils seront gratifiez.

Qui monstre que le prince doit estre puissant pour estre considéré de ses sujets et des estrangers

La puissance estant une des choses les plus nécessaires à la grandeur des roys et au bonheur de leur gouvernement, ceux qui ont la principale conduite d'un Estat sont particulièrement obligés de ne rien omettre qui puisse contribuer à rendre leur maistre si authorisé qu'il soit, par ce moyen, considéré de tout le monde.

Comme la bonté est l'objet de l'amour, la puissance est la cause de la crainte, et il est certain qu'entre tous les principes capables de mouvoir un Estat, la crainte, qui est fondée en l'estime et en la révérence de la force, est celuy qui intéresse davantage chacun à faire son devoir.

Si ce principe est de grande efficace au respect du dedans des Estats, il n'en a pas moins au regard du dehors, les sujets et les estrangers regardant avec mesmes yeux une puissance redoutable ; les uns et les autres s'abstiennent d'offenser un prince qu'ils reconnoissent estre en estat de leur faire du mal s'il en a la volonté.

J'ay remarqué en passant que le fondement de la puissance dont je parle doit estre l'estime et le respect ; j'ajoute que c'est maintenant chose si nécessaire que, si elle tire son origine d'autres principes, elle est très dangereuse en ce qu'au lieu d'estre cause d'une crainte raisonnable, elle porte à hayr les princes, qui ne sont jamais en plus mauvais estat que lorsqu'elle tombe en une aversion publique.

La puissance, qui fait considérer et craindre les princes avec amour, a plusieurs espèces différentes : c'est un arbre qui a cinq diverses branches qui tirent toutes leur nourriture et subsistance d'une mesme racine.

Un prince doit estre puissant par sa réputation, par un raisonable nombre de gens de guerre continuellement entretenus, par une notable somme de deniers dans ses coffres pour subvenir aux despenses qui surviennent souvent lorsqu'on y pense le moins, et, enfin, par la possession du cœur de ses sujets, comme nous le pouvons clairement voir.

Mémoires et documents, France, vol. 82.

1654 : Christine de Suède, telle que la vit Pierre Chanut

Christine de Suède a sûrement été l'une des souveraines les plus remarquables du XVIIIe siècle ; on sait d'ailleurs que lorsqu'elle se fit couronner en 1650, ce ne fut pas comme reine mais comme *roi* de Suède. Cependant, la « Reine Christine » est bien plus encore : c'est un mythe. Peut-être avons-nous tendance à la voir avec les yeux que nous avons pour Greta Garbo dans le film célèbre que lui consacra en 1933 Rouben Mamoulian. Au côté d'un John Gilbert, Garbo y interprétait l'intrépide monarque au pourpoint de femme en velours noir sous collerette de dentelle. Mais il est vrai que la vie de Christine de Suède était déjà tout un roman. Née en 1626, elle était la fille de Gustave-Adolphe, mort à la bataille de Lützen lorsqu'elle n'avait que six ans. Elle fut alors soumise à la régence du célèbre Oxenstiern, ou Oxenstierna, qui gouverna le pays d'une poigne solide, centralisant l'administration, fondant une colonie en Amérique et obtenant la libre circulation dans le Sund pour concrétiser enfin les conquêtes de Gustave-Adolphe par les traités de Westphalie, en 1648.

À cette date, Oxenstierna avait officiellement cédé la place à Christine, qui avait pris en main les affaires du pays dès 1644 avant même de se faire couronner roi de

Suède en 1650. Pourtant, les relations entre la reine Christine et son peuple, et surtout entre la reine Christine et Oxenstierna, ne furent jamais bonnes. Voulant gouverner elle-même, elle contribua certes à faire de son pays la plus importante des puissances du Nord. Mais, intelligente, cultivée, érudite même, elle mena une vie peu compatible avec celle d'une souveraine de pays protestant. On sait, d'autre part, qu'elle fit venir Descartes en 1649 à Stockholm et que la relation du philosophe avec la reine influença largement l'évolution de celle-ci. Toujours est-il qu'en 1653, alors âgée seulement de vingt-sept ans, elle convoqua son cousin Charles-Gustave pour lui annoncer sa décision d'abdiquer en sa faveur. L'ambassadeur de France, Chanut, qui l'avait bien connue et qui avait alors été transféré à La Haye, s'efforça sans succès de la faire revenir sur cette décision. Dès lors, la vie de la reine Christine devint une fantastique errance à travers toute l'Europe. Elle se convertit au catholicisme, débarqua à Rome en grande pompe, vêtue en amazone (c'était en 1655) et une légende qui court encore à la Villa Médicis affirme que le boulet de pierre rond qui couronne la célèbre vasque du Pincio, devant la porte de l'actuelle Académie de France, a été tiré un matin par Christine pour réveiller un amant qui dormait là.

Des amants, Christine en eut beaucoup, elle fit d'ailleurs assassiner à Fontainebleau l'un d'entre eux, Monaldeschi, qui était aussi son écuyer. À la mort de son cousin Charles-Gustave devenu Charles X, elle voulut retrouver le trône de Suède, sans succès. Elle fut même candidate à la couronne de Pologne. Auparavant elle avait tenté de reprendre Naples aux Espagnols pour le laisser ensuite à la France. Sa carrière s'acheva à Rome où écrivains et musiciens créèrent autour d'elle une manière de cénacle ; on y jouait notamment les œuvres d'un Corelli et d'Alessandro Scarlatti. C'est à Rome qu'elle mourut en 1689 pour être enterrée dans la basilique Saint-Pierre.

Pierre Chanut, dont on a vu qu'il était dans l'intimité de la reine, nous a laissé ce très beau portrait de la souveraine.

1653 : Portrait de Christine de Suède par Pierre Chanut, ambassadeur de France

C'est un miracle que la reine de Suède. À peine en cent ans vient-il au monde une personne pareille. Elle a le corps petit, le front large, les yeux grands et fort brillants, le nez aquilin, la bouche petite et belle, mais elle n'a rien de femme hors le sexe. Sa voix est d'un homme, son port, son geste et son parler. Vous la voyez presque tous les jours monter à cheval et bien qu'elle s'y tienne à la manière des dames, néanmoins elle tourne et plie le corps, de sorte que qui n'en est pas bien pris la prendrait pour un cavalier. Elle porte à cheval un chapeau et une jupe à l'espagnole, sa robe seule la fait passer pour fille, elle n'a qu'un pied à l'étrier et ne laisse de pousser un cheval avec tant de vitesse qu'il n'y a personne qui la puisse suivre à la course. Elle paraît plutôt voler que courir. Son habillement quand elle monte à cheval est assez simple. Je ne pense pas qu'il puisse être estimé quatre ou cinq écus. Le roi d'Espagne a fait demander le portrait de la reine en cavalière, dans sa Cour. Elle n'use que d'habits fort communs. Je ne lui ai jamais vu ni à la tête ni au col ni sur sa personne, or ni argent, sinon qu'un seul petit agneau. Elle n'a nul soin de se parer. Une fois la semaine on lui peigne la tête, en quinze jours et le dimanche, elle donne une demi-heure à s'habiller, les autres jours un quart seulement. J'ai vu souvent, parlant à elle, sa chemise passant par ses manches toutes tachées d'encre à force d'écrire. Étant invitée et priée quelquefois d'avoir plus de soin de sa personne, elle dit que cela était oiseux et inutile. Elle donne seulement trois ou quatre heures au sommeil parce qu'elle se couche fort tard et se lève fort matin. Pendant sept ou huit mois elle a gardé cette rigueur qu'à peine dormait-elle trois heures. Alors dès le grand matin elle s'occupe cinq heures à la lecture de divers livres, dit que de manger en public c'est le martyr des rois et des reynes parce qu'il faut être plus longtemps à table. Quand elle mange seule, elle n'y est que demie-heure, elle boit de l'eau seulement. Jamais on ne l'a ouïe se plaindre ni se soucier de la qualité des viandes ni demander qu'elles fussent apprêtées d'une façon ou d'autres. Je l'ai vue souvent, étant servie à table de viandes fort exquises, toucher seulement aux communes et repousser les autres. Je lui ai ouï dire qu'elle ne s'étonnait de rien, qu'elle ne savait rien de si grand, de si nuisible, ni de si contraire, qui peut lui ôter la tranquillité de l'esprit. Elle dit faire aussi peu d'état de la mort que du sommeil. Dans les extrêmes froidures de l'hiver, quand en ce pays-là la gelée tient, les mers prises et glacées, elle méprise cette rigueur et lors elle se plaît d'aller en carrosse ou à cheval et principalement dans les plus longues nuits, durant quatre, cinq ou six heures. Elle donne le matin aux affaires politiques. Elle assiste tous les jours au Conseil. J'ai vu qu'ayant été un jour saignée, elle avait tenu cinq heures entières le Conseil. Il a encore été remarqué que, pendant le cours d'une fièvre qui lui dura l'espace de vingt huit jours, elle avait agi comme de coutume sans avoir rien omis de la conduite des affaires. Elle dit que Dieu lui a commandé de traiter les affaires du royaume avec diligence, qu'elle y apportera de sa part tout ce qui est en elle, que si les choses ne réussissent pas toujours si heureusement, qu'elle aura cette consolation d'y avoir apporté toute la diligence possible. Elle gouverne et conclut elle seule ses affaires publiques, aussi les ambassadeurs ne traitent et ne transigent qu'avec elle et ne sont renvoyés ni à secrétaire ni à aucun ministre. Lorsque les ambassadeurs des rois la viennent publiquement saluer dans les audiences solennelles, elle seule leur fait réponse. C'est chose incroyable, et néanmoins je la vois tous les jours, que ces généraux suédois dont le nom et les armes ont fait trembler toute l'Allemagne, trembler eux-mesmes en sa présence sans oser ouvrir la bouche. À peine avait-elle trois ans quand elle perdit son père. Qui croirait qu'une princesse âgée de vingt-sept ans peut dans un royaume assez libre s'être acquis une autorité si absolue que gouverner seule sans dépendre de personne ni sans trouver aucun obstacle ? Elle veut savoir tout. Elle lit tous les traités des affaires du royaume, quoique fort longs. Je sais qu'une fois, lui ayant été présenté un traité qui contenait vingt huit feuillets, après l'avoir lu en fort peu de temps, elle le remit et l'expliqua sur le champ en latin à un certain ambassadeur. Elle aime toutes les nations, elle estime en tout la vertu et rien autre chose, elle dit qu'il n'y a en tout que deux nations au monde, l'une des gens de bien, l'autre des méchants, qu'elle déteste celle-ci et qu'elle aime l'autre sans aucune distinction des noms qui sont assignés aux diverses nations. Elle ne peut supporter le nom de mariage, personne ne lui a jamais pu persuader de se marier. Elle dit qu'elle est née libre et qu'elle veut mourir libre. Dans les conversations communes, elle est tellement familière que qui la voit ne la prendrait pas pour une reine, ni même pour une dame si considérable. Elle entend, elle parle, elle touche, elle excite ceux avec qui elle est, elle rit et raille fort galemment, toutefois elle est si redoutable que tous ces gens-là demeurent devant elle comme des enfants lorsqu'il s'agit de choses sérieuses ; quand elle entend les ambassadeurs des rois, elle prend une si grande majesté qu'elle imprime de la crainte au plus hardi. Je l'ai vue moi-même en un moment passer de l'entretien familier à la gravité et majesté royale comme d'une extrémité à l'autre, qu'à peine aurais-je pu croire ce que je voyais de mes propres yeux. [...] Elle a l'usage de huit ou neuf langues, la latine, grecque, française, espagnole, italienne, l'une et l'autre, Danemark, suédoise, allemande, flamande. Elle lit aussi l'hébraïque et l'entend un peu. Elle a lu et sait tous les poètes anciens. Il semble qu'elle a exercé sa mémoire sur les modernes français et italiens. Elle a parcouru tous les philosophes, elle a lu plusieurs des Saints Pères. Sa mémoire est plus qu'humaine. [...] Elle est très ferme en ses promesses, elle discourt agréablement de toutes choses, elle a enfin tant d'humanité que parmi toutes ses hautes vertus, celle-là peut être, ce semble, mise au premier rang, tous les étrangers qui viennent à sa cour en peuvent rendre témoignage, et moi principalement que si je dis en France avoir été promener avec la reine dans son carrosse, je ne sais si je trouverai personne qui n'en soit surpris et le veuille croire.

Correspondance politique. Suède, vol. 8, fol. 46-48.

1658 : Lettres de Mazarin

Il a paru intéressant de reproduire ici un petit ensemble de lettres adressées par le cardinal de Mazarin à quelques-uns de ces grands commis qui ne contribuèrent pas peu à la gloire propre du ministre de Louis XIV et, bien davantage, à celle de son souverain et de la France.

D'une personnalité moins remarquable, naturellement, que son prédécesseur Richelieu, Mazarin n'en était pas moins infiniment plus puissant. Plus tortueux et machiavélique encore qu'un Richelieu dont toute la stature s'inscrit pourtant dans une tradition qui est celle du *Prince* de Machiavel, le cardinal de Mazarin sut capter toute la confiance du jeune Louis XIV après avoir remporté celle de sa mère, dont il fut peut-être l'amant, voire plus encore à l'issue d'un hypothétique mariage secret. Parfaitement corrompu, autant intéressé à sa fortune personnelle qu'à celle du royaume, il fut, par les victoires de Rocroy, de Nordlingen et de Lens, l'un des principaux acteurs qui amenèrent au traité de Westphalie. La Fronde lui porta un coup sensible, mais il continua à imposer ses vues au roi, notamment par quelques-uns de ses plus fidèles hommes liges : Le Tellier, Servien ou Hugues de Lionne. C'est seulement à sa mort, en 1661, que Louis XIV va, enfin seul, prendre réellement en main les rênes du pouvoir.

La première série de lettres publiées ici est adressée à Turenne, après ses victoires dans les Flandres qui conduisirent les Espagnols à signer, un an plus tard, la paix des Pyrénées. Pour partie autographes, en grande majorité copies du temps, ces lettres témoignent à la fois du sens politique aigu qui était celui du cardinal, ou du moins de ses conseillers, ainsi que de l'art qu'il avait pour flatter ceux, et c'était le cas de Turenne, dont il avait besoin.

Les deux autres lettres, dont on ne donne ici que des extraits, sont particulièrement significatives de l'habileté de Mazarin. Dans la première, adressée à Colbert, il se plaint de la mauvaise volonté du surintendant des Finances, Fouquet, qui ne tient pas ses promesses et tarde à fournir aux armées les sommes nécessaires à leur action.

Le second extrait est adressé à Fouquet lui-même, un an avant sa disgrâce fameuse. Mais ce sont des fonds personnels du roi qu'il est question ici, puisque la cassette royale semblait être en communication directe avec les fonds du royaume. Ainsi Nicolas Fouquet, qui montrait sa munificence au roi par tous les moyens, semblait ne pas hésiter non plus à régler ses dettes de jeu, quitte à se les faire rembourser par le bon peuple.

À M. de Turenne

Fontainebleau, 17 septembre 1658.

On ne m'a rendu qu'hyer vostre lettre du 5 de ce mois, et comme nous avons sceu depuis la prise d'Oudenarde, sur laquelle je vous ay escrit assez au long, il ne me reste rien à y adjouster. Je vous diray seulement que nous avons eu nouvelles certaines de la mort de M. le Protecteur ; qu'il avait déclaré son fils aisné, le mylord Richard, son successeur, et que l'armée et la ville de Londres, qui peut donner le plus grand bransle au changement on à la consistance en ce pays-là, paroissoit luy estre assez favorable ; mais comme il ne faut pas faire un fondement asseuré à l'issue et qu'il est à presumer que le roy d'Angleterre et le duc d'York tascheront de profiter de cette conjoncture pour desbaucher les Anglois qui sont dans nostre armée [à Dunkerque] et à Mardik et voir si, gaignant quelques officiers, ils ne pourroient point entreprendre quelque chose sur lesdictes places, mesme dans Dunkerque, je vous prie de vous entendre avec M. Lockhart sur tout ce qu'il y aura à faire, afin d'empescher l'effect de leur dessein, et de luy faire sçavoir que vous avez ordre du Roy de luy offrir toutes les assistances qu'il pourra desirer de vous, escrivant à M. de Schomberg de faire aussy la mesme chose de son costé.

Nous verrons bientost le train que prendront les choses en Angleterre. Sur quoy on prendra aussy des mesures plus certaines. Cependant je ne sçais si ce nouvel incident pourra empescher l'execution [de la resolution] qu'on a prise à l'esgard de Hesdin, et que je vous prie d'examiner avant que nous y soyons embarquez davantage, car on en usera comme vous le jugerez à propos, et M. le mareschal de Schulemberg se conformera volontiers à ce que vous luy manderez estre de vos sentimens.

Correspondance politique,
Pays-Bas, vol. 45, fol. 326-327.

À J.-B. Colbert

Dijon, 17 novembre 1658

[...] Je ne sçais plus que dire là-dessus ; mais j'ay escrit à M. le Procureur général en sorte qu'il faut une fois pour toutes qu'il me dise de quoy je puis faire estat, afin de pouvoir prendre mes mesures ; car autrement tout périra. Je vous prie de le voir, de ma part, pour luy dire que j'attends response avec impatience de ce que je luy ay escrit en dernier lieu, et que, s'il n'a desja donné ordre pour l'exécution de ce qu'il m'a promis auparavant de partir, tout sera en confusion sans qu'il y puisse estre apres remédié, quelque effort qu'on puisse faire. Je dis cela sans aucune exagération, et vous luy adjousterez que, si je lui depeschois des courriers pour le solliciter à mesure que je suis pressé, il en recevroit plusieurs tous les jours. Enfin je ne sçais plus que respondre aux remonstrances continuelles que je reçois de Catalogne, de Flandre et [d'] Italie, ny comme faire marcher les troupes en quartier, n'y ayant pas un sol pour les étapes.

Je me remets là-dessus à la response que M. de Lionne vous aura faicte ; car ledict comte ne veut pas de postulation, et j'ay faict escrire de nouveau, sechement, à M. de Verneuil.

Je ne vous puis rien dire des intentions de M. de Mantoue (concernant l'acquisition du duché de Nevers) mais bientost j'en auray quelques nouvelles, suivant lesquelles je prendray mes résolutions. Ce pendant vous agirez dans cette affaire comme vous le jugerez plus à propos.

Mémoires et documents, France, vol. 292, fol. 89-90.

Au Surintendant

Saint-Jean-de-Luz, 28 octobre 1659.

[…] Le Roy me faict l'honneur de [m'] escrire qu'il vous avoit demandé de l'argent, me marquant qu'il estoit assez malheureux au jeu. Je m'asseure que Sa Majesté aura desja receu les trois mille pistoles qu'elle avoit desirez, et que vous aurez trouvé moyen de vous les faire donner par le trésorier de la bourse, qui s'en remboursera sur ce que les Estats [de Languedoc] donneront. Je crois aussy que vous n'aurez pas hesité à trouver l'argent pour donner aux gardes françoises […].

Mémoires et documents, France,
vol. 281, fol. 289-292.

Ces lettres ont été publiées par G. d'Avenel, *Lettres du cardinal Mazarin pendans son ministère*, t. IX, Paris, Imprimerie nationale, 1906.

1659 : Mariage de Louis XIV

Encore un mariage d'État. Mais, cette fois, combien plus symbolique que les noces après tout bourgeoises de Henri IV avec Marie de Médicis. Conclu en 1659, le traité des Pyrénées mettait fin à une guerre franco-espagnole qui durait depuis 1636. On a vu précédemment Turenne vainqueur dans les Flandres, son succès à la bataille des Dunes : le traité des Pyrénées tire les conclusions de cet échec de l'Espagne. Celle-ci abandonne à la France le Roussillon et la Cerdagne, l'Artois et une grande partie des Flandres ainsi que plusieurs places au nord-est du pays. La signature du traité lui-même, dans l'île des Faisans, sur la Bidassoa, par Mazarin et Luis de Haro, Premier ministre de Philippe IV d'Espagne, devait pourtant avoir une autre conséquence, celle du mariage du roi. C'est en juin 1660 que Louis XIV épouse en effet l'infante Marie-Thérèse d'Espagne, dotée de 500 000 écus d'or, en échange de quoi la nouvelle reine de France renonçait à toute prétention sur la succession d'Espagne.

Rarement un mariage princier revêtit une importance aussi capitale sur l'échiquier politique européen. Les Archives du ministère des Affaires étrangères possèdent naturellement toutes les correspondances afférant au traité des Pyrénées.

Il nous a paru cependant plus intéressant et, avouons-le, plus pittoresque de reproduire ici trois documents concernant le mariage lui-même. Le premier, qui date de janvier 1660, est une lettre adressée à Colbert relative « au train à constituer à la reine, sur sa chambre à coucher, son lit, etc.... ». On y voit décrit en détail ce que doit être l'ameublement de la fille du roi d'Espagne devenant reine de France. Qu'il s'agisse de la chambre à coucher elle-même, des tapisseries, des vêtements et même, pourquoi pas ? des harnais des mulets « qui doivent servir tant au roi qu'à la reine », tout est précisé avec un soin extrême. C'est tout juste si pages, musettes et hautbois ne seront pas de la fête car « on ne prétend pas les faire venir ».

Le deuxième document est la relation du voyage et du mariage du roi par l'abbé François Bertaut, attaché à l'ambassade de Grammont, extrait de la correspondance politique d'Espagne. Là encore, quoique beaucoup plus brièvement, les détails abondent sur le costume et la coiffure de la reine, les rangées de boucles de ses cheveux véritables ou postiches, ses panaches et ses bracelets.

Enfin, un troisième document est la lettre adressée par Louis XIV lui-même, en date du 13 juin 1660, au chancelier Séguier et contresignée par Guénégaud. Lettre naturellement de circonstance, elle décrit en quelques lignes le mariage royal célébré « dans la principale église de la ville de Fontarabie », suivi d'une nouvelle entrevue dans l'île des Faisans, sur la Bidassoa.

Ce dernier document est pourtant particulièrement émouvant car on ne doit pas oublier que, sitôt marié et sur le chemin du retour, le roi quitta le cortège qui remontait vers Paris pour gagner Brouage, en dessous de Rochefort. C'est là, sur les remparts d'une ville battue par les vents et alors au-dessus de l'océan, parmi les marais salants et surtout les souvenirs, que Louis XIV vint rêver un moment à celle qu'il avait dû abandonner à la raison d'État pour épouser une infante d'Espagne. C'est en effet à Brouage, en 1659, que Mazarin envoya sa nièce, la belle

Marie Mancini, éprise du roi autant que lui-même l'était d'elle. Un oncle de Marie Mancini était gouverneur de Brouage, on voulut la mettre à l'abri de toute tentation, les siennes et surtout celles du roi. En 1661, Marie se retrouva mariée à un Colonna, qu'elle quitta bientôt pour revenir en France dans l'espoir de revoir Louis XIV. Mais le Roi-Soleil brillait maintenant de tous les feux de sa gloire, il refusa de la rencontrer et, bien au contraire, la fit enfermer dans un couvent. La malheureuse devait s'en évader peu après, courir le monde et nul ne sait quand ni où elle mourut. Mais c'est encore plein des souvenirs de la jolie nièce de vingt ans de Mazarin que, quelques jours après avoir signé sa lettre fort officielle du 13 juin 1660, rendant compte avec sobriété du mariage auquel il ne pouvait échapper, Louis XIV voulut pourtant venir rêver à son tour sur les remparts de Brouage. Puis il gagnerait Paris, Mazarin allait mourir : l'infante Marie-Thérèse était reine de France.

Lettre à Colbert, du 20 janvier 1660, relative au train à constituer à la reine, sur sa chambre à coucher, son lit, etc.

À Monsieur Colbert, à Aix, le 20 janvier 1660.

[...] Après avoir bien examiné vos mémoires en présence de Leurs Majestés, elles m'ont ordonné de vous écrire qu'il faut avoir encore un autre carosse tout semblable à celuy que vous avez fait faire pour le premier écuyer, de velours rouge cramoisy avec or et argent, afin qu'il puisse servir pour les filles de la nouvelle reine, car quoiqu'il n'en doive pas venir de Paris, il y a apparence qu'il en viendra quelqu'une d'Espagne, et qu'ainsi il ne seroit pas bien qu'il n'y eust pas un carosse pour les amener avec quelqu'autre personne de qualité qui pourroit venir aussi de Madrid pour accompagner l'infante jusqu'à Paris.

Le roy veut avoir avec luy, dans l'occasion du mariage, 40 valets de pied de la grande ou petite écurie, et, comme par le compte que vous envoyez il n'y a des habits avec de l'or et de l'argent que pour 36, vous donnerez ordre qu'on en fasse encore 4 et vous prendrez garde qu'ils doivent servir pour 4 valets de pied de la grande écurie, je vous dis cecy parce que les manches sont garnies d'une façon différente de celles des petits valets de pied.

Il faut avoir en outre deux tapis de pied pour les deux chambres de la nouvelle reine, lesquels doivent servir pour mettre sous le lict.

Le roy auroit fort désiré que les emmeublemens des deux licts que vous avez fait faire eussent esté de la mesme estoffe, et vous luy feriez un très grand plaisir si cela peut estre exécuté, c'est-à-dire si vous aviez de l'estoffe de ce damas de Milan d'or passé pour faire la tapisserie, ou si vous en pouviez faire venir assez à temps de Milan, quand mesme il seroit nécessaire d'y faire dépêcher un courier exprez de Lion, mais en tout cas Sa Majesté veut que l'emmeublement qui doit revenir au lict de damas rouge cramoisy chamarré de passement d'or et d'argent soit de la même estoffe, ce qui me semble qui sera fort facile car l'emmeublement doit estre de damas chamarré de mesme que les rideaus du lict, et vous ne manquerez pas de trouver du damas semblable à celuy que vous aurez emploié aux rideaus et au daiz.

S'il y a de l'estoffe pour faire l'emmeublement de damas d'or passé de Milan pour le lict qui est déjà fait, cela sera fort bien, sinon il faudra acheter une tapisserie de verdure fine que je croy que vous trouverez plustost chez Valdor qu'aux Gobelins, et il faudra aussi en acheter une pour l'antichambre, laquelle il n'est pas nécessaire qui soit si fine que celle de l'autre chambre.

Je vous dirai en passant qu'il n'appartenoit pas à [...] de faire les achapts d'habits et linges pour la nouvelle reyne, car ces achapts, dans la conjoncture du mariage, appartiennent absolument au premier gentilhomme de la chambre, ainsi le roy entend qu'on ne leur fasse aucun tort, et, puisque les achapts sont déjà faits, qu'on fasse passer les payemens comme s'ils avoient esté faits par les premiers gentilhommes de la chambre, de quoy [...] ne se doit point formaliser.

Vous vous souviendrez de pourvoir aux harnois de mulets qui doivent servir tant au roy qu'à la nouvelle reine [*sic*], car ce seroit un grand désordre si l'on avoit tout ce qui doit servir pour cela dans le même temps que l'on aura les couvertures. Je vous ay adressé un mémoire particulier de ce qu'il faut faire à l'égard des harnois des mulets du roy afin qu'ils reviennent aux couvertures en broderie qu'il faut faire pour cela, c'est pourquoy je ne vous répliqueray autre chose là-dessus.

Vous devez ordonner aussi une couronne d'or simple et la plus légère qu'il se pourra, qui devra servir à la nouvelle reyne dans la cérémonie du mariage, car on y appliquera des pierreries ainsi qu'on jugera à propos.

Le roy croit qu'il ne faut avoir ny manteaux ny casaques pour les cochers et postillons, mais seulement des justaucorps, vous donnerez donc ordre que sa volonté soit exécutée. [...]

Comme la cérémonie du mariage ne se fera qu'à Saint-Jean-de-Luz, il sera fort difficile de la faire avec grand éclat, et que le roy se remet à solemniser cette action à Paris. Il n'est pas nécessaire de faire un daiz de [...] comme vous proposez, mais il faut faire mettre une belle crespine d'or à celuy qui a servi au sacre. [...]

Je croy qu'on pourra dez à présent résoudre une belle devise dans les médailles qu'il faudra faire pour l'occasion de ce mariage, et vous vous informerez si le portrait de la nouvelle reyne y doit estre aussi bien que celuy du roy. Il me semble que vous pourriez ordonner la chose dez à présent, en faisant faire une quantité de grandes et petites, tant d'or que d'argent, ainsi que l'on fit au sacre, car ce sera au roy de résoudre si l'on en devra distribuer à Saint-Jean-de-Luz ou si l'on attendra à le faire à son retour à Paris.

Il est absolument nécessaire que vous donniez ordre qu'on travaille aux licts et meubles nécessaires pour les filles et les femmes de chambre de la nouvelle reine et pour toute l'écurie, mais vous ne devez pas vous haster pour les licts des filles parce que presque toutes en auront, et on pourra plustost supléer par quelque argent s'il leur manque quelque chose.

Il ne faut pas des manteaux de la belle livrée pour les pages et cochers du roy et de la reyne, comme on ne prétend pas faire venir les pages ny musettes ny hautbois. Il ne faut faire aucune dépense pour cela ny pour les huit héros d'armes. L'on croit qu'il faudra donner un emmeublement à la dame d'honneur et à la dame d'atour, mais ce sera en argent, lorsqu'on sera de retour à Paris.

Leurs Majestés ne croient pas qu'on doive faire un grand et beau lict pour la grande chambre de la nouvelle reyne, parce qu'on se servira d'un de ceux qu'a le roy, en ayant d'assez bons pour cela, mais elles m'ont commandé de vous écrire qu'il faut tout aussitost ordonner un emmeublement bien joly pour la petite chambre à alcove, prenant garde que le lict, pour être proportionné à la chambre, ne doit pas estre si grand que ceux que vous avez fait faire pour la campagne.

Il me semble que le lict pourroit estre de quelque brocar léger de Milan, bien riche pourtant et bien travaillé, et il suffira qu'il y aye six sièges plians, trois chaises à bras, le tapis de table et deux carreaus.

Pour le grand cabinet, il faut avoir un grand tapis de la Savonnerie pour mettre à la place où se tiendra le cercle, et en outre 24 sièges plians et 4 sièges à bras de quelque estoffe aussi de Milan avec de l'or et de l'argent. Et si vous aviez de ce satin ou damas d'or passé de Milan ou de Gênes, vous vous en pourriez servir et cela seroit fort propre pour une chose comme cela.

Voila tout ce que j'ay à vous dire pour répondre à vos mémoires et pour vous faire sçavoir les intentions de Leurs Majestés sur tout ce qu'elles croient qu'on avoit oublié à préparer pour le mariage.

Correspondance politique,
Espagne, vol. 37, fol. 637-645.

Relation du voyage et du mariage du roi, par l'abbé François Bertaut, attaché à l'ambassade de Grammont.

L'infante estoit vestue d'une estoffe qu'on estime la plus riche en Espagne, mais qui n'est pas la plus belle se semble. Elle paroissoit comme d'un damars à grandz fleurs d'argent sur un fondz blanc ; c'est là l'effect de cette broderie en tale. Elle portoit une chaine toute esclattante de diaments soustenue d'un grand et large neud par une autre petite chaisne qui rencontroit et reprenoit la grande. Comme ell'avoit à l'espagnolle une manière de jupon ou pupon dont les basques tombent sur une jupe assez courte, relevez par un vertugadin d'une ovale fort large sur les costez et plus raprochantes sur le devant et le derrière – sa juppe ny son pupon ne sont poinct chamarrez ny ornez en devant comme en France, mais seullement sur les costez, et cet ornement estoit d'une grosse soye et son ouvrage d'orfebvrerie qui portoit plusieurs pierreries enchassées au lieu de colet – ses habits estoient bordez par en hault d'une chesne de diaments de mesme que les manches estoient reliées au poignet de brasselets fort précieux, qui arrestoient la chemise ou manchettes en forme de jean sinistes fort bien faictes en fraisses.

La coieffure de la reyne estoit d'une manière difficile à descrire. Au lieu de cheveux tompanez sur les oreilles, elle y avoit de chasque costé deux moules fort larges par bas et semblables [aux] ailes d'un grand oyseau, sur lesquelles estoient appliquées par estages en plusieurs rangs de boucles de cheveux véritables ou postiches, outre ses pannaches, et derrière estoient tressez ses cheveux et relevez debout sur le milieu du hault de la teste et pendoient en diverses tresses qui depuis le hault de la teste en bas estoient accompagnez de costé et d'autre d'une garniture de galans en roses et atachez de manière qu'ilz estoient immobiles aussy bien que les tresses, et autres ornements de teste, le tout ne dessendant pas plus que vers les espaules ou guière plus que le visage.

Correspondance politique,
Espagne, vol. 39, fol. 310-330.

Lettre de Louis XIV du 13 juin 1660,
Saint-Jean-de-Luz

Monsieur le chancelier.

Le désir extrême que j'ay eu de mettre la dernière main à la paix qu'il a pleu à Dieu de donner à ce royaume m'ayant fait avancer sur cette frontière pour l'accomplissement de mon mariage comme la partie la plus essentielle du traité de paix et la chose la plus nécessaire pour en assurer la durée, que pour lier par une entrevueue avec mon frère, oncle et beau-père le roy catholique une amitié plus forte et plus estroite, mondit frère, oncle et beau-père s'estant aussy rendu sur cette frontière avec la sérénissime infante Marie-Térèse, sa fille aisnée, pour les mesmes desseins, mon mariage a esté fait dans la principalle église de la ville de Fontarabie, en suitte de quoy m'estant acheminé en la maison bastie pour ladite entreveue dans l'isle ditte des Faisans, sur la rivière de Bidassoa, où mondit frère, oncle et beau-père s'est aussy transporté, nous avons en présence l'un de l'autre non seulement fait et presté sur les saintz Évangilles le serment que nous estions tenus de faire en vertu dudit traité de paix, mais aussy nous nous sommes promis une amitié sincère et inviolable, et, ayant receu des mains de mondit frère, oncle et beau-père ladite sérénissime princesse, à présent mon espouze et compagne, je l'ay emmenée en çe lieu où le IXe du présent mois les cérémonies de mon mariage avec madite espouse ont esté célébrées dans la principalle église avec toutes les solemnitez requises, et comme des événementz si singuliers et si importans méritent des reconnoissances infinies envers la divine bonté et que je donne ordre pour luy faire rendre les grâces qui luy en sont deues en tous les lieux de mon obéissance ainsy qu'il a desjà esté fait en celuy-cy, je vous faitz cette lettre pour vous dire qu'ayant résolu d'en faire chanter le *Te Deum* dans l'église métropolitaine de ma bonne ville de Paris, je désire que vous y assistiez pour rendre la cérémonie plus célèbre, pour laquelle vous prendrez le jour et l'heure que vous jugerez les plus propres et les donnerez au grand maître ou à l'ayde de mes cérémonyes pour les faire sçavoir aux compagnies souveraines et autres qui y doivent assister, en leur rendant les dépesches que je vous adresse sur ce sujet.

De quoy me remettant entièrement sur vostre affection, prudence et bonne conduite, je ne vous feray la présente plus expresse et prie Dieu qu'il vous ait, Monsieur le chancelier, en sa sainte garde.

Escrit à Saint-Jean-de-Luz, le XIIIe jour de juin 1660.

[Contresigné :] De Guénégaud

Correspondance politique, Espagne, vol. 39, fol. 220-221.

1681 : Louis XIV et les calvinistes

La révocation de l'Édit de Nantes, en 1685, représente le sommet officiel de la politique de Louis XIV à l'encontre des protestants. Mais dès le début du règne personnel du roi, toute une série de restrictions avait déjà été apportée à l'application de l'Édit de Nantes tandis qu'une propagande catholique active incitait les protestants à se convertir, avec notamment la « caisse des conversions », et que des persécutions, dont les fameuses « dragonnades », étaient exercées à leur endroit, particulièrement au Languedoc et au Béarn.

On comprend, dans ces circonstances, que nombre de huguenots aient voulu quitter la France, encore que, officiellement, l'Édit de Fontainebleau du 18 octobre 1685 bannit bel et bien les pasteurs, supprime les lieux de culte, les temples et les écoles mais interdit aux fidèles eux-mêmes de s'enfuir. Ils furent pourtant nombreux à gagner les pays limitrophes où, ne fût-ce que pour s'opposer à la politique française, on les accueillit avec chaleur. En contrepartie, les représentants officiels de la France commencèrent à avoir avec les autorités de ces pays, voire avec les populations elles-mêmes, des relations difficiles. Pour certains d'entre eux, on en fut même à considérer que les « persécutions » à l'encontre des catholiques étaient, en

Prusse ou à Genève, plus rigoureuses que celles dirigées contre les calvinistes en France !

Les deux documents publiés ici, datés de 1681 et de 1683, relatent cette situation. Dans les deux cas, le résident pour le roi de France à Genève d'une part, l'envoyé extraordinaire à Berlin auprès de l'électeur de Brandebourg d'autre part, font preuve de la même vertueuse indignation.

Lettre de Roland Du Pré des Marets, résident pour le roi de France à Genève, à Charles Colbert, marquis de Croissy

Monseigneur,

J'ay à faire ici à des cœurs véritablement endurcis qui, n'escoutant aucune raison, s'attachent uniquement à faire sans distinction les choses qui flatent leur caprice. Mrs de Genève ont continué dans la mesme folie dimanche derniers : les portes de la ville ont encore esté fermées aux catholiques, et il n'y en a eu que quelques-uns qui sont entrez, parce qu'ils ont dit qu'ils estoient de la RPR. Cela se fait tousjours sous le prétexte spécieux de pourvoir à la sécurité de la ville, et ceux à qui je m'en plains disent qu'ils sçavent bien que l'intention de Sa Majesté n'est point qu'ils s'exposent à estre surpris. Je n'ay pas de peine à en convenir avec eux, mais ils ne sçavent que respondre lorsque je leur dis que cette apréhension dont ils taschent de couvrir l'aversion qu'ils ont pour la messe, n'estant fondée que sur ce que estant tous occupez au presche, ils ne pourroient pas empescher les Savoyards de se rendre maistres de la ville. Je consentiray que les portes demeurent fermées pendant le temps qu'ils seront au presche, pourveu qu'ils donnent la liberté aux catholiques d'entrer quand ils en seront sortis. Je ne ferois dire la messe qu'une demie-heure après que tous les bourgeois seroient retournez dans leurs maisons. Comme cet expédient est sans réplique, aussi ne m'en font-ils aucune, et ils se contentent de dire que ces paysans aiant la messe dans leur paroisse, ils n'ont que faire de les venir inquiéter ici, ce qui fait ouvertement connoistre que ce n'est point la surprise de la ville mais seulement la messe qu'ils craignent. Cependant la chapelle est tous les jours assez remplie parce qu'il y a bien des catholiques qui prennent la précaution de venir dez le samedy coucher dans la ville, et alors ils ne trouvent point de difficulté à satisfaire leur dévotion. Mais comme cette manière de fermer les portes est nouvelle et entièrement opposée à la liberté de l'exercice de la religion, je vous supplie, Monseigneur, d'avoir la bonté de m'ordonner ce que je devray dire aux magistrats là-dessus. Ma rhétorique est entièrement espuisée et je connois qu'il faut quelque chose de plus fort pour les mettre à la raison. C'est une invention suggérée par les ministres qui craignent que leur troupeau ne diminue aussi bien ici qu'il le fait partout ailleurs. Ils veulent entretenir leurs adhérans dans l'ignorance des mistères de la religion catholique parce qu'ils craignent que la conversion qui s'est faite depuis peu de quelques-uns de leurs bourgeois n'ait de la suite. J'en ay mesme trouvé qui me l'ont avoué.

Je suis, avec un profond respect, Monseigneur, vostre très humble, très obéissant et très obligé serviteur.

DUPRÉ

À Genève, ce 29 avril 1681.

Correspondance politique,
Genève, vol. 4, fol. 314-315.

Lettre de François de Pas, comte de Rébenac, envoyé extraordinaire à Berlin auprès de l'électeur de Brandebourg, à Louis XIV

Sire,

J'ay eu l'honneur de marquer à Votre Majesté, dans ma lettre précédente du 13 de ce mois, que M^r^ l'électeur de Brandebourg paroissoit estre rentré dans ses premiers sentimens pour Votre Majesté. Ce prince m'en avoit fait parler d'une manière qui me le persuadoit. Cependant, Sire, il est arrivé un nouveau changement et je m'en suis apperceu aux deffenses réitérées qui ont esté faites à tous catholiques en général et en particulier de venir à la messe chez moy, en sorte mesme qu'on a osté aux marchands le prétexte qu'ils pouvoient avoir d'y vendre leurs marchandises, et j'ay sujet de m'en plaindre comme si l'on avoit prétendu interdire ma maison à toute sorte de catholiques. J'ay déclaré que j'aurois l'honneur d'en rendre conte à Votre Majesté comme d'une chose qui excédoit le droit commun. Il est vray que les ministres auxquels j'en parle m'assurent que l'intention de Monsieur l'électeur n'est pas qu'il y ait rien de particulier pour moy, mais cela est cependant. On a plus fait de choses contre les catholiques icy par un seul édit que Votre Majesté n'en a fait par plusieurs contre les calvinistes en France.

La persécution qu'on souffre icy et qui ne s'estend qu'à un très petit nombre de catholiques ostera selon les aparances les sujets d'aigreur qu'on croyoit avoir de la conduitte de Votre Majesté envers les calvinistes afin de marquer en tout cecy une égalité entière. Je fais imiter dans ma chapelle les mesmes choses qu'on a introduites dans les Estats de Monsieur l'électeur depuis quelque temps, c'est-à-dire que je fais établir des prières et des jeûnes pour demander à Dieu la fin des persécutions qui se sont élevées contre son Église mais, au lieu des invectives dont les ministres remplissent leurs sermons, mêmes devant Monsieur l'électeur, je fais prier Dieu pour la conversion de tous ceux que l'erreur a détaché du sein de l'Église. On s'est servi de ce prétexte pour me rendre de mauvais offices, en y ajoutant des choses qui ne sont pas, mais je m'en suis peu mis en peine et j'ay fait voir la formule de cette prière à ceux qui l'on voulu.

[…]

Sire, de Votre Majesté, le très humble, très obéissant et très fidèle serviteur et sujet.

RÉBENAC

À Berlin, le 17 novembre 1683.

Correspondance politique,
Prusse, vol. 25, fol. 328-331.

1686 : Cavelier de La Salle et le Mississippi

L'histoire de la colonisation française en Amérique du Nord est une histoire tragique. Si les efforts des premiers explorateurs et aventuriers de la fin du XVIIe siècle avaient été poursuivis et surtout soutenus par le pouvoir au cours du XVIIIe, peut-être la face du monde, dans les cent années suivantes au moins, aurait été différente. Mais, coincés au sud par les visées espagnoles, essentiellement concentrées sur l'idée de découvrir et de posséder des mines d'or, et au nord, par l'établissement progressif des Anglais au Canada, les successeurs des Champlain et des Frontenac qui avaient réussi à installer de véritables établissements français en Amérique du Nord, furent peu à peu amenés à capituler. L'histoire de Cavelier de La Salle s'inscrit pourtant encore dans une phase ascendante de cette présence française.

Robert Cavelier de La Salle est né à Rouen en 1643. Il se destinait à la carrière ecclésiastique et commença son noviciat chez les jésuites de sa ville natale. Toutefois, déjà fasciné par le Nouveau Monde, où l'un de ses oncles avait été envoyé par Richelieu pour mettre en valeur la Nouvelle France, lui-même renonça à un avenir qui semblait pourtant tout préparé. Parvenant dans un premier temps à concilier ses aspirations religieuses à son désir d'aventure, il fut nommé en 1667 par la compagnie des prêtres de Saint-Sulpice à un fief ecclésiastique à l'est de Montréal, qui s'appelait encore Ville Marie, sur le Saint-Laurent. Il est vraisemblable que La Salle ne fut pas un curé comme les autres car, tout de suite, il se lança dans une série de reconnaissances et de découvertes, parmi les Hurons et les Iroquois qui étaient déjà des ennemis.

Dès le début des années 1670, Cavelier de La Salle entreprend des expéditions sur les rives des grands lacs et le long de la rivière Ohio. Soutenu avec bienveillance par Frontenac, gouverneur général du Canada de 1672 à 1682 puis, à nouveau, de 1689 à 1698, c'est Cavelier de La Salle qui parvint, en 1673, à une paix avec les Iroquois et à l'établissement de Fort Frontenac. Cependant, le nom de Cavelier de La Salle s'inscrit bien plutôt dans l'histoire de la colonisation du sud de ce qui devait devenir les États-Unis : il est surtout associé à l'exploration de l'embouchure du Mississippi et à la fondation de la Louisiane. En 1681, Cavelier de La Salle entreprit, en effet, la descente du grand fleuve pour atteindre la mer le 9 avril 1682. C'est à l'embouchure qu'il prend officiellement possession de l'ensemble du territoire au nom de Louis, roi de France : la Louisiane est née. C'est pourtant la fin de la grande aventure victorieuse de l'explorateur. Après cela, revenu en France, il pourra, certes, mener une autre grande expédition puisqu'il s'agit, cette fois, d'atteindre par la mer le même delta du Mississippi. Mais ses déboires vont alors commencer, puisque l'expédition ratera l'embouchure du Mississippi.

À partir de là, par des moyens de fortune, Cavelier de La Salle et ses hommes vont néanmoins s'efforcer d'explorer davantage les terres. Peu à peu, cependant, leurs forces s'épuiseront, ils se trouveront en butte à l'hostilité des indigènes tandis que des rivalités internes éclateront au sein du groupe. Finalement, Cavelier de La Salle mourra le 16 mars 1687, à la tête d'une poignée d'hommes avec lesquels il voulait toujours aller plus loin. Ce sont vraisemblablement deux de ses compagnons qui l'ont assassiné.

Bien sûr, il reste encore, quelque part dans les rues de la Nouvelle-Orléans, une atmosphère de Vieille France. Le « Vieux Quarré », avec ses maisons de bois et ses balcons en surplomb, abonde d'enseignes dont les noms évoquent tout aussi bien ceux du Québec que de la Normandie. Et même si les accents du jazz ont depuis longtemps balayé les vieux airs du pays venus d'une France lointaine, c'est avec fierté que tout l'État de Louisiane a repris, depuis une quinzaine d'années, les chemins d'une francophonie qu'une politique d'intégration rigoureuse avait interdite pendant longtemps.

Pourtant, du côté du port, parmi les grands magasins qu'on dirait bâtis sur pilotis, les halls d'attraction, les restaurants végétariens et les boutiques d'un artisanat désespérément semblable à l'artisanat que l'on trouve partout dans le monde, c'est plutôt l'air de l'Amérique d'aujourd'hui qui flotte. Mais c'est là, sur le bord du fleuve Mississippi que remontent encore les grands bateaux à roue destinés aux touristes, qu'une plaque rappelle qu'en 1682 un certain Robert Cavelier de La Salle inventa un territoire dont il fit présent au roi de France.

Le document que l'on présente ici est un procès-verbal anonyme relatant par le détail un moment des dernières expéditions de Cavelier de La Salle. On y voit, en phrases lapidaires, décrites les péripéties d'une exploration lancée un peu à l'aveuglette, les difficultés rencontrées, les contacts avec les Indiens. Ce « procès-verbal » avec calumet de la paix et cris de guerre, s'arrête abruptement. Il date de 1686, l'explorateur sera assassiné un an plus tard.

Procès verbal du Sieur Detonty sur le voyage qu'il a fait jusques à l'embouchure de la rivière de Mississipy

Les sauvages qu'il avoit détaché vers ladite embouchure luy ayant raporté qu'ils n'avoient eu aucune nouvelle du Sr de la Salle, il partit du fort St Louis le 13e février 1686 avec 25 François et 4 Charvenous[1] pour l'aller chercher et luy donner du secours.

Après avoir traisné leur équipage sur les glasses, et avoir navigué 80 lieues, ils trouvèrent un village des Islinois le 27 dudit mois.

Il leur fit quelques présents pour les inviter à marcher contre les Iroquois quand les François leur feroient la guerre.

Il les laissa dans une bonne disposition, il en équipa quatre pour l'accompagner et continua sa route.

Il trouva à 158 lieües de là 100 hommes de guerre Cappa, lesquels se mirent en deffense, mais s'estant fait connoistre à eux ils se montrèrent le calumet les uns les autres.

Il débarqua dans l'endroit où ils estoient, et leur dit le sujet de son voyage.

Ils naviguèrent ensemble et arrivèrent à leur village le 19e mars et ils lui dancèrent le calumet pour affermir la paix.

Un village qui est à 7 lieues au dessous, Limitta, et le village des Jacumas, à trois lieues plus bas, en firent de mesme.

Un Tahensa, qui se trouva dans ce der[ni]er village, s'embarqua avec luy pour aller au sien.

Ils y arrivèrent après 90 lieues de navigation, et on luy dança aussy le calumet.

Il en partit le premi[er]r avril, et ayant navigué 16 lieues, il arriva au village des Machez[2], dont le chef l'atendoit sur le rivage avec le calumet.

C'est une nation qui peut fournir 1 500 combattans.

Il n'y coucha pas, et il se contenta de les quereller sur ce qu'ils avoient voulu tuer en traistre le Sr de la Salle il y avoit quatre ans.

---

1. *Charvenous*, probablement erreur de copie pour *Chaouanous*.
2. Sans doute les Nachez, ou Natchez.

Ils ne luy firent aucune réponse, et il continua sa route faisant des forts tous les soirs.

Il decouvrit à 62 lieues de là un grand chemin sur la gauche.

Il y envoya des François et des sauvages avec le calumet pour sçavoir ce que c'estoit.

Le peu de monde qu'on y trouva s'enfuit, mais il y vint par un autre chemin 200 hommes armez, lesquels, ayant veu des gens avec des fusils, chantèrent d'abord le calumet.

Le chef le luy envoya le soir 4e avril, et le vint trouver le lendemain matin à sa cabanne.

Il luy fit quelques présens, come il avoit fait aux autres villages.

Ces gens-là s'appellent Pichenous, que le[dit] Sr de la Salle n'avoit point veus.

Ayant navigué ensuite 49 lieues, il se laissa derriver le 8 du[dit] mois d'avril devant le village de Quinepicas, avec lesquels le[dit] Sr de la Salle s'estoit battu il y avoit 4 ans.

Ils ne firent aucuns cris de guerre. Il passa outre et après avoir navigué 42 lieues il arriva le 9 avril 1686 à la mer.

On n'y a pas trouvé aucune marque que led[it] Sr de la Salle y ayt esté.

Le 10e il envoya un canot du costé du Mexique, avec ordre de naviguer 3 jours le long de la coste.

Et un autre du costé du Cap de la Floride avec les mesmes ordres pour voir si ledit Sieur de la Salle y avoit esté et laissé quelques marques.

Le premier après avoir navigué 30 lieues à l'ouest fut obligé de relascher faute d'eau douce et à cause des pays plats noyés.

Les gens qui estoient sur ce canot trouvèrent le chenal très beau.

Il apportèrent quantité d'huistres à l'escaille et moules, et un souffleux que la mer avoit eschoué et qu'ils avoient tué à coups de fuzil.

L'autre canot qui estoit allé du costé du Cap de la Floride fut aussy obligé de relascher pour la mesme raison hors des terres qui s'eslèvent incensiblement. Il rapporta aussy des huistres, et ny l'un ny l'autre de ces canots ne trouvèrent aucune marque.

Voyant qu'on ne pouvoit avoir aucune nouvelle, découvrir où le[dit] Sr de la Salle pouvoit estre, et d'ailleurs manquant d'eau douce, il reprit la route du fort St Louis le 13e avril 1686.

Il a signé et fait signer par ceux qui estoient avec luy son verbal le susdit jour dans l'isle de St. Henry, au bord de la mer de la Floride à la coste de l'ouest, devant l'embouchure du fleuve de Missisipy, ou Colbert.

Il dit de plus par sa lettre du 14 aoust 1686, estant de retour en Canada, qu'ayant trouvé le 16 avril en revenant les armes du Roy que le Sr de la Salles avoit cy devant arborées emportées par la mer, il y en fait mettre d'autres.

Les Quinepicas, avec lesquels le[dit] Sr de la Sale s'estoit battu, luy demandèrent la paix, il la leur accorda, et il leur a laissé une lettre pour le[dit] Sr de la Salle en cas qu'il y vienne.

Il trouva à 150 lieues de la mer chez les Yazous 2 Islinois esclaves qui lui dirent que le[dit] Sr de la Salle avoit fait aygade dans la rivière des movilas, que des Yazous l'y avoient veu en y allant chercher des coquilles, et qu'il avoit mis à la voile au printems de l'année 1685.

Cette rivière des Movila n'est qu'a 40 lieues de celle du Mississipy au nord, ainsy, si ledit Sieur de la Salle avoit singlé deux jours du costé de Panaco, il auroit trouvé la rivière de Mississipy, ayant fait aygade à 40 lieues plus au nord.

Il auroit relasché pour l'aller chercher, mais M[onsieu]r de Denonville[1] luy ayant escrit qu'il souhaittoit de le voir pour convenir des moyens de destruire l'Irocois, il s'est rendu à Québeck.

Il passoit pour le fort de St Louis pour se mettre en marche le printems prochain.

Mémoires et documents, Amérique, vol. 5, fol. 442-44.

---

1. Le marquis d'Enonville, gouverneur de la Nouvelle-France.

1699 : La Princesse de Conti et le sultan du Maroc

Un document qui conjugue deux méthodes classiques des relations diplomatiques tout au long du XVIIe siècle : l'entrée des ambassadeurs et le mariage royal. Et pourtant, cette fois, il s'agit d'une bouffonnerie. Ou plus précisément, d'une « turquerie » propre à ravir le bourgeois gentilhomme de Molière et à faire sourire, de leurs lèvres délicates finement colorées sous une mouche insolente, toutes les spectatrices de comédies à l'orientale des siècles à venir. L'histoire fit tant de bruit qu'elle donna lieu à cent couplets railleurs et même à un roman épistolaire et naturellement anonyme raillant plus encore que les mœurs orientales, celles de la cour de France.

Il s'agit de la demande en mariage que reçut la princesse de Conti du Sultan du Maroc, Moulay Isma'il, en novembre 1699. Six semaines encore, et le siècle allait basculer, peut-être Louis XIV perdit-il, faute de répondre à la lettre que lui adressait le capitaine Ben Aïcha, ambassadeur de l'empereur du Maroc en France, une occasion unique d'établir avec le royaume du Maroc une relation durable qu'il faudra deux siècles ensuite pour forger.

C'était un temps où, l'empire ottoman connaissant une éclipse certaine, une manière de rééquilibrage était en train de s'établir au sud de la Méditerranée au profit de la

Tunisie, de l'Algérie et du Maroc. Il s'en était déjà fallu de peu que l'Algérie conclue avec la France une alliance véritable. C'est dans ce contexte qu'arriva en France, en l'an de l'hégire 1111, une forte ambassade marocaine dirigée par ledit capitaine Ben Aïcha. Celle-ci débarqua à Brest, mit près d'un mois pour gagner Paris et s'y installa dans le luxe et le confort. Bien sûr, l'ambassadeur avait laissé entendre, au terme d'une harangue particulièrement élogieuse à l'endroit du roi, qu'il allait proposer un traité. Si celui-ci tardait à venir, ce fut en revanche une bien étrange lettre que reçut le comte de Pontchartrain, secrétaire à la Marine et à la maison du roi. L'ambassadeur séduit lui-même par la beauté de la princesse de Conti, se déclarait chargé par son souverain d'en demander pour lui la main. La princesse, née en 1666, n'était rien moins que la fille qu'avait eue Louis XIV avec Mademoiselle de La Vallière. Mariée à quatorze ans avec un neveu du Grand Condé, Louis-Armand de Conti, elle fut très vite veuve, s'en consola plus vite encore et devint rapidement l'une des femmes les plus remarquées de la cour. Quant au sultan Moulay Isma'il, il avait la fâcheuse réputation d'assassiner ses fils en les étouffant entre des matelas ou en leur coupant un pied et une main. On prétendait aussi qu'il battait ses femmes avec des lanières de cuir et allait jusqu'à se débarrasser de certaines d'entre elles d'une manière plus expéditive encore. On conçoit que, venant de sa part, une demande en mariage ne fut pas sérieusement accueillie. Le problème, c'est qu'elle ne fut ni accueillie ni refusée puisque Pontchartrain, qui aurait dû au moins lui répondre, se garda de le faire. L'affaire fit néanmoins grand bruit, on a dit les railleries qu'elle suscita, l'ambassadeur battit en retraite. Louis XIV n'avait pas compris que, jaloux des relations de l'Occident avec Constantinople, Moulay Isma'il aurait pu permettre à la politique méditerranéenne de la France de nouvelles ouvertures.

Lettre d'Abd Allah Ben Aïcha à Pontchartrain

Salé, 14 novembre 1699

Monseigneur,

L'Empereur mon maitre m'a commandé de vous écrire cette lettre et de l'adresser à M. Jourdan, affin qu'elle vous soit rendue seurement.

Votre Grandeur aura la bonté d'informer Sa Majesté Louis 14, empereur de France et de Navarre, – que Dieu conserve en prospérité et en santé !– que l'Empereur mon maitre m'a chargé de faire sçavoir qu'il a une véritable envie de faire alliance avec un aussi grand Roy, et que luy ayant fait le portrait d'une princesse que j'eus l'honneur de voir le carnaval dernier dans un bal, accompagné par M. de Saint-Olon chés Monsieur, laquelle étoit à la droitte de Monseigneur, et que M. le duc de Chartres prit à danser, Sa Majesté m'a ordonné et donné plain pouvoir d'en faire la demande. C'est une princesse fille de Sa Majesté qu'on me dit estre vefve, dont je ne me souviens pas du nom.

Vous informerez aussi Sa Majesté, de la part du Roy mon maître, que cette princesse exercera librement sa religion comme en France, et que tout sera a sa volonté. Il y a même un couvent de Paires à Miquenez que Sa Majesté vénère beaucoup et qui vivent en toutte liberté.

Si Louis 14, le grand empereur de France, veut bien agréer cette proposition ou non, l'Empereur mon maitre demande une réponce le plutost qui sera possible, la présente étant comme de sa main propre.

Au verso : Si apres la reponce de la presente, l'empereur de France accepte cette proposition, l'Empereur mon maitre m'a ordonné de me tenir prest pour m'enbarquer sur les premiers vaisseaux de guerre françois qui paroitront devant notre port de Salé ou autres, pour aller traitter avec un si grand Empereur d'une alliance que l'Empereur mon maitre souhaite avec joye, et asseurer de plus Sa Majesté que le Roy mon maître tiendra pour gloire d'etre gendre d'un si grand et si puissant Empereur, et que tous ses ports, villes et terres de son empire de Maroc luy seront toujours ouverts et à tous ses sujets.

Je certiffie que la presente lettre m'a été dictée en espagnol par le capitaine Abdalla ben Aycha qui m'a obligé de la traduire en françois, pour foy de quoy elle est scellée de son cachet.

Signé : Jean-Baptiste Manier de La Closerie, residant à Salé pour le commerce de M. Jourdan.

Fait et ecrit audit Salé, ce 14 novembre mil six cent quatre-vingt-dix-neuf.

Mémoires et documents, Maroc, vol. 3, fol. 153-167.

XVIIIe SIÈCLE

Il est paradoxalement artificiel de considérer que le XVIIIe siècle dure cent ans. C'est pourtant ce que l'on fera ici, en étudiant systématiquement une sélection de documents dont la chronologie va de 1700 à 1800. C'est pourtant devenu un lieu commun que de constater que le XVIIIe siècle commence à la mort de Louis XIV, en 1715, et s'achève avec les premiers signes de la Révolution française, en 1789. Un XVIIIe siècle historique de soixante-quinze ans seulement, qui marque de manière irrémédiable le basculement d'un monde ancien vers un monde nouveau.

Rarement l'action à long terme des idées, qu'elles soient philosophiques, politiques ou religieuses, ne s'est fait autant sentir dans l'évolution d'une société, voire d'un monde tout entier, que pendant cette période. Alors que, sans conteste, le XVIIe siècle fut celui d'un souverain, Louis XIV, ce n'est pas pour rien que l'on parle du siècle de Voltaire ou de celui de Rousseau, voire de Locke, de Burke plutôt que d'un siècle de Louis XV ou de Louis XVI. Et nombreux sont les documents que l'on trouvera ci-après qui reflètent cette évolution fondamentale. Plus que jamais, les hommes se donnent la liberté de penser et, comme jamais auparavant, cette pensée inspire souverains et politiques. Avec le despotisme éclairé d'un Frédéric II ou d'une Catherine de Russie, on peut même avoir le sentiment que ce sont les idées qui pourraient gouverner l'Europe…

Qu'on ne se leurre pourtant pas. Si Voltaire ou Diderot font partie d'un patrimoine culturel, philosophique et même politique européen, ils constituent bien, dans le même temps, ce qu'aujourd'hui on appellerait un alibi. C'est drapé dans le manteau des idées de Voltaire que le roi de Prusse, tout autant inspiré par Machiavel que par les philosophes français, envahit la Silésie autrichienne fin 1740, par exemple, pour deux ans plus tard abandonner sans scrupule son allié français en faisant une paix séparée avec Vienne. Quant à la guerre de Sept Ans, elle ne traduit en aucune façon une aspiration philosophique dans la conduite qu'y aura Frédéric. Du côté de Catherine II, l'impérialisme russe se manifestera avec éclat et le second partage de la Pologne, en 1793, ne laisse que peu de place à la philosophie des Lumières.

On a beau jeu, certes, d'ironiser ainsi sur le despotisme éclairé de quelques souverains qui sentaient l'air du temps. Mais le réalisme britannique, tout imprégné de ce libéralisme en apparence si bienveillant que peignait Voltaire dans ses *Lettres philosophiques*, n'en est pas moins d'une redoutable âpreté, tant en Europe que dans le reste du monde où il éclate avec une absence de pudeur mêlée de violence tout à fait remarquable, qu'il s'agisse de l'Amérique du Nord ou de la poursuite de l'établissement de la puissance anglaise en Inde.

Quant à la France, il y est bien évident que, quand bien même de nombreux politiques se piquent de philosophie, fréquentent littérateurs, philosophes et même encyclopédistes, la philosophie demeure, si l'on ose dire, dans le boudoir, dès qu'il s'agit de politique. La faconde bienveillante d'un Régent, le charme d'un « Louis le Bien Aimé » comme le vernis délicat de culture et de plaisir d'un cardinal de Bernis ne laissent aucune place aux idées plus généreuses qu'ils sont seulement bien souvent, et à leur corps défendant, amenés à tolérer davantage que par le passé. Mais on n'en condamne pas moins les *Lettres philosophiques* et Voltaire crie encore dans le vide lorsqu'il tente de défendre Calas et le chevalier de la Barre ou un Lally-Tollendal accusé d'avoir abandonné Pondichéry dans les Indes lointaines.

C'est donc sur ces fondements intellectuels, finalement pas tellement ambigus que cela, que vont se développer les relations internationales pendant tout le

XVIIIe siècle. Quelques caractéristiques permettront d'en définir les grandes lignes. D'abord, la liberté des mers est à peu près acquise, à l'exception de la Méditerranée. La piraterie, la course et la flibuste se sont peu à peu évanouies. Après le traité d'Utrecht, les Français et les Anglais, grands adversaires en la matière, sont devenus alliés. Dès lors, rétablissant d'abord la sécurité dans les eaux américaines, ils tenteront bientôt de l'élargir à l'ensemble de l'Atlantique. En Méditerranée, les choses se passent moins aisément en raison d'une piraterie barbaresque qui continuera à tenir en échec les navigateurs occidentaux jusqu'au début du XIXe siècle. Ainsi, les mers étant libres, l'expansion coloniale va se développer sur une échelle inconnue jusque-là. Les grandes compagnies, dont le rôle était fondamental au XVIIe siècle, laissent peu à peu la place aux interventions directes des États. On a cité le cas de Lally-Tollendal. Celui-ci était, certes, agent de la Compagnie française des Indes, mais surtout il avait débarqué à Pondichéry à la tête d'un corps expéditionnaire français. De même au Canada, en Louisiane, on tente de poser les bastions d'une puissance française américaine, déjà en butte à l'hostilité anglaise. Il en sera de même aux Indes où, là encore, l'effort de colonisation deviendra peau de chagrin avec la création de cinq comptoirs seulement. En face, l'Angleterre est toute-puissante.

La Révolution américaine sera dès lors l'occasion pour la France de prendre une manière de revanche sur l'Angleterre en même temps que d'établir avec les nouveaux États-Unis américains des relations solides. Une telle conception géopolitique, somme toute moderne, du monde, ne se fera cependant pas sans difficultés puisqu'un Turgot, par exemple, ne cessera d'en contester le bien-fondé.

On a commencé par évoquer le monde entier, les Indes orientales et les Indes occidentales. Pourtant, c'est bel et bien en Europe que continuent à se cristalliser les relations internationales des principales puissances. Mais là aussi, une évolution sensible se manifeste. C'est en effet la fin des hégémonies d'un seul pays sur le reste de l'Europe, l'Espagne et l'Autriche au XVIe siècle, la France sous Louis XIV. Les traités d'Utrecht ont mis un point final – au moins jusqu'à la Révolution et à Napoléon – à ce genre de tentation. C'est la notion d'équilibre qui prévaut désormais et que l'Angleterre, tout particulièrement, va s'efforcer de faire respecter. Les efforts de la France plusieurs fois renouvelés pour entamer ces équilibres s'avéreront vains. Qu'il s'agisse de la guerre de Sept Ans ou de la guerre de Succession de Pologne, une manière d'arbitrage supranational intervient toujours, à un moment ou à un autre, pour museler les ambitions trop déclarées des vainqueurs. Y a-t-il, d'ailleurs, vainqueurs ou vaincus dans ces guerres qu'on a trop aisément qualifiées de guerres en dentelle ? Il y a des morts, des ruines, des villes brûlées, mais aucun pays ne tire véritablement un avantage définitif des conflits qui épuisent leurs armées et leurs populations.

Encore que… On peut, en effet, s'interroger sur l'évolution de plusieurs États en présence. On oubliera la France, que 1789 et ses suites vont profondément altérer. Mais toute la deuxième partie du XVIIIe siècle voit des modifications dans l'équilibre de certaines nations entre elles. La plus significative est certainement la montée en puissance de la Prusse par rapport à l'Autriche. Celle-ci, au lieu de conforter ses positions en Europe centrale, s'enivre peut-être trop aisément dans son rôle de défenseur de l'Occident face aux Turcs, ou dans son désir de maintenir ses positions en Europe du Sud, et notamment en Italie. Dans le même temps, la Pologne qui, tout au long du XVIIe siècle, avait accru sa situation de pays fort, vaste et puissant, va se trouver en butte aux convoitises de tous ses voisins. La grande Pologne devient une table de jeu sur laquelle, par électeur de Saxe ou Leszczynski interposés, la France, l'Autriche et la Russie vont s'affronter en des parties de poker menteur, surtout périlleuses pour les Polonais eux-mêmes. La Russie, enfin, affirme sa situation de grande nation de l'Est, qui pèsera du poids que l'on sait dans les guerres napoléoniennes. On est bien loin, désormais, des longues rivalités franco-espagnoles des siècles précédents...

En ce qui concerne la France même, qu'il s'agisse de la Régence de Philippe d'Orléans jusqu'en 1723, du règne personnel de Louis XV jusqu'à sa mort en 1774 ou de celui de Louis XVI jusqu'à la Révolution, les grands commis de l'État, généralement désintéressés et d'une fidélité absolue à l'endroit de leur souverain, ont fait place à des serviteurs souvent moins zélés, probablement moins habiles, souvent, surtout, moins désintéressés. C'est le cas du cardinal Dubois pendant la Régence. Ce ne sera sûrement pas celui du cardinal de Fleury qui, précepteur de Louis XV en 1714, fut choisi comme ministre en 1726 et exerça le pouvoir jusqu'à sa mort, en 1743, avec une autorité absolue. Seul Fleury peut être comparé aux ministres de Louis XIV. Pour le reste, les ministres se succédèrent fréquemment, parfois d'un amateurisme désarmant... Tandis qu'en Angleterre apparaissent des hommes politiques qui sont déjà ceux des temps modernes, un William Pitt, par exemple.

C'est que les techniques mêmes des relations internationales deviennent celles des temps modernes. On a déjà parlé de l'Académie diplomatique de Torcy, on en reparlera plus en détail très vite. Mais l'idée de créer une véritable école pratique pour les fonctionnaires des relations extérieures qui a germé en 1710 dans l'esprit d'un ministre des Affaires étrangères est symptomatique. On a évoqué à l'instant les ministres amateurs, les dentelles et les salons : c'est une autre race d'agents de l'État qui va, peu à peu, se mettre en place. Quant au travail desdits agents, il se perfectionne. Les ambassades permanentes sont maintenant un fait, et la présence d'un ambassadeur dans un pays étranger devient pour la plupart des grandes nations une nécessité. On hésite même à laisser trop longtemps un poste vacant lors d'un départ précipité. Dans le même temps, des équipes de secrétaires, au statut encore peu déterminé, sont installées autour de l'ambassadeur. Certains d'entre eux jouent un rôle essentiel dans la conduite des affaires de l'ambassade. On verra le rôle d'un Destouches, auteur dramatique pourtant, à la cour d'Angleterre. À ces fonctionnaires officiels s'ajoute une multitude d'autres agents, parfois plus ou moins espions, et le nom de Beaumarchais mérite ainsi, à nouveau, d'être cité.

S'il faudra attendre le Congrès de Vienne pour que les droits et les prérogatives des agents en poste à l'étranger et ceux des missions diplomatiques soient, pour un long temps, gravés dans le marbre, la coutume et de nombreux accords bilatéraux en régentent déjà l'organisation. Celle-ci est d'ailleurs souvent abordée dans les termes mêmes de traités mettant fin à une situation de guerre. Un agent que l'on veut accréditer peut être refusé, on verra le cas du pauvre Sémonville, interdit de séjour diplomatique successivement à Turin puis à Constantinople.

L'habitude a désormais été acquise de rédiger à l'intention des principaux ambassadeurs envoyés à l'étranger des « mémoires » destinés à définir le cadre de leur mission, à leur donner des règles de conduite mais aussi à les informer sur la situation politique, économique, voire sociale ou mondaine du pays qui va les accueillir. Certains de ces mémoires sont de véritables chefs-d'œuvre d'étude en profondeur d'un pays et de subtiles analyses du rôle que peut y jouer un représentant de la France. En sens inverse, la correspondance diplomatique des ambassadeurs devient de plus en plus abondante. Chacun d'entre eux doit rendre compte de ce qui se passe dans le pays de sa résidence, y prévoir les événements à venir et tenter de déceler toutes les nuances de l'attitude des responsables politiques de ce pays vis-à-vis du sien propre. Dans le même temps, il s'agit pour les ambassadeurs de rendre compte à leur ministère des réactions suscitées dans le pays de leur résidence par des événements survenus dans leur propre pays ou dans les pays tiers. La succession de correspondances contradictoires concernant la mort de la tsarine Élisabeth de Russie en 1782 témoignera, comme on le verra, de l'intensité du rythme de ces informations.

Le fondement des relations entre États demeure naturellement le traité, qu'il soit bilatéral ou multilatéral. Mais les négociations qui conduisent à ces traités sont désormais d'une amplitude et d'une complexité que seules celles qui précédèrent, au XVIIe siècle, les traités de Westphalie laissent augurer. Certaines de ces négociations, entourées parfois de secrets, voire d'un secret hautement proclamé, peuvent durer plusieurs années. C'est que, tout en ayant dans l'esprit son intérêt propre, chaque pays participant – et même la France !– s'efforce, pendant toute la durée de ce siècle, de s'attacher à un équilibre rigoureux des forces qui seront en présence en conclusion de l'accord. D'où le rôle prééminent de négociateurs considérés comme habiles que l'on envoie successivement sur tous les fronts pour recueillir au bénéfice de leurs princes un maximum de résultats.

On notera au passage que le mariage continue à constituer une forme privilégiée d'accords entre États et que les conditions que stipulent certains de leurs contrats représentent bel et bien une forme d'accord international ou de traité.

On a commencé par l'esprit du temps, on terminera avec lui pour rappeler qu'au même titre que les idées, les arts et la littérature constituent pour la première fois, au XVIIIe siècle, un patrimoine commun à toutes les nations européennes. Bien mieux, l'Amérique elle-même, Nord et Sud, est frottée à ce commerce. D'où une sorte de fonds commun de l'art occidental, centré autour de l'idée de baroque, puis de rococo, qui ne contribue pas peu, au même titre que les relations purement familiales, à maintenir un lien entre ceux que les guerres séparent. Enfin, on a déjà abordé le rôle des diplomates écrivains au XVIIe siècle, on verra celui-ci s'accroître au XVIIIe pour devenir, au XIXe, une forme particulière de littérature.

1712 : Torcy et la création d'une Académie politique

On a dit le rôle joué par Jean-Baptiste, marquis de Torcy, fils de Charles Colbert de Croissy, lui-même frère du grand Colbert, dans la réorganisation des Archives du ministère des Affaires étrangères. C'est en 1709 que Torcy note dans son journal, après une séance du Conseil du Roi : « Sa Majesté voulut bien, sur ce que je lui représentais, donner un lieu au Louvre pour y faire le dépôt de tous les papiers importants des Affaires étrangères ». Ainsi, pour la première fois dans l'histoire du ministère des Affaires étrangères, les archives de ce département se trouvaient-elles avec un local où installer leurs fonds. Mais le principal apport de Torcy à l'histoire diplomatique fut sa volonté de créer, en avril 1712, une « Académie politique » destinée à préparer des jeunes gens appelés à servir dans les négociations, tout en contribuant à former « un corps d'histoire de France ». Le même Torcy et son père avaient déjà voulu installer au Collège des Quatre-Nations – aujourd'hui le palais de l'Institut, quai de Conti – quarante jeunes gens, dont vingt appartenant aux premières familles du royaume, où ils auraient été instruits à la vie politique. Dans le nouveau projet, qui consistait en somme à créer une « École nationale d'administration » avant la lettre, auraient coexisté le Dépôt du

Louvre, où étaient conservées les archives, et un véritable institut de formation. Il semble pourtant que, très vite, la plupart des élèves qui suivaient plus ou moins les conférences prévues par les statuts de l'Académie, faisaient preuve de beaucoup moins d'assiduité encore dans leur présence au dépôt des Archives où ils devaient effectuer les travaux pratiques que l'on attendait d'eux. Toujours est-il que le cardinal Dubois, devenu secrétaire d'État le 1er septembre 1718, puis principal ministre, finit par s'irriter de cette situation et la réforme lancée par Torcy sous la houlette de Yves de Saint-Prest, qui dirigeait à la fois le dépôt et l'académie, tourna court. Elle finit par disparaître en 1720.

Le texte que l'on publie ici est le mémoire rédigé en 1712 qui servit de fondement à l'établissement de cette académie. La liste des ouvrages nécessaires à la formation des étudiants mérite une lecture attentive. On y trouve aussi bien Tacite que Tite-Live, Thucydide que Plutarque mais, si l'on recommande les œuvres de Machiavel, on en excepte *Le Prince*, « dont la morale est indigne d'un honnête homme et d'un chrétien… »

Mémoire pour l'établissement d'une Académie diplomatique, décembre 1712.

Il y a long tems qu'on reproche à notre nation le peu de talent qu'elle a pour les négociations et pour le maniement des affaires publiques ; surtout quand il faut traiter avec les étrangers. Elle est assez brave et courageuse pour prendre des villes et gagner des batailles : mais faut-il négocier et faire un traité de paix, c'est toujours à sa perte. On pourroit en apporter plusieurs raisons, dont la principale est l'ignorance de ses propres intérests et de ceux des autres États de l'Europe. Notre noblesse ne s'est jamais picquée de science. Il semble aujourd'hui qu'elle auroit honte de sçavoir quelque chose. Elle veut néantmoins posséder les charges publiques dues à sa naissance. Elle devroit donc s'instruire du droit public et de tout ce qu'on appelle les intérests des princes. N'est-ce pas une honte d'en ignorer jusqu'aux premiers principes ? Je sçay de bonne part que, dans une fameuse délibération qui se tint il y a plus de vingt ans sur les affaires d'État, les conseillers ne sçavoient ce que c'étoit que la Bulle d'or ; et qu'un jeune homme fils d'un ministre, ayant parlé de cette pièce importante, se fit admirer par ce trait d'érudition historique.

Depuis plusieurs siècles on a établi des universités dans la capitale et dans les principales villes du royaume où l'on enseigne plusieurs sortes de sciences ; depuis environ un siècle on a établi à Paris plusieurs Académies comme l'Académie françoise, celle des inscriptions et médailles, quelques autres d'architecture, de peinture, de sculpture, de musique, et enfin celle des sciences, mais aucune de ces Académies ne regarde les affaires publiques. N'est-ce pas une chose étrange que la science de l'histoire et de la politique ayt été jusqu'à présent négligée dans ce royaume et que nous n'ayions pas profité de l'exemple d'une République voisine qui dans l'université de Leyden a des professeurs particuliers pour cette sorte d'étude ? Le Grand Cardinal de Richelieu n'a fait que rétablir et aggrandir un collège de théologiens ; le cardinal Mazarin s'est borné à faire bâtir un collège semblable à ceux qui étoient déjà établis dans l'Université. Ces fameux ministres d'État n'ont pas pourvu à se former des successeurs. Ils l'auroient pu faire en établissant une Académie de politique où l'on auroit appris le droit public, les intérêts des princes, la manière de négocier dans leurs cours. Une telle Académie formeroit des envoyez, des ambassadeurs, des plénipotenciaires, des secrétaires et ministres d'État, des chancelliers et autres premiers officiers de la Couronne.

J'avoue que quelques particuliers avoient commencé à détenir quelques assemblées pour apprendre les intéretz des princes : mais, outre que cette Académie naissante ne paroissoit pas encore entièrement formée, la mort du sçavant homme qui en étoit le président, semble l'avoit fait périr dès le berceau. Il seroit de la gloire du Roy et de l'intérêt de l'État d'établir solidement une telle Académie, de luy donner une forme et un état fixe, en un mot de la conduire à un point de perfection qui produisist les fruits qu'on en peut espérer.

Or, avant que de dresser le plan de ladite Académie de politique, il me semble qu'il est à propos d'indiquer les différens genres d'études ausquelles doivent s'appliquer ceux qui voudroient y être admis.

Études préliminaires

1° Sçavoir bien ce qu'on appelle les belles lettres ou les humanités, c'est-à-dire les auteurs latins a fond et les grecs passablement, afin de pouvoir consulter les originaux en cas de besoin.

2° L'histoire des principaux empires, royaumes, États, princes et illustres maisons de l'Europe avec leurs généalogies.

3° La géographie et la chronologie qui sont les deux yeux de l'histoire.

4° Les langues vivantes, sur tout l'italienne et l'espagnole, en attendant qu'on apprenne l'allemand et l'anglois qui en est dérivé. Le hollandois n'est qu'un dialecte ou corruption de l'allemand.

Études pour la théorie

1° *Les Annales* et *Histoires* de Corneille Tacite. On y peut joindre une belle traduction espagnole accompagnée de réflexions politiques.

2° Saluste tout entier.

3° Tite Live tout entier.

4° Thucydide, édition de Wekel avec les notes de Portus.

5° De Plutarque, les *Vies des hommes illustres. Item* certains traités de morale et de politique dans le second tome.

6° Juste Lipse, *De Prudentia Civili.*

7° Grotius *De Jure belli et pacis* dans l'édition où il y a un traité *De jure gentium.*

8° Le huitième chapitre du premier livre de la *Rhétorique* d'Aristote où il est parlé des différentes formes de gouvernement. *Item* les dix sept premiers chapitres du second livre où il est parlé des mœurs et des passions des hommes suivant leurs ages et conditions.

9° Les *politiques* d'Aristote.

10° Les œuvres de Machiavel excepté son *Prince* dont la morale est indigne d'un honnête homme et d'un chrestien.

11° Les *Institutes* de Justinien surtout pour ce qui concerne la loi naturelle, le droit des gens, le droit public.

12° *Les loix civiles* dans leur ordre naturel par Monsieur Domati pour ce qui concerne le droit public et féodal, en y joignant ce qui est à la fin du digeste sous le titre *De jure feudorum.*

13° Les cinq volumes de Duchesne contenant les pièces originales qui peuvent servir à composer l'histoire de France.

14° *L'Abrégé chronologique* de Mézeray in quarto.

15° Le commentaire de Monsieur Pithou sur les libertés de l'Église gallicane in quarto.

16° *Les preuves des libertés de l'Église gallicane* par Monsieur Pinson, in-folio.

17° *Traité de la majorité des rois* par Monsieur Dupuy.

18° *Le grand cérémonial de France* par Monsieur Godefroy.

19° Divers traités de Monsieur Dupuy touchant les droits du Roy sur certaines provinces.

20° Divers traités de Monsieur Aubery, avocat, sur la mesme matière.

21° Quelques traités de Monsieur Godefroy sur la mesme matière.

22° Réflexions manuscrittes sur l'histoire de France par feu Monsieur le comte de Boullainvilliers : mais il s'y faut corriger une erreur grossière sur le fait du concile de Francfort tenu sous Charlemagne en 794.

23° Les histoires d'Espagne par Mariana, d'Angleterre par Larrey, de Hollande par Grotius, de Suède par Puffendorf.

24° Goldast *De Monarchia imperii* en plusieurs tomes.

Études pour la pratique

1° *Traité des Ambassades* par Monsieur Wickford.

2° *Les lettres* du Cardinal d'Ossat.

3° *Les lettres* du Cardinal Bentivoglio en italien.

4° *Les interetz des princes*, quoi que ce ne soit qu'un abbregé.

5° Recueil de dibvers traités de paix imprimés à Paris en quatre ou cinq volumes.

Mémoires et documents, France, vol. 2186, fol. 14-16,
Note historique sur l'École diplomatique
par d'Hauterive.

1713-1715 : Le cardinal de Polignac et les traités d'Utrecht.

La guerre de Succession d'Espagne est la dernière des grandes guerres que mena Louis XIV pour tenter d'assurer une hégémonie complète de la France sur l'ensemble de l'Europe. On sait aussi que cette guerre, dont la conclusion coïncide presque avec la mort du roi, marque la fin d'une période, celle où la France avait, depuis Richelieu, tenu la première place sur le continent. La guerre de Succession d'Espagne a éclaté après la mort de Charles II, roi d'Espagne et dernier représentant des Habsbourg d'Espagne. Deux souverains étrangers tentèrent alors de faire valoir leurs droits sur le trône devenu vacant. D'une part Louis XIV, d'autre part l'empereur Léopold Ier d'Autriche. On se souvient que lors du mariage de l'île des Faisans, Louis XIV et la princesse espagnole qu'il avait épousée avaient solennellement renoncé à tous leurs droits sur le trône d'Espagne. Toutefois, l'habileté de la diplomatie française parvint à obtenir de Charles II, encore vivant mais fort mal en point, la désignation de Philippe d'Anjou, petit-fils de Louis XIV. Et dès 1701, celui-ci est donc couronné sous le nom de Philippe V. La plupart des puissances européennes l'avaient alors reconnu mais un fait nouveau se produisit, caractéristique de cette période d'expansion coloniale. En effet, l'ensemble des possessions espagnoles outre-mer, notamment en Amérique, allait nécessairement s'ouvrir à l'influence française. D'où une première grande guerre coloniale, en somme, qui va opposer à la France tous ceux que cette conquête d'un nouveau marché ne pouvait que gêner. Et parmi eux, au premier chef, l'Angleterre et les Provinces-Unies. D'où la « Grande Alliance de La Haye », regroupant l'Angleterre, la Hollande, de nombreux princes allemands, jusqu'au Portugal et la Savoie, avec naturellement en tête l'Empire, puisque Léopold Ier contestait à présent les droits du nouveau Philippe V.

La guerre fut une succession de désastres pour la France, en dépit de premiers succès franco-espagnols. Vint très vite la grande époque de ces généraux étrangers, Marlborough ou le prince Eugène, qui rejetèrent les Français de l'autre côté du Rhin tandis que les Anglais prenaient une fois pour toutes possession de Gibraltar. Le « roi français » d'Espagne, Philippe V, devait abandonner le trône, remplacé par l'archiduc Charles, en 1706. Dès lors, les choses allèrent de mal en pis pour la France, jusqu'à ce que l'Angleterre, où les *Tories* avaient remplacé les *Whigs*, décide de ne pas aller plus avant. Entre-temps, le règne de l'archiduc Charles sur le trône d'Espagne s'était achevé dans la gloire à la mort de l'empereur Joseph Ier puisque le souverain avait accédé au trône impérial sous le nom de Charles VI.

Il était évident qu'il fallait maintenant conclure. Toute une série de traités, signés à Utrecht, à Rastadt, à Baden et à Anvers, entre 1713 et 1715, mirent donc un point final à la guerre. Philippe V allait revenir sur le trône d'Espagne, mais d'une Espagne qui avait perdu Naples, la Sicile, les Pays-Bas et le Milanais. L'Angleterre conservait Gibraltar et s'établissait plus fermement au Canada.

La correspondance adressée au cardinal de Polignac, chargé dès 1711 de préparer la paix d'Utrecht, est particulièrement intéressante. Melchior de Polignac, né en

1661, était l'un des diplomates préférés de Louis XIV. Envoyé en Pologne en 1696 pour faire élire roi le prince de Conti, il quitta le premier plan de la scène pendant la Régence, ce qui ne l'empêcha pas de se retrouver plus tard chargé d'affaires à Rome, d'où il adressa une correspondance particulièrement pittoresque. Auteur d'un *Anti-Lucrèce*, plus philosophique et littéraire, il succéda à Bossuet à l'Académie française en 1704.

Le mémoire qui lui est adressé, en même temps qu'au marquis d'Huxelles, maréchal de France, et aux autres diplomates chargés de mettre fin à la guerre, est des plus intéressants. Il traduit en effet les sentiments ambivalents qui étaient ceux de la France vis-à-vis de ses ennemis. On y découvre un « méchant » avec lequel il s'agit, et par tous les moyens, de parvenir à une solution définitive : la Hollande. Dans le même temps, l'Angleterre devient déjà presque un partenaire. Ce texte est significatif du type d'équilibre nouveau qui allait s'établir en Europe à la mort de Louis XIV.

Lettre de l'abbé de Polignac à Gaultier

À Utrecht le 8e février 1712

J'ay receu, Monsieur, la lettre que vous m'avez fait l'honneur de m'escrire le 30e du mois passé.

La cour nous a renvoié le chiffre avec celle que nous n'avions pu lire. Elle y a joint les chiffres dont vous vous estiez servi, de sorte qu'à l'avenir vous pourrez chiffrer vos lettres comme nous chifrerons les nostres.

Véritablement il eût esté à désirer que nous ussions veu d'abord ce que vous avez eu la bonté de m'écrire car je vous diray confidemment que nous avons trouvé en arrivant vos deux plénipotentiaires si réservez et si froids quoyque fort honestes et fort polis, que nous ne sçavions plus qu'en croire ; il nous paroissoit ou qu'on ne leur avoit pas tout confié ou qu'ils n'osoient se découvrir ny passer plus loing avec nous juqu'à ce qu'ils eussent veu les suittes que pourroient avoir les contradictions de la chambre haute, ils nous parloient, je ne dis pas dans les conférences publiques, mais dans nos plus secrets entretiens, de l'Espagne et des Indes comme d'une chose douteuse. Ils nous intimidoient sur la barrière tantôt de Flandres que d'Allemagne, point de l'Isle pour l'équivalent de Dunkerque, peu ou point de restitution à espérer et Strasbourg encore moins, cela nous allarmoit, je vous avoue, et quoyque depuis les dernières lettres de Londres que le vent a si longtems retenues et qui nous ont porté si bonnes nouvelles, ils semblent plus encouragés ; cependant ils ne cessent de nous exhorter à faire des offres plus fortes que celles qui nous sont connues ; à cela près, ils se conduisent à merveille et nous en sommes charmés ; je croy aussy qu'ils sont contents de nous, car nous ne faisons rien sans les consulter et nous suivons en tout leurs directions hors en ce qui passe nos pouvoirs. Il nous seroit fort nécessaire de sçavoir au vray ce que la Reyne de la Grande-Bretagne a répondu en dernier lieu sur les éclairissemens que le Roy luy a donnez à l'égard de chacun des alliés ; elle a veu là nos instructions et tout ce que nous pouvons faire.

En mon particulier, je suis très [faché] de ne vous avoir pas trouvé, mais votre présence est encore plus importante à Londres. Plût à Dieu que Mr. Prior fût icy avec vous, nous serions bientôt d'accord luy et moy et les affaires en irroient bien plus vite, etc. Mandez-moy donc quand nous aurons le plaisir de nous voir tous deux ; en attendant nous ferons le mieux qu'il nous sera possible ; mais faites moi l'honneur de m'écrire et de faire mes complimens à Monsieur le grand Trésorier que je révère au-delà de toutes expressions.

Les mesures à l'heure qu'il est me paroissent si bien prises qu'il faudra bien que les Whigs de toute nation se soumettent à la justice et à la raison. Je suis de tout cœur à vous.

L'abbé de Polignac

Acqu. extr., vol. 18, fol. 158-159.

1716 : L'abbé de Saint-Pierre et la paix perpétuelle

Bien avant la Société des Nations, avant aussi tous les projets plus ou moins utopiques d'organisation d'une Europe pacifique et sans frontières, un certain nombre de penseurs ou d'écrivains avaient déjà caressé l'idée d'une société parfaitement pacifiée, où toutes les nations vivraient dans une sorte d'harmonie universelle. Tel fut le cas de l'abbé de Saint-Pierre. Charles Irénée Castel, né en 1658, devint élève des jésuites à Caen et fut particulièrement intéressé par les travaux de physique et de sciences naturelles. Devenu premier aumônier de Madame, mère du Régent, il entra à l'Académie française en 1695, grâce à la protection de Mme de Lambert. Auteur de dix-sept volumes d'ouvrages de morale et de politique, l'abbé de Saint-Pierre fut lui aussi diplomate puisqu'il participa aux négociations du traité d'Utrecht dans la foulée du cardinal de Polignac et qu'il eut l'intuition d'un système international susceptible de garantir pour tous et pour toujours une « paix perpétuelle ». La carrière officielle d'écrivain de l'abbé de Saint-Pierre tourna vite court car, auteur en 1718 d'un *Discours sur la Polysynodie*, très hostile à la politique du règne précédent, il fut honteusement chassé de l'Académie française. Qu'on se garde enfin de le confondre avec Jacques Henri Bernardin de Saint-Pierre qui, à la fin du siècle, passa, lui, à la postérité pour *Paul et Virginie*.

On attribue à notre abbé de Saint-Pierre l'invention du mot « bienfaisance » et, pour Jean-Jacques Rousseau, il constituait « l'honneur de son siècle ». Il multiplia ainsi les mémoires et autres projets visant à réparer les routes de France, réduire le nombre des procès, établir pour la première fois en France un impôt proportionnel reposant sur la taille, voire à perfectionner l'orthographe des principales langues européennes. Mais c'est son *Projet pour rendre la paix perpétuelle en Europe*, publié en trois volumes entre 1713 et 1717, qui a laissé de lui une trace. Parfaitement utopique, le projet en question suscita de nombreux débats. Personne, pas même parmi les plus « européens » de leur temps, tel Leibniz, ne le prit vraiment au sérieux. On rapporte à ce propos que Leibniz évoqua, avec une douloureuse ironie, la seule véritable paix perpétuelle réalisable, la « *Pax Perpetua* » des cimetières. Quelles que soient les critiques qu'on opposa à l'utopie de l'abbé de Saint-Pierre, un Kant soulignera pourtant un jour que, avec tant d'autres qui se développèrent dans le même sens au cours du XVIIIe siècle, ces idées conduiront « vers le grand but, l'ultime perfection : la Société des Nations ».

Le ministère des Affaires étrangères possède dans ses Archives une lettre originale en date de 1716 dans laquelle l'abbé de Saint-Pierre écrit au Régent, dont sa charge auprès de Madame l'avait naturellement rapproché, pour lui annoncer la parution du troisième volume de son « Projet » et le persuader de se rallier à ses vues…

1716 : Lettre autographe de Charles-Irénée Castel, abbé de Saint-Pierre au Régent, relative à son projet de paix perpétuelle

Monseigneur,

Le publiq a vu avec joye que vous regardiez les bénéfices comme une partie considérable du trésor de l'État qu'il étoit important de distribuer non par faveur mais par justice à proportion de l'importance des services ou des bénéficiaires mêmes ou de leurs pères et des pensionaires.

J'aprens que l'abbaye de Saint Bertin vient de vaquer. Vous savez, Monseigneur, que je travaille assiduement pour le service de l'État. J'ai besoin même pour le mieux servir de 4 000 livres de pension et je croi que vos biensfaits exciteroient les bons esprits à travailler comme moi sur des sujets importans.

On a traduit en anglois chez Vils à Londres les éclaircissemens que j'ai donnez au projet de Henri le Grand votre bizayeul, le duc de Parme l'a fait traduire en italien, M. Brodeau, conseiller du Conseil souverain de Perpignan l'a traduit en latin, le chancelier de Münster le traduit lui même actuellement en aleman. On achève d'en imprimer le troisième tome que j'aurai bientôt l'honneur de vous présenter. J'y répons à de nouvelles objections et j'y aporte de nouveaux motifs pour chaque souverain en particulier.

Je vous présenterai en mesme tems un petit mémoire ou je montrerai plusieurs motifs qui doivent vous déterminer à entrer dans le traité de police universelle et même à le proposer aux autres. Je n'y oublie pas l'article de la renonciation. Et il fait même partie des 24 articles fondamentaux de cette police. Je suis persuadé que le roi de Sicile, les Vénitiens, le pape et le reste de l'Italie et les Suisses mêmes ne demanderoient pas mieux que de signer prontement une ligue générale où on laisseroit place pour tous ceux qui voudroient y entrer et pour l'Empereur lui-même.

Je travaille présentement à un mémoire qui se lie avec l'établissement salutaire et merveilleux de plusieurs conseils, mais il n'est pas encore en état de vous être montré.

J'espère, Monseigneur, que j'aurai encore de nouvelles ocasions propres à vous persuader que vous n'avez personne qui vous soit plus parfaittement dévoué et avec un plus profond respect que

L'Abbé de Saint-Pierre

Acqu. extr., vol. 55, fol. 9-10.

1719 : Sennecterre et Destouches en Angleterre

La Quadruple Alliance, signée en 1718 entre la France, l'Angleterre, la Hollande et l'Autriche contre l'Espagne fut le grand œuvre du cardinal Dubois dans les premières années de la Régence. Le Régent, comme George Ier d'Angleterre, avait besoin de consolider ses positions. John Law avait obtenu le monopole du commerce avec la Louisiane, Pierre le Grand avait été reçu somptueusement en France par Louis XV et l'Angleterre apparaissait un allié sûr : le cardinal Dubois avait la certitude de mettre en place un nouvel équilibre européen.

C'est dans ce contexte qu'il décida d'envoyer à Londres un ambassadeur destiné à remplacer Chavigny, qui en était reparti au printemps de 1718. Il choisit le comte de Sennecterre, ou Senneterre, ou même Saint-Nectaire. Mais, deux précautions valant mieux qu'une, le cardinal Dubois décida de maintenir en poste à Londres celui qui était peut-être déjà l'éminence grise de l'ambassade, Philippe Destouches. On sait que, de tous temps, les véritables responsables de missions de haute portée n'ont pas toujours été ceux qui apparaissaient au premier plan. On se souvient, dans telle mission effectuée jadis de l'autre côté du rideau de fer, de la présence silencieuse d'interprètes, ou de collaborateurs simplement chargés de prendre des notes, dont on savait bien que leur rôle était tout autre. Ainsi en était-il probablement de ce Destouches, militaire, comédien, diplomate, certes, mais surtout connu pour son œuvre d'écrivain. Car Philippe Néricault, né en 1680 et qui devait mourir en 1754, n'est autre que le célèbre auteur de théâtre Destouches. Bien éclipsé aujourd'hui par les Marivaux et par les Beaumarchais, voire par un Allainval, Destouches fut l'auteur de nombreuses comédies qui connurent à l'époque un immense succès. On citera parmi elles *L'Ingrate* qui date de 1712, *Le Philosophe marié*, qui date de 1727 et surtout *Le Glorieux*, de 1732, dont deux vers sont devenus des proverbes si répandus qu'on en a oublié l'auteur : « Chassez le naturel, il revient au galop » et « La critique est aisée et l'art est difficile ». Comme les Beaumarchais et les Mouhy que l'on trouvera plus tard dans le siècle, Destouches était diplomate, probablement aussi espion. Le cardinal Dubois maintint donc Destouches en poste à Londres, pour son entregent et pour ses relations, certes, mais aussi pour surveiller le nouveau venu.

Le « Mémoire contenant quelques observations dont il paraît nécessaire que Monsieur le comte de Sennecterre soit instruit avant son départ pour aller remplir l'ambassade d'Angleterre », dont on peut imaginer que Destouches lui-même, en poste à Londres, l'inspira au moins en partie, constitue un extraordinaire tableau de la situation politique en Angleterre et des sentiments de la France à l'égard du gouvernement de Londres au lendemain de la signature de la Quadruple Alliance. On n'en publiera ici qu'une partie, regrettant de ne pouvoir donner davantage de place aux portraits extraordinairement vivants et à l'attention portée à chacun des principaux responsables politiques de la cour d'Angleterre de l'époque, qui sont réellement mis en scène dans une dépêche diplomatique avec un art consommé.

Mémoire contenant quelques observations dont il paraît nécessaire que M. le comte de Sennecterre soit instruit.

13 avril 1719

Les deffiances qui ont pendant si longtemps engagé l'Angleterre dans des intérêts opposés à ceux de la France n'auraient pas esté calmées par les derniers traitez de paiz, et quoyque la triple alliance – signée à La Haye le 4 janvier 1717 – eut pour objet la garantie réciproque et l'exacte observation de ces traitez, les différens qui subsistoient toujours entre le Roy d'Espagne et l'Empereur par rapport à la disposition qui avait été faite de la succession du feu Roy catholique Charles second estaient une source de divisions qui pourraient donner lieu au renouvellement des troubles et des malheurs dont l'Europe avait été depuis si longtemps agitée.

C'est aussi dans la veue de prévenir un aussy grand mal, et pour asseurer solidement la tranquillité publique que l'on a formé et conclu les traitez signez à Londres le 2e aoust 1718.

La lecture de ces traitez suffirait seule pour servir d'instruction à M. le comte de Sennecterre allant auprès du Roy de la Grande Bretagne en qualité d'ambassadeur extraordinaire de Sa Majesté, puisqu'en mesme tems qu'il y verra toute l'estendue des engagements qu'elle a pris avec ce prince, et avec les autres puissances contractantes ou admises aux mesmes liaisons, il jugera aisément qu'une union aussy étroite et des intérests aussy inséparables demandent un concert parfait et une attention toujours suivie à prévoir et à détourner tout ce qui pourrait altérer en quelque manière que ce soit l'intelligence et mesme la confiance nécessaire pour conduire à une heureuse fin le projet qui fait l'objet principal de ces traités.

Cette attention est d'autant plus essentielle que, quoyque Sa Majesté, parfaitement unie avec la cour de Vienne par ces mesmes traitez, croye pouvoir se promettre que cette cour ne formera point de prétentions nouvelles ny de projet ambitieux qui puissent donner à ses alliez des sujets de deffiance, Sa

Majesté a toujours fondé cette assurance sur le concours du Roy de la Grande Bretagne avec elle, autant ou plus que sur la modération du Conseil de Vienne ; aussy c'est une nouvelle et forte raison de ménager la cour d'Angleterre et d'entretenir les ministres anglais dans la disposition où ils ont esté jusqu'à présent de s'opposer de toutes leurs forces à ce que l'on voudroit entreprendre, de quelque part que ce soit, qui pût altérer l'équilibre que l'on a voulu établir par les conditions des traitez de Londres.

Comme M[d] Stanhope est celuy des ministres anglais qui a le plus de part à ces traités, cette raison seule suffirait pour asseurer qu'il voudra soutenir son ouvrage, mais ce jugement n'est plus une simple conjecture, l'expérience a fait connaître qu'il s'y portait avec zèle et avec vivacité, et qu'estant persuadé de l'utilité réciproque d'une intelligence parfaite et d'une entière confiance, il n'a négligé aucun des soins ny aucune des attentions qui pouvaient contribuer à l'un et à l'autre (*sic*). L'ambassadeur du Roy ne peut aussy rien faire de mieux pour le service de Sa Majesté que d'agir en tout avec ce ministre sur les mesmes principes. Il luy trouvera l'esprit net, décisif et solide, avec un cœur droit, vray et mesme impatient de montrer la vérité, se portant toujours avec vivacité, avec courage à ce qu'il croit utile à sa patrie, de pouvoir concourir à ce qui serait avantageux à la nation anglaise. [...] En sorte que ce ministre que les plus habiles ne pourraient surprendre et que nul intérest et nulle considération ne sauraient tenter, n'est pas incapable de se rendre aux continuelles insinuations de son secrétaire, ce qui doit obliger à attirer et à caresser le S[r] Schaub [1] pour le remplir de ces principes dont il est important que M[d] Stanhope ne s'éloigne pas, pour lui faire passer dans les occasions qui se présentent les principales choses auxquelles il convient qu'il fasse attention, et affin que

1. Sir Luke Schaub avait été chargé en 1718 de tenter de réaliser une entente avec l'empereur à propos de l'Italie. Il allait, comme ambassadeur en France, de mars 1721 à avril 1724, tenir une grande place.

les lettres qu'il doit écrire soient plus fortes ou plus faibles suivant les circonstances.

Le Sieur Schaub se pique extrêmement d'amour pour sa patrie qui est le canton de Basle, et se regarde comme un ministre qu'il faut consulter. L'ambassadeur du Roy le gagnera en luy faisant espérer quelque protection pour la ville de Basle et en traitant avec luy comme s'il avait la principale part aux affaires, avec la précaution toutefois que, comme il parle beaucoup et qu'il est en grande familiarité avec les ministres allemands, il ne faut pas luy faire confidence de ce que l'on ne veut pas qu'ils sachent. [...]

M. Craggs, secrétaire d'Estat ayant le département de la partie méridionale de l'Europe, a un sens droit et beaucoup d'esprit sans en avoir l'affectation. Il est généreux, fidèle, droit et penche plus à la hauteur qu'à la diminution et à la finesse. Il est sensible à l'amitié, et en est très capable. On ne doit craindre de luy aucune infidélité ny aucune surprise. [...] Il est persuadé qu'une union parfaite entre la France et l'Angleterre est nécessaire pour leur avantage commun, ce qui est le principal lien entre Md Stanhope et luy. Il est blessé plus que personne de l'influence qu'ont en Angleterre les ministres allemands, et le dissimule moins qu'aucun autre de ceux qui ont part aux affaires. C'est aussy ce qui règle son affection ou ses opinions sur le crédit que doit avoir en Angleterre la cour de Vienne. Comme il sçait ce qu'on peut faire avec le ministère d'Angleterre et auprez du Roy son maître pour les précautions que l'on peut prendre à l'égard de la cour de Vienne, il n'y a personne dans le ministère d'Angleterre par qui l'ambassadeur du Roy puisse mieux sentir, lorsqu'il sera chargé de faire quelques démarches contre les veues et les mouvements des Impériaux, ou lorsqu'il croira luy mesme que le bien du service du Roy demandera qu'il le fasse, jusqu'où il la faut porter et qu'elle doit être la règle et la mesure qu'il faudra garder dans chacune de ces occasions.

M. le comte de Sennecterre apprendra de ce ministre qu'il ne faut jamais parler au Roy de la Grande Bretagne de manière qu'il puisse penser que la France aurait en veue de le brouiller avec l'Empereur, mais seulement de l'ayder à prendre les précautions convenables à un grand Roy contre les entreprises et les hauteurs de la cour de Vienne. [...]

Celuy qui tient le premier rang entre ceux avec qui M^d Stanhope et M. Craggs agissent pour les arrangements domestiques de l'Angleterre et pour ce qui regarde les intérests de cette couronne dans les pays étrangers, est M^d Sunderland qui depuis longtemps a parcouru toutes les principales places du gouvernement d'Angleterre. [...] Très instruit de tout ce qui regarde la Chambre des Seigneurs et fort accrédité parmy eux et dans la Cité, il a rassemblé contre luy la hayne des partys qui sont contraires au gouvernement, celle des ennemys du duc de Marlborough et de sa famille, et particulièrement celle du prince de Galles, qui le regarde comme le principal auteur de l'éloignement que le Roy son père a pour luy, des démarches d'éclat qui se sont faites pour le mortiffier et des obstacles à sa reconciliation.

M^d Sunderland est véritablement fort droit et très désintéressé. Ses goûts dominans sont les femmes et les livres, non pour les lire, car il est trop vif et trop occupé pour s'y arrester, mais par curiosité, pour en amasser et former une bibliothèque extraordinaire. [...]

M. Robethon est homme d'esprit. Il sçait plusieurs langues, il a du goût pour les belles lettres. Il est très instruit des affaires de la Basse Allemagne, et il est vif et laborieux. Pendant toutes les dernières guerres, il n'y a eu aucun réfugié plus emporté contre la France que luy. Il est encore quelquefois très caustique contre elle, surtout en ce qui concerne les Religionnaires qu'il protège, car il est dévot et un des chefs du Comité des Réfugiez d'Angleterre. Il suit la pente de M. de Bernstorff pour l'Empereur. Peut-être en attend-il quelque distinction et quelque titre, si le Roy d'Angleterre venait à mourir ou que quelque disgrâce l'obligeât de se retirer en Allemagne. [...] La commission qu'il a eue d'abord de servir d'interprète au Roy de la Grande Bretagne lorsqu'il donnait audience à des Anglais qui ne sçavaient par parler français ou allemand, l'assiduité qui le met toujours à portée, la familiarité avec

M. de Bernstorff, diverses correspondances étrangères dont on s'est déchargé sur luy, et la nécessité de luy donner le soin de suivre beaucoup d'affaires auxquelles les ministres anglais ne peuvent vacquer qu'imparfaitement pendant les séances du Parlement, luy ont fait une espèce de ministère entre les Anglais et les Allemands qui demande qu'on le mesnage malgré ses inégalitez et le peu de seureté que l'on trouve dans son commerce ; mais on apprendrait moins et l'on ferait moins si l'on négligeait la correspondance avec luy. M^d^ Sunderland et M^d^ Cadogan ont assez de confiance en luy. M^d^ Stanhope et M. Craggs le croyent indiscret et intéressé ; mais ils ne laissent pas de se servir de luy. Il a un accez perpétuel avec M. de Bernstorff et il est très bien venu auprès de Mad. la duchesse de Munster. Il est hay de Mad. de Kilmanseck. Il est l'objet de la jalousie de M. de Bothmar et des Allemands de la chancellerie d'Hannover, aussy bien que la hayne de tout ce qui dépend du ministère Allemand et de Meherner (*sic*) , premier valet de chambre du Roy de la Grande Bretagne.

Correspondance politique, Angleterre suppl. vol. 6, fol. 129.

1721 : Saint-Simon, ambassadeur

La Bibliothèque nationale de France a présenté, dans une exposition consacrée aux « Brouillons d'écrivains », quelques-uns des admirables cahiers, grand format in-folio, qui constituent les *Mémoires* de Saint-Simon. Le texte de ces mémoires, qui embrasse la période 1691-1723, n'a été publié que partiellement en 1788 puis, pour la première fois en édition à peu près complète en 1829-1831. L'une des raisons principales de ce retard dans la publication d'un texte qui, de toute façon, n'aurait pu paraître du vivant de son auteur, réside dans le fait que le manuscrit fut saisi dès 1760, cinq après la mort de Saint-Simon, sur ordre de Choiseul, alors ministre des Affaires étrangères, et enfermé aux archives de son ministère.

Si ce ministère put faire main basse de la sorte sur l'un des textes littéraires les plus importants du XVIIIe siècle, c'est que Saint-Simon, que nous connaissons tous comme mémorialiste, fut également homme politique et diplomate. Et le texte que l'on va trouver ci-après est, certes, un texte de diplomate, mais aussi et surtout, peut-être, une sorte d'appendice au fameux mémoire.

Né à Paris en 1675, Louis de Rouvroy, duc de Saint-Simon, fut toute sa vie convaincu de la grandeur de son nom, de la primauté de la noblesse et de la nécessité de remettre celle-ci au premier rang des forces qui constituent un État. Parfaitement lucide, il comprit très vite que la puissance de Louis XIV résidait dans la fidélité absolue que lui manifestaient ses ministres bourgeois. D'où, toute sa vie, une volonté affirmée de revenir à la situation qui prévalait avant « la prise du pouvoir par Louis XIV » et la mort de Mazarin.

Pourtant, la carrière de Saint-Simon commença sous des auspices militaires parfaitement conformes aux aspirations d'un jeune gentilhomme de son temps. Présenté au roi en 1691, il fit rapidement partie des mousquetaires gris et participa au siège de Namur, à la bataille de Neerwinden, acheta un régiment de cavalerie et servit dans l'armée du maréchal de Lorge. Il épousa en 1695 la fille de celui-ci, petite-nièce de Turenne et belle-sœur de Lauzun. Mais très vite, la désinvolture dont il faisait preuve à l'endroit de ce qui n'était pas la plus haute aristocratie de son temps, notamment les bâtards du roi, lui valut l'animosité de Louis XIV. Aussi, brusquement, Saint-Simon quitte-t-il le service en 1702, et se borne à demeurer à la cour, observant tout ce dont il fera la matière de ses *Mémoires*. Espérant encore qu'un nouveau roi rendrait sa juste place à la noblesse, il dut déchanter à la mort du duc de Bourgogne, en 1712, sur lequel il avait fondé bien des espoirs. Pourtant, le Régent lui affirme sa confiance et on le retrouve en 1715 membre du conseil de régence. Mais c'est surtout en 1721 qu'il connut son heure de gloire officielle, en tant qu'ambassadeur de France en Espagne chargé de négocier deux mariages, celui de Louis XV avec l'Infante et celui d'une fille du Régent avec le prince des Asturies. C'est de cette époque que date la correspondance que l'on trouve ici. Le ministère des Affaires étrangères a, certes, dû abandonner les magnifiques grands cahiers des *Mémoires* où, à la date de la mort de Mme de Saint-Simon, qui n'y figure d'ailleurs nulle part, l'auteur reposa sa plume pendant six mois après avoir complété d'une succession de larmes et d'une croix la ligne qu'il était en train d'écrire, mais les Archives du Quai d'Orsay ont conservé ce bel ensemble de lettres. Le ton qui est le leur est celui des *Mémoires*, leur rôle est d'informer le Régent de ce dont l'ambassadeur est le témoin. Il y parle aussi de sa vie, de son fils, de tout ce qui fait la matière des *Mémoires*.

Lettre du duc de Saint-Simon au duc d'Orléans

Madrid, 28 novembre 1721

Je ne puis laisser partir ce courrier, Monseigneur, sans vous importuner de mon griffonnage et dire à V. A. R. que je croy qu'elle eust esté passablement aise de voir son Excellence *trepudiante* disputer les menuets à chaque fois et bien plus encore les contredanses et y estre tourné et reviré comme un balon. Mais le roy d'Espagne et la reyne surtout le vouloient ainsy sur les beaux contes de Me de Robec ; eh que ne fait-on pas pour plaire et pour se mettre à l'abri des rheumes une bonne fois pour touttes jusqu'à s'exposer à la pleurésie avec trois cent livres de dorures sur le corps ? J'auray l'honneur de vous dire que je suis presque mort de courses, de compliments, de veilles, d'attentions et d'escrittures et que, si vous ne me guérissés bien tost et ne me rappelliés incontinent aprés, V. A. R. perdra un serviteur très fidèle et le décan de ses serviteurs. J'ay eu une étrange inquiétude de mon fils qui a esté mal. Dieu mercy, il est sans fièvre depuis quelques jours, mais je ne l'appris que par un exprès qui en arriva hier au soir. Je ne laisseray pas cependant d'abréger mes curiosités pour le voir un peu avant l'arrivée de cette cour à Lerma. Vos bontés, Monseigneur, pardonneront ce détail à l'homme du monde qui vous est le plus respectueusement et, s'il l'osoit dire, le plus éperdument attaché.

Le duc de Saint-Simon

Lettre du duc de Saint-Simon au cardinal Dubois

De Madrid, 28 novembre 1721

Je ne puis assés remercier V. E. de l'attentive continuation de ses bontés pour ce qui regarde icy l'objet particulier de mon voyage ; vous me faittes la grâce de m'en parler le premier et avant que j'aye eu le temps de me reconnoistre. Pour abréger et ne point retarder l'expédition du courrier qui n'attend que les réponses de cette cour à ce que celuy d'hier apporta de la nostre, j'auray l'honneur de vous dire avec sincérité que j'ay tout lieu de me flatter qu'on est icy très content de moy et, qu'encore que j'y doive les honneurs et les prévenances sans nombre et sans exemple que j'y reçois au carractère et à la commission dont je suis honoré, je ne laisse pas de remarquer très distinctement que j'ay eu le bonheur de m'en acquitter au gré de L. M. C. Outre ce qui est rendu au personnage, je vois dans le roy et la reyne d'Espagne une attention de bonté suivie qui tiendroit un volume à vous en marquer touttes les distinctions personnelles. Je me contenteray de vous faire remarquer qu'ils ne me voyent jamais aux rares moments de cour sans me parler, que la reyne m'ordonna avant hier, sur une honnesteté que je luy fis à l'occasion d'une audience de l'ambasseur de Malthe, de la voir quand je voudrais sans m'arrester aux usages et de ne pas craindre d'abuser de cette liberté ; qu'elle ny le roy ne m'ont point veu sans me demander avec un air naturel d'empressement et d'inquiétude des nouvelles de mon fils et entrer dans tous les détails, jusque-là qu'hier, au milieu de sa joye et de la lecture des lettres que le courrier avoit apportées et dont il estoit uniquement question, elle s'interrompit tout à coup pour me demander de ses nouvelles et demeura assés de temps sur ce propos avec un air d'agitation et d'inquiétude. Ils arrestèrent hier un courrier de ma livrée sur leur chemin pour en sçavoir des nouvelles et me firent témoigner par luy leur joye de ce qu'il m'en apportoit de bonnes. Elle s'est informée avec empressement si j'estois content d'eux et a mis des gens en campagne pour le sçavoir. Enfin, un air de bonté, de sincérité, de familiarité, d'estre à l'aise avec moy de toute prévenance des façons, si je l'ose dire, d'amitié de l'un et de l'autre me répondent qu'ils seront très aises d'avoir à obliger S. A. R. en me faisant les grâces en question, et qui sont icy attendues pour le moins autant qu'à Paris sans qu'il y ait un mot de vérité à ce qui a esté mandé là-dessus à V. E. avant mon départ et qu'elle voulut bien avoir la confience de me monstrer. Je dois ajouster, qu'outre la première visitte que personne sans exception n'a refusé de me rendre, ce qui va au personnage, quoy qu'inusité pour plusieurs, et les premiers compliments au Palais, je n'y puis paroistre un instant que je n'y sois aussy tost environné de ce qu'il y a de plus grand avec un empressement qui est toujours le mesme, que les visittes redoublent, que la santé de mon fils a fait l'occupation de tout le monde, que M. le duc d'Arcos m'envoya avant-hier une bouteille d'un remède prétieux sans que j'y eusse pensé et qu'il est vray qu'il ne se peut rien ajouster à mes attentions pour plaire ny aux marques que je reçois que j'ay le bonheur d'y réussir. J'en dirois davantage à V. E., surtout à l'égard de M. le marquis de Grimaldo et d'une autre personne qu'elle aime mais qui m'a précisément demandé de ne le point nommer dans mes lettres et que vous sçaurés bien deviner, si je ne me souvenois d'un conte ridicule de feu M. de Senlis qui disoit que M. le Prince estoit le meilleur homme du monde, qu'il luy faisoit mil amitiés, qu'il le venoit voir et cela pour luy-mesme sans que ce fust à cause de son frère ; je crains donc de tomber en fin dans ce mesme ridicule. Mais je vois par l'honneur de vostre lettre que les bontés de S. A. R. attendent un véhicule d'icy pour m'y faire ressentir l'effet si principal pour moy, dont il luy a plu de m'asseurer de sa part et aux vostres d'y mettre le sceau. Je dois donc vous rendre compte de ce qui se passe icy à mon égard, et, dans une circonstance pareille, je ne me dois pas moins la vérité à moy-mesme qu'à V. E. J'ose donc me promettre par l'extérieur que je vois que les dépesches de cette cour ne contiendront rien qui empêche un prompt effet de l'amitié de S. A. R. et de la vostre ; je n'ay point l'honneur de luy en escrire que en badinerie légère, je compte entièrement et franchement sur vous et je m'attends avec une ferme confience que vous ne commencés point aussy parfaittement un ouvrage pour ne le pas achever, de mesme que vous n'ignorés point le *qui cito dat bis dat*, et que, ne trouvant icy rien moins que des obstacles personnels, une conjuncture aussy unique, des grâces déjà répandues sur M. de Maulevrier, je ne tarderay pas à éprouver les vostres que je recevray de la main de V. E. avec une double joye et une reconnoissance sans borne. Je la conjure d'y compter absolument, et elle me connoist d'assés longue main pour ne pas doutter qu'elle ne le puisse, ainsy que sur mon attachement le plus inviolable et le plus respectueux.

Le duc de Saint-Simon

J'oubliois deux choses. L'une, que la reine a tesmoigné souhaitter que dans le choix qui me seroit donné dans le voisinage de Lerma je prisse le lieu le plus proche sans égard au plus commode, pour que je pusse les voir plus souvent, mais sans vouloir que cela parust venir d'elle pour ne me pas gesner et m'incommoder, et a esté ravie d'apprendre que dès auparavant j'avois déjà préféré la proximité à toutte autre condition.

L'autre, que deux seigneurs se sont très spécialement distingués icy en cette occasion, M. de Bedmar par des effusions de joye et de reconnoissance pour la France et d'attachement pour elle, M. de Popoli par beaucoup de réserve. Il est l'unique qui se soit contenté de m'envoyer un compliment sous prétexte d'assiduité près du prince ; j'en ay usé de mesme avec luy. […]

Correspondance politique, Espagne, vol. 308, fol. 101-103.

bornes. je la conjure d'y compter absolument et elle me
connoist d'assez longue main pour ne pas doutter qu'elle ne
le puisse ainsy que sur mon attachement le plus inviolable
et le plus respectueux Le duc de S. Simon

j'oubliois deux choses l'une que la Reine a tesmoigné souhaitter
que dans le choix qui me seroit donné dans le voisinage de Lerma
je prisse le lieu le plus proche sans egard au plus commode pour que
je pusse la voir plus souvent mais sans vouloir que cela parust venir
d'elle pour ne me pas gesner a m'incommoder, et a esté ravie d'ap=
=prendre que dès auparavant j'avois deja preferé la proximité a
toutte autre consideration

L'autre que deux Seigneurs se sont tres specialement distingués
icy en cette occasion M. de Bedmar par des effusions de joye et de
reconnoissance pour la France et d'attachement pour elle, M. de
Popoli par beaucoup de reserve. il est l'unique qui se soit contenté
de m'envoyer un compliment sous pretexte d'assiduité pres du
Prince j'en ay usé de mesme avec luy

ce 29 a 10 heures du soir

Les expeditions que V.E. trouvera cy jointes ne font que de m'arriver et
aussy tost je ferme le pacquet. j'envoye le courrier qui vous le porte par le
lieu ou est cette Cour affin qu'il se puisse charger de ce que M. le M. Grimaldo
voudra vous ecrire et des reponses qui seront peutestre faittes a ce que votre
courrier a apporté
M. de la Farre arriva hier et a disné avec moy aujourd huy M. de Liria me
l'a enlevé icy je m'en remettray en possession a Lerme
mil tres humbles et tres sinceres respects

Lettre du duc de Saint-Simon au cardinal Dubois.

1725 : L'histoire d'une des premières grandes sociétés commerciales françaises, la Compagnie des Indes

Est-ce que nous n'avons pas tous, un jour, rêvé de ces fameux « Comptoirs de l'Inde » dont une Juliette Gréco nous a même chanté de manière ironique les beautés ? Les « Pondichéry, Karikal, Mahé, Yanaon et Chandernagor » font presque partie d'une sorte de folklore français extra-territorial. « Pas question, dans ces conditions, d'abandonner les Comptoirs de l'Inde… », nous rappelait Gréco. On les abandonna pourtant, les cinq Comptoirs en question, lorsque la souveraineté en fut transférée, en 1954, à l'Inde moderne. Mais l'histoire de leur création, c'est un peu celle de toute la colonisation française hors d'Afrique.

L'aventure de Cavelier de La Salle a montré de quelle manière, bien souvent erratique, la France avait lancé une politique d'exploration, sinon de colonisation, du moins de découvertes, mais aussi de commerce aux quatre coins du monde. Mais les efforts d'un Frontenac au Canada, de Cavelier de La Salle lui-même en Louisiane, étaient à la fois personnels et surtout plus politiques et diplomatiques que réellement commerciaux. Le commerce avec le monde entier, ce fut par l'intermédiaire de « Compagnies de

Commerce et de Navigation» que la plupart des nations européennes tentèrent, essentiellement à partir du début du XVIIe siècle, de le développer. La référence absolue fut, bien entendu, en 1600, la création de la Compagnie des Indes orientales, compagnie anglaise, qui devait aboutir à la prise de possession par l'Angleterre de la quasi-totalité de l'Inde pour plus de trois siècles. À l'ouest, une Compagnie des Indes occidentales, la Compagnie de la Baie d'Hudson poursuivait un effort parallèle. De même, la Compagnie de la Baie du Massachusetts, mise en place dès 1629, opéra au nord et, plus tôt encore, en 1612, une Compagnie des Îles entreprit pour l'Angleterre la colonisation des Bermudes.

Autre grande puissance maritime, la Hollande n'était pas en reste. D'où la création successive d'une «Compagnie Hollandaise des Indes orientales» et d'une «Compagnie Hollandaise des Indes occidentales». La Suède, les Pays-Bas autrichiens étaient également de la partie : il fallait aller plus loin, rapporter plus, faire travailler un commerce national et pousser en avant les pions d'une domination qui deviendrait peu à peu colonisation.

On l'a dit, du côté français, les résultats furent plus médiocres. On créa en 1600 une «Compagnie d'Afrique» puis, en 1601, et l'on reviendra sur elle, une «Société pour trafiquer avec les Indes orientales». C'était en 1601 : l'intitulé même de la compagnie en question est déjà tout un programme. De même vit-on en 1625 une «Compagnie des Îles d'Amérique» et, plus intéressante, en 1627, une «Compagnie des Cent Associés» chargée du commerce et de la colonisation du Canada. Ce fut Colbert qui, dans toute cette période, joua un rôle essentiel. Il s'agissait, dans l'esprit du ministre de Louis XIV, d'étendre encore davantage l'influence de son souverain. D'où, dans la foulée, une «Compagnie des Indes occidentales», une «Compagnie du Nord», une «Compagnie de la Chine», etc.

Pour en rester à la «Compagnie des Indes orientales», on a là un exemple presque parfait d'une entreprise moderne de commerce international qui, lancée avec éclat, soutenue par la puissance publique, fut peu à peu amenée à s'effacer devant une autre entreprise mondiale d'importance plus considérable, celle de l'Angleterre. Après de multiples aléas, la première « Société pour trafiquer avec les Indes orientales » était devenue en 1664 la « Compagnie française des Indes orientales ». Ce fut elle qui posa les premiers jalons d'une Inde française, avec la création des cinq comptoirs historiques. Absorbée en 1719 par une nouvelle « Compagnie française des Indes », créée par Law, le fameux banquier inventeur, en somme, du papier monnaie, elle devait s'effondrer une première fois en même temps que le système de Law, puis perdre peu à peu de son importance à partir du rappel de Dupleix en France en 1754.

C'est Dupleix, en effet, qui avait rêvé de créer, par l'intermédiaire de la Compagnie, un véritable empire français en Inde sur les débris de l'empire des Mogols. Si la Compagnie française des Indes a perduré jusqu'à la Révolution, elle avait, dès 1769, perdu son monopole puis, en 1791, le privilège royal dont elle bénéficiait.

Le ministère des Affaires étrangères possède naturellement de nombreux documents sur la Compagnie des Indes, et en particulier un mémoire de 1725 qui décrit d'une manière détaillée son fonctionnement. On est bien loin des grandes compagnies africaines dont, deux siècles plus tard, un André Gide dénoncera l'exploitation indigne qu'elles feront des indigènes. Ici, nous sommes presque encore dans le domaine de l'utopie, mais une utopie solidement charpentée par une organisation financière d'une étonnante modernité pour l'époque.

Mémoire sur la Compagnie des Indes de France remis au duc de Bourbon, Premier ministre

On ne peut doutter de l'utilité des Compagnies de Commerce dans les États, où elles sont établies ; c'est par le crédit émané des Compagnies qui en sont l'origine l'objet et le fondement que l'Angleterre et la Hollande se sont fait un bien fictif qui a contrebalancé depuis longtems les biens réels de la France, quoiqu'ils soient supérieurs de moitié a ceux de ces deux États.

Si les biens réels de France estoient aussy animez par le secours de l'art et de l'industrie, ils reprendroient infailliblement leur supériorité naturelle, et ils découvriroient le vuide qu'il y a dans cette nature de bien artificiel de ces deux nations qui porte a faux, a cause qu'il est beaucoup trop étendu.

La consommation qui se fait en France des marchandises que l'Angleterre et la Hollande vont chercher dans toutes les parties du monde, les soutient. Si cette consommation diminuoit, toutes leurs actions diminueroient, et le vuide de leur crédit trop estendu qui pose tout entier sur leur Compagnie, esclateroit aussy tost aux yeux de toute l'Europe et ils perdroient la fausse réalité qui se trouve aujourdhuy dans leurs biens de fiction, dont le nuage mystérieux qui le couvre n'est pas encore dissipé.

La France n'a pas le mesme besoin du secours de ces biens imaginaires, parce qu'elle en a infiniment d'avantage de solides dans ses fonds de terre qui produisent toutes les nécessitez de la vie ; mais elle a un besoin tres indispensable d'un bien d'industrie, qui anime tous ses fonds et les mette en pleine valeur. La proportion doit y estre observée soigneusement ; si elle est trop étendue il en naît un faux bien, qui tôt ou tard est reconnu, et cause du désordre ; si elle ne l'est pas assez, l'État perd l'avantage d'une partie de ses fonds qui demeurent languissants comme inutiles, quand le Commerce ne procure pas un débit vif et général de toutes les productions des fonds de terre.

L'establissement d'un simple crédit auroit opéré cet avantage, sans l'abus qu'on en a fait. Il faut éviter la rechutte, sans renoncer aux moyens de faire valoir dans toute leur estendue les grands et solides fonds de ce Royaume.

La Compagnie des Indes le fait aujourdhuy simplement; Elle suffit pour le faire dans toute l'étendue nécessaire.

L'inquiétude des Anglois et des Hollandois sur la Compagnie d'Ostende montre combien ils sentent vivement le tort que ces sortes d'établissemens peuvent leur faire. Leur indolence sur celle de France est fondée sur l'avantage du ministere qui leur est promise dans toutes les lettres de leurs correspondances.

Le bien de cette Compagnie consiste dans ce que le Roy lui doit, dans ses vaisseaux, ses marchandises, la Louisiane ses munitions de guerre et de bouche, ses privileges, dans ses magasins, ses comptoirs, tous biens tres solides, dont les actions sont le titre et la représentation, qui malgré leur vil prix, sont aujourd'huy dans l'État une valeur de cent millions qui augmentera a proportion que sa confiance et le commerce augmenteront. Chaque action porte le caractere de l'espece aussy tôt qu'on le désire. Voila donc cent millions tres réels qui n'existoient pas avant l'establissement qui par leur circulation contribuent a augmenter les autres biens, comme feroient cent millions d'especes en augmentant la consommation et par conséquent les revenus du Roy.

Le progrez, ou la diminution de cet establissement se fera toujours sentir dans toutes les parties de l'État, et il fera le même effet chez l'étranger, car si la France mieux située a l'égard des deux mers qu'aucun autre État de l'Europe, plus fertile dans toutes les productions de la terre, va chercher elle même ce quelle a tiré jusques a présent des autres parties du monde par le moyen de ses voisins, cette consommation est perdue pour l'Angleterre et la Hollande.

Leur perte ne s'arrestera pas là, car la situation de la France donne lieu de croire que l'Espagne, l'Italie, l'Allemagne, et meme les Royaumes du nord viendront achepter en France les marchandises des Indes, ce qui bornera le commerce d'Hollande et d'Angleterre a leur simple consommation ; c'est alors que tout leur bien et crédit venant a manquer de fonds, se dissipera tout a fait, et qu'ils seront réduits a rentrer dans l'état naturel et borné de leurs biens fonds.

Ainsy double profit pour la France, ses fonds réels augmentez par la vivacité du commerce, et ceux de l'étranger diminuez par la différence de la consommation, on objectera peut estre que les Hollandois, faisant moins de dépense que nous sur leurs vaisseaux, seront en estat de donner a meilleur marché a ces nations qui, pour cette raison, leur donneront la préférence, s'ils font moins de dépense, c'est qu'ils embarquent moins de matelots, ce qui occasionne de plus fréquens naufrages. La moindre maladie qui se met dans leurs équipages rallentit la maneuvre de leurs vaisseaux, allonge leur voyage et leur fait perdre le fruit du projet de leur économie ; lorsqu'ils sont arrivez dans les terres éloignées, ils y font de plus grandes dépenses que les François, les fraix d'entretien des troupes nécessaires a la conservation des establissemens qu'ils ont dans l'Inde sont immenses. Il faut qu'ils les retirent sur le prix des marchandises qu'ils vendent en Europe. La France, qui n'est pas obligée aux memes fraix, est en estat de donner a meilleur compte, et aura par conséquent la préférence.

On pourra objecter aussy qu'en laissant la liberté du commerce maritime aux particuliers, on en tirera le même avantage que par une Compagnie. Il en faut montrer la différence.

Tout négociant a pour objet son intérest particulier sans considérer le bien public, il est arrivé souvent que des marchands ont vendu le retour entier de leurs vaisseaux aux Hollandois qui les ont ensuite débitées en détail en France tres cherement, ainsy leur commerce ne fait jamais d'abondance pour le public, et au contraire ils mettent toute leur industrie a tenir les marchandises cheres.

Tout le monde sçait que le commerce que les négocians ont fait dans les Indes occidentales au commencement du Regne de Philippe V, leur ayant produit de gros bénéfices, ils y ont envoyé imprudemment une si grande quantité de marchandises qu'ils ont ruiné pour un temps tout a fait ce commerce, et en ont occasionné l'interdiction, dont les Anglois ont sçu habillement profiter pour former leur Compagnie du Sud si avantageuse jusques icy a leur nation.

Lorsque le commerce est réuny dans un seul corps sous l'œil du ministère conduit par d'habiles négocians qui se prêtent mutuellement leurs lumières, ils agissent pour le bien général, prests a découvrir les besoins publics, disposez a recevoir les ordres du ministere, lequel prêtant ses forces quand il est nécessaire, met la Compagnie en état de rendre les plus importans services, cela ne se peut faire que lorsque le commerce est réuny a un seul point.

Il y a un autre avantage bien entendu qu'il est impossible a des particuliers de procurer.

Lorsque la Compagnie a 30 ou 40 millions de matiere d'argent et de marchandises dispersées sur ses vaisseaux, elle en a en France le capital par ses actions qui n'en sort point, qui fait la représentation du capital du revenu qui proviendra par le bénéfice que doneront a leur retour ces 30 ou 40 millions de matiere et de marchandises. Ce capital est une richesse réelle, parce qu'il a des revenus certains. Il circule sans cesse, il fait en circulant le bien public et particulier, et il augmente a chaque circulation les revenus du Roy ; plus cette Compagnie envoye de fonds dehors et plus le fond capital et représentatif d'especes augmente en valeur et en solidité.

Voila un bien immense qui se répand dans tout l'État ; dont il anime et nourrit toutes les parties ; il est impossible qu'il existe par aucun autre moyen que celuy d'une compagnie puisque, lorsque des particuliers envoyent des matieres d'argent, ou des marchandises dehors, ils causent un vuide dans ces biens qui pourroient circuler en France. Ils n'ont rien qui en fasse la représentation, l'État et eux mêmes en sont privez pour un tems, et réduits a la simple espérance des retours ; qui arrivant par parties ne font jamais d'abondance pour le public a cause que le marchand met toute son industrie a tenir cher ce qu'il veut vendre. [...]

Il semble incroïable qu'un si tel establissement trouve tant d'ennemis, l'ignorance en est souvent la cause, et d'ailleurs sa naissance a esté fatale a bien des familles. À peine la Compagnie avoit-elle un nom, qu'on s'est servy de ce nom pour faire tous les remboursemens du Royaume qui s'y sont trouvé incorporez, chacun s'est apperçu aussi tôt que l'establissement n'estoit pas fait, et qu'on en avoit quitté un qu'on croyoit solide, quoiqu'en effet il ne fut pas d'avantage, toutes les dettes tant du Roy, que de ses sujets ayant mis une léthargie dans le commerce, une diminution dans la culture des terres, une différence dans la consommation, désordres qui ruinoient l'État et qui augmentoient tous les jours, dont le remede estoit indispensable, qui ne pouvoit plus souffrir de retardement et qui ne se pouvoit faire que par un moyen court et violent. De la sont venus les grands cris. Ceux qui ont souffert ont crié justement. Ceux qui n'ont esté que spectateurs ont crié aussy, et même ceux qui ont gagné ont crié encore plus fort pour mieux cacher leurs profits : enfin le cry a esté universel, et le coup porté sur les seuls rentiers.

Si l'on vouloit bien considérer que la Compagnie n'a esté qu'un prétexte par lequel tous ces maux ont esté opérez, on cesseroit de s'élever contre elle, d'autant plus qu'une grande partie de ceux a qui le mal a esté fait a intérest aujourd'huy a sa prospérité, le reste de leurs constitutions estant converty en actions, car il n'y a pas la dixieme partie qui soit dans le commerce de l'agiotage ; que les honnestes gens daignent faire cette refflexion, et ils ne décrieront plus imprudement un establissement qui a esté le simple prétexte du mal et non pas la cause, qui peut estre d'une très grande utilité dans l'État, et qui est l'unique ressource de tous ceux, dont les fonds ont esté convertis en actions.

On peut espérer que le temps et la connoissance d'une si grande affaire dissipera ces sortes de plaintes ; cependant il restera toujours des ennemis irréconciliables qui ne cesseront jamais de murmurer ; si l'on examine leurs motifs et leur conduite, on connoitra bientôt, qu'ils ne cherchent et ne trouvent leur fortune qu'aux dépens de l'État, qui devient pauvre a mesure qu'ils s'enrichissent par l'usure que la Compagnie peut esteindre ; qu'il seroit heureux de s'attirer la malédiction de cette espece d'hommes ; c'est le plus éclattant témoignage de l'excellence du ministere.

[…] Il est d'une tres grande importance d'avoir une extreme attention à la régie. L'on doit estre tres attentif aux écritures des livres et des registres de la Compagnie en sorte que les teneurs de livres soient exacts a inscrire toutes les parties le jour même même qu'elles leur sont remises a fin d'estre de mois en mois en estat de faire un billan et de prévenir la confusion que causent les livres qui sont en arriere.

Les directeurs doivent chaque mois remettre un état signé de la situation de leur département a une personne de confiance et intelligente, sçavoir un état des sommes qui sont en caisse, et de celles dont ils ont besoin, de ce qui leur est dû, et de ce qu'ils doivent.

Le nom des vaisseaux qui sont partis, le jour de leur départ, le lieu ou ils doivent aller et le montant de leur cargaison.

Le nom des vaisseaux qui sont dans les ports, leur grandeur et leurs qualitez.

Un estat sommaire des marchandises, munitions et vivres qu'ils ont dans les magazins.

Un estat des dépenses faites pour la Louisiane et les autres colonies.

Un estat du département de la Ferme du tabac et du caffé qui contienne la consommation qui a esté faite chaque mois.

Un estat du prest sur les actions sçavoir a combien il se monte chaque mois, en quel temps les sommes doivent rentrer, et ce qui reste chaque mois en caisse. On pourra opposer des difficultez a l'establissement si utile, quoique la pratique en soit aisée, quand il sera une fois estably, mais il faut estre ferme a le faire exécuter. Il sera le salut, et même la seureté de ceux qui sont enployez a sa direction.

Celuy qui sera préposé pour recevoir ces estats, ne les doit recevoir que signez par chacun des directeurs de leur Département, afin d'en former un estat général signé de luy meme qu'il présentera tous les mois au premier Ministre, comme aussy un abrégé de toutes les délibérations faites par l'administration générale. S. A. S. verra d'un coup d'œil par cet état général la vraye situation de la Compagnie, et il sera impossible de luy en imposer. Il en sera en tres peu de temps mieux au fait des affaires de la Compagnie qu'aucun directeur qui ne void que ce qui se passe dans son département. Cet ordre les rendra eux et leurs commis tres attentifs a leur devoir, il préviendra la confusion si dangereuse dans une vaste régie, et augmentera la réputation de la Compagnie et la confiance du public.

Le secret est indispensablement nécessaire dans toutes les entreprises de commerce. Il n'y en a point aujourd'huy dans la régie : les affaires importantes doivent estre traittées dans un comité secret. Il est d'une grande conséquence que ceux qui y seront admis soient gens de probité et de capacité reconnue, et surtout remplis de zele et d'affection pour la Compagnie.

Elle doit augmenter son commerce dans les Indes orientales, et a la Chine, ou elle n'a pas envoyé de vaisseaux depuis plusieurs années sans diminuer le commerce de Guinée, et comme il faut un fond plus considérable qu'elle n'en a eu jusques a présent pour remplir tous ses objets, il doit luy estre permis d'y employer une partie des fonds qui luy reviennent des Lotteries, cet usage a moins de brillant que le prest, quoique préférable s'il abbattoit l'usure, mais il a plus de solidité et plus profitable. L'État en retirera de l'avantage aussy bien que la Compagnie.

Elle doit estre attentive a rendre florissante la colonie de la Louisianne, c'est une affaire qui intéresse tout l'État. Il est reconnu que l'on en peut tirer des indigo, des soyes, du tabac, du plomb, des bois pour la construction des vaisseaux, tous objets considérables pour la Nation. De plus par cet establissement, il est aisé de se rendre maître de tout commerce du Mexique, et des autres Païs qui sont sous la domination d'Espagne au détriment des Anglois et des Hollandois : comme cet establissement demande une suitte de temps considérable, et cause annuellement une grosse dépense dont le profit qui sera tres considérable n'est pas prochain, et que la Compagnie ne peut pas entreprendre de le faire, estre obligée de donner la préférence aux différents commerces qui luy donnent des retours annuels, dont elle forme des dividendes. Le Roi doit y entrer et fournir annuellement une somme proportionnée à la dépense nécessaire pour former un si grand et si utile establissement. On mettroit un inspecteur à la Louisianne, lequel rendra compte chaque année du progrez de cette colonie, et sera attentif a voir si les sommes qu'on y envoye sont employées a leur destination.

La Compagnie doit faire construire tous les ans quelques vaisseaux afin de remplacer ceux qui dépérissent. Il vaut mieux occuper les constructeurs de navires et autres ouvriers du Royaume que de les achepter de l'étranger.

[...] La consommation est le thermometre sur lequel on peut juger sainement du bon, ou du mauvais état du commers.

On peut se rappeler la situation ou estoit le royaume après la diminution de 1714. Toutes les lettres de change protestées, tous les négocians en banqueroutte, les manufactures abandonnées, les ouvriers allant chercher a vivre dans les États voisins, la consommation tres diminuée. Les peuples aux abois, les rentes mal payées, les possesseurs des terres ne recevant rien, la marchandise partout offerte à vil prix, sans trouver d'achepteurs, c'estoit alors qu'on pourroit dire avec bien plus de vérité qu'aujourd'hui que tout estoit bien cher.

Il est certain qu'un État ne peut jamais prospérer que lorsque la circulation vive de l'argent anime tous les biens et les met dans un perpétuel mouvement dont il est le ressort : cette circulation est si nécessaire qu'il faut procurer par quelque moyen que ce puisse estre, pour empêcher toutes les parties de l'État de tomber en léthargie ce qui est une suite infaillible du défaut de l'espece.

La cherté causée par la demande et le mouvement qui met tout en valeur par le débit fréquent est un grand bien : ce débit augmente les revenus du Roy, car il ne se fait aucun marché, aucun commerce, aucun débit, aucune consommation, sur laquelle S. M. ne profite, et qui ne fasse valoir ses droits.

Le revenu que le Roy tire par la voye de la consommation est le plus considérable de tous, et le plus doux : il entre naturellement dans ses coffres sans fraix, sans contrainte, sans violence. Le peuple l'augmente sans s'en appercevoir, plus il luy en coûte et plus c'est une marque de son abondance et de sa richesse. C'est donc par tout ce qui tend a augmenter la consommation qu'un conseil éclairé rendra le Roy riche, puissant, redoutable a ses voisins, et Roy d'un peuple heureux. C'est l'usure, c'est la longeur des procez, c'est ce qu'on nomme les affaires nouvelles, c'est la maltôte, c'est l'intérest particulier caché sous mille formes différentes qui s'opposent a de si grands biens, monstres devorans de l'État, qu'on ne doit jamais cesser de persécuter et d'abbattre.

Mémoires et documents, France, vol. 1258, fol. 8-18.

1729 : L'élection de Stanislas Leszczynski en Pologne

Au cœur de l'Europe, la Pologne a longtemps été un État souverain avec lequel l'ensemble des puissances occidentales, Russie comprise, devait compter. Ainsi le royaume des Jagellons, de 1386 à 1572, constituait-il un véritable empire puisqu'il comprenait à la fois la Pologne, la Russie blanche et une grande partie de l'Ukraine, jusqu'à Kiev. Bien davantage que la Russie, la Pologne était alors la puissance dominante de l'Europe orientale. Convertis au catholicisme, les Polonais représentaient un pouvoir d'autant plus considérable qu'à Tannenberg, dès 1410, ils devaient écraser les Teutoniques. En 1569, la diète de Lublin avait prononcé l'union indissoluble de la Pologne et de la Lituanie. Mais cet ordre polonais ainsi installé devait se trouver conforté encore au début du XVIIe siècle par la crise profonde que traversait son grand voisin, l'État moscovite, tandis que l'Allemagne elle-même, affaiblie par les guerres de religion et par la guerre de Trente Ans, ne représentait aucun danger pour une indépendance polonaise qui s'affirmait farouchement. Moussorgski a mis en musique, dans son *Boris Godounov*, l'arrivée de souverains polonais jusqu'au cœur de la Russie dans les basques d'un « faux Dimitri », fils présumé du tsar assassiné par Boris. Ce fut le temps où, en 1611, un Ladislas, fils de Sigismond III, fut même élu tsar de Russie par les Boyards. Bien sûr, les Romanov prirent le pouvoir deux ans plus tard, mais pendant tout le XVIIe siècle, la Pologne joua encore un rôle actif prépondérant dans l'équilibre européen.

Puis vint la décadence. Désormais, l'empire russe l'emportait sur l'échiquier politique dans cette partie de l'Europe. D'où, là aussi, une compétition des grandes puissances occidentales. Et, comme pour la succession d'Espagne, d'âpres discussions sur de nouvelles successions. Il y eut l'épisode du prince de Conti, dont le cardinal de Polignac, ambassadeur en Pologne, voulut faire un nouveau souverain. L'électeur de Saxe couronné à Cracovie sous le nom d'Auguste II lui coupa l'herbe sous le pied, amenant une rupture dans les relations entre la France et la Pologne. Un nouveau roi, Stanislas Leszczynski, occupa temporairement le trône, pendant une éclipse d'Auguste II. On nous pardonnera de ne pas entrer davantage dans les détails compliqués de ces successions. Toujours est-il que Leszczynski donna sa fille en mariage à Louis XV et que la France n'eut dès lors d'autres visées sur la Pologne qu'un retour de Stanislas sur le trône.

C'est dans cette perspective qu'il faut lire le « Mémoire pour servir d'instructions au sieur marquis de Monti..., allant en qualité de son Ambassadeur Extraordinaire près le Roi et la République de Pologne ». Auguste II ne va mourir que quatre ans plus tard, mais dès 1729, on s'occupe de conforter le retour du beau-père du roi. D'où l'envoi d'Antoine-Félix, marquis de Monti, à qui mission est donnée d'étudier de très près la situation et d'obtenir, le moment venu, l'élection de Stanislas par la Diète – puisque telle était alors la procédure. Dans la mesure où Auguste II voulait continuer à assurer l'hérédité de la couronne au profit de sa Maison, qui était celle de Saxe, et que l'Autriche et la Russie favorisaient ces intentions, il s'agissait de mettre en œuvre une diplomatie toute de finesse. Né en 1684, le marquis de Monti, d'origine italienne, avait suivi le duc de Vendôme à Mantoue, dans les Flandres et en Espagne, avant de revenir en France. Négociateur habile, il avait remporté des succès en Espagne et le choix qu'on fit de lui devait se révéler heureux puisque Stanislas devint bien roi de Pologne en 1733. D'où une nouvelle guerre de succession, celle de Succession de Pologne, qui durerait de 1733 à 1738 et se terminerait mal pour Leszczynski. Ce que la diplomatie avait obtenu, la guerre ne put le conforter et le traité de Vienne confirma la déchéance du beau-père du roi ; chassé du trône de Pologne dès 1734, il reçut en échange la Lorraine qui devait revenir à la France à sa mort. La place Stanislas, à Nancy, témoigne de cette éphémère souveraineté…

Les quelques pages extraites du mémoire de 1729 montrent bien à quel degré d'analyse politique « moderne » le cardinal de Fleury, qui présida aux destinées de la France jusqu'en 1743, et ses collaborateurs étaient parvenus.

Mémoire adressé au marquis de Monti, ambassadeur extraordinaire près le Roi et la République de Pologne

[...] Sa Majesté est bien persuadée que, dans le cas de la mort du roi de Pologne, les choses entières, le marquis Monti ne négligera rien pour faire réussir ses vues en faveur du roi Stanislas. Le succès en est à la vérité très difficile, autant par le caractère qui réside en la personne du roi Stanislas que par le génie des Polonois. L'on n'ose pas espérer que ceux-ci veuillent reconnoître le principe que son premier titre d'élection revivroit purement et simplement par la mort du prince dont les armes avoient été supérieures. Ce principe, vrai en lui-même, leur paroîtroit contraire au droit qu'ils ont de s'élire un maître ; d'ailleurs chacun des chefs de parti croira avoir plus à gagner en remettant les choses dans le cas d'une nouvelle élection. Cependant il seroit bien à désirer que l'on pût inspirer de favorables sentiments sur cela aux Polonois, en leur faisant sentir que les mêmes récompenses seroient attachées à la faveur qu'ils donneroient au rétablissement du roi Stanislas par simple acclamation et que cette voie étant bien plus courte que celle d'une élection en forme, ils seroient bien moins exposés aux troubles intérieurs que pourroient faire naître des puissances étrangères ennemies de leur bonheur et de leur liberté.

En effet, l'on a vu par expérience que les formalités nécessaires à observer pour parvenir à une élection emportant un temps très considérable, tous les différents prétendants ont par là les moyens de former des intrigues et de détruire les mesures souvent le mieux concertées ; c'est ainsi qu'après la mort du roi Sobieski, on vit proclamer le roi Auguste, au moment même qu'on devoit regarder la proclamation du prince de Conti comme certaine. [...] Ce n'est pas que la méthode de faire des traités particuliers ne puisse être bonne, mais lorsque l'on doit être assujetti au temps nécessaire pour parvenir à une élection en forme, il est bon de ne point trop se presser et d'observer les offres que font les autres prétendants qu'il faut laisser s'épuiser en frais extraordinaires pour ne dire son dernier mot que peu avant le temps de sa détermination ; car telle est la coutume de plusieurs seigneurs polonois qu'ils ne se font point de scrupule de vendre à différents prétendants des espérances frivoles, se réservant à faire encore acheter le suffrage qu'ils donnent souvent à un autre. C'est une maxime qu'il ne faut jamais perdre de vue, et il faut toujours être persuadé qu'il y a secrètement quelque adversaire contre lequel il faut se réserver les moyens d'agir efficacement.

Le marquis Monti ne peut point s'y tromper ; le principal prétendant et ses puissantes ressources d'argent sont bien connues. Sur ce principe, il y aura deux choses à observer de la part du sieur ambassadeur, s'il faut courir le risque d'une élection en forme : la première, de ne point trop précipiter les mesures qu'il croira devoir prendre pour l'assurer des suffrages ; la seconde, de montrer des fonds certains tels que Sa Majesté les lui feroit remettre dans le temps, mais de ne donner rien ou seulement très peu d'avance et de faire toujours dépendre autant qu'il sera possible la récompense du service rendu.

Il est vrai que ceux des seigneurs polonois qui sont en état de déterminer les principaux palatinats ont toujours un prétexte plausible d'exiger des avances, en supposant qu'il faut montrer de l'argent et en répandre, pour déterminer favorablement les diétines qui précèdent la diète d'élection. Il n'est pas toujours possible de refuser totalement quelques avances, mais il faut qu'elles soient ménagées avec beaucoup d'art, parce qu'une première condescendance accordée de cette manière en entraîne nécessairement une infinité d'autres, ou fait autant d'ennemis de ceux à qui l'on refuse la même faveur. [...]

Il se rencontre dans cette situation même de ce prince des obstacles difficiles à surmonter. Il a dans la république de Pologne des ennemis personnels ; il y a aussi plusieurs familles qui, l'ayant abandonné depuis le traité d'Altranstadt, craindront d'avoir pour roi un prince en qui elles supposent un ressentiment décidé contre elles ; enfin il y a beaucoup de gens qui, possédant des biens confisqués ou enlevés à la maison du roi Stanislas, craindroient que ce prince, redevenant maître en Pologne, les en dépouillât ou les forçât à les abandonner. À l'égard des premières, il n'y aura que la force du parti du roi Stanislas qui pourra les entraîner ; à l'égard des autres, il sera de l'habileté du marquis Monti de calmer leurs craintes en faisant connoître que le roi Stanislas seroit trop équitable pour exercer aucun ressentiment contre ceux qui ont été obligés de céder à une force supérieure ; et par rapport aux derniers, Sa Majesté sait que le roi Stanislas ne feroit pas difficulté de donner toutes les assurances qu'il faudroit aux détenteurs des biens de sa maison ; mais c'est un sacrifice sur lequel il faudra que le marquis Monti ne s'explique qu'avec beaucoup de ménagement, et seulement dans les moments où il pourroit décider des gens qui sans cela se livreroient à tout autre parti.

Cependant on peut dire en général que tout dépendra de la bonne foi du primat qui a un si grand crédit et tant d'autorité dans un interrègne que s'il ne portoit pas véritablement et sincèrement le roi Stanislas, on tenteroit en vain de faire réussir aucune mesure en faveur de ce prince ; et il sera d'autant plus essentiel de s'en assurer d'avance, soit par certitude de récompense pour lui, soit par les avantages qu'il pourra désirer pour sa famille nombreuse, que bien des gens sont persuadés que par reconnoissance, par inclination et par un intérêt plus réel, il sera favorable au palatin de Kiovie, son parent, qui est regardé généralement comme un des prétendants à la couronne ; ainsi il sera nécessaire que d'avance le marquis Monti lui fasse connoître que tant de la part de Sa Majesté que de celle du roi Stanislas, l'on ne mettra point de bornes à la reconnoissance des services qu'il voudra rendre en cette occasion. En même temps il ne faut rien négliger pour le faire expliquer par rapport au palatin de Kiovie. Le marquis Monti peut lui dire que l'on sait que c'est un des prétendants à la couronne de Pologne ; il peut lui demander dans quelle intimité il est avec lui, quelles sont au vrai ses dispositions par rapport à lui ; le prier même de lui dire la conduite qu'il peut et qu'il doit tenir avec ce seigneur ; enfin il faut qu'il lui fasse d'avance tant de questions sur ce point, que ses réponses ou ambiguës ou décisives mettent en état de savoir sur quoi compter, et ce doit être un des principaux objets des conférences que le sieur ambassadeur aura avec le primat sur les mesures à prendre pour le temps de la vacance du trône.

Telles sont les instructions que Sa Majesté peut donner au marquis Monti pour ce temps-là, à supposer que l'on fasse une élection en forme.

Correspondance politique, Pologne, vol. 183, fol. 120-152.

1731 : Un ambassadeur de France en Suisse, le marquis de Bonnac

La Confédération helvétique, telle que nous la connaissons, gouvernement fédéral avec une réelle forme d'autonomie préservée pour chacun de ses vingt-deux cantons, est une création relativement récente puisque c'est le XIXe siècle seulement qui a vu son achèvement. Mais la Confédération suisse elle-même, avec des cantons autonomes se bornant à passer des accords entre eux, est beaucoup plus ancienne puisqu'elle remonte au XIIIe siècle. La légende a peut-être inventé un « Serment de Rütli », suivi de l'histoire de Guillaume Tell et de sa pomme. Mais c'est bel et bien le 1er août 1291 que fut conclu un premier pacte entre les trois « Cantons primitifs »: Schwyz, Uri et Unterwald, qui firent serment de se prêter main forte en cas de danger, de n'accepter aucune intervention étrangère dans leurs vallées et de soumettre à l'arbitrage tous les conflits qui pourraient éclater entre eux. À la fin du XIVe siècle, les trois cantons étaient devenus huit. Au XVIIIe, la Diète, qui les réunissait, n'était toujours en rien un pouvoir fédéral. Chacun des cantons continuait à traiter de ses affaires d'une manière souveraine, la Diète était seulement une « Conférence d'Ambassadeurs » dont les membres n'avaient aucun pouvoir de décision mais devaient constamment en référer à leurs autorités cantonales. On conçoit que, dans ce contexte, aggravé pour la France par l'émigration protestante au lendemain de la révocation de l'édit de Nantes, il était particulièrement difficile de mettre en place un système de négociations efficaces.

D'où l'intérêt de la brève note en date de 1731 dans laquelle le marquis de Bonnac, ambassadeur de France en Suisse, résume son point de vue sur les négociations à amorcer avec les différents cantons suisses et y expose sa stratégie. Avec ce document, on aborde ainsi de manière précise en même temps que très personnelle le cœur même du métier diplomatique et du travail des ambassadeurs.

Note du marquis de Bonnac, ambassadeur de France en Suisse

Pour entamer avec fruit et espérance de succès la négotiation, il faut observer, ce semble, la méthode suivante.

Presser le canton de Zuric à se déclarer positivement, et si ce canton persistoit dans l'irrésolution où il a été jusques à présent, comme il y a de l'aparence qu'il fera, se détacher de lui comme on a fait à l'occasion de la négotiation de M. le comte de Reichenstein en 1728. Outre que le bien de la négotiation requiert qu'on préserve ce parti, il est de la décence des cantons qui se sont déclarés pour l'alliance de le faire, pour ne pas s'exposer davantage aux scènes véritablement comiques que le canton de Zuric a joué à la dernière Diète d'Avau*.

Il faudra songer ensuite à des expédients pour écarter avec prudence et délicatesse le préliminaire. La déclaration des cantons neutres y fournit un prétexte fort plausible, et sans qu'il soit besoin de révoquer le préliminaire, ce qui offenseroit peut-être trop le parti malintentionné, on pourroit se déterminer à n'en faire aucun usage actuel dans le commencement de la négotiation**.

Il est nécessaire de simplifier la négotiation si on a sérieusement envie de la conduire à une heureuse fin. Les réflexions du canton de Berne peuvent avoir leur usage telles qu'elles sont pour les membres du gouvernement de ce canton. Ce sont des raisonnements pour et contre sur le fond et sur tous les différents points des traittés d'alliance entre la France et les Suisses. On peut envisager les choses frivoles et foibles qui s'y trouvent comme un effet de la vivacité des frondeurs, à qui il a fallu laisser jetter leur premier feu : ce qui n'intéresse proprement que l'intérieur du canton si on n'en fait point usage au dehors : comme il n'y a pas apparence que des chefs

* Convocation de la Diète catholique et le canton de Zoug Mulhouse avec Lucerne.

** On est convenu à Berne de ne parler de ce préliminaire qu'au canton de Zuric et cependant, on en a fait mention dans la session générale.

sages et éclairés songent sérieusement à vouloir faire expier au roi le feu de la mousqueterie des frondeurs, en proposant le difforme chaos de leurs réflexions. Ils auroient à craindre que quelque mauvais plaisant ne leur apliquât le vaudeville qui court depuis peu contre M. l'archevêque de Paris : « Ventimille, dégobille du morceau mal digérés. »

Pour remédier à cet inconvénient et pour donner à la responce que les Cantons doivent au roi une forme susceptible de négotiation, il conviendroit, ce semble, de la réduire aux points généraux qui intéressent principalement les deux parties contractantes ; ceux qui regardent la France pour la défense des États possédés par le roi, la faculté d'une levée etc. et la liberté de pascages.

Pour rappeller au premier chef, comme il faudra nécessairement venir à la compréhension de l'Alsace et de la Franche-Comté, il semble qu'il seroit convenable d'accorder cet article d'entrée de négotiation de bonne grâce ; on pourroit placer fort à propos dans cet endroit, et même d'un air poli, la demande que le roi ne fasse point de nouvelles forteresses sur les frontières de la Suisse.

On accorderoit au roi la faculté de la levée stipulée dans les anciens traittés. Et pour ce qui concernoit leur usage, etc., on se rapporteroit à une capitulation particulière qui régleroit tout ce qui concerneroit le militaire.

Pour rendre l'affaire des pascages négotiable, on pourroit pour le commencement déclarer en termes généraux qu'on se tient, pour ce qui regarde les pascages, à ce qui a été stipulé là dessus dans le traitté de la Paix perpétuelle.

Les articles qui intéressent principalement le corps helvétique seroient :

Le secours mutuel, on pourroit là dessus s'expliquer qu'on trouveroit convenable de la régler sur l'usage présent, par rapport au nombre de trouppes, ou bien à un équivalent en argent.

La liquidation des arrérages seroit renvoiée à une négotiation particulière de même que les affaires du commerce, qu'il faudroit mettre sur un pié convenable aux deux nations par un traitté de commerce.

Les griefs de la nation pourroient être examinés et réglés par les commissaires de part et d'autre.

L'inclusion de Neufchatel doit naturellement donner des soupcons aux cantons catholiques et protestants que Berne la demande, par quelque motif secret, vu le foible de la raison qu'on prétexte.

Centre des Archives diplomatiques de Nantes, Berne, vol. 3.

1734 : Voltaire et la publication des Lettres philosophiques

Correspondance privée ? Correspondance publique ? Où classer les lettres adressées par Voltaire, vraisemblablement au cardinal de Fleury, au milieu de 1734, à propos d'autres lettres, les *Lettres philosophiques* de Voltaire lui-même ? On retrouve ainsi, en tout cas, une correspondance d'écrivain. Non pas d'écrivain diplomate, ni de diplomate écrivain, mais d'écrivain, tout simplement, qui tente de se justifier. Puisqu'il habite alors Genève, c'est au ministre des Affaires étrangères qu'il doit vraisemblablement s'adresser. Encore que le destinataire ne figure sur aucun de ces documents.

On sait l'importance qu'eurent, dans l'histoire des idées, les *Lettres philosophiques*, publiées « à Londres » en 1734 sous le titre « Lettres écrites de Londres sur les Anglais et autres sujets » puis à Rouen, la même année. Pour un Jean-Jacques Rousseau, ce furent elles qui décidèrent de sa carrière d'écrivain. Diderot les salue d'entrée de jeu dans ses *Pensées philosophiques* qui marquent son entrée en littérature et en philosophie. Conçu comme une série de renseignements sur Londres, l'Angleterre et les Anglais lors du séjour londonien de l'auteur en 1726-1727 après son embastillage sur plainte des Rohan-Chabot, cet ensemble de lettres constitue une série d'enquêtes sur la religion, sur l'esprit public, sur un certain nombre d'Anglais célèbres, sur la culture et la littérature, enfin sur « *Les Pensées* de Monsieur Pascal ». Il s'agit en réalité, à la lumière de l'exemple anglais, de remettre en question toute l'organisation intellectuelle, philosophique, religieuse et politique de la France. L'esprit de tolérance de Voltaire s'y développe avec éclat dans ses fameuses réflexions sur la secte des Quakers ou sur les Anglicans, tandis que l'auteur s'y fait le champion d'un État dont la puissance repose sur le commerce auquel, là au moins ! ne dédaigne pas de collaborer l'aristocratie. L'apologie de Bacon, celle de Locke ou de Newton sont également autant de pierres jetées dans le jardin à la française de la Cour, de Paris et des provinces.

On conçoit le véritable coup de tonnerre que provoqua dans le monde intellectuel français cette démarche autant que le naturel avec lequel elle était exposée. Dès sa parution, le livre fut déclaré « contraire à la religion, aux bonnes mœurs et au respect dû aux puissances », et condamné à être lacéré et brûlé. On emprisonna l'imprimeur de l'édition française avant d'interdire celle-ci. Dans le même temps, les éditions pirates se poursuivirent de mois en mois pendant près de deux ans. Dès la première lettre de cachet qui parvint à Voltaire le 3 mai 1734, celui-ci commença par fuir à Cirey-en-Champagne, chez Mme du Châtelet, puis à la cour de Lorraine, pour ne revenir à Paris qu'en 1736.

La correspondance conservée à ce sujet au ministère des Affaires étrangères est constituée de deux lettres dans lesquelles l'auteur se défend d'avoir voulu porter ombrage à qui que ce soit. Il parle de calomnies, proteste du fait que les *Lettres philosophiques* ont été écrites voilà déjà six ans et qu'elles ont été publiées sans son autorisation. Le troisième document est un « avertissement pour être inséré dans les journaux » dans lequel Voltaire reprend les mêmes arguments qu'il suggère à leurs destinataires de publier dans la presse. On y voit un Voltaire se défendant pied à pied d'avoir écrit ce qui fait sa gloire : c'est aussi cela, peut-être, la diplomatie… Diplomatie de l'esprit, donc ?

Lettres de Voltaire au cardinal de Fleury

À Monjeu près d'Autun chez M. le prince de Guise, ce 23 juin 1734.

Monseigneur,

Votre Éminence est aussi attentive au bonheur des particuliers qu'à la gloire de la couronne ; et il n'y a point de sujet à qui vous ne permettiez d'aprocher de vous aussi facilement que vous envoyez des armées aux deux bouts de l'Europe.

C'est dans cette confiance que j'ose m'adresser à Votre Éminence au sujet d'un livre nouvau qui paroît sous mon nom. Ce sont des lettres que j'écrivis de Londres il y a six ans. J'ay eu l'honeur d'en lire plusieurs manuscriptes à V.E. Les premières roulent principalement sur les quakers dont les tremblements et les grimaces ressemblent assez aux convulsions des jansénistes. La dernière lettre est écritte à l'ocasion des *Pensées* de Pascal. J'ay toujours regardé ce livre comme un livre de party, et plein de pensées fausses. J'ay pris la liberté de le dire, et Tiriot qui est à Londres a pris malgré moy la liberté de l'imprimer. Je n'ay épargné ny peine ny argent depuis plus d'un an pour étouffer cette édition, et j'ay la douleur non seulement de voir qu'elle paroit, mais d'aprendre qu'on me soupçonne d'y avoir part.

On a eu la cruauté d'ajouter à ces lettres beaucoup de choses hardies qui ne sont pas de moy. Et ceux qui mettent l'esprit de party et la fausse dévotion à la place de la vérité ne manquent pas de me faire éprouver en cette occasion toute la violence de leurs cris, et tout le poids de leur caballe. Il n'y a sorte de calomnies dont on n'ait voulu me noircir auprès de V.E. et de Mgr le garde des Sceaux. On acable avec fureur un homme qui vit dans la plus profonde retraitte, qui n'a jamais nui à personne, qui vit sans aucune ambition, et qui est (j'ose le dire) l'admirateur le plus sincère et le plus désintéressé de votre ministère.

Daignez me protéger, Monseigneur. Vous ne pouvez acorder votre protection à un homme plus pénétré de zèle et d'attachement pour vous. Mr de Richelieu qui est un de vos plus

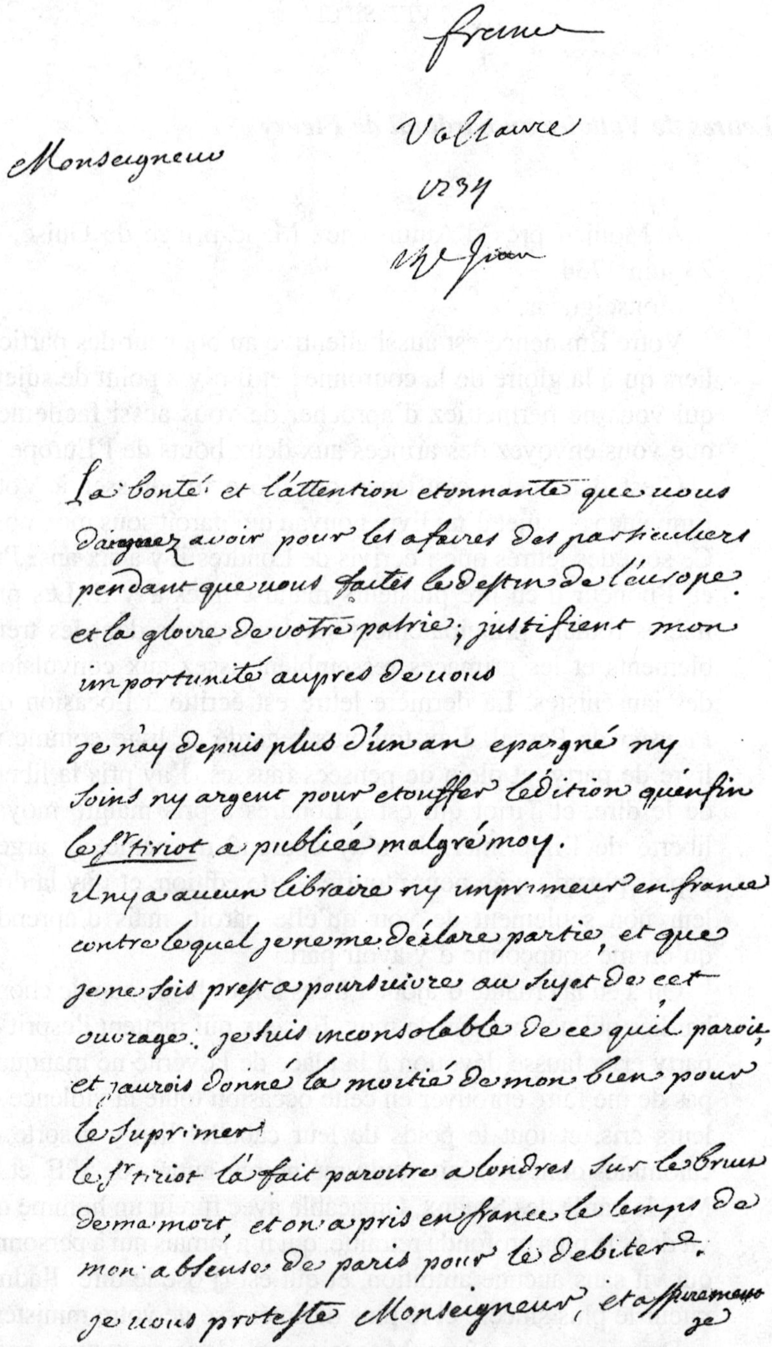

france

Monseigneur — Voltaire

1734

1e juin

La bonté et l'attention etonnante que vous
daignez avoir pour les afaires des particuliers
pendant que vous faites le destin de l'europe.
et la gloire de votre patrie, justifient mon
importunité aupres de vous

je n'ay depuis plus d'un an epargné ny
soins ny argent pour etouffer l'edition qu'enfin
le sr tiriot a publiée malgré moy.
il n'y a aucun libraire ny imprimeur en france
contre lequel je ne me declare partie, et que
je ne sois prest a poursuivre au sujet de cet
ouvrage. je suis inconsolable de ce qu'il paroit,
et j'aurois donné la moitié de mon bien pour
le suprimer.
le sr tiriot l'a fait paroitre a londres sur le bruit
de ma mort, et on a pris en france le temps de
mon absence de paris pour le debiter.
je vous proteste Monseigneur, et assurement je

Lettre de Voltaire au cardinal de Fleury
plaidant sa cause à propos des *Lettres philosophiques*.

passionez admirateurs, et qui vous est tendrement attaché, me servira de garand auprès de Votre Éminence.

Je seray toutte ma vie avec le plus profond respect et la plus vive reconnoissance, Monseigneur, de Votre Éminence le très humble et très obéissant serviteur, Voltaire.

Mémoires et documents, France, vol. 1289 fol. 278-279.

Monseigneur,

La bonté et l'attention étonnante que vous daignez avoir pour les afaires des particuliers pendant que vous faites le destin de l'Europe et la gloire de votre patrie justifient mon importunité auprès de vous.

Je n'ay depuis plus d'un an épargné ny soins ny argent pour étouffer l'édition qu'enfin le Sr Tiriot a publiée malgré moy.

Il n'y a aucun libraire ny imprimeur en France contre lequel je ne me déclare partie, et que je ne sois prest à poursuivre au sujet de cet ouvrage. Je suis inconsolable de ce qu'il paroit, et j'aurois donné la moitié de mon bien pour le suprimer.

Le Sr Tiriot l'a fait paroitre à Londres sur le bruit de ma mort, et on a pris en France le tems de mon absence de Paris pour le débiter. Je vous proteste, Monseigneur, et assurément je ne vous trompe pas, que loin d'avoir la moindre part à la publication de ce livre je poursuivray en mon nom avec la dernière rigueur (si vous le permettez) le libraire qui le donne en France au public.

Je sais avec quelle fureur mes ennemis se déchaînent contre moy à l'ocasion de cet ouvrage. N'ajoutez pas, Monseigneur, je vous en suplie, à l'amertume où je suis le poids de votre indignation. Je relève à peine d'une maladie mortelle, et le chagrin de vous déplaire achèveroit de m'ôter la vie du monde la plus malheureuse. Je vous demande en grâce, Monseigneur, d'avoir quelque bonté pour l'admirateur le plus zélé des grandes choses que vous faites.

Je seray toutte ma vie avec le plus profond respect, Monseigneur, votre très humble et très obéissant serviteur, Voltaire.

Mémoires et documents, France, vol. 1289, fol. 266.

Avertissement pour être inséré dans les journaux, 8 octobre 1734

Les lettres intitulées Lettres philosophiques de Mr de V… ne sont point de moy, je n'y reconnois ny mon stile ny mes sentimens, elles me paroissent contraires à l'esprit du christianisme que j'ay toujours répandu dans mes écrits ; *La Henriade* ne respire que la religion et la fidélité aux rois, et ce seul ouvrage dément tout ce qu'on peut m'imputer.

Il est vray que j'écrivis il y a quelques années plusieurs lettres sur quelques sujets traittés dans les lettres philosophiques, et ce sont mes véritables lettres qui prouvent que je n'ay nulle part à celles qu'on m'attribue et qu'on a justement condamnées. J'eus l'honneur de faire voir il y a deux ans une copie de mes lettres sur les Quaquers à Mgr le cardinal de Fleury ; j'ose en appeller à S. Ece. Il sçait combien ce petit ouvrage étoit différent de celuy qu'on a imprimé ; l'original de mes véritables lettres est depuis cinq ans entre les mains de Mr Fakener, membre du parlement d'Angleterre, il vient de les déposer chez un notaire de Londres ; ce manuscrit est signé de six personnes dignes de foy ; la probité de Mr Fakener est connue et respectée à Londres.

Les fausses lettres imprimées en françois et en anglois sont pleines de fautes si grossières qu'un écolier de philosophie n'auroit pu y tomber, témoin sept mille étoiles mises dans le catalogue de Flamstead au lieu de deux mille neuf cent quatre-vingt dix sept et beaucoup d'autres erreurs de cette espèce.

La lettre sur les *Pensées* de M. Pascal n'est de moy en aucune façon, je n'ay jamais rien écrit sur ce sujet, et cette lettre ne se trouve pas mesme dans les éditions de Londres.

J'ay fait faire la plus exactte recherche des libraires qui ont débité cet ouvrage, et loin d'avoir part à cette édition comme mes calomniateurs l'avoient assuré, c'est moy qui ai fait saisir l'édition, et les magistrats qui veillent au maintien de la police me doivent ce témoignage.

Je réitère l'avertissement que j'ay desjà publié souvent, je suis obligé plus que jamais de précautionner le public contre tous les ouvrages manuscrits ou imprimés qu'on m'attribue. Il y a par exemple une édition de *La Henriade* chez Changuion à Amsterdam dans laquelle on trouve plus de quatre cent vers que je n'ay jamais faits ; tantost on en altère, tantost on m'en imputte auxquels je n'ay jamais pensé ; je ne puis faire taire la calomnie, mais je dois au moins luy opposer la vérité.

J'aurois fait plutost cette déclaration, mais étant malade et loin de Paris, je n'ay vu que très tard le livre qu'on m'attribue.

Mémoires et documents, France,
vol. 1290, fol. 29-30.

1743 : Jean-Jacques Rousseau, secrétaire d'ambassade

Serait-ce dans la rubrique « Méthode de travail des diplomates », ou dans celle des « Écrivains diplomates », que l'on devrait ranger les quelques extraits de correspondance ci-dessous ? D'ailleurs, si de « méthode de travail » il s'agissait, ce serait bien plutôt du confort matériel des ambassadeurs en poste, de leurs exigences, de leurs problèmes matériels et de leur désir de paraître qu'on traiterait ici. Car ces quelques extraits nous montrent un ambassadeur à Venise, le comte de Montaigu, au cœur des embarras, problème majeur pour un diplomate en poste à l'étranger, que constitue le choix d'une résidence. Aujourd'hui encore, c'est devenu une règle à peu près classique pour n'importe quel ambassadeur nouvellement nommé ici ou là, que de constater que les locaux abandonnés par son prédécesseur sont sordides, inutilisables, trop petits – ou trop grands ! – ou tout cela à la fois.

Mais nous parlons aussi de « diplomates écrivains » car ce n'est certes pas le comte de Montaigu lui-même, vieil officier autoritaire tout occupé de son apparat, qui rédigea ces dépêches. Non : leur auteur n'est autre que Jean-Jacques Rousseau. Nul, ou presque, n'ignore que Lamartine et Chateaubriand furent diplomates ; que Beaumarchais fut diplomate et espion ; que le chevalier de

Mouhy, collaborateur de Beaumarchais et auteur de *La Mouche* ou du *Masque de fer*, fut tout simplement espion. On ignore davantage que, d'août 1743 à juillet 1744, Jean-Jacques Rousseau séjourna à Venise en qualité de secrétaire du comte de Montaigu. Il fut même bel et bien « Premier Secrétaire », en dépit des rumeurs malveillantes que devait colporter à ce propos Voltaire. Peut-être est-il nécessaire, d'ailleurs, de préciser que les fonctions mêmes de secrétaire d'ambassade n'étaient pas, au milieu du XVIIIe siècle, aussi précises, et somme toute aussi importantes, qu'elles le sont devenues de nos jours. C'est donc Rousseau qui, dans toute une série de correspondances adressées à cette époque pour l'essentiel à Amelot de Chaillou, secrétaire d'État aux Affaires étrangères, prête sa plume à Montaigu pour se lamenter sur ses conditions de logement, le prix élevé que l'on demande pour une nouvelle résidence ; mais aussi pour donner quelques nouvelles mondaines – ou semi-mondaines, dans le cas du mystérieux personnage qui apparaît sous le nom de « La Barberine » – ; voire pour s'excuser des erreurs commises dans la transcription chiffrée des dépêches. Nul ne voudra croire qu'aujourd'hui la vie diplomatique soit encore faite de ces broutilles-là, encore que…

Lettre du comte de Montaigu, ambassadeur à Venise, à Amelot de Chaillou, secrétaire d'État aux Affaires étrangères, au sujet de la location du palais Quirini pour l'ambassade

À Venize, ce 20 juillet 1743

Monsieur,

[...]

Mr le marquis de Mary et moy vivons extérieurement dans l'intimité la plus grande. Il voit beaucoup les princesses de Modène, qui sont revenus icy depuis deux jours. Ayez la bonté de me mander si je dois les voir et comme je dois les traiter. Je n'ay point encore de maison, on m'a tenu le pied sur la gorge pour le prix de celle de la Madone de l'Orte, qu'occupoient les ambassadeurs avant moy. Elle n'est point assés grande pour me loger, madame de Montaigu et mes enfans, elle est d'ailleurs dans un délabrement affreux et le propriétaire n'y veut rien faire. Je dois avoir réponse demain de celuy du palais Quirini, avec lequel je suis convenu du prix, sauf la condition du consentement du Sénat, dont je dois avoir réponse demain. Ce palais est grand et magnifique, sur le canal Regio, la liste en est toute réglée et est beaucoup plus grande que celle de la Madone de l'Orte.

Les nouvelles de Naples sont fort mauvaises pour ce qui regarde la peste.

J'ay l'honneur d'être avec respect, Monsieur, votre très humble et très obéissant serviteur.

Montaigu

Correspondance politique, Venise, vol. 205, fol. 25-26.

Lettre du comte de Montaigu, ambassadeur à Venise, à Louis XV, roi de France, au sujet de la location du palais Quirini pour l'ambassade

Sire,

[…]

Enfin toutes les difficultés que j'ay trouvé à me loger se sont levées il y a deux jours. J'ay le palais dont j'ay eu l'honneur de parler à Votre Majesté sur le canal Regio, il me coûte un peu plus que ce que l'on vouloit me louer l'ancien palais, mais la décence et l'extérieur que doit garder en tout un ambassadeur de France se trouve à cet égard parfaitement remplie. La liste est plus grande que celle de l'autre palais et le logement beaucoup plus commode. Je ne pourray y recevoir que d'un mois les visites, à cause des réparations qui ne dépendent pas de moy.

Je suis avec un très profond respect, sire, de Votre Majesté, le très humble, très obéissant et très fidel serviteur et sujet.

À Venize, ce 3 aoust 1743.

Montaigu

Correspondance politique, Venise,
vol. 205 fol. 41-42.

Lettre du comte de Montaigu, ambassadeur à Venise, à Amelot de Chaillou, secrétaire d'État aux Affaires étrangères, contenant des réflexions relatives à l'usage du chiffre

À Venize, le 14 décembre 1743

Monsieur,

[…]

J'apprens avec bien du déplaisir que Mrs les commis du bureau se plaignent que mes chiffres sont pleins de fautes : je les fais seul avec mon premier secrétaire, n'aiant pas jugé à propos de multiplier les dépositaires des secrets et des chiffres de la Cour pour n'être pas exposé aux inconvéniens arrivés du tems de M. le comte de Froulay. Du reste, je redoublerai d'attention pour chiffrer avec exactitude et j'espère d'autant mieux d'y réussir que je chiffre en correspondance avec plusieurs ministres du roy en Italie et en Allemagne et que nous nous entendons très bien réciproquement.

J'ai l'honneur d'être avec respect, Monsieur, votre très humble et très obéissant serviteur.

Montaigu

Correspondance politique, Venise, vol. 206 fol. 54-59

Lettre du comte de Montaigu, ambassadeur à Venise, à La Porte du Theil, chargé de l'intérim du secrétariat d'État aux Affaires étrangères, au sujet de quelques nouvelles d'ordre mondain

À Venize, le 1er février 1744.

Monsieur,

[...]

L'affaire de la Barbarine n'est point finie, comme cette fille à la tête aussi légère que le pied. Après nous avoir promis à M. l'ambassadeur d'Espagne et à moi de suivre son engagement, elle a signifié par écrit au ministre du roy de Prusse qu'elle ne l'exécuteroit pas ; lequel a ordre du roy de Prusse de présenter un mémoire au Sénat pour qu'il le lui fasse exécuter de gré ou de force. Le résident de la reine de Hongrie a aussi envoié chercher la Barbarine, comme étant née sujette de la reine de Hongrie, pour l'obliger à remplir son engagement, voulant sans doute, par cette démarche, plaire au roy de Prusse.

Cette affaire regardant d'un autre côté deux Anglois, tous deux membres du Parlement, le Sénat pourra être embarassé à prendre son parti.

Le sieur Ortolani, dont j'ai eu l'honneur de vous parler, a été, à ce qu'on assure, recommandé à M. l'abbé Conti par M. le président de Montesquiou. Il y a des gens qui prétendent qu'il cherche à louer un palais pour prendre ici le caractère de résident du roy de Sardaigne ; on nomme même le banquier duquel il doit recevoir ses remises. Mais il parle de la cour de Turin d'une façon si équivoque et affecte tant de mécontentement de M. le marquis d'Ormée, que, s'il a quelque commission, il y a lieu de juger que c'est plutôt en qualité d'émissaire que de résident, d'autant qu'il ne semble pas qu'un homme qui viendroit pour être résident eut lieu d'en faire un si grand mistère.

Pour avoir dit à Monsieur le bailly de Froulay que je m'accomoderois des meubles que M. son frère laissoit ici, s'ils étoient bon, et pour avoir, en conséquence, envoié un pouvoir sur cela au consul, qui, apparemment, par leur vieillesse et leur mauvais état, ne m'a point engagé à les prendre ; les fripons que cela regarde ont prétendu me mettre envers M. le bailly de Froulay dans l'obligation de les prendre, ce qui est objet de dix mille francs argent de France. Aiant eu commission de M. le bailly de Froulay, par mon frère, d'en parler de sa part à M. le Blond, il m'a répondu qu'il ne s'en étoit point mêlé par un ordre exprès que vous lui en aviés donné. Comme bien des gens icy s'y trouvent intéressés, trouvez bon que M. le bailly de Froulay et mon frère vous en fassent le détail. Je rendrai à M. le marquis de Froulay tous les services qui dépendront de moi à cet égard, mais je doute que l'objet de 10 000 francs, qu'on a donné là-dessus à M. le bailly de Froulay, puisse jamais être rempli.

Je suis toujours dans l'espérance de la réalité de ce que vous avez eu la bonté de me permettre par rapport à mes appointemens, et à mesure que je n'en entend point parler, je suis toujours plus dans le cas de ce que j'ai eu l'honneur de vous mander à cet égard.

J'ai l'honneur d'être avec respect, Monsieur, votre très humble et très obéissant serviteur.

Montaigu

Correspondance politique, Venise, vol. 206, fol. 211-213.

1752 : Instructions au cardinal de Bernis, ambassadeur à Venise

Au milieu du XVIIIe siècle, la grandeur de Venise était bien passée. La découverte de l'Amérique et le commerce avec les Indes orientales avaient fait de la Méditerranée, où elle régnait en maître, un véritable cul-de-sac. Bien sûr, il y avait eu encore au XVIe siècle la victoire de Lépante, mais la République avait perdu peu à peu tous les signes extérieurs de sa puissance. Il lui restait son art, Tiepolo, Canaletto et Guardi. Pourtant, Venise attisait encore l'imagination de la diplomatie occidentale. D'où la remarquable lettre d'instructions remise au cardinal de Bernis lorsque celui-ci fut nommé ambassadeur de France à Venise en 1752.

Qu'on nous permette quelques mots sur le cardinal de Bernis, petit poète et grand amateur de femmes, grand causeur aussi, aimable partenaire de jeu, académicien et ambassadeur, dont Frédéric le Grand devait railler la production littéraire en qualifiant son écriture de « stérile abondance ». Jusqu'à sa nomination à Venise, François Joachim de Pierre de Bernis, né à Saint-Marcel d'Ardèche en 1715, était surtout un charmant viveur. Cet art de la vie, il sut le mettre en œuvre avec un art plus consommé encore pendant son ambassade vénitienne. La Venise d'alors, c'était, qu'on ne l'oublie pas, celle de Casanova. Et c'est un an après le départ du cardinal de Bernis que Casanova s'échappa avec l'habileté qu'on sait des fameux « plombs » où il avait été emprisonné pour raison d'État par la République. À Venise, Bernis avait vécu au milieu des plaisirs. Le cinéaste Pierre Kast, qui était aussi un merveilleux conteur et un romancier amusant, s'émerveillait de cette « bulle de plaisir » que le cardinal avait réussi à créer au sein de son ambassade. Et Pierre Kast de s'étonner de la manière dont l'ambition lui fit crever la bulle en question en 1756 pour laisser là plaisirs et *farniente* et se retrouver ministre des Affaires étrangères. Bernis fut dès lors un ministre imposant, qui lança la France aux côtés de l'Autriche dans la guerre de Sept Ans, avant d'être brutalement révoqué en 1758 du fait de son opposition à la marquise de Pompadour. La suite importe peu, Bernis redevint ambassadeur à Rome en 1768, il y resta longtemps…

C'est à lui que s'adresse le « Mémoire pour servir d'instructions au sieur abbé de Bernis, comte de Lyon, allant en qualité d'ambassadeur du Roy auprès de la République de Venise ». Ce long document, dont on ne trouvera ici que la première partie, résume ce que doit être la mission d'un ambassadeur représentant la France à Venise. Signe des temps, la plus grande affaire qui opposait alors la France et la République était une sombre histoire de sucre… La République de Venise avait refusé de baisser les droits qu'elle percevait sur l'importation des sucres français comme elle l'avait fait pour celle des sucres portugais. Une affaire de troc et d'argent. En dehors de cela, on recommande au cardinal de voyager incognito, de tenir sa langue s'il est interrogé en chemin, de s'enquérir des intérêts commerciaux de Venise au Proche-Orient. D'entre deux sorbets, une conversation galante et un exercice de rime, après une partie de piquet et avant une visite à quelques dames, il est vraisemblable que le cardinal de Bernis a suivi la lettre, sinon l'esprit, de ce qui lui était demandé. Après tout, Bernis n'était qu'un novice dans la carrière, il lui fallait bien faire ses débuts…

Mémoire pour servir d'instruction au sieur abbé de Bernis

C'est le sort ordinaire de tous les États d'avoir leurs accroissements et leur décadence. Cette vicissitude est particulièrement remarquable dans les républiques. Celle de Venise en a plus qu'aucune autre éprouvé les effets : foible dans son origine, elle s'estoit accrue au point de donner de l'ombrage aux principales puissances de l'Europe. On vit à Cambray la France, l'Espagne, l'empereur, la cour de Rome et le gouvernement des Pays-Bas se liguer contre elle en l'année 1508. La République fit alors la triste expérience des inconvéniens d'une ambition qui l'auroit épuisée et qui auroit à la fin procuré sa ruine totale ; elle sentit qu'elle ne pouvoit subsister qu'en se maintenant en paix et en ne prenant aucune part aux querelles des autres puissances. [...] S. M. ayant jugé à propos de rappeler le sieur de Chavigny pour l'envoyer dans une autre cour, elle a pensé qu'il ne pouvoit estre remplacé plus dignement que par le sieur abbé de Bernis, comte de Lyon, et bien qu'il ne fasse qu'entrer dans la carrière des négociations, la beauté de son génie, l'heureux assemblage des agrémens et de la solidité de l'esprit luy ont fait obtenir la préférence pour cette fonction importante, S. M. estant d'ailleurs persuadée que le zèle qu'elle luy connoit pour sa personne, le soin qu'elle sçait qu'il a pris d'acquérir toutes les connoissances relatives à sa destination, et les sentimens presque toujours attachés à une naissance distinguée suppléront à ce qui pourroit luy manquer du costé de l'expérience.

Le roy lui ordonne de partir incessament pour se rendre à Venise ; et comme il fera le voyage par terre, l'intention de S. M. est qu'il observe l'incognito par raport au caractère d'ambassadeur jusques aux frontières de l'état vénitien, qu'il n'exige par conséquent aucune sorte d'honneurs, et qu'il se contente de ne point refuser ceux qu'on voudroit luy rendre.

Le sieur abbé de Bernis aura soin de prévenir le sieur Le Blond, consul de la nation françoise et secrétaire italien de l'ambassade du roy à Venise, sur le tems auquel il se proposera d'arriver dans les États de la domination de la République, afin que ce consul puisse en avertir le Sénat pour les ordres qu'il conviendra de donner concernant les honneurs qui devront estre rendus à l'ambassadeur de S. M. On ne doute pas que le gouvernement de Venise ne s'empresse de témoigner en cette occasion, comme il l'a fait jusqu'à présent, ses sentimens de respect et de vénération pour le roy.

S. M. fait joindre à cette instruction le mesme journal qui a esté remis aux prédécesseurs de cet ambassadeur et qui contient dans un grand détail tout le cérémonial observé à Venise pendant l'ambassade du sieur abbé de Pomponne. Ce journal servira de règle au sieur abbé comte de Bernis pour tout ce qui raport à la République, en observant néantmoins qu'il ne doit point rendre de visite aux cardinaux, à moins qu'ils ne consentent à luy donner la main chez eux...

Le sieur comte abbé de Bernis ne doit céder le pas qu'au nonce et à l'ambassadeur de l'empereur, et il doit après eux occuper la première place auprès du doge. Le rang avec l'Espagne et la préséance de l'ambassadeur du roy sur celuy de cette couronne est réglée depuis longtems et d'une manière si autentique qu'il n'est pas à présumer qu'il puisse survenir aucune nouvelle contestation à ce sujet.

La situation actuelle des affaires de l'Europe présentera au sieur comte de Bernis peu d'objets importans de négociation dans les premiers tems de sa résidence. L'affaire des sucres est la seule qui mérite aujourd'huy de sa part une attention particulière, et S. M. est persuadée qu'il la suivra avec tout le zèle et l'intelligence dont elle le sçait capable. La République a depuis quelque tems diminué les droits sur les sucres qu'elle tire du Portugal, et elle n'a point fait la mesme diminution sur ceux que la France y apporte ; le sieur abbé de Bernis doit faire à ce sujet les plus fortes représentations au gouvernement de Venise et luy faire sentir qu'une telle disproportion tendroit à détruire totalement cette branche du commerce de la France avec la République. [...] Il doit y avoir une égalité parfaite pour les droits imposés sur les sucres françois et portugais, afin que les négocians vénitiens soyent entièrement libres de tirer à leur choix les sucres de France ou de Portugal, et qu'un objet d'intérêt ne les détermine pas à donner la préférence à ces derniers. Si malgré tous les soins que l'ambassadeur du roy se donnera pour faire rétablir l'égalité sur ce point la République persistoit à laisser subsister la diminution des droits imposés sur les sucres de Portugal, ce qui seroit extrêmement préjudiciable à la France, le roy ne pourroit se dispenser d'en marquer son ressentiment à l'État vénitien, et le sieur abbé comte de Bernis cherchera à en procurer les moyens à S. M. en examinant quelles sont les marchandises ou denrées que les Vénitiens font passer en France et sur lesquelles le roy pourroit mettre une augmentation de droits. L'ambassadeur en rendra compte au roy, afin que S. M. puisse en conséquence ordonner ce qu'elle jugera convenable à ce sujet. [...]

Il y a encore quelques autres points qui doivent fixer l'attention de l'ambassadeur du roy : tels sont l'estat actuel du commerce que la République fait dans les Échelles du Levant, et le produit que ce commerce peut luy rendre, à quoy se montent en général les revenus de cet État, et quelles sont ses forces par terre et par mer. Le sieur abbé comte de Bernis ne peut apporter trop de soins pour s'instruire exactement de ces différents objets, et il en rendra compte à S. M. dans le plus grand détail pendant le cours de son ambassade.

Le sieur abbé comte de Bernis se bornera d'ailleurs à faire connoistre à la République les véritables dispositions du roy. Il luy fera sentir le prix de cette nouvelle marque de bienveillance que S. M. vient de lui donner dans le différend survenu entre la cour de Rome et l'État vénitien au sujet du patriarchat d'Aquilée, et si heureusement terminé par l'entremise et la protection du roy. Il donnera aux Vénitiens les assurances les plus positives qu'ils éprouveront toujours de la part de S. M. les mesmes preuves d'affection, lorsqu'elle ne recevra de leur part aucun sujet de mécontentement.

Correspondance politique, Venise, vol. 214, fol. 51-65.

1756 : Bernis à nouveau, l'ambassadeur est devenu ministre

Quelle différence entre les deux « moments » de la carrière du cardinal de Bernis, quel contraste entre la vie de *dolce farniente* qu'il mena à Venise et le sérieux qu'il employa, pendant les deux brèves années qu'il fut ministre des Affaires étrangères, à mettre en œuvre une politique nouvelle pour la France. Dans le même temps, avec Bernis, ministre des Affaires étrangères, on s'achemine vers une conception de la diplomatie qui prendra tout son effet lors du Congrès de Vienne en 1815. Derrière le tissu en trompe-l'œil des pseudo « guerres en dentelle », auxquelles on a trop souvent voulu réduire les grands conflits qui parsèment l'Europe du XVIIIe siècle, se met en place tout un système de négociations secrètes tout à fait officielles, de comptes-rendus méthodiques, de longues réflexions sur l'état des forces en présence, en même temps que d'un travail de prévision sur l'évolution de l'avenir qui n'est pas loin d'évoquer le travail des diplomates d'aujourd'hui. Que l'élégant viveur de Venise, devenu ministre puis ministre d'État au début de 1757, trois jours d'ailleurs avant l'attentat de Damiens contre Louis XV dans un bosquet du château de Versailles, ait été l'un des premiers artisans de cette évolution est tout à fait remarquable. La guerre de Sept Ans, dans laquelle, sciemment, Bernis va précipiter la France, correspond à une époque où la rivalité habituelle entre la France et l'Autriche, les Bourbon et les Habsbourg, laisse place à une autre rivalité, double celle-là, de la France face à l'Angleterre et de la Prusse face à l'Autriche. Le conflit avec l'Angleterre avait commencé bien avant le retour de Bernis. Les Anglais supportaient de plus en plus mal la présence française au Canada et s'efforçaient d'en bloquer les ports, tandis qu'en Méditerranée, c'était la France qui avait réussi le tour de force de s'emparer de Minorque, devenue possession anglaise après le traité d'Utrecht. Au même moment, Frédéric II de Prusse, qui redoutait de se trouver en butte à l'hostilité de la Russie et de l'Autriche en même temps, cherchait de nouvelles alliances. D'où, des contacts pris par la Prusse avec l'Angleterre. Un accord entre les deux pays prévoirait que les deux puissances s'uniraient en cas d'invasion de l'Allemagne.

C'est dans ce contexte que, le 1er mai 1756, est signé à Versailles le traité qu'on qualifiera de « Renversement des Alliances », entre la France et l'Autriche. Désormais, les positions sont bien définies : dès le mois d'août suivant, Frédéric II envahit la Saxe, alliée de la France, et ouvre les hostilités.

Le document ci-joint est dès lors d'un intérêt capital. Il concerne la négociation secrète qui conduira à ce renversement des alliances. On remarquera plus particulièrement les articles concernant la Pologne qui sont, ici, approuvés de la main du roi. Il faut se souvenir que c'est l'impératrice Marie-Thérèse d'Autriche qui, dès août 1755, avait fait les premiers pas en direction de la France.

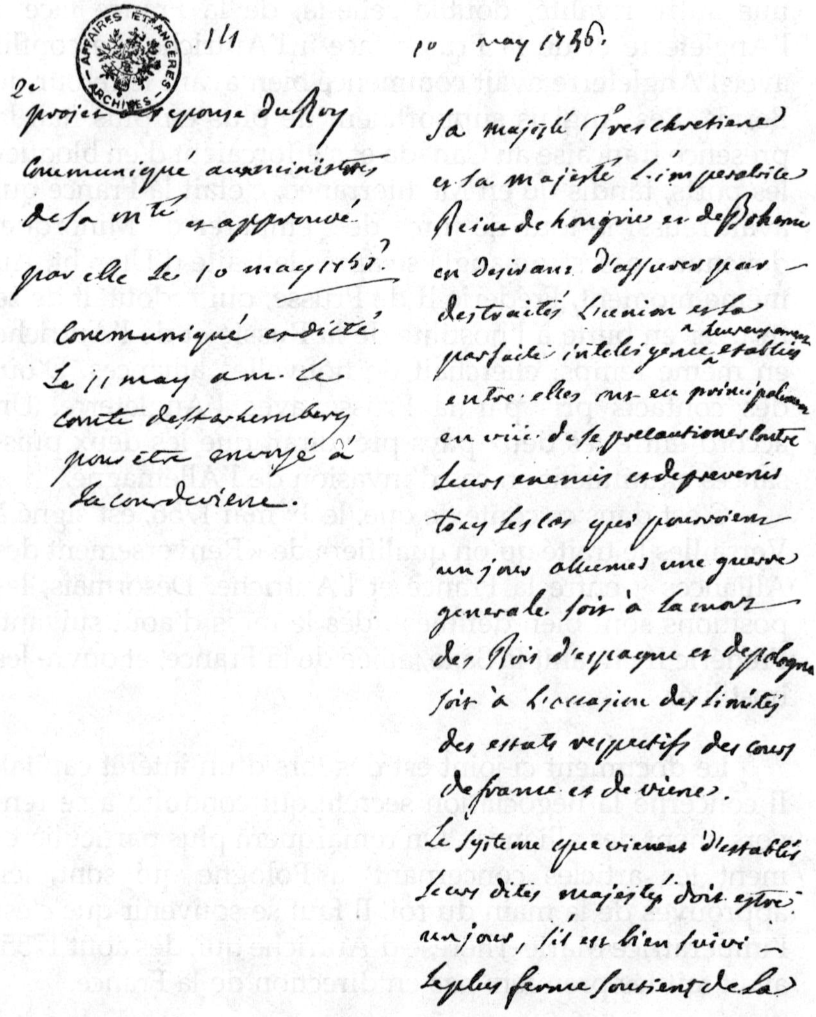

141 10 may 1756.

2e projet de réponse du Roy

Communiqué aux ministres de Sa Mté et approuvé par elle le 10 may 1756.

Communiqué en dicté le 11 may au comte de Starhemberg pour être envoyé à la cour de Viene.

Sa Majesté Très Chrétienne et Sa Majesté l'Impératrice Reine de Hongrie et de Bohême en désirant d'assurer par des traités l'union et la parfaite intelligence heureusement établies entre elles, ont eu principalement en vüe de se précautionner contre leurs ennemis et de prévenir tous les cas qui pourroient un jour allumer une guerre générale soit à la mort des Rois d'Espagne et de Pologne soit à l'occasion des limites des estats respectifs des cours de France et de Viene.

Le système que viennent d'establir leurs dites Majestés doit estre un jour, s'il est bien suivi, le plus ferme soutient de la

Lettre de Bernis concernant le renversement des alliances.

Bernis et le renversement des alliances

Sa Majesté très chrétienne et sa Majesté l'impératrice reine de Hongrie et de Bohême en désirant d'assurer par des traités l'union et la parfaite intelligence heureusement établis entre elles, principalement en vue de se précautionner contre leurs enemis et de prévenir tous les cas qui pourroient un jour allumer une guerre générale soit à la mort des rois d'Espagne et de Pologne, soit à l'occasion des limites des Estats respectifs des cours de France et de Viene.

Le système que vienent d'establir leurs dites majestés doit estre un jour, s'il est bien suivi, le plus ferme soutient de la vraye religion, de la liberté germanique, de la tranquilité de l'Italie et du repos de l'Europe entière.

Ce grand ouvrage n'a pu s'élever et il ne sauroit désormais se perfectionner ni s'achever que par la confiance pleine et entière des deux cours ; c'est pourquoi sa Majesté Très Chrétienne croit devoir adjouter à sa dernière réponse, des éclaircissements et des réflexions.

La tendresse du Roy pour ses enfants n'est pas l'unique source du désir qu'il a de se procurer un établissement plus décent et plus assuré au sérénissime infant Dom Philippe.

La crainte qu'il ne s'élève quelque jour des diputes facheuses entre les deux cours par raport aux stipulations du dernier traité d'Aix-la-Chapelle qui concernent les établissements des infants d'Espagne en Italie, est le motif qui presse le plus sa Majesté très chrétiene de traiter de l'échange des États de Parme, de Plaisance et Guastalle. Et ce sont les premières propositions faites au mois de septembre par sa Majesté l'impératrice qui ont donné au Roy l'idée de choisir de préférence une portion des Pays-Bas pour parvenir audit échange.

L'offre qui fut faite en même temps de remettre entre les mains de sa Majesté les villes d'Ostende et de Nieuport fixa principalement l'accession du Roy sur le costé maritime des Pays-Bas dans la vue d'en tirer des secours contre la cour britannique qui doit estre regardée aujourd'hui comme la seule et véritable enemie de la France.

Mais comme sa Majesté l'impératrice, en explication des premières propositions faites au mois de septembre, vient de s'ouvrir entièrement sur le dessein où elle est de recouvrer la Silésie et le comté de Glatz et que, pour exécuter le grand projet, elle a besoin du concours et des secours de sa Majesté très chrétiene, il a paru nécessaire au Roy d'entrer sur cet article dans un plus grand détail affin de donner plus d'activité à la négotiation.

1° Sa Majesté l'impératrice ayant cédé solemnellement la Silésie et le comté de Glatz au Roy de Prusse, le recouvrement de ces provinces doit estre regardé par elle comme une nouvelle acquisition et un aggrandissement réel qui par son importance et sa situation ne peut estre mis en parallèle avec la possession des Pays-Bas dont la plus grande partie du domaine se trouve actuelement aliénée.

2° Il ne seroit pas juste ni réciproque que le Roy, renonçant à l'alliance de la cour de Berlin et procurant à leurs majestés impériales des avantages présents et directs ne retirast lui-même que des avantages futurs et indirects de la renonciation de la cour de Viene à l'alliance de l'Angleterre.

3° Par le même principe de justice et de réciprocité, il paroit indispensable que les places qui seront confiées au Roy pour la sureté des sommes qu'il sera tenu d'avancer et des intérests des dittes sommes soient choisies de préférence parmi les villes maritimes du comté de Flandres affin que sa Majesté très chrétiene trouve au moins dans son alliance avec sa Majesté l'impératrice une partie des ressources contre les Anglois qu'elle est bien aise de procurer à la cour de Viene contre les puissances dont cette Cour peut avoir le plus à craindre. Le recouvrement de la Silésie est un objet si capital pour sa Majesté l'impératrice qu'elle ne doit pas balancer à céder au Roy à des conditions raisonnables et acceptables la totalité des Pays-Bas. C'est par ce seul arrangement que les deux cours parviendront à égaliser les avantages réciproques qu'elles ont raison d'attendre et qu'elles doivent retirer de leur union intime et de l'établissement d'un nouveau système politique.

Mémoires et documents, Autriche, vol. 72, fol. 33-36.

1761 : Mort de la tsarine Élisabeth Petrovna

Le travail des diplomates, c'est aussi cela : une attention sourcilleuse portée aux faits et gestes des grands de ce monde, prévoir le plus tôt possible les événements qui risquent de se produire puis en informer dans les meilleurs délais les princes qui les gouvernent. D'où, dans les archives du Quai d'Orsay, une multitude de dépêches et autres documents diplomatiques relatifs à la santé des souverains, aux couches des reines, à la mort des rois, aux premiers balbutiements des princes. Avec, parfois, quelques errements... C'est la raison pour laquelle il nous a paru intéressant de reproduire un ensemble de correspondances diplomatiques relatives à la mort de la tsarine Élisabeth de Russie.

Dès 1722, Pierre le Grand avait prévu que le tsar régnant aurait le droit de nommer comme il le souhaitait son successeur et ce fut sa propre femme qu'il désigna. À sa mort, Catherine Ire fut donc nommée impératrice. Le tsarévitch Pierre II lui succéda pour trois ans, de 1727 à 1730, puis le « Haut Conseil Secret » de l'empire désigna la duchesse de Courlandes, Anna Ivanovna, nièce de Pierre le Grand. Celle-ci commença par supprimer le « Haut Conseil » qui l'avait nommée, intervint dans l'affaire de la succession de Pologne, soutint Auguste de

Saxe contre Stanislas Leszczynski et se donna comme héritier à sa mort un petit-neveu, Ivan VI, qui ne régna que quatre ans, avant d'être détrôné par Élisabeth Petrovna, fille de Pierre le Grand.

La tsarine Élisabeth fut un personnage considérable. Rétablissant une Russie débarrassée des Allemands qui l'avaient trop longtemps gouvernée, elle abolit les droits de douane intérieurs, développa la métallurgie dans l'Oural, fit prospérer de nouvelles zones industrielles. C'est elle qui fonda la première université russe à Moscou, le premier théâtre professionnel et une académie des Beaux-Arts. Alliée de l'Autriche pendant la guerre de Sept Ans, elle harcela la Prusse, Berlin fut occupée et pillée et Frédéric II lui-même ne dut son salut qu'à la mort d'Élisabeth.

On conçoit que, dans ces conditions, cette mort ait constitué un événement important pour l'ensemble de l'Europe. On trouvera ci-dessous un remarquable ensemble de correspondances, provenant d'un peu toute l'Allemagne, de la Russie, du Danemark, de la Pologne, de l'Autriche, qui témoigne de l'incertitude de la circulation des informations à cette époque. Le fait qu'à la mort de l'impératrice toutes les communications entre Saint-Pétersbourg et le reste du monde aient été bloquées, s'ajoutant à la rigueur d'un hiver qui empêchait les courriers les plus habiles de franchir certaines régions, conduira à d'étonnants flottements, de surprenants retards dans la diffusion de la nouvelle de cette mort. Le récit de l'agonie même de la souveraine par Breteuil, alors ambassadeur de France en Russie, est d'autre part suffisamment intéressant pour qu'il nous ait paru utile d'en citer des extraits : « Madame se meurt, Madame est presque morte, Madame va beaucoup mieux, Madame est guérie, Madame est morte… » Qu'on ne sourie pas de ces atermoiements, ils sont aussi bien ceux de la nature que ceux de la diplomatie.

De Mayence, Kempfer à Choiseul

Monsieur, le Neckar est pris et fermé par les glaces et le Mayn de même, ce matin le Rhin a commencé à charier des glaçons. On passe icy ce dernier fleuve dans trois bacqs, on peut encore faire ce trajet à Oppenheim sur le pont volant qui y est établi et qui est infiniment plus utile et plus commode pour le passage des troupes que les bacqs auxquels nous sommes réduits icy ; si le Rhin continue de charier, on ne pourra plus se servir dans quelques jours du pont volant d'Oppenheim.

Correspondance politique, Mayence,
vol. 55, fol. 66.

De Hambourg, Pascault à Choiseul

À Hambourg le 18 décembre 1761 […] L'irrégularité actuelle des postes d'Hollande, de Suède, de Dannemarck et de Poméranie vient uniquement de la saison ; ces postes retardent régulièrement d'un ordinaire. Celles de Dantzig et de l'Empire sont beaucoup plus longtems à arriver parce qu'indépendamment de la difficulté des chemins, elles sont encore retardées par les armées amies et ennemies ; il s'en trouve quelques fois jusqu'à quatre ordinaires en arrière. Mais je ne me suis pourtant point apperçu que les paquets qui me sont venus par ces deux postes ayent été ouverts ; il est vrai qu'ils me sont tous envoyés sous couvert de différents négociants, et j'en use de même pour ceux que je suis obligé d'expédier par ces postes. Quant aux paquets, Monseigneur, que vous me faites l'honneur de m'adresser ou qui me viennent pour vous, ils passent tous par la Hollande sous couvert de négociants, avec toutes les précautions qui peuvent les mettre à l'abry d'accidents ; je continuerai, Monseigneur, à veiller avec la plus scrupuleuse attention à la seureté de votre correspondance, et si j'apercevois qu'elle courrût le moindre risque, je changerois aussitôt mes mesures et j'aurois l'honneur de vous en informer [...]

Correspondance politique, Hambourg, vol. 86, fol. 1168.

Breteuil, ambassadeur en Russie au comte de Choiseul,

Reçue à Versailles le 17 janvier 1762

À Saint-Pétersbourg ce 24 décembre 1761.

Monseigneur,

J'ay eu l'honneur de vous mander dans mes dernières lettres que l'impératrice avoit la fièvre. Depuis ce tems, cette fièvre s'est soutenue et il s'y est joint des accidens consécutifs de vapeurs et de spasmes qui ont été très violens et de nature à augmenter considérablement les allarmes. L'on nous assure qu'elle va mieux depuis deux jours, et même qu'elle est sans fièvre ; cependant j'ay des notions assés seures qui contrarient cette nouvelle, et les phisionomies des personnes les plus intéressées à la conservation de cette princesse confirment mes notions, ainsi que l'agitation et les mouvemens que l'on remarque dans tout ce qui a trait à la jeune cour ; il faut se flatter, Monseigneur, que nous en serons encore quittes pour des inquiétudes ; mais la fréquence des rechutes de l'impératrice annonce un dépérissement qui, joint à l'irrégularité de son régime, doit faire craindre que cette princesse ne finisse à l'instant où l'on s'y attendra le moins. Dans cette supposition, j'aurois besoin d'avoir des instructions qui pussent diriger ma conduite vis-à-vis du grand-duc au moment de son avènement au trône. Je sais, Monseigneur, que je devrois me conduire sur les mêmes principes avec le nouvel empereur autant qu'il me seroit possible ; mais il pouroit arriver une défection totale et brusque dans le sistème de cet empire, qui exigeroit des mesures et des démarches qui m'embarasseroient si je ne connoissois pas les intentions du roy, et le tems de mes questions à cet égard et des réponses pouroit faire souffrir le service ou la dignité de Sa Majesté ; car il faut s'attendre à tout de la part du grand-duc s'il monte paisiblement sur le trône de Russie, et dans le cas où il s'élèveroit des embarras à ce sujet, il me paroît encore nécessaire que vous veuilliés bien m'aprendre jusqu'où il convient au roy que son ministre écoute, ou s'il doit simplement se renfermer dans une parfaite neutralité.

M. le comte de Mercy est très occupé de l'état de l'impératrice et de tous les moyens qui peuvent l'en instruire. Je le vois souvent allarmé de ce qu'il en apprend et de ses combinaisons sur l'effet de la perte de cette princesse dans ces circonstances. Je suis ses démarches auprès de la jeune cour ; il s'y donne beaucoup de peine, mais son accès personnel trouve autant d'obstacle que celui de sa cause. Il me paroît aussy persuadé que moy qu'il n'y a rien de sensé ni d'honnête à attendre du grand-duc sur tout ce qui nous intéresse, et il n'est pas moins embarassé que je le suis à fixer ses idées sur le plus ou le moins de difficulté que ce prince éprouveroit le jour de l'ouverture de sa vaste succession. En effet il n'y a jamais rien eu de si problématique que l'existence future du grand-duc et la situation de cet empire après l'impératrice. Il s'est passé à ce sujet, Monseigneur, il y a quelques semaines une petite scène dont je ne me suis pas pressé de vous rendre compte parce que j'ay voulu ne rien négliger pour éclaircir si elle avoit été projettée ou si elle étoit simplement l'effet du hazard. Après avoit fait toutes les recherches qui m'ont été possibles, je penche à croire que le hazard seul n'y a pas eu part, et si cela est, il vous paroîtra peut-être comme à moy que l'on peut en tirer quelque conséquence. Le grand-duc étoit allé passer 24 heures à la campagne pour une partie de chasse ; ce même jour l'impératrice a demandé tout d'un coup qu'on luy représentât sur son théâtre une pièce russe, et contre l'usage n'a pas voulu qu'on y invitât les ministres étrangers et autres personnes de sa cour qui s'y trouvent ordinairement, de sorte qu'elle s'est rendue à ce spectacle avec le petit nombre de gens de son service. Le jeune duc l'accompagnoit, et la grande-duchesse, ayant été seule invitée, s'y est rendue de son côté ; le spectacle à peine commencé, l'impératrice se plaignit du petit nombre de spectateurs, et afin de remplir la salle, elle ordonna qu'on ouvrît les portes à toute sa garde ; la salle se remplit promtement de soldats. Alors, suivant tous les raports qui m'en ont été faits, l'impératrice prit le jeune duc sur ses genoux, le caressa extrêmement et, en adressant la parole à quelques-uns de ces vieux grenadiers à qui elle doit toute sa grandeur, elle leur présenta pour ainsi dire l'enfant, leur parla des qualités naissantes de son cœur, de ses grâces, et se plut à recevoir leurs compliments militaires. Ces agaceries ont duré presque tout le spectacle, et la grande-duchesse en a toujours eu l'air très satisfait. Il se peut, Monseigneur, que tout cela ne signifie rien : mais si l'on examine la conduite du grand-duc avec l'impératrice, avec sa femme, avec son fils, la manière dont il traite et s'explique sur tous les entours de cette princesse, la haine qu'il est seur que la souveraine a pour luy et que partagent ses sujets, enfin, Monseigneur, si vous voulés vous faire représenter ce que j'ay mandé dans ma dépêche du 15 février n° 62 sur la préférence que M. le chancelier m'avoue que la grande-duchesse donneroit à la qualité de mère de l'empereur sur celle de femme, on peut, dis-je, d'après toutes ces différentes combinaisons et d'autres qui se sentent mieux qu'elles ne se rendent, se laisser aller à croire que l'impératrice auroit pu être fortement pressée ou tentée de songer à des arrangemens peu favorables au grand-duc. Il est vrai que la foiblesse de l'impératrice et de ses entours contrarie beaucoup toutes ces réflexions ou du moins leur effet. On dit, Monseigneur, une particularité sur l'état de l'impératrice qui, si elle est vraie, pouroit avoir des suites fâcheuses, et au moins abréger ses jours. Il passe pour constant que depuis un mois cette princesse, soit pour éloigner les idées de sa fin, soit pour diminuer la sensibilité de ses douleurs, boit tous les jours des liqueurs au point de s'enivrer, et l'on ajoute que sur quelques représentations ou subterfuges qui en diminuoient la force, elle en a fait mettre une caisse dans sa chambre dont elle seule a la clef.

Correspondance politique, Russie, vol. 67, fol. 434-440.

Breteuil au comte de Choiseul

Reçue à Versailles le 17 janvier 1762

À Saint-Pétersbourg ce 25 décembre 1761.

Monseigneur,

J'ai différé cette expédition de 24 heures parce qu'au moment où j'allois la faire partir, j'ai apris que mes notions sur l'état de l'impératrice n'étoient que trop sûres et que Sa Majesté Impériale étoit même dans le plus grand danger ; elle a eu hier à la suite de ses vapeurs un évanouissement qui a duré près de deux heures et qui, par ses accidens, est regardé comme une espèce d'apoplexie ; avant d'avoir repris ses sens, Sa Majesté Impériale s'est trouvée suffoquée par un crachement de sang noir et caillé très abondant ; une saignée a arrêté le crachement de sang et deux remèdes purgatifs donnés dans le même moment l'ont rapellé à la vie. L'on nous dit tout haut que ce n'est rien et qu'elle est mieux, mais je sais que différens accidens continuent et que Sa Majesté Impériale est dans l'état du monde le plus critique ; la désolation est générale ; mais cependant fort renfermée et tacite parmi les gens de la cour. Le peuple, suivant ce que l'on me dit, marque de la sensibilité ; tout cela au reste se passe dans un mystère qui marque plus la crainte du successeur que l'amour pour la régnante. […]

Correspondance politique, Russie,
vol. 77, fol. 441-445.

Le baron de Breteuil à Paulmy à Varsovie

Saint-Pétersbourg, 31 décembre 1761.

Monsieur […]

Je vous ai marqué par ma dernière que l'impératrice étoit dangereusement malade, et j'ai le plaisir de vous aprendre aujourd'huy que les médecins la regardent comme absolument hors d'affaire, quoique le fièvre se soutienne encore assez forte. [...]

Correspondance politique, Pologne, vol. 269, fol. 525.

Breteuil au comte de Choiseul

Reçue à Versailles le 23 janvier 1762

À Saint-Pétersbourg ce 31 décembre 1761.

Monseigneur, [...] J'ay le plaisir de pouvoir vous aprendre aujourd'huy que les allarmes que nous a causées l'impératrice sont presque entièrement dissipées. C'est aujourd'huy le neuf de sa maladie, et les médecins chantent victoire. Ces messieurs, au lieu d'apoplexie, caractérisent cette maladie de suffocation d'humeur occasionnée par la supression d'un écoulement ulcéreux que Sa Majesté Impériale avoit à une jambe. Cette ulcère est, dit-on, rouvert et a extrêmement adouci la maladie. La nuit du 25 au 26, l'impératrice a été dans le plus grand danger et tous ses entours l'ont crue morte. Après une nouvelle saignée, des vessicatoires qui ont fait beaucoup d'effet et une crise de sueur très abondante ont aporté beaucoup de soulagement. Depuis ce tems, quoique la fièvre se soit soutenue et se soutienne encore, le mieux est si considérable que toute la faculté s'accorde à répondre des jours de Sa Majesté Impériale, et la tranquilité des phisionomies paroît confirmer cette bonne nouvelle. La consternation, quoiqu'assés tacite, a été générale. Les avis sont partagés sur ce qui seroit arrivé si l'impératrice fut morte. La fermentation, comme je vous l'ay dit, Monseigneur, étoit sensible, mais cependant la flatterie et la crainte servile ont été supérieures à tout. Le grand-duc, suivant son usage dans toutes les occasions, a tenu plus d'un propos déplacé, mais n'a d'ailleurs fait aucune démarche hazardée telle qu'on auroit pu attendre de son peu de retenue. La grande-duchesse a marqué beaucoup de sensibilité pour l'impératrice, et dans une visite qu'elle a faite à son fils, elle s'est laissée aller à un attendrissement extrême qui peut avoir trop marqué ses inquiétudes, mais qui a rempli son objet, et si elle cherchoit à émouvoir, elle a répandu ses allarmes : car j'ay eu lieu de juger que cette scène avoit occasionné un mouvement assés général en sa faveur.

Correspondance politique, Russie, vol. 67, fol. 449-455.

Breteuil au comte de Choiseul

À Saint-Pétersbourg ce mardi 5 janvier 1762 à 4 heures du soir.

Monseigneur, l'on étoit trop rassuré sur l'état de l'impératrice, et ma dernière lettre ne devoit pas vous laisser craindre la perte aussi prochaine de cette princesse. J'ai la douleur de vous annoncer que Sa Majesté Impérialle vient d'expirer il y a peu de moments après une agonie de 48 heures, la plus pénible du monde. Je ne sais, Monseigneur, si, ni quand, cette lettre vous parviendra. Tous les passages pour sortir de cet empire sont bouchés. L'on ne donne aucuns passeports aux ministres étrangers, et nous ignorons quand cet embargo sera levé. Dans cet embaras, je tente de faire passer à travers les bois et les marais de la Finlande un de mes gens, afin qu'il tâche de gagner les frontières de la Suède et vous aprendre le plutôt possible un événement aussi intéressant pour les affaires généralles que pour les sentimens particuliers et tendres du roy pour Sa Majesté Impérialle.

Je n'ai rien à vous ajouter, Monseigneur, sur les arrangemens de M. le grand-duc. Ce prince n'a pas encore eu le tems de faire connoître aucune de ses intentions, puisque ce n'est que depuis peu d'heures qu'il se trouve à portée de monter sur le thrône qui luy est destiné. Mais je suis persuadé que ses sentimens et ses veues seront, comme je vous l'ai toujours marqué, conformes aux vrais intérêts et aux engagemens de l'empire qu'il va gouverner. Sitôt que les chemins seront libres j'aurai soin de vous informer de tout ce qui me paroîtra intéresser le service du roy. Quant à présent, je borne cette lettre à vous apprendre la mort de l'impératrice, les regrets de ses sujets et leur soumission à M. le grand-duc [...]

Avant le départ de cette lettre, j'apprends, Monseigneur, que la compagnie des gardes de l'impératrice vient de prêter serment au nouvel empereur.

Correspondance politique, Russie, vol. 68, fol. 4-5.

Breteuil au comte de Choiseul

Reçue à Versailles, le 29 janvier 1762

À Saint-Pétersbourg ce 8 janvier 1762.

Monseigneur,

Les quelques mesures que j'ai prises pour vous informer de la mort de l'impératrice ont réussi suivant mes désirs ; vous serez informé avant de recevoir cette lettre que cet événement est arrivé le 5 de ce mois entre 2 et 3 heures après midy. Nous n'avons pas encore la liberté d'envoier des courriers, mais M. le comte de Woronzow veut bien me permettre de remettre cette lettre à celui qu'il expédie à M. de Czernichew.

Correspondance politique, Russie, vol. 68, fol. 18-19.

Paulmy à la cour

Reçue le 23 janvier 1762

À Varsovie le 8 janvier 1762.

Monsieur,

M. le baron de Breteuil vient de me faire passer par estafette quelques paquets qu'il me prie de vous faire parvenir par la même voye ; je les addresse à M. le comte du Châtelet.

Ces lettres contiennent sans doute des nouvelles de la santé de l'impératrice de Russie sur laquelle on est icy très rassuré depuis hier que M. de Voïeykow reçut par estafette une lettre de M. le grand chancelier de Russie du 30 décembre. Cette lettre étoit écrite exprès en françois pour que l'envoyé de Russie pût la communiquer, aussi l'a-t-il donnée à lire à tous les ministres étrangers résidents icy. Elle portoit que la souveraine avoit été sérieusement malade d'une fièvre considérable occasionnée par une plénitude et que tant que S. M. Impériale n'avoit voulu prendre aucun remède, elle avoit été dans un danger qui avoit allarmé tous ses sujets, vomissant même le sang, mais qu'enfin, ayant été saignée deux fois, elle se trouvoit hors d'affaires ; que la tristesse s'étoit changée en joye et que l'on espéroit que sa santé seroit incessamment rétablie.

M. de Voïeykow nous a ajouté verbalement que l'impératrice, pour obtenir du ciel une prompte et parfaite guérison, avoit ordonné que l'on relachât tous les prisonniers, avoit rappellé un grand nombre d'exilés et rendu beaucoup de terres confisquées. Ces actes pieux prouvent que cette princesse s'est crue fort en danger, mais il paroît qu'elle-même est à présent fort rassurée sur son état. Vous jugez bien, monsieur, qu'une pareille allarme fait icy une grande sensation et que le rétablissement d'une santé si importante est icy un grand objet d'attention et de spéculation.

Correspondance politique, Pologne, vol. 271, fol. 11-12.

Le comte de Choiseul au marquis de Paulmy

À Versailles le 10 janvier 1762 [...] Je suis bien aise que vous adoptiez enfin mes principes sur l'inutilité dont sont ordinairement les courriers et sur la superfluité de cette espèce de dépense. Je ne sçaurois cependant, au sujet du dessein où vous avez été de faire partir à la fois deux estafettes, m'empêcher de vous répéter encore que tous les paquets qui ne sont pas des dépêches n'ont aucun titre pour être compris dans vos envoys, que je n'allouerai certainement pas les dépenses de courriers ni même d'estafettes pour des commissions ou des effets de curiosité et d'agrément, qu'enfin je ne connois que les lettres ministérialles qui intéressent les affaires du roy, et qu'à l'égard des dangers que vos lettres courent, ils ne sont pas plus grands que ceux de la route de Stockolm dont je ne reçois des nouvelles que par la voye de la poste. Il pourra arriver que vos paquets soient ouverts, mais les chiffres sont établis pour le secret et la sûreté des correspondances, et les ministres du roy ne doivent pas en épargner l'usage.

Correspondance politique, Pologne, vol. 271, fol. 17.

Breteuil à Paulmy

À Pétersbourg le 11 janvier 1762.

Monsieur,

[...] je me ferai toujour un plaisir de vous faire part de toutes les choses qui se passeront ici et je tâche d'être exact à ne vous laisser ignorer aucunes de celles qui me paroissent intéresser le service du roi ; [...] Je crois que la mort de l'impératrice a fait en Varsovie une sensation au moins aussi forte qu'elle la fera par toute l'Europe ; en effet, c'est un furieux événement pour toute notre alliance et un surcroît d'inquiétude pour la Pologne, plus fondé que celle qu'elle avoit sur les intentions de l'impératrice ou de ses entours. Je ne puis encore rien dire, comme vous croirez bien, monsieur, sur les principes qu'adoptera le nouvel empereur ; s'ils restent tels qu'ils étoient comme grand-duc, nous les connoissons ; s'il les modifie ou les dirige d'aprez sa position actuelle, il faudra voir jusques où l'on pourra en tirer parti, mais l'on ne sçauroit dans aucun cas se flatter qu'il veuille être bien utile à nos vues et aux circonstances. Je ferai tout ce qui sera en moy pour l'y engager, mais je sens l'insuffisance de mon zèle et me prépare d'avance à une besogne pleine de dégoûts. Au reste je dois dire beaucoup de bien de la façon dont l'empereur s'est conduit jusques icy vis-à-vis de ses sujets. Ses grâces sont assez bien placées. Il traite bien tous les vieux serviteurs et montre une bonté générale qui étonne. Je désire que sa politique ait le même sort. Je manderai avec grand plaisir à V.E. qu'il nous a trompés [...]

Correspondance politique, Pologne, vol. 273, fol. 25-26.

Breteuil au comte de Choiseul

Reçue à Versailles le 29 janvier 1762

À Pétersbourg le 11 janvier 1762.

Monseigneur,

Si le courier que j'ai dépêché sourdement avec la lettre dont vous trouverez ci-joint copie a pu pénétrer jusqu'aux frontières de Suède sans mal en-contre, vous devez déjà être informé de la mort de l'impératrice et prévenu sur la tranquillité avec laquelle son trône a été occupé sur le champ par M. le grand-duc.

La vie de l'impératrice étoit hautement garantie par toute sa faculté depuis 3 ou 4 jours, quand tout-à-coup, le samedy 2 de janvier, vers les 3 heures après midy, cette princesse, après un évanouissement dont on eut peine à la tirer, fut attaquée du même crachement de sang qui, quelques jours auparavent, avoit mis sa vie en danger. Dès le dimanche matin elle fut administrée et se trouva si mal dans la journée qu'elle commença à désespérer elle-même de son état. Alors, Monseigneur, elle fit appeller Mr le grand-duc et Mde la grande-duchesse qui, dans sa 1ère maladie, n'avoient pas eu la permission de la voir ; elle renvoya tout le monde de son appartement quand Leurs Altesses impériales y furent entrées, excepté M. Alsoufiow, secrétaire de cabinet. Suivant ce que l'on dit de cette conversation, qui ne dura qu'une demi-heure, elle la borna à recommander au grand-duc de la bonté pour ses sujets et la recherche de leur amour, le repos et la paix intérieure de son empire ; elle le conjura de vivre en bonne intelligence et en union avec Mde la grande-duchesse, et finit par s'étendre beaucoup sur sa tendresse pour le jeune grand-duc et dit au père qu'elle lui demandoit comme la marque la plus sensible et la plus sûre de sa reconnoissance pour elle de chérir son enfant. M. le grand-duc promit, dit-on, tout cela avec les expressions que la circonstance exigeoit. Mde la grande-duchesse, à qui l'impératrice adressa ensuite des paroles moins intéressantes, mais pleines d'amitié, se trouva mal et ne répondit que par des sanglots ; au sortir de cette scène touchante, M. le grand-duc qui jusques là n'avoit pris que des mesures sourdes commença à parler en maître : toute la cour accourut chés lui, et il n'étoit déjà plus question que de se concilier à l'envi les bonnes grâces du futur empereur. Sur la fin du jour du dimanche, l'impératrice, contre l'attente de tout le monde, parut mieux, et les désirs inquiets de ses entours la présentoient déjà comme sauvée ; mais le milieu de la nuit du dimanche au lundy fut horrible. [...] enfin elle a expiré le 5 entre 2 et 3 heures après midy.

L'état de l'impératrice empiroit, le murmure de la fermentation qui s'étoit fait entendre s'adoucissoit et l'habitude de la crainte et de l'obéissance servile étoit le seul sentiment qui se faisoit remarquer. Cependant le grand-duc ne paroissoit pas tout à fait sans inquiétude. Dès la veille de la mort de l'impératrice, il avoit fait tenir prest à marcher un régiment dont il étoit lieutenant-colonel, et toutes ses créatures dans les autres corps en garnison ici étoient sur pied. Il fit même marcher un gros détachement avec deux pièces de canon à la tête d'un pont qui avoisine le palais, et envoya quelques officiers affidés avec un petit nombre de soldats dans tous cabacks ou cabarets afin de n'y laisser entrer personne. Toutes ces précautions étoient sages, mais je crois, en vérité, Monseigneur, superflues ; car comme je l'avois prévu, si la maladie de l'impératrice tournoit court à la mort, les différens partis qui auroient pu se former avec un peu plus de tems n'ont pas même songé à se montrer. Le plus grand nombre avoit la douleur, la haine et le mépris dans l'âme pour le futur empereur ; mais la foiblesse et la crainte étoient plus avant. Tout le monde a tremblé et s'est empressé de se soumettre avant même que l'impératrice eût les yeux fermés. Enfin, Monseigneur, jamais l'estime et l'amour des sujets n'a porté plus tranquillement aucun prince au thrône que l'a été le grand-duc au milieu de l'aversion et de la douleur universelles. Sitôt que l'impératrice a eu rendu le dernier soupir, toute la cour s'est jettée à ses pieds, et dans le même moment les 300 nobles qui représentent ceux à qui la feue impératrice devoit son thrône ont prêté serment. Les régimens des gardes ont suivi promtement cet exemple, et quand cette première cérémonie a été achevée, le nouvel empereur, sous le nom de Pierre Trois, a monté à cheval pour faire, à la lueur des flambeaux, le tour de la ville et se faire prêter serment par environ 12 mille hommes de différens régimens qu'il avoit fait assembler dans les principaux quartiers de la ville. [...] L'homme qui luy étoit le plus suspect et qui, par le crédit de sa charge, auroit pu l'embarrasser sérieusement, étoit le prince Schaskaskoy, procureur général du sénat et fort attaché, comme je vous l'ai dit, Monseigneur, à la nouvelle impératrice. La première attention de l'empereur a été de lui ôter avant la fin du jour tous ses emplois sans lui faire aucun autre mal, et revêtir de la charge de procureur général un nommé Glebow, cy-devant procureur du sénat, homme de peu de chose, de beaucoup d'esprit et d'une plus grande friponerie encore. Ce Glebow lui a été très utile les quinze derniers jours de la vie de l'impératrice. C'est lui qui a tout conduit, et il paroît jouir de toute sa confiance. Le goût de cet homme pour les Anglois est aussi connu que celui de son maître.

[...]

Le jeudy, l'empereur a donné à dîner à tous les officiers des gardes, au nombre de deux cent ; le vendredi, un autre dîner à tous ses officiers holstenois. Beaucoup de vin et autant de mauvais propos ont assaisonné l'affabilité du prince. Une infinité de grâces assez bien placées ont signalé jusqu'à ce jour son règne. Il a fort bien et fort honnêtement traité tous les vieux serviteurs. Il paroît même les consulter de façon à les flatter. Enfin, Monseigneur, je luy dois la justice que sa conduite vis-à-vis de ses sujets mérite des éloges. Contre l'usage de cette cour dans tous les changemens de règne, aucun des courtisans attachés à l'impératrice n'a éprouvé de cruel traitement ou exil en Sibérie. Je ne sais pas même qu'il y ait eu personne d'arrêté. Il tient compte au chambellan de l'indignité de ses intrigues et de sa bassesse les derniers jours de sa grandeur. Il luy marque assez de bonté et l'a forcé de continuer à habiter son appartement à la cour, non pour toujours, mais encore pour quelque tems, et il luy a fait compter 50 mille ducats qu'il a su que l'impératrice avoit donné ordre à un de ses comptoirs de remettre à son favori à la fin de ce mois. M. le maréchal Rasamowski a tout lieu de se louer de ses attentions. Tout cela étonne beaucoup et doit étonner, car ce prince avoit paru jusqu'ici sans arrest et peu susceptible d'être conseillé. Il est vrai, Monseigneur, qu'une conduite différente auroit pu ajouter promtement à la haine de sa nation le courage qui luy a manqué. Mais sentir ce danger est plus qu'on en attendoit de luy.

[…]

Correspondance politique, Russie, vol. 68, fol. 28-40.

Dumont à Choiseul

Reçue à Versailles le 9 février

À Dantzick le 16 janvier 1761

[…] Il y a déjà deux jours que l'on y est informé de la mort de l'impératrice de Russie. Cette nouvelle imprévue y a fait des impressions différentes suivant les affections. Elle donne beaucoup à penser, monseigneur, aux personnes accoutumées à réfléchir et elles craignent surtout que le nouvel empereur n'adopte point aisément l'ancien système de l'alliance.

Ce prince, dès le jour même de la mort de l'impératrice arrivée le 5 de ce mois, s'est fait reconnoître par le garde du palais et luy a fait prester serment ainsy qu'aux principaux seigneurs. Il a cassé le conseil de conférence de guerre et en a composé un autre sur le champ. Il a ensuite créé messieurs de Schwalow feldmaréchaux, M. de Korff général en chef, un Schwalow vice-chancelier et M. de Soworoff procureur général de l'empire.

Comme cette lettre-cy ira par Hambourg, peut-être ne sera-t-il point inutile d'ajouter icy les particularités suivantes. M. le maréchal de Butturlin étoit déjà à Elbing, commençant sa route pour Pétersbourg, lorsque le courrier porteur de la nouvelle y passa, allant à Mariembourg. Celuy-cy remit ses lettres au maréchal qui, en ayant lu les premières lignes, fut tellement troublé du malheur qu'elles luy annonçoient que l'on fut obligé de le saigner sur le champ. Comme les mêmes lettres luy donnoient l'ordre de recevoir le serment de fidélité des généraux de son armée, il revint le lendemain sur ses pas ; mais pendant qu'il étoit à table, M. le maréchal de Soltickoff luy envoya notifier qu'en vertu d'un ordre précis et particulier de l'empereur il reprenoit le commandement de l'armée et que le lendemain il recevroit à Finckenstein le serment de tous les généraux qu'il y avoit mandés exprès ; que pour luy, maréchal de Butturlin, il luy étoit enjoint de partir sur le champ pour Pétersbourg : ce qu'il a fait une heure après.

M. le comte de Rumanzoff a reçu le même ordre et M. le prince Wolkowski le remplace dans le commandement de l'armée qui étoit à ses ordres.

Correspondance politique, Dantzig, vol. 19, fol. 292-295.

Le chevalier Mesnager à Paulmy

Marienbourg ce 16 janvier 1762.

Monseigneur,

Presque tous les généraux se sont rendus à Finckinstin et y prêtèrent serment de fidélité à Pierre Troisième. Le Cte de Saltikoff fils est party ce matin en courier pour en porter la nouvelle à Pétersbourg, dans six jours M. le maréchal doit se rendre à Marienbourg, si le commendement luy est continué, jusqu'à présant l'on en paroist fort aise et c'étoit aussy la seule façon pour ramener les esprits. M. de Souvouroff, gouverneur de Konigsberg et de la Prusse, est rappellé à Pétersbourg et est remplacé par le général Panin qui demandoit sa retraitte quoyqu'asseurément il soit fort en état de servir, et soit un des meilleurs généraux de l'armée.

M. le maréchal Butturline couchat le 14 qu'à une lieue de Marienbourg et hier en partant il renvoyat touts ses domestiques étrangers ; M. de Gourousky l'a aussy abandonné, mais fait humainement tout ce qu'il est possible pour estre authorisé par sa cour d'aller en Russie, il voudroit estre député pour complimenter le nouvel empereur qu'il connoît déjà.

L'on s'attend aux plus grands changements, et l'on craint fort que la Courlande n'en soit le premier objet.

M. le duc de Choiseul m'ordonne de me servir d'une voye plus courte pour luy faire passer mes lettres, quoyqu'elles ne méritent pas, à ce que je pense, d'estre portez par des exprès, néanmoins elles ne peuvent estre confiez à la poste qui traverse l'Allemagne. Ainsy je ne vois absolument autre moyen que de les faire mettre à Varsovie à la poste ordinaire pour Vienne en recommendant qu'on les fasse sur-le-champ partir pour Strasbourg et Paris.

J'epprouve de jour en jour, monseigneur, qu'aucun événement ne me sera jamais favorable, ce dernier mait le comble à mes peines, car je m'attends bien présantement à passer icy tout mon hyver et j'auray peut-estre encor le désagrément de me trouver la campagne prochaine en second, sans avancement, sans équipage et sans argent ; à six cent lieues de mon pays, obligé de garder une certaine décence, ne voyant de touts côtez que des précipices ou des objets disgracieux. Je suplie Votre Excellence d'apprétier la rigueur de mon sort.

Correspondance politique, Pologne, vol. 273, fol. 34-35.

D'Havrincourt, ambassadeur en Suède, au comte de Choiseul

Reçue à Versailles le 9 février

Stockholm le 19 janvier 1762.

Monsieur,

Après trois semaines que nous venons de passer sans recevoir aucune nouvelle de Pétersbourg, il en arriva hier 4 ordinaires à la fois par lesquels je reçois 3 lettres de M. de Breteuil. Par les 2 premières du 25 et du 29 décembre, il me fait part des vives allarmes qu'on avoit alors pour la vie de l'impératrice de Russie qu'on regardoit presque sans espérance. Il ajoute cependant qu'après une longue létargie dans laquelle on a cru cette princesse à son dernier moment, une nouvelle saignée, des vésicatoires et une abondance de sueur ont apporté du soulagement à son état, et que, quoique ledit jour 29 la fièvre se soutenoit encore très fort, on voyoit cependant un mieux considérable qui faisoit renaître l'espérance. Par la lettre du 1er janvier, M. de Breteuil me marque que le mieux est augmenté au point que dans ce moment on regarde l'impératrice comme hors de danger pour cette fois-ci et sa vie comme assurée. Les 3 lettres que le comte d'Eckebladt a reçu de M. le baron de Posse des mêmes dattes que celles de M. de Breteuil à moi contiennent des détails entièrement conformes à ceux-ci.

Cependant, Monsieur, dans la même matinée d'hier M. le comte d'Eckebladt reçut une estafette dépêchée à lui par M. de Geer, gouverneur de Louisa en Finlande, qui lui mande qu'un marchand russe qui se trouve en cette ville vient de recevoir et lui a fait lire une lettre de Pétersbourg par laquelle on lui mande que l'impératrice de Russie est morte le 26 décembre vieux stile, ce qui fait le 6 janvier. M. de Geer ajoute qu'il n'a pas jugé d'abord devoir donner une entière créance au contenu de cette lettre ; mais que ce qui le frape, c'est de voir que le marchand dont il s'agit achète avec empressement tout ce qui se trouve de draps et d'étoffes noires à Louisa pour les faire passer à Pétersbourg. [...]

Correspondance politique, Suède, vol. 241, fol. 213-215.

Pascault à Choiseul

À Hambourg le 26 janvier 1762 [...]

Le ministre de Prusse qui réside ici reçut vendredi une estafette, et aussitôt il répandit que l'impératrice de Russie étoit morte. Ce ministre est si sujet à débiter des faussetés que personne ne voulut croire cette nouvelle : mais elle ne s'est depuis que trop confirmée. Les Prussiens se félicitent de cet événement qu'ils croient devoir leur être fort avantageux.

Correspondance politique, Hambourg, vol. 86, fol. 263.

Kempfer à Choiseul

À Mayence le 28 janvier 1762.

Monseigneur,

L'électeur a apprit hier par staffette de la part de M. le comte de Colloredo que la czarine est décédée au commencement de ce mois : on en paroît très affligé icy pour l'appréhension d'un rallentissement de la part des Russes, quoique l'on ajoute que le jour même auquel le czar est monté sur le trône il a fait assurer la cour de Vienne de son attachement invariable aux interrets de la cause commune.

Correspondance politique, Mayence, vol. 55, fol. 107.

Choiseul à d'Affry

À Versailles le 31 janvier 1762 [...]

Vous avez eu raison, Monsieur, de penser que nous serions instruits de la mort de l'impératrice de Russie ou de l'avènement de son successeur au trône. Nous apprîmes cette nouvelle jeudy dernier par un exprès, et vous jugerez aisément que les effets que cette mort peut produire seront un objet important de la curiosité des cours qui y sont particulièrement intéressées par leurs engagemens avec celle de Pétersbourg. Vous ne pouvez être trop attentif à recueillir toutes les notions que vous pourrez vous procurer sur ce sujet. Le pays où vous résidez fournit plus de moyens d'instruction qu'on ne sauroit en avoir ailleurs sur tout ce qui se passe en Europe et sur les raisonnemens et les conjectures politiques qui en sont une suite nécessaire. Je ne dois pas même, Monsieur, à cette occasion, vous dissimuler que le conseil du roi trouve que vos relations sont trop stériles à cet égard. Vous savez qu'un ministre étranger dans les États républiquains doit se rendre fort communicatif, et que ce n'est qu'en voyant familièrement plusieurs membres parmi ceux qui y ont part à l'administration qu'on peut acquérir des lumières et des connoissances utiles sur tout ce qui a raport aux affaires générales.

Correspondance politique, Hollande, vol. 509, fol. 103-104.

Choiseul à Breteuil

À Versailles le 31 janvier 1762.

J'ai reçu, Monsieur, jeudi dernier une lettre de M. du Châtelet venue par un courier de M. de Kaunitz, à laquelle étoit jointe la copie de celle que vous avez écrite à cet ambassadeur pour lui apprendre la catastrophe arrivée en Russie et sur laquelle nous étions rassurés par les nouvelles favorables que vous nous aviés envoyées en dernier lieu. Le courier que vous avez dépêché le 11 est arrivé vendredi et m'a remis vos 4 dépêches n° 2, 3, 4 et 5 et une 5e non numérotée. Enfin, M. de Chernicheff m'a remis celle du 8 de ce mois n° 1. Cet ambassadeur est venu ici samedi dernier pour demander quel jour il pourroit faire au roi la notification de la mort de l'impératrice et remettre ses nouvelles lettres de créance. J'en joins ici une copie par laquelle vous verrez, Monsieur, qu'elles sont écrites d'un style assez amical, et qui sembleroit indiquer que Pierre 3 veut suivre les mêmes principes que l'impératrice Élisabeth.

Je vous envoye aussi, Monsieur, de nouvelles lettres de créance que vous remettrez à l'empereur ; vous ajouterez verbalement tout ce qui peut concourir à cimenter l'union des deux cours […]

Après ces généralités que vous pouvez, Monsieur, étendre et détailler suivant que vous le jugerez à propos, je conçois que vous désireriés recevoir des instructions claires et précises pour vous guider dans la circonstance critique et intéressante où vous vous trouvez, mais vous sentirez aisément combien il nous est difficile de vous donner des règles de conduite assés étendues et assés positives pour diriger vos démarches dans la route épineuse et obscure où vous allés peut-être entrer.

En poussant aussi loin qu'il est possible les spéculations sur l'avenir, il semble qu'on ne peut faire que trois hipothèses, la première que le nouvel empereur suivra l'ancien système, la seconde qu'il en adoptera un tout opposé en se liant avec nos ennemis, la 3e qu'il prendra un parti intermédiaire.

Correspondance politique, Russie,
vol. 68, fol. 103-112.

1770 : Mariage du Dauphin de France et de Marie-Antoinette d'Autriche

Les mariages de princes sont décidément une grande affaire ! Et celui du futur Louis XVI avec Marie-Antoinette, fille de l'empereur François Ier et de l'impératrice Marie-Thérèse d'Autriche, en fut bien une. Mais, comme toutes les alliances entre souverains, et en particulier les mariages franco-espagnols ou franco-autrichiens, celui-ci fut d'abord un acte politique. Dans la foulée de la guerre de Sept Ans, il s'agissait de conforter le renversement des alliances concocté par le cardinal de Bernis et de sceller encore davantage les retrouvailles de la France avec l'Autriche.

À plus longue échéance, ce mariage devait avoir une importance capitale. Il est certain, en effet, que si l'infortunée reine de France décapitée en 1793 n'avait été la fille de l'empereur d'Autriche, la violence de la réaction européenne aux événements de la Révolution française aurait sûrement été plus tempérée. Encore que…

Pourtant lorsque, le 16 mai 1770, le Dauphin de France, que la mort de ses deux aînés avait laissé seul face au sort qui allait l'accabler, épousa une ravissante mais impétueuse poupée de porcelaine viennoise, on était bien loin d'imaginer la fin des deux époux. Louis-Auguste,

Dauphin de France, avait seize ans. Marie-Antoinette, Josèphe, Jeanne, archiduchesse d'Autriche, avait quatorze ans et cinq mois. Le récit particulièrement détaillé que l'on trouvera ci-dessous de ce mariage a l'intérêt d'avoir été rédigé par le « secrétaire ordinaire du roi à la conduite des ambassadeurs ». C'est-à-dire que, outre les informations qu'il nous livre sur ce mariage, on y voit la présence, en arrière-plan, de toute l'Europe dont cette sorte de chef du Protocole qu'était, en somme, ledit secrétaire, avait pour mission de s'occuper. Infiniment plus sobre dans son expression que la relation de l'arrivée à Paris, plus d'un siècle plus tôt, des ambassadeurs de Pologne, ce compte-rendu, apparemment fidèle, se situe à la croisée des chemins des documents diplomatiques et de la chronique mondaine. On trouvera ainsi, réduite pour l'essentiel au souci des apparences, la vie de la cour de France et de ses hôtes étrangers pendant quinze jours.

Deux points encore méritent d'être signalés : d'une part, que c'est à cette occasion que fut inauguré à Versailles l'opéra de Gabriel. D'autre part, les festivités déclenchèrent un tel enthousiasme que le 30 mai, près de cent cinquante personnes (trois cents selon le texte que nous publions ici) périrent écrasées par la foule qui se pressait pour assister à un feu d'artifice ou furent renversées par les carrosses de la suite royale.

Mémoires du secrétaire ordinaire du Roy à la conduite des ambassadeurs

Le mardy 15.

Le Roy, accompagné de M. le Dauphin, de Madame la Dauphine et de Mesdames, partit de Compiègne pour se rendre au château de La Muette où Sa Majesté fit aporter à Madame la Dauphine une magnifique parure de diamans qui luy étoit destinée. M. le comte de Provence, M. le comte d'Artois et Madame s'y étoient rendus l'après-midy pour y recevoir Madame la Dauphine. Sa Majesté en revenant de Compiègne mit pied à terre à Saint-Denis, au monastère des carmélites, ainsi que M. le Dauphin, Madame la Dauphine et Mesdames, pour voir Madame Louise ; le Roy arriva vers les sept heures au château de La Muette, d'où Sa Majesté après avoir soupé se rendit à Versailles ainsi que M. le Dauphin, M. le comte de Provence, M. le comte d'Artois, Madame et Mesdames.

Le Roy avoit ordonné quelques jours avant que M. le marquis d'Escars, son premier maître d'hôtel, tiendroit pendant toutes les fêtes du mariage une table de 60 à 70 couverts pour messieurs les ambassadeurs, ministres étrangers et étrangers. M. le duc de Choiseul ayant aussi tenu table ouverte pendant tout ce tems, MM. les ambassadeurs et ministres étrangers furent à cette table et ne parurent point à celle de M. le marquis d'Escars. Les étrangers y vinrent seuls, conduits par l'introducteur et par moy.

Le mercredy 16 may.

MARIAGE DE LOUIS AUGUSTE,
DAUPHIN DE FRANCE, ÂGÉ DE 16 ANS
AVEC
MARIE-ANTOINETTE, JOSÈPHE,
JANNE, ARCHIDUCHESSE D'AUTRICHE,
ÂGÉE DE 14 ANS ET 5 MOIS.

Madame la Dauphine arriva du château de La Muette vers les dix heures du matin ; j'avois donné rendés-vous à messieurs les étrangers et dames étrangères à huit heures et demie à la salle des ambassadeurs. Monsieur le prince de Beauvau m'avoit fait donner dans la chapelle en bas un gradin en forme d'amphithéâtre, à droite en entrant, et en face de la chaire, pour y placer MM. les étrangers, lequel gradin pouvoit contenir environ 70 personnes ; et sur les gradins parallèles, à la gauche, du côté de la sacristie, beaucoup de places pour les dames étrangères ; l'on m'avoit pareillement donné, dans le haut de la chapelle, sur les gradins en forme d'amphithéâtre pratiqués en gallerie, derrière les travées de droite et de gauche, environ 60 places ; je fus à neuf heures à la salle des ambassadeurs prendre tout ce que j'y trouvai d'étrangers et d'étrangères que je conduisis, me faisant précéder par les deux suisses de la salle des ambassadeurs, à la chapelle, sur les gradins en bas ; je retournai ensuite à la salle pour y prendre ceux qui y étoient arrivés depuis, et que je conduisis pareillement ; ce que je fis enfin à différentes reprises pour tous les étrangers qui se présentèrent à la salle.

Madame l'ambassadrice d'Espagne m'ayant envoyé un valet de chambre pour me dire qu'elle viendroit voir la cérémonie du mariage avec Madame la duchesse de Villahermosa, sa fille, et Madame la comtesse de Siruela, grande d'Espagne, elle me fit demander où elles seroient placées ; je fus trouver M. le prince de Beauvau chez le Roy pour luy faire part des intentions de Madame l'ambassadrice ; ce prince n'étant point préparé à cette demande, me dit que je pouvois la placer dans la travée de Madame la princesse de Beauvau, et que quand à Madame la duchesse de Villahermosa et Madame la comtesse de Siruela, il me prioit de dire au chevalier de Montaigu, aide-major de cour, de faire placer ces dames dans la tribune du Roy.

Je fis dire à Madame l'ambassadrice d'Espagne que je l'attendois avec ces deux dames. Aussitôt qu'elles furent arrivées, je les conduisis à leurs places.

La travée de MM. les ambassadeurs et celle à côté pour MM. les ministres étrangers leur étant réservées comme à l'ordinaire, je priois MM. les gardes du corps de n'y laisser placer personne sans être conduits par l'introducteur ou par moy ; ce qui fut observé.

Aussitôt que Madame la Dauphine fut arrivée à son appartement, le Roy passa chez cette princesse et y resta fort longtems ; vers une heure de l'après-midy, Madame la Dauphine se rendit à l'appartement de Sa Majesté, d'où on alla à la chapelle dans l'ordre suivant : le grand-maître et l'aide des cérémonies marchoient à la tête et précédoient Monseigneur le Dauphin qui donnoit la main à Madame la Dauphine ; le Roy venoit ensuite, ayant devant luy Monseigneur le Dauphin (*sic*), Monseigneur le comte d'Artois et les princes du sang. Sa Majesté étoit suivie de Madame, de mesdames et des princesses du sang, ainsi que des principaux officiers de Sa Majesté et des seigneurs et dames de la cour. Le Roy se plaça sur son prie-Dieu. Mgr le comte de Provence, Mgr le comte d'Artois, Madame et Mesdames ainsi que les princes et princesses du sang prirent leurs places aux deux côtés dans leur rang ordinaire. Monseigneur le Dauphin et Madame la Dauphine, en arrivant à la chapelle, s'étoient avancés au bas de l'autel et s'étoient mis à genoux sur les marches qui montent au sanctuaire. L'archevêque de Reims, grand aumônier, qui sortit de la sacristie au moment où le Roy arriva à la chapelle, alla présenter de l'eau bénite à Sa Majesté et monta ensuite à l'autel duquel le Roy s'approcha, ainsi que Monseigneur le comte de Provence, Monseigneur le comte d'Artois, Madame, Madame Élisabeth, Mesdames et les princes et princesses du sang. Ce prélat, après avoir fait un discours à Monseigneur le Dauphin et à Madame la Dauphine, commença la cérémonie par la bénédiction de treize pièces d'or. Les cérémonies du mariage ayant été achevées, et Monseigneur le Dauphin et Madame la Dauphine ayant reçu la bénédiction nuptiale, le Roy retourna à son prie-Dieu, et le grand aumônier commença la messe pendant laquelle la musique du Roy exécuta un motet de la composition de l'abbé de Gauzargues, maître de musique de Sa Majesté. Après l'offertoire, Monseigneur le Dauphin et Madame la Dauphine allèrent à l'offrande et à la fin du Pater on étendit au-dessus de leurs têtes un poêle de brocard d'argent. L'évêque de Senlis, premier aumônier du Roy, tenoit le poêle du côté de Monseigneur le Dauphin et l'évêque de Chartres, premier aumônier de Madame la Dauphine, le tenoit du côté de cette princesse ; ils ne l'ôtèrent que lorsque le grand aumônier eût achevé les prières ordinaires. La messe étant finie, le grand aumônier s'approcha du prie-Dieu du Roy et présenta à Sa Majesté les registres des mariages de la paroisse royalle, que le curé, qui avoit assisté à la cérémonie du mariage, avoit apportés. Le Roy accompagné de Monseigneur le Dauphin, de Madame la Dauphine et de la famille royalle, des princes et princesses du sang et des seigneurs et dames de la cour, fut reconduit à son appartement dans le même ordre qui avoit été observé en allant à la chapelle.

Lorsque Madame la Dauphine fut rentrée chez elle, le duc d'Aumont, premier gentilhomme de la chambre du Roy en exercice, fit porter de la part de Sa Majesté dans l'appartement de cette princesse, entre les mains de laquelle les grands officiers de sa maison eurent l'honneur de prêter serment en présence du comte de Saint-Florentin, ministre et secrétaire d'État ayant le département de la maison du Roy, un grand coffre rempli de bijoux.

M. le duc d'Aumont remit ensuite à cette princesse la clef de ce coffre, rempli d'un grand nombre de bijoux, qu'elle distribua aux grands officiers de sa maison.

Vers les six heures du soir, le Roy accompagné de la famille royale, des princes et princesses du sang, des seigneurs et dames de la cour, passa dans sa grande gallerie où Sa Majesté tint appartement, et joua au lansquenet.

Nous avions conduit, M. de La Briche et moy, environ sur les deux heures et demie, MM. les étrangers à qui nous avions donné rendés-vous à la salle des ambassadeurs à la table du Roy, tenue par M. le marquis d'Escars, premier maître d'hôtel de Sa Majesté.

Nous avions aussi donnés rendés-vous, à 5 heures après midi, à la même salle, à MM. les ambassadeurs et ministres étrangers qui s'y rendirent en sortant de dîner chés M. le duc de Choiseul.

Nous conduisîmes en conséquence MM. les étrangers présentés à cette salle, d'où nous montâmes à la gallerie dans l'enceinte où étoit toute la cour ; quand à MM. les étrangers non présentés, ils se servirent de leurs billets et furent confondus avec tous les nationaux françois dans une gallerie qui avoit été pratiquée hors de l'enceinte.

Le temps s'étant dérangé considérablement, le Roy ordonna que le feu d'artifice qui devoit être tiré ce même jour dans le parc seroit remis au samedy suivant 19.

À neuf heures et demie, le Roy soupa à son grand couvert dans la salle de spectacle qui avoit été préparée à cet effet, avec Mgr le Dauphin, Madame la Dauphine, Mgr le comte de Provence, M. le comte d'Artois, Madame, Madame Adélaïde, Mesdames Victoire et Sophie, M. le duc d'Orléans, M. le duc et Madame la duchesse de Chartres, M. le comte de Clermont, M. le prince de Condé, M. le duc et Madame la duchesse de Bourbon, Madame la princesse de Comty, M. le comte et Madame la comtesse de Lamarche, M. le duc de Penthièvre et Madame la princesse de Lamballe ; pendant le festin royal, la musique exécuta différents morceaux de symphonie sous la conduite du sieur Rebelle, surintendant de la musique de Sa Majesté. Après le festin, le Roy ayant mené M. le Dauphin et Madame la Dauphine dans leur appartement et la bénédiction du lit ayant été faite par l'archevêque de Reims, grand aumônier, le Roy donna la chemise à M. le Dauphin et la duchesse la donna à Madame la Dauphine.

Nota que je conduisis environ 60 ou 80 étrangers au festin royal dans le balcon qui m'avoit été donné à cet effet par M. le duc de Villequier.

Le jeudy 17.

Le Roy ayant dit que MM. les ambassadeurs pouroient venir tous les jours à son lever pendant la durée des fêtes du mariage, nous conduisîmes MM. les ambassadeurs et ministres étrangers au lever de Sa Majesté. Nous les conduisîmes ensuite chez M. le Dauphin, chez Madame la Dauphine, où madame la comtesse de Noailles présenta MM. les ambassadeurs et ministres étrangers à cette princesse, à laquelle nous eûmes l'honneur d'être pareillement présentés, les introducteurs et moy, par cette dame d'honneur.

À deux heures et demie, nous conduisîmes MM. les étrangers à la salle des ambassadeurs à dîner chez M. le marquis d'Escars, où nous disnâmes aussi les introducteurs et moy.

À quatre heures et demie, je ramenai MM. les étrangers à la salle ; je délivrai à trente étrangers présentés 30 billets pour aller prendre leurs places qui étoient gardées dans le parquet, je leur observai en même temps que, leur ayant fait connoître l'impossibilité qu'il y avoit de les placer en totalité à chaque spectacle, et la nécessité qu'il y avoit qu'ils se partageassent et alternassent entre eux ; que, comme ils m'avoient paru trouver cet arrangement raisonnable, j'espérois que ceux qui n'avoient point de billets pour ce premier spectacle voudroient bien se représenter pour la seconde représentation, ce à quoy personne ne répondit rien.

Je pris alors les dames étrangères que j'avois fait tenir dans la salle du conseil que j'avois eu la précaution de faire ouvrir, celle des ambassadeurs n'étant pas suffisante pour contenir tant de monde, et je conduisis ces dames avec leurs maris dans les balcons des troisièmes à droite et à gauche qui renfermèrent 14 personnes.

Je redescendis ensuite à la salle, où je fus fort étonné d'y trouver la même quantité d'étrangers que j'y avois laissés. J'eus beau faire à ces messieurs les représentations les plus honnêtes pour les engager à prendre leur parti et à renoncer à leurs prétentions à ce spectacle, je ne fus point écouté ; je pris alors les trente étrangers qui avoient leurs billets et je les conduisis à la salle de spectacle ; [...]

M. de La Briche ayant amené MM. les ambassadeurs et ministres étrangers, il conduisit les ambassadeurs aux places qui leur étoient destinées dans l'amphitéâtre [...]

Vers les sept heures du soir, le Roy, accompagné de la famille royalle, se rendit à cette salle nouvellement construite pour les spectacles où Sa Majesté assista à la représentation de l'opéra de *Persée* ; après quoy le Roy soupa à son grand couvert.

Le samedy 19.

Le Roy accompagné de la famille royalle se rendit dans le sallon qui avoit été préparé pour le bal paré, sur le théâtre de la nouvelle salle de spectacle. Cette magnifique salle avoit été disposée pour cet objet en moins de vingt-quatre heures par les ordres de M. le duc d'Aumont, premier gentilhomme de la chambre en exercice, sous la conduite du sieur Papillon de la Ferté, intendant des menus plaisirs du Roy. La cour fut très nombreuse et très brillante. Mgr le Dauphin et Madame la Dauphine ouvrirent le bal, M. le comte de Provence dansa avec Madame sa sœur et M. le comte d'Artois dansa avec Madame la duchesse de Chartres. [...]

Sa Majesté revint ensuite dans la gallerie d'où elle vit tirer le feu d'artifice qui avoit été préparé pour le 16, jour du mariage, et dont le mauvais temps avoit fait retarder l'exécution ; l'on avoit pratiqué dans le sallon de la paix une espèce de gallerie qui renfermoit les deux croisées en face du feu d'artifice ; cette enceinte étoit gardée par deux valets de chambre du Roy qui avoient ordre de n'y laisser que ceux que je leur dirois ; après le bal paré, j'y conduisis MM. les ambassadeurs, ministres étrangers et étrangers, au nombre d'environ 70 personnes, au nombre desquelles étoit madame l'ambassadrice d'Espagne, la duchesse de la Villahermosa sa fille et la comtesse de Siruella, grande d'Espagne.

Beaucoup d'autres dames étrangères ayant demandé dans la journée à voir ce feu d'artifice et M. le duc d'Aumont n'ayant pu trouver de places à leur donner, M. La Live de La Briche fut trouver madame la comtesse de Noailles, dame d'honneur de Madame la Dauphine, à qui il communiqua l'embarras où il étoit de pouvoir placer ces dames ; madame la comtesse de Noailles donna en conséquence à M. La Live un écrit signé de sa main, portant ordre aux huissiers de la chambre de Madame la Dauphine de placer sur la terrasse et à une croisée d'une des pièces de cette princesse ces dames, qui étoient au nombre de quinze.

La variété et le choix des différentes pièces d'artifice qui le composoient ont obtenu un applaudissement général. Il fut terminé par une girande de 20 000 fusées volantes et d'une grande quantité de bombes qui remplirent l'air de feux brillans et variés. Après ce feu, qui fut exécuté par les sieurs Torré et Morel, toutes les parties de décoration qui le composoient furent enlevées en moins d'une heure et firent place à une illumination de plus de dix huit cent toises, terminée à l'extrémité du canal par une façade représentant le temple du soleil et élevée de plus de cent pieds. Ce canal étoit couvert de gondoles et d'une grande quantité de petits bateaux garnis de grands nombres de lanternes, dont les différens mouvemens offroient aux spectateurs le coup d'œil le plus agréable. Le jeu de toutes les eaux jaillissantes des jardins ajoutoit encore à l'agrément de ce spectacle. Tous les bosquets du parc étoient aussi illuminés, ainsi que toutes les avenues qui y aboutissent. Plusieurs théâtres de bateleurs, de danseurs et de voltigeurs étoient dispersés dans le parc, et le peuple, dont la multitude étoit prodigieuse, dansoit dans les différents bosquets. Dans cette même nuit, toutes les maisons de la ville furent illuminées.

Le lundy 21.

Il y eut le soir un bal masqué dans les appartemens ; lesquels étoient éclairés par un très grand nombre de lumières distribuées dans des lustres et dans des girandoles posées sur de superbes guéridons. Ce bal se passa avec beaucoup d'ordre, malgré le nombre prodigieux des masques. [...]

Le mercredy 23.

Le Roy et la famille royalle assistèrent à une représentation de la tragédie d'*Athalie*, avec les cœurs exécutés en musique.

M. le prince de Beauvau ne m'ayant donné pour cette représentation que les 30 billets de parquet à l'ordinaire et 14 places dans les balcons des troisièmes loges, j'eus encore les mêmes peines et fatigues pour placer à ce spectacle une foule étonnante d'étrangers qui étoit venue à Versailles.

Le samedy 26.

Le Roy et la famille assistèrent à une seconde représentation de l'opéra de *Persée* ; M. le prince de Beauvau m'avoit donné pour ce spectacle environ 70 places, mais je n'eus point assez d'étrangers pour les occuper.

Le dimanche 27.

M. Papillon de la Ferté, intendant des menus plaisirs du Roy, me remit une médaille d'or et une médaille d'argent pour chacun de MM. les ambassadeurs à l'occasion du mariage de Mgr le Dauphin, il m'en remit pareillement une d'or pour M. le comte d'Eck, envoyé extraordinaire de M. l'Électeur de Bavière, une d'or pour MM. les ministres plénipotentiaires et une d'or, mais d'un poids plus modique, pour les ministres et chargés d'affaires ; M. La Live de La Briche et M. Tolozan, introducteurs, furent traités comme MM. les ambassadeurs, c'est à dire qu'ils eurent chacuns pareillement une médaille d'or et une médaille d'argent ; je fus traité comme les envoyés et ministres plénipotentiaires, c'est à dire que je n'en reçus qu'une d'or. [...]

Le mardy 29.

M. le duc de Choiseul traita d'affaires en son hôtel à Paris avec MM. les ambassadeurs et ministres étrangers.

Le soir à minuit, il y eut un magnifique bal masqué chez M. l'ambassadeur de l'Empereur, où il se trouva 6 000 personnes ; l'on joua toute la nuit dans les appartemens, que l'on ne quitta le lendemain qu'à 4 heures après midy.

Le mercredy 30.

La ville de Paris fit tirer un très beau feu d'artifice dans la place de Louis Quinze, en face des deux colonades.

M. le duc de Chevreuse, gouverneur de Paris, ayant invité MM. les princes du sang à venir prendre place dans une partie de la colonade du côté des Champs-Élisées, dans des loges qu'il avoit fait préparer à cet effet, il me dit que son intention étant de donner aussi une loge à MM. les ambassadeurs, ministres étrangers et étrangers, laquelle loge renfermeroit 80 personnes, il espéroit que ces MM. y voudroient bien venir. [...]

Sur les neuf heures et demie, l'on tira le feu, après lequel il y eut dans toute la place une superbe illumination ; tout Paris s'étant trouvé à cette fête, elle fut malheureusement troublée par un malheur inconcevable et qui s'oubliera difficilement, c'est que la police ayant été si mal faite par la garde de la ville et l'affluence du monde étant si prodigieuse, il y eut plus de 300 personnes de différents états qui furent étouffées dans la presse et qui moururent sous les pieds des uns et des autres, sans compter celles qui moururent quelques jours après de leurs blessures.

Ce désastre jetta une si grande consternation le lendemain à la cour et à la ville que le Roy et la famille royalle envoya au lieutenant de police cent cinquante mille livres pour secourir les familles indigentes qui avoient perdu leurs parents dans cette bagarre.

[...]

Le samedy 9.

MM. les ambassadeurs et ministres étrangers furent à Versailles faire leur cour au Roy et à la famille royale ainsi que j'en avois averti ces messieurs d'après la lettre que M. le duc de Choiseul m'avoit écrite sur cet objet. M. l'ambassadeur de l'Empereur eut une audience particulière du Roy, dans laquelle il présenta M. le marquis de Ginori, envoyé du grand-duc de Toscane, qui présenta à Sa Majesté une lettre de son prince pour complimenter le Roy sur le mariage de Mgr le Dauphin.

L'après-midy, le Roy, et la famille royale, se rendit à 6 heures à la salle du spectacle où l'on donna la première représentation de l'opéra de *Castor et Pollux* ; j'y plaçai une grande quantité d'étrangers.

Le dimanche 10.

M. l'ambassadeur d'Espagne donna une fête superbe au Waux-Hall de Torré, sur le boulevard, où il avoit fait construire un magnifique sallon en parallèle à celui en rotonde qui y est ; cette fête commença par un feu d'artifice qui fut tiré dans les marais, après quoy il y eut une table en fer à cheval de trois cent couverts, où les seigneurs et dames de la cour, les ambassadeurs et ministres étrangers furent invités ainsi que les introducteurs et moy ; cette table fut servie avec autant de profusion que de délicatesse.

À minuit et demie il y eut bal masqué auquel il se trouva huit mille personnes ; l'on ne peut exprimer l'élégance et le bon ordre qui fut établi dans toute cette fête, qui absolument ne laissa rien à désirer ; l'on peut même ajouter qu'elle dura deux jours ; puisque le lendemain à huit heures du soir, il y avoit encor des personnes qui y étoient à jouer ; les rafraîchissemens de toutes espèces et la victuaille furent apportés jusqu'à ce moment à tout ce qui en demandoit.

Le mercredy 13.

Le Roy, et la famille royalle, se rendit à 6 heures à la salle du spectacle, où l'on donna une seconde représentation de l'opéra de *Castor* ; le Roy vit le spectacle de sa loge, où il monta pour la première fois ; j'y plaçai beaucoup d'étrangers que j'avois conduits à dîner chez M. le premier maistre d'hôtel de Sa Majesté.

Le vendredy 15.

La cour prit le deuil pour trois semaines à l'occasion de la mort de la reine douairière de Dannemarck.

Comme j'avois prévenu MM. du bureau de la maison du Roy qu'à l'instar de la table qui fut tenue en 1747 pour MM. les étrangers chez M. le premier maître d'hôtel du Roy pendant les fêtes du mariage de feu M. le Dauphin, et que c'est d'après la lettre que j'écrivis en conséquence qu'il en a été tenue une semblable chez M. le comte d'Escars dans cette circonstance-cy, voicy la lettre que j'écrivis au bureau de la maison du Roy pour la faire cesser, toutes les fêtes du mariage étant terminées :

« Le spectacle, messieurs, qui aura lieu le 9 juillet étant regardé comme extraordinaire et particulier à ceux des fêtes du mariage qui devoient se terminer le 16 du mois, et celuy de mercredy prochain étant par conséquence la clôture de ces fêtes ; la table ordonnée par le Roy chez M. le premier maître d'hôtel doit aussi cesser pour MM. les étrangers ce même jour mercredy soir ; j'ay l'honneur de vous en prévenir et d'être, messieurs, votre etc. »

Mémoires et documents, France, vol. 1975, fol. 44-51.

1772 : Le marquis de Sade a-t-il empoisonné des filles publiques ?

Encore une perle, fût-elle une perle noire, dans les archives du ministère des Affaires étrangères. Il s'agit d'un document relatif à un épisode bien connu des amateurs du marquis de Sade, puisque c'est l'affaire dite de Marseille. La publication des œuvres complètes de Sade par Jean-Jacques Pauvert, entre 1958 et 1967 ; puis l'édition partielle de la Bibliothèque de la Pléiade à partir de 1990 ; enfin, les grandes biographies, celle de Gilbert Lély au premier chef, puis celle de Maurice Lever qui a également entrepris l'œuvre de longue haleine que constitue la publication des lettres du divin marquis ou de celles adressées à lui-même et à sa famille, permettent aujourd'hui de ne rien ignorer des mille incidents, petits drames et grandes tragédies, qui marquèrent la vie de Donatien-Alphonse-François de Sade. On sait aussi le rôle important que jouèrent dans sa vie deux femmes, son épouse et sa belle-mère, la présidente de Montreuil. Figure même de l'épouse martyre et passionnée, de celle qui aimera jusqu'au bout le coupable, Mme de Sade est à coup sûr l'un des personnages les plus touchants de l'histoire de la littérature française : il n'est jusqu'au japonais Mishima qui ne lui ait rendu hommage dans une pièce de théâtre. Quant à la présidente de Montreuil, après avoir été sous le charme de son gendre, avoir bravé la justice du roi pour le défendre lorsque c'était nécessaire, elle se fera accusatrice et contribuera à son enfermement final.

L'affaire dite de Marseille est le second des grands scandales qui émaillèrent la vie du marquis. Le premier se produisit en 1768, lorsque Sade entraîna deux filles de joie dans sa petite maison d'Arcueil. On sait que, sous l'intitulé « petite maison » se dissimulaient bien souvent, au XVIIIe siècle, des maisons certes de proportions modestes, mais propres à bien des grands plaisirs. Aux deux filles s'était jointe la veuve d'un pâtissier, une certaine Rose Keller, rencontrée place des Victoires. Arrivé à Arcueil, Sade se conduisit d'abord en hôte parfaitement déférent puis, conduisant la belle Mme Keller au grenier, il la ligota, la déshabilla et, un pistolet sur la gorge, entreprit de la fouetter. Ensuite, le plus calmement du monde, il abandonna la malheureuse au grenier pour finir la nuit avec les deux prostituées. L'affaire tourna mal, Rose Keller sauta par une fenêtre et, nue et ensanglantée, attira dans la maison du marquis une foule en colère. Au regard des crimes que commettent les « héros » de Sade dans *Les cent vingt Journées de Sodome* ou *La Philosophie dans le Boudoir*, tout cela paraît pourtant bien innocent…

Mais le marquis de Sade renouvela ses exploits quatre ans plus tard, à Marseille précisément. Là, ayant recruté deux nouvelles victimes parmi les prostituées de la ville, il se mit en tête d'attiser leur ardeur avec des bonbons à l'anis qui n'étaient autres, en réalité, que des pastilles de cantharide pilée. On sait, ou on ne sait pas, que la cantharide est une mouche qui, une fois séchée, et absorbée, peut avoir des effets plus que remarquables… mais parfois dangereux. Le premier effet que produisit la cantharide sur les filles de Marseille fut de les rendre si malades qu'une d'entre elles au moins crut en mourir. D'où, de nouvelles poursuites, une condamnation à mort par contumace, une première arrestation à Chambéry par ordre du roi de Sardaigne et une évasion rocambolesque facilitée par Mme de Sade.

C'est la relation par le menu de l'incident de Marseille qui fait l'objet du document qui repose aujourd'hui dans les Archives du ministère des Affaires étrangères. Les libraires spécialisés pourraient le ranger dans la rubrique de ce qu'on appelle les « curiosa » de leurs catalogues… Nous dirons que c'est d'abord un témoignage de première main sur un fait presque majeur de la petite histoire de la plus grande littérature du second rayon.

Précis des faits et extrait de la procédure contre laquelle le Marquis de Sade et sa famille réclament

Provence, 24 septembre 1777

Vers la fin du mois de juin 1772, le marquis de Sade habitant alors sa terre située en Provence avec sa femme et trois de leurs enfans en bas âge fit un voyage a Marseille pour y recevoir des effetz qui lui avoient été adressés de Paris. Dans le court espace de temps qu'il y séjourna, il fut chez des filles publiques, et retourna ensuitte dans sa terre avec une tranquilité qui donne lieu de présumer qu'il étoit tres éloigné de penser s'être attiré une poursuitte criminelle.

Trois jours après son départ de Marseille il fut dénoncé aux juges de la sénéchaussée de cette ville comme coupable du crime de poison. L'accusation d'un délit aussi grave dénué de toute espèce de vraisemblance, d'un délit dont aucun intéret n'avoit pu faire naître l'horrible idée a été déférée à la justice par une personne infame par son état, domestique d'une prostituée et complice de ses désordres. Elle déclare que cette fille est travaillée depuis quelques jours de douleurs internes et de vomissements, et qu'elle se trouve en cet état après avoir mangé avec excés des pastilles qui lui ont été présentées par un étranger qui est venu la visiter. Le procureur du Roy requiert le transport du juge dans la maison de cette fille. Une autre fille de même espece dépose qu'un homme qu'on lui a dit être le marquis de Sade est venu chez elle; qui lui a présenté, ainsi qu'à d'autres filles rassemblées dans le même apartement des anis sucrés : que l'une d'entre elles n'en a pas voulu manger et les a jettés par terre et que celles qui en ont mangé en ont été incommodées. Le procureur du Roy qui s'était transporté chez la déposante avec le juge, requiert qu'il soit procédé dans la chambre, à la recherche des pastilles ou anis sucrés. On en trouva deux qui avaient échappé à la balayeure généralle que la déposante déclare avoir été faite le même jour. Le juge nomme deux experts pour vérifier la qualité de ces anis et pour proccéder à la décomposition des matières provenues des vomissements, renfermés dans une bouteille scellée et close par autorité de justice et déposée au greffe. C'étoit assurément prendre toutes les précautions imaginables pour éclaircir la vérité. Deux apoticaires chimistes attestent après l'examen le plus scrupuleux, après avoir fait toutes les expériences que l'art indique ce dont le détail est clairement expliqué,

« 1 ° que le résidu de la liqueur distilée, dissous dans l'eau, filtrée et reposé, n'a produit aucune substance minéralle, ni arsenic, ny sublime corrosif.

« 2 ° qu'à l'égard des deux grains d'anis l'un ayant été jetté au feu n'a donné aucune odeur d'arsenic. Que l'autre examiné au microscope a paru un grain d'anis entouré de sucre et qu'une parcelle aiant été mise sur la langue de l'un des experts elle n'a donné aucune sécrétion d'acreté.

Il est à observer que toute cette procédure a été instruite avant que le marquis de Sade ni personne de sa famille en eut connoissance ainsi les preuves à décharge ne pouvant être supectées de faveur, on ne seut ce qui se passoit à Marseille que le jour même qu'il fut décrété (5 juillet).

Un rapport aussi précis ne laissoit pas subsister la plus légere trace du délit sur lequel d'ailleurs on avoit ordonné l'information sans aucune plainte rendue on a élevé l'édifice d'une procédure criminelle sans en avoir posé le fondement nécessaire : et contre le texte de l'ordonnance.

Dans le cours de l'instruction, une autre fille, du nombre de celles dont il a été parlé pour être rassemblées dans le même appartement, et dont la déclaration a été reçue par le juge en personne du procureur du Roy : a imputé à l'accusé et à son domestique des actes tendant à un crime qui offense également la nature et les moeurs. Ce nouveau chef d'accusation absolument étranger à celui qui étoit l'unique objet des recherches et des poursuittes de la justice ne pouvoit être au texte de la loy la matière d'une instruction sans une plainte préalable. Cependant le procureur du Roy n'en rend point, il se borne à requerrir que les informations soient continuées sur le délit, pour lequel, dit-il on ne doit rien négliger de ce qui peut servir à l'éclaircir.

On s'est écarté dans cette affaire des premières notions de l'ordre judiciaire, et des reglements particuliers émanés du Parlement de Provence. Deux arrêts de cette cour des 8 may 1677 et 18 avril 1766 deffendent au juges d'entendre des témoins sur d'autres faits que ceux contenus dans la plainte, à peine de nullité et cassation de la procédure.

Cependant au mépris des regles les plus constantes, sans réquisition du procureur du Roy, sans ordonnance portant permission d'informer on reçut des dépositions relatives au second délit, qui n'avoit rien de commun avec le premier : qui n'étoit pas même un corps de délit. On admet comme témoins les personnes mêmes qui avoient fait successivement des dépositions contre l'accusé absent : des filles perdues qui retirent de leur désordres une infâme rétribution, multiplient les délations contre une homme qualifié, dans l'espérance de satisfaire le plus vil intérêt et ne peuvent jamais mériter la confiance de la justice ; mais malgré tous ces témoignages rassemblés l'accusation intentée reste sans preuve. Non seulement il n'en existe aucune du crime de poison, mais il est invinsiblement détruit par le rapport des deux experts, par le parfait rétablissement de la santé des deux filles qui avoient été malades et qui ont même reconnu l'innocence du marquis de Sade à cet égard par les actes de décistement de toutes poursuites dommages et intérets qu'elles ont fait par devant Me de Carmis notaire à Marseille ce 8 et 17 aoust 1772 et qui n'ont pas été produits au procès quoiqu'antérieurs au jugement.

Par rapport au 2ème chef d'accusation, en admettant même comme recevables des dépositions de témoins accusables : on n'aperçoit dans leurs déclarations que les détails inconsevables de quelques faits de débauche, dont la bisarrerie et la dépravation ne prouveroient que la démence de celui qui s'y serait livré.

Malgré toutes les règles judiciaires, sans égard pour toutes les considérations qui déposoient en faveur de l'accusé, il a été condamné par la sénéchaussée de Marseille aux peines les plus rigoureuses comme atteint et convaincu des deux crimes dont il étoit accusé.

L'absence seule est-elle donc une preuve du crime ? Ou en est elle un par elle-même ? C'est à cette erreur si funeste qu'on doit tant d'arests qui ont fait gémir la justice même.

Cette sentence fut envoiée 8 jours après aux magistrats de la chambre des comptes à Aix tenant alors le Parlement et confirmée par la chambre des vacations avec une précipitation si étrange qu'on ne peut se refuser à croire qu'elle étoit provoquée.

Dans les circonstances le marquis de Sade est conseillé de s'adresser au Roy étant en son conseil pour y demander la cassation par la nullité de la permission d'informer, informations et de toute la procédure instruite contre luy en la sénéchaussée de Marseille, du décret et de tout ce qui s'en est ensuivi... sentence, et arrêt confirmatif pour se pourvoir ensuitte à produire sa justification contre l'accusation intentée contre lui, dont l'injustice est universellement reconnue. Le crime n'est tel que quand il y a un véritable corps de délit et qu'il n'a pu être commis qu'à mauvoise intention. Comment a-t-on pu juger que les pastilles données étoient infectées de poison ? Les médecins et chirurgiens dont la visite avoit été ordonnée n'avoient pas cru pouvoir taxer ces pastilles de poison. Les apoticaires chimistes après leurs expériences n'avoient rien trouvé de mortel, ni de venimure. Les filles n'ont fait que se plaindre d'une incommodité qui peut avoir eu d'autres causes dans les différents aliments qu'elles avoient pris dans la même journée, ou une indisposition accidentelle. Et des juges ont eu la témérité de déclarer un homme issu de la plus ancienne noblesse, un citoyen, un père de famille coupable d'empoisonnement envers deux malheureuses qui ne méritoient que leur animadversion sur les délations des mêmes femmes prostituées, que l'appas du gain et l'espérance de l'impunité des choses scandaleuses dont elles sont coupables de leur propre aveu, peut avoir induites au parjure. Ils condamnent le marquis de Sade et son domestique pour un crime sans vraisem-

23. 7bre 1777 - Provence 147

Sade (Vtesse de)

Monsieur

L'excès du malheur dont je suis accablée ne me permet pas de me présenter a vos yeux, c'est de ma retraitte profonde que j'ose implorer et attendre avec confiance de vos bontés et de votre justice la réhabilitation de l'honneur de mon mari et de mes enfans, si injustement fletri par un jugement dont nous sollicitons aujourd'hui aux pieds du Throsne l'annéantissement

J'ai l'honneur d'estre tres respectueusement

Monsieur

Votre tres humble et tres obeissante servante
Cordier de Montreuil Marq.se de Sade

a paris ce 23 septembre 1777

au Monastere des Carmelittes rue D'Enfer

Lettre de la marquise de Sade, née de Montreuil.

blance et sans preuve, au double suplice de la mort et de l'infamie.

Cette iniquité contre laquelle il réclame intérets a non seulement luy (*sic*) a sa descendance, mais encore toutes les branches de sa maison, qui fonde son espérance sur les lumières et l'équité des juges auxquels il s'adresse. Elle ne se dissimule point les difficultés qui peuvent se rencontrer dans l'usage de n'admettre au conseil des dépêches que les affaires qui ont trait à l'administration, et de renvoyer les cassations en matière criminelle au conseil privé ou au Bureau des cassations : mais elle espère que Sa Majesté et son conseil auront égard aux circonstances qui ni rendent pas celle-ci tout à fait étrangère ; qui en ont provoqué le jugement précipité, par des magistrats peu instruits vraisemblablement des lois et de l'ordonnance criminelle, plus prévenus que circonspects.

Par des considérations particulières enfin qui la placent dans une classe unique, qui ne peut tirer à conséquence pour l'avenir n'étant pas présumable qu'aucune autre affaire puisse réunir toutes les circonstances malheureuses que renferme celle-ci. Elles excitent la confiance que la famille ose prendre dans les bontés du Roy, et de son conseil pour détruire la flétrissure que l'erreur de ses tribunaux a imprimer sur le marquis de Sade par un jugement dont la honte couvre sa femme ; interressante par ses malheurs et sa vertu, comme ses enfants par leur innocence ; et rejaillit sur toute leur famille.

Lettre de la marquise de Sade

Monsieur,

L'excès du malheur dont je suis accablée ne me permet pas de me présenter à vos yeux, c'est de ma retraitte profonde que j'ose implorer et attendre avec confiance de vos bontés et de votre justice la réhabilitation de l'honneur de mon mari et de mes enfans si injustement flétri par un jugement dont nous sollicitons aujourd'hui aux pieds du throsne l'annéantissement.

J'ai l'honneur d'estre tres respectueusement, Monsieur,

votre tres humble et tres obéissante servante

Cordier de Montreuil Marquise de Sade

À Paris ce 23 septembre 1777

Au monastère des Carmélittes, rue d'Enfer.

Lettre de Mme de Montreuil

Provence, 24 septembre 1777

Monsieur

Sans avoir l'honneur d'être connue de vous, j'ose espérer de votre justice et de vos bontés, que vous voudrois bien être favorable à la requête qui doit être présentée au Roy en son Conseil des dépêches vendredy prochain, à ce que M. Amelot m'a fait espérer, au nom du marquis de Sade mon gendre.

Une branche de cette famille ne vous est pas inconnue, et le chef d'escadre du même nom qui a eu l'honneur de vous ramener de Constantinople sur son bord, son frère prévôt du chapitre de Saint-Victor de Marseille réclameroient avec moi vos bontés dans une affaire qui les touche intimement ; absans, il m'ont remis leurs intérêts comme celui de leur nom qui est celui de ma fille et de mes petits-fils. Qui plus qu'une mère est touchée de leur malheur et intéressée de travailler à déterminer autant qu'il est possible leur âge, leur innocence, leur naissance, leurs alliances augustes avec les princes du sang, tout parle en leur faveur plus encore l'injustice du jugement qui a été porté contre leur père.

Je joints ici à Monsieur un précis très abrégé de l'affaire, mais de la plus exacte vérité. Je vous suplie de vouloir bien m'accorder un moment d'audience vendredy matin à Versailles. Je suis très empressée d'y réclamer de nouveau toutes vos bontés et de vous renouveller les sentimens respectueux que je vous prie d'agréer, et avec lesquels j'ai l'honneur d'être, Monsieur, votre très humble et très obéissante servante

Madame de Montreuil

À Paris, 24 septembre
rue de la Madelaine – faubg St Honoré

Mémoires et documents,
France, vol. 1741, fol. 147-152.

1776 : Le chevalier d'Éon et Beaumarchais

On n'a que trop évoqué la guerre en dentelle, c'est donc maintenant d'espionnage en dentelle, jupons longs et culotte de peau confondus qu'on va traiter. Car jamais, autant qu'au XVIIIe siècle, l'espionnage ne fit fureur dans les cours européennes, sous le masque du domino noir comme sous celui de la littérature. On sait que toute une partie de la gent littéraire française de la deuxième moitié du XVIIIe vécut activement de l'espionnage. La France avait ses émissaires officiels en Russie, en Angleterre ou à Berlin. Elle y avait ses envoyés culturels, Voltaire, Diderot… Et puis elle avait d'autres représentants, beaucoup plus officieux, déguisés en gazetiers ou tout simplement en fainéants. Parmi ceux-là, l'équipe réunie par Pierre-Augustin Caron de Beaumarchais fut la plus fameuse. Écrivain, certes, immortel auteur du *Barbier de Séville* et du *Mariage de Figaro*, Beaumarchais n'en négligeait pas pour autant l'art de pêcher en eaux troubles. On sait le procès qui l'opposa pendant des années au magistrat Goëzman, qui l'avait accusé de corruption et contre lequel il rédigea quatre mémoires. S'y présentant lui-même comme victime d'un abus de justice, Beaumarchais fut néanmoins déchu de ses droits civiques. Il poursuivit alors avec une vigueur accrue et un humour fracassant sa carrière d'agent secret. Chargé d'empêcher la diffusion à l'étranger de pamphlets contre la cour de France, il eut l'idée d'écrire lui-même un libelle mettant en cause Marie-Antoinette. On découvrit la supercherie, on l'arrêta, il poursuivit plus gaiement encore sa carrière d'espion en Angleterre. Avec ses deux complices favoris, le chevalier de Mouhy, lui-même auteur de plusieurs romans passionnants, dont *La Mouche* (déjà cité et qui est précisément une histoire d'espions...) et Thévenot de Morande, qui écrivit un pamphlet fameux, *Le Gazetier cuirassier*, il pénétra si brillamment la société anglaise qu'il y fut, en 1776, chargé d'une mission bien spéciale.

Et là, on tombe sur un autre personnage curieux, équivoque, ambigu et, avouons-le, par moments franchement drôle, de cette grande fresque des espions en jupons ou en dentelles du XVIIIe siècle. Il s'agit du chevalier d'Éon. Né en 1728, il fut lui aussi un agent secret. Louis XV le chargea tout d'abord d'une mission à la cour de Russie auprès de l'impératrice Élisabeth. D'un physique agréable, Charles de Beaumont d'Éon aimait, pourquoi pas ? à se vêtir en femme. On profita donc de cet art du déguisement pour envoyer ce chérubin avant la lettre – on comprend peut-être mieux par cela les rapports de Beaumarchais avec lui – auprès de la tsarine où il joua à merveille le rôle de lectrice. Dans l'ombre, il participa ainsi activement au rapprochement de la Russie avec la France. Plus tard, abandonnant la quenouille pour l'épée, il fut capitaine des dragons pendant la guerre de Sept Ans puis nommé secrétaire d'ambassade à Londres. C'est à cette date que se croisent les destins de Beaumarchais et du chevalier d'Éon.

Retrouvant son goût pour les jupons, le chevalier se veut une nouvelle fois chevalière. D'où la fureur de Vergennes, ministre des Affaires étrangères de Louis XVI depuis 1774. Ayant adopté une politique d'hostilité à l'égard de l'Angleterre, Vergennes souhaitait le retour du chevalier d'Éon. Mais dans le même temps, celui-ci devait définitivement jeter aux orties son vêtement de femme. D'où une longue négociation entre le chevalier et Beaumarchais, chargé de convaincre la chevalière de retrouver toute sa masculinité. L'affaire fit grand bruit. On prit même, à Londres, des paris sur le sexe exact du chevalier, la majorité de l'opinion publique optant d'ailleurs pour le sexe féminin. Affectant de croire que Beaumarchais était lui-même dupe, le chevalier d'Éon alla jusqu'à laisser entendre que Beaumarchais aurait voulu l'épouser !

Il reste de cette période une intense correspondance entre les deux intéressés, en même temps que plusieurs lettres adressées au ministre des Affaires étrangères. Travesti et graphomane, le chevalier d'Éon n'hésitait pas à écrire des trente, trente-cinq pages à ses correspondants. La lettre qu'on publie ici, adressée au comte de Vergennes, date de 1776. Ironique, méchante, drôle, elle marque la rupture définitive du chevalier avec Beaumarchais et donne de l'auteur du *Mariage de Figaro* une vision pour le moins grinçante.

Lettre du chevalier d'Éon de Beaumont à M. le comte de Vergennes

Londres, le 27 mai 1776

Monseigneur,

Je pense n'avoir pu donner une plus grande preuve de ma modération et de la reconnaissance dont je me croyais redevable envers M. de Beaumarchais, qu'en ayant différé, depuis le mois d'octobre jusqu'à présent, à vous rendre un compte fidèle de la conduite bizarre et déshonnête que cet envoyé extraordinaire a tenue tant envers moi qu'envers milord Ferrers. Comme la plupart des faits sont consignés dans la correspondance dont j'ai l'honneur de vous envoyer copie ci-jointe, et quoique le style des lettres de M. de Beaumarchais ne soit que le diminutif de l'insolence de ses discours et de sa conduite, de peur d'abuser de votre patience et d'un temps que vous savez mieux employer aux besoins de l'État, je me contenterai de vous observer ici, monseigneur, que la véritable raison secrète de la mauvaise humeur de M. de Beaumarchais envers moi, dans cette affaire, provient du refus constant que je lui ai fait, ainsi qu'à son intime ami M. de Morande, de les laisser avec leurs associés gagner tout l'argent des polices scandaleuses qui se sont élevées sur mon sexe, sans qu'ils aient pu même m'ébranler par leur promesse de mettre dans ma poche sept ou huit mille louis, si je voulais avoir pour eux cette infâme complaisance. Ceux qui ont bien connu la trempe de mon caractère en France, en Russie, à l'armée, en Allemagne, et les Anglais qui m'ont vu refuser constamment 15 400 guinées, en 1771, pour une pareille opération, n'auront pas de peine à concevoir qu'en cette circonstance mon indignation a été cent fois plus grande que mon humiliation.

Si ce refus obstiné de ma part a eu le malheur de m'aliéner le cœur de M. de Beaumarchais, mon esprit s'est encore plus aliéné de lui par les actes d'infidélité, de manque de parole d'honneur, et d'une impertinence aussi incroyable que son libertinage. Ce sont tous ces faits, contenus dans cette correspondance et les notes qui y sont jointes, qui ont empêché la conclusion d'une malheureuse affaire, qui dure depuis tant d'années ; et qui, sous la justice de votre ministère, devait être heureusement terminée, sans l'avarice sordide et la conduite impudique, malhonnête et insolente du sieur Caron de Beaumarchais.

Croiriez-vous, monseigneur, que depuis près d'un an que le sieur Caron galope de Versailles à Londres et de Londres à Paris, tant pour mon affaire particulière que pour les autres affaires générales et importantes de la cour, dont il se dit lui-même et lui seul chargé, tout le temps qu'il m'a accordé pour son travail sérieux et badin avec moi, calculé ensemble, ne peut pas composer l'espace de quatre ou cinq heures ? Il semble qu'il soit venu à Londres plutôt pour ses plaisirs que pour ses affaires, plutôt pour négocier avec Morande qu'avec moi. Il n'a jamais travaillé une heure de suite chez moi ; jamais il n'a rien approfondi : quelques petites phrases, cent bons mots étrangers à notre besogne ; voilà à quoi tout son travail s'est réduit ; peut-il appeler cela une besogne faite ?

La célébrité qu'ont donnée au sieur Caron ses *Mémoires contre Goëzman*, son *Barbier de Séville* et sa facilité à être l'instrument ou le jouet de la faction de quelques grands en France ; tout cela joint à son impudence naturelle, lui a donné l'insolence d'un laquais parvenu, ou d'un garçon horloger qui, par hasard, aurait trouvé le mouvement perpétuel. Déjà il se croit un grand seigneur : il lui faut un lever, un coucher, des compagnons de voyage et des complaisants dans ses plaisirs journaliers et nocturnes ; l'on doit même imputer à son avarice, si ce sycophante ministériel n'a point encore de table et de parasites.

Il est bien triste pour moi, dans ma position, d'en voir le maniement dans des mains aussi déshonnêtes et aussi impures. Lorsque vous avez eu la bonté, monseigneur, d'envoyer ici M. de Beaumarchais, je croyais n'avoir à traiter qu'avec lui seul. Quel a été mon étonnement lorsque je me suis vu avoir plus à négocier avec son favori Morande, auteur du *Gazetier cuirassé*, c'est-à-dire avec un homme qui n'a ni mœurs, ni fortune, ni réputation à perdre, et qui est l'âme de tous les plaisirs et de tous les conseils du sieur Caron ! Mais le sieur Caron eût-il traité directement avec moi, ni sa position personnelle, ni sa conduite ici n'auraient pu me permettre de continuer avec lui aucune négociation publique.

Je ne crois pas, en effet, que le sieur Caron, blâmé au Parlement de Paris, blâmable dans tous les tribunaux et dans toutes les sociétés honnêtes, soit fait pour réparer la réputation d'un seul homme victime des passions des grands, à plus forte raison d'une fille vertueuse. Morande est encore moins propre à donner ce qu'il n'a pas. Ce n'est qu'avec répugnance que je prononce le nom de cet associé. Il est au-dessous de mon mépris.

Je vous supplie donc, monseigneur, de ne pas prendre comme un manque de respect envers vous, ni une mauvaise volonté de ma part, la résolution sage et constante où je suis de n'avoir plus aucune négociation à faire avec deux pareils sujets. […]

Il se croit bien supérieur aux ministres des rois, et au-dessus non-seulement du blâme des parlements anciens et modernes, mais même du jugement intérieur des particuliers, cent fois plus redoutable que les arrêts des parlements en fourrures. À cela que répondre ? sinon que M. de Beaumarchais a la tête tournée par les caresses indiscrètes de quelques-uns de nos princes, et qu'il est toujours le même ; c'est-à-dire plein d'esprit et d'ignorance des affaires de ce monde, rempli d'orgueil et d'impertinence. Il ne voit pas, cet homme qui se croit illuminé, que les grands se servent de lui comme le singe se sert de la patte du chat pour tirer les marrons du feu, et troubler l'eau claire.

Je vous supplie, monseigneur, d'être bien persuadé que j'ai la vertu et le courage d'un homme, et de l'homme le plus vertueux et le plus courageux. Je puis bien, ainsi que je l'ai fait, donner par complaisance à quelques femmes et amis particuliers, ou, par nécessité, à mes médecins et chirurgiens, la démonstration de mon sexe ; mais je ne le ferai jamais voir pour aucune somme au monde !

M. de Beaumarchais peut bien composer les fourberies de Scapin et du Barbier de Séville ; mais conduire une négociation sérieuse à une heureuse fin, non : il n'en est pas capable ; il a trop d'esprit et pas assez de bon sens, beaucoup de pénétration et nulle application au travail. […]

Cependant, malgré ce profond savoir, cette dextérité et ses courses légères à Versailles, pour abréger, dit-il, la longueur du travail et le faire plus solidement, il m'a apporté un sauf-conduit pour retourner en France *comme homme*, tandis qu'il voulait que je reprisse sur-le-champ à Londres *mes habits de fille*. Il stipule dans sa transaction que je dois lui remettre tous mes *habits d'homme*, et il ne m'apporte point *les vêtements de mon nouveau sexe*, ni ne me donne l'argent stipulé pour mon trousseau ; de sorte que, si j'avais exécuté à la lettre cette transaction, je me serais trouvée toute nue à Londres au mois de décembre dernier ; admirable moyen inventé par le sieur Caron pour me faire donner, malgré moi, au public la démonstration de mon sexe, et par là, malgré moi, empocher l'argent des polices que lui et ses associés avaient achetées d'avance. […]

Dans la conduite de Beaumarchais on verra partout de l'esprit et nulle part un jugement solide sur les affaires politiques, dont il n'a pris connaissance qu'en galopant. Comme il s'était mis en tête qu'en m'épousant il deviendrait bientôt ambassadeur extraordinaire, et Morande son secrétaire d'ambassade, ils peuvent prendre tous deux, en passant, cette leçon politique de Mlle de Beaumont.

Quels que soient mon sort et la décision de mon affaire, je vous supplie d'être bien persuadé que je ne cesserai d'être avec une parfaite reconnaissance et un profond respect,

Monseigneur, votre dévoué serviteur,

Le chevalier d'Éon.

Correspondance politique, Angleterre, vol. 516, fol. 211.

1780-1783 : La France et la guerre d'Indépendance américaine.

C'est en 1778 que Benjamin Franklin, envoyé en France pour défendre la cause des colonies américaines d'Amérique du Nord, fit la conquête de Paris. Nombreuses sont les gravures de l'époque qui le montrent, rond et bonhomme, installé en hôte d'honneur dans les salons parisiens. À la cour même, son succès fut immense. Sa bonhomie, sa faconde, sa diplomatie aussi firent si bien merveille que la France entière se passionna pour l'indépendance américaine. On s'explique ainsi le rôle de premier plan que vont jouer les volontaires français dans la guerre d'Indépendance. Dès 1777, La Fayette débarque en Amérique. Pour Vergennes, alors ministre des Affaires étrangères, c'est là l'occasion rêvée pour la France de prendre sa revanche sur les Anglais après la guerre de Sept Ans et le traité de 1763. D'où, dès le début de 1778, la guerre franco-anglaise et, en 1780, le débarquement en Amérique d'un corps d'armée français commandé par Rochambeau qui prendra une part importante à la victoire de Yorktown, le 19 octobre 1781.

Le ministère des Affaires étrangères conserve dans ses archives plusieurs lettres de Washington qui permettent de suivre, à travers une correspondance autographe, les inquiétudes puis les espoirs des colons révoltés, enfin la reconnaissance de l'Amérique envers la France. Adressées aux principaux représentants de la France en Amérique de l'époque, comte de Guichen ou chevalier de La Luzerne, elles témoignent, elles aussi, de l'habileté diplomatique du futur premier président des États-Unis, qui savait flatter quand c'était nécessaire, remercier avec effusion tout en ne perdant jamais l'occasion de demander à ses alliés ce dont il avait besoin.

La petite dizaine de documents publiés ici comprend également une lettre de Benjamin Franklin alors à Paris, remerciant le comte de Vergennes, la France et le roi. En cette occasion, Louis XVI est qualifié de « plus grand faiseur d'heureux » que possède le monde…

Lettre autographe de Washington

Quartier général de Merristown, 4 février 1780

[…]

Je m'efforcerai de faire en sorte que l'événement confirme l'opinion que vous me faites l'honneur d'avoir que rien ne sera fait qui soit en dérogation avec le rôle magnanime que votre Cour a joué soit pour l'honneur, soit dans l'intérêt des États-Unis.

Je remercie Votre Excellence de l'agréable nouvelle que vous me donnez des intentions de Sa Majesté très Chrétienne de nous envoyer des secours en armes et en munitions. C'est là une nouvelle et très précieuse preuve de son amitié – qui sera de première utilité. Je suis d'accord avec vous qu'on ne doit apporter aucun retard à prendre les mesures projetées par ailleurs en vue d'obtenir les approvisionnements nécessaires dans ces articles.

[…]

Lettre autographe de Washington
au chevalier de la Luzerne

Merristown, 5 mai 1780

En qualité de ministre d'un Prince à qui l'Amérique doit tant, vous avez tous les titres à mon respect ; et permettez-moi de l'ajouter, vos qualités personnelles vous donnent un titre, que mon cœur reconnaît avec plaisir, à toute mon estime et à tout mon respect.

Je vous prie d'accepter mes remerciements pour votre intention de présenter l'armée sous un jour si favorable qu'elle en sera recommandée à l'estime de Sa Majesté Très Chrétienne ; c'est là un honneur aussi flatteur qu'il sera précieux. Ce serait manque de gratitude de ne pas être convaincu du profond intérêt qu'Elle prend à nos affaires, après les preuves répétées et décisives qu'elle en a données.

[...]

Lettre de Washington du 12 septembre 1780 adressée au comte de Guichen

Quartier général Bergen County, 12 septembre 1780

Le marquis de La Fayette est arrivé en Amérique en avril dernier chargé par la cour de France de m'annoncer son intention d'envoyer une flotte et une armée pour coopérer avec les troupes de ces États. Prévoyant que ce secours n'aurait pas l'effet voulu, en raison de l'insuffisance de la force navale, qui se trouverait probablement inférieure à l'ennemi, j'ai prié le marquis de vous exposer la situation sur ce continent, la nécessité d'une campagne active, le grand avantage qu'il y aurait à détacher une partie de votre flotte pour renforcer celle qui est attendue d'Europe et pour rendre efficaces les généreuses intentions de votre Cour. J'étais persuadé que si cela était compatible avec vos instructions et avec les plans projetés dans les îles, vous vous feriez un plaisir d'apporter votre concours à une coopération si nécessaire à ce pays, si avantageuse pour l'intérêt commun.

Il paraît que depuis lors votre Cour a eu l'intention d'envoyer un secours plus considérable que celui dont il a été question tout d'abord ; et qu'une deuxième division devait suivre celle qui est arrivée à Rhode Island. Mais les dernières nouvelles reçues d'Europe montrent que l'exécution de ce projet sera tout au moins suspendue par l'apparition de la flotte britannique en vue du port de Brest, et il y a peu d'espoir que la deuxième division puisse arriver à temps pour entreprendre des opérations quelconques contre l'ennemi dans cette partie du continent.

Le chevalier de Ternay vous a informé qu'il est bloqué dans le port de Rhode Island par une flotte britannique supérieure. Et les troupes françaises sont naturellement dans la nécessité d'y rester pour garantir la sécurité de la flotte contre une attaque combinée par mer et par terre – et, à vrai dire, elles ne pourraient pas nous être plus utiles dans toute autre situation, la supériorité navale étant essentielle pour toute entreprise dans ces États.

En raison de l'aide attendue, de gros efforts ont été faits par nous en vue d'opérations offensives, et des dépenses supplémentaires (qui sont immenses pour ce pays dans son épuisement actuel) ont été faites, de grands espoirs ont été suscités dans le peuple, et si les événements ne nous permettent pas de retirer des avantages correspondants, le désappointement sera, sans aucun doute, suivi d'effets très préjudiciables pour nos affaires.

La situation de l'Amérique, à l'heure actuelle, est critique : le gouvernement sans finances, son crédit-papier tombé, et aucun des expédients qu'il pourra adopter n'étant capable de le rétablir, les ressources du pays très diminuées par une guerre de cinq ans, dans laquelle il a fait des efforts qui dépassent ses moyens [...]

On dit que l'ennemi est en train de détacher des troupes de New York à destination du sud – s'il pousse ses succès dans cette région, on ne peut pas dire où il s'arrêtera. La résistance sera faible si nous ne pouvons pas envoyer de secours d'ici, et celà, pour différentes raisons, reste subordonné à la supériorité navale.

En plus de l'exposé qui vous a été fait par le marquis de La Fayette, le chevalier de Ternay m'a fait l'honneur de m'indiquer qu'il vous a également demandé un renfort qui le mette en situation d'agir.

Bien que j'aie une entière confiance que les dispositions déjà prises vous détermineront à nous donner tout l'appui que vous permettent votre situation et les plans que vous avez conçus, néanmoins, comme le congrès a récemment jugé à propos de m'investir de pleins pouvoirs pour concerter avec les officiers de leur Majesté Très Chrétienne et Catholique, toutes entreprises qui me paraîtront avantageuses pour la cause commune, il est de mon devoir de m'adresser immédiatement à vous et de vous exposer le danger et les difficultés auxquels nous avons à faire face dans notre présente situation, pour que vous puissiez vous rendre compte de toute l'importance que votre aide aura pour nous à l'heure actuelle.

Je vous écris avec la confiance et la franchise qui doivent exister entre alliés et entre soldats. À mes yeux, les intérêts de la France et de l'Amérique sont les mêmes. [...]

Proposer maintenant un plan de coopération précise serait vain. Je me bornerai à observer d'une manière générale que tout secours que vous pourriez envoyer à la suite de cette lettre, arrivera nécessairement trop tard pour une entreprise contre New York ; mais une supériorité navale incontestable, nous permettrait, je crois, d'agir d'une manière décisive dans la situation critique du sud. Le 20 de ce mois est le jour fixé pour une entrevue avec le comte de Rochambeau et le chevalier de Ternay, dans laquelle nous combinerons probablement plusieurs plans dont l'exécution dépendra de différentes contingences – et l'une sera l'arrivée d'un détachement de votre flotte.

Convaincu comme je le suis, que l'indépendance de l'Amérique est le premier but de guerre de votre Cour, il est inutile de donner d'autres raisons pour provoquer vos efforts en notre faveur. [...]

Je suis heureux de profiter de cette occasion pour vous féliciter des avantages que vous avez remportés dans vos différents combats – qui sont aussi glorieux pour le pavillon de la France qu'humiliants pour celui de la Grande-Bretagne. Mon bonheur serait complet si les côtes de ce continent devaient ajouter à vos lauriers.

Agréez...

Washington.

Lettre de Washington au Chevalier de la Luzerne

Quartier général de Bergen County, 12 septembre 1780

[...]

Je n'ai pas besoin d'apporter des arguments pour convaincre Votre Excellence que mes affaires tendent vers une crise très grave et qu'il nous faut du secours. Vous êtes le témoin oculaire de tous nos embarras et de tous nos besoins. Vous savez tout le danger qu'il y aurait à laisser l'ennemi dans la tranquille possession de ses conquêtes dans le Sud, soit pour les négociations de cet hiver, soit pour la continuation de la guerre. Vous savez que, seuls, nous sommes dans l'impossibilité de le chasser, ou peut-être même d'arrêter sa progression.

Lettre de Washington au Chevalier de la Luzerne

Quartier général de New Windsor, 13 juin 1781

Monsieur,

Son Excellence le comte de Rochambeau m'ayant prié de faire parvenir par la voie la plus sûre les dépêches transmises ci-joint, j'ai l'honneur de vous les envoyer par une personne qui est attachée au service du quartier-maître général.

Le comte de Rochambeau m'ayant fait connaître le projet du comte de Grasse de venir sur cette côte avec sa flotte, je ne puis m'empêcher d'exprimer à Votre Excellence mon ardent désir qu'un corps de troupes de terre accompagne cette force navale : car, je crains que nous ne puissions réunir pour le moment où le comte de Grasse sera ici une supériorité numérique assez décisive pour assurer nos succès contre les postes les plus importants de l'ennemi, il se peut que son séjour dans ses mers soit limité à une courte période, et, selon toute probabilité, le renfort d'un corps de troupes respectable venant des Indes occidentales terminerait, très vite, l'affaire en notre faveur. [...] Je supplie Votre Excellence d'exposer, aussitôt que possible, et par un messager sûr, l'opportunité et la nécessité de cette mesure aux officiers commandant dans les Indes occidentales, pour que, par un coup puissant et décisif, l'ennemi soit chassé du continent et l'indépendance de l'Amérique établie au moment des prochaines négociations.

Agréez, etc...

Lettre de B. Franklin au comte de Vergennes

Passy, 20 novembre 1781

Monsieur,

Votre obligeante lettre par laquelle vous m'avez annoncé la nouvelle de l'importante victoire d'York m'a causé un plaisir infini.

L'aide puissante apportée cette année à l'Amérique par Sa Majesté a fixé définitivement les affections de ce peuple, et le succès a fait le bonheur de millions d'êtres humains.

En vérité, à la suite de cet événement et d'un autre récent, le Roi me paraît être « *le plus grand faiseur d'heureux* » que possède ce monde.

Que Dieu le comble de ses bienfaits, ainsi que sa famille et sa nation jusqu'à la fin des temps !

Agréez, etc...

B. Franklin.

Lettre autographe de Washington au chevalier de la Luzerne

Newburgh, 28 avril 1782

Monsieur,

J'ai reçu avec beaucoup de reconnaissance les souvenirs et les compliments des principaux officiers de l'armée française en Virginie, et je remercie Votre Excellence d'avoir pris la peine de me les transmettre, ainsi que la lettre du comte de Rochambeau. […]

Permettez-moi maintenant, Monsieur, de vous dire combien j'apprécie l'honneur que vous m'avez fait en me communiquant l'opinion favorable qu'ont de ma conduite la cour de France et la nation française, et de reconnaître mes obligations envers les officiers qui ont inspiré ce sentiment. Être estimé d'une nation que je regarde comme l'une des premières du monde, et d'un monarque que je considère comme le défenseur des droits de l'Humanité, et à qui je suis personnellement obligé pour le commandement dont il a bien voulu m'honorer, est extrêmement flatteur pour ma dignité, en même temps que celà crée des droits de premier ordre à toute ma reconnaissance. Il est inutile, je crois, d'ajouter une assurance nouvelle du respect et de l'estime etc…

Lettre de Washington à Son Excellence le ministre de France le chevalier de la Luzerne

Quartier général 29 mars 1783

Monsieur,

La nouvelle d'une paix générale, que Votre Excellence a bien voulu m'annoncer, a rempli mon esprit d'une indicible satisfaction ; et permettez-moi d'ajouter que la joie que je ressens de ce grand événement est doublement accrue par la manière si obligeante dont vous avez bien voulu exprimer vos félicitations à moi-même et à l'armée, dans cette très heureuse occasion…

Le rôle que Votre Excellence a joué dans la cause de l'Amérique et la grande et bienfaisante part que vous avez prise à l'établissement de son indépendance, sont profondément gravés dans mon esprit et ils ne s'effaceront pas de mon souvenir ni de celui des citoyens de l'Amérique, jusqu'à notre dernier souffle. Recevez, Monsieur, l'expression de ma reconnaissance et de mes félicitations les plus chaleureuses, avec l'assurance que j'aurais toujours le plaisir le plus sincère à participer à tout événement qui contribuera à votre contentement et à votre bonheur.

Les articles du traité général ne paraissent pas aussi favorables pour la France, du point de vue des acquisitions territoriales, qu'ils le sont pour les autres puissances ; mais la conduite magnanime et désintéressée que cette grande Nation a montrée au monde au cours de cette guerre et à la conclusion de la paix, assurera au Roi et à la Nation une réputation qui aura plus de conséquences pour eux que toute autre considération.

Mrs Washington prie Votre Excellence d'agréer ses plus sincères remerciements pour la joie que vous lui avez exprimée et elle se permet à son tour de vous féliciter pour cet événement heureux entre tous.

Avec mes plus profonds sentiments de respect et d'affection j'ai l'honneur d'être etc…

Traduction de lettres conservées
dans Mémoires et documents, États-Unis,
vol. 6, fol. 25-26, 85-87, 91, 146, 168-172, 294-295.

1788 : Fourberie vénitienne et furia francese

1788. Dans moins de dix ans, la Sérénissime sera occupée par Bonaparte, puis viendront les Autrichiens. La république de Venise, indépendante et superbe, s'achève dans les musiques des dernières fêtes. Giambattista Tiepolo est mort, mais Giandomenico, son fils, vit toujours. Canaletto est mort. Guardi a encore quelques années à vivre mais c'est bien Longhi, mort pourtant trois ans auparavant, qui aurait pu peindre dans ses scènes à la fois malicieuses et réalistes, la querelle qui éclata en 1788 entre le comte Hardoin de Chalon, ambassadeur de France à Venise, et les autorités vénitiennes. Guerre picrocholine par valets et gondoliers interposés, c'est un bel exemple de défense par tous les moyens, fussent-ils parfois quelque peu irréguliers, de la notion d'immunité diplomatique. « *Fourberie vénitienne et* furia francese » s'affrontent à l'intérieur de l'ambassade et sur des canaux qui en ont vu bien d'autres.

Les autorités de la République vénitienne n'éprouvaient pas un grand amour pour les étrangers et se méfiaient particulièrement des diplomates, qu'elles tenaient tous pour des espions. Pour les surveiller plus commodément, elles les avaient installés tous ensemble dans le quartier Saint-Jérémie, voisin du quartier juif, et ne leur avaient accordé privilèges et immunités diplomatiques qu'après de laborieuses discussions. Ils étaient autorisés à importer les denrées nécessaires à leur alimentation, notamment les farines et les vins, mais on les accusait volontiers de contrebande. Les plus tenus en suspicion étaient les ambassadeurs de Sa Majesté Très Chrétienne, de Sa Majesté Très Catholique et le Nonce Apostolique.

Le plus grand ennemi du corps diplomatique était un procurateur, Morosino, qui s'efforçait de brimer celui-ci à chaque occasion. L'ambassadeur de France, qui avait déjà subi plusieurs exactions de sa part, fut ainsi accusé d'encourager les gens de sa maison à pratiquer un commerce illicite de vins qu'il faisait venir de France. Les marchands de vin voisins de l'ambassade, menés par le tavernier Lazaroni, se plaignaient d'être menés à la ruine par la concurrence que leur faisait ainsi la mère d'un gondolier de l'ambassadeur : elle avait fait de sa chambre un débit de boissons et vendait tant de vin à bas prix qu'elle drainait toute leur clientèle. Aussi, un soir de mars 1788, en l'absence supposée de l'ambassadeur, décida-t-on de faire une descente au palais de France et d'opérer une saisie de ce vin.

On trouvera d'abord le récit, par Chalon, des événements, qui fut suivi de toute une correspondance assortie de pièces jointes et de protestations entre l'ambassadeur, le comte de Montmorin, secrétaire du Roi pour les Affaires étrangères, et M. Capello, ambassadeur de Venise à Versailles. M. de Chalon reçut l'ordre de venir en France pour s'expliquer. Il sera très vite nommé quand même ambassadeur de France au Portugal et Versailles répondra avec vigueur au mémoire de protestation transmis par M. Capello.

Lettre du comte de Chalon au comte de Montmorin du 19 mars 1788

Venise, le 19 mars 1788

Monsieur le Comte,

Je me suis fait une loix de vous rendre un compte exacte de ma conduite et de tout ce qui a rapport à la place que j'ai l'honneur d'occuper. Je ne dois donc pas vous taire deux tracasseries que je viens d'éprouver ces jours cy, vraisemblablement la suite l'une de l'autre. Si ma conduite mérite votre approbation, j'en serai enchanté, c'est une des choses que j'ai eue en vue, en voulant en même tems maintenir les prérogatives et privilèges de l'ambassade et terminer plus promtement une affaire qui auroit souffert des tracasseries et des difficultés, et qui vraisemblablement auroient eues le même sort que toutes celles de cette espèce, que mes prédécesseurs et autres ambassadeurs des Cours étrangères ont souvent essuié ici. Je commence par vous assurer, Monsieur le Comte, et la voix publique est pour moi, que non seulement je n'ai rien à me reprocher sur l'article de la contrebande, dont on taxe souvent à tort toutes les maisons des ambassadeurs de faire ou de protéger; je puis vous assurer même que je suis à l'abri de tout soupçon à cet égard, pour le bon ordre et la stricte règle que j'ai établi et que je fais exactement observer dans ma maison : mais malgré mon exactitude, cela n'a pas empêché que l'on ait voulu me faire éprouver une mortification, je ne peux pas même me persuader que le gouvernement y eût part puisque je l'ai fait prier plusieurs fois de me prévenir, s'il se commetoit quelques abus chez moi. J'ai donc tout lieu de penser le contraire; mais plutôt que cela vient de quelques individus que des motifs d'intérêt animent. Voici le vrai narré de ce qui vient de se passer, Monsieur le Comte, il sera un peu long; mais je me crois obligé de ne point vous laisser ignorer la plus petite des circonstances.

Dans le courrant du mois dernier je fis venir de ma campagne, la moitié d'un veau, avec des ris et foies; le tout fut

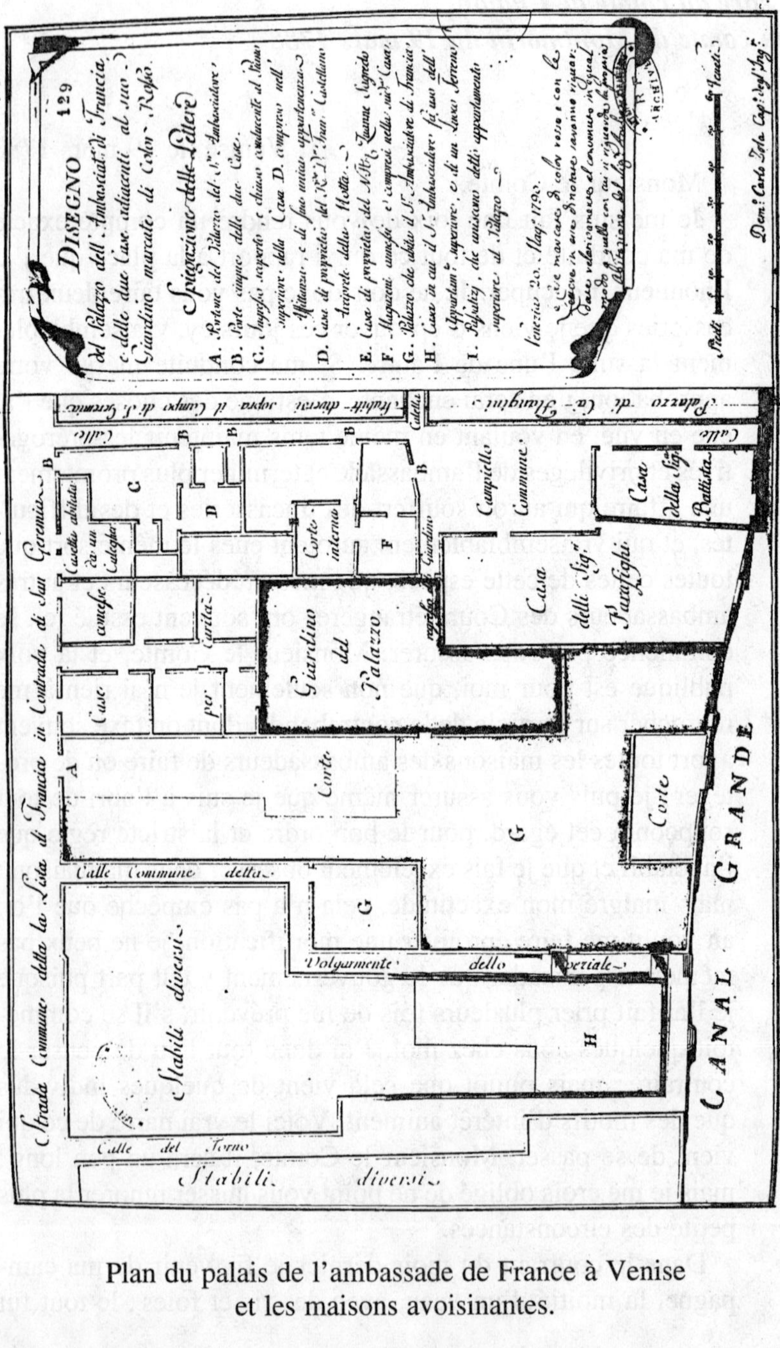

Plan du palais de l'ambassade de France à Venise
et les maisons avoisinantes.

remis à la voiture publique, mon adresse étoit sur le panier et le voiturier muni de la déclaration d'usage et d'une lettre pour mon maître d'hôtel. Il fut arrêté sur la Lagune par une barque d'archers, fripons et coquins avérés, qui font impunément la contrebande et qui la portent eux mêmes jusque dans le centre de la ville. Le voiturier déclarat au capitaine, que le panier m'appartenoit et lui remit la déclaration en lui disant qu'il n'avoit point le droit de visiter ce panier. Le capitaine insista et voulut voir ce qui étoit dedans, il l'ouvrit et ayant vu, qu'il n'y avoit que ce que la déclaration portoit et, sentant très bien que cette affaire pouvoit avoir des suites fâcheuses pour lui, il jetta dans son premier mouvement de colère les ris et les foies dans l'eau salée ; alors le conducteur ne voulut plus les recevoir, prit des témoins et vint tout de suite chez moi pour déclarer ce qui s'étoit passé. Après avoir pris les informations nécessaires, je portai ma plainte par un mémoire à MM. les Sages ; il se passa cinq ou six jours avant qu'elle ne fut portée au Sénat ; pendant ce temps là, le capitaine de la barque fit faire auprès de moi toutes les démarches possibles pour que je ne suivisse pas ma plainte ; mais l'affaire étoit trop grave et trop publique pour que je ne demandasse pas une punition exemplaire due à mon caractère ; voyant donc qu'il n'avoit rien à gagner vis-à-vis de moi, il fit agir ses protecteurs d'un autre côté et obtint qu'il ne seroit pas puni mais seulement ses subalternes, ce qui me fut annoncé par la réponse du Sénat, prenant pour prétexte que ledit capitaine n'étoit pas sur sa barque et qu'il étoit malade, mais j'ai cru devoir insister par un second mémoire, dans lequel je prouvois que ledit capitaine y étoit, qu'il étoit juste qu'il fût puni, et ses subalternes relachés, parce qu'ils n'avoient fait qu'obéir à ses ordres. Ma demande a été enfin accordée par le Sénat et le coupable est en prison jusqu'à ce que je demande sa sortie : mais ses protecteurs n'ayant pas réussi et voulant sans doute se venger d'une autre manière en me donnant un second désagrément, se sont imaginé de faire faire une descente chez un de mes gondoliers qui étoit malade et seul dans son habitation avec sa mère. Les archers attendirent le moment où je serois sorti et ne voyant point ma gondole à la rive ils furent trompés. Ils vinrent donc assaillir mon gondolier et comme il porte la livrée, ils crurent qu'en l'enfermant dans sa chambre pour qu'il ne fut pas témoin de l'opération, ils seroient à l'abri de tout reproche ; mais par un hazard heureux un de mes gens qui sortoit de ma maison, s'en aperçut et vint m'en avertir. Il est à remarquer, Monsieur le Comte, que cette habitation, ou plutôt car deux ou trois chambres sont enclavées dans mon hôtel et sous le même toit, il y a seulement une sortie différente, mais ladite habitation communique par une porte que j'ai fait boucher pour éviter tout abus de contrebande, à la chambre de mon maître d'hôtel qui a en main mes effets les plus précieux, lequel se trouvoit dans le moment même à la campagne où je l'avois envoyé. J'ordonnai à mes gens d'aller voir ce que c'étoit et de m'en rendre compte. Étant bien informé du fait, j'ordonnai qu'on chassât ces gens là, ce qui fut exécuté sans trouble ni résistance, ni le moindre accident. Les archers à la vue de mes gens se jettèrent précipitamment dans leur petite barque mais ne purent assez tôt emmener la grande qu'ils avoient eu l'insolence et la témérité d'attacher aux piquets de l'ambassade, où sont peintes les armes de S.M. Je la fis saisir, elle étoit déjà chargée d'une partie du vin qu'ils avoient enlevé à mon gondolier à qui je l'ai fait rendre. J'ai gardé quelques jours cette barque pour donner le tems qu'on la réclamât, imaginant que le gouvernement feroit faire quelque démarches, puniroit les délinquants et désaprouveroit hautement ce qui s'étoit passé, mais n'ayant entendu parler de rien, j'ai cru qu'il valoit mieux avoir l'air de croire que c'étoit des voleurs qui avoient voulu s'introduire chez mon maître d'hôtel par la maison de mon gondolier et je me suis décidé croyant bien faire, à la brûler, ce qui a été exécuté dimanche dernier.

Je suis bien aise, Monsieur le Comte, de vous avoir détaillé ces deux affaires, pour que vous ayez la bonté si vous le jugez à propos, d'en parler à M. l'Ambassadeur de Venise et de lui témoigner votre juste mécontentement, pour le peu de respect qu'on a eu pour mon caractère ; car quand bien même on auroit eu à se plaindre d'un abus, ce qui n'existe pas ; on a manqué à tous les égard et à toutes les formes.

J'ai l'honneur d'être avec respect, Monsieur le Comte, votre très humble et très obéissant serviteur,

Comte de Chalon

Correspondance politique, Venise, 1788, vol. 244, fol. 103-106.

Lettre du comte de Chalon du 29 mars 1788

Monsieur le Comte,

J'ai appris que l'on avoit dépêché samedi dernier un courrier à M. Cappello, espérant que l'on préviendroit le rapport que j'ai eu l'honneur de vous faire par ma lettre du mercredi d'avant, 19 de ce mois, sur l'affaire qu'un magistrat gagné par argent, chose fort commune ici, m'avoit suscité à l'instigation de quelques marchands de vin, en permettant une descente dans mon propre palais, par une porte de derrière et à une heure indue, pour enlever à un de mes gondoliers le vin de ses passeports, prérogative attachée de tout temps à tous les ambassadeurs, pour dédomager leurs gens de l'esclavage dans lequel ils sont ici ; sans encore m'en faire prévenir, comme je les en avois souvent fait prier, s'ils apprenoient qu'il se commit chez moi quelques abus dont je ne fusse pas instruit. J'ai su depuis que la ditte barque appartenoit à un marchand de vin de mon voisinage, qu'il étoit de compagnie avec les sbirres et qu'il conduisoit lui même sa barque.

Je vous le reppette, Monsieur le Comte, les deux lettres que j'ai l'honneur de vous écrire sur cet objet son très véridiques, et je n'ai eu en vue, en me comportant ainsi, que de soutenir les droits et prérogatives d'une place qui m'a été confiée, et je devois d'autant moins m'attendre à un pareil événement que je n'ai rien à me reprocher et que l'ordre que j'ai établi dans ma maison et qui est rigoureusement observé, devoit m'en mettre à l'abri. J'ai donc cru n'avoir d'autre moien à prendre pour avoir satisfaction de l'offense reçue, que de prendre le parti que j'ai pris, et j'en aurais agi autrement, Monsieur le Comte, si quelqu'un avoit réclamé la ditte barque, que j'ai lessé exposée pour cet effet pendant trois jours devant ma porte, mais personne ne la réclamant, à qui devois je m'en prendre, surtout après avoir fait répandre dans le public et par une de mes lettres, que je ne peux pas douter qui n'ait été montré, que c'étoit sans doute des voleurs qui avoient voulu s'introduire par un endroit qui communique positivement dans la chambre de mon maître d'hôtel qui étoit absent alors, et où se trouve mon argenterie. Il est vrai qu'ils avouent actuellement d'avoir été instruits par cette lettre, que j'avois écrite à M. Minelly pour leur être montrée, et donner par là les moiens de réclamer la ditte barque, s'ils le jugeoient à propos, mais ils disent pour excuse que M. Minelly n'étant point avoué de leur gouvernement, ils avoient jugé à propos de n'y pas faire attention. Cette mauvaise défaite, Monsieur le Comte, m'a convaincu que si je foiblisois dans cette occasion, connoissant l'esprit de la nation comme je le connois, que je serois tous les jours exposé à de pareils manquements, ce qui n'arrive que trop souvent ici au corps diplomatique et nomément ce qui est arrivé à M. le marquis de Vergennes dans une occasion à peu près semblable, il n'a jamais pu voir la fin de cette affaire, et il a été obligé de partir sans avoir reçu de satisfaction.

Il m'a été assuré, Monsieur le Comte, que M. de Morosini qui est connu depuis longtemps pour l'antagoniste des ambassadeurs et l'ennemi déclaré de notre nation avoit tant fait, qu'il avoit engagé le Sénat à demander mon rapel, quoique MM. les Sages s'y soient formellement opposés, en représentant la fausse démarche que le magistrat avoit permis de faire et d'après les renseignements que les Sages eux-mêmes avoient fait prendre de la position du lieu qui est réellement dans ma maison, je sais que les membres de ce gouvernement sont en général très fâchés de ce qui est arrivé, mais comme c'est ici le centre de la duplicité et de la fourberie, je ne doute pas, Monsieur le Comte, que l'on ait cherché tous les moiens possibles pour vous déguiser la vérité. […]

Que je serais malheureux, Monsieur le Comte, si ma conduite dans cette circonstance pouvoit déplaire à Sa Majesté et ne pas mériter votre approbation, j'en serai inconsolable, mais j'ai trop de confiance en sa justice et en la vôtre pour n'être pas tranquille à cet égard ; d'autant plus que je n'ai eu d'autre but que de maintenir et faire respecter les droits du Roy, et je ne crains pas que l'on puisse, au moins avec l'apparence de la vérité, m'imputer que j'en ai jamais abusé. […]

Encore avant-hier, Monsieur le Comte, ils ont fait arrêter en plein jour une partie des farines qui sortait de la liste d'Espagne provenant de ses passeports et qui était portée chez un curé de la ville. Il résulte donc par tous ces faits que la République, ou plutôt quelques-uns de ses membres, paraissent d'avoir pris attache de tracasser le corps diplomatique, puisqu'elle attaque des prérogatives réglées par nos différentes cours, acceptés par elles et confirmés par un décret authentique du Sénat.

J'ai l'honneur d'être avec respect, Monsieur le Comte, votre très humble et très obéissant serviteur

Comte de Chalon

Correspondance politique, Venise, vol. 244, fol. 135-138.

Lettre de M. Capello du 31 mars 1788

Monsieur,

Après que la République de Venise a eu la complaisance de faire une convention en l'année 1771 avec la plaine satisfaction des plusieurs cours, et spécialement de celle de Sa Majesté très Chrétienne sur l'affaire concernant les quartiers de franchise pour les ambassadeurs résidents en sa cour, elle éprouve aujourd'hui une forte douleur par un événement tout à fait extraordinaire auquel M. l'ambassadeur de France vient de donner lieu, en violant non seulement l'accord fait avec elle, mais en attaquant ouvertement les droits le plus sacrés de la souveraineté.

Le magistrat chargé des ordres de la République a le droit de visiter partout excepté dans deux maisons assignées, suivant la convention cy dessus à M. l'ambassadeur de France et regardées comme dépendantes de son hôtel. Le 13 de ce mois, l'officier chargé de l'exécution se transporte avec sa suite dans une maison voisine mais entièrement séparée des deux, dont la franchise a été accordée à M. l'ambassadeur ; y ayant trouvé de la contrebande, ils se disposoient à l'enlever en totalité, lorsqu'ils ont été assaillis par les domestiques de M. l'ambassadeur, qui par menaces et par voies de fait, les ont forcés d'abandonner leur entreprise. Mais ils ont poussé la violence plus loin ; ils ont enlevé à main armée la barque, qui transportait la contrebande et l'ont conduite à la rive de l'hôtel de M. l'ambassadeur après avoir replacé dans la maison où elle avait été saisie la petite partie de vin enlevée avant l'arrivée des domestiques que la femme abitante de la dite maison avait appelés. La barque est restée deux jours retenue dans cet endroit.

On pourrait jusque là imputer aux domestiques seuls de M. l'ambassadeur l'audace d'un pareil délit, on espérait qu'il le désavoueroit avec la plus haute indignation ; mais le 16 du mois, une heure avant la nuit, devant l'hôtel de M. l'ambassadeur, en sa présence, sous les yeux de ses domestiques revêtus de sa livrée, et d'un peuple nombreux attiré par ce spectacle, déjà annoncé, on a mis le feu à la barque, pendant que les gondoles de M. l'ambassadeur l'environnaient comme pour protéger cet attentat.

Un événement aussi scandaleux, d'un si dangereux exemple, qui flétrit la Souveraineté aux yeux de ses sujets et des étrangers par la violation des droits les plus sacrés a excité une vive sensation dans la République. Elle ne doute pas que Sa Majesté elle même ne soit offensée d'une conduite aussi contraire à la noblesse et à la générosité de ses intentions et qu'elle ne regarde le rappel de son ambassadeur comme la seule réparation convenable pour une pareille offense.

La République attend cette réparation avec d'autant plus de confiance qu'elle connaît d'avantage la justice de Sa Majesté ; elle espère recevoir d'elle en cette occasion une nouvelle preuve de ses dispositions favorables pour la République qui n'a rien négligé, de son côté, pour les conserver.

L'ambassadeur de Venise en exécutant les ordres de sa cour a l'honneur de renouveler à V.E. les assurances de sa parfaite estime et de son sincère attachement.

Paris, ce 31 mars 1788

Correspondance politique, Venise,
vol. 244, fol. 140-141.

Requête du Collège des Sept Sages
au Doge et au Sénat

17 mars 1788

Prince Sérénissime,

L'objet qui par une suite de notre devoir nous força de faire des représentations à V. Sérénité sur les excès auxquels s'étaient portés le laquais et le portier de M. l'ambassadeur de France à l'égard des ministres de la Justice a pris une extension beaucoup plus sérieuse : il a porté atteinte à la majesté du souverain. D'après la relation ci-jointe, Vos Excellences verront qu'hier entre les 23 et 24 heures on a mis le feu en présence de M. l'ambassadeur lui-même et avec la publicité la plus scandaleuse à la patache qui avait été conduite dans le voisinage par les préposés de la Justice, pour saisir le vin qui se trouveroit en contravention, et que le laquais a fait ensuite transporter avec violence aux piquets du palais devant lesquels elle a été incendiée.

La nouveauté de l'offense, le nouveau genre de mépris, enfin la solemnité avec laquelle cette insulte a été faite, doivent porter jusque dans le peuple les impressions les plus désagréables.

C'est à la sagesse suprême de l'Excellentissime Sénat de distinguer jusqu'à quel point l'ordre de M. l'ambassadeur de France peut être contraire à la bonne harmonie qui règne entre les deux princes, aux droits de la Souveraineté et à tous les égards, surtout étant exécuté dans le centre de la capitale, où le respect et la modération ont une influence si immédiate sur la majesté du gouvernement.

Le Collège, pénétré de la plus vive douleur à la vue d'un outrage aussi public, attend la délibération de V. Sérénité et de Leurs Excellences.

Donné le 17 mars 1788 au Collège des Grands Provéditeurs de la Justice.

Nicolas Contarini 3e Gr. Provéditeur
Ant. Marie Priuli 5e Gr. Provéditeur
Angelo Diedo Gr. Provéditeur
Nicolas Barbarigo Grand Inquisiteur

Correspondance politique, Venise, vol. 244, fol. 83.

Ordonnance du Grand Inquisiteur le 18 mars 1788

Procédure instruite en exécution de la consulte du 18 mars 1788 pour connaître la conduite qui a été tenue en apposition aux ordres des ministres de la Justice, la manière dont la patache a été conduite à la rampe du palais de l'ambassadeur de France et enfin comment on a incendié la patache même.

L'Illustrissime et Excellentissime Nicolas Barbarigo Grand Inquisiteur aiant pris connaissance de la consulte de ce jour qui a ordonné de vérifier, par une procédure légale, le transport et l'incendie pratiqués à la vue du palais de l'ambassadeur de France, de la patache conduite dans le voisinage par les ministres de la Justice pour exécuter ce qui leur était ordonné ; et voulant obéir à cet ordre, il a ordonné que le notaire donne immédiatement les ordres nécessaires pour sommer de comparaître *ex officio* le chef de Quartier de Saint-Jérémie et les gardes des deux Passages de Saint-Jérémie et de Riva de Biasio, ainsi que les hommes qui étaient dans la patache le jour qu'elle fut transportée ainsi qu'il couste de la procédure de l'Inquisition, à la rampe du palais dudit Sr ambassadeur en prenant toutes les précautions convenables aux circonstances, et au dit cas, en cherchant à vérifier soigneusement si, au moment de l'incendie, il s'est trouvé quelques personnes aux balcons ou treillis dudit palais, et à en assurer l'évidence autant qu'il sera possible. Son Excellence a en outre ordonné que l'on prenne tous les témoignages qui seront demandés *sicut*, etc.

Nicolas Barbarigo, Grand Inquisiteur

Interrogatoire de Jean-Baptiste Corsato

Aussitôt on dressa les sommations de comparoître pour le chef de Quartier de Saint-Jérémie, pour les deux gardes des dits Passages, pour les hommes qui se trouvaient dans ladite patache comme on l'a dit.

Et les dites sommations ont été données à l'huissier Albertoni pour qu'il eût à les insinuer.

Le 19 mars, l'huissier Albertoni ayant insinué lesdites sommations à Jean Batiste Corsato […]

Jean Batiste Corsato di Giuseppe, Vénitien demeurant dans le quartier de Saint-Pierre du Château, mesureur de vin a comparu, et ayant prêté serment selon la forme, il a été examiné et interrogé ainsi qu'il suit :

D. S'il savait ou s'il avait entendu dire qu'il se fût élevé récemment quelque rumeur dans le quartier de Saint-Jérémie

R. Je vous dirai la rumeur qui est à ma connaissance et à laquelle je me suis trouvé présent en exerçant mon métier de jaugeur de vin. Jeudi soir 13 de ce mois je reçus ordre de me rendre vers les 21 heures (environ 9 h. du soir) dans la patache de François Lazaroni pour exécuter une commission publique. J'y fus effectivement et j'appris que le capitaine Olivo Sandei qui était dans une barque avec ses hommes devait aller faire une saisie de vin dans ledit quartier de Saint-Jérémie. On arriva avec la patache dans un certain endroit dont je ne sais pas le nom, mais qui est à la distance de plus de 20 pas du palais de M. l'ambassadeur de France. Ledit capitaine s'est transporté avec ses hommes dans une maison et j'y fus aussi avec mes cuves en compagnie de Jacques Parisiol, de Joseph Corsato et de trois autres tous jaugeurs de vin. Il y avait une femme dont je ne sais pas le nom âgée d'environ 50 ans. On y trouva les ustensiles nécessaires pour la vente du vin en détail et à l'entrée se trouvaient deux pièces pleines de vin. On commença à soustirer la première et l'on en avait déjà emporté cinq cuves lorsque ladite femme se mit à crier d'un balcon. Aussitôt le portier de M. l'ambassadeur parut et commença à s'oublier en nous insultant de paroles comme le fit aussi un autre domestique ou laquais. Puis le portier donna au capitaine, qui étoit revêtu de son habit, un coup de poing si vigoureux qu'il le jetta presque à terre, ensuite il éteignit la lumière, et ils se mirent à nous battre et à nous dire mille injures sans égards aux cris du capitaine qui ne cessoit de les avertir qu'il agissoit en vertu des ordres souverains. Le capitaine étant désarmé ainsi que ses gens, ils furent contraints de se retirer dans la barque comme lui même le leur ordonna. Alors le laquais (vêtu certainement en habit court et âgé d'environ 40 ans) monta dans la barque et le même portier et trois autres valets également en livrée y entrèrent ensuite et ils ordonnèrent de la conduire à la rampe du palais de leur maître. A peine y furent ils arrivés qu'il descendit du palais une personne qui avoit certainement un droit de supériorité sur les autres car ils se tenoient respectueusement devant lui. Cette personne donna ordre d'appeler un serrurier pour faire attacher la barque avec des chaînes à la rampe. Ensuite il commanda au portier en le tutoiant d'inventorier les ustensiles de la barque et d'en former deux états. Il nous en donna un et garda l'autre. Puis il nous ordonna de porter ces ustensiles et le vin à terre. Ses ordres aiant été exécutés, il exigea que nous les remissions dans ladite maison et dans la même pièce d'où il avait été soustiré. Aiant obéi à toutes ses volontés, nous nous sommes retirés et avons été à nos affaires.

D. De quel âge étoit la personne, comment étoit-elle vêtue et quels autres ordres donna-t-elle ?

R. C'était un jeune homme de petite stature, assez maigre. Il avait un habit de drap raié, qui lui servait vraisemblablement à se peigner attendu qu'il étoit tout couvert de poudre. Je ne saurois vous en dire davantage.

D. Le portier et les autres avoient-ils des armes ?

R. Je n'ai vu des pistolets qu'au laquais qui en avait un à la main et l'autre sous son habit.

D. Qu'est devenue ensuite la barque ?

R. Dimanche après midi j'étois de retour de ma course et je me trouvois au bastion de Saint Samuel lorsque j'entendis dire que l'on bruloit une barque devant le palais de M. l'ambassadeur. J'y accourus à l'instant et je vis en effet qu'elle étoit presqu'entièrement consumée directement devant le palais, le feu duroit encore, j'étois en bateau avec d'autres. Je reconnus que la barque qu'on bruloit était la patache susdite ; et l'on assuroit qu'on en avait brulé aussi tous les aggrêts. Il y avait deux gondoles de M. l'ambassadeur, une de chaque côté avec deux bateliers dans chacune tenant des armes à feu. Dans l'une des gondoles était ledit portier et dans l'autre un laquais. On voioit dans le palais des femmes fort parées qui se tenoient sur le treillis et se cachoient le visage avec leur éventail.

D. Y avait-il au treillis ou au balcon d'autres personnes que lesdites dames ?

R. Je n'ai vu précisément que des dames. Je dois ajouter que la barque tandis qu'on la bruloit et qu'elle étoit gardée par deux gondoles, avoit été conduite à quelque distance de la rampe et directement au milieu du Grand Canal, qu'elle étoit amarée avec une ancre et en face du palais dudit Sr ambassadeur.

D. Que disoit-on de cet incendie ?

R. On disoit publiquement qu'il avoit été fait par ordre de M. l'ambassadeur lui même, quoique la maison où nous avions été saisir le vin ne fut point comprise dans les Quartiers de franchise, ce qui est véritable et à ma connoissance certaine.

Recte respondit et juravit etc., anno 25

Correspondance politique, Venise, vol. 244, fol. 90-94.

Minute de la lettre du 8 avril 1788 au comte de Chalon

Versailles, le 8 avril 1788

Quatre jours avant que j'eusse reçu, Monsieur, la lettre que vous m'avez fait l'honneur de m'écrire le 19 du mois dernier, M. l'ambassadeur de Venise est venu me remettre par ordre du Sénat le mémoire dont je joins ici copie, qui lui avait été envoyé par un courrier. Je n'ai pas besoin de vous exprimer la surprise et la peine que m'a causées ce mémoire. Il était accompagné d'un très grand nombre de pièces justificatives qu'on est occupé à traduire.

Le Roy, Monsieur, après avoir pris connaissance de l'insulte qu'un Etat libre et allié de S.M. se plaint qui a été faite à sa souveraineté et de la manière dont vous présentez les faits qui ont précédé et accompagné l'événement auquel la République a donné tant d'importance et vous si peu, m'a prescrit de vous envoyer l'ordre de quitter Venise le plus tôt qu'il vous sera possible et de vous rendre ici pour y exposer les motifs de votre conduite. Quoiqu'au premier aspect l'acte qui vous est imputé d'avoir fait brûler publiquement une barque appartenant aux préposés de la République présente une violation marquée des droits des souverains, S.M. est disposée, Monsieur, à écouter avec toute l'attention que vous pouvez désirer les motifs qui vous ont conduit à un éclat aussi contraire à toutes les idées reçues.

Comme il n'est fait, Monsieur, aucune mention de M. le chevalier Hénin dans les pièces qui ont été examinées jusqu'à présent, rien ne s'oppose à ce que vous l'accréditiez suivant l'usage en qualité de chargé d'affaires auprès de S.M. En prenant congé du Sénat vous vous bornerez à dire que vos affaires particulières vous appellant en France vous profitez de la permission que vous avez obtenue de vous y rendre et que vous espérez que votre absence n'apportera aucun dérangement au cours des affaires entre les deux États, vous accompagnerez cette notification de vœux pour que le bonheur et la tranquillité de la République ne soient point troublés par les événements qui fixent aujourd'hui l'attention de l'Europe.

Correspondance politique, Venise,
vol. 244, fol. 150-151.

1789 : L'exil du futur Philippe-Égalité, déguisé en mission diplomatique

Nous sommes en 1789. Trois mois auparavant, c'était la prise de la Bastille. Il n'en reste pas moins que, pour le moment, les affaires restent les affaires et que des missions diplomatiques continuent à s'échanger à travers l'Europe. Tel n'est pourtant pas tout à fait le cas de celle confiée au duc d'Orléans le 13 octobre 1789. Le mémoire publié ci-dessous constitue à cet égard un chef-d'œuvre d'hypocrisie diplomatique. Officiellement, Louis Philippe d'Orléans est chargé par la cour d'une mission très précise en Angleterre. Il y rejoindra les effectifs de l'ambassade où l'on sait que ses relations privilégiées avec le prince de Galles et le chancelier Thurlow, ennemi de Pitt alors au pouvoir, lui permettront d'obtenir des renseignements utiles à la France. En principe… On lui demande, en effet, entre autres choses, de découvrir jusqu'à quel point c'est la cour de Londres qui est plus ou moins à l'origine de certains des troubles des premières semaines de la Révolution française. On lui demande également de se renseigner sur les agents que la cour de Londres a pu employer. Mais à plus long terme, on le charge surtout d'une mission concernant les Pays-Bas, toujours autrichiens, dont on souhaiterait que l'Angleterre aide la France à les libérer, quitte à proposer un dédommagement à Joseph II, empereur d'Autriche. À terme, on pourrait même envisager l'attribution au duc d'Orléans d'un établissement aux Pays-Bas.

Pourtant, derrière cet habillage diplomatique, se révèle un souci politique très précis. Le duc d'Orléans, c'est Louis Philippe Joseph, duc d'Orléans, certes, mais qui deviendra Philippe-Égalité. C'est lui qui votera la mort du roi. Bien qu'une telle idée n'effleure encore personne à la Cour, il est certain que le futur Philippe-Égalité paraît déjà embarrassant dans l'atmosphère de la Révolution qui commence. Exilé une première fois sous Louis XV, il n'avait pas caché ensuite son hostilité déclarée à Marie-Antoinette ; on soulignera d'ailleurs qu'il avait peut-être tenté, à certains moments, de la courtiser. À l'occasion de l'affaire du Collier, il manifestera une fois de plus des sentiments désormais sans fard à l'endroit de la reine. Dès lors, il apparaît clairement comme un véritable chef d'opposition, ouvrant ses jardins du Palais-Royal à tous ceux qui veulent, d'une manière ou d'une autre, épouser ses positions politiques. Le mémoire que l'on publie ici date du 13 octobre, or Philippe d'Orléans est vraisemblablement l'un des artisans principaux des journées des 5 et 6 octobre, quand les femmes de Paris ramenèrent de Versailles le boulanger, sa femme et le petit mitron… C'est La Fayette qui sauva alors la famille royale et qui décida, en plein accord avec un certain Choderlos de Laclos, d'éloigner le prince. L'auteur des *Liaisons dangereuses* était, en effet, devenu le principal conseiller, voire le maître à penser du duc d'Orléans. Ainsi, sous couvert d'une lettre de mission, ce mémoire tout ce qu'il y a de plus diplomatique en apparence, constitue-t-il la notification d'un véritable exil.

Le duc d'Orléans rentrera en France en juillet 1790. Le roi cherchera, sans succès, à se réconcilier avec lui et, après la fuite de Varennes, le duc d'Orléans prendra le nom de Philippe-Égalité. Il n'en sera pas moins condamné à mort et guillotiné en novembre 1793, plus ou moins compromis dans le complot de Dumouriez. Le nouveau duc d'Orléans s'appellera Louis-Philippe. Il montera sur le trône en 1830.

Mémoire pour servir d'instruction à S.A.R. M. le duc d'Orléans allant à Londres de la part de Sa Majesté.

13 octobre 1789

Les troubles qui agitent depuis quelque temps le Royaume fixent l'attention de toutes les puissances, et l'on ne saurait se dissimuler que la plupart d'entre elles les voyent avec une secrète joye, jalouses de la grandeur de la France, de sa considération, du poids de son influence. Elles se flattent sans doute que nos divisions intimes amèneront un nouvel ordre de choses qui nous enlèvera tous ces avantages, et qu'au lieu de donner l'impulsion à la politique de l'Europe, nous serons désormais forcés de la recevoir.

Parmi les puissances qui viennent d'être désignées il faut distinguer la Grande-Bretagne. On sait combien la force et les ressources de la France l'offusquent ; on sait que le désir de les affaiblir est le premier mobile de sa politique. On doit conclure de là que la cour de Londres envisage avec une grande satisfaction nos embarras intérieurs et qu'elle fait des vœux pour qu'ils soient prolongés, et pour qu'en fin de cause ils ébranlent la masse de puissance qui rend la France le premier Empire de l'Univers.

Il résulte de ces vérités que nous ne saurions surveiller la cour de Londres avec trop de vigilance, et que nous ne devons rien omettre pour démêler ses véritables intentions.

Telle est la commission importante que le Roi confie au zèle, aux lumières et au patriotisme de son cousin, le duc d'Orléans. Sa Majesté a reçu avec sensibilité l'offre que ce prince lui a faite de s'en charger. Elle a regardé cette offre comme une nouvelle preuve de l'attachement qu'il a pour sa personne, comme de son dévouement pour les intérêts de l'État, et elle se persuade d'autant plus qu'il la remplira avec succès, qu'il a formé des liaisons intéressantes non seulement avec plusieurs personnes qui sont dans le ministère, mais aussi avec les principaux membres de l'opposition.

Le premier objet des recherches de M. le duc d'Orléans sera de découvrir si, et jusqu'à quel point, la cour de Londres a cherché à fomenter nos troubles ; quels moyens, quels agents elle a employé.

Le second objet qu'il importe au Roi de savoir est si l'intention du roi d'Angleterre est de demeurer en tout état de cause spectateur passif de nos divisions, ou d'en tirer avantage en provoquant la guerre. [...] L'on doit regarder comme un des symptômes les plus certains des vues de la cour de Londres les dispositions qu'elle fait ou pourra faire dans ses ports et dans ses arsenaux. Il conviendra donc que M. le duc d'Orléans fasse tout ce qui sera en son pouvoir pour savoir, avec toute la certitude possible, si le ministère anglais a ordonné ou s'il ordonnera des armements et des approvisionnements extraordinaires, s'il a fait passer quelque ordre secret aux Indes orientales et occidentales. [...]

M. le duc d'Orléans sentira l'importance des services qu'il rendra au Roi et à la nation en procurant à S.M., à cet égard, des données propres à fixer ses idées et à diriger sa conduite.

Au reste, il serait superflu de prévenir M. le duc d'Orléans que le vœu du Roi est pour le maintien de la paix. Ce vœu doit être la base comme le but du langage que M. le duc d'Orléans tiendra soit au roi d'Angleterre, soit à ses ministres. Ils n'auront pas de peine à se convaincre de sa sincérité ; et sans doute ils s'exprimeront de manière à nous persuader d'une parfaite réciprocité de sentiments de leur part ; mais nous les jugerons moins par leurs paroles que par leurs actions.

Les recherches de M. le duc d'Orléans ne devront point se borner aux dispositions que la cour de Londres peut avoir à notre égard ; elles porteront aussi sur un autre objet qui intéresse la France comme toutes les autres puissances de l'Europe. Il s'agit des Pays-Bas autrichiens. [...]

Si la cour de Londres, résolue à soustraire les Pays-Bas à la domination autrichienne, se montre disposée à se concerter avec le Roi sur les moyens d'effectuer cette révolution, la négociation devra avoir deux bases essentielles : 1°) le consentement formel de l'Empereur ; 2°) un juste dédommagement pour le sacrifice que fera ce monarque. Opérer sans le concours de Joseph II serait exposer infailliblement l'Europe à une guerre générale, et dépouiller ce prince sans dédommagement serait une injustice que rien ne pourrait justifier et à laquelle il serait impossible au Roi de participer. S.M. serait même forcée de s'y opposer en vertu des engagements qui la lient envers Joseph II. En présupposant (*sic*) le consentement de ce prince, il s'agira de savoir quel dédommagement ou quel équivalent la cour de Londres croira pouvoir lui proposer. M. le duc d'Orléans, lorsque l'état de la négociation le comportera, engagera les ministres anglais à s'expliquer avec franchise et précision sur cet objet, et il les détournera avec soin, quoique avec ménagement, de l'idée qu'ils pourraient avoir d'amener le Roi à faire la première ouverture.

M. le duc d'Orléans confiera à M. de La Luzerne l'objet de sa mission et il sera utile que ses démarches soient préalablement concertées avec cet ambassadeur. Il mérite par sa sagesse et par la connaissance qu'il a du pays une entière confiance de la part de M. le duc d'Orléans. Leurs lumières réunies ne pourront qu'avoir le plus grand avantage pour le service de Sa Majesté.

M. le duc d'Orléans correspondra régulièrement avec le ministre ayant le département des Affaires étrangères ; cependant, il dépendra de ce prince d'écrire directement à Sa Majesté lorsque les choses dont il aura à rendre compte lui sembleront l'exiger.

Correspondance politique, Angleterre, vol. 571, fol. 60.

1793 : L'exécution de Louis XVI vue d'Angleterre

On sait qu'aujourd'hui encore une grande partie du travail diplomatique d'un représentant de la France à l'étranger consiste à observer et à analyser les réactions de l'opinion aux événements qui se déroulent en France. Sentiments officiels, prises de position de la presse, opinion publique : la collecte de ce type d'informations fait partie du travail courant du diplomate. On conçoit aisément qu'en 1793 la mort de Louis XVI ait pu faire l'objet de commentaires virulents et de réactions parfois violentes dans toute une partie de l'Europe. Après avoir manifesté, dans un premier temps, un intérêt certain pour ce qui se déroulait en France, dans la mesure où toute atteinte à la puissance française était accueillie favorablement à Londres, l'Angleterre prit ensuite rapidement ses distances. Les *Réflexions sur la Révolution française* de Burke théorisèrent en quelque sorte cette attitude, prédisant que la révolution conduirait nécessairement à un régime militaire autoritaire. Toute une littérature populaire anglaise devait par la suite populariser l'image de Sans-Culottes sanguinaires face aux malheureux aristocrates persécutés. Ce sera le *Conte de Deux Cités*, de Dickens ou, plus encore, les fameux épisodes du *Mouron Rouge*, de la baronne Orczy.

Dès le 24 janvier 1793, l'ambassadeur Chauvelin, en poste alors à Londres, décrit dans une dépêche chiffrée les réactions des souverains anglais et les manifestations populaires spontanées telles que fermeture de théâtres, interruption de spectacles frivoles, etc. Le même jour, Lord Grenville signifiait à l'ambassadeur Chauvelin son renvoi immédiat en France.

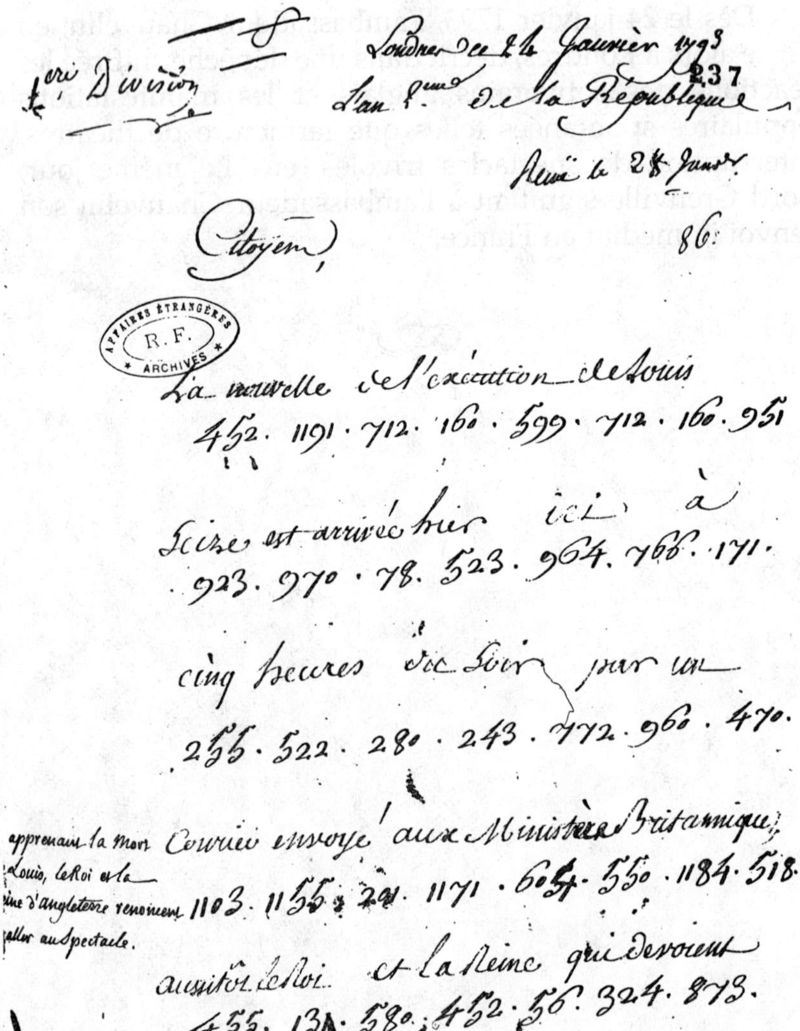

Dépêche du ministre plénipotentiaire de France à Londres
au sujet de l'exécution de Louis XVI.

Réactions anglaises à la mort de Louis XVI

1re Division

Londres ce 24 janvier 1793
L'an 2e de la République
Reçue le 28 janvier

Citoyen,

La nouvelle de l'exécution de Louis seize est arrivée hier ici à cinq heures du soir par un courrier envoyé aux ministères britanniques. Aussitôt le Roi et la Reine qui devoient aller au spectacle ont renoncé à ce projet. Au théâtre de Haymarket un acteur a pris sur lui d'annoncer qu'il n'y auroit point aujourd'hui de représentation à cause des malheurs arrivés en France. Un moment après la petite pièce venoit d'être commencée lorsqu'une partie des spectateurs s'est écrié *no farce no farce* et tous le monde s'est levé et est sorti.

Il paroit certain que les ministres ont attendu l'époque précise de la mort de Louis pour la déclaration de guerre. Hier soir M. de Dundan a annoncé à la Chambre des communes que mardi le Roi lui enverroit un message pour proposer une augmentation des forces sur terre et sur mer ; ce matin on m'a averti qu'on venoit d'expédier des ordres dans les ports pour y arrêter tous les bâtiments françois ; je n'ai pu encore m'assurer de la vérité de ce fait. Tout est mis en usage pour soulever le peuple, en profitant de la nouvelle de la mort de Louis et de tous les détails de cette mort ; les mesures contre nous seront prises plutôt ou plus tard en raison du plus ou moins de succès de ces efforts.

J'attends impatiemment le retour du courrier que je vous ai expédié le 16. Vous devez sentir à quel point je suis pressé de recevoir mon rappel. Je ne sais encore si je pourrai l'attendre, les circonstances me dirigeront.

Le ministre plénipotentiaire de la République françoise
F. Chauvelin

Correspondance politique, Angleterre, vol. 586, fol. 237-238.

1793 : Enlèvement de Sémonville par les Autrichiens

Dans cette période de crise particulièrement aiguë, le métier de diplomate pouvait conduire à bien des désagréments. Tel fut le cas pour le marquis de Sémonville, Charles-Louis Huguet, né à Paris en 1759 et qui devait achever une longue carrière de diplomate, certes, mais également d'homme politique et de courtisan quatre-vingts ans plus tard en se brisant les os dans l'escalier de son hôtel de la rue de Lille, à Paris, où il avait été pris de vertige. Mais avant cette chute, quelle admirable carrière d'intrigues et de finasseries. Aristocrate, girondin, ambassadeur de la Révolution, bonapartiste, prudent pendant les Cent Jours, il joua un rôle certain dans l'abdication de Charles X, dont il avait été le serviteur, avant de tenter par tous les moyens de rallier la cause de l'orléanisme.

Cette brillante carrière, toute de flagorneries et de prudences, devait pourtant connaître des débuts assez malheureux. Bien qu'une première mission à Bruxelles, en 1790, lui ait permis d'observer avec intelligence les mouvements qui venaient d'éclater en Belgique, les cinq années qui suivirent furent faites de déconvenues. D'abord nommé en 1791 envoyé extraordinaire près de la république de Gênes, où son faste lui tint lieu de diplomatie, il fut ensuite dépêché par Dumouriez à Turin afin de proposer au roi de Sardaigne une déclaration de neutralité dans le conflit franco-autrichien ainsi que la cession à la France de la Savoie et du comté de Nice, moyennant quelques agrandissements territoriaux dont les positions autrichiennes auraient fait les frais. Sur le qui-vive, la monarchie piémontaise refusa de reconnaître un tel envoyé qui s'arrêta en chemin à Alexandrie (Alessandria) et fit demi-tour.

Sa mission suivante, à Constantinople, se solda également par un échec. Il devait y remplacer le précédent ambassadeur, Choiseul-Gouffier, mais le sultan Selim refusa de le recevoir.

De retour en France en mai 1793, au plus fort de la Terreur, Sémonville put craindre à son tour pour sa tête. Mais on le savait habile diplomate... Il fut donc envoyé à Florence, où le grand-duc de Toscane et le gouvernement napolitain avaient ouvert des négociations avec la France pour sauver ce qui restait de la famille royale. C'est alors que se produisit l'incident dont le mémoire publié ici relate en détail les circonstances et les conséquences. Son compagnon de voyage était Hugues-Bernard Maret, qui devait devenir le duc de Bassano. Maret lui-même était chargé plus particulièrement de négocier à Naples. Mais le 25 juillet 1793, à Novate, sur les territoires neutres des Grisons, les deux émissaires furent arrêtés par ordre du gouverneur de Milan, c'est-à-dire de l'Autriche, et transférés à Gravedona, sur le lac de Côme. Ainsi devait commencer une captivité de trente mois, d'abord dans la forteresse de Mantoue, puis à Kufstein, dans le Tyrol. Ces deux ans et demi de captivité fourmillent d'anecdotes, souvent galantes, sur la conduite des deux prisonniers. Dans le même temps, elles scellèrent entre le futur duc de Bassano et l'intrigant Sémonville une amitié qui ne devait jamais se démentir.

Mémoire relatif à l'enlèvement des deux ministres français, Sémonville et Maret

Deux ambassadeurs de France, traversant un pays neutre pour se rendre à leur poste, ont été trahis, arrêtés et livrés au gouvernement de Milan par les sujets des Grisons. Toute l'Europe doit connoître les détails de cet attentat, et les lâches perfides qui l'ont amené.

Sémonville, ambassadeur extraordinaire de la République française à Constantinople, et Maret, ministre plénipotentiaire à Naples, se rencontrèrent à Genève dans le courant du mois de juin 1793. Ils devoient suivre la même route. Le ministre d'abord leur avoit ordonné de voyager ensemble. Ils traversoient toute la Suisse avec leurs familles, éprouvant partout les égards que des hommes publics ont droit d'attendre en pays neutre.

Arrivés dans le Rinthal, au point où le Rhin seul sépare cette province des terres de l'Empire, des postillons, gagnés sans doute, voulurent les engager à faire une lieue sur la frontière ennemie, pour éviter, disoient-ils, les embarras d'un rocher dangereux pour les voitures. Ils ajoutoient qu'elle étoit dégarnie de troupes et qu'ils ne couroient aucun danger. Le piège étoit trop grossier pour être dangereux. La route que l'on suivoit étoit difficile, mais elle étoit sûre. Les ministres refusèrent de s'en écarter. Ils eurent lieu de s'en applaudir. Un détachement autrichien caché dans les bois n'attendoit que cette occasion pour les arrêter. D'abord ils le soupçonnèrent ; à quelque distance de là, ils en acquièrent la certitude.

Il falloit s'arrêter à Coire, capitale des Ligues grises, pour démonter les voitures et transporter les ministres, leur suite et leur bagage, sur des charrettes du pays. [...]

Dans le trajet de Coire à Vico-Soprano, les deux ministres n'eurent qu'à se louer de la prévenance des habitants des villages dans lesquels ils s'arrêtèrent. Il arrivèrent à Vico-Soprano le dimanche 14 juillet. Les rues étoient remplies d'un peuple nombreux qui leur prodiguoit des témoignages d'intérêt et de satisfaction. Ces dispositions non équivoques étoient assurément peu propres à leur donner des craintes.

Mais lorsqu'ils furent à l'auberge, quelques personnes du pays leur apprirent ce que le défaut d'envoyé de France à Coire ne leur avoit pas permis de savoir plus tôt. Les Valtelins étoient, à l'égard des Grisons, dans une espèce d'insurrection qui laissait peu de force à l'action du gouvernement. Les chemins n'offroient pas toute sûreté aux voyageurs ; et depuis quelque tems, des Burlandotti (espèce de contrebandiers milanais) rôdoient dans ces contrées.

Il n'y avoit rien dans ces détails qui pût faire redouter une entreprise de la part de l'Empereur. Quel qu'extrême que soit son influence dans les pays sujets, on ne s'y étoit jamais permis en son nom une violation de territoire, et les ministres en évitant avec soin la ligne de sa frontière, devoient se croire à l'abri d'un attentat sans exemple. Cependant, ils crurent devoir retarder leur départ pour prendre des mesures de sûreté. [...]

Ils se mirent en route pour Chiavenne, capitale du Comté, le mercredi 24 à quatre heures du matin, et arrivèrent à midi dans cette ville. [...] Les ministres et leur suite partirent de Chiavenne à deux heures du matin avec leur petite escorte. Un seul endroit étoit redouté. C'étoit la limite du comté de Chiavenne à l'entrée du pays simplement appelé Valteline. Sa position physique facilitoit les entreprises des malveillants. Mais ce détroit même étoit à plus de deux lieues du territoire autrichien. Cependant on trouva prudent de faire halte au bois de Chiavenne, distant d'une lieue et demie de ce passage. On s'acheminoit vers ce lieu, lorsqu'on vit sortir d'un bois les deux Fantis (gardes du palais) du lieutenant, ceux mêmes qu'il avoit offerts et puis refusés. Les ministres surpris envoyèrent quelqu'un vers eux. Ils répondirent avec politesse, et firent même quelques excuses de ce qui s'étoit passé la veille. On dut croire que le commissaire de Chiavenne, instruit de la marche tortueuse de son lieutenant, s'empressoit de réparer ses torts. Mais quel fut l'étonnement général lorsqu'arrivés à la Ripa, au bord du lac, ces infâmes coquins tirèrent de leur poche un ordre de mettre en séquestre les effets de deux voyageurs français qui ont osé, y disoit-on, se faire accompagner de gens armés, dérogeant, par cette licence, aux usages du pays. Le fait étoit faux. On a déjà dit que le port d'armes y est permis à tout le monde. D'ailleurs, on se rappellera que le lieutenant Pollavini avoit acquiescé sans aucune objection à cette proposition. Les ambassadeurs ressentant, comme ils le devoient, l'insulte faite à leur nation, qu'aggravoit encore l'affectation qu'on mettait à méconnoître leur qualité, voulurent retourner à Chiavenne pour en demander satisfaction. Mais leur désir avait été prévenu par le trop coupable lieutenant. Il lui importoit de garder dans ce lieu les ambassadeurs le temps nécessaire pour avertir les forces cachées de l'autre côté du lac. Les Fantis refusèrent donc de laisser retourner les effets. Leurs ordres, dirent-ils, portoient d'en attendre d'ultérieurs à Novate, lieu peu éloigné de la Ripa. Les ministres avoient toujours dû s'arrêter dans cet endroit. Le devoir leur commandoit de ne point quitter leurs papiers. Ils se déterminèrent donc à les suivre. En conséquence, ils invoquèrent les citoyens Lamarre, secrétaire de légation, et Tacistro, officier-ingénieur attaché à l'ambassade de Constantinople, réclamant avec force contre cette conduite offensante, se réservant d'en porter leurs plaintes aux chefs des Ligues. Les ambassadeurs devoient attendre les citoyens Lamarre et Tacistro à Novate. Ils continuèrent leur route pour s'y rendre, et arrivèrent dans ce village à 7 heures du matin. Tout y paraissoit tranquile. Cependant ils crurent prudent d'envoyer du côté de la Valteline des gens sûrs, ou du moins que, chez les Grisons, on leur avoit donné pour tels (un seul s'est bien conduit) avec ordre de revenir à toute bride à l'apparence du moindre soupçon de danger.

Sémonville et Maret ne se bornèrent pas à cette mesure. Ils envoyèrent chercher un Suisse connu par son attachement à la liberté et recommandable par les persécutions que ses opinions lui avoient attirées. Ils le virent dans un lieu écarté qu'il leur indiqua, et le pressèrent de s'expliquer avec franchise. Cette homme leur avoua qu'il redoutait de grandes forces de l'autre côté du lac. Il craignoit même le passage de la Valteline, sur laquelle, cependant, il n'avoit aucune donnée sûre. Quant à Novate, il était persuadé que les ministres n'avaient rien à y appréhender ; il regardait même ce doute comme une chimère.

Cependant personne ne revenait [...] Ce retard extraordinaire, dont les ministres ne pouvoient interpréter en bien le motif, leur donna de l'inquiétude. Elle s'augmenta encore par un grand nombre de coups de fusil, qui à différents moments s'entendoient à une grande distance du côté du lac. Enfin, un honnête négotiant allemand trouva le moyen de faire dire aux ambassadeurs que plus de 400 hommes les attendoient au défilé cy-dessus indiqué.

Cet avis que rien ne pouvoit faire regarder comme suspect, joint aux autres motifs de crainte ne laissa plus de doute sur le parti à prendre. Il falloit songer à la retraite. Les ministres se proposèrent de l'effectuer aussitôt que les citoyens envoyés à Chiavenne apporteroient la levée du séquestre. Ceux-ci n'étoient pas encore arrivés, lorsque la femme d'un des citoyens qui accompagnoient les ministres, se promenoit triste et pensive sur les bords du lac de Novate dit lac de Chiavenne. Un honnête homme, car il en est partout, même dans cet effroyable séjour, s'approcha d'elle, et la regardant avec intérêt, lui dit : « Madame vous êtes bien à plaindre. Ce pays est plein de scélérats qui vous attendent. On veut avoir l'ambassadeur Sémonville mort ou vif, et je crains tout pour vous et pour lui. Un Grison en eut l'ordre positif donné au chef des Sbirres par le gouvernement de Milan. »

[...] Cette femme malheureuse recueillit de cette conversation de si affreuses lumières, des pressentimens si funestes, qu'elle courut les communiquer aux ministres. À peine les avait-elle rejoints que les citoyens de la légation envoyés à Chiavenne apportèrent la levée du scellé. 40 louis en avoient été le prix. 20 étoient déjà donnés et les 20 autres devoient être remis aux Fantis. La levée du séquestre, écrit de la main du lieutenant Pollavini, en portait l'ordre. On a peine à croire qu'on puisse pousser aussi loin l'impudence. Ce n'était pas la seule dont les citoyens Lamarre et Tacistro eussent à rendre compte aux ministres. Ils s'étoient assis au fond de la chambre pour écouter leur récit, lorsqu'un bruit horrible se fait entendre, en même temps qu'une horde de brigands entrant avec impétuosité s'élance avec la vitesse de l'éclair sur les hommes que le premier mouvement avoit fait courir vers la porte. Ils n'eurent pas le temps de s'y rendre qu'ils furent investis, assaillis par le nombre, leurs efforts furent vains, on les enchaîne en même temps qu'on couche en joue les femmes et les enfants. On entraîne avec violence ces derniers hors de la chambre. Cependant ils s'échappent et se précipitent dans les bras de leur malheureux père ; on les en repousse avec brutalité, et à coup de crosse de fusil, on les arrache de ce lieu. Les cris d'une mère, de trois enfans meurtris et blessés même ne peuvent rien sur ces hommes barbares.

Ce tableau déchirant pour l'homme le moins facile à émouvoir est sans effet sur ces monstres dont les traits même portoient l'empreinte de leur férocité ; enfin après ce moment d'agitation, les deux ministres, avec la fermeté et le calme qui ne les ont jamais quittés, conjurèrent leurs familles, leurs amis de suspendre leur désespoir. En perdant la liberté, dit l'un d'eux à sa femme, nous assurons celle de notre pays. Cet acte de despotisme le plus inouï éclairera les peuples, et fera de plus en plus abhorrer les tyrans.

Les infortunés ambassadeurs furent emmenés les mains liées, ainsi que tous les hommes attachés, tant aux deux légations, qu'au service de leurs personnes. Leurs effets, et ceux de toute leur suite furent placés sur une deuxième barque. Les brigands poussèrent la cruauté jusqu'à ne pas permettre aux ministres de dire un dernier adieu à ce qu'ils avoient de plus cher. On les conduisit à la barque, ils y montèrent avec courage et dignité. Un des fils du citoyen Sémonville, âgé de 9 ans, blessé au genouil d'un coup de pierre qu'une sbirre lui avoit lancée en le poursuivant pour l'arrêter, s'étoit réfugié dans une grange, où il se tenoit caché. On le cherchoit en vain depuis plus d'une heure. On le croyoit noyé dans le lac. Les monstres refusèrent à son malheureux père la consolation d'attendre dans la barque des nouvelles de son sort. Il part laissant sa femme évanouie dans les bras de ses enfants désolés, et avec la crainte déchirante d'avoir encore à pleurer la perte d'un de ses fils.

L'âme la moins sensible sera émue en s'arrêtant un moment sur l'horreur de la position de cette malheureuse femme. La citoyenne Sémonville revenue à elle même se voit seule dans ce lieu funeste avec trois de ses enfants, le quatrième n'étoit pas encore retrouvé, entourée de ces barbares, sans secours, sans appui, sans argent, n'ayant conservé, non plus que les autres, que les vêtements qui les couvroient, pénétrés de douleur et livrés au désespoir, ces êtres infortunés invoquant la mort comme le seul terme de leurs supplices.

[...]

Depuis le jour où cet attentat contre le droit de toutes les nations a été consommé, le mystère d'iniquité qui l'a favorisé commence à se découvrir. On sait que le baron de Cronthal, résident impérial à Coire, fit au nom de l'Empereur, une réquisition aux chefs des Ligues pour faire arrêter des étrangers qui devoient passer à Coire et qui se disoient français. La même réquisition portoit qu'ils parloient la langue française avec assez d'éloquence pour qu'on pût aisément s'y tromper et les regarder comme de cette nation.

On sait aussi que dès que les ministres furent arrivés à Coire, Salis Marschelintz, autrefois ministre de France dans les Ligues, ourdit cette trame perfide pour se venger d'avoir perdu sa place et son traitement.

Tout le pays dépose qu'il fit mander le Prodesta de Traona, nommé Walser, et qu'après deux ou trois jours de conférences au château de Marschelintz, celui-ci retourna à Traona pour y jouer le rôle le plus infâme. Un nommé Mathis, de Coire, qui accompagnoit les ministres, comme guide et propriétaire de plusieurs chariots de bagage, servait d'espion à Walser, ce qui a été prouvé par une lettre trouvée chez ce magistrat, dans laquelle le guide Mathis l'avertissoit de toutes les précautions nécessaires à prendre pour rendre inutiles celles que prenoient pour leur sûreté les malheureux ministres.

Deux autres guides, l'un citoyen estimable de Coire, l'autre habitant de Spina près Vico-Soprano ont déposé que le matin du lundi 25, un peu plus loin que Bocca-Dadda, où, d'après les ordres des ministres, ils étoient allés pour examiner et fouiller le pays, ils furent arrêtés par cinquante hommes qui sortirent subitement d'un bois, ils furent couchés en joue, et retenus au pied d'un arbre depuis dix heures du matin jusqu'à 5 du soir. Le Prodesta de Traona, Walser, étoit à la tête de ces brigands, qui pendant cette journée, arrêtoient tous les passans, et même la poste. Les guides virent le lendemain ces mêmes hommes, sur la place de Traona, recevoir leur payement des mains du docteur Pozzi, lieutenant de l'office de Gravedona, en raison des services inscrits par le Prodesta de Traona sur un petit livre rouge, que celui-ci remit au lieutenant milanais. Les Valtelins trouvèrent qu'on les récompensoit mal. Les gens de Novate reçurent aussi leur salaire qui ne leur parut pas proportionné à l'importance de leur expédition.

Deux négotiants français passant plus loin de Vico-Soprano apprirent que les deux ambassadeurs songeoient à partir pour Chiavenne. Pleins d'effroi, d'après tout ce qu'ils savoient des immenses préparatifs faits par le gouvernement de Milan, ils envoyèrent un courrier qui ne put approcher les ministres. Plusieurs personnes voulurent faire parvenir des avis. Les issues des auberges étoient obstruées par des espions à gages qui ne laissoient pas transpirer ce qui auroit pû arrêter leur marche. Leurs pas étoient si bien observés, l'ennemi étoit si bien instruit de tous leurs mouvemens, que l'archiduc luimême, pour veiller de plus près sur sa proye, était depuis 34 heures, avec son ministre Villeseq, sur le bord du lac, à attendre le résultat de cette honteuse entreprise dirigée avec tant d'art et d'appareil contre deux ministres de paix, accompagnés de femmes et d'enfants. [...] Enfin, il est prouvé que cette journée qui, au premier coup d'œil, ne semble qu'un brigandage, a été préparée par une grande conjuration pour laquelle on n'a épargné ni argent, ni soins, ni aucune de ces perfidies, détail, dans lesquelles savent si bien exceller les despotes. [...]

Si des circonstances qui ont précédé ou accompagné cet affreux événement, on rapproche celles qui l'ont suivi, on ne doutera pas plus du prix qu'attachoit la maison d'Autriche au succès de sa perfidie, que des secours qu'elle a trouvés dans le honteux dénouement des chefs de ce pays.

[...]

L'Empereur, aussi reconnoissant envers les ministres de sa haine, qu'irrité contre ceux qui ont refusé de le servir, a accordé au docteur Pozzi, lieutenant de Gravedona et commandant de la horde qui arrêta les malheureux ambassadeurs une pension de 20 000 l.

C'est ainsi, qu'à force d'argent et d'intrigue, la maison d'Autriche règne en effet dans tous les pays sujets aux Grisons. [...]

Acq. extr., vol. 39 à 42, fol. 124-136.

1799 : Les rumeurs que provoque la campagne d'Égypte

Le prétexte de la campagne d'Égypte entreprise par Bonaparte en 1798 était de répondre aux protestations de marchands français d'Alexandrie, de Rosette et du Caire contre des mesures restrictives prises à l'encontre des négociants étrangers. En réalité, il s'agissait de couper aux Anglais la route de la Méditerranée orientale et des Indes. Partis de Toulon en mai 1798, les trente-deux mille hommes qui constituaient l'armée de Bonaparte prirent d'abord Malte le 11 juin puis Alexandrie le 2 juillet. Tout de suite, Bonaparte tint à manifester un très grand respect pour la religion musulmane. Après avoir écrasé les Mamelouks à la bataille des Pyramides le 21 juillet, il entra au Caire le 23 juillet pour y établir ses bases arrière. Puis ce fut la destruction de la flotte française à Aboukir et la route du retour par mer coupée par l'amiral Nelson le 1er août. Dès lors, Bonaparte décida d'attaquer directement les Turcs en Syrie, en traversant le désert. Il prit Gaza en février 1799, Jaffa en mars 1799.

C'est dans ce contexte que se situent les correspondances qu'on peut lire ci-dessous, adressées par le consul de France à Trieste et le sous-commissaire des Relations commerciales de Raguse, toutes deux à Talleyrand, alors ministre des Relations extérieures.

Dans la première, il est surtout fait état de l'image de Bonaparte auprès des Égyptiens. Comme il l'a proclamé en débarquant à Alexandrie, il est venu pour détruire la race des Mamelouks, qui sont des oppresseurs, mais il aime la religion du Prophète. Après la prise de Saint-Jean d'Acre, en mai 1799, une fois entré au Caire, il fera même afficher une proclamation, rédigée en arabe, où il n'hésitera pas à affirmer son intention d'embrasser la religion musulmane en même temps que de bâtir une mosquée qui n'aura pas d'égale au monde. On n'est donc pas loin des nouvelles rapportées quelques mois plus tôt par le consul de Raguse, qui citait les propos d'un Turc « paraissant homme distingué », qui voyait en Bonaparte le « réformateur de la religion mahométane altérée par les commentateurs ».

L'intérêt de cette correspondance est de montrer comment, même au-delà des mers, l'armée de Bonaparte arrivait tout auréolée de la gloire des libérateurs.

De Raguse le 22 nivôse an I de la République une et indivisible

Un Turc, paraissant homme distingué, arrivé ces jours-ci, sur un bâtiment venant d'Alexandrie, aux Bouches de Cattaro, s'est donné comme envoyé du général Bonaparte près des Régences de Barbarie pour leur annoncer la nouvelle de son arrivée à Medine et à la Mecque, qu'il y a été accompagné par 20 milles Arabes, qu'il s'y est annoncé comme réformateur de la religion mahométanne altérée par les commentateurs, et que cela lui a donné une considération et une bienveillance à toute épreuve de la part des peuples de ces contrées.

Quoi que cette nouvelle ne soit donnée que de bouche elle est accompagnée de tels détails qu'on est pourtant généralement persuadé de ce côté ci qu'elle est très vraie.

Correspondance consulaire et commerciale,
Raguse, vol. 7, fol. 4.

Marc Bruère, sous-commissaire des Relations commerciales, à Raguse. Au citoyen Talleyrand, ministre des Relations extérieures à Paris.

Raguse, le 3 Vendemmiaire an X de la République française, une et indivisible

Citoyen Ministre,

J'ai eu l'honneur de vous écrire le 1er de ce mois par voye de Trieste, pour vous apprendre mon arrivée ici depuis le 30 du mois dernier. Je vous y apprennais en même temps qu'un bâtiment ragusais parti de Malthe le 20 Fructidor apportait la nouvelle qu'Allexandrie tenait encore contredisant celle venue de Palerme par la quelle on annonçait sa capitulation.

Correspondance consulaire et commerciale, Raguse, vol. 7, fol. 143.

Le consul à Trieste au citoyen Talleyrand ministre des Relations extérieures de la République française

Le 18 pluviôse

Citoyen Ministre,

J'ai reçu la lettre que vous m'avez écrite le 9 frimaire dernier à laquelle j'ai différé de répondre dans l'attente de recevoir quelque paquet ou nouvelle de notre armée d'orient ; mais je n'en ai reçu aucune directement. Et lorsqu'il m'en arrivera de la part des généraux ou de l'administration de cette armée je ne manquerai pas de vous les expédier sur le champ par la voye d'un messager extraordinaire adressé à l'état-major de l'armée de la République à Milan avec recommandation de les faire parvenir immédiatement à leur destination. J'aurai soin aussi de faire parfumer avec le plus grand soin les papiers et de faire soumettre à une quarantaine exacte les personnes qui en auront été chargées. J'en ai déjà prévenu le conservateur de la Santé à Trieste.

Il s'est débité ici une infinité de nouvelles les plus mensongères et les plus absurdes qui arrivent journellement et par mer et de Constantinople par terre ; mais ce serait sûrement abuser de vos moments si je prenais la peine de vous les transmettre. On y dit l'armée d'orient battue, le général Bonaparte mort, sa tête envoyée à Constantinople pour y être exposée. D'autres papiers annoncent la mort du citoyen Berthier, chef de l'état-major de l'armée d'orient, les réjouissances publiques qui s'en font à Constantinople et les autres villes de l'Empire. Les capitaines venus de Smyrne et de

Constantinople ont répendu la nouvelle de la destruction totale de nos vaisseaux dans le port d'Alexandrie incendié par les Anglois. Voilà le précis de toutes les nouvelles qui arrivent par mer et par la voye de terre. Celles que l'on reçoit ici d'Italie ne sont pas plus vraies, ni mieux raisonnées ; mais comme on est plus à proximité et que j'ai l'occasion d'entretenir des relations avec mes collègues, ils se font le plaisir de m'envoyer les bulletins imprimés de ce qui s'y passe, qui font un extrême plaisir aux amateurs ici (en petit nombre à la vérité) de notre révolution. Je ne vous envoye pas ces bulletins, Citoyen Ministre, parce que vous êtes à portée de les recevoir plus promptement de nos agents politiques et consulaires d'Italie que je ne le suis de vous les envoyer d'ici où il ne m'arrive que 15 jours à trois semaines après qu'ils ont été publiés en Italie.

Framery

Salut et Respect

P.S. Il est arrivé à Trieste un convoy de chariots tous chargés d'avoine de la Carinthie et de la Stirie donné pour l'Italie ou l'on établi de grands magazins. Si l'exportation de froment a été deffendue à Trieste et dans les ports du littoral autrichien, ce qu'on les réserve tous pour former des magazins en Italie pour y faire subsister les troupes nombreuses qui y sont.

Par des bâtiments qui arrivent d'Ancône et autres ports d'Italie on apprend que les Français ont pénétré dans Labrusse et sont à Aquila pays des États des Deux-Siciles.

Correspondance consulaire et commerciale, Trieste, vol. 7, fol. 239-240.

XIXe SIÈCLE

C'est au XIXe siècle que les relations internationales achèvent de se structurer dans une forme qui, dans ses grandes lignes, va demeurer la même jusqu'à la guerre de 1914, sinon jusqu'en 1939-45, tant le système mis au point avec le Congrès de Vienne était, si l'on ose dire, et jusque dans ses plus évidentes imperfections, « perfectionné ».

La Révolution française et l'Empire constituent en effet pour l'ensemble des États européens une occasion unique de mettre à plat tout l'ordre – et tout le désordre !– hérité de l'Ancien Régime comme des événements qui ont conduit à sa disparition. Bouc émissaire d'une Europe en mal de stabilité et de conservatisme, Napoléon sert d'alibi à ses ennemis pour restaurer non plus de nouveaux équilibres mais *un* équilibre considéré comme à peu près parfait. Si l'aspect « Sainte-Alliance » qui lie certains alliés va s'effacer avec la guerre de Crimée, l'essentiel de l'organisation européenne va, en sens inverse, se figer. Et ce sera l'œuvre d'un Talleyrand, à qui on ne saurait trop rendre hommage, que de permettre à la France d'intervenir, avec voix égale, dans le concert européen : toute proportion gardée, et qu'on ne nous accuse pas de blasphème ! le général de Gaulle a fait la même chose entre 1944 et 1945, avant et après Yalta.

Dans ce contexte d'une histoire à peu près linéaire du siècle, 1830 et 1848 font figure d'accidents de parcours. Seule la France – et la Belgique ! – toucheront les dividendes libéraux des deux mouvements révolutionnaires qui, particulièrement le second, secouent pour un moment l'Europe. Mais si 1830 a bien conduit en France à une période qu'on peut *grosso modo* qualifier d'effectivement libérale, c'est un autre régime autoritaire, celui de Napoléon III qui arrive dans les wagons de la révolution de 1848. En Autriche, la disparition d'un Metternich ne fera qu'accélérer l'affaiblissement intérieur de l'empire des Habsbourg, sans pourtant le remettre en question à l'extérieur.

1830, 1848 : l'Europe centrale demeure en effet telle qu'elle a été définie en 1815, avec ses frontières tracées au gré des souverains et non des peuples, en fonction d'intérêts stratégiques souvent immédiats. L'Empire austro-hongrois bientôt déliquescent comme la « poudrière des Balkans » font partie de l'héritage des diplomates valseurs de Vienne.

Bien plus importantes sur l'échiquier européen que les révolutions manquées de 1830 et 1848, apparaissent donc les deux « unifications » majeures de la deuxième partie de ce siècle, celle de l'Italie de Victor-Emmanuel et Garibaldi, et celle de l'Allemagne de Bismarck. Dans les deux cas, c'est l'Autriche-Hongrie qui paye. On a parlé d'héritage : celui de Metternich s'en va à vau-l'eau. De même, la guerre de Crimée va-t-elle figer à l'Est l'ordre de 1815 en ligotant la Russie qui aurait voulu y échapper.

Plus que jamais, la diplomatie au sens moderne du mot va jouer un rôle actif. Après 1815, la notion de congrès deviendra monnaie courante pour régler sur une base multilatérale, évidemment particulièrement sélective, les conflits entre États. Ce qu'il y avait d'un peu intuitif dans l'organisation des négociations à Münster et Osnabrück ou à Utrecht est désormais l'objet d'une attention sourcilleuse de la part de toutes les parties prenantes. Et ce ne sont plus seulement les souverains ou leurs ambassadeurs qui veillent jalousement sur un même équilibre, mais des nuées de fonctionnaires de tout rang dont chacun fait peser dans la balance à la fois des intérêts du pays auquel il appartient mais aussi du « parti » (pas forcément politique) qu'il représente.

Dans le même temps, des figures emblématiques de diplomates s'élèvent au-dessus de la foule des espions et des secrétaires d'ambassades. On a déjà cité deux noms, Talleyrand et Metternich. À travers vents et marées, l'un et l'autre assurent pendant près de quarante ans une formidable continuité à la politique extérieure de leurs pays respectifs. Un Nesselrode en Russie, Castlereagh et Wellington en Angleterre tiennent le même rôle. Et si, en sens inverse, des figures au moins aussi importantes, tel un Chateaubriand, un Lamartine, un La Fayette, se contentent surtout de jouer un rôle de témoin dans les grands débats auxquels ils participent, quels témoins que ces témoins-là !

C'est aussi en 1815 qu'est née l'organisation moderne des rapports entre États, la codification des statuts des diplomates et des immunités diplomatiques. Le statut des ambassadeurs est mis au point et, à bien des nuances près naturellement, les méthodes de travail des diplomates s'uniformisent. Les instructions données au départ des ambassadeurs, les rapports de fin de mission, l'envoi régulier de correspondances diplomatiques d'information deviennent monnaie courante. Les documents sont désormais tous écrits et, dès 1857, le télégraphe entre dans les mœurs du ministère français des Affaires étrangères. À Vienne en 1815, on verra la lenteur qu'il faudra pour faire parvenir aux souverains la nouvelle de l'évasion de l'île d'Elbe : quarante ans encore, et les communications diplomatiques s'inscrivent dans un autre univers.

Autre univers : il faut désormais ajouter de manière absolue la dimension du monde à celle de la politique internationale européenne. Les puissances occidentales européennes ont leur politique à l'endroit du reste du monde, coulée dans un moule commun d'expansion, de colonisation, de conquêtes et de débouchés, mais la politique extérieure du reste du monde va se couler à son tour dans le même moule européen. En 1823, la doctrine dite « de Monroe », cinquième président des États-Unis, met en place un ordre américain où l'Europe n'a plus sa place sur l'ensemble du continent américain. En 1904-1905 (mais nous sommes encore presque au XIXe siècle), la guerre russo-japonaise fait entrer à son tour le Japon dans cet ordre du siècle.

À l'exception notable et douloureuse du continent africain au sud du Sahara, la diplomatie est devenue une science universelle.

Et pourtant, les documents dont débordent à présent les archives du Quai d'Orsay continuent à démontrer la même variété de préoccupations : négociations et traités, certes, mais aussi correspondance politique, instructions et renseignements. Et puis, le « pittoresque » qui continue à foisonner, à propos de cadeaux entre chefs d'État ou l'entrée dans le jeu occidental de puissances encore toutes neuves, mais qui seront bientôt rodées aux usages de la société internationale de leur temps.

On a choisi de montrer à nouveau ici tout un éventail de textes qui illustrent bien ces pratiques, en insistant peut-être particulièrement sur trois types de documents : des correspondances qui traduisent l'ouverture de l'Europe au reste du monde ; les courriers de l'étranger qui renseignent sur l'attitude des autres capitales face à tel ou tel événement se déroulant en France ; les textes d'écrivains diplomates, enfin, qui, de Chateaubriand à Gobineau, sont désormais souvent d'une haute teneur littéraire en même temps que d'un véritable intérêt historique.

1810 : Napoléon et les archives.

Le bref document publié d'abord est une appréciation de Napoléon sur les Archives du ministère des Relations extérieures. Le comte d'Hauterive en était le directeur depuis 1806. Les Archives étaient en principe régies par des textes d'avril et septembre 1800, déjà l'œuvre d'Hauterive, que Talleyrand avait d'autre part associé à sa réforme générale du ministère des Affaires étrangères. Mais c'est seulement en 1812 qu'Hauterive proposera à Maret, duc de Bassano, ministre des Relations extérieures, un projet d'arrêté réorganisant l'ensemble du service. Toutefois, dès 1810, Napoléon lui-même, tout en reconnaissant les lacunes du service tel qu'il existait alors, affirmait, par un ordre en date du 14 février, la seule et unique responsabilité de l'archiviste général du ministère pour tout ce qui avait rapport avec les Relations extérieures…

Ordre dicté au duc de Cadore

Les archives des Relations extérieures n'ont pas toujours ce qu'on leur demande. L'archiviste est pour ce département Archiviste général. S'il n'a pas ce qui est nécessaire au service, il doit le chercher ou dans les Archives nationales ou dans les archives du gouvernement, ou à la Bibliothèque impériale. On ne doit jamais avoir besoin de recourir à un autre que lui pour les documents qui ont quelque rapport avec les Relations extérieures.

Paris, le 14 février 1810.

Mémoires et documents, France, vol. 1784, fol. 87.

1810 : Le mariage de Napoléon et de Marie-Louise

Encore un mariage politique, pour tenter de sceller, quelques décennies à peine après celui de Louis XVI et de Marie-Antoinette, un renouveau d'alliance entre la France et l'Autriche. Mais cette fois, c'est un roturier, Napoléon, qui épouse Marie-Louise de Habsbourg, fille de François Ier d'Autriche et de Marie-Thérèse de Naples. Napoléon, vainqueur à Wagram, avait exigé que ce mariage soit une condition de la paix avec l'Autriche. On sait quelle sera l'attitude de l'impératrice Marie-Louise vis-à-vis de son époux ; on s'en étonnera d'autant moins du fait des circonstances. D'une certaine manière, par ce mariage, Napoléon voulait à coup sûr s'affirmer une nouvelle légitimité face à l'Europe. Au sommet de son ascension, empereur des Français, roi d'Italie, protecteur de la Confédération du Rhin, médiateur de la Confédération suisse, il souhaitait, en somme, figer pour l'éternité un état de l'Europe – qui ne durerait que quelques mois ! D'où ce mariage d'« inconvenance », bâclé en quelques semaines, effectué par procuration et dont l'apparat contraste bien avec le mariage et le couronnement de l'impératrice Joséphine. Napoléon aimait Joséphine, celle-ci l'aimait, leur divorce fut une décision politique, Joséphine ne lui avait pas donné d'enfant. Le rapprochement de trois dates : 6 juillet 1809, 16 décembre 1809, 9 mars 1810, suffit à le démontrer. Le 6 juillet, c'est la victoire de Wagram, et tout de suite après les premières négociations avec l'Autriche. Le 16 décembre, le divorce de Napoléon et de Joséphine est prononcé. Le 9 mars 1810 enfin, est signé le contrat de mariage de Napoléon et de Marie-Louise.

La lecture de ce contrat est révélatrice. Après un préambule ronflant mais d'une brièveté remarquable où sont énumérés avec éclat les titres de chacun, neuf petits articles disposent, pour l'essentiel, que la nouvelle impératrice renoncera à « tous et chacun des biens meubles et immeubles, droits, actions et raisons quelconques... » qui peuvent constituer ou constitueront son héritage. Pour le reste, c'est d'un contrat de mariage bien bourgeois qu'il s'agit, avec spécification d'une dot payable au choix en florins du Rhin ou en francs, coût exact des « bagues et autres joyaux » que l'empereur donnera à sa fille, ainsi que de la valeur des présents et bijoux « jusqu'à concurrence de 200 000 écus » que l'époux offrira à son épouse. On précise le montant d'un douaire, et l'affaire est conclue.

Quatorze ans plus tard, le traité de Fontainebleau qui, après la première abdication de Napoléon, assurera à Marie-Louise le titre de *Majesté Impériale,* est presque plus généreux, avec la souveraineté qu'il lui accorde des duchés de Parme, de Plaisance et de Guastalla. Encore que ladite souveraineté soit seulement viagère... Mais à l'époque, l'impératrice des Français était déjà devenue la maîtresse du Feldmaréchal autrichien comte von Neipperg dont elle aura deux enfants et qu'elle épousera morganatiquement à peine quatre mois après la mort de Napoléon, en septembre 1821.

Contrat de mariage entre Napoléon Ier, empereur des Français, et Marie-Louise de Habsbourg, archiduchesse d'Autriche

Vienne, 9 mars 1810

Au nom de la très sainte et indivisible Trinité, Père, Fils et Saint-Esprit

Soit notoire à tous ceux qui ces présentes verront que, comme des promesses de mariage ont été faites entre le sérénissime et très puissant prince Napoléon, empereur des Français, roi d'Italie, protecteur de la Confédération du Rhin, médiateur de la Confédération suisse, et madame Marie-Louise, princesse impériale et archiduchesse d'Autriche, princesse royale de Hongrie et de Bohême, fille du sérénissime et très puissant prince François Ier, empereur d'Autriche, roi apostolique de Hongrie et de Bohême, afin d'assurer de plus en plus la tranquillité et la prospérité des empires et royaumes qui sont sous leur domination, Leurs Majestés ont, à l'effet de régler et conclure solemnellement les conventions matrimoniales, choisi et nommé pour leurs plénipotentiaires savoir, Sa Majesté l'empereur des Français, le très illustre seigneur et prince de Neufchâtel[1], duc de Valengin, prince de Wagram, vice-connétable et maréchal de l'Empire français, grand-aigle de la Légion d'honneur, grand-dignitaire de l'ordre de la Couronne de fer, etc., et Sa Majesté Impériale d'Autriche les très illustres et très excellents seigneurs le prince Ferdinand de Trautmansdorf-Weinsberg, son chambellan et conseiller intime actuel, ministre d'État et des conférences et premier grand-maître de sa cour, chevalier de l'ordre souverain de la Toison d'or et grand-croix de l'ordre royal de Saint-Étienne de Hongrie, et le comte Clément-Wenceslas de Metternich-Winnebourg-Ochsenhausen, chambellan et conseiller intime actuel, son ministre d'État et des conférences et des Affaires étrangères, grand-croix de l'ordre royal de Saint-Étienne de

1. Il s'agit d'Alexandre Berthier (1753-1815).

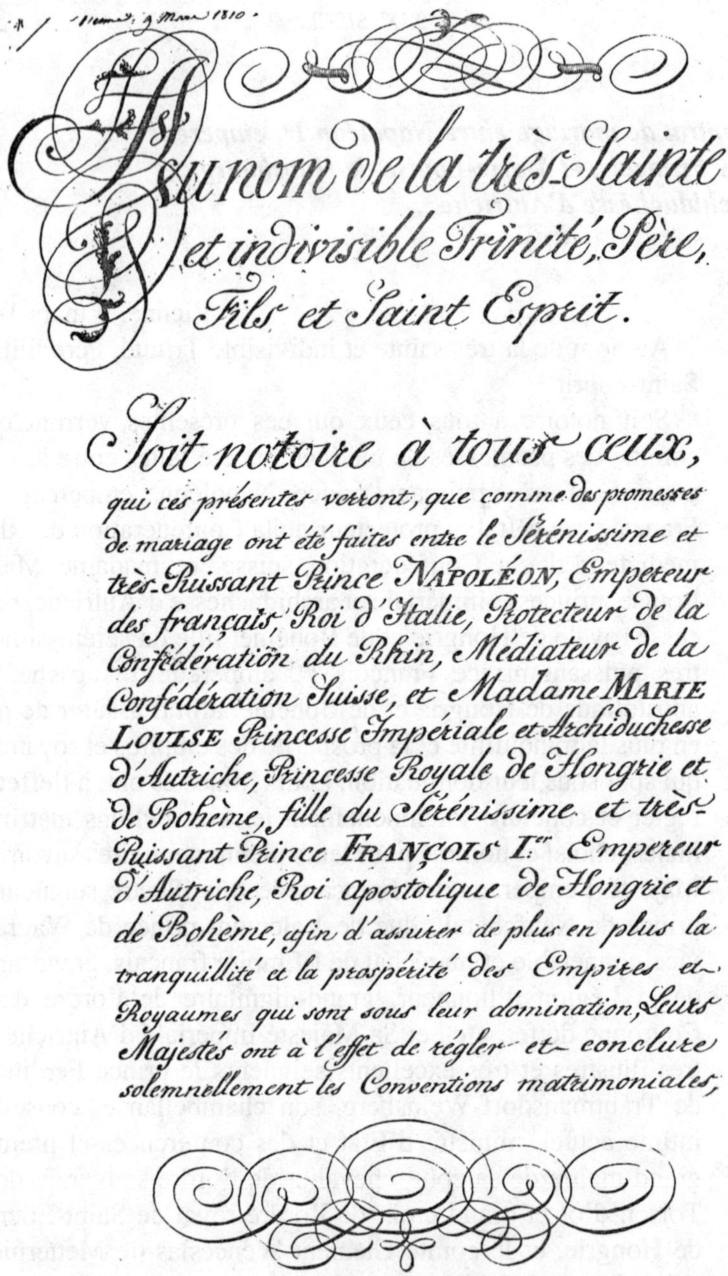

Vienne, 9 Mars 1810

Au nom de la très-Sainte et indivisible Trinité, Père, Fils et Saint Esprit.

Soit notoire à tous ceux, qui ces présentes verront, que comme des promesses de mariage ont été faites entre le Sérénissime et très-Puissant Prince NAPOLÉON, Empereur des français, Roi d'Italie, Protecteur de la Confédération du Rhin, Médiateur de la Confédération Suisse, et Madame MARIE LOUISE Princesse Impériale et Archiduchesse d'Autriche, Princesse Royale de Hongrie et de Bohème, fille du Sérénissime et très-Puissant Prince FRANÇOIS I.er Empereur d'Autriche, Roi Apostolique de Hongrie et de Bohème, afin d'assurer de plus en plus la tranquillité et la prospérité des Empires et Royaumes qui sont sous leur domination, Leurs Majestés ont à l'effet de régler et conclure solemnellement les Conventions matrimoniales,

Contrat de mariage de Napoléon, empereur des Français et de Marie-Louise, archiduchesse d'Autriche.

Hongrie et de l'ordre de Saint-Joseph de Würzbourg, lesquels en vertu des pleins pouvoirs dont ils ont été munis et des ordres particuliers à eux donnés dans la forme la plus ample et qu'ils se sont réciproquement communiqués, sont convenus des articles et conditions du contrat de mariage tels qu'ils s'ensuivent.

Article Ier

Il a été arrêté qu'avec la grâce et bénédiction de Dieu, le mariage entre le sérénissime et très puissant prince Napoléon, empereur des Français, et la sérénissime archiduchesse Marie-Louise d'Autriche, sera célébré incessamment dans cette cour par paroles de présent[1], selon la forme et la solemnité prescrites par les saints Canons et constitutions de l'Église catholique, apostolique et romaine, en vertu du pouvoir et commissions qui auront été données à cet effet par le sérénissime et très puissant prince Napoléon, empereur des Français, lequel ratifiera ledit mariage et l'accomplira en recevant les bénédictions de l'Église quand la sérénissime archiduchesse Marie-Louise sera conduite et arrivée en France.

Article IIe

Après la cérémonie du mariage, laquelle sera faite par procuration, la sérénissime archiduchesse Marie-Louise, étant déclarée impératrice des Français et traitée comme telle, se mettra en route pour se rendre en France. Elle aura un cortège convenable à son rang, recevra les honneurs dus à sa nouvelle dignité et sera conduite aux frais de Sa Majesté Impériale d'Autriche jusqu'à Braunau, où la maison de la sérénissime épouse et le cortège réglé par Sa Majesté l'empereur des Français la recevront.

Article IIIe

Sa Majesté l'empereur d'Autriche constitue en dot à la sérénissime princesse sa fille la somme de deux cens mille florins du Rhin, ou de cinq cens mille francs, de laquelle la susdite princesse pourra jouir et disposer conformément aux lois françaises.

1. Le mariage religieux fut célébré, par procuration, à Vienne, le 11 mars 1810, et le mariage civil à Saint-Cloud, le 1er avril suivant.

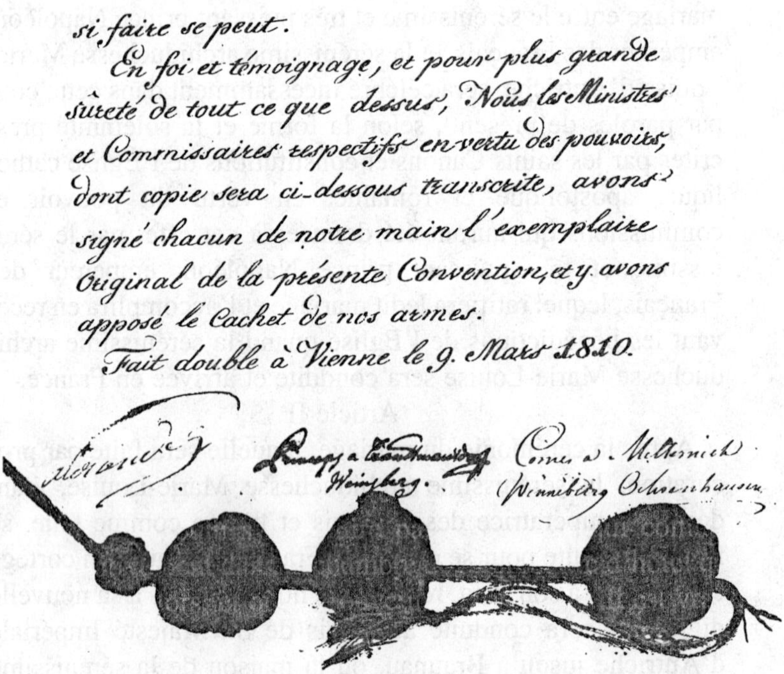
si faire se peut.
En foi et témoignage, et pour plus grande sûreté de tout ce que dessus, Nous les Ministres et Commissaires respectifs en vertu des pouvoirs, dont copie sera ci-dessous transcrite, avons signé chacun de notre main l'exemplaire Original de la présente Convention, et y avons apposé le Cachet de nos armes.
Fait double à Vienne le 9. Mars 1810.

Signatures et cachets apposés au bas du contrat de mariage de Napoléon et Marie-Louise.

Article IVe

Au moyen de ladite dot de deux cens mille florins du Rhin, la sérénissime épouse quittera, cédera et abandonnera, en renonçant, une fois pour toutes et par serment avant la célébration du mariage, à tous et chacun des biens meubles et immeubles, droits, actions et raisons quelconques, tant ceux qui ont été délaissés dans l'héritage et succession de son auguste mère l'impératrice Marie-Thérèse, de glorieuse mémoire, que ceux qui composeront un jour l'héritage paternel, et la succession dans tous les royaumes, provinces et districts que possède Sa Majesté Impériale d'Autriche, heureusement régnante, ou qu'elle pourra posséder dans la suite à quelque titre que ce puisse être ; le tout conformément aux règles établies dans la maison impériale d'Autriche pour la succession de primogéniture linéale. Et fera la sérénissime archiduchesse ces renonciations, cessions et abandon, en faveur et au profit des autres héritiers et successeurs de son auguste mère de glorieuse mémoire et de Sa Majesté l'empereur d'Autriche, lesquels la précèdent, soit par le sexe, soit par l'âge, ainsi qu'en faveur de leurs légitimes descendans de l'un et de l'autre sexe à l'infini ; bien entendu néanmoins que la sérénissime future épouse conservera dans son entier le droit indubitable qui lui appartient, ainsi qu'à sa postérité légitime, de succéder auxdits biens au défaut des héritiers susmentionnés qui la précèdent, conformément audit ordre de succession. La cession et la renonciation de la sérénissime épouse étant ainsi effectuée avec serment, sera ratifiée, acceptée et confirmée également avec serment par le sérénissime futur époux pour lui et pour ses descendans, héritiers et successeurs dans la forme la plus solemnelle et la plus authentique.

Article V[e]

Outre la dot de deux cens mille florins du Rhin, Sa Majesté l'empereur d'Autriche convient de faire présent à la sérénissime archiduchesse sa fille pour la valeur de deux cens mille florins du Rhin, ou cinq cens mille francs, de bagues et autres joyaux, lesquels lui appartiendront en propre.

Article VIᵉ

Sa Majesté l'empereur des Français donnera à la sérénissime future épouse, à son arrivée en France, des présens et bijoux jusqu'à concurrence de la valeur de deux cens mille écus, lesquels appartiendront également en propre à la sérénissime future impératrice.

Article VIIᵉ

Le douaire assigné à la future impératrice consistera dans un revenu annuel de cinq cens mille francs, dont elle jouira depuis le commencement de son veuvage jusqu'à sa mort.

Article VIIIᵉ

Sa Majesté l'empereur des Français donnera et assignera à la sérénissime archiduchesse Marie-Louise pour la dépense de sa chambre une somme convenable et proportionnée au rang élevé que tient la fille et l'épouse de si hauts et très puissans princes, en la lui assignant en la forme et manière accoutumée en France de faire de pareilles assignations.

Article IXᵉ

Les présens articles de mariage seront ratifiés de part et d'autre et les ratifications en seront échangées dans l'espace d'un mois ou plutôt (*sic*) si faire se peut.

En foi et témoignage [de quoi] et pour plus grande sûreté de tout ce que dessus, nous, les ministres et commissaires respectifs, en vertu des pouvoirs dont copie sera ci-dessous transcrite, avons signé chacun de notre main l'exemplaire original de la présente convention et y avons apposé le cachet de nos armes.

Fait double, à Vienne, le 9 mars 1810.

Alexandre *Princeps a Trauttmandsdorf Comes a Metternich*

Traités Autriche 18100005.

1814 : Le congrès de Vienne, Talleyrand et l'art de la négociation

On a pu dire que le congrès de Vienne, qui se tint dans la capitale autrichienne du mois de septembre 1814 au mois de juin 1815, était le dernier du XVIIIe siècle. La répartition des pays, la nouvelle définition des frontières se fit, en effet, encore une fois, sans aucune considération pour le souhait des populations elles-mêmes. On partagea sauvagement l'ancienne Pologne entre la Russie, l'Autriche et la Prusse ; le nord de l'Italie (Lombardie, Vénétie) fut soumis pour un demi-siècle encore à la domination autrichienne ; la Belgique était dans l'escarcelle du roi de Hollande ; la Confédération germanique que l'on créa n'était pas suffisamment solide pour faire pièce à l'Autriche. En ce qui concerne la France, l'acte final du 9 juin 1815 l'a ramenée dans les frontières fixées par le second traité de Paris. Autour d'elle, une véritable barrière de petits États forment une manière de cloison étanche entre elle et le reste de l'Europe : le royaume des Pays-Bas, la Confédération helvétique agrandie de quatre cantons, le royaume de Piémont-Sardaigne… Quant au régime qui en résulta, gouverné par le système dit de la « Sainte Alliance », sur la base de l'espèce de pacte mystique signé à Paris le 26 septembre 1815 par le tsar de Russie Alexandre Ier, l'empereur d'Autriche François Ier et le roi de Prusse Frédéric-Guillaume III, c'était un carcan rigoureux, à la fois réactionnaire et religieux, destiné à entraver toute velléité révolutionnaire en Europe.

Et pourtant, le Congrès de Vienne diffère bien de toutes les grandes rencontres internationales qui parsemèrent la fin du XVIIe et le XVIIIe siècle. On n'insistera pas sur les bals et les réceptions qui s'y succédèrent au rythme d'une frénésie de fêtes et d'oublis. En revanche, on soulignera l'importance des souverains qui assistèrent eux-mêmes à tout ou partie du Congrès : ceux de Russie, d'Autriche, de Prusse, de Bavière, du Wurtemberg, du Danemark... De leur côté, les plus grands diplomates de l'époque retrouvèrent leurs pairs : Talleyrand, naturellement, Castlereagh et Wellington pour l'Angleterre, Metternich pour l'Autriche, Hardenberg et Humboldt pour la Prusse, Nesselrode et Razoumovski pour la Russie... Et si Metternich fut le grand ordonnateur du Congrès, dont le secrétariat était d'ailleurs tenu par le ministre autrichien Gentz, Talleyrand en fut à coup sûr l'un des principaux acteurs. Toute l'habileté de l'homme qui réussit le tour de force de servir à la fois la Révolution, le Directoire, le Consulat et l'Empire ; puis à garantir du pire la France avant les Cent-Jours pour devenir président du Conseil, fût-ce brièvement, à la Restauration et trouver le moyen de servir ensuite Louis-Philippe en Angleterre, se révèle au jour le jour dans sa conduite des affaires et sa protection des intérêts français pendant la durée du congrès de Vienne. N'oublions pas que, dès l'entrée des Anglais à Paris, en mars 1814, Talleyrand avait déjà réussi à convaincre l'empereur Alexandre d'imposer le retour des Bourbons. Dès lors, à Vienne, il réussit à isoler la Prusse et la Russie, les plus acharnées à dépecer la France, par une entente secrète avec Castlereagh et Metternich. Et si le retour de l'île d'Elbe porta un coup très dur au système que Talleyrand était en train de mettre en place, il n'en réussit pas moins, une fois encore, à éviter le pire et à donner à la France une place, somme toute entière, dans le nouveau concert des nations.

Les documents abondent, littéraires ou anecdotiques, sur le congrès de Vienne. Les Archives du ministère des Affaires étrangères en débordent. On a pourtant choisi de publier ici un texte moins connu mais sûrement plus significatif de l'art de la diplomatie selon Talleyrand. Il s'agit d'une lettre autographe datée du 4 octobre 1814, dans laquelle le plénipotentiaire français rend compte des ultimes tentatives des alliés pour imposer leurs vues par le biais d'un « Directoire des Quatre ». C'est ainsi que, dès les premières lignes de la lettre du 4 octobre, il souligne de quelle manière il lui a été demandé d'*assister* – et d'assister seulement – à une conférence où les quatre puissances étaient (elles !) *réunies*... Tout l'art des nuances et de les éviter transparaît à travers les lignes. En marge du congrès officiel de Vienne, voilà donc le type même de l'action diplomatique souterraine d'un plénipotentiaire qui, face à la puissance de ceux qu'il affecte de considérer comme des partenaires alors qu'ils sont quand même encore des ennemis, joue sa musique à lui, sur un instrument où il est passé maître.

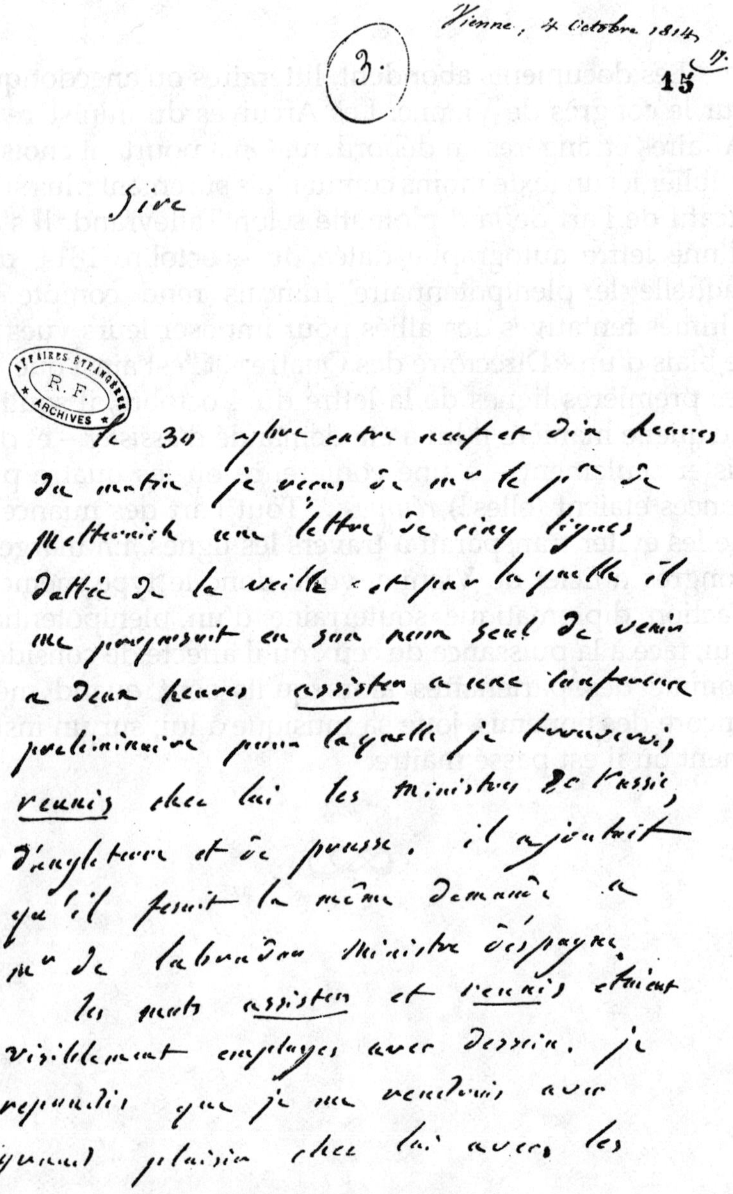

Vienne, 4 octobre 1814.

3.

15 17

Sire

Le 30 7bre entre neuf et dix heures du matin je reçus de Mr le Pce de Metternich une lettre de cinq lignes dattée de la veille et par laquelle il me proposait en son nom seul de venir à deux heures *assister* à une conférence préliminaire pour laquelle je trouverais *réunis* chez lui les ministres de Russie, d'Angleterre et de Prusse. il ajoutait qu'il faisait la même demande à Mr de Labrador ministre d'Espagne.

Les mots *assister* et *réunis* étaient visiblement employés avec dessein. je répondis que je me rendrais avec grand plaisir chez lui avec les

Lettre de Talleyrand à Louis XVIII
relative aux négociations de Vienne.

Lettre de Talleyrand à Louis XVIII relative aux négociations de Vienne

Vienne, 4 octobre 1814

Sire,

Le 30 septembre entre neuf et dix heures, je reçus de Mr le prince de Metternich une lettre de cinq lignes dattée de la veille et par laquelle il me proposait en son nom seul de venir à deux heures assister à une conférence préliminaire pour laquelle je trouverois réunis chez lui les ministres de Russie, d'Angleterre et de Prusse. Il ajoutait qu'il ferait la même demande à Mr de Labrador, ministre d'Espagne.

Les mots assister et réunis étaient visiblement employés avec dessein. Je répondis que je me rendrais avec grand plaisir chez lui avec les ministres de Russie, d'Angleterre, d'Espagne et de Prusse.

L'invitation adressée à Mr de Labrador était conçue dans les mêmes termes que celle que j'avais reçue avec cette différence qu'elle était en forme de billet à la troisième personne et faite au nom de Mr de Metternich et de ses collègues.

[...]

L'objet de la conférence d'aujourd'hui, me dit Lord Castlereagh, est de vous donner connaissance de ce que les quatre cours ont fait depuis que nous sommes ici ; et s'adressant à Mr de Metternich : « c'est vous, lui dit-il, qui avez le pacte, Mr de Metternich ». Me venait alors une pièce signée de lui, du comte de Nesselrode, de Lord Castlereagh et du prince de Hardenberg. Dans cette pièce le mot d'alliés se trouvait à chaque paragraphe. Je relevai ce mot : je dis qu'il me mettrait dans la nécessité de demander où nous étions, si c'était encore à Chaumont ou à Laon, si la paix n'était pas faite, s'il y avait guerre et contre qui. Tous me répondirent qu'ils n'attachaient point au mot d'alliés un sens contraire à l'état de nos rapports actuels, et qu'ils ne l'avaient employé que pour abréger. Sur quoi je fis sentir que, quelque fut le prix de la brièveté il ne la fallait point admettre aux dépens de l'exactitude.

Quant au contenu du protocole, c'était un tissu de raisonnements métaphysiques destinés à faire valoir des prétentions que l'on appuyait encore sur des traités à nous inconnus. Discuter ces raisonnements et ces prétentions, c'eût été se jetter dans un océan de disputes ; je sentis qu'il était nécessaire de repousser le tout par un argument péremptoire ; je lus plusieurs paragraphes, et je dis : « je ne comprends pas », je les relus posément une seconde fois de l'air d'un homme qui cherche à pénétrer le sens d'une chose ; et je dis, « je ne comprends pas davantage », j'ajoutai : « il y a pour moi deux dattes entre lesquelles il n'y a rien, celle du 30 may où la formation du congrès a été stipulée, et celle du 1er octobre où il doit se réunir. Tout ce qui s'est fait dans l'intervalle m'est étranger et n'existe pas pour moi. » La réponse des plénipotentiaires fut qu'ils tenaient peu à cette pièce, qu'ils ne demandaient pas mieux que de la retirer, ce qui leur attira de la part de Mr de Labrador l'observation que pourtant ils l'avaient signée.

Après avoir abandonné cette pièce, ils en produisirent une autre. C'était un projet de déclaration que Mr de Labrador et moi devions signer avec eux si nous l'adoptions. […]

Ce projet avait visiblement pour but de rendre les quatre puissances qui se disent alliées maîtresses absolues de toutes les opérations du congrès, puisque dans l'hypothèse où les six puissances principales se constitueraient juges des questions relatives à la composition du congrès […], la France et l'Espagne, même en les supposant toujours d'accord sur toutes les questions, ne seront que deux contre quatre.

Je déclarai que, sur un projet de cette nature, une première lecture ne suffisait pas pour se former une opinion, qu'il avait besoin d'être médité, qu'il fallait avant tout s'assurer qu'il était compatible avec des droits que nous avions tous l'intention de respecter, que nous étions venus pour garantir les droits de chacun, et qu'il serait trop malheureux que nous débatissions pour les violer ; que l'idée de tout arranger avant d'assembler le congrès était pour moi une idée nouvelle ; qu'on proposait de finir par où j'avais cru qu'il était nécessaire de commencer. […] J'ai demandé pourquoi dès à présent on ne réunirait pas le congrès, quelles difficultés on y trouverait. Chacun alors a présenté la sienne : une conversation générale s'en est suivie. […]

(Les différentes pièces dont il est question dans la lettre que j'ai l'honneur d'écrire à Votre Majesté se trouvent jointes à la lettre officielle que j'écris aujourd'huy au département).

Après les avoir reçus et y avoir bien réfléchi, je pensai qu'il ne fallait point attendre la prochaine conférence pour faire connaître mon opinion. Je rédigeai une réponse d'abord en forme de note verbale, puis venant à songer que les ministres des quatre cours ont eu entre eux des conférences ou qu'ils tenaient des protocoles qu'ils signaient, il me parut qu'il ne fallait pas qu'il n'y eut entre eux et le ministre de Votre Majesté que des conversations dont il ne restait aucune trace, et qu'une note officielle servirait à nouer convenablement la négociation. J'adressai donc le premier octobre aux ministres des cinq autres puissances une note signée portant en substance que les huit puissances qui avaient signé le traité du 30 may me paraissaient par cette circonstance seules et à défaut de médiateur, pleinement qualifiées pour former une commission qui préparait pour la décision du congrès les questions qu'il devait avant tout décider, et lui proposait la formation des comités qu'il avait été jugé expédient d'établir […].

Après avoir expédié cette note, je suis parti pour l'audience particulière que m'avait fait annoncer l'empereur Alexandre. Mr de Nesselrode était venu me dire de sa part qu'il désirait de me voir seul et lui-même me l'avait rapporté la veille à un bal de la cour où j'avais eu l'honneur de me trouver avec lui. En m'abordant il m'a pris la main, mais son air n'était point affectueux comme à l'ordinaire, sa parole était brève, son maintien grave et peut-être un peu solennel. J'ai vu clairement que c'était un rôle qu'il allait jouer. « Avant tout, m'a-t-il dit, comment est la situation de votre pays ? – Aussi bien que Votre Majesté a pu le deviner, et meilleur qu'on n'aurait osé l'espérer. – L'esprit public ? – Il s'améliore chaque jour. – Les idées libérales ? – Il n'y en a nulle part plus qu'en France. » […]

Hier qui devait être le jour de la seconde conférence, Mr de Merci me fut député par Mr de Metternich pour me dire qu'elle n'aurait pas lieu.

Un ami de Mr Gentz l'étant aller voir dans l'après-midi, l'avait trouvé très occupé d'un travail qu'il lui dit être fort pressé. Je crus que c'était une réponse à ma note.

Le soir, chez le prince Tannmansdorf, les plénipotentiaires me reprochèrent de la leur avoir adressée, et surtout, de lui avoir donné en la signant un caractère officiel. Je leur dis que comme ils écrivirent et signèrent entre eux, j'avais cru qu'il fallait aussi écrire et signer. J'en conclus que ma note ne laissait pas que de les embarrasser.

Aujourdhuy Mr de Metternich m'a écrit qu'il y avait une conférence ce soir à huit heures, puis il m'a fait dire qu'il n'y en aurait pas, parce qu'il était mandé chez l'empereur.

Telle est, Sire, la situation présente des choses.

Votre Majesté voit que notre position ici est difficile : elle peut le devenir chaque jour davantage. L'empereur allemand donne à son ambition tout son développement, elle est enrichie par Mr de La Harpe et par le prince Cautsmenski : la Prusse espère de grands accroissements, l'Autriche, pusillanime, n'a qu'une ambition honteuse, mais elle est complaisante pour être aidée : et ce ne sont pas là les seules difficultés. […]

Je suis avec le plus profond respect, Sire, de Votre Majesté, le très humble, très obéissant et très fidèle serviteur et sujet le prince de Talleyrand.

Vienne, le 4 octobre 1814.

Mémoires et documents, France, 678, fol. 15-16.

1814 : Que complote Napoléon à l'île d'Elbe ?

Les Cent-Jours ou « l'Esprit de sacrifice », a pu dire Dominique de Villepin dans l'ouvrage qu'il a consacré au retour de Napoléon de l'île d'Elbe. Arrivé à Porto Ferraio le 3 mai 1814, on sait que Napoléon y séjourna jusqu'au 26 février de l'année suivante. D'abord vaguement intéressé par une véritable exploitation économique de l'île, il dressa pour cet empire dérisoire tout un programme de routes, de constructions, sinon d'urbanisme. Puis, très vite, d'autres idées lui vinrent en tête. « Très vite, remarque Dominique de Villepin, son orgueil blessé se rebelle. Que fait-il donc sur cette scène de carnaval ? L'exil elbois semble comme étranger à sa destinée vouée à la gloire ou à la tragédie : Austerlitz ou Longwood, qui en ont les deux visages… » Elbe ne sera donc que l'île *du repos*, comme l'a baptisée l'Empereur, « le lieu idéal de la convalescence et non le théâtre de la fin ». Dans le premier temps de l'exil, Napoléon se cherche, veut fuir le doute en épousant pleinement sa nouvelle terre… En novembre (1814), ses marques sont prises ; désormais commence la seconde phase de l'exil, celle de la renaissance proprement dite, qui durera jusqu'en février. *Ses occupations deviennent davantage intérieures*, note Marchand dans ses Mémoires… En fait, on nous le dit clairement, Napoléon renoue avec

Bonaparte. Mais entouré d'une cour dérisoire, cet exil intérieur que même la visite de Maria Walewska ne viendra pas illuminer est surveillé par toutes les puissances. Et, en particulier, par le consul de France Mariotti, installé à Livourne pour veiller de plus près sur le souverain déchu. C'est en effet de Livourne que partent la plupart des bateaux en direction, non seulement de l'île d'Elbe, mais aussi de la Corse. Mariotti, comme beaucoup d'autres, a ses espions, en particulier l'ex-capitaine de gendarmerie Costa, qui le renseigne sur les faits et gestes de l'Empereur. Pourtant, quelle que soit l'agitation que l'on pourrait deviner peu à peu autour de celui-ci, ni le gouvernement français, ni aucune des puissances qui détiennent l'Empereur ne prendront de véritables mesures pour empêcher son retour.

On trouvera tout d'abord ici un rapport de Costa fait à Mariotti en juillet 1814, puis une lettre du même Mariotti adressée au ministre des Affaires étrangères, le comte de Jaucourt, le 25 octobre 1814.

Le dernier document de cet ensemble est la lettre envoyée par Talleyrand à Louis XVIII le 7 mars 1815. Napoléon a débarqué à Golfe Juan depuis le 1er mars, Talleyrand est à Vienne où il participe toujours au Congrès, il « doit croire que Votre Majesté sait déjà, ou qu'Elle aura appris avant de recevoir cette lettre, que Bonaparte a quitté l'île d'Elbe… ». Cette fois-ci, c'est la lenteur des communications diplomatiques en 1815 qui est mise en évidence. Avec une semaine de retard, Talleyrand « informe » ou confirme à son souverain cette nouvelle dans une correspondance qui arrivera encore quelques jours plus tard…

Rapport de l'ex-capitaine de gendarmerie Costa venant de l'Isle d'Elbe

Cet officier a rapporté avoir vu deux fois l'empereur Napoléon pendant son séjour à l'Isle d'Elbe. Il l'a trouvé dans sa chambre, sans bas ni habit, l'air assez gai ; mais marquant de temps en temps un esprit préoccupé et triste. Bonaparte lui a fait beaucoup de questions sur la dernière révolution de la Corse, en disant que les Corses avaient eu tort ; qu'ils devaient rester tranquilles et servir Louis XVIII avec fidélité.

Il a ajouté qu'il désirait former un bataillon corse et il demanda au capitaine Costa s'il pouvait compter sur quelques recrues du pays, ce à quoi ce dernier lui répondit qu'il craignait que le gouvernement français n'y consentît pas. Il ne peut pas l'empêcher, qu'est-ce que cela lui fait ? répliqua-t-il. Il demanda ensuite s'il voulait entrer à son service, il lui aurait donné le commandement de ce bataillon. L'ex-capitaine Costa le remercia en disant qu'il voulait rester tranquille et qu'il avait déjà dans le temps refusé le commandement d'un bataillon, et qu'il ne pouvait d'ailleurs servir que dans son pays.

Napoléon le fit asseoir et prendre une glace.

Mr Costa rapporte que le général Bertrand paraît être très indisposé contre les Corses et qu'il les reçoit très mal ; que la plupart des hommes qui ont été enrôlés en Corse pour l'Elbe en déserteront au premier moment, ils disent que ce n'était pas la peine de s'expatrier pour n'avoir que neuf sous par jour et le pain.

Napoléon fait bâtir une maison de campagne sur une hauteur. Il attend la princesse Borghèse. On dit à l'Elbe que le pape n'a pas voulu recevoir le prince Borghèse dans ses États ; mais qu'il a très bien reçu Lucien Bonaparte et sa mère. On dit que Louis Bonaparte se fait moine et que son frère Joseph est en Suisse.

Napoléon Bonaparte a répété en quittant le capitaine Costa que les Corses devaient rester tranquilles et fidèles à Louis XVIII, qu'ils n'avaient que cela à faire.

Mr Gaffori répond de la famille Costa.

Ajaccio, le 1er juillet 1814.

Mémoires et documents, France, vol. 1800, fol. 49.

À Son Excellence Monseigneur le comte de Jaucour, ministre d'État chargé par intérim du portefeuille du département des Affaires étrangères à Paris

Livourne, le 25 octobre 1814

Monseigneur,

Le congrès de Vienne occupe en ce moment tous les esprits. Les habitants de l'Italie attendent avec impatience d'en connaître les résultats. S'il faut en croire les bruits qui circulent, Napoléon aura une autre destination et cédera à sa mère la souveraineté de l'Isle d'Elbe. On regarde comme une certitude de ce changement l'ordre qu'il a donné de suspendre les travaux qui avaient été commencés. D'autres personnes attribuent la suspension de ces travaux à un embarras de finances. On dit que l'on cherche à vendre ici quelque diamant et bijoux qui lui appartiennent. Ce qu'il y a de certain c'est qu'il se plaint hautement du retard que la France met à faire acquitter la pension qui lui a été garantie par les traités.

Depuis quelques jours, le colonel Campbell est parti pour Portoferrajo. Il a renvoyé à Livourne le brick qui l'y avait conduit ce qui fait augurer qu'il demeurera à l'Isle d'Elbe pendant la durée du congrès. C'est un fait incontestable que les Anglais gardent Napoléon à vie. De toutes les puissances, l'Angleterre est la seule qui s'en occupe ouvertement et à en juger par les soins des agents qui sont chargés de cette surveillance, il paraît qu'elle y attache un grand intérêt à sa sûreté.

N° 119 (66)

Livourne le 25 Octobre 1814.

135

Monseigneur

Le Congrès de Vienne occupe en ce moment tous les esprits. Les habitans de l'Italie attendent avec impatience d'en connaître les résultats. S'il faut en croire les bruits qui circulent Napoléon aura une autre destination et cédera à sa Mère la Souveraineté de l'Isle d'Elbe. On regarde comme une certitude de ce changement l'ordre qu'il a donné de suspendre les travaux qui avaient été commencés. D'autres personnes attribuent la suspension de ces travaux à un embarras de finances. On dit que l'on cherche à vendre ici quelques diamans et bijoux qui lui appartiennent. Ce qu'il y a de certain c'est qu'il se plaint hautement du retard que la France met à faire acquitter la pension qui lui a été garantie par les traités.

Depuis quelques jours le Colonel Campbell

A Son Excellence Monseigneur le Comte de Jaucourt Ministre d'Etat chargé par interim du Portefeuille du Département des affaires Etrangères à Paris

Lettre de Mariotti au ministre
des Affaires étrangères concernant l'île d'Elbe.

Le colonel de gendarmerie Lescronier est à Florence depuis quelques mois. Il y a des propriétés qui servent de prétexte à son séjour ; mais il semble chargé d'une mission secrète.

On est toujours à la recherche du dépôt d'armes que l'on dit exister aux environs de Livourne. Jusqu'à présent on n'a rien découvert.

Mr Colonna qui de Rome a accompagné à l'Isle d'Elbe la mère de Bonaparte est arrivé ici venant de Portoferraio. Il est parti sur-le-champ pour Florence où on assure qu'il va au nom de Napoléon complimenter le grand-duc sur son retour dans ses États.

Je joins ici, Monseigneur, un bulletin renfermant quelques renseignements.

Daignez agréer l'hommage du profond respect avec lequel j'ai l'honneur d'être

Monseigneur, de votre Excellence, le très humble et très obéissant serviteur

Mariotti.

Mémoires et documents, France, vol. 1800, fol. 135-166.

Lettre de Talleyrand à Louis XVIII

Sire,

Je dois croire que Votre Majesté sait déjà, ou qu'elle aura appris avant de recevoir cette lettre, que Buonaparte a quitté l'isle d'Elbe, mais à tout événement, je m'empresse de lui en transmettre la nouvelle. Je l'ai eue d'abord par un billet de Mr de Metternich, auquel j'ai répondu que je voyais par les dattes que cette évasion de Buonaparte se trouvait liée à la demande que Murat avait fait à l'Autriche de lui accorder pour ses troupes un passage par ses provinces. Le duc de Wellington m'a ensuite communiqué une dépêche de Lord Burghest, dont j'ai l'honneur de joindre ici la traduction, ainsi que l'extrait d'une lettre du vice-consul d'Ancone, extrait que le duc de Wellington m'a aussi communiqué.

C'est le 25 à neuf heures du soir que Buonaparte s'est embarqué à Porto-Ferraio ; il a emmené avec lui environ deux cents hommes, dix pièces de canon dont six de campagne, quelques chevaux et des provisions pour cinq ou six jours. Les Anglais qui s'étaient chargés de surveiller ses mouvements l'ont fait avec une négligence qu'ils auront peine à excuser.

La direction qu'il a prise, celle du nord, semble indiquer qu'il se porte ou du côté de Gênes, ou vers le midi de la France. Je ne puis croire qu'il oserait tenter sur nos provinces méridionales. Il ne s'y hazarderait qu'à la faveur d'intelligences qu'il n'est pas à supposer qu'il ait. Il n'en est pas moins nécessaire de prendre des précautions de ce côté, et d'y mettre des hommes de choix et parfaitement sûrs. Du reste, toute entreprise de sa part sur la France serait celle d'un bandit. C'est ainsi qu'il devrait être traité, et toute mesure permise contre les brigands devrait être employée contre lui.

Il me paraît infiniment plus vraisemblable qu'il veut agir dans le nord de l'Italie. Le duc de Wellington me dit qu'il y a à Gênes deux mille Anglais et trois mille Italiens qui ont fait la guerre d'Espagne et qui sont entrés au service du roi de Sardaigne. Il ne doute pas que ces troupes qu'il dit excellentes ne fassent leur devoir. Le roi de Sardaigne est à Gênes dans ce moment et doit y avoir sa garde. Il y a aussi dans le port trois frégates anglaises. Si donc Buonaparte fesait une tentative sur Gênes avec deux cents hommes, il échouerait, mais il est à craindre qu'il ne se porte par les montagnes vers l'État de Parme et la Lombardie, et que sa présence n'y soit le signal d'une insurrection préparée de longue-main, que la mauvaise conduite des Autrichiens et la fausse politique de leur cabinet n'a que trop favorisée et qui étant soutenue par les troupes de Murat, avec lequel il est probable que Buonaparte est d'accord, mettrait l'Italie toute entière en combustion. Le prince de Schwartzemberg et Mr de Metternich m'ont dit l'un et l'autre, que si Buonaparte arrivait dans le nord de l'Italie, cela les mettrait dans le plus grand embarras, parce qu'ils ne seuront point encore en mesure. La nuit dernière, des estafettes ont été expédiées à tous les corps destinés pour l'Italie, afin de hâter leur marche, mais quelque diligence que ces corps fassent, il leur faut un mois au moins pour être rendus à leur destination, et un mois peut amener bien des événements. Il paraît que le prince de Schwartzemberg aura lui-même l'ordre de se rendre en Italie.

Dans toute hypothèse, Votre Majesté jugera sûrement nécessaire de réunir des forces suffisantes dans le midi, pour agir suivant les circonstances. Les suites de cet événement ne sauraient être encore prévues ; mais il en peut avoir d'heureuses, si l'on en sait tirer parti. Je ferai tout ce qui sera en moi, pour qu'ici l'on ne s'endorme pas, et pour faire prendre par le congrès une résolution qui fasse tout à fait descendre Buonaparte du rang que, par une inavouable faiblesse, on lui avait conservé, et le mettre enfin hors d'état de préparer de nouveaux désastres à l'Europe.

On a délibéré sur la manière de faire connaître au roi de Saxe les cessions que les puissances sont convenues qu'il ferait à la Prusse, et pour lesquelles son consentement est nécessaire. On est convenu d'extraire du protocole général les articles qui contiennent ces cessions et d'en former un protocole particulier que, pour plus d'égards, nous remettrons au roi, le duc de Wellington, le prince de Metternich et moi, nous irons à cet effet tous les trois à Presbourg après-demain. La résistance du roi de Saxe serait inutile pour lui et très fâcheuse pour tout le monde, surtout dans un moment où il importe de pouvoir réunir tous les esprits et toutes les opinions contre les entreprises de l'homme de l'Isle d'Elbe. Nous ferons donc tout ce qui sera nécessaire pour que le roi de Saxe se soumette de bonne grâce à ce qu'exige la nécessité des conjonctures.

On est d'accord sur les affaires de Suisse. Les Russes forcés de renoncer à l'idée d'exclure le canton de Berne du nombre des cantons directoriaux, ont demandé que, du moins, il fut invité à modifier sa constitution, en y introduisant une partie représentative. Toutes les puissances ont adhéré à cette demande qui est dans les idées du tems, et la France n'a pas pu s'y refuser, les lettres de Mr de Wateville et de Malliner fesant connaître que cette demande n'est point de nature à épargner à Berne des difficultés sérieuses. C'est aussi l'avis de l'envoyé bernois, Mr de Zerleeder.

Je suis avec le plus profond respect, Sire, de Votre Majesté, le très humble, très obéissant et très fidèle serviteur et sujet le prince de Talleyrand.

Vienne, 7 mars 1815.

Mémoires et documents, France, vol. 1800.

1816 : Napoléon restera-t-il à Sainte-Hélène ?

D'une île l'autre : Napoléon n'est pas plus tôt arrivé à Sainte-Hélène que d'aucuns imaginent déjà l'en faire s'en évader. Le gouvernement des États-Unis lui-même, qui n'avait pas oublié ce que son pays devait à la Révolution dont Napoléon avait pris la suite, aurait vu dans un nouveau retour de l'Empereur, où que ce soit, une formidable gifle à l'Angleterre. L'un des principaux acteurs de ces diverses tentatives fut Joseph Lakanal, ce même Lakanal qui, en 1795, président du comité d'Instruction publique après Thermidor, avait établi dans chaque département les Écoles centrales qui constituèrent la première forme des lycées. Ce fut Lakanal aussi qui participa à la création des Écoles normales, à l'École des langues orientales, au bureau des Longitudes de l'Institut. Sa carrière politique en avait fait un membre du Conseil des Cinq-Cents, puis un commissaire du Directoire. Dès la première Restauration, considéré comme régicide, Lakanal se préparait à quitter la France. Mais après Waterloo, il lui fallut gagner en hâte les États-Unis où, fort bien reçu, on lui offrit des terres. Et c'est là, au Tombigbee, véritable colonie bonapartiste en territoire américain, qu'il commença à comploter en compagnie de

Joseph Bonaparte, de Grouchy, de Clauzel, de Régnaud, de Saint-Jean d'Angély et de quelques autres.

Les deux documents que l'on trouvera ici sont d'abord une lettre en date de 1816 de Hyde de Neuville, ministre de France aux États-Unis qui, dès son arrivée à New-York en juin 1816, apprend le départ de Baltimore, pour une destination inconnue, de quatre goélettes avec trois cents hommes à bord. D'où les mesures que « croit devoir prendre » M. Hyde de Neuville en envoyant des espions dans le sud. Naturellement, les goélettes en question n'arrivèrent jamais à Sainte-Hélène.

Le deuxième document est beaucoup plus curieux. C'est un « Rapport adressé à Sa Majesté le Roi des Espagnes et des Indes par ses fidèles sujets les citoyens composant la Confédération Napoléonienne ». Ce projet de « Confédération Napoléonienne » visait à restaurer à Joseph Bonaparte un empire en Amérique du Sud, pour faire de Napoléon le roi du Mexique. Ce document fut intercepté : on imagine bien que l'entreprise relevait de l'utopie. Mais qu'on se souvienne que dans le même temps, une « terre d'asile » avait été installée au Texas par d'anciens généraux bonapartistes qui, sous couvert d'une « société pour la culture de la vigne et de l'olivier », auraient peut-être imaginé d'en faire un camp militaire d'entraînement pour une autre entreprise au Mexique…

Lettre de G. Hyde de Neuville

New York, 22 juin 1816

Monsieur le Duc,

Je m'empresse d'informer Votre Excellence de mon arrivée aux États-Unis, après 29 jours d'une assez pénible traversée. [...]

Mr le Consul général vient d'arriver et de m'informer de l'expédition secrète, dont il a donné avis par sa lettre du 14 à Votre Excellence. Il paroît que quatre goélettes ont mis à la voile à Baltimore pour une expédition dont on ignore jusqu'à présent la destination, et à laquelle on a mis le plus grand mystère. Ces vaisseaux n'avoient en partant qu'un équipage ordinaire ; ils ont été rejoints par des chaloupes avec 300 hommes ; ils avoient, à fond de cale, un certain nombre de pièces d'artillerie. Une personne intelligente, dévouée au Roi, me donne la même information. Son opinion, conforme à celle du Consul général, est que cette expédition est pour Sainte-Hélène et que ce n'est que pour détourner l'attention qu'on répand sourdement qu'elle n'a d'autre but que de se joindre à celle du révolté Bovillard[1]. M. Framery[2] paraissait craindre que cet armement ne fût favorisé par l'Angleterre : je ne partage nullement cette opinion : si le gouvernement anglois vouloit faire sauver Buonaparte, il aurait recours à des moyens plus certains. Je ne pense pas non plus que M. Parish soit du complot. Au reste, M. Fougeret et le négociant dont j'ai déjà parlé... je ne négligerai rien pour connoître le véritable but de cette entreprise. Je crois qu'on doit toujours agir comme si elle avoit pour but Sainte-Hélène. Je ferai, de mon côté, tout ce qui sera en mon pouvoir. Votre Excellence verra, par cet événement, combien je suis fondé à réitérer ma demande de quelques bâtimens légers, commandés par des officiers sûrs. Je me réfère, donc, à mes deux dernières lettres datées de Brest ; il seroit même possible que l'armement fût, en effet,

1. Sans doute Bolivar.
2. Le Consul général de France.

se joindre à celui de Bovillard et que cet homme audacieux eût, lui-même, formé le projet de donner, dans Buonaparte, un chef aux révoltés espagnols. Au surplus, le gouvernement doit savoir quelles sont les précautions prises à Sainte-Hélène S'il faut en croire les mauvais Français, Buonaparte n'est pas le seul danger qui menace la France.

Correspondance politique, États-Unis, vol. 73, fol. 55-56.

Rapport adressé à Sa Majesté le roi des Espagnes et des Indes par ses fidèles sujets les citoyens composant la Confédération napoléonienne

Sire,

Dans le cours des réflexions profondes que nous avons faites sur le grave sujet qui nous occupe, et qui assiègent constamment nos esprits, la première idée, celle à laquelle nous nous sommes arrêtés le plus longuement, comme étant la plus facile à réaliser, a été de nous rendre sur les lieux avec quelques témoignages de vos bontés.

Nous avons d'abord travaillé sur une petite échelle, parce que nous ne pensions agir que d'après nos seuls moyens personnels. Nous avions contre le succès de notre entreprise des chances multipliées ; qu'importe, nous étions dévoués, le sacrifice était entier, nous n'en réservions rien.

Par l'accroissement progressif des lumières qui ont jailli de toutes parts, lorsque nous nous sommes vus entourés d'une foule de partenaires expérimentés, un projet qui n'était que faiblement entrevu, et, en quelque sorte, le premier jet de nos pensées, est devenu un plan régulier concerté dans son ensemble et calculé dans tous ses détails.

Toutefois, en organisant une sorte de propagande civique, nous n'avons songé qu'à former une entreprise purement civile ; les accessoires tels que des uniformes, des armes, des tentes, qui semblent porter un certain caractère militaire, n'ont pour objet que notre conversation personnelle.

Cependant, en jettant les yeux sur le tableau des peuplades indiennes annexé au présent rapport, et dont la plupart errent dans les contrées que nous allons parcourir, nous avons senti qu'il fallait être en mesure de leur résister, si ces tribus turbulentes faisaient quelques démonstrations hostiles.

Nous avons jugé également important de prévenir, pour en triompher, une attaque possible de la part d'un parti espagnol.

Enfin il nous a paru avantageux de nous montrer avec le développement de forces respectables, pour assurer le promt succès de la négociation.

Dans cet état, notre délibération commune est parvenue à son dernier degré de maturité, et ses résultats invariablement fixés dans le projet d'arrêté que nous allons soumettre à Votre Majesté.

Nous la supplions d'observer que dans le cours de nos propositions successives, il n'y a eu ni tergiversation, ni pas rétrograde.

Seulement, le cadre s'est progressivement élargi, parce que nous avons vu en face tous les obstacles qu'il fallait vaincre ; mais tous nos pas vers le but proposé sont, nous osons le dire, autant de points d'une ligne droite.

Aujourd'hui, et dans toutes les suppositions possibles, notre succès est assuré, ou il n'y a rien de certain sur la terre.

Voici le projet définitif, la première dépêche qui le suivra sera datée du Mexique, ou, tout au plus près, des frontières de ce royaume.

ART 1

La Confédération napoléonienne sera portée au nombre effectif de neuf cents membres, armés et équipés en tirailleurs des troupes des Indépendants du Mexique.

ART 2

Pour concilier, dans cette opération, le secret avec la célérité, il sera nommé, séance tenante, 150 membres en qualité de commissaires, qui se transporteront sans retard sur les divers points des États du Missouri-Territory, de l'Illinois-

Territory, du Mississippi-Territory, du district de Columbia, du Michigan-Territory, du Tennessee, du Kentucky et de l'État de l'Ohio, désignés dans le tableau qui sera annexé au présent arrêté.

Population de ces divers États

États du Missouri	20 845	habitants
des Illinois	12 282	
du Mississippi	40 352	
de la Columbia	24 023	
Michigan	4 762	
Tennessee	261 727	
Kentucky	406 511	
Ohio	inconnnu	

ART 4

Chaque commissaire se portera sur les lieux où il a ses parents, ses amis, ses connaissances, ses relations, et s'y adjoindra jusqu'à concurrence de cinq individus connus par des principes analogues à la nature de l'entreprise, et cherchera à les y attacher plus fortement encore par quelques légers bienfaits actuels et par des espérances fondées dans un avenir peu éloigné, selon le caractère et la conduite des personnes ; il ne s'ouvrira point sur le fond de l'entreprise, et usera, en toutes choses, d'économie et de circonspection.

ART 5

L'époque du retour des commissaires est irrévocablement fixée au................ Durant leur mission, ils instruiront le Comité exécutif, jour par jour, et par lettres chiffrées, de l'état de leurs opérations, et leur indiqueront les objets d'armement et d'équipement qu'on ne peut se procurer sur les lieux, afin que le Comité avise aux promts moyens de les fournir sans délai, sur les fonds mis à sa disposition.

ART 6

Il sera, séance tenante, nommé un commissaire pour se transporter successivement à Louisville, Natchez, et si le besoin le requiert, à New Orléans, afin d'acquérir, aux frais de la Confédération, deux pièces de campagne en bon état de service.

ART 7

Le tableau des nouvelles dépenses à faire pour l'éxécution du présent arrêté est adopté comme il est dressé par la Commission spéciale d'examen : en conséquence, les frais d'équipement, armement, provisions demeurent fixés, à raison de 200 frs par chacun des 750 membres qui vont être réunis à la Confédération ; le total de la nouvelle dépense à faire est de cent cinquante mille francs.

Mais comme plusieurs des nouveaux membres pourront contribuer personnellement, au lieu d'être à charge à la caisse commune, d'autres s'équiperont à leurs frais, d'autres seront en état de faire des avances, on a jugé, d'après des aperçus qu'on estime rigoureux, ou tout au moins satisfaisants, que la moitié des nouveaux membres sera seule à la charge de la société. En conséquence, la nouvelle dépense à faire est réduite à la somme de soixante quinze mille francs.

ART dernier

Sa Majesté le Roi Joseph sera supplié de faire mettre cette somme à la disposition de ses fidèles sujets, les membres composant la Confédération napoléonienne.

Il sera adressé au roi un reçu signé de tous les dits membres, pour établir leur solidarité individuelle.

Sire,

Votre Majesté aura donc fait un fonds de cent mille francs, et elle accueille nos dernières et définitives résolutions.

Ainsi, elle est certaine de reconquérir un des premiers trônes de l'univers et de relever son illustre dynastie.

Le succès de cette nouvelle levée d'hommes ne peut être contesté par tous ceux qui étant sincèrement dévoués à l'auguste cause de Votre Majesté, ont de plus la véritable connaissance des localités ; en effet, dans les États de l'ouest, les travaux de l'agriculture se concentrent presque tous dans la production du maïs, qui doit être planté avant la fin de mai, pour n'avoir par à redouter les gelées précoces de l'arrière saison.

Cette production alimentaire, une fois soigneusement labourée et nouée, ne demande plus aucun travail. Sa force végétative la fait triompher des vigoureuses herbes parasites qu'une terre substantielle produit en abondance.

Ainsi, l'été et l'automne sont des saisons de repos pour les Américains de l'Ouest. La chasse, la pêche, les entreprises aventureuses les occupent alors exclusivement.

Avec du zèle, quelque habileté, un noyau considérable d'hommes connus, estimés, le succès de la promte levée qui nous occupe, ne peut être incertain et nous pouvons assurer à Votre Majesté que cette levée n'a pas été, pour aucun de nous, dans toutes nos délibérations, la matière d'un doute.

L'Américain de l'Ouest est discret, réservé, impénétrable dans les affaires d'importance. Nous avons tous la profonde conviction que le secret sera religieusement gardé sur le fond de l'entreprise ; s'il en transpire quelque chose, sur de légers accessoires.

Sire, nous allons agir comme si la réponse de Votre Majesté était confirmative de nos dernières résolutions.

L'essentiel de l'entreprise, c'est à dire la partie du personnel, sera prête quand nous recevrons la réponse que nous supplions Votre Majesté de nous faire.

Si vous n'approuviez pas, Sire, nos dernières résolutions, nous agirions d'après le plan resserré que nous vous avons antérieurement soumis.

Nous terminerons par une considération qui nous paraît d'un poids immense.

Si Votre Majesté, aussi digne de régner qu'elle prise peu une couronne, si fort au dessous de ses vertus personnelles, ne veut rien tenter de décisif pour elle-même, qu'elle daigne ne pas perdre de vue les hauts intérêts de ses enfants et des peuples qui trouvent en elle un second père.

Pour copie conforme
Le ministre du Roi
Hyde de Neuville.

Correspondance politique, États-Unis, vol. 74, fol. 163-166.

1817 : La table de porcelaine du prince régent d'Angleterre

Les cadeaux aux hommes d'État font partie du cérémonial obligé de tout service du protocole qui se respecte. En des temps qui sont les nôtres, on a pu voir tel homme politique accumuler dans sa résidence, éventrée à la fin de son règne par une révolution, le plus invraisemblable des bric-à-brac quasiment publicitaires en provenance de la plupart des pays qu'il croyait ses amis. Ou encore, tel président de la République créer un musée composé des cadeaux qu'il a reçus. On a vu également plus haut comment des chevaux pouvaient constituer un présent de choix dont la couleur même répondait à des règles précises. Plus tard, le don d'une girafe à un ministre peu populaire déchaînera l'hilarité des foules qui voudront voir une ressemblance entre l'animal et le politique.

À titre de curiosité, on publiera donc des extraits d'une correspondance étalée sur près de cinq mois, relative au don par Louis XVIII d'une table de porcelaine au prince régent d'Angleterre. On sait que le prince régent, futur George IV, assuma pendant neuf ans le pouvoir, entre 1811 et 1820, en raison des accès de folie plus ou moins passagers du roi George III. C'est ce prince régent qui construisit à Brighton le célèbre *Royal Pavilion*, chef-d'œuvre kitsch où le néo-classicisme se mélange à l'hyper-néo-orientalisme. Une superbe peinture, plus kitsch encore, le représente à peu près nu et bedonnant, mais l'ordre de la Jarretière fièrement fixé à la jambe, en train de « réveiller l'esprit de Brighton endormie ». Brighton, en l'occurrence, est représentée sous les traits et les formes d'une délicieuse nymphe, potelée et alanguie. On imagine que la table de porcelaine de Sèvres dont Louis XVIII lui fit présent combla son goût pour ce type de luxe. En tout cas, de Louis XVIII au marquis d'Osmond, ambassadeur de France en Angleterre, en passant par le général Bloomfield, chef de la maison royale et par le duc de Richelieu lui-même, alors ministre des Affaires étrangères, nombreuses furent les personnalités éminentes qui participèrent à l'envoi de ce cadeau.

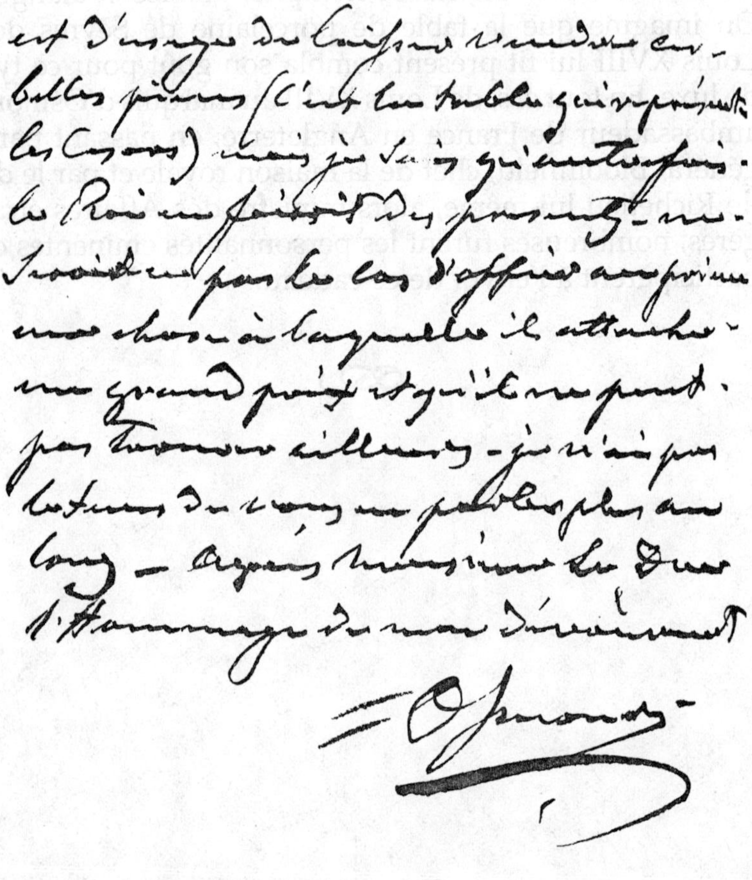
est d'usage de laisser vendre ces belles pièces (c'est la table qui représente les Césars) mais je sais qu'autrefois le Roi en faisait des présents — notamment pour les cas d'offrir au prince une chose à laquelle il attache un grand prix et qu'il ne peut pas trouver ailleurs — je n'ai pas le temps de vous en parler plus au long — Agréez Monsieur le Duc l'hommage de mon dévouement

Osmond

Lettre du marquis d'Osmond concernant
la « table de porcelaine » destinée au prince régent d'Angleterre.

Le marquis d'Osmond, ambassadeur de France en Angleterre, au duc de Richelieu, ministre des Affaires étrangères

Le 21 janvier (1817)

… Le général Bloomfield, chef de la maison et qui me fait très bien les honneurs m'a conté que M. le Régent désirait une table en porcelaine de Sèvres, qu'il avait donné ordre de l'acheter, mais qu'à la manufacture on ne voulait pas la vendre sans la permission du Roi, qu'enfin il s'adressait à moi pour savoir s'il y avait moyen d'obtenir cette permission. Je ne sais pas s'il est d'usage de laisser vendre ces belles pièces (c'est la table qui représente les Césars), mais je sais qu'autrefois le Roi en faisait des présents. Ne serait-ce pas le cas d'offrir au prince une chose à laquelle il attache un grand prix et qu'il ne peut pas trouver ailleurs ?…

Correspondance politique, Angleterre, vol. 608, fol. 227.

Le duc de Richelieu au marquis d'Osmond : minute Paris, 13 mars 1817

[…] La table de porcelaine destinée à SAR le prince régent sera expédiée vers le 15 à votre adresse. Je vous préviendrai positivement de son départ.

Correspondance politique, Angleterre, vol. 609, fol. 89.

Le même au même : minute

Paris, 20 mars 1817

… La table destinée au prince régent est partie à votre adresse. Vous serez prévenu par la maison qui s'est chargée de ce transport au moment où elle arrivera à Douvres, afin que vous puissiez la réclamer.

Correspondance politique, Angleterre,
vol. 609, fol. 93.

Le marquis d'Osmond au duc de Richelieu, original signé

Londres, le 20 mai 1817

… La table de porcelaine arrivée en très bon état et placée dans une des pièces du grand appartement a fait l'admiration générale. En parlant de la grâce qui avait accompagné ce présent, le prince a dit des choses aimables pour le Roi. L'intérêt que lui inspire Sa Majesté se manifeste naturellement et dans toutes les circonstances qui en amènent l'expression je le crois vrai.

Correspondance politique, Angleterre,
vol. 609, fol. 175.

1822 : Chateaubriand, ambassadeur de France à Londres

Chateaubriand a vécu par trois fois à Londres. Après son séjour américain et le passage obligé par Coblentz, il se retrouve, émigré fuyant la Révolution, à Londres en 1793 et ne reviendra en France qu'après le 18 Brumaire. Son second séjour en Angleterre commence en 1822, après Berlin où il a déjà été ambassadeur et avant le congrès de Vérone. Il revient déjà, en somme, sur les lieux de ses souvenirs. Il y reviendra une troisième fois, en 1843, pour se promener, précisément, parmi ses souvenirs. Son ambassade à Londres fut brillante, en dépit de l'acharnement qu'il mit à tenter de représenter la France au congrès de Laybach, où, selon lui, le sort de l'Europe ne pouvait se jouer sans lui. On refusa de l'envoyer à Laybach, pour mille et une plus ou moins bonnes raisons, il est certain qu'il en souffrit.

De ce deuxième séjour anglais, on a conservé une abondante correspondance, tant diplomatique que personnelle. Mme de Duras, Mme Récamier furent presque des interlocutrices quotidiennes. Mme de Duras avait même formé le projet de faire de sa correspondance avec lui, pendant tout le temps qu'il resterait à Londres, une sorte de véritable journal.

Mais ce qui nous occupe ici c'est la correspondance diplomatique de Chateaubriand. On a déjà vu, au fil de ces pages, de nombreux écrivains diplomates et des diplomates tentés par le démon de l'écriture. Nul, néanmoins, n'a jusqu'ici joué un rôle aussi important sur les deux terrains, celui de la littérature et celui de la vie publique, que Chateaubriand lui-même. Pendant toute la période de la Restauration, son destin se confond avec les aléas de la vie politique. Ministre des Affaires étrangères en 1822, après la démission de Mathieu de Montmorency, son principal correspondant pendant son séjour londonien, il sera destitué par Villèle en 1824. Dès lors, opposant féroce, il publie dans le *Journal des Débats* de vibrants articles en faveur de l'indépendance de la Grèce ou de la liberté de la presse. C'est le ministère Martignac qui le ramène aux affaires en 1828, avant qu'il se retrouve à nouveau en semi-exil, exil pourtant brillant s'il en fut, à l'ambassade de France à Rome. L'arrivée de Polignac au pouvoir le 8 août 1829 l'amène à donner sa démission. Pour lui, sa carrière au service de l'État est achevée.

Le ministère des Affaires étrangères conserve de nombreuses lettres autographes de Chateaubriand, au premier chef celles que l'on publie ici, en date du 19 avril 1822. Dépêche officielle, Chateaubriand y rend compte de sa présentation à George IV, roi d'Angleterre depuis 1820 après en avoir été régent dès 1811 en raison, on l'a vu, de la démence de George III. Il s'agit bien sûr d'une dépêche toute diplomatique, mais où l'on retrouve le ton qui est celui des *Mémoires d'Outre-Tombe*. Leur auteur raconte l'histoire et s'y met en scène. Pour la première fois dans ce volume, on a toutefois choisi de précéder et de conclure cette correspondance par deux lettres, qui ne font pas partie des Archives du Quai d'Orsay. Datées de la veille et du jour-même de la présentation et adressées à Mme de Duras et à Mme Récamier, elles montrent bien de quelle manière chacun des actes de Chateaubriand dans l'exercice de ses fonctions avait un tour personnel. Écrivant à son ministre, il ne pouvait pas ne pas donner à ses deux principales correspondantes les nouvelles de l'ambassadeur de France à Londres dont il informait par ailleurs officiellement son « patron », le vicomte de Montmorency.

À Madame de Duras

Londres, ce 18 avril 1822

Vous êtes une singulière personne, vous ne voulez pas que j'écrive sur de petit papier et au jour le jour, parce que c'est vous imiter : mais j'avais écrit ainsi avant d'avoir reçu vos lettres et ce n'est pas une raison de querelle que de m'être rencontré avec vous dans une chose d'ailleurs fort naturelle. Vous aurez reçu bien d'autres nouvelles de moi, au moment où je vous écris, je n'ai pas manqué un seul courrier : j'ai pris avec Herman toutes les précautions pour que les lettres vous soient remises vite et sûrement, ainsi autre sujet de fâcherie de moins.

Je ne suis occupé ici que de faire *mon chemin*, je veux conquérir l'Angleterre royaliste, je commence à réussir, et je vous avoue que j'en suis dans la joie, mon importance politique augmente, tous les ambassadeurs me recherchent, et j'ai pu faire des dépêches importantes, dont je crois que l'on est content à Paris. J'ai vu aujourd'hui M. Canning, le prince Esterhazy et le comte Lieven, qui tous trois sont venus me parler des affaires les plus graves. Demain j'ai mon audience du roi. Je vous dirai à la fin de cette lettre comment j'aurai été reçu, il faut que vous sachiez d'avance que j'irai à la cour avec deux voitures très belles, mais très simples, quatre domestiques et six cochers en livrée rouge qui est la mienne, voilà tout. C'est le moins possible, et si les journaux *fashionables* font de cela la pompe du grand Mongol, vous saurez à quoi vous en tenir. Ma présentation au roi va m'ouvrir le monde, je vous dirai ce que je verrai dans la société, et si mes conquêtes aux *routs* seront aussi promptes que chez les ministres. Je ne sais que par vous l'intérieur de la France, j'ai écrit pour qu'on ne fasse pas de fautes, que d'un côté on tienne ce qu'on a promis pour les royalistes et que de l'autre côté les royalistes satisfaits aient un peu de patience et ne se divisent pas : mais cette ambassade est un ministère, c'est le monde à remuer, et je vous assure que je n'ai point un moment pour respirer. Il y a outre la correspondance, trois comptabilités à régler, et une surveillance de police sur les étrangers qui arrivent avec des passeports de France. Tout a été laissé dans le plus grand désordre. Je m'occupe à remettre de l'ordre dans les archives et dans les affaires. Je prouverai aux petites gens qu'un homme d'esprit peut avoir les talents d'un sot, et je veux défier au portefeuille les Guizot et les Molé.

À demain, il est onze heures et demie, et depuis 7 heures du matin je n'ai quitté la plume que pour recevoir des visites politiques.

19, 6 heures du soir.

J'ai eu *trois quarts d'heure* d'audience, sans le *lever* je crois que nous y serions encore. Le roi m'a comblé de bontés, on ne peut avoir plus de grâce. Il faut fermer le paquet, le courrier part.

À Mathieu de Montmorency

Londres, le 19 avril 1822

Monsieur le Vicomte,

J'ai eu l'honneur d'être présenté ce matin à Sa Majesté britannique ; j'ai été introduit à deux heures et demie avant le lever, dans le cabinet du roi. Il n'y avait auprès de Sa Majesté que Lord Londonderry. J'ai été frappé de l'air de santé et presque de jeunesse répandu sur toute la personne du roi. Sa Majesté, avec une grâce toute particulière, s'est empressée de me demander des nouvelles du roi, mon maître, dont il m'a parlé avec une noblesse d'expression et une effusion de cœur infiniment remarquables. Je lui ai dit que Sa Majesté Très Chrétienne jouissait d'une santé parfaite ; qu'Elle m'avait spécialement chargé de le prier de visiter son royaume, où Elle serait heureuse de lui rendre l'hospitalité qu'Elle en avait si généreusement reçue. Le roi d'Angleterre a répliqué que, s'il se rendait cette année sur le continent, il irait certainement voir

173

qu'un Jury *Anglois* se prononce contre une chanson imprimée en *François* dans un journal *Anglois* publié hors du pays où le dommage pourroit avoir lieu? Le *Morning-Herald* nous a déjà grossièrement insultés à propos de la saisie du *Morning-Chronicle* à Paris. Une pareille plaidoirie compromettroit peut être inutilement la dignité du Gouvernement François, et celle de l'Ambassadeur du Roi. Le silence du mépris est ce me semble, ce qu'il y a de mieux dans cette circonstance; et vous avez infligé un châtiment plus sûr au *Morning-Chronicle*, en lui interdisant l'entrée de la France.

J'ai l'honneur d'être avec une haute considération,

Monsieur le Vicomte,

Votre très humble et
très obéissant serviteur.

Chateaubriand

Chateaubriand au vicomte de Montmorency.

le roi de France à Paris ; qu'il craignait seulement que Sa Majesté Très Chrétienne ne voulût s'occuper de lui ; qu'il désirait voir Paris en simple voyageur, et sans importuner le roi de France ; mais, a-t-il ajouté, en regardant Lord Londonderry, on ne peut rien décider que d'après les circonstances.

Sa Majesté britannique s'est ensuite informée des nouvelles de *Monsieur*, de Monseigneur le duc d'Angoulême, de *Madame* et de Son Altesse Royale Madame la duchesse de Berry ; Elle a daigné ensuite ajouter quelques paroles très flatteuses pour moi et m'a témoigné sa satisfaction de ce que le roi, mon maître, m'eût choisi pour son ambassadeur en Angleterre.

Changeant ensuite de conversation, le Roi m'a parlé des élections prochaines. Je lui ai dit que j'étais persuadé qu'elles seraient bonnes ; mais, a-t-il repris, on nous assure que vous perdrez *24* vois (*sic*) (je crois qu'il a nommé sir Charles Stuart pour autorité, je n'ai pas parfaitement entendu le nom). Je me suis récrié contre cette assertion, en ajoutant que si la brièveté du temps n'avait pas permis au ministère de prendre toutes les précautions désirables, il avait une telle majorité que, dans tous les cas, il n'y avait rien à craindre, et que la convocation de la session d'été était une excellente opération. Le Roi m'a parlé, dans ce moment, du côté gauche de la Chambre, et à propos de M. de La Fayette, il m'a fait avec une merveilleuse mémoire l'histoire de toute la haute société de France ; il n'y a peut-être que Sa Majesté Très Chrétienne qui sache mieux l'histoire des familles de son royaume. L'audience a duré trois quarts d'heure, ce qui a été remarqué ; et je crois que si le Roi n'eût pas été pressé par la nécessité de recevoir les personnes qui étaient venues lui faire leur cour, elle se serait encore prolongée.

Rentré dans les appartemens, j'ai pris mon rang d'arrivée après le comte de Lieven et le prince Esterhazy, lorsque Sa Majesté a paru en public, Elle m'a parlé de nouveau avec bonté. Je lui ai présenté M. le comte de Caraman pour prendre congé ; M. le vicomte de Marcellus, mon premier secrétaire d'ambassade, et M. le comte de Galliffet. Le Roi ayant dit au prince Esterhazy, auprès duquel il me voyait, que j'étais son nouveau collègue, le prince, avec une politesse qui va devenir matière de dépêches diplomatiques, a répondu qu'il était extrêmement flatté d'avoir un collègue tel que moi.

Tel est, Monsieur le Vicomte, le récit de l'audience royale ; je l'écris à la hâte ; le courrier attend le paquet pour partir. Sa Majesté britannique par sa conversation serrée et variée ne m'a pas laissé le maître de lui dire une chose dont le Roi m'avait spécialement chargé ; mais l'occasion favorable et prochaine d'une nouvelle audience va se présenter.

J'ai l'honneur d'être avec une haute considération, Monsieur le Vicomte, votre très humble et très obéissant serviteur.

Correspondance politique, Angleterre, vol. 615, fol. 165-166.

À Madame Récamier

Londres, ce 19 avril 1822.

Mille remerciements de votre billet du 14. Je ne vous écris aujourd'hui que deux mots. Je sors de l'audience royale. J'ai été reçu avec une rare bienveillance. Je commence à réussir, politiquement parlant, dans ce pays, j'y fais beaucoup de bien à nos amis et je pense que de leur côté, ils doivent être assez contents de ma correspondance.

Maintenant la société va s'ouvrir pour moi. Mais c'est là que je vais sentir ce que j'ai perdu en vous quittant. Écrivez-moi.

1824 : Une crise portugaise qui oppose la France et l'Angleterre

En 1824, Jean VI, dit Le Clément, règne à Lisbonne seulement depuis 1821, bien qu'ayant pris le titre de roi du Portugal à la mort de sa mère, Marie Ière, en 1816. C'est que, nommé régent du royaume dès 1792, lorsque Marie Ière devint folle, il dut s'allier à l'Angleterre contre Napoléon et, en 1817, fuir vers le Brésil devant l'arrivée des troupes françaises. Le Brésil était alors encore une colonie portugaise, le réfugié y prit le titre d'empereur. Il y demeura après Waterloo. L'Angleterre, qui considérait plus ou moins le Portugal comme une terre sous sa domination, en avait donné tous les pouvoirs à l'ambassadeur anglais Beresford pour y gouverner à sa guise.

C'est donc seulement en 1821 que Jean VI revint à Lisbonne, après avoir sanctionné la constitution votée par les Cortès, qu'il devait pourtant abroger deux ans plus tard. En 1826, il donnera quand même au Portugal un régime parlementaire imité de l'Angleterre.

C'est dans ce contexte que l'infant Dom Miguel tentera, dans la nuit du 29 au 30 avril, de lancer une tentative de révolution absolutiste. Celle-ci avortera grâce à l'intervention de l'ambassadeur de France, Hyde de Neuville, qui, avec tout le corps diplomatique réuni, nonce apostolique en tête, força le barrage du palais de Bemposta pour aller délivrer Jean VI retenu prisonnier. Malheureusement, le bateau français que Hyde de Neuville avait demandé arriva trop tard, et c'est à bord d'un navire anglais que Jean VI prit refuge… L'Angleterre, qui craignait une intervention française, se sentit obligée d'envoyer des troupes dans ce qu'elle considérait, on l'a vu, comme sa chasse gardée, mais comme il ne fallait pas que ces forces soient anglaises, ce qui aurait constitué une intervention trop battante, on réquisitionna des troupes du Hanovre. L'affaire dégénéra en une mini-crise franco-anglaise et aboutit au renvoi des deux ambassadeurs, le Français Hyde de Neuville et l'Anglais Thornton. Les lettres que Neuville adressa à Chateaubriand, alors ministre des Affaires étrangères, rendent compte des prémices de la crise, puis de son déroulement, enfin de son dénouement. L'ensemble constitue un modèle de suivi, presque au jour le jour, d'une crise intérieure par un diplomate étranger, français en l'occurrence.

Dans le même temps, il est bien évident qu'on lit à travers les lignes une tentative de Hyde de Neuville de jouer autant un rôle personnel que d'installer la France au premier plan dans la mise en place d'un nouveau système politique au Portugal. Le navire français serait-il arrivé dans les temps qu'un moment de l'histoire de cette partie de l'Europe aurait peut-être changé. Ainsi que l'indique Françoise Watel, dans un ouvrage publié par la direction des Archives du ministère des Affaires étrangères : le « rappel de Hyde de Neuville était le coup d'arrêt d'une influence française au Portugal, politique un moment soutenue par Chateaubriand, qui avait abouti à un épisode aberrant de deux années pendant lesquelles cette influence avait été anormalement forte sur la cour de Lisbonne… Aberrant, certes, et éphémère, cet épisode dominé par la personnalité de l'ambassadeur de France n'en demeure pas moins une tentative intéressante pour affirmer l'influence française dans toute la péninsule ibérique et combattre l'Angleterre sur son propre terrain en cherchant à lui arracher, en même temps que l'influence politique sur son allié traditionnel, les débouchés commerciaux du Portugal et surtout du Brésil... ».

***Hyde de Neuville et* l'Abrilada**

Hyde de Neuville à Chateaubriand

17 février 1824

[...] Ce pauvre Portugal est tiraillé de plus en plus, (si je puis m'exprimer ainsi) par les partisans aveugles du pouvoir absolu et les amis plus ou moins exaltés des idées libérales. Ces derniers voudraient faire régner la révolution ; les autres ont probablement la sottise de croire que la restauration veut dire plus que Monarchie. Or, ils osent conseiller au prince de ne pas même donner à ses peuples les droits et les privilèges dont ils jouissaient sous les rois, ses prédécesseurs.

Tout en ne voulant pas me mêler des affaires intérieures du pays, je me trouve souvent obligé de répondre, par de la confiance, à de la confiance. Or, on m'en témoigne beaucoup.

Correspondance politique, Portugal, vol. 138, fol. 89.

Hyde de Neuville à Chateaubriand

3 mars 1824

Monsieur le Vicomte,

Un crime affreux vient d'avoir lieu. M. le marquis de Loulé, Grand Ecuyer de SMTF, a été assassiné dans le palais même du Roi à Salvaterra. Son corps a été trouvé, dimanche matin, dans les décombres du vieux palais ; il paraît que l'assassinat avait été commis le soir dans un corridor obscur et écarté.

Cet événement horrible, dont les auteurs ne sont point encore connus, donne lieu aux calomnies les plus atroces. J'espère que sous peu de jours, la vérité sera connue, et que beaucoup de gens auront à rougir d'avoir osé mettre en avant les noms les plus augustes. J'avoue que je suis confondu de la facilité avec laquelle on se livre ici aux conjectures les plus monstrueuses.

Du reste, voici ce que paraît croire M. le comte de Palméla.

Le marquis de Loulé a eu longtemps une conduite fort répréhensible. Condamné pour avoir servi contre son pays, il a dû à la bonté du Roi sa rentrée en grâce. Aussi, il a donné de grandes preuves d'attachement à S.M., mais ses fidèles amis sont devenus ennemis irréconciliables. M. de Loulé a été membre d'une société secrète ; il en a fait connaître l'existence ; or le carbonarisme ne pardonne pas à qui le trahit. Enfin M. de Loulé a beaucoup d'ennemis dans l'un et l'autre parti. Voilà ce que j'entends dire à tous ; mais quel crime, Grand Dieu ! il est si grand que je ne veux l'imputer à personne, pas même aux agens du carbonarisme tant que rien ne sera prouvé.

Correspondance politique, Portugal, vol. 138, fol. 107.

Hyde de Neuville à Chateaubriand

23 mars 1824

[…] Le roi ayant daigné me faire dire qu'on me recevrait le soir, avec le capitaine de vaisseau que je devais lui présenter, je me suis rendu hier au palais.

Sa Majesté m'a d'abord fait entrer. J'ai trouvé ce bon monarque dans un abattement extrême […] je voulais paraître ignorer ce qui se passait […] mais comme je lui demandais des nouvelles de sa santé ; – Monsieur l'Ambassadeur, m'a-t-il répondu, vous savez si je puis me bien porter, je n'ai pas besoin d'en dire d'avantage, vous m'entendez, je sais combien vous m'êtes attaché […] il y a des choses, je le sais, qui doivent affliger profondément Votre Majesté, mais j'ose le lui dire, elles n'ont rien qui puisse essentiellement l'alarmer : d'abord pour ce qui intéresse le plus votre cœur, croyez, Sire, que tout, presque tout n'est que calomnie, le reste est une intrigue qui a pris sa source dans l'obscurité et qui bientôt ira s'y perdre si la marche du gouvernement devient forte et ferme. Mais admettons que des projets insensés aient été formés […] Veuillez, Sire, regarder […] la France et l'Europe voudraient-elles s'arrêter dans le bien, permettraient-elles que légitimité fût outragée dans la personne d'un Souverain aussi digne d'attachement que de respect ? – Le bon Roi avait presque les larmes aux yeux, je n'étais pas moins ému, et je sais que je lui dis pour achever de le rassurer et dans un mouvement d'âme que Votre Excellence concevra aisément... Oui, Sire, la France, le Roi mon maître, ne souffriraient jamais que des factieux osassent toucher à un seul de vos cheveux... Je ne sais, Monsieur le Vicomte, si j'ai bien parlé la langue de la politique, mais j'ai parlé celle des Bourbons, la vôtre, la mienne, et j'ai consolé une âme royale bien profondément malheureuse ; ma lettre particulière dira le reste à Votre Excellence.

Le Roi m'a parlé du Brésil, de la réponse de l'Autriche, dont il ne pouvait encore, m'a-t-il dit, me donner connaissance parce qu'il n'avait point vu son ministre, il m'a parlé de l'Angleterre, j'ai cru ne pas devoir, (surtout dans la circonstance présente) me permettre la moindre réflexion. Sa Majesté a été jusqu'à me dire : ces Anglais n'aiment que les révolutions ; puis il m'a demandé si le traité du Portugal avec la cour de Londres s'exécutait au Brésil : sur ma réponse affirmative, il m'a dit que ce traité lui avait été imposé, mais qu'il finirait l'année prochaine. Enfin le Roi est revenu au comte de Subserra, j'ai répété le bien que j'en pensais... Je suis charmé, m'a dit le monarque, de savoir tout ce que pense sur le compte de mon ministre un homme aussi dévoué que vous, Monsieur l'Ambassadeur, à son Roi. [...]

J'entre, Monsieur le Vicomte, dans tous ces détails, pour mieux faire connaître l'âme du souverain... c'est le meilleur des hommes, mais aussi le plus malheureux des Rois.

Correspondance politique, Portugal,
vol. 138, fol. 138-39.

Hyde de Neuville à Chateaubriand

1 mai 1824

Nous sommes, Monsieur le Vicomte, au milieu des passions, des haines, des poignards, le Roi pense, et tout Lisbonne avec lui, que je l'ai peut-être sauvé dans la journée d'hier. Je sais du moins que j'ai fait le devoir d'un royaliste et d'un ambassadeur. Cependant, aujourd'hui, tout est encore en confusion : il n'y a pas de gouvernement, c'est-à-dire, point de Roi, car il est prisonnier ; point de ministres, car ils sont nuls, arrêtés ou en fuite. Le comte de Subserra est caché chez moi. Le Roi qui le sait m'a prié, en pleurant, de bien veiller sur ce fidèle sujet. Le comte de Palmella a été mis en liberté ; mais il ne sait ce qu'il est, ni ce qu'il deviendra. Le jeune prince est un fou ; ceux qui le poussent, des infâmes se plongeant de plus en plus dans le sang du marquis de Loulé. Le tout est, par son peu de consistance, la conspiration de Mallet. Elle dure plus, parce que le Roi est sans caractère et abîmé de douleur, parce que ses amis sont en fuite et que Lord Beresford, qui joue un rôle misérable, est à ses côtés. Le dernier veut, à ce qu'il paraît, ménager tout et profiter de tout. Nous ferons notre va-tout ; et le Portugal et son Roi seront sauvés, ou je serai assassiné. Dieu et le prince légitime, est et sera toujours ma devise.

Correspondance politique, Portugal,
Vol. 138, fol. 218-19.

Hyde de Neuville à Chateaubriand

Lisbonne 10 mai 1824

Monsieur le Vicomte,

Le Portugal est sauvé, et l'avis de l'ambassadeur de France a prévalu. Malheureusement le *Santi-Petri* [1] n'était pas arrivé, et c'est à bord d'un vaisseau anglais que S.M.T. Fidèle a repris son autorité. Depuis trois jours, cet infortuné monarque cherchait à échapper à la surveillance des misérables qui de

1. Le navire appelé par Hyde de Neuville

plus en plus poussaient son fils dans l'abîme… deux fois, le projet avait manqué mais hier à une heure, le Roi sous prétexte d'aller à l'une de ses campagnes a enfin trouvé moyen de s'embarquer avec les deux princesses ses filles. Nous étions seuls (le ministre d'Angleterre et moi) dans le secret. J'avais tout préparé pour arriver à bord avec Sa Majesté et pour que le corps diplomatique, qui avait pressé le Roi de prendre ce parti, fût averti à temps du succès de l'entreprise. Lord Beresford croyait que l'on avait renoncé au projet dont les suites, selon lui, devaient être funestes. Tout s'est passé comme je l'avais annoncé.

Le prince s'est rendu à l'ordre de son père. Ses perfides conseillers ont pris la fuite, le calme le plus parfait a régné dans la ville, et la joie la plus vive se montre dans toutes les classes.

Hier et aujourd'hui, je n'ai cessé d'être consulté sur toute les mesures à prendre. Il y aurait, je crois, des inconvénients à faire arrêter la Reine. Cependant les ministres, le corps diplomatique, tous les amis de la légitimité pensent qu'il n'y aura de sûreté pour le Roi que lorsque cette princesse ne pourra plus intriguer. Pour l'infant, on peut espérer de le ramener. C'est en présence du corps diplomatique qu'il a reçu le pardon de son père. Il confesse l'énormité de sa faute, reconnaît qu'il a été trompé et a cédé à de perfides conseils […].

Correspondance politique, Portugal,
vol. 138, fol. 230-33.

1826 : Lettre à Cuvier concernant l'achat de statuettes et de vases

Le métier de pourvoyeur des collections royales ou des musées nationaux faisait aussi partie du métier de diplomate. En 1826, ce n'est pas à proprement parler un diplomate, mais le responsable de l'Agence supérieure du commerce français à Bogota, Buchet-Martigny, qui envoie à ce propos au baron Cuvier une lettre particulièrement intéressante. Georges Cuvier, zoologiste et paléontologiste, est l'une des grandes gloires scientifiques françaises du premier tiers du XIXe siècle. Né en 1769, c'est lui qui a créé l'anatomie comparée et la paléontologie. Il inventa en quelque sorte le Muséum d'histoire naturelle, découvrit l'art de reconstituer un corps entier à partir d'un seul os, ou presque, mais s'opposa avec la dernière des énergies au darwinisme et à la théorie de l'évolution des espèces. Académicien, couvert d'honneurs, c'était tout naturellement à lui que l'on devait s'adresser pour toute découverte archéologique qui ne ressortissait pas au champ de l'archéologie classique. D'où la correspondance de ce Buchet-Martigny qui propose l'achat par la France d'une collection de statuettes et de vases découverts dans la tombe d'un « cacique » indien dans la province d'Antioquia. Dans le même temps, l'honorable correspondant du baron Cuvier lui propose d'enrichir le cabinet et le jardin du roi d'objets d'histoire naturelle, vivants ou morts, typiques des plateaux des cordillères. Il nous a paru intéressant de publier un court fragment de l'abondante correspondance relative à cette affaire.

Lettre du vicomte de La Rochefoucauld, chargé du Département des Beaux-Arts, au baron de Damas, relative à la tombe d'un cacique indien

Paris, le 15 décembre 1829

Monsieur le Baron,

J'ai reçu la lettre que Votre Excellence m'a fait l'honneur de m'adresser au sujet de la découverte dont Mr de Martigny, agent supérieur du commerce français à Bogota, paraît lui avoir donné connaissance, et qui est relative à une collection de petites statues, bijoux, et cœtera... trouvés dans la province d'Antioquia dans un tombeau qu'on suppose avoir été celui d'un cacique. Je ne doute pas de l'intérêt que peuvent présenter tous ces objets pour les arts et pour les sciences, et je remercie beaucoup Votre Excellence de cette communication.

Toutefois afin de savoir si cette acquisition peut convenir à la couronne, j'aurais besoin de quelques renseignemens d'une certaine étendue sur la nature et l'importance des morceaux qui composent cette collection, et il serait essentiel surtout que je fusse informé du prix auquel on voudrait la céder. Si Votre Excellence se trouvait à portée de me donner à cet égard les explications nécessaires, je lui serais très obligée de vouloir bien me transmettre ces éclaircissemens, et si, par suite de ces détails, je me voyais en mesure de faire au Roi une proposition à ce sujet, elle peut être persuadée que je m'occuperais avec beaucoup d'intérêt de cette affaire.

Recevez, Monsieur le Baron, l'assurance de ma haute considération et celle de mon sincère attachement.

ADP Colombie, carton 1.

1827 : Le coup d'éventail du dey d'Alger

Le coup d'éventail du dey d'Alger, c'est un peu comme le nez de Cléopâtre : petites causes, grands effets. Encore que, le nez de Cléopâtre eût-il été plus long ou plus court, les amours de César, Antoine et Cléopâtre n'en auraient guère été changées. Et si le consul de France Deval n'avait pas reçu au visage, en 1827, un coup d'éventail insolent de la part du dey Hussein, l'armée française n'en aurait pas moins débarqué, trois ans plus tard, à Sidi-Ferruch.

Depuis le début du XVIe siècle, les Algérois étaient placés sous une domination turque venue d'abord pour les aider à se débarrasser des Espagnols installés, entre 1505 et 1512, à Mers-el-Kébir, Oran, Bougie et dans l'île du Pénon, en face d'Alger. Les Turcs firent ce qu'on leur avait demandé mais installèrent une suzeraineté de leur empire, envoyant un corps de janissaires. La régence d'Alger se trouva ainsi d'abord sous l'autorité de *beylerbeys*, puis d'*aghas*, enfin à partir de 1871 de *deys*, qui étaient élus par la milice turque. Au début du XVIIIe siècle, le dey d'Alger commença à bénéficier d'une véritable indépendance avec le titre de *pacha*. Toutefois, s'il gouvernait en souverain absolu, il était assisté d'un conseil composé de fonctionnaires turcs. Corsaires d'abord, les Algérois sous domination turque ne s'intéressaient guère à l'organisation interne de leur terres d'influence. Diverses révoltes commencèrent à éclater en Algérie à la fin du XVIIIe et au début du XIXe siècles. Ce fut l'un des résultats du congrès de Vienne que la décision des grandes puissances de mettre le holà à la guerre de courses en Méditerranée. En 1816, l'Angleterre bombarda Alger. La France, de son côté, avait entretenu de bonnes relations avec le dey. Celui-ci commerçait avec elle, lui vendant notamment du blé. Au milieu des années vingt, la situation commença à se compliquer, la France refusant d'honorer certaines créances et le dey Hussein lui répondant par des mesures tatillonnes et des tracasseries administratives. D'où l'incident d'avril 1827, le mouvement d'humeur du dey, la gifle en forme de coup d'éventail reçue par le consul.

Le gouvernement français commença par tenter d'obtenir satisfaction de l'insulte faite à son envoyé en installant un blocus devant le port d'Alger puis, pour détourner l'opinion publique des événements intérieurs qui allaient conduire à la révolution de 1830, une expédition de 37 000 hommes commandés par l'amiral Duperré et le maréchal Beaumont débarqua en Algérie. Alger capitula le 5 juillet 1830. Là-dessus, Charles X tomba à son tour et le gouvernement orléaniste, quelque peu embarrassé de cette victoire, entreprit néanmoins une conquête de l'Algérie dont on n'a pas fini, aujourd'hui encore, de connaître les effets.

La lettre du 30 avril 1827, signée du consul Deval, relate l'incident qui mit le feu aux poudres. Elle constitue peut-être le premier document de l'histoire des relations franco-algériennes.

Lettre du consul de France à Alger, Deval

Je m'empresse de rendre compte à V. E. d'une scène déplorable qui a eu lieu entre le Dey d'Alger et moi.

Le privilège accordé aux consuls de France en cette ville de complimenter, en audience particulière, le Dey la veille de la fête de Bayram, me fit demander au château l'heure où S.A. voulait me recevoir. Le Dey me fit dire qu'il me recevrait à une heure après midy, mais qu'il vouloit voir la dernière dépêche de V.E. que la goélette du Roi destinée à la station de pêche du corail m'avoit apportée.

Je fis répondre aussitôt par le drogman turc que je n'avois reçu aucune lettre de V.E. par cette occasion et que je n'en avois reçu d'autre que celle de S.E le ministre de la Marine qui avoit rapport à la station de pêche. Je n'en fus pas cependant peu surpris de la prétention du Dey de connoître par lui-même les dépêches que V.E. me fait l'honneur de m'adresser et j'en pouvois concevoir quel était le but. Je me rendis néanmoins au château à l'heure indiquée. Introduit à l'audience, le Dey me demanda s'il étoit vrai que l'Angleterre avoit déclaré la guerre à la France. Je lui dis que ce n'étoit qu'un faux bruit provenant des troubles suscités au Portugal, dans lesquels le gouvernement du Roi n'avoit pas voulu s'immiscer dans la dignité et la loyauté. « Ainsi donc, dit le Dey, le gouvernement de France accorde à l'Angleterre tout ce qu'elle veut et à moi rien du tout. – Il me semble, Seigneur, que le gouvernement du roi vous a toujours accordé tout ce qu'il a pu. – Pourquoi votre ministre n'a-t-il pas répondu à la lettre que je lui ai écrite. – J'ai eu l'honneur de vous en porter la réponse aussitôt que je l'ai vue. – Pourquoi ne m'a-t-il pas répondu directement ? Suis-je un manant, un homme de boue, un va nu pieds ? Mais c'est vous qui êtes la cause que je n'ai pas eu de réponse de votre ministre ; c'est vous qui lui avez insinué de ne pas m'écrire : vous êtes un méchant, un infidèle, un idolâtre. » Se levant de son siège, il me porte avec son chasse-mouche trois coups violents sur le corps et me dit de me retirer. Je lui dis : « Seigneur, je prie V.A. d'être bien convaincue que je crains Dieu et non les hommes. Je puis affirmer à V.A. que j'ai transmis fidèlement à S. Exc. le ministre du Roi la lettre de V.A. sans aucune insinuation quelconque de ne pas répondre directement à V.A. S. Exc. a répondu par mon entremise, suivant les formes usitées. » « Au reste, me dit-il, sachez que je n'entends nullement qu'il y ait des canons au fort de la Calle. Si les Français veulent y rester et y faire le commerce ou la pêche du corail comme des négocians, à la bonne heure ; autrement qu'ils s'en aillent. Je ne veux pas absolument qu'il y ait un seul canon des infidèles sur le territoire d'Alger. » Je voulus répliquer, mais il m'ordonna de me retirer.

Au sortir de cette audience, je me rendis auprès du Premier ministre qui était à son poste dans la grande salle du château. Je lui fis le narré de cette scène violente qui venait de se passer et de l'injustice du procédé du Dey à mon égard. Le Premier ministre me dit : il faut prévenir que les vitres ne se cassent ; mais quand elles sont cassées, quel remède y a-t-il ? Celui, lui dis-je, d'en remettre de neuves à la place. De là, je fus chez Larga, ministre de la Guerre, qui prêta beaucoup d'attention au narré de ce qui venait de se passer. Ce ministre me parut très peiné de cette scène. Il me dit que dans sa place il ne pouvait se mêler de cette affaire : qu'elle regardait particulièrement le ministre de la Marine et des Affaires étrangères.

Je me rendis en conséquence chez ce ministre avec lequel j'entrai dans tous les détails de cette affaire. Il me demanda pourquoi V. E. n'avait pas écrit directement au Dey en réponse à la lettre qu'il lui avait adressée le 10 septembre 1824. Je répondis que le gouvernement de France n'était pas dans l'usage de correspondre directement avec aucun prince ni avec aucun gouvernement étranger, vu sans doute les conséquences fâcheuses qui pouvaient résulter de communications directes et sans intermédiaires ; que d'ailleurs Votre Excellence avait répondu en détail à la communication du Dey par la dépêche du 7 janvier subséquent ; [...]

Je parlai au ministre de la prétention du Dey de ne pas permettre de canon au fort de La Calle. Il me dit que le Dey était déterminé à ne pas le souffrir et me demanda vivement si le traité du Bastion portait qu'il y aurait des canons dans les concessions d'Afrique. Je répondis que de temps immémorial, la France avait eu du canon, non seulement au fort La Calle, nous serions à la merci des Arabes qui nous égorgeaient impunément. Le ministre dit : « Eh bien ! Abandonnez le fort de La Calle et venez vous établir uniquement à Bône. » Je lui dis que je pensais que le gouvernement du Roi n'était pas disposé à abandonner des propriétés sur cette côte ; qu'au reste je rendrai compte à Votre Excellence de cette communication.

Votre Excellence me permettra de n'ajouter aucune réflexion au détail de cette affaire qui est devenue un véritable esclandre. Je prie Votre Excellence de se faire représenter ma dépêche du 18 octobre n° 326 (affaires commerciales). Cette affaire est uniquement la conséquence de ce que j'avais dès lors prévu.

Dans cet état de choses, Votre Excellence jugera sans doute dans le respect dû aux convenances qu'il n'est pas permis de continuer pour le moment ma résidence à Alger. Si Votre Excellence ne veut pas donner à cette affaire la suite sévère et tout l'état qu'elle mérite, elle voudra bien au moins m'accorder la permission de me retirer par congé et elle pourrait charger M. Forbin, député de la nation, de l'agence du consulat général en mon absence. Par les suites que le Dey donnera à la marche de nos affaires qui se compliquent tous les jours davantage, Votre Excellence jugera le parti le plus convenable à prendre dans la dignité de la Couronne, l'honneur du gouvernement du Roi et les intérêts du commerce français et de notre Marine qui sont attaqués dans leurs sources. Je prie votre Excellence de m'adresser dans tous les cas une lettre ostensible dont l'original me sera demandé par le Dey.

Dans cette circonstance, je ne dois pas laisser ignorer à Votre Excellence l'opinion que M. Shaler, consul général des États-Unis d'Amérique dans cette ville, a émise sur les relations de la France avec ce pays dans un livre imprimé nouvellement à Boston et qui a paru depuis peu à Alger, et dont j'envoie ci-joint la traduction française des deux paragraphes qui concernent le gouvernement du Roi. Il m'a paru utile de les porter à la connaissance de Votre Excellence.

Les difficultés que l'on éprouve à Alger de correspondre directement avec la France n'offrent d'autre ressource que la voie de Livourne ; mais dans cette ville les lettres sont ouvertes, mal recachetées, quelquefois même elles n'arrivent pas à destination. Je prends parti en conséquence de profiter du départ d'un navire sarde, capitaine J.B. Lupi avec lequel j'ai contracté pour la somme de 50 piastres fortes soit 250 l. sous la condition de porter cette dépêche directement et immédiatement au premier port de la côte de Provence, en le dispensant de tous frais de… ce dont j'informe MM. les intendans de la santé publique à qui je les adresse. J'espère que Votre Excellence voudra bien approuver cette disposition qui m'a paru nécessaire dans l'intérêt du service.

Mémoires et documents, Algérie, vol. 2, fol. 61-63.

1828 : Lamartine chargé d'affaires en Toscane

Il serait, bien entendu, abusif de faire entrer Alphonse de Lamartine dans la catégorie des diplomates écrivains. Car si, entre 1820 et 1830, Lamartine occupa bien différents postes diplomatiques en Italie, c'est plutôt d'un écrivain homme politique qu'il s'agit, puisque, député en 1833, il manifesta avec une étonnante vigueur son opposition au gouvernement de Guizot et fut l'un des avocats les plus lyriques d'une réforme ouvrant davantage le corps électoral. Occupant la position paradoxale de légitimiste défendant des idées libérales, tant dans le domaine de l'éducation que sur le plan social et humanitaire, il sera donc, surtout à partir de 1842, un farouche opposant du régime orléaniste, tout en redoutant les conséquences d'une nouvelle révolution. Il ne se retrouvera pas moins en première ligne dès le 24 février 1848 pour appuyer la demande de formation d'un gouvernement provisoire. Élu à ce gouvernement, il y joue aussitôt un rôle important. D'abord en tentant de calmer les manifestants qui viennent chaque jour plus nombreux sur la place de l'Hôtel de Ville. En s'efforçant ensuite d'assurer un semblant d'unité parmi ses collègues. Enfin, au ministère des Affaires étrangères, en entreprenant tout ce qui est en son pouvoir pour rassurer l'Europe. En quelques semaines,

Lamartine est devenu une véritable vedette. L'opinion publique l'admire et, le système électoral en place l'autorisant, il se retrouve élu député dans dix départements à la fois. Deux mois après, tout sera fini, et des cortèges se promèneront dans les rues de Paris en criant « À bas Lamartine ». Son rôle politique s'achève. En décembre 1848, il ne recueille pas 20 000 voix aux élections présidentielles. Son rôle politique est terminé, il redevient écrivain à part entière, publie *Raphaël*, *les Confidences* dont fait partie *Graziella*. Mais son œuvre politique majeure, c'est l'*Histoire des Girondins*, formidable traité de tolérance politique où l'intelligence de l'analyse se mêle au romantisme des descriptions.

C'est pourtant comme chargé d'affaires en Toscane qu'il écrit en 1828 au comte de La Ferronnays, alors ministre des Affaires étrangères. Devenue grand-duché après avoir un temps fait partie de l'Empire français, la Toscane est désormais sous la domination des Habsbourg, qui sont ainsi solidement installés, depuis le congrès de Vienne, dans une grande partie du nord de l'Italie. Léopold II, alors grand-duc, qui régna de 1824 à 1859, fut, parmi les princes d'Europe, l'un des plus libéraux. En 1848, il n'hésita pas à publier un statut du gouvernement représentatif qu'il fut ensuite obligé de révoquer sur ordre de l'empereur d'Autriche. La lettre du chargé d'affaires de France que l'on publie ici illustre bien l'art épistolaire de Lamartine. Les phrases y sont superbement balancées, les portraits tout en nuances, la rhétorique s'y allie à l'analyse politique pour faire de l'ensemble des lettres qu'écrivit le diplomate Lamartine pendant les dix années qu'il occupa de telles fonctions, quelques-uns des plus beaux fleurons littéraires des Archives du ministère des Affaires étrangères.

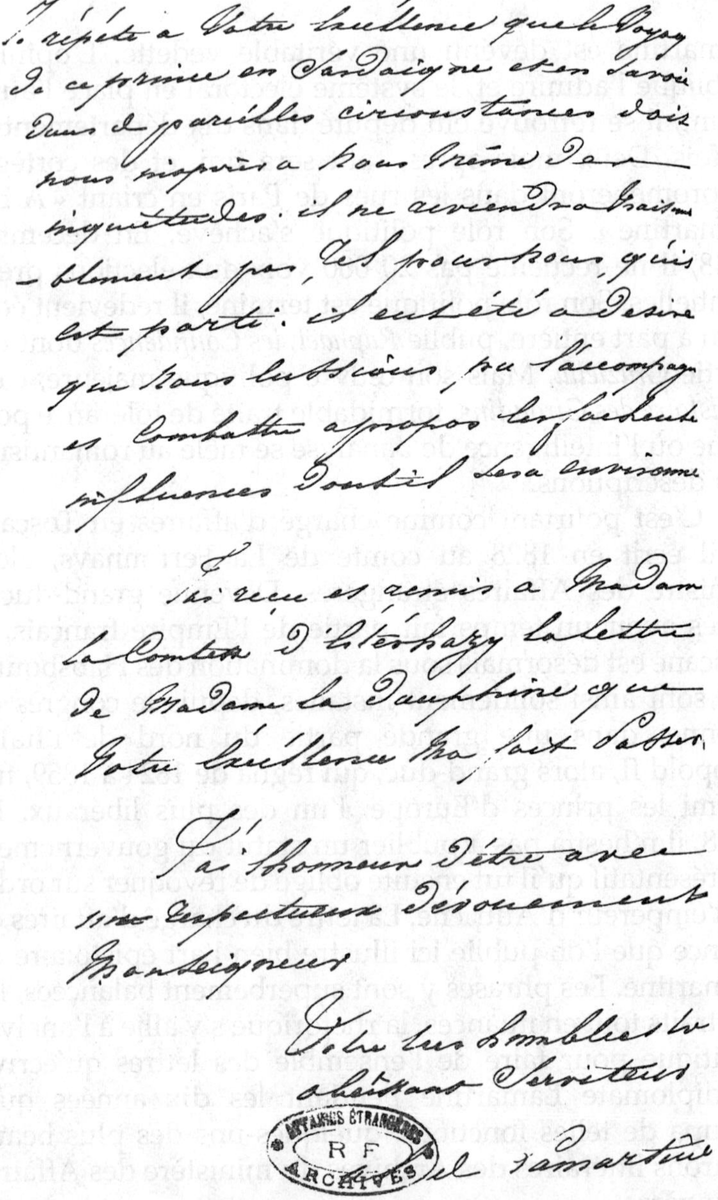

Je répète à Votre Excellence que le voyage
de ce prince en Sardaigne et en Savoie
dans de pareilles circonstances doit
vous inspirer à vous-même des
inquiétudes. Il ne conviendra vraisem-
blablement pas, c'est pour vous qu'il
est parti. Il eût été à désirer
que nous eussions pu l'accompagner
et combattre à propos les fâcheuses
influences dont il sera environné.

J'ai reçu et remis à Madame
la Comtesse d'Esterhazy la lettre
de Madame la Dauphine que
Votre Excellence m'a fait passer.

J'ai l'honneur d'être avec
un respectueux dévouement
Monseigneur
Votre très humble et
obéissant serviteur
Al Lamartine

Lamartine au ministre des Affaires étrangères,
le comte de La Ferronnays.

À Son Excellence Monsieur le comte de La Ferronnays, ministre des Affaires étrangères

Florence, 26 juin 1828

Monseigneur,

Je profite de l'occasion de Mr Delahante, un de mes amis qui se rend à Paris avec toute la célérité désirable, pour écrire à Votre Excellence avec plus de latitude et de sécurité que par les moyens ordinaires. Je donne à Mr Delahante un passeport de courrier chargé de dépêches.

J'ai reçu, le 21, par Mr le baron de Varennes, la dépêche de Votre Excellence, n° 72, en date du 12 juin. Je remercie Votre Excellence de la manière flatteuse avec laquelle elle daigne approuver mes observations dans le récit de ma conférence avec Mr de Ribeaupierre. Le concours de l'Autriche et de la Prusse au traité du 6 juillet, ainsi que la persévérance du nouveau Cabinet anglais dans les vues de ce même traité, sont de nature à simplifier cette double question d'Orient pleine encore de tant de problèmes et de tant de périls. La majorité, quoique faible, obtenue par les lois en discussion par le ministère français, est d'un favorable augure pour la consolidation du gouvernement. La petitesse de cette majorité n'est pas même un fâcheux symptôme aux yeux des hommes impartiaux. Les majorités qu'on demande aux partis sont toujours nombreuses. Les majorités de raison sont toujours petites. L'attention publique se détache du Portugal dont la situation de quelque côté qu'on l'envisage fait honte aux deux partis. [...]

La situation de l'Italie devient plus intéressante à observer depuis que les tentatives de l'Autriche sur les Cabinets de cette péninsule ont transpiré en Europe. Les bruits qui continuent à circuler d'un traité secret, ou du moins de propositions analogues entre l'Autriche et la Sardaigne, ne sont pas sans doute l'expression d'un fait accompli, mais ils sont l'expression prématurée peut-être d'intentions et de dispositions très réelles de la part de ces deux gouvernements. Mes relations, d'ancienne date et d'une nature intime avec la plupart des membres influents du Cabinet sarde actuel, ne me permettent pas de les révoquer en doute. Ce Cabinet est animé d'un esprit constant d'hostilité sourde contre nous. L'intérêt de l'Autriche est de fomenter cette haine qui fait sa garantie. Le duc de Modène la partage, et son intimité personnelle avec le roi de Sardaigne lui permet de l'exalter encore. Mr de Neipperg, qui règne à Parme, a des formes plus aimables avec nous. Mais, agent de l'Autriche, son intérêt nous défend de douter de ses intentions. Cette aversion manifeste du Cabinet sarde contre nous date du duc d'Alberg ; [...] et la plus forte des passions, la peur, entraînera, à la première occasion, ce gouvernement et ceux de toute cette partie de l'Italie à des démarches aussi contraires à nos intérêts qu'impolitiques dans leur propre situation. Cette vérité est sentie ici-même par quelques-uns des membres du Cabinet toscan les plus éloignés du libéralisme, les plus dévoués au système ultra-religieux qui domine despotiquement à Turin. J'en ai reçu hier encore les étonnantes confidences. Il faut que le péril soit pressant ; il faut que les desseins supposés au Cabinet sarde soient d'une nature bien véhémente pour exciter les appréhensions même de ses plus ardents partisans. Je ne doute pas qu'un langage très haut et très ferme de la part du gouvernement du Roi ne ramène et le roi de Sardaigne et le duc de Modène et l'Autriche même à des réflexions plus sages et à des plans plus modérés. Mais ce langage paraît opportun pour en imposer même aux autres Cabinets d'Italie.

Jusqu'ici le gouvernement toscan ne nous a donné aucun motif de suspecter ses dispositions. Je ne puis douter cependant qu'il n'ait été travaillé par les mêmes influences. [...] Il faut reconnaître pourtant que l'opinion du gouvernement, ici comme ailleurs, a été sérieusement alarmée de nos orages intérieurs et que tout ce que le libéralisme gagne ou prétend, en France, au-delà de la ligne monarchique, la France le perd au-dehors en confiance et en crédit politique. Le grand-duc, dans des épanchements intimes, m'a plusieurs fois demandé confidentiellement ce que je pensais personnellement de l'état de la France et des chances que l'esprit de la Révolution pouvait y rencontrer. Je lui ai répondu ce que je pense avec vérité : que les éléments nécessaires d'une seconde révolution n'existent pas en France, que l'esprit révolutionnaire était devenu une théorie politique plutôt qu'un fait menaçant, que cette théorie manifestée à la tribune par des orateurs surannés et dans les pamphlets par des écrivains imberbes, ne trouvait plus rien à remuer dans les masses ; que nos combats parlementaires étaient des combats de principes et non plus des luttes d'intérêts réels, et que, tant que les institutions plausibles conquises par le siècle dernier et consacrées par la Charte ne seraient point sérieusement attaquées par un gouvernement téméraire ou par une administration subjuguée, nous pourrions avoir en France des orages, des crises, des troubles politiques, mais point une révolution. J'ai parlé dans le même sens au comte Fossombroni qui dirige ce Cabinet. [...] J'ai cru remarquer dans le langage, dans les manières, dans les démarches du comte Fossombroni, un manque de confiance et de franchise, un embarras mal caché qui sembleraient trahir des dispositions moins bienveillantes pour nous. Cela pourrait tenir aussi à cette affaire du vaisseau toscan pris par un bâtiment français et retenu encore à Toulon, qui donne quelque aigreur à ce gouvernement. Il est à désirer que cette affaire se termine promptement.

Rien de pareil ne s'est fait remarquer dans les manières du grand-duc à mon égard. Au contraire, ce prince, en toute occasion, me montre les sentiments les plus bienveillants et les plus affectueux dans les réunions publiques ou diplomatiques. Après quelques mots échangés avec les ministres, il me prend à part et cause avec moi seul pendant la plus grande partie de la soirée. [...]

Le grand-duc part pour Gênes avec le prince Frédéric de Saxe, son beau-frère, et la grande-duchesse, dans la première semaine de juillet. De là, ils iront à Milan. À Milan, la grande-duchesse les quittera et reviendra à Livourne. Le prince de Saxe ira à Dresde et le grand-duc à Turin et aux eaux de Cormayeur, dans la vallée d'Aoste, où il trouvera sa sœur qu'il ramènera par Turin et Gênes à Florence, dans le courant du mois d'août. Je ne pense pas que, dans les vues actuelles, ce voyage ait aucun motif politique. [...]

Le duc de Lucques ne reviendra pas cette année dans ses États. Il fait des tentatives d'emprunt qui, jusqu'ici, n'ont eu, à ma connaissance, aucun résultat. Cependant le marquis Manzi, son premier ministre, est en ce moment à Florence, et, comme son voyage ici, dans un moment où il administre seul le gouvernement de Lucques, n'a aucun motif politique, il est possible que l'emprunt des trois cent mille piastres en soit le véritable objet. [...]

J'attendrai, pour fermer ma dépêche, que j'aie vu le grand-duc qui a bien voulu m'engager à aller passer la matinée avec lui aujourd'hui même, pour causer, m'a-t-il dit, avec plus de liberté que dans toutes les réunions de cette semaine, où nous avons accompagné la Cour aux différentes courses et fêtes qui ont eu lieu pour la Saint-Jean.

Le bruit court ici, de plus en plus, que l'Autriche a demandé quinze mille hommes au roi de Naples, en lui proposant de les remplacer par un corps de sept à huit mille hommes autrichiens. On ajoute que l'Autriche fait des levées en Lombardie, les destine à passer dans les États autrichiens, et les remplace également par des troupes allemandes.

Le bruit a couru aussi que la tête du Pape s'était affaiblie et que Sa Sainteté, se sentant elle-même inhabile aux affaires, créait une commission de cardinaux pour veiller à l'administration de ses États.

Le gouvernement romain a fait demander à l'Autriche un certain nombre de fusils à acheter pour armer ses troupes. Cette demande a été refusée par l'Autriche.

Nous sommes déjà informés ici des nouvelles ouvertures faites par la Porte à Mr le général Guilleminot et du désir qu'elle a témoigné de voir cet ambassadeur et ses collègues revenir à Constantinople.

(26 au soir.)

J'ai passé, ce matin, deux heures tête à tête avec le grand-duc. Il a été de nouveau question dans cet entretien de l'état de la France. J'ai répété à son Altesse Impériale ce que j'avais déjà eu l'honneur de lui dire à cet égard. Mais ce prince m'a paru peu convaincu de mes assertions sur ce sujet. La mise en accusation de l'ancien ministère, la violence des paroles, la mauvaise foi des prétextes, l'obstination d'opposition qui se font remarquer dans les dernières démarches d'une partie de la Chambre portent au plus haut point les alarmes des hommes politiques à l'étranger. Ces alarmes sont nourries par les correspondances de Paris qui, presque toutes, présentent l'état de la France comme très inquiétant. Il m'est facile de voir que tous ces motifs réunis ont influé sur l'esprit même du grand-duc, prince cependant de l'esprit le plus sage, le plus clairvoyant et le plus modéré, et que les impressions actuelles de son esprit le rendraient peut-être plus accessible aux insinuations des ennemis de la France, en lui faisant envisager comme indispensable un système de garantie et de précaution contre l'incendie qu'elle pourrait allumer en Italie.

Je répète à Votre Excellence que le voyage de ce prince en Sardaigne et en Savoie, dans de pareilles circonstances, doit nous inspirer à nous-mêmes des inquiétudes. Il ne reviendra vraisemblablement pas tel pour nous qu'il est parti. Il eût été à désirer que nous eussions pu l'accompagner et combattre à propos les fâcheuses influences dont il sera environné.

J'ai reçu et remis à Madame la comtesse d'Esterhazy la lettre de Madame la Dauphine, que Votre Excellence m'a fait passer.

J'ai l'honneur d'être, avec un respectueux dévouement, Monseigneur, votre très humble et très obéissant serviteur.

Correspondance politique, Toscane,
vol. 167, fol. 41-46.

1829 : Les papiers Laing, cause d'incidents diplomatiques

Près de soixante-dix ans avant Fachoda, une belle histoire de rivalités colonialistes. Déjà, la France et l'Angleterre. Déjà, des aventuriers, des administrateurs. Peu connue, l'affaire des « Papiers Laing » est pourtant passionnante. Le destin d'Alexandre-Gordon Laing est d'ailleurs lui-même passionnant. Né à Edimbourg en 1794, le jeune Laing, d'abord employé dans l'usine de son père, fut volontaire dans les armées britanniques contre Napoléon. À partir de 1810, il embrasse définitivement la carrière militaire. On le voit aux Antilles, à la Barbade, à la Jamaïque, dans le Honduras. Souffrant, il est rapatrié en Angleterre mais, très vite, il reprend du service et part cette fois pour le Sierra-Leone. Et c'est alors, en 1822, qu'il est chargé d'une première mission par le gouverneur, Charles MacCarthy, qui l'envoie étudier la situation politique des pays africains de la région et, surtout, sonder les sentiments de leurs chefs sur l'abolition de la traite des noirs. Cette mission est une réussite, Laing a désormais le goût de l'Afrique dans les veines, il décide d'aller plus loin. Il s'enfonce plus profondément à l'intérieur du Sierra-Leone avant de tomber à nouveau malade puis, guéri par les indigènes, de partir aux sources du Niger.

Il se conduit pendant toute cette période en explorateur, certes, mais aussi en humaniste, soignant les populations autour de lui. Toujours de santé fragile, il est renvoyé en 1824 en Angleterre, à la mort de MacCarthy, pour informer le gouvernement de la situation à l'intérieur de l'Afrique. Le voilà désigné pour un nouveau voyage qui le mène à Malte puis à Tripoli, où très romantiquement, il épouse la fille du consul d'Angleterre. Moins romantiquement ensuite, mais l'attrait du voyage est un autre romantisme, il abandonne son épouse pour s'enfoncer dans le désert avec une caravane. Il voyage d'oasis en oasis, accompagné de domestiques noirs, de chameaux et d'amples provisions. On rapporte qu'un « Juif de Barbarie » lui servait d'interprète. C'est alors qu'il est attaqué une première fois par une caravane de Touariks, d'origine berbère, avec lesquels il s'était pourtant engagé dans quelques opérations de troc. Blessé, il est soigné, puis attaché sur un chameau, ce qui lui permettra d'atteindre Tombouctou où il mettra plusieurs mois à guérir.

En dépit des menaces des autochtones assurant qu'aucun chrétien ne mettra jamais le pied sur leurs terres, il voyage encore à nouveau. C'est alors que, dans des conditions obscures, il est arrêté par une tribu nomade. On le conjure d'abjurer la foi chrétienne, Laing refuse, un premier « Maure » se défend, avec horreur dit-on, de l'égorger. Deux esclaves l'étranglent alors sans scrupule. Et la rivalité coloniale dans tout cela ?

Eh bien, il faut se souvenir que cette période était celle où toutes les grandes puissances se sont aventurées en même temps dans le centre de l'Afrique. Avant les colonnes militaires, ce sont les explorateurs. Un an après la mort de Laing, René Caillé séjournera à Tombouctou. On lui montrera l'endroit où Laing a péri. Ces explorateurs écrivent aussi, laissent des documents. Ainsi Laing publia-t-il en 1825 un *Voyage dans le Timanni, le Kourako et le Soulimana, contrées de l'Afrique Occidentale*. D'où la querelle qui éclata après sa mort à propos des documents laissés derrière lui et ramenés à Tripoli par certains de ceux qui avaient échappé au massacre. On accusa ainsi le baron Rousseau, consul de France à Tripoli, de s'être procuré frauduleusement ces documents. Le consul d'Angleterre mena la charge contre lui, les autorités locales s'en mêlèrent. C'est le récit de ce différent juridico-politique qui fut l'objet de la longue dépêche du baron Rousseau au prince de Polignac, alors ministre des Affaires étrangères.

Sur l'affaire de M. le baron Rousseau, consul général de France à Tripoli

À M. le prince
de Polignac, ministre
des Affaires étrangères

À Paris le 31 décembre 1829

Mr le baron Rousseau, consul général du Roi à Tripoli, ayant été accusé par le consul d'Angleterre de s'être frauduleusement procuré les papiers du major Laing, vous nous avez chargé d'examiner cette accusation et vous nous avez demandé de vous donner notre avis tant « sur le fait imputé à Mr Rousseau, que sur le différend qui s'est élevé à cette occasion entre le Bey de Tripoli et ce consul ».

La Commission a lu avec soin toutes les pièces que Votre Excellence lui a transmises, elle a entendu séparément Mr de Clairembault, vice-consul à Tripoli. Nous commencerons par exposer les faits tels qu'ils résultent de l'examen auquel nous nous sommes livrés.

Au mois de septembre 1828, le major Laing quitta Tombouctou où il avait séjourné pendant plusieurs semaines ; son intention était de se diriger vers le pays de Bambarra. Il avait avec lui un guide arabe et un nègre né Benguedar qu'il venait d'affranchir.

Trois jours après son départ il fut assassiné. Les circonstances de ce crime sont racontées diversement. Mais Benguedar qui a réussi à regagner Tripoli y a déclaré et a déclaré de nouveau à Malte où il avait été conduit, pour le mettre hors de l'influence des Mahométans, que Mr Laing avait été assailli pendant la nuit ; que lui même avait été étourdi d'un coup à la tête et qu'en reprenant ses sens il avait aperçu le corps de son maître privé de vie et n'avait plus vu le chameau qui portait deux sacs dans lesquels étaient renfermés ses papiers et ses effets.

Il n'y avait point de doute sur la fin funeste du malheureux voyageur. Mr Warrington, consul général de S. M. B. à Tripoli, que cette catastrophe touchait d'autant plus vivement que Mr Laing était son gendre, en perdant l'espérance de le revoir, conçut celle de retrouver du moins les notes et journaux qui constateraient le succès de ses efforts et assureraient à la nation anglaise la priorité de la découverte de Tombouctou. La déclaration du nègre Benguedar, quoique en opposition avec un récit d'après lequel les papiers et instrumens de Mr Laing auraient été immédiatement détruits comme des objets de sortilège, permettait de penser que ces papiers étaient tombés entre des mains d'où il serait possible de les retirer. Mr Warrington fit en conséquence les démarches les plus actives après du Bey, pour que celui-ci employât son autorité afin de les découvrir et de les faire restituer. Le Bey déférant au désir du consul britannique publia des ordres sévères et envoya des courriers sur plusieurs points ; mais ces mesures n'obtinrent aucun résultat. Pendant ce tems un bruit sourd avait circulé : ses papiers enlevés lors du pillage des bagages de Mr Laing auraient été envoyés de Gadamis (ville sur la route de Tombouctou à Tripoli). Mr Warrington se prévalut de ce bruit après du Bey et renouvella ses instances.

Voyant qu'elles ne produisaient pas plus d'effet, il eut recours aux menaces, suspendit ses relations avec la régence et amena le pavillon anglais.

Telle était la situation des choses, lorsque au commencemen du mois d'août 1829, le Bey dit confidentiellement au docteur Dickson, chirurgien anglais, qu'il était informé que des Gadamites avaient apporté les papiers de Mr Laing à Hassuna d'Ghiès, son ancien ministre, que celui-ci les avait remis au consul français, que des habitans de Gadamis, instruits de toute l'affaire allaient arriver à Tripoli et qu'il les mettrait en communication avec Mr Warrington.

Le docteur Dickson divulgua cette confidence. Hassuna d'Ghiès se sachant accusé de recéler des papiers auxquels on attachait tant de prix se réfugia chez le consul des États-Unis, réclama sa protection et, la nuit suivante, s'embarqua sur un navire américain.

Le même jour (9 août), le frère d'Hassuna, Mohammed d'Ghiès, écrivit à Mr le baron Rousseau pour lui demander en protestant de son innocence, de le recevoir et de lui accorder protection contre le ressentiment du Pacha.

Le Bey, pressé le lendemain par Mr Warington de s'expliquer sur la confidence qu'il avait faite au docteur Dickson, dit publiquement qu'Hassuna avait cédé les papiers de Mr Laing au consul de France, moyennant une remise de 40 pour % que Mr Rousseau lui avait faite sur des créances que plusieurs Français avaient à exercer contre lui ; qu'il ne savait rien des papiers que le major avait emportés de Tombouctou, mais que Mr Rousseau avait ceux qui avaient été adressés, par M. Laing, de Tombouctou à Tripoli, et que, du reste, il tenait tous ces détails de Mohammed, frère de Hassuna d'Ghies.

Dès le jour suivant, Mr Warrington se fondant sur cette déclaration du Bey, fit demander officiellement à Mr le baron Rousseau, par le consul des Pays-Bas, la restitution de tous les manuscrits de l'infortuné voyageur. Mr le baron Rousseau s'empressa de répondre qu'il n'avait aucune connaissance de ces manuscrits et écrivit en même tems à Mohammed, pour lui exprimer son étonnement de ce qu'après s'être permis auprès du Bey les allégations que celui-ci avait répétées, il eut réclamé constater cette assertion un procès-verbal fut dressé et signé par tous les consuls présens. Mohammed déclara de plus devant eux, que jamais il n'avait fait au Bey aucune révélation concernant les papiers de Mr Laing, dont il n'avait pas la moindre connaissance. Cependant, dans la journée, le Bey reçut de lui une lettre portant qu'ayant cherché un asyle chez le consul de France il s'était vu obligé de faire, devant lui, la déclaration qui vient d'être rapportée. – au dire de Mr Warrington cette lettre aurait été envoyée du consulat même ; mais Mr le baron Rousseau affirma que Mohamed, rentré dans sa maison, l'écrivit sous la dictée de Sidi Ali, fils aîné du Bey qui lui tenait le pistolet sur la gorge. Ce fait est confirmé par le témoignage de Mr de Clairembault qui déclare avoir vu la maison de Mohamed entourée de soldats du Bey et qui a reçu, de sa propre bouche, un moment après, le récit de la scène de violence qu'il avait eu à subir.

Le 14, Mr Rousseau, n'ayant pas reçu de réponse à la lettre qu'il avait écrite au Bey, amena son pavillon.

Le 16 arrivèrent enfin les Gadamites dont le Bey avait annoncé l'arrivée. Les consuls furent convoqués au château pour assister à leur déposition. Les Gadamites (Le jeune Babans) déclara qu'il avait porté, à Hassuna d'Ghiès, des traites (billets) et deux lettres, mais qu'Hassuna lui avait dit qu'il devait y en avoir d'autres et qu'il lui avait recommandé de les chercher et de les lui rapporter ; qu'à son retour à Gadamis il fit part au nommé Hadur des injonctions d'Hassuna et qu'en conséquence Hadur lui adressa par un individu nommé Sarog, deux paquets enveloppés de toile cirée et scellés de cire rouge. Un second Gadamite, frère du précèdent, a confirmé cette déclaration. Le Cadi interrogé ensuite a répondu qu'ayant vu Sarog à son retour de Tripoli, ce messager lui avait dit avoir remis les papiers entre les mains d'Hassuna. Il a ajouté qu'on rapportait à Gadamis que ces papiers avaient été donnés au consul de France et non au consul d'Angleterre.

Les neuf autres Gadamis ont déclaré ne rien savoir.

Dans la même séance le Bey fit appeller Sidi Moussta l'un des principaux personnages de la régence et, en présence du consul d'Angletterre et de plusieurs autres consuls, il lui demanda s'il était vrai que Sidi Ali, son fils, eut forcé le pistolet sur la gorge de Mohamed d'Ghiès d'écrire sa rétractation. Sidi Moussta répondit que Mohamed avait écrit de sa libre volonté. […]

Depuis que le consul général avait amené le pavillon de France, il n'avait eu aucune communication avec le Bey. Ni avec aucun de ses ministres. On avait même refusé de recevoir les personnes qui se présentaient de sa part. Pensant qu'il ne pouvait plus rester, sans compromettre son caractère, auprès d'un prince qui avait inventé ou du moins accueilli et répandu une pareille accusation contre lui, et que d'ailleurs sa présence était inutile pour la protection des intérêts des Français, il se décida à s'embarquer le 5 septembre sur un bâtiment autrichien qui le transporta à Tunis.

Mr le baron Rousseau, arrivé à Marseille, a rendu compte à V. Exc. des circonstances qui avaient amené sa détermination. De son côté, Mr Warrington a informé son gouvernement de ce qui s'était passé, et le ministère britannique vous a adressé un extrait de la correspondance de ce consul qui accuse formellement Mr Rousseau d'être le receleur des papiers du major Laing, et qui insinue même qu'il pourrait bien être l'instigateur de son assassinat.

Nous ne nous arrêterons pas à repousser cette odieuse insinuation. Elle ne demande pas de réfutation, mais nous avons cru qu'il n'était pas inutile de la relever. Elle prouve à quel point la douleur de la perte de son gendre avait fasciné l'esprit de Mr Warington et l'avait disposé à écouter toutes les préventions. Nous discuterons donc immédiatement la seule accusation qui ait été positivement avancée.

La lecture du récit exact des faits que nous venons de présenter à Votre Excellence suffit sans doute pour démontrer combien est fragile la base de cette accusation. [...]

On doit en conclure seulement que le Bey mettait beaucoup d'importance à cette affaire et qu'il désirait vivement amener Hassuna à charger le consul de France, mais pourquoi, demandera-t-on, le Bey montrait-il une telle ardeur dans une affaire de ce genre, une telle animosité contre Mr le baron Rousseau. Nous allons l'expliquer et indiquer en même tems les circonstances qui nous paraissent avoir favorisé l'origine de l'accusation.

Il y a 3 ans le consul de France crut que le Bey avait manqué aux égards dus à son caractère public. Il exigea et obtint une réparation éclatante. Cette réparation était de nature à laisser un vif ressentiment dans le souvenir du Bey – une nouvelle circonstance est venue augmenter son mécontentement.

Mr le baron Rousseau a été appelé, l'année dernière, à négocier un arrangement entre les Deux-Siciles et la régence de Tripoli. Il l'a fait avec succès, et la somme à payer au Bey, par le gouvernement napolitain, a été réduite à 20 000 francs. Mr Warrington qui avait d'abord été chargé de cette négociation, où il avait échoué, paraît avoir fait entendre au Bey, que le roi de Naples avait autorisé un sacrifice beaucoup plus considérable.

Rien n'est plus connu que la cupidité ordinaire aux régents des États barbaresques.

On conçoit que le Bey, persuadé que Mr Rousseau l'avait frustré d'une somme importante, a dû saisir avec empressement l'occasion de se venger. D'un autre côté, Mr Warrington ne cessait, comme nous l'avons vu, d'insister pour que le Bey parvint à faire retrouver les papiers de Mr Laing.

Mr Warrington avait interrompu ses relations officielles, et amené le pavillon d'Angleterre, en annonçant qu'il ne le relèverait que lorsque ces papiers lui auraient été remis. – Les choses étaient dans cet état, lorsque le bruit se répandit dans Tripoli qu'ils se trouvaient dans la possession de Mr le baron Rousseau. Le Bey profita de cette indication, prévenu comme il l'était contre ce consul, il accueillit avec empressement une imputation qui lui offrait un double avantage, celui de nuire au consul de France et d'échapper aux importunités du consul d'Angleterre. Mr Warrington releva en effet son pavillon, dans l'opinion que le Bey ne pouvait plus rien pour la restitution des manuscrits, objets de tant de démarches, et que ses efforts devaient maintenant se diriger contre le baron Rousseau.

Mais une question s'élève ici naturellement. Quelle a été la cause première du bruit répandu dans Tripoli ? L'examen des pièces l'a fait reconnaitre.

Mr le baron Rousseau est un orientaliste distingué. Il s'est de tous temps occupé de rechercher des manuscrits arabes. Envoyé pour le service du Roi sur la Côte de Barbarie, il a particulièrement tourné ses regards vers ceux qui pouvaient donner des renseignemens sur l'intérieur de l'Afrique. Il attendait entr'autres un exemplaire de l'ouvrage de Sidi-Ali-Baba. Cet ouvrage écrit au 15ème siècle, doit contenir une description de Tombouctou. Mr le baron Rousseau annonça, dans l'attente de l'acquisition de ce trésor littéraire, que bientôt il serait possesseur de documens importans sur Tombouctou.

Il est facile de concevoir qu'une pareille assertion frappant des oreilles ignorantes, a pu être transformée dans l'attente des documens rassemblés par le major Laing dont les esprits étaient préocuppés. Cette transformation a été sans doute la cause première du bruit qui avait circulé et, par conséquent, celle de toute l'inculpation. […]

Il nous reste pour compléter cette discussion à faire remarquer à Votre Excellence que pour motiver la cession des papiers qui aurait été faite par Hassuna à Mr le baron Rousseau, il avait été inséré dans la déclaration de Mohammed que ce consul avait fait à Hassuna une remise de 40 %, sur des dettes dont des Francais réclamaient le payement.

Il est vrai que cet arrangement a été effectivement conclu, mais il l'a été sous la date du 15 mars 1827, et par conséquent longtems avant qu'il fût question des papiers du major Laing, de sorte que nous ne pouvons voir dans cette allégation qu'une nouvelle marque du soin avec lequel on s'est emparé de toutes les circonstances qui pouvaient servir à élever l'échaffaudage sur lequel, à défaut d'un fait matériel, on voulait fonder une accusation.

En résumé la commission a pensé unanimement qu'il n'était nullement vraisemblable que les papiers de Mr Laing, dont la fin déplorable a excité en France comme en Angleterre de justes regrets, aient passés dans les mains d'Hassuna d'Ghiès ; qu'il était faux, en tout cas, qu'ils en fussent sortis pour passer dans celles de Mr le baron Rousseau ; et qu'ainsi l'accusation portée contre lui n'est qu'une imputation sans fondement.

Nous examinerons maintenant, comme V. Exc. nous l'a demandé, la conduite de Mr Rousseau dans le différend que cette imputation a fait naître entre le Bey et lui et par suite duquel il s'est cru obligé de s'éloigner du poste où le Roi l'avait placé.

Ce différend peut sembler au premier aspect une discussion en quelque sorte personnelle à Mr Rousseau, puisqu'il ne s'agissait pas de l'exercice de ses fonctions. Sous ce point de vue on pourrait s'étonner qu'il se soit déterminé à quitter Tripoli surtout qu'il ait amené le vice-consul et qu'il ait suspendu les relations officielles entre les deux pays. Cependant il nous a paru qu'un examen sérieux des circonstances justifiait ou excusait la conduite de ce consul du Roi.

Les consuls dans les postes barbaresques ont une autre importance que ceux des autres résidences. Ils n'ont pas seulement la mission de protéger les intérêts du commerce ; ils sont encore accrédités comme chargés d'affaires du Roi, auprès des régences, et ils sont investis d'une autorité directe sur tous les Français qui habitent le ressort du consulat. Il résulte de cette position qu'ils doivent être plus soigneux de repousser tout ce qui peut porter atteinte à leur considération, et qu'ils doivent conserver la dignité de leur caractère afin d'être en état de remplir dans toute son étendue la mission qui leur est confiée. Mr Rousseau a été accusé par le Bey, publiquement, et en présence de tous les consuls ses collègues. L'accusation était tellement grave, tellement odieuse, qu'un homme d'honneur ne pouvait la supporter. Fort de son innocence, il a sommé le Bey de la reconnaître et si le délai qu'il lui a fixé paraît avoir été bien court, il faut ne pas oublier que ce délai n'était que comminatoire, de sorte qu'ayant demandé, le 12 août, une réponse immédiate, en menaçant en cas de refus de se retirer, ce n'est cependant que le 5 septembre qu'il s'est embarqué.

Pendant ce temps il a essayé plusieurs fois de s'entendre avec le Bey que ses explications pouvaient tirer d'erreur ou amener à un retour équitable. Mais celui-ci a refusé de le recevoir et n'a pas voulu d'avantage recevoir le vice-consul et le drogman du consulat. Le pavillon de France fut amené. C'était montrer que les relations consulaires était interrompues. […]

Ces considérations paraissent justifier la résolution qu'à prise Mr le baron Rousseau de se retirer ; mais n'aurait-il pas pu laisser sur les lieux le vice-consul pour gérer, en son absence, le consulat ? Nous pensons que cela était possible et que peut-être ce parti eût été préférable ; attendu qu'il paraît constant que le Bey avait affecté de répéter qu'il n'entendait point rompre avec le gouvernement du Roi.

Il semble même résulter de l'ensemble des renseignements que lorsque le Bey a refusé de recevoir le vice-consul, c'était par la raison qu'il ne voulait plus avoir à discuter l'affaire des papiers du major Laing, de sorte qu'on ne saurait en conclure qu'il n'eut pas voulu traiter avec M. de Clairembault les affaires du consulat.

Toutefois Mr le baron Rousseau allègue que la présence du vice-consul aurait été sans utilité parce que, dans son opinion, le Bey ne lui aurait pas donné audience même pour les affaires du consulat ; [...]

On ajoute encore qu'en emmenant le vice-consul Mr le baron Rousseau aurait dû remettre les affaires du consulat à un député de la nation qui aurait relevé son pavillon. Mais Mr le baron Rousseau assure qu'il ne se trouvait à Tripoli aucun Français en état de remplir les fonctions de député, et qu'il a cru assurer suffisamment la protection due aux intérêts des Français en la confiant au vice-consul d'Espagne qui a accepté cette mission. [...]

Vous savez, Prince, que, du reste, le Bey voulant éviter qu'on put considérer le départ du consulat de France comme le signal d'une rupture entre les deux États, a exigé du vice-consul d'Espagne d'arborer le pavillon blanc.

Nous avons l'honneur de renvoyer à votre Excellence toutes les pièces qu'elle nous a fait celui de nous transmettre, et nous la prions d'agréer l'hommage du respect avec lequel nous sommes, Prince, vos très humbles et très obéissans serviteurs.

Personnel, 1ère série, vol. 3563.

1830 : Les Trois Glorieuses vues de l'étranger

La révolution de Juillet, les Trois Glorieuses du 27 au 29 juillet, conduisit Charles X à l'exil. Louis-Philippe devenait le « Roi-citoyen » et l'abdication de Charles X en faveur de son petit-fils, le duc de Bordeaux, futur comte de Chambord, n'y changea rien. Le 7 août, la Chambre des députés déclarait le trône vacant et appelait Louis-Philippe qui prenait le titre de roi des Français. On nous pardonnera ce bref rappel historique, mais l'écho qu'eut la révolution de Juillet dans l'Europe fut considérable. On sait que, dès le mois d'août, un soulèvement éclata en Belgique, puis en Pologne. Dans le même temps, des revendications libérales se faisaient jour en Suisse. On conçoit que, dans ces conditions, les yeux de l'Europe entière aient été fixés sur ce qui se passait en France au cours de l'été 1830. Les documents que l'on trouvera ici, de Londres, font état des réactions dans cette capitale. À Londres, le comte de Vaudreuil traduit dès le 9 août la satisfaction des Britanniques. Pour les Anglais, la France d'après les journées de juillet est dirigée « par des hommes éclairés » ; « la voix de quelques personnes exagérées ou nourries de théories républicaines a été étouffée par l'immense majorité des hommes sages et modérés » et toutes les anciennes idées de « prépotence militaire » ne sont plus à craindre. Pour Lord Aberdeen, ministre des Affaires étrangères britannique : « C'est parce que l'on sait en France que les traités excluent les membres de la famille de Napoléon et qu'un acte en leur faveur serait une "déclaration générale de guerre contre toute l'Europe" » que ce qui vient d'éclater à Paris n'est pas considéré comme inquiétant. On remarquera au passage que le même Lord Aberdeen veut « attribuer aux classes laborieuses la plus grande part dans les derniers événements ». Une seconde dépêche, en date du 13 août donne davantage de détails sur la réaction des divers ambassadeurs étrangers en poste à Londres.

Du côté allemand, les réactions sont plus mitigées. On aurait été plus favorable à l'avènement du duc de Bordeaux, « mais on ne s'est point longtemps abusé sur l'issue de la lutte ; on redoutait la République et sans vouloir le manifester, on désirait secrètement que la couronne fût placée sur la tête de Son Altesse Royale, Monseigneur le duc d'Orléans ». Ainsi, c'est pour éviter le pire que le gouvernement prussien va d'entrée de jeu soutenir le nouveau gouvernement français. « Le roi de Prusse, conséquent avec le principe qu'il a adopté de ne se mêler en aucune façon des affaires intérieures de la France, paraît avoir pris la résolution de demander à ses alliés de ne point refuser de reconnaître Sa Majesté Philippe VII ». Philippe VII, c'est naturellement Louis-Philippe dont on ignorait encore qu'il ne reprendrait pas le nom de celui, qui avait régné en France de 1328 à 1350, Philippe VI de Valois. Là aussi, comme à Londres, le baron Mortier, qui représente la France, mais dont nous n'avons pas publié la correspondance, donne d'intéressantes indications sur l'attitude des autres gouvernements européens telle qu'elle apparaît à la cour de Berlin et, comme le roi de Prusse lui-même, la souhaite favorable au nouveau régime.

Du comte de Vaudreuil au maréchal comte Jourdan

Londres, 9 août 1830

Monsieur le Maréchal,

J'ai reçu, ce matin seulement, la dépêche de Votre Excellence, en date du 4 août, m'annonçant sa nomination aux fonctions de commissaire provisoire au département des Affaires étrangères.

Votre Excellence ne se trompe point en comptant sur mes constans efforts pour soutenir les intérêts de mon pays dans le poste qui m'est confié ; je ne pourrai mieux atteindre ce but de tous mes désirs qu'en suivant avec exactitude les instructions qui me seront transmises, certain comme je le suis aujourd'hui de voir encourager les plus humbles efforts dans l'accomplissement d'un aussi noble devoir.

L'absence de toute voie officielle m'avait permis, il y a peu de jours encore, de transmettre directement à S. A. R. Monseigneur le duc d'Orléans, lieutenant général du royaume, les expressions de mon dévouement personnel ; maintenant que la correspondance est rétablie, M. le comte Hyppolite de la Rochefoucauld, deuxième secrétaire, et M. le vicomte d'Anchald, troisième secrétaire de l'ambassade, se joignent à moi pour prier officiellement Votre Excellence d'être l'interprète de notre respect et de notre obéissance envers un prince auquel est confiée la tâche glorieuse de maintenir nos libertés, garans les plus sûrs du bonheur de la France.

La proximité de Londres et de Paris m'avait engagé, dans un rapport en date du 2 août, remis indirectement au département des Affaires étrangères à donner quelques renseignements sur le langage des agens diplomatiques des principales puissances étrangères : aujourd'hui que les dépêches directes des légations françaises sont parvenues à Votre Excellence, je m'attacherai plus spécialement à étudier les dispositions du cabinet britannique.

L'opinion publique en Angleterre s'est montrée d'une manière tellement prononcée, que le gouvernement, pour complaire à l'esprit général, blâme hautement les actes qui ont amené les événements du 27 juillet, et repousse bien loin l'idée de l'intervention, même la plus indirecte, dans les affaires intérieures de la France. Je suis entièrement convaincu de la sincérité de ce langage, mais je crois en même tems qu'il est surtout le résultat de l'impuissance et de la nécessité ; en effet, ce serait se faire bien illusion de penser qu'une administration constituée comme l'est maintenant le cabinet britannique ait pu envisager sans un violent déplaisir des événemens qui ajoutent une force immense aux opinions libérales qui ont pénétré plus ou moins généralement dans tous les pays de l'Europe.

Une conversation très longue que j'ai eue ce soir avec Lord Aberdeen, ministre des Affaires étrangères, me confirme dans les idées que je viens d'émettre. À peine ai-je tiré de Lord Aberdeen quelques pénibles éloges donnés à la modération qui a remplacé si promptement dans Paris l'exaltation que pouvaient produire trois jours de combats. Des craintes sur des excès populaires futurs, sur les divisions qu'excitent un parti républicain, et même un parti en faveur du fils de Napoléon, ont rempli, de la part du ministre anglais, une entrevue de près d'une heure ; je me suis borné à citer les actes qui ont suivi les journées du 27, 28, 29 juillet ; ils eussent suffi pour calmer des craintes sincères : ils démontrent que les classes instruites comme les classes ouvrières, les provinces comme la capitale, ont pris part au mouvement spontané qui a changé l'ordre des choses en France, qu'ainsi, on n'avait point à craindre les excès du peuple, dirigé comme il l'est par des hommes éclairés, que la voix de quelques personnes exagérées ou nourries des théories républicaines avait été étouffée par l'immense majorité des hommes sages et modérés, et que d'anciennes idées de prépotence militaire n'étaient pas davantage à craindre, le nom de Napoléon II n'ayant même pas été prononcé.

Je ne puis me dispenser de rendre littéralement à Votre Excellence la réponse de Lord Aberdeen à ce dernier fait : « C'est par ce que l'on sait en France que les traités excluent les membres de la famille de Napoléon et qu'un acte en leur faveur serait une déclaration générale de guerre contre toute l'Europe ». J'ai simplement fait observer à Lord Aberdeen que les classes laborieuses, auxquelles il voulait attribuer la plus grande part dans les derniers événemens, n'étaient guère instruites des actes du congrès de Vienne, et avaient été influencées bien plus naturellement par la popularité du prince qui est destiné à nous gouverner. Au demeurant, Monsieur le Maréchal, je ne veux pas attribuer aux paroles du membre le plus violent du ministère anglais plus d'importance qu'elles ne méritent ; mais mon devoir est d'en rendre un compte fidèle, de ne point atténuer ce que j'entends, et de démontrer que, malgré ses professions de foi, les dispositions du cabinet britannique sont assez peu bienveillantes pour qu'il puisse être utile de se mettre sur ses gardes contre des intrigues futures.

Je n'ai pu répondre aux questions de Lord Aberdeen sur la destination de Charles X et des membres de sa famille, en quittant Cherbourg ; Lord Aberdeen craindrait qu'à Londres ils ne fussent exposés à quelque insulte de la part de la populace ; il a parlé d'Édimbourg, où Monsieur le comte d'Artois a été reçu jadis avec la plus grande hospitalité ; cette ville sera probablement le lieu de leur résidence, s'il débarquait dans la Grande-Bretagne.

Monsieur d'Haussez, ex-ministre de la Marine, est arrivé à Londres sous le nom de Mercher, il reste fort inapperçu, ainsi que quelques autres personnes qui tenaient, par leur opinion, ou par leur intérêt, au dernier gouvernement. J'en excepte M. Ouvrard, qui se produit beaucoup et présente partout l'état de la France sous l'aspect le plus faux ; j'ai dit à Lord Aberdeen que j'étais persuadé qu'on n'attacherait aucune croyance aux paroles de cet individu ; le ministre m'a donné l'assurance qu'il n'avait jamais vu M. Ouvrard, mais je sais positivement qu'il a été fréquemment admis chez le duc de Wellington.

Londres, ce 10 août 1830

Je reçois, au moment de fermer ma dépêche, la lettre de Votre Excellence en date du 7 août, qui m'ordonne de veiller à ce que le gouvernement britannique rende au pavillon des trois couleurs les honneurs usités entre les deux États ; je ne manquerai pas d'exécuter les ordres de Votre Excellence. J'avais précédemment pris les mesures nécessaires pour que les passeports et autres pièces officielles soient délivrées au nom de S. R. Mr. le Lieutenant général du Royaume.

Je suis avec respect, Monsieur le Maréchal, de Votre Excellence, le très humble et très obéissant serviteur

Le Comte C. de Vaudreuil

P.S. J'adresse à Votre Excellence par le portefeuille de ce jour les dépêches du consulat du Mexique et de la légation du Brésil.

Londres 13 août 1830

Monsieur le Maréchal,

Votre Excellence m'a donné l'ordre, par sa dépêche en date du 7 août, de veiller à ce que des mesures soient prises par le gouvernement anglais, pour la continuation à l'égard du pavillon aux trois couleurs, des procédés et honneurs usités entre les pavillons des deux États.

Lord Aberdeen, ainsi que le duc de Wellington, étant à la campagne depuis plusieurs jours je n'ai pu savoir positivement si ces ordres étaient déjà donnés. Dans cette position j'ai fait de cette communication l'objet d'une note ; j'envoie à Votre Excellence copie de ma lettre que mes fonctions de chargé d'affaires, accrédité auprès du ministre des Affaires étrangères me donnaient le moyen d'écrire officiellement, tandis que Lord Stuart, ambassadeur accrédité auprès de la personne du souverain, ayant besoin de nouvelles lettres de créance pour agir en cette qualité, n'a pu recevoir que confidentiellement la communication de Votre Excellence. J'ai tout lieu de croire, d'après ce que m'a dit le sous-secrétaire d'État des Affaires étrangères que l'expédition des ordres en question ne souffrira ni difficulté ni retard. Le cabinet anglais parait être dans la ferme intention, malgré son langage peu approbatif des derniers événements, de ne donner aucun sujet de mécontentement à notre gouvernement : l'administration du duc de Wellington doit éviter dans ce moment surtout, l'occasion d'indisposer le public anglais, l'opinion s'est déjà montrée assez hostile envers le ministère dans les élections et, d'après les renseignements que j'ai pris pour former mon jugement sur ce point, la certitude d'une majorité imposante dans le prochain parlement est loin d'être acquise au ministère ; il sera probablement obligé de faire quelques concessions et de négocier avec ses adversaires politiques les plus modérés, et c'est dans ce but qu'avait eu lieu, il y a peu de tems la nomination de Lord Ferdey au poste de grand chambellan que ce membre de l'opposition a accepté. On a été jusqu'à désigner pour l'ambassade de Paris, Sir Frederick Lamb, ancien ambassadeur à Lisbonne, qui se rend effectivement à Paris après un court séjour à Aix-la-Chapelle ; je ne crois point cette nomination ; les amis politiques de Sir Lamb sont encore dans une opposition complette et un mouvement aussi prononcé dans ce sens de la part de l'administration lui ferait perdre une partie de ses soutiens actuels.

Le duc de Wellington reviendra de la campagne dans trois jours ; je me présenterai chez lui, et j'espère modifier les impressions produites sur lui par les rapports, qu'il a trop écoutés, de personnes intéressées à présenter sous un point de vue peu tranquillisant le résultat futur de nos événements politiques. Les opinions du duc de Wellington sont moins violentes que celles de Lord Aberdeen, et Votre Excellence sait que le Premier ministre actuel décide seul dans les conseils du cabinet anglais.

J'ai lieu de croire que le langage du comte de Matuzcevic, ministre de Russie, sera conforme à celui que je tiendrai, et son opinion, basée sur sa connaissance de la France et sur des rapports aussi éclairés que désintéressés, transmis de Paris, sera du plus grand poids. L'ambassadeur d'Autriche a un peu modéré, depuis quelques jours, la manifestation de ses opinions sur les changemens politiques survenus en France ; toutefois, il continue à s'agiter et à se démener beaucoup ; il expédie à Vienne le premier secrétaire de son ambassade. Je n'ai aucune donnée positive pour affirmer que le cabinet de Vienne veuille se livrer à des intrigues sur nos affaires mais si je juge de ses dispositions par le langage de ses agents, on peut au moins s'attendre de sa part à des défiances, à des précautions, enfin à des rapports pénibles entre les deux États.

S'il existe, dans quelques cours, des dispositions malveillantes et même hostiles, il me paraît généralement convenu qu'il n'existerait encore aucun prétexte pour les manifester ; dans cette hypothèse on attendrait les occasions qui se présenteraient, et l'on compterait beaucoup, entr'autres points, sur les décisions futures du gouvernement français relativement aux résultats de l'expédition d'Afrique. Sans oser offrir une opinion sur un sujet aussi important pour le repos ou pour l'honneur de la France, je prends la liberté d'appeler l'attention de Votre Excellence sur un article du Courrier du 12 août, journal anglais semi-officiel et dont je joins ici la traduction.

J'ai l'honneur de rappeler à Votre Excellence ma position relativement aux conférences sur les affaires de Grèce : M. de Vaudreuil n'est point autorisé à assister aux « conférences » : ces lignes sont les seules et laconiques instructions, transmises par le dernier gouvernement au moment où M. le duc de Laval a remis entre mes mains les affaires de l'ambassade. Depuis ce jour je n'en avais reçu aucune communication. Il est à croire que les plénipotentiaires russes et anglais, malgré leur impatience de terminer ces affaires, ne délibèreront pas sans consulter la France dont le traité du 6 juillet rend le concours indispensable ; s'il en était autrement je ne manquerais pas de protester contre cet (*sic*) infraction à ce traité existant ; la décision du dernier gouvernement a mon égard avait été communiquée au cabinet britannique.

Correspondance politique, Angleterre, vol. 631, fol. 178-182, 184-188.

1831 : Les remous provoqués par l'indépendance de la Belgique

Les hommes politiques d'aujourd'hui rivalisent de rapidité pour féliciter les champions de football ou les médaillés d'or à tous les jeux plus ou moins olympiques de la planète. Au XIXe siècle, ce n'était encore que les généraux que l'on félicitait pour leurs interventions. C'est à ce titre, presque purement anecdotique, mais bien révélateur de l'importance qu'avaient déjà les victoires de tout ordre dans l'opinion publique, que l'on publie la minute autographe signée d'une lettre adressée par Louis-Philippe au maréchal Gérard, le chargeant de féliciter l'armée du nord pour sa conduite lors de l'intervention en Belgique en novembre 1831. Cette missive est précédée ici d'une lettre autographe de Léopold Ier, premier roi des Belges, adressée précisément à Louis-Philippe et demandant la protection de la France face aux menaces d'agression hollandaises. L'ensemble de cette correspondance est à situer dans la quête de la Belgique pour son indépendance. D'abord autrichienne, puis annexée à la France, la Belgique se retrouva sous l'autorité hollandaise à la chute de l'Empire. D'où la révolution de 1830 qui, le 25 août, et dans la foulée des journées de Juillet à Paris, amène l'armée hollandaise à se retirer et la Belgique à constituer un gouvernement provisoire le 25 septembre puis à proclamer son indépendance le 4 octobre. Les grandes puissances, Angleterre, Autriche, Prusse, Russie et naturellement France, réunies à Londres dès le lendemain, reconnaissent la séparation de la Hollande et de la Belgique. On propose même, au début de 1831, la couronne de Belgique au duc de Nemours, second fils de Louis-Philippe. Devant l'opposition de l'Angleterre, le congrès national belge nommera alors le prince Léopold de Saxe-Cobourg-Gotha, roi des Belges, par 150 voix sur 169 votants. Inaugurant son règne le 21 juillet 1831, celui-ci se voit immédiatement en butte à l'hostilité hollandaise. D'où la correspondance qui suit, et une nouvelle intervention de la conférence de Londres en octobre 1831. La neutralité de la Belgique sera confirmée, la Hollande mettra encore huit ans avant de l'admettre.

Le ton très direct des deux lettres que l'on trouve ici montre bien qu'au-delà des précautions oratoires de la diplomatie, il est toujours possible aussi à un souverain de parler sans ambage.

Léopold Ier: lettre autographe signée à Louis-Philippe, faisant appel à la protection française face aux menaces d'agression hollandaises

Liège, 2 août 1831

À l'instant même je reçois la nouvelle d'Anvers que le général Chassé veut reprendre les hostilités le 4 de ce mois. Les communications qui m'étaient parvenues de la conférence me disaient positivement que les 5 puissances entendaient que l'armistice était indéfini, aussi nous n'avons pas fait de préparatifs comptant sur cette déclaration des 5 puissances. Aujourd'hui, je reçois la nouvelle et après-demain il compte commencer les hostilités. Je vous demande si on pouvait agir avec une plus indigne mauvaise foi que le font les Hollandais.

Il est de la plus grande importance pour vos intérêts, ainsi que ceux de l'Europe entière, de montrer de l'énergie dans la position actuelle des choses. Vous pouvez encore étouffer la chose à présent. Plus tard, il sera difficile de le faire. J'enverrai immédiatement en Angleterre pour demander quelque mesure de rigueur pour arrêter, s'il est encore possible, cette guerre qui peut devenir si funeste pour l'Europe.

Je réclame de même de votre part tous les secours que vous jugerez à propos de nous accorder dans cette crise inattendue. Nous manquons surtout d'armes. S'il était possible de nous en laisser avoir de Lille et des autres places de la frontière, cela nous serait d'une immense importance. Je suis malheureusement un peu souffrant mais je pars immédiatement pour Bruxelles pour me trouver rapproché de la scène. Je réclame la protection des 5 puissances pour Anvers, mon désir est que cette ville soit considérée comme neutre et que cette neutralité soit protégée par les puissances. Je vous écrits extrêmement à la hâte, mes hommages à la reine, à votre sœur, comme toujours à votre Majesté, le bien dévoué ami, Léopold.

Acqu. Extr., vol. 43, fol. 73-74.

Louis-Philippe : lettre au maréchal Gérard,
qu'il charge de féliciter l'armée du Nord pour sa conduite lors de l'intervention en Belgique

Paris, ce 3 novembre 1831

Mon cher Maréchal,

J'avais formé le projet de faire une visite à l'Armée, avant que les troupes ne rentrassent dans leurs garnisons respectives. J'étais impatient de les voir et de les féliciter de leur honorable conduite, lorsque l'invasion de l'armée hollandaise m'a déterminé à les faire marcher au secours de la Belgique ; mais l'époque avancée de la saison me fait renoncer à ce projet par la crainte que les mouvemens qu'elles auroient à faire pour se réunir ne fussent trop pénibles dans l'état actuel des chemins et des communications. J'en éprouve pourtant un vif regret et je vous demande de le leur témoigner de ma part. Je ne puis avoir auprès de l'armée de meilleur interprète que vous, mon cher maréchal, vous qui avez été mon compagnon d'armes presque dans ces mêmes lieux, avant que la noble carrière que vous avés parcourue depuis avec tant de succès vous ait apellé à la commander. Vous dirés donc à l'armée qu'elle a répondu à l'attente de la France et à la mienne et que quoiqu'elle n'ait pas eu l'occasion d'ajouter de nouvelles victoires à la longue série de celles qui ont illustré nos drapeaux, elle a donné d'amples gages à la patrie de ce qu'elle auroit fait, si elle avait eu à combattre pour elle. Vous lui dirés que son patriotisme, son zèle infatigable, sa discipline, sa patience et sa modération ont ajouté un nouveau lustre à la gloire des armées françaises et que j'en ai joui doublement en voyant dans ses rangs deux de mes fils partager ses travaux et acquérir quelques titres à sa confiance et à son affection. Vous connaissés, mon cher Maréchal, tous les sentimens que je vous porte et ma sincère amitié pour vous.

Acqu. Extr., vol. 43, fol. 75-76.

1834 : Stendhal, plutôt Henri Beyle, et la carrière diplomatique

Si la qualité de diplomate de Lamartine est finalement peu connue, celle de Stendhal fait partie de toutes les histoires de la littérature. Et pourtant, notre ami Henri Beyle, qui voyagea dans toute l'Europe dans les malles de Napoléon, ne parvint pas à se faire accréditer à Trieste où l'Autriche lui refusa l'*exequatur* en raison du libéralisme qu'il afficha longtemps à Milan, et ne fut somme toute que consul à Civitavecchia. Et encore, quel consul ! S'ennuyant ferme dans son poste, n'ayant d'autre idée que de s'envoler ailleurs, passant une grande partie de son temps à Rome, toute proche mais quand même à une journée de voiture, Stendhal ne fut certainement pas un modèle d'activité ou d'assiduité diplomatique. L'un dans l'autre, il demeura quand même accrédité dix ans à Civitavecchia. Mais les mois, sinon les années de congé qu'il passa en France (trois ans à partir de 1836 !), réduisent son séjour à ce poste comme une peau de chagrin. Qu'on ajoute le temps qu'il passa à son propre travail – et cela, on ne saurait le lui reprocher… pas plus que celui que son intense activité d'amoureux perpétuel déroba à ses charges ! – et l'on verra que notre consul à Civitavecchia fut un consul à tiers, sinon à quart de temps.

C'est pendant cette période, en effet, qu'il se lança dans la rédaction de *Lucien Leuwen* et de la *Vie de Henri Brulard*, qu'il publia les *Mémoires d'un Touriste*, qu'il écrivit en cinq semaines *La Chartreuse de Parme*, entreprit la rédaction de *Lamiel* et de tant d'autres monuments immenses ou minuscules joyaux de la littérature de tous les temps. C'est aussi à l'occasion de son séjour à Civitavecchia qu'il découvrit en 1833 de vieux manuscrits italiens sur lesquels il commença à travailler pour en transcrire et en métamorphoser les pages les plus brûlantes qui devinrent les *Chroniques Italiennes*. Quant à son activité amoureuse, de sa passion malheureuse pour Giulia Rinieri, sa maîtresse depuis 1830 et qui devait se marier en 1833, au dernier amour de sa vie, la mystérieuse « Earline », dont on ne sait rien sinon qu'elle lui inspira quelques-unes de ses ultimes et plus bouleversantes lignes, elle l'occupa à peu près autant que la littérature. Ce qui ne l'empêcha pas de remplir de fastidieux états comptables et d'adresser des colonnes serrées de chiffres en tous genres au ministère dont il dépendait. Celui-ci le maintint quand même à son poste – Beyle avait des protections…–, multipliant néanmoins les tracasseries et lui faisant mériter chèrement ses congés.

Et pourtant, dans le fatras de correspondances administratives dénuées d'intérêt, on trouve un certain nombre de lettres qui, parmi celles adressées à l'époque à ses autres correspondants, constituent, elles aussi, de véritables chefs-d'œuvre. Tout Stendhal est en effet présent dans celle que l'on publie ici. C'est le Stendhal amoureux de l'Italie, dilettante, qui écrit au fil de la plume et rajoute des notes inutiles lorsqu'il voit qu'il lui reste de la place et du temps. Il mélange allègrement les commentaires politiques et les réflexions personnelles, manifeste à la perfection son art d'être léger pour évoquer des sujets graves et celui de parler le plus sérieusement du monde de babioles et de cancans. La description qu'il nous donne ici de la Toscane est, naturellement, à mettre en parallèle avec celle que, dix ans plus tôt, Lamartine donna du même grand-duché. Mais au sérieux du diplomate d'alors s'oppose, sous le couvert d'une correspondance parfaitement sérieuse elle aussi, l'allégresse d'un écrivain qui laisse sa plume courir librement. Naturellement, comme les lettres de Lamartine, celles de Stendhal à son ministre ont été publiées depuis longtemps. Il aurait été pourtant criminel d'en faire l'économie en ce volume.

Au duc de Broglie

Civita-Vecchia, 6 janvier 1834 *(a)*.

Je vais avoir l'honneur de placer sous les yeux de Votre Excellence plusieurs petits faits relatifs à la Toscane ; sans doute le ministre habile et expérimenté qui réside en ce pays les a fait connaître à Votre Excellence, mais un accès de goutte m'ayant retenu quelques jours à Lucques et à Florence, j'ai profité de ce loisir pour écrire la présente.

Dans la nuit du 31 décembre dernier au 1er janvier, on a répandu dans Florence le petit pamphlet ci-joint. Les chiffres de ce pamphlet sont un peu enflés dans un sens défavorable au gouvernement de Son Altesse Royale. Je reviendrai plus bas sur cette publication coupable qui n'est probablement pas sans liaison avec le fait suivant qui me semble fort important pour l'influence future du gouvernement du Roi en Toscane.

Le 1er janvier, à la grande réception au palais Pitti, Son Altesse Royale M. le Grand-Duc prit à part un homme habile, mais fort timide, et qui passe pour l'une des meilleures têtes du pays ; Son Altesse Royale l'ayant emmené dans une partie du salon où elle ne pouvait être entendue, lui dit : « Maintenant que l'entreprise des Maremmes est terminée, je veux entreprendre la réforme judiciaire en Toscane. »

La figure de la personne consultée exprima sans doute le plus profond étonnement, car Son Altesse Royale répéta cette singulière ouverture. [...] Son Altesse a le dessein de donner un code à la Toscane ou du moins une suite d'ordonnances remplissant le but d'un code. Elle veut entre autres établir des tribunaux de première instance composés de trois juges comme ceux de France.

Le grand-duc Pierre-Léopold, qui a fondé le bonheur de la Toscane, donna à ce pays la liberté parfaite du commerce, une organisation municipale admirable, mais il n'eut pas le temps d'effectuer la réforme judiciaire. Les nombreux intérêts que cette réforme eût blessés *alors*, jetèrent le grand-duc Léopold dans des mesures préparatoires tellement longues, qu'il fut appelé au trône d'Autriche avant d'avoir rien pu décider.

Maintenant je regarde comme un fait incontestable que si Son Altesse Royale le Grand-Duc régnant adopte les codes français ou, ce qui revient au même, les codes qui sont actuellement en vigueur à Naples, l'influence française en Toscane sera bientôt égale, si ce n'est supérieure, à l'influence autrichienne. Aux yeux des hommes timides et modérés, qui forment l'immense majorité des Toscans riches, nobles et instruits, la réforme judiciaire qui donnerait à la Toscane les codes actuellement en vigueur à Naples équivaudrait presque à une constitution.

Je ne puis être juge du degré d'importance que le gouvernement du Roi met à avoir l'influence prépondérante en Toscane. Dans le cas où la France ne s'occuperait que d'une façon tout à fait secondaire d'un pays qui n'a que 1 378 000 habitants, les détails dans lesquels je vais entrer paraîtront sans doute un peu longs. Je connais la Toscane depuis 31 ans et je crois qu'ils sont exacts.

Si le gouvernement du Roi évaluait à une somme de 40 000 francs l'intérêt qu'a la France à posséder la principale influence en Toscane, je crois qu'avec cette somme judicieusement distribuée on peut donner à la Toscane les codes napolitains.

Son Altesse Royale le Grand-Duc régnant a toutes les vertus.

Livrée à elle-même, Son Altesse gouvernerait ses États avec toute la vigilance et toute la sage économie d'un excellent père de famille. Mais ce prince est né timide, il a peu de confiance en lui-même et se méfie de tout le monde. Depuis un an ou deux les conseils intéressés de M. le duc de Modène ont irrité cette timidité naturelle, au point de porter Son Altesse Royale à des mesures de rigueur insignifiantes ailleurs, mais imprudentes en Toscane, où les esprits sont accoutumés depuis cinquante ans à raisonner de tout avec une liberté qui n'est limitée que par la timidité naturelle au pays. Par exemple. Son Altesse Royale ayant fait mettre à la citadelle de Livourne plusieurs jeunes gens en septembre dernier, la sortie de ces jeunes gens, après cent jours de prison, a été une sorte de triomphe. M. le gouverneur de Livourne a cru devoir les engager à dîner le lendemain du jour de leur sortie de prison.

Il est probable que le pamphlet ci-joint a produit une sensation dans l'esprit de Son Altesse Royale. Quoi qu'il en soit, revenant au fait si important de la réforme judiciaire faite sous le sceau du secret à l'un des hommes les plus timides de Toscane, il est probable que cette idée choquera profondément la *camarilla*, M. le duc de Modène et l'influence autrichienne. On peut penser que si cette dernière ne parvient pas à parer le coup de la réforme judiciaire, en faisant renvoyer ce projet à une commission, elle essayera de faire adopter le code autrichien en vigueur à Milan. L'adoption de ce code (d'ailleurs assez raisonnable mais contraire au caractère italien) conduirait naturellement à celle des ordonnances politiques sur les passeports, la *Jeune Italie*, etc., qui font de l'état politique des Milanais un objet d'horreur pour la Toscane et en même temps d'envie pour les habitants de Bologne et de Ferrare.

L'influence du vieux M. Fossombroni, ministre des Affaires étrangères, n'existe plus. Deux causes ont amené la fin réelle de ce long ministère :

[…]

Jusqu'au discrédit de ce savant ministre, le prince accédait souvent à des mesures qui ne lui plaisaient nullement, mais qui étaient recommandées par le ministère. À l'influence de M. Fossombroni a succédé ce que les Toscans mécontents appellent le gouvernement de *camarilla* et ce qu'on pourrait appeler le gouvernement personnel du grand-duc.

L'homme qui jouit du premier crédit sur l'esprit de ce prince est M. Cempini, ministre des Finances. M. Cempini peut avoir 54 ans, il est, dit-on, fils d'un paysan ; il a été jacobin en 1798. […]

Après le crédit de M. Cempini, l'influence la plus remarquable est celle de M. Felici, secrétaire intime de Son Altesse Royale.

La base du caractère de M. Felici est l'honnêteté. Ce n'est pas un homme brillant, il ne possède pas ce qui est fort estimé ici, sous le nom d'éloquence : l'art de déclamer vaguement sur les principes constitutifs du gouvernement. M. Felici a commencé sa carrière par une place judiciaire analogue à celle d'avocat général en France. Il est fort partisan de nos codes et surtout de l'administration (de la justice) en France. [...]

Mme la grande-duchesse veuve a sur Son Altesse Royale une influence de tous les moments, que l'on pourrait comparer à celle de Mme de Maintenon sur Louis XIV. L'amitié du grand-duc pour sa belle-mère va jusqu'à la vénération. Cette princesse est dirigée par les sentiments de la plus haute dévotion, ce qui malheureusement amène toujours un peu de haine pour la France.

Mme la grande-duchesse veuve est le véritable chef des *Sanfédistes* de ce pays. Votre Excellence aura souvent entendu parler de cette secte dont la *Voce della verità* de Modène peut être considérée à peu près comme le *Journal officiel*. [...] Le chef d'état-major du *sanfédisme*, lequel jouit naturellement du plus grand crédit auprès de Mme la grande-duchesse veuve, est Mgr l'évêque de Fiesole, Parretti. [...]

Le ministre profondément lié à la *camarilla* et peut-être son véritable chef est M. Paver. M. Paver, qui fut secrétaire intime avant M. Felici, est maintenant ministre sans portefeuille. Les libéraux de Toscane supposent qu'il existe une commission secrète chargée en Toscane de la recherche et de la répression des délits politiques. Cette commission, de l'aveu de Son Altesse Royale M. le Grand-Duc, serait directement sous les ordres de la *camarilla* représentée par Mgr l'évêque de Fiesole. Le secrétaire de cette commission, lequel se trouverait, par le fait, le véritable ministre de la police de Toscane, est M. Paoli.

Le *presidente del buon governo*, ministre de la police, M. Bologna, est ce qu'on appelle en termes un peu vulgaires un homme de paille. On voit toujours dans son cabinet M. Paoli, son secrétaire général, et M. Bologna ne peut rien dire ou faire sans que M. Paoli ne le sache.

L'adoption du principe de la réforme judiciaire en Toscane, et en second lieu le choix entre le code autrichien et ceux de Naples, dépendra probablement de MM. Cempini, Felici, Paver, Paoli, l'évêque de Fiesole et de Mme la grande-duchesse veuve.

Je ne sais à quelle somme le gouvernement du Roi évalue le triomphe de l'influence française en Toscane. Je suppose qu'en offrant *con buona maniera*, ainsi qu'on le dit dans ce pays-ci, un présent de mille napoléons à M. Cempini, et la moitié de cette somme à MM. Paver et Paoli, ces messieurs, qui ont été jacobins, se rapprocheraient de leurs premières opinions et seraient très favorables à l'admission des codes napolitains. On suppose que M. Felici serait révolté de telles offres. Quant à Mgr l'évêque de Fiesole, la difficulté serait de trouver un médiateur. Il faudrait un personnage haut placé dans la hiérarchie ecclésiastique, car il ne faut pas perdre de vue que Mgr l'évêque de Fiesole peut espérer aux premières dignités de son état. Je le crois assez éclairé pour sentir que les codes napolitains sont infiniment mieux adaptés aux besoins de la Toscane que le code autrichien. [...]

Pour revenir à l'affaire particulière de codes qui peuvent être adoptés par la Toscane, peut-être ne serait-il pas impossible de les faire recommander à cette cour par celle de Naples. Les intentions de Son Altesse Royale M. le Grand-Duc qui étaient un grand secret à Florence le 2 janvier formeront probablement le sujet de toutes les conversations en février. Si l'on se déterminait à quelques ouvertures favorables à MM. Cempini, Paver et Paoli, il conviendrait peut-être de prévenir le moment où ces messieurs auront pris couleur sur la question de la réforme judiciaire.

Cette lettre dépassant déjà par sa longueur les bornes ordinaires, je me permettrai d'ajouter plusieurs petits faits qui sans doute sont depuis longtemps connus au ministère. Mes observations faites le 1er janvier 1834 n'auront que l'avantage de confirmer des données plus anciennes.

Mme la grande-duchesse épouse de Son Altesse Royale ne pourrait probablement pas servir d'intermédiaire aux conseils que la cour de Naples pourrait être amenée à donner à celle de Florence. M. le Grand-Duc parle sans cesse à sa femme et cependant elle n'a su saisir aucune influence. Mme la Grande-Duchesse semble désespérer de son sort. Elle s'ennuye tellement dans cette cour arrangée comme un couvent, et qui forme un contraste parfait avec celle de Naples, qu'à dîner, par exemple, elle est réduite à regarder les domestiques et à rire de ce qu'ils font et presque avec eux. Cette princesse ne paraît pas avoir encore l'idée de lutter d'influence avec Mme la grande-duchesse veuve. [...]

Tout le travail de ce département est fait en réalité par M. Casini ; [...] Il serait facile, toujours en supposant que ce petit pays en vaille la peine, de faire accepter une pension à M. Casini : il pourrait fournir les directions qu'il reçoit de Vienne.

Correspondance politique, Toscane, vol. 171, fol. 13-27.

1840 : L'exhumation des restes de Napoléon

Le retour des cendres de Napoléon fut l'une des grandes affaires du règne de Louis-Philippe. Roi des Français, le fils de Philippe-Égalité voulait ainsi marquer la filiation qui existait malgré tout entre lui, son père qu'il avait pourtant tout fait pour faire oublier et le régime impérial dont il savait que le souvenir était encore ancré dans les mémoires. Qu'on n'oublie pas les premières pages de *La Confession d'un Enfant du Siècle*, dans lesquelles Musset évoque, avec les accents bouleversants et bouleversés que l'on sait, la nostalgie de ces fils dont les pères avaient péri dans les sanglantes batailles de l'empire mais qui, eux-mêmes, n'étaient plus que des adolescents fiévreux et malades. Le roman de Musset date de 1834, Musset avait alors vingt-quatre ans, les mêmes passions animaient encore beaucoup de Français en 1840. D'où la décision du roi, prise avec éclat, pour se concilier une opinion publique qu'il sentait déjà se dérober. On notera que, comme une sorte de réponse sinistre au retour des cendres, l'Allemagne du Troisième Reich ramènera de la même manière, pendant la dernière guerre, la dépouille mortelle du duc de Reichstadt, enterré jusque-là à Vienne, dans la crypte des Capucins, parmi les membres de la famille de Habsbourg. Le 15 décembre 1940, Hitler fait déposer ces cendres aux Invalides. Le 15 décembre 1840, exactement un siècle auparavant, Louis-Philippe y avait déposé le corps de Napoléon Ier. Même s'il faudra attendre le 31 mars 1861, le Second Empire, pour que le grandiose monument de la crypte soit installé, le geste de Louis-Philippe était significatif. On détruisit pour cela un superbe pavement du XVIIIe siècle, d'aucuns le regrettent encore, mais là n'est pas la question…

La démarche du Roi des Français ne fut cependant possible que grâce à l'autorisation des Anglais, puisque le corps de Napoléon était enterré à Sainte-Hélène. Le document que l'on publie ici fait partie de l'ensemble des dossiers du protocole déposé au ministère des Affaires étrangères. Il comprend d'une part le procès-verbal de l'exhumation des restes de Napoléon. Il s'agit d'un document de onze pages divisées en deux colonnes, à gauche en français, à droite en anglais. Le second ensemble de correspondances concerne les voyages aller et retour de la frégate la *Belle-Poule* commandée par le prince de Joinville. C'est Philippe de Rohant-Chabot, secrétaire d'Ambassade auprès de Joinville, qui décrit dans chacune de ses lettres, comme un fait mondain et politique mais avec une émotion contenue, les circonstances du voyage, et l'accueil reçu par la *Belle-Poule* dans chacune de ses étapes, Bahia, Madère, etc.…

Procès-verbal de l'exhumation et de la translation des cendres de Napoléon

Nous soussignés,

Philippe Ferdinand Auguste de Rohan-Chabot, chevalier de l'ordre royal de la Légion d'honneur, secrétaire d'Ambassade, commissaire, en vertu des pouvoirs reçus de Sa Majesté le Roi des Français pour présider, au nom de la France, à l'exhumation et à la translation des restes mortels de l'Empereur Napoléon, ensevelis dans l'île de Sainte-Hélène, et à leur remise par l'Angleterre à la France, conformément aux décisions des deux gouvernements, d'une part ;

Et Charles Corsan Alexander, capitaine commandant le corps royal du génie à Sainte-Hélène, député par son Excellence le major général Middlemore, compagnon du Bain, gouverneur commandant en chef les forces de Sa Majesté britannique à Sainte-Hélène, pour présider, au nom de son Excellence, à la dite exhumation, de l'autre part ;

Nous étant préalablement communiqué nos pouvoirs respectifs, trouvés en bonne forme, nous sommes rendus aujourd'hui 15 du présent mois d'octobre de l'année 1840, au lieu de la sépulture de l'empereur Napoléon pour surveiller et diriger personnellement toutes les opérations de l'exhumation et de la translation.

Arrivés à la vallée dite de Napoléon, nous avons trouvé le tombeau gardé, d'après les ordres de Son Excellence le gouverneur, par un détachement du 91e régiment d'infanterie anglaise, commandé par le lieutenant Barney, chargé d'en écarter toute personne qui n'aurait pas été désignée par l'un de nous, comme devant assister à la cérémonie ou prendre part aux travaux.

Sont alors entrés dans l'enceinte réservée ainsi autour du tombeau, du côté de la France :

Monsieur le baron de Las Cases, membre de la Chambre des Députés, conseiller d'État ; Monsieur le baron Gourgaud, lieutenant général, aide de camp du Roi ; Monsieur Marchand, l'un des exécuteurs testamentaires de l'Empereur ; Monsieur le comte Bertrand, lieutenant général, accompagné de Monsieur Arthur Bertrand, son fils ; Monsieur l'abbé Félix Coquereau, chanoine, aumônier de la frégate *la Belle Poule*, et deux enfans de chœur ; Messieurs Saint-Denis, Noverraz, Archambault, Pierron, anciens serviteurs de l'Empereur ; Monsieur Guyet, capitaine de corvette, commandant la corvette *la Favorite* ; Monsieur Charner, capitaine de corvette, commandant en second de la frégate *la Belle Poule* ; Monsieur Doret, capitaine de corvette, commandant le brig l'Oreste ; Monsieur le docteur Guillard, chirurgien major de la frégate *la Belle Poule*, suivi du sieur Leroux, ouvrier plombier.

Et du côté de l'Angleterre : Son Honneur le grand-juge William Wilde, membre du conseil colonial de l'île de Sainte-Hélène ; l'honorable Hainelin Trelawney, lieutenant-colonel, commandant l'artillerie et membre du conseil ; Monsieur William H. Seale, secrétaire colonial du gouvernement de Sainte-Hélène et lieutenant-colonel de la Milice ; Monsieur Edward Littlehales, lieutenant de la marine royale, commandant la goëlette de Sa Majesté britannique *Dolphin*, représentant la marine ; Monsieur Darling qui avait surveillé les travaux de la sépulture de l'Empereur.

Les personnes destinées à diriger et à exécuter les travaux ont été ensuite admises.

Alors, en notre présence et en celle des seules personnes ci-dessus désignées, il a été constaté que le tombeau était parfaitement intact ; et, dans le plus grand silence, les premiers travaux ont commencé entre minuit et une heure du matin.

Nous avons fait d'abord enlever la grille en fer qui entourait le tombeau avec les fortes couches de pierres cramponnées, sur lesquelles elle était scellée ; on a pu entamer alors la surface extérieure de la tombe, laquelle recouvrant un espace de 3 mètres 46 centimètres (11 pieds 6 pouces anglais) de longueur sur 2 m 42 cm (8 p 1 po) de largeur, était composée de trois dalles de 15 cm (6 po) d'épaisseur, encadrées dans une seconde bordure de maçonnerie.

À une heure et demie, cette première couche était entièrement enlevée.

Il s'est présenté alors un mur rectangulaire formant, comme nous avons pu le vérifier plus tard, les quatre faces latérales d'un caveau ayant 3 m 30 cm (11 pieds) de profondeur et 1m 10 cm (4 p 8 po) de largeur et 2 m 40 cm (8 pieds) de longueur. Ce caveau était entièrement rempli de terre jusqu'à une distance de 15 cm (6 po) environ de la couche de dalles déjà enlevée. Après avoir creusé dans ce caveau et en avoir retiré la terre, on a rencontré à une profondeur de 2 m 5 cm (6 p 10 po) une couche horizontale de ciment romain s'étendant sur tout l'espace compris entre les murs du caveau, auxquels elle adhérait hermétiquement. Cette couche ayant été à trois heures complètement découverte, les soussignés commissaires sont descendus dans le caveau et l'ont reconnu parfaitement intact de toutes parts et sans lésion aucune. La couche de ciment susmentionnée ayant été percée, on s'est assuré qu'elle en couvrait une autre de 27 cm (10 po) d'épaisseur, en moëllons liés ensemble par des tenons de fer et qui n'ont pu être entièrement enlevés qu'après quatre heures et demie de travail. [...] À neuf heures et demie, tout était prêt pour l'ouverture du sarcophage. Alors le docteur Guillard a purifié la tombe au moyen d'aspersions de chlorure, et la dalle a été, par ordre du soussigné commissaire anglais, soulevée à l'aide d'une chèvre et déposée sur le bord de la tombe. Dès que le cercueil apparu (*sic*) tous les assistants se sont découverts et Monsieur l'abbé Coquerau a répandu l'eau bénite et récité le *De Profundis*.

Les soussignés commissaires sont ensuite descendus pour visiter le cercueil qu'ils ont trouvé bien conservé, sauf une petite portion de la partie inférieure, laquelle, quoique reposant sur une forte dalle, elle-même appuyée sur des pierres de taille, était légèrement altérée. Quelques précautions sanitaires ayant été de nouveau prises par le chirurgien, un exprès fut alors envoyé à Son Excellence le gouverneur pour l'informer des progrès de l'opération ; et le cercueil a été retiré avec des crochets et des bricoles et transporté avec soin dans une tente dressée pour le recevoir ; à ce moment Monsieur l'aumônier a fait la levée du corps, conformément aux rites de l'Église catholique.

Les soussignés commissaires sont ensuite descendus dans le sarcophage qu'ils ont reconnu être dans un état de parfaite conservation et entièrement conforme aux descriptions officielles de la sépulture.

Vers onze heures, le soussigné commissaire français s'étant assuré préalablement que Son Excellence le gouverneur avait autorisé l'ouverture des cercueils de l'Empereur, conformément à des arrangements déjà arrêtés à l'avance, nous avons fait enlever avec précaution le premier cercueil de bois dans lequel nous avons trouvé un cercueil de plomb en bon état, que nous avons fait placer dans celui qui a été envoyé de France. Son Excellence le gouverneur, accompagné de son état-major, le lieutenant Middlemore, aide de camp et secrétaire militaire, le capitaine Barnes, major de la place, est entré dans la tente pour être présent à l'ouverture des cercueils intérieurs. On a coupé alors et soulevé avec le plus grand soin la partie supérieure du cercueil de plomb, dans lequel on a trouvé un nouveau cercueil de bois, lui-même en très bon état et répondant aux descriptions et aux souvenirs des personnes présentes qui avaient assisté à la sépulture. Le couvercle du troisième cercueil ayant été enlevé, il s'est présenté une garniture de fer blanc légèrement oxidée (*sic*), laquelle ayant été également coupée et retirée a laissé voir un drap de satin blanc : le drap ayant été enlevé avec la plus grande précaution par les mains seules du docteur, le corps entier de Napoléon a paru. Les traits avaient assez peu soufferts pour être immédiatement reconnus ; les divers objets déposés dans le cercueil ont été remarqués dans la position exacte où ils avaient été placés lors de la sépulture. Les mains singulièrement bien conservées, l'uniforme, les ordres, le chapeau fort peu altérés, toute la personne enfin semblait attester une inhumation récente. Le corps n'est resté exposé à l'air que pendant les deux minutes au plus nécessaires au chirurgien pour prendre les mesures prescrites par ses instructions à l'effet de le préserver de toute altération ultérieure.

Le cercueil en fer blanc et le premier cercueil en bois ont été immédiatement refermés ainsi que le cercueil en plomb ; celui-ci a été ressoudé avec le plus grand soin, sous la direction de Monsieur le docteur Guillard, et fortement fixé par des coins dans le nouveau cercueil de plomb envoyé de Paris, lequel a été également soudé hermétiquement. Le nouveau cercueil en chêne a été alors fermé et la clé remise au soussigné commissaire français.

Alors le soussigné commissaire anglais a déclaré au commissaire français que les travaux de l'exhumation étant terminés il était autorisé par Son Excellence le gouverneur à le prévenir que le cercueil contenant, comme il venait de l'être duement constaté, les restes mortels de Napoléon serait considéré comme à la disposition du gouvernement français du moment où il aurait atteint le lieu d'embarquement vers lequel il allait être dirigé sous les ordres personnels de Son Excellence le gouverneur.

Le soussigné commissaire français a répondu qu'il était chargé d'accepter ce cercueil au nom de son gouvernement et qu'il était prêt ainsi que toutes les personnes composant la mission française à l'accompagner jusqu'au quai de James Town où Son Altesse Royale monseigneur le prince de Joinville, commandant supérieur de l'expédition, était dans l'intention de se présenter pour le recevoir des mains de Son Excellence le gouverneur et le conduire solennellement à bord de la frégate française *la Belle Poule*, chargée de le ramener en France.

Le cercueil a été placé sur un char funèbre recouvert lui-même d'un manteau impérial présenté par le soussigné commissaire français et, à trois heures ct demie de l'après-midi, le cortège s'est mis en marche dans l'ordre suivant sous le commandement de Son Excellence le gouverneur auquel une grave indisposition n'avait pas permis d'assister aux travaux de la nuit […]

Pendant toute la marche les forts ont tiré le canon de minute en minute ; parvenu à James Town, le char a défilé lentement entre deux haies de soldats de la garnison, appuyés en signe de deuil sur leurs armes renversées, qui s'étendaient depuis l'entrée de la ville jusqu'au lieu d'embarquement.

À cinq heures 1/2 le cortège est arrivé à l'extrémité du quai ; là Son Altesse Royale monseigneur le prince de Joinville accompagné de son aide de camp Monsieur le capitaine de vaisseau Hernoux, membre de la Chambre des Députés, et entouré des états-majors des trois bâtiments de guerre français, *la Belle Poule*, *la Favorite* et *l'Oreste*, a reçu de Son Excellence le gouverneur, le cercueil impérial qui a été immédiatement embarqué dans une chaloupe disposée à l'avance pour cette cérémonie et conduit solennellement à bord de *la Belle Poule* par le prince, avec tous les honneurs souverains.

En foi de quoi, nous commissaires susdénommés avons dressé et signé le présent procès-verbal et l'avons revêtu du cachet de nos armes.

Fait double entre nous à Sainte-Hélène, le 15 du mois d'octobre de l'an de grâce 1840.

Suivent les signatures des commissaires français et anglais et des différents participants français.

Protocole, Série C Cérémonial, carton 231.

De la « Belle Poule » à S. E. Monsieur Thiers

« *Belle Poule* », Rade de Funchal,

Le 24 juillet 1840

Monsieur le Président du Conseil,

L'expédition a quitté Cadix le 21 juillet et, après une traversée fort heureuse de trois jours seulement, elle est arrivée ce matin à Madère. Mgr le prince de Joinville est en parfaite santé ainsi que toutes les personnes qui ont l'honneur de l'accompagner.

Notre voyage s'est accompli jusqu'ici dans les circonstances les plus favorables et je n'ai absolument aucun incident à signaler à l'attention de Votre Excellence. Pendant notre court séjour à Cadix, le prince et toutes les personnes de sa suite n'ont cessé d'être l'objet de l'accueil le plus empressé de la part de la ville et des autorités, mais il ne s'est rien passé qui me parût mériter d'être directement annoncé à Votre Excellence.

Monsieur le prince de Joinville compte mettre à la voile après demain matin 26 juillet pour gagner Ténériffe d'où il se propose, après une relâche fort courte, de se rendre directement au Cap de Bonne Espérance. J'aurai l'honneur d'adresser à Votre Excellence, de ces deux points de relâche, des nouvelles de l'expédition ; mais je crains que les occasions promptes et sûres pour les lui transmettre ne se présentent pas fréquemment.

De la « Belle Poule » à S. E. Monsieur Thiers

À bord de la « *Belle Poule* »

En rade de Bahia, le 31 août 1840

Monsieur le Président du Conseil,

La frégate *la Belle Poule* et la corvette *la Favorite* ont mouillé, le 25 août au soir, dans la rade de Bahia, après vingt six jours de mer ; Mgr le prince de Joinville et toutes les personnes qui font partie de l'expédition sont en parfaite santé. Je ne terminerai pas cette dépêche sans avoir exposé très sommairement à Votre Excellence les motifs qui m'ont semblé porter S. A. R. à renoncer à la relâche du Cap et à y substituer une courte station à l'ancienne capitale du Brésil.

Votre Excellence aura déjà appris, par mes lettres précédentes, l'arrivée successive de l'expédition à Madère et à Ste-Croix de Ténériffe. Après avoir accompli, en quatre jours, l'ascension du Pic, nous quittâmes cette dernière relâche le 2 août, pour nous rendre directement au Cap de Bonne Espérance.

Le 4 août, nous avons coupé le Tropique du Cancer par 22 degrés de longitude ouest, et nous avons passé, le 8, en vue de l'île de St-Antoine, la plus occidentale du groupe du Cap Verd (*sic*). Dans ces parages, le beau temps et les vents alisés, qui nous avaient constamment favorisés depuis Madère, nous abandonnèrent ; nous eûmes pendant plusieurs jours des pluies abondantes accompagnées de vents debout qui nous ramenèrent jusqu'au 22e degré de longitude ouest. Nous ne retrouvâmes que le 15 des brises un peu meilleures qui nous permirent de traverser l'équateur par 27 degrés (long. O.).

La cérémonie du passage de la ligne a été célébrée à bord le 20 août, avec la plus grande solemnité. Pendant toute l'après-midi les deux bâtimens sont restés, selon l'usage, sous les ordres des autorités équinoxiales ; personne n'a échappé au baptême général qui a régularisé notre admission dans l'hémisphère austral et le soir un bal fort animé a terminé une journée où les plaisirs bruyans de l'équipage en liberté n'ont pas été interrompus par la moindre inconvenance.

Dès le 18, nous avions retrouvé le ciel serein des Tropiques, mais des brises presque continuelles de long. O retardaient encore notre marche au-delà de toute attente. Le 23, nous n'étions pas encore parvenus au 7e degré de latitude sud. Pour gagner le Cap de Bonne Espérance, il nous fallait encore aller chercher les vents variables à plusieurs degrés au-delà du tropique du Capricorne [...] Avec les contrariétés que nous avions déjà éprouvées, et celles qu'il était raisonnable d'attendre encore, sans même nous arrêter à la prévision d'aucun accident grave, nous ne pouvions pas compter sur notre arrivée au Cap avant la fin de septembre. Après une aussi longue campagne de mer, une relâche de dix jours serait à peine suffisante pour faire les vivres absolument nécessaires, et il était urgent pourtant de nous trouver à Ste-Hélène vers la fin de la première quinzaine d'octobre, pour ne pas compromettre l'exactitude de notre retour en France.

Toutes ces considérations, mûrement pesées, ont décidé notre commandant à ne point accorder, dans une mission de cette nature, une part aussi large à l'imprévu, et à renoncer à une station que ses instructions ne lui avaient indiquée qu'en autant qu'elle s'accorderait avec l'intérêt général de la compagnie. Dans ces circonstances, l'expédition aurait pu être dirigée, sans nouvelle relâche, sur Ste-Hélène, où, malgré la déviation de la route directe rendue nécessaire par les vents généraux, elle serait vraisemblablement parvenue pendant la seconde quinzaine de septembre. Mais outre l'insuffisance des ressources de l'île sous plusieurs rapports pour les approvisionnements de nos bâtimens, notre arrivée à une époque aussi rapprochée nous eût exposés, pour ne point devancer également la date indiquée par Votre Excellence pour notre arrivée à Cherbourg, dans la prévision de notre relâche au Cap, soit à prolonger démesurément notre séjour à James-Town, soit à retarder en mer la marche de nos bâtimens pendant le retour, deux alternatives qui avaient chacune ses inconvéniens. Une station à un des points de la côte du Brésil où nous pourrions faire de bonnes provisions et calculer avec une certaine assurance les dates de nos mouvemens ultérieurs a paru à M. le prince de Joinville la meilleure solution de ces diverses difficultés. Le 22 août, le cap a été mis à l'ouest, et après quatre jours d'une mer assez forte, le prince a pris son mouillage, sans pilote, le 28 au soir, dans la rade de Bahia, par une manœuvre qui nous a valu les complimens de plusieurs officiers de marine étrangers. Notre station sera de quinze jours environ, M. le prince de Joinville se proposant d'arriver à Ste-Hélène vers le 10 octobre et d'en repartir, le 25 environ, pour retourner à Cherbourg en ligne aussi directe que possible. [...]

De la « Belle Poule » à S. E. Monsieur Thiers

À bord de la « *Belle Poule* », rade de Bahia,
le 13 septembre 1840

Monsieur le Président du Conseil,

J'ai déjà eu l'honneur de vous annoncer, par ma lettre en date du 31 août, l'arrivée de l'expédition à Bahia et les considérations qui ont porté M. le prince de Joinville à substituer cette relâche à celle du Cap de Bonne Espérance – Nous quittons Bahia demain pour nous rendre directement à Ste-Hélène.

Il s'est présenté, pendant notre séjour ici, un incident qui heureusement n'a eu aucune conséquence fâcheuse, mais dont je crois toutefois devoir rendre compte à Votre Excellence pour prévenir l'effet de toute relation inexacte ou exagérée.

Le 9 août, M. le Pce de Joinville a loué un petit bateau à vapeur pour faire une tournée dans la baie de Bahia et pour remonter le fleuve de Cachoiera : S A R n'ayant pas permis à plusieurs d'entre nous de déranger, pour avoir l'honneur de l'accompagner, d'autres projets de course déjà arrêtés, est partie suivie seulement de M. Touchard son officier d'ordonnance, et de quelques officiers des deux bâtimens.

Le soir, dans les environs du village de Maraboujib, le prince et sa suite descendirent à terre pour chasser et visiter les environs. À la nuit tombante, au moment où SAR remontait dans son embarcation, pour regagner le bateau à vapeur, le canot fut entouré par une troupe de plus de cent cinquante hommes, nègres et mulâtres, armés pour la plupart, et ayant à leur tête trois officiers municipaux brésiliens en uniforme. Ceux-ci, sans avoir décliné leur qualité ou adressé la moindre question, enjoignirent, en termes très menaçants, au commandant de descendre à terre, et leurs sommations furent promptement suivies d'un redoublement de menaces mêlées d'injures au milieu desquels on put parfaitement distinguer le commandement de « feu » répété à plusieurs reprises par une des autorités. Nos officiers avaient déchargé leurs armes avant de quitter la terre : leur premier mouvement n'en fut pas moins de résister à cette agression et de pousser le canot encore échoué, en dépit de la foule qui s'efforçait de le retenir ; mais le prince, ayant distingué les insignes des officiers brésiliens, ne permit point qu'une lutte aussi inégale fût entamée avec elle et sauta lui-même le premier à terre. Cette déférence pour les injonctions de l'autorité ne suffit point pour appaiser l'irritation de la foule : nos officiers furent saisis, désarmés et plusieurs d'entre eux frappés violemment, deux jeunes mousses furent également maltraités, et M. le Pce de Joinville lui-même dut tenir étroitement serré, pendant les explications qui suivirent, le bras armé d'un des officiers municipaux. Enfin, on réussit à s'entendre ; la plupart des armes furent rendues et le réembarquement permis. Néanmoins, malgré tous les efforts de deux de nos officiers parlant bien le portugais et ceux du commandant du paquebot brésilien pour en obtenir la restitution, deux fusils et une montre restèrent entre les mains des assaillants, et en définitive, SAR dut continuer sa route sans avoir obtenu satisfaction sur ce point, ni même aucune excuse suffisante de la part des autorités –

À la première nouvelle de cette affaire qui nous parvint à bord de la *Belle Poule* le 5 au soir, je me rendis avec le commandant Hernoux, aide de camp du prince, chez le président de la province. J'ai déjà eu l'honneur de parler à Votre

Excellence, dans une lettre précédente, de l'accueil empressé que nous avions reçu, dès notre arrivée, de la part de M. Garcia d'Almeida. Je dois ajouter même qu'il nous avait constamment exprimé le désir que M. le prince de Joinville lui permit de l'entourer, pendant tout son séjour, des distinctions officielles dues à son rang et que S A R ne se montrait jamais sur la terre brésilienne sans les escortes et autres honneurs que l'on regarde dans ce pays, comme inséparables de la personne d'un prince. Mais notre commandant après avoir rendu officiellement au Président sa visite avait décliné les offres de service, préférant, selon son habitude, parcourir le pays en simple voyageur.

Au récit que lui fit le commandant Hernoux de l'aventure de Maraboujib, le Président nous en témoigna le regret le plus vif mais, sans chercher à justifier, en aucune façon, la conduite des autorités, il nous rappela l'état précaire du pays, l'effet que dut produire sur des populations habituées à des mouvements insurrectionnels des coups de fusil tirés pendant la nuit et la présence imprévue d'hommes armés au milieu d'elles, qu'enfin une erreur seule avait pu être cause de ce fâcheux incident qu'il eût certainement réussi à prévenir si le prince lui avait permis de prendre les mesures qu'ils lui avait proposées pour assurer partout, à lui et à sa suite, une réception convenable. […]

———

1841 : Haïti et la traite des Noirs ou comment un diplomate fait feu de tout bois

Un superbe exemple d'habileté diplomatique en même temps qu'un chef-d'œuvre d'autosatisfaction consulaire : c'est bien cela que représente la dépêche adressée le 5 avril 1841 à Guizot, ministre des Affaires étrangères, par M. Levasseur, consul général de France en Haïti.

Le sujet est grave, puisqu'il s'agit de l'abolition de l'esclavage, mais le ton peut prêter à sourire. On sait que c'est l'insurrection d'Haïti qui amena l'échec de la première tentative d'abolition de l'esclavage dans les colonies françaises par la Convention, en 1794. D'ailleurs, Bonaparte lui-même avait rétabli l'esclavage en 1802, mais il ne parvint pas à réduire pour autant la révolte en 1804. Là-dessus, en 1807, la traite des Noirs fut interdite pour la première fois par l'Angleterre. Si Napoléon l'imita le 29 mars 1815, c'est à nouveau l'Angleterre qui, en 1833, décréta l'abolition définitive de l'esclavage, alors que la France attendit Victor Schoelcher, pour en faire autant le 4 mars 1848.

Pourtant, dès le 29 août 1840, avait été signé entre la France et Haïti un traité relatif à la répression de la traite. C'était M. Levasseur, consul de France, qui avait eu l'honneur de signer ce texte. Mais il fallait encore en échanger les instruments de ratification.

On verra, dans le texte ci-dessous, dans quelle situation embarrassante crut se trouver soudain l'honorable consul général. Mais, « cette fois encore, comme presque toujours lorsque je travaille au service du roi, explique-t-il, ma bonne fortune vint à mon secours ». Suit alors le récit détaillé du stratagème employé par le consul général de France pour ne pas vexer la partie haïtienne. Faisant feu de tout bois et d'un navire de passage un instrument de haute diplomatie, M. Levasseur a sûrement bien mérité de la Patrie.

André-Nicolas Levasseur, consul général de France à Haïti, à François Guizot, ministre et secrétaire d'État des Affaires étrangères,
Sur les ratifications du traité du 29 août 1840 relatif à la répression de la traite des Noirs

Port-au-Prince, le 5 avril 1841

Monsieur le Ministre,

Les ratifications que le roi a daigné donner au traité avec la République d'Haïti que j'ai eu l'honneur de signer le 29 août 1840, me sont parvenues le 13 mars par le navire français du Havre, le « Casimir ». Comme j'étais malade des fièvres du pays au moment de leur réception, j'ai dû attendre huit jours avant d'en donner avis au président par l'intermédiaire de son secrétaire général chargé des Affaires étrangères. Son Excellence s'est empressé de me faire savoir que le jour fixé pour l'échange des ratifications était le 5 avril. Dans l'intervalle de cette communication au jour fixé par le président, j'appris que le gouvernement de la République avait fait préparer une cassette élégante pour renfermer les ratifications du chef de l'État et une boîte en argent pour conserver le sceau, et j'en éprouvai une vive contrariété parce que je pressentis bien que la simplicité de l'instrument que j'allais présenter en échange de l'instrument haïtien provoquerait une comparaison qui éveillerait bien des susceptibilités chez des hommes si naturellement disposés à croire qu'on veut toujours les traiter avec dédain.

Dès lors je crus devoir rechercher avec soin tous les moyens d'atténuer le mauvais effet de la comparaison que je redoutais, et cette fois encore, comme presque toujours lorsque je travaille au service du roi, ma bonne fortune vint à mon secours.

La corvette de Sa Majesté, la « Boussole », commandée par M^r le capitaine de vaisseau Tavenet, parut sur la rade de Port-au-Prince le 25 mars. Aussitôt je fis répandre le bruit que ce bâtiment de guerre avait pour mission spéciale de se charger des ratifications du président, et qu'en donnant cet ordre le gouvernement du roi avait eu pour but de donner un témoignage de considération au chef de la République d'Haïti. La nouvelle en parvint bientôt aux oreilles de Son Excellence, et je sus qu'elle en avait été très particulièrement flattée ; mais ceci n'était qu'un premier pas et je comprenais bien qu'il était indispensable de pousser plus avant dans cette voie.

En conséquence je fis part de ma proposition à M^r le commandant Tavenet et l'invitai non seulement à prolonger son séjour dans notre port jusqu'au moment où les ratifications seront échangées, mais encore je le priai de me seconder par tous les moyens qui étaient à sa disposition pour m'aider à flatter l'amour-propre des hommes du gouvernement haïtien. Je trouvai dans le commandant de la « Boussole » un homme plein de zèle et du plus absolu dévouement pour tout ce qui touche aux intérêts du service du roi. Nous convînmes ensemble que nous unirions nos efforts pour donner au président et aux principaux fonctionnaires qui l'entourent des témoignages de sympathie et de déférence. Aux nombres des politesses que reçurent de nous les autorités locales, celle qui sans contredit produisit le meilleur effet fut le dîner qui fut offert au plénipotentiaire haïtien à bord de la « Boussole ». Le président fut profondément touché en apprenant que M^r le sénateur Bazelais, qui est son aide de camp favori et son gendre, avait reçu à bord d'un bâtiment du roi des Français des honneurs qu'aucun membre de sa famille n'avait reçus jusqu'alors d'aucun pavillon européen.

Enfin, une circonstance fortuite acheva de me mettre à même de prévenir toute mauvaise humeur de la part du chef de la République et de gagner complètement sa sympathie. J'appris qu'à l'échange des ratifications au même traité fait avec l'Angleterre, le président avait vivement désiré que son secrétaire général fut admis à signer le procès-verbal d'échange et que le plénipotentiaire anglais avait refusé assez durement cette satisfaction au Premier ministre de la République. Je sus en même temps qu'on se disposait à me faire la même demande et je pris aussitôt la résolution d'y accéder.

Tout était donc disposé au mieux pour une conférence où des sentiments de bienveillance réciproques devaient nécessairement se manifester.

En effet, ce matin, lorsque je me réunis au plénipotentiaire haïtien dans l'hôtel des Affaires étrangères, je fus accueilli par le général Inginac avec un empressement et des témoignages d'amitié qui me firent pressentir que je n'aurais rien à redouter. Au moment où je présentai les ratifications du roi, je remarquai bien sur les visages de mes collaborateurs une expression d'étonnement mais rien qui annoncât du mécontentement ou de l'amour-propre blessé. L'opération de l'échange terminée, ne pouvant laisser passer sans éloges l'élégance des formes qu'avaient employées le gouvernement haïtien dans cette circonstance, je crus devoir donner quelques mots d'explications sur leur différence avec celles qu'avait employées le gouvernement du roi. Je rappelai à M^r^ le sénateur Bazelais et M^r^ le général Inginac que, lors du traité de 1838, le contraire avait eu lieu pour l'échange des ratifications à Paris et que le gouvernement du roi n'avait vu alors dans l'extrême simplicité de l'instrument haïtien qu'une habitude des formes diplomatiques d'une jeune nation, et qu'il n'en avait ressenti aucun embarras, aucun mécontentement ; que, dans la circonstance présente, le gouvernement du roi, se rappelant ce qui avait eu lieu en 1838, avait cru devoir, par courtoisie et pour ne point blesser la délicatesse du gouvernement haïtien, se conformer à la simplicité des formes de ce gouvernement.

Cette explication fut accueillie de fort bonne grâce par le secrétaire général et par Mr Bazelais. Elle fut immédiatement rapportée au président qui s'empressa de me faire dire qu'il était beaucoup plus touché et plus flatté de l'empressement que le roi des Français avait mis à lui envoyer ses ratifications que de toute la richesse des accessoires qui auraient pu les accompagner ; que la simple signature du roi Louis-Philippe lorsqu'elle était apposée à un acte qui avait pour but de resserrer les liens de nos deux nations était pour lui d'une valeur inappréciable et ne lui laissait pas la faculté de s'arrêter à l'examen de la forme.

Vous trouverez peut-être, M^r le Ministre, que j'ai attaché beaucoup trop d'importance à ce léger incident, mais permettez-moi de faire remarquer à Votre Excellence que je connais trop les susceptibilités et l'amour-propre des hommes auxquels j'ai affaire pour ne pas éviter avec le soin le plus scrupuleux toute occasion de les blesser. D'ailleurs je savais qu'on avait fait grand bruit il y a quelques mois de la richesse des formes qu'avait employées le gouvernement anglais dans l'échange de ses ratifications avec celles du président pour le même traité d'accession, et que bien des gens qui exercent une grande influence auprès du président et qui sont toujours prédisposés de nous attaquer ne manqueraient pas d'établir une malicieuse comparaison entre les formes qu'emploie la France envers Haïti et celles de l'Angleterre dans les mêmes circonstances. En me conduisant comme je l'ai fait, j'ai la certitude d'avoir non seulement écarté tout sujet de mécontentement de la part du gouvernement de la République d'Haïti, mais encore d'avoir resserré plus fortement mes rapports de bienveillance réciproque avec le président et rétabli pour quelque temps au moins la bonne harmonie entre son premier ministre et moi.

La « Boussole » va mettre à la voile ce soir. Elle emporte les ratifications du président. Le commandant Tavenet qui se charge de les faire parvenir à Votre Excellence pourra, à son arrivée à Paris, s'il est admis à l'honneur de vous présenter lui-même le dépôt que je lui ai confié, vous rendre compte de l'accueil qui lui a été fait ici et des impressions qu'il emporte de ce pays et des hommes qui le gouvernent.

Protocole E.3.

1845 : Que peut-on envoyer comme cadeaux aux souverains musulmans ?

Encore un document extrait de la série Cérémonial et encore une affaire de cadeaux. Allons ! alors même que la diplomatie moderne est en train de se mettre en place, les mariages comme les cadeaux, voire les retours de cendres, continuent à jouer un rôle non négligeable dans les relations entre États. Encore importe-t-il de ne pas se tromper, de ne pas commettre de bévue en offrant des présents peu compatibles avec la foi, les idées politiques ou philosophiques de ceux auxquels ils s'adressent. D'où le document ci-après, tout à fait pittoresque. Il s'agit d'une mise en garde faite au directeur politique du ministère des Affaires étrangères, M. Desages, contre les choix dangereux qui pourraient être faits en cette matière. L'auteur de cette missive, Alix Desgranges, explique que le prix d'un cadeau importe moins que la valeur de ce qu'il peut représenter. D'où une description du goût des souverains musulmans, de l'intolérance dont ils peuvent faire preuve à l'endroit de certains objets. Cette correspondance, hautement didactique, est naturellement à prendre au second degré. Elle s'accompagne de deux listes de cadeaux que l'on peut offrir au pacha d'Égypte ou, deuxième liste, aux « Autorités supérieures… à Alexandrie, Smyrne et

Constantinople». Faute de respecter les règles que définit M. Desgranges, les «chefs-d'œuvre» offerts par un souverain français risqueront de n'être «reçus qu'avec mépris, et... détruits presque aussitôt».

À Monsieur Desages, conseiller d'État, directeur politique au ministère des Affaires étrangères.

Paris, le 16 mai 1845

Quelque soit chez nous le prix de tous les objets de luxe que l'on peut offrir en cadeau à des musulmans, ces cadeaux sont presque sans valeur et souvent sans aucune valeur à leurs yeux lorsqu'ils ne sont pas convenables à leurs usages.

C'est une chose dont on semble ordinairement très peu se préoccuper ici ; on envoie aux Arabes et aux Turcs de l'argenterie de table alors que le Prophète a défendu tout ustensile d'or ou d'argent pour prendre les repas ; on leur envoie des pendules et des bronzes dorés, de riches porcelaines etc, etc, le tout avec des figures peintes ou en relief, qui sont proscrites par le Coran. Qu'arrive-t-il alors ? C'est que tous ces chefs-d'œuvre ne sont reçus qu'avec mépris et qu'ils sont détruits presqu'aussitôt.

J'ai été chargé en 1824 de remettre au sultan deux magnifiques vases en porcelaine de Sèvres de la plus grande dimension. Le chef des eunuques donna devant moi l'ordre de les casser en dessous pour que, placés en plein air dans les jardins, ils y fussent aptes à recevoir des orangers.

Quelque temps auparavant le Roi avait fait don au sultan Mahmoud d'un grand vase en argent massif et couvert de sculptures admirables ; Sa Hautesse le fit porter à la monnaie, et, quinze jours après, ce beau vase était converti en pièces de cinq piastres.

Les objets même le plus à l'usage des Turcs et qui leur sont les plus utiles ont besoin pour leur être réellement agréables de recevoir les formes réclamées par les habitudes et le goût de leur nation. Adapter ces formes à chaque production de l'industrie européenne pour faire qu'elle ait une valeur complète en Orient est d'autant plus indispensable qu'il ne s'agit pas ici d'une affaire de mode. Si les personnes qui habitent la Turquie y font quelqu'attention, elles se convaincront facilement que ce qui dirige à cet égard le sentiment turc c'est la haine de l'étranger exaltée par la religion. En effet, forcés d'accepter les produits de notre industrie et nos découvertes alors que les Ottomans ne peuvent se dissimuler à eux-mêmes l'origine de tout ce qu'ils reçoivent de nous, ils semblent qu'ils veuillent du moins faire oublier cette origine par une forme extérieure exclusivement à leur usage et qui porte pour ainsi dire, le cachet de l'islamisme.

C'est avec la connaissance de ce sentiment de la nation turque que joignant à cette lettre la liste des cadeaux qui pourraient, dans la circonstance présente, être faits à Constantinople, j'ai dû chercher à démontrer ici combien il serait nécessaire de les décorer tous de quelques enjolivemens (*sic*) dans le goût et selon les idées de l'Orient.

Je ne sache à Paris qu'une seule personne capable d'indiquer et de faire exécuter ce qui convient le mieux aux Turcs, c'est un négociant, Mr. Desvigne, qui a passé 30 ans à Constantinople où il a fait sa fortune pour avoir eu le talent de découvrir les véritables penchants et la secrète pensée du public ottoman.

Protocole, Série C Cérémonial,
Dossiers Présents diplomatiques, carton 231.

Pour le Sultan Abd-ul-Medjid.

Les dessins d'une collection complète des uniformes des différentes troupes de l'armée française.

Un modèle d'une pièce d'artillerie de montagne et tout ce qui s'y rattache.

Une glace colossale avec son encadrement.

Une lunette ou longue vue portative, montée s'il se peut dans le goût oriental.

Un équipement de cheval de selle à la française avec housse et ornements à la turque, argent doré.

Un fusil dont le bois incrusté d'or ou d'argent doré doit remonter jusqu'au haut du canon.

Des pistolets* dans le même genre.

* Des pistolets dans le goût de la Renaissance fesaient partie de la dernière exposition, ils étaient cotés 12 000 francs ; les Turcs n'en voudraient pour aucun prix. Ceux dont il s'agirait ici ne coûteraient en or que 2 500 à 3 000 francs.

Pour le Pacha d'Égypte

Les portraits de son fils Hucéin, de ses deux petits-fils, et du quatrième bey, qui est attendu d'Égypte, s'il arrivait à temps.

Les portraits, s'ils étaient en miniature et groupés ensemble, pourraient être placés sur une tabatière ou dans le fond d'une montre. S'ils étaient à l'huile, les cadres seraient choisis avec soin et devraient faire beaucoup d'effet.

Un encrier à la turque en cuivre, argent, or, aventurine, etc, etc. L'ambassadeur en France Fethy Pacha en avait fait faire, au prix de 5 000 francs, un très beau qu'il a donné au sultan.

Des armes comme pour le sultan.

Pour les autorités supérieures à Alexandrie, à Smyrne, à Constantinople

Des tabatières en or émaillé, avec des ornements à la turque et jamais aucune figure humaine.

Des tabatières plus simples en or.

Des montres en or émaillé, avec des dessins et des formes au goût des Turcs.

Des montres plus ordinaires. Sans émail mais toujours dans les formes voulues.

Des *zarfs* en soucoupes en or émaillé, avec des dessins exprès, une seule sert à faire un cadeau.

Des pistolets à pierre qui sont encore ceux que les Turcs estiment généralement le plus.

De grandes tasses turques nommées *Bardak*, en porcelaine et dorées en dedans avec soucoupes. Elles ont la forme d'un choux pommé.

Des miroirs avec encadrement de cuivre doré et émaillé dans la forme des miroirs athéniens.

Des manches de chasse-mouches en cuivre émaillé.

N.B. Une partie des objets indiqués dans cette liste pourraient se trouver dès aujourd'hui. Les autres devraient être commandés et envoyés plus tard, si cela convenait, directement de Marseille à Constantinople.

Alix Desgranges

Protocole, série C Cérémonial,
Dossiers Présents diplomatiques, carton 231.

1848 : Influence de la révolution à l'étranger

Après 1830, 1848. Cette fois, c'est presque toute l'Europe qui, secouée par la crise économique de 1846-1847, va descendre dans la rue. En février 1848, c'est d'abord la France, avec la République proclamée dans la soirée du 24. Aussitôt après, des troubles se déclenchent en Allemagne : dans le Wurtemberg, le Hesse-Darmstadt, le Nassau. À Paris, des hommes tels que Louis Blanc ou Ledru-Rollin voulaient déjà qu'on exporte la révolution au-delà des frontières. Il fallut un Lamartine, membre du gouvernement, pour tenter de rassurer les puissances étrangères par sa circulaire du 4 mars : la proclamation de la République n'était « un acte d'agression contre aucune forme de gouvernement dans le monde ». Dans le même temps pourtant, la France promettait son appui aux peuples en lutte pour leur indépendance. Dès lors, la révolution va gagner l'Europe centrale. En Hongrie, ce sera Kossuth qui dénoncera la domination autrichienne. À Prague, on proclamera l'égalité entre Tchèques et Allemands. À Vienne, le 13 mars, un mouvement populaire amènera la chute de Metternich. Les Croates, de leur côté, forment un Comité national. En Italie, la chute de Metternich provoqua l'insurrection contre les Autrichiens dans tout le royaume lombard-vénitien. Le grand-duc de

Toscane et Ferdinand II de Naples entrent à leur tour dans la guerre, aux côtés de Milan et de Venise, pour chasser les Habsbourgs de la péninsule. À Berlin, Frédéric-Guillaume IV se voit contraint d'accorder une Constitution et d'instituer la liberté de la presse. En Bavière, Louis Ier, le père du wagnérien Louis II et l'amant royal de Lola Montès, va abdiquer. À Heidelberg, on tente de convoquer une Assemblée nationale allemande.

Seuls la Russie, l'Angleterre (malgré une grande manifestation chartiste en avril 1848 et l'écrasement de la révolte irlandaise de juin 1848), la Belgique et les Pays-Bas resteront en dehors du mouvement.

Dans presque toute l'Europe, le retour à l'ordre ne se fera pas attendre, mais on veut ici seulement faire état des réactions anglaises et prussiennes. La première lettre que l'on publie est adressée de Londres par l'ambassadeur de France à Lamartine, ministre des Affaires étrangères. Elle est datée du 14 mars 1848. « Dites à M. de Lamartine, aurait déclaré Lord Palmerston à l'envoyé français, combien j'admire sa noble et courageuse conduite ; je ne parle pas en mon nom personnel seulement, mais au nom du public anglais tout entier... ». Comme après la révolution de 1830, l'ambassadeur de France rend compte ensuite des réactions d'autres diplomates étrangers, en particulier de celles du ministre des États-Unis à Londres. Il évoque également le débat sur l'impôt sur le revenu qui agitait alors le pays. Dans son courrier du 21 il annonce la naissance d'une fille de la reine Victoria.

En Allemagne le nouveau chargé d'affaires français, nommé par le gouvernement provisoire, fait état de mouvements de troupes dans différentes parties du royaume et s'inquiète de ce qui peut se passer à Vienne.

Vienne, donc, où le représentant de la France décrit les premiers moments de l'insurrection qui conduira à la chute de Metternich.

Ministre des Affaires étrangères, Lamartine commence par adresser, dès le 28 février, une circulaire aux agents de son Département leur annonçant la nouvelle. Dans la foulée, le 2 mars 1848, il déclare en quelque sorte la paix au monde. « Les traités de 1815 n'existent plus que comme faits à modifier d'un accord commun… La République déclare hautement qu'elle a pour droit et pour mission d'arriver régulièrement et pacifiquement à ces modifications… ». Si des mouvements en ce sens rencontraient des obstacles, « la République Française se croirait en droit d'armer elle-même pour protéger ces mouvements légitimes de croissance et de nationalité des peuples ».

De Félix Cottu, chargé d'affaires à Londres, à Alphonse de Lamartine

Londres, le 14 mars 1848

Monsieur le Ministre,

J'ai remis hier à Lord Palmerston, dans sa résidence particulière, la lettre que vous m'aviez donnée pour lui. « Vous n'ignorez pas, m'a-t-il dit, que les usages diplomatiques ne me permettent pas de vous reconnaître un caractère officiel, mais vous me trouverez toujours prêt à recevoir les communications que vous pourrez avoir à me faire de la part du gouvernement provisoire de la République française ». J'ai répondu, Monsieur le Ministre, que votre intention, en m'envoyant à Londres, avait été de maintenir officieusement avec le gouvernement britannique de bonnes et amicales relations, et aussi d'assurer aux intérêts français en Angleterre la protection légitime qu'ils ont droit d'attendre du gouvernement de la mère-patrie.

Lord Palmerston m'a dit que les nouvelles de Paris lui annonçaient le rétablissement absolu de l'ordre, grâce à la sage activité du gouvernement provisoire, et au concours qui lui est unanimement prêté. « Dites à Mr de Lamartine », a ajouté Lord Palmerston, « combien j'admire sa noble et courageuse conduite ; je ne parle pas en mon nom personnel seulement, mais au nom du public anglais tout entier ». J'ai eu tout lieu d'être satisfait de cet accueil du principal secrétaire d'État. Il m'a paru animé des meilleures dispositions pour la France, et plein de confiance dans les efforts de tous les citoyens, pour le maintien de la concorde et de la liberté.

En sortant de chez Lord Palmerston je me suis rendu chez Mr le ministre des États-Unis, qui était venu me voir le premier, dès le lendemain de mon arrivée. « Vous pouvez être sûr », m'a dit Mr Bancroft, « des bons sentiments de Lord Palmerston envers la nation française. Il suivra, à son égard, la politique libérale qu'il pratique en Suisse et en Italie, car cette politique lui réussit, et le rend plus populaire qu'il ne l'a jamais été». Mr Bancroft a bien voulu m'exprimer le désir que nos rapports fussent fréquents et intimes. Je l'ai fort remercié et je lui ai promis d'y contribuer largement pour ma part.

Je n'ai pas besoin de vous rappeler, Monsieur le Ministre, que le projet de loi relatif au renouvellement de l'*income-tax* occupait depuis plusieurs semaines l'attention du parlement britannique. Le ministère après avoir retiré, devant la répugnance presque unanime du public et de la législature, sa proposition d'augmenter cet impôt de 3 pour 100, s'était borné à demander la prolongation pendant trois années de l'état de choses actuel. La motion de Mr Hume, qui avait pour but de limiter cette période à une année, a été rejetée hier soir, après un discours de Lord J. Russell, à une majorité de 225 voix (363 contre 198). La loi peut être considérée comme adoptée.

Cette question de l'*income-tax* a servi de prétexte, dans ces derniers jours, à quelques meetings chartistes sur plusieurs points de l'Angleterre. Une assemblée de cette nature avait été convoquée pour le lundi 6 de ce mois dans Trafalgar Square, sous la présidence de Mr Cochrane. La loi anglaise défend toute réunion politique dans un rayon d'un mille à partir du siège de la représentation nationale. L'endroit indiqué se trouvant compris dans cette circonscription, la police avait dispersé, non sans quelques désordres, les rassemblemens. Le meeting, en conséquence, ajourné au lundi suivant, a eu lieu à Kennington Common, lieu situé à deux milles environ de Londres. Bien que des discours très violents et très injurieux pour la reine et pour la famille royale aient été prononcés, l'ordre matériel n'a pas été sérieusement compromis.

Le bruit de la retraite prochaine de Lord J. Russell, dont la santé est gravement altérée, s'accrédite de plus en plus. L'opinion publique paraît désigner pour lui succéder le comte Clarendon, actuellement Lord lieutenant d'Irlande, dont le caractère et les opinions libérales sont universellement estimés.

Lord Clarendon serait, dit-on, disposé, au cas où il arriverait au pouvoir, à présenter un bill tendant à faire rétribuer par l'État le clergé catholique irlandais.

Félix Cottu à Lamartine,
ministre des Affaires étrangères

Londres, le 21 mars 1848

Monsieur le Ministre,

La reine Victoria est heureusement accouchée samedi dernier d'une princesse[1]. J'ai l'honneur de vous transmettre ci-joint copie de la lettre par laquelle Lord Palmerston m'a notifié cet événement.

Correspondance politique, Angleterre, 669.

De Brunet-Denon, chargé d'affaires de France
en Prusse à Lamartine

Berlin, le 13 mars 1848

Monsieur le Ministre,

J'ai l'honneur de recevoir votre lettre du 7 mars qui m'annonce que par un arrêté du gouvernement provisoire et sur votre recommandation, je suis chargé de la gestion des affaires de la Légation de France à Berlin, je m'efforcerai de justifier cette nouvelle marque de confiance que le gouvernement provisoire a bien voulu me témoigner, en apportant dans l'accomplissement de mes devoirs tout le zèle et toute l'exactitude qu'il me sera possible.

1. Louise-Caroline-Albert.

Quant aux affaires intérieures de ce pays, Monsieur le Ministre, je n'ai aujourd'hui encore rien de nouveau à vous en dire. La tranquillité continue à régner de fait ici, mais les esprits semblent fort agités, fort préoccupés ; des pétitions que l'on veut adresser au Roi, et qui demandent une presse plus libre, l'institution du jury et l'organisation d'une garde civique, circulent, obtiennent tous les jours de nouvelles adhésions ; la manière de présenter ces pétitions au Roi, que les auteurs désirent eux-mêmes porter à la couronne, ce à quoi le gouvernement refuse, voulant qu'elles soient mises simplement à la poste, fait que depuis quelques jours les troupes sont consignées dans leurs quartiers et que des précautions sont prises.

Le prince royal de Prusse doit partir ces jours-ci pour les bords du Rhin, il est accompagné de la princesse, ce qui fait croire qu'il y restera quelque temps. Il est muni de pouvoirs de vice-roi, Cologne doit être sa résidence, des mouvements de troupes ont lieu dans différentes parties du royaume ; du reste, Monsieur le Ministre, toutes ces mesures que l'on appelle ici de précaution, n'empêchent pas que l'on conserve l'espoir que la paix ne sera pas troublée. Je crois pourtant de mon devoir de vous le signaler.

Je n'ai pas revu M. de Canitz depuis que j'ai eu l'honneur de vous écrire.

Je charge M. le docteur Contour, envoyé en Russie pour étudier la marche et le caractère du choléra, et qui retourne à Paris, de vous remettre cette dépêche ainsi que la lettre ci-jointe que vient de m'envoyer M. de Gircourt.

P.S. J'apprends à l'instant qu'une députation composée des membres de la commune de Berlin doit se rendre ce soir près du Roi pour lui présenter les pétitions dont je vous ai parlé plus haut.

Du même au même

Berlin, le 15 mars 1848

Monsieur le Ministre,

J'ai l'honneur de vous envoyer ci-joint un journal de Berlin dans lequel se trouve la patente du Roi qui convoque l'assemblée des États réunis pour le 27 avril prochain ; cette feuille contient également une adresse présentée à S. M. prussienne par les membres de la commune de cette ville, la réponse à cette adresse, et plusieurs arrêtés qui sont dans ce moment affichés dans les rues et signés par M. de Minutoli président de police et les bourgmestres. Des troubles, qui ont éclaté depuis que j'ai eu l'honneur de vous écrire, ont donné lieu à ces manifestations de la part de l'autorité ; jusques à présent rien de grave n'a eu lieu, la cavalerie a eu peine à agir ce qui fait qu'il y a eu peu de victimes ; mais on craint que ces troubles ne continuent, qu'ils ne deviennent plus violens, et qu'on ne soit obligé de les réprimer plus vigoureusement. Une grande agitation règne dans les rues et beaucoup de fermentation dans les esprits. La garnison, qui est nombreuse, est toujours consignée.

Vous saviez probablement déjà, Monsieur le Ministre, qu'un congrès doit s'ouvrir dans le mois de mars à Dresde, il devait, dit-on, se tenir d'abord à Francfort, mais le prince de Metternich, qui doit s'y rendre accompagné d'un archiduc a fait abandonner ce premier plan. La plupart des souverains de l'Allemagne doit s'y rendre et la présidence serait donnée au roi de Prusse.

Des troubles graves, dit-on, auraient eu lieu à Vienne.

Brunet-Denon

Correspondance politique, Prusse, 302.

Alexis de Gabriac, chargé d'affaires de France à Vienne, à Lamartine

Vienne, le 14 mars 1848

Monsieur le Ministre,

L'ouverture des États de la Basse-Autriche a donné lieu, hier matin, à une manifestation publique de la bourgeoisie en faveur des réformes qu'elle sollicite. Cette manifestation d'abord calme, quoique extrêmement nombreuse, a fini par dégénérer en émeute.

Les étudians des facultés de philosophie, de théologie, de droit et de médecine s'étaient réunis, dès 9 heures, dans la rue, dite *Herrengasse*, devant le bâtiment où siègent les États, pour demander la permission de leur présenter une adresse, qu'ils avaient rédigée la veille à l'université, au milieu de la confusion et du désordre, qu'ils avaient chargé un de leurs professeurs de remettre à l'archiduc Louis, et qu'ils voulaient en outre faire parvenir à l'Empereur par l'intermédiaire des États.

Leur attroupement avait réuni une foule considérable de bourgeois, qui s'associaient à leur manifestation, et une quantité plus considérable encore de curieux. On pourrait évaluer à 10 ou 15 000 personnes la masse répandue dans la *Herrengasse* et les rues adjacentes. Les États étant arrivés vers les 10 heures, les étudians les ont suivis dans la salle même des séances, où ils se sont mis à tenir les discours les plus violens et à briser quelques meubles. Le tumulte allant croissant, le président comte de Montecuculi a engagé les étudians à se retirer, à charger une députation de 12 d'entr'eux de lui remettre leur adresse et de lui exposer leurs griefs, promettant de se rendre ensuite en personne chez l'Empereur avec le comité des États et d'être l'interprète fidèle de leurs vœux. On n'est parvenu qu'à grand-peine à faire accepter ces conditions à la jeunesse des écoles. Elle demandait en résumé une constitution représentative pour toutes les classes de la société ; un ministère responsable ; la liberté de la presse, et la liberté religieuse ; l'égalité devant la loi ; l'oralité et la publicité judiciaire ; la réforme du système de l'instruction publique ; le changement du ministère actuel ; l'armement de toute la population ; l'expulsion des jésuites ; l'union des diverses nationalités de l'Empire ; la dissolution de l'alliance russe…

Cependant la sortie des étudians de la salle des États avait agité cette masse devenue de plus en plus impatiente et compacte. Quelques-uns de ces jeunes gens s'étaient unis à la haranguer. L'un deux, Polonais, dit-on d'origine, lui criait : « La France, l'Angleterre, les États-Unis, le reste de l'Allemagne nous ont ouvert la voie de la liberté : c'est à l'Autriche à la suivre ; si elle est restée jusqu'ici en arrière, elle le doit surtout à son système d'instruction publique. Ce n'est point au cœur paternel de S. M. l'Empereur qu'il s'en faut prendre ; nous connaissons tous l'Empereur et nous lui sommes, nous lui restons tous également dévoués. Je ne veux parler que de ce ministre impopulaire, qui est à la tête du gouvernement, du prince de Metternich ; mais la nature est là qui menace son existence, lorsqu'elle aura accompli son œuvre nous serons libres…. ».

Ces paroles étaient accompagnées des applaudissements, et des cris de la foule. Vers 3 heures, la circulation devenant impossible, on a commencé, alors seulement, à faire arriver quelques troupes dans la principale rue. Les masses, totalement dépourvues d'armes, se séparaient à leur passage puis se reformaient après elles. Tout semblait devoir se passer sans autre désordre, et on attendait le retour de la députation des États, qui s'était rendue auprès de l'Empereur, lorsque l'archiduc Albert, gouverneur militaire de la Basse-Autriche, et son frère l'archiduc Guillaume ont paru à cheval au milieu du peuple, suivis par une compagnie de pionniers.

Ils ont été reçus par des vivats ; mais le cheval de l'archiduc Albert ayant été effrayé par un morceau de planche, que l'on dit avoir été jeté en l'air devant lui, et s'étant très vivement cabré, les pionniers ont cru le prince atteint et se sont mis à charger avec la bayonnette. Cet acte a subitement changé en animosité les dispositions pacifiques de la foule et des troupes. Les cris, le désordre, le trouble se sont montrés de toutes parts, et pour les contenir la troupe a été forcée de faire feu.

On évaluait hier au soir à une vingtaine, le nombre des blessés et des morts.

Dès la première décharge toutes les portes de la ville avaient été fermées, afin d'empêcher l'invasion des faubourgs. On laissait sortir mais on ne laissait pas entrer. Le château était gardé par des troupes considérables. La cour et les ministres délibéraient depuis le matin. Au milieu du trouble et de l'inquiétude qui régnaient partout, il était impossible d'avoir des détails précis sur ce qui se passait. Enfin, hier au soir à 10 heures, un officier de la garde nationale, armé d'un drapeau, se promenait dans les rues de la ville, qui avait pris l'aspect d'une place en état de siège, et proclamait, à travers les cris de la foule, la démission du prince de Metternich, l'armement de la garde bourgeoise et la formation d'un comité pour s'occuper des pétitions remises par les diverses députations des États, des bourgeois et des 4 facultés.

[…]

La troupe de ligne a été remplacée par la garde bourgeoise et les étudians armés auxquels l'Empereur a confié l'ordre et le repos de la capitale. La tranquillité est en effet rétablie depuis ce matin ; mais toutes les boutiques sont encore fermées. Quelques personnes assurent qu'une estafette, arrivée de Prague, a apporté la nouvelle que des troubles y auraient éclaté. Je ne saurais en garantir l'exactitude.

Tel est, Monsieur le Ministre, le résumé des événements qui se sont passés hier à Vienne. Ils n'ont pas besoin de commentaires. L'Autriche entre dans une voie dont il serait difficile de prévoir les conséquences, attendu la diversité de ses races, de leurs instincts et de leurs besoins.

P.S. : Je profite d'un courrier anglais qui part dans une heure, pour lui confier cette dépêche (que je n'aurais pu expédier par la poste, les portes étant fermées) et pour y ajouter : que la ville est plus calme, mais que quelques faubourgs sont encore en pleine insurrection et que toute la garde bourgeoise continue à s'armer.

Du même au même

Vienne, le 15 mars 1848

Monsieur le Ministre,

Depuis hier, au moment où j'ai fermé ma lettre, les événements ont pris une nouvelle tournure. Le palais de l'Empereur était devenu une véritable place de guerre. L'artillerie attelée en gardait les portes. On y délibérait en permanence sur les concessions possibles, ou plutôt le moins contraire aux principes, qui avaient jusqu'ici servi de base au gouvernement impérial. L'attitude de la population de la ville avait quelque chose de sinistre. Une quantité de bruits contradictoires circulaient de tous les côtés.

Vers les 4 heures, celui qui sembla prendre le plus de consistance, et qui s'est réalisé, ce fut la nomination du prince de Windischgrätz comme Statthalter, c'est-à-dire lieutenant général de l'empire, attendu l'indisposition de l'Empereur, avec des pleins pouvoirs civils et militaires, pour le maintien de l'ordre. Le général Webera, lui était donné *ad latus*.

Les opinions de ces deux nouveaux chefs militaires, connues de tous, ont inspiré des craintes très sérieuses à la population, à peine remise des émotions de la veille. Ces dispositions s'augmentaient encore à la vue du nouveau déploiement de forces militaires concentrées dans les glacis de la ville, entre les bastions et les faubourgs.

La nomination du prince de Windischgrätz nécessitait la retraite de l'archiduc Albert, comme la formation d'une garde, appelée désormais nationale au lieu de bourgeoise exigeait la nomination d'un chef, que l'on apprit hier soir, être le *Leutnant Feldmarechal* comte Hoyos, grand veneur de S. M.

Tout le monde annonçait que le prince de Metternich était parti vers les midi avec toute sa famille, sans savoir de quel côté il se dirigeait. Les abords de la chancellerie d'État, contiguë au palais, étaient gardés par un nombre si considérable de troupes, qu'il était impossible de s'en approcher. Personne ne connaît du reste le successeur du chancelier. Tandis qu'on parle du comte de Colloredo Waldsee, parti il y a quelques jours pour Francfort sur-le-Main, quelques personnes doutent du départ du prince. Tout est donc incertain à cet égard.

Vers les 5 heures du soir les professeurs de l'université sont sortis du palais sur la place St-Michel, où se trouvait une foule d'étudians et de bourgeois, et ils ont annoncé que S. M. venait de donner sa parole d'Empereur qu'à l'avenir la censure serait supprimée et que la monarchie serait régie d'après des principes constitutionnels (*nach constitutionnellen grundsätze*). Des houras se sont élevés du sein de cette multitude, et des députations se sont immédiatement formées pour aller remercier S.M. On les a laissées pénétrer dans la cour du château où l'Empereur s'est montré sur le balcon, aux acclamations unanimes. Les députations ont alors demandé l'archiduchesse Sophie, que ses opinions qui passaient pour être en faveur des réformes, ont rendue fort populaire depuis ces derniers tems. L'archiduchesse s'est présentée entre deux de ses fils ; elle a été accueillie avec un enthousiasme difficile à décrire.

Tandis que la ville était en proie à cette agitation toute pacifique, les faubourgs de la Wieden, de Fünf et de Sechthausen étaient ravagés par des bandes d'incendiaires qui avaient rasé les barrières de l'octroi, et réduit en cendres plusieurs fabriques importantes. La garde nationale s'y était portée à la hâte, les avait gravement attaqués et après leur avoir tué une vingtaine d'hommes, et en avoir pris autant, elle avait dispersé le reste et rétabli l'ordre partout.

Ce matin, le désordre a, dit-on, éclaté de nouveau dans les faubourgs ; en ville, tout semble prendre une physionomie moins triste. l'Empereur vient de s'y promener en voiture découverte, avec l'archiduc Francois-Charles, au milieu des vivats les plus bruyans. On disait autour de sa voiture que le prince Charles Liechtenstein, officier général très populaire, très aimé par les Viennois, avait reçu du prince de Windischgrätz le commandement militaire de la ville ; cette nouvelle remplissait de joie la population. Cependant on ne saurait se dissimuler qu'il existe une grande défiance contre la Cour au milieu de toutes ces manifestations publiques.

On ne semble pas trouver une véritable franchise dans ses concessions. On redoute l'influence de l'archiduchesse et on s'attend à tout instant à une réaction militaire, dont les conséquences ne pourraient être que déplorables et sanglantes.

Toutes les affaires continuent à être suspendues, ce qui ne peut manquer d'amener une crise commerciale fâcheuse. En ville le mouvement est tout politique, mais dans les faubourgs il est empreint d'un caractère de désordre des plus effrayans.

Votre manifeste, Monsieur le Ministre, publié par les journaux allemands, a produit ici, le plus grand effet. On se l'arrachait dans les cafés, où on le lisait sur des tables. Comme le corps diplomatique n'a reçu encore aucun avis officiel de la démission de prince de Metternich et de son remplacement, je ne sais quand je pourrai avoir l'honneur de vous rendre compte du résultat de la communication que j'en avait faite au gouvernement impérial.

Tout est ici dans un tel état de confusion et de trouble qu'il est impossible d'assigner un jour ou une heure à une reprise régulière et fixe des affaires. Personne ne saurait prévoir l'issue des événements, dont nous sommes ici les témoins.

Correspondance politique, Autriche, 435.

1854 : La guerre de Crimée, une histoire de moines, de conquête russe de la Méditerranée et d'alliance franco-britannique

De 1853 à 1856, à l'extrémité orientale de l'Europe, la guerre de Crimée opposa la Turquie, la France, l'Angleterre d'une part à la Russie de l'autre. Lointaine pour beaucoup, cette guerre marque une étape importante de l'histoire européenne car elle signifie la fin du système quasi théologique mis en place en 1815 avec la Sainte-Alliance. En effet, les alliés d'hier se déchirent puisqu'il s'agit d'une guerre ouverte entre la majorité d'entre eux et la Russie. Ses causes profondes sont nombreuses. Si la Russie fait en sorte d'accéder à la mer, à la Méditerranée et aux Détroits, et de poursuivre le démembrement de la Turquie, du côté de l'Angleterre, on souhaite naturellement lui barrer la route. Quant à Napoléon III, il y voit une manière de nouvelle croisade, pour la défense des intérêts catholiques et français en Orient. Mais dans le même temps, l'Empereur s'allie à l'Angleterre pour éviter une nouvelle coalition dont la France risquerait d'être exclue.

Le tsar Nicolas Ier tenta d'abord, lui aussi, une alliance avec l'Angleterre, qui la lui refusa. Après de nombreux pourparlers, la destruction par les Russes d'une flotte turque à Sinope, suivie par l'arrivée de navires français et anglais en mer Noire, déclencha les hostilités. La France et l'Angleterre rejoignirent la Turquie face à la Russie le 27 mars 1854. La guerre allait être meurtrière et, ni en France, ni en Angleterre, on n'en comprit vraiment les raisons. En France, elle assura pourtant le prestige européen du Second Empire. En Angleterre, en revanche, elle suscita de vives critiques. Il faut dire que la manière dont furent conduites les opérations anglaises fut bien souvent désastreuse. C'est au cours de la guerre de Crimée qu'eut lieu la célèbre « charge de la Brigade légère » que le général qui la commandait envoya par erreur dans une mauvaise direction où elle se fit anéantir. Pour la légende et la littérature, ce fut une occasion de poésie héroïque. L'histoire en jugea autrement.

La défaite de la Russie devait amener le régime à s'interroger sur les causes de cet échec et à prendre un recul certain par rapport à la vie politique internationale des années qui allaient suivre. De son côté, l'Autriche, hostile à la Russie, perdit pour longtemps son appui. Mais le traité de Paris du 30 mars 1856 devait avoir des conséquences importantes puisqu'il conduisit à la neutralisation de la mer Noire, interdite à toute navigation de guerre, et à la liberté de navigation sur le Danube. Dans le même temps, on plaça sous la garantie des puissances signataires l'indépendance et l'intégrité territoriales de l'Empire ottoman.

On trouvera ici trois documents d'un intérêt capital. Il s'agit d'abord d'une lettre du comte de Nesselrode, ministre des Affaires étrangères russe pendant quarante ans et que l'on a déjà vu au congrès de Vienne, faisant état de l'arrivée des navires français et anglais en mer Noire. Quinze jours après, en date du 29 janvier 1854, une autre lettre est adressée cette fois par Napoléon III lui-même à Nicolas Ier et fait le point sur la situation et les motivations qui sont celles de la France. Alors même que le conflit éclate, les souverains continuent donc à s'écrire. Le dernier document publié est une circulaire signée par l'ambassadeur de France en Russie, le général marquis de Castelbajac, qui marque cette fois la suspension des relations diplomatiques entre les deux pays. Ces trois documents forment un tout, ils montrent comment, d'un état de guerre latente, on s'achemine à une guerre ouverte.

Le comte de Nesselrode, ministre russe des Affaires étrangères à Monsieur de Kisseleff, ambassadeur de Russie en France

Saint-Pétersbourg, 4/16 janvier 1854

Monsieur,

Les représentans d'Angleterre et de France viennent de m'annoncer verbalement la résolution prise par leurs deux gouvernemens de faire entrer leurs flottes combinées dans la mer Noire, dans le but de mettre les ports et les côtes de la Turquie à l'abri d'une attaque de notre part. Le motif donné à cette détermination a été le coup porté à l'escadre turque à Sinope, opération navale que les deux cabinets représentent comme une agression gratuite. Ce n'est pas sans une pénible surprise que je l'ai entendu qualifier ainsi, lorsqu'il est de notoriété que l'escadre turque, commandée par Osman Pacha, était partie du Bosphore chargée d'armes, d'argent, de munitions et de troupes de débarquement destinées pour nos côtes de la Circassie, par conséquent dans un but agressif, dans le but de développer les opérations, également agressives, qui ont déjà ensanglanté le territoire russe en Asie. Cette escadre n'avait pas sans doute quitté son ancrage du Bosphore pour venir s'établir à Sinope. Ce qu'elle y avait cherché, ce n'était point une station maritime, mais bien un refuge passager. Devions-nous souffrir patiemment qu'elle eût plus tard accompli sa destination hostile ? Parce que, en Valachie, territoire turc, nous avons déclaré vouloir attendre l'attaque des forces ottomanes, sommes-nous tenus à l'attendre également sur nos propres côtes ? Devons-nous penser qu'aux yeux des Puissances, dans une guerre que nous n'avons pas voulue et qui nous a été déclarée, à la Turquie seule appartient le privilège de l'offensive, et que, certains d'une agression prochaine et imminente, nous nous sommes interdit à nous-mêmes le droit de la prévenir ?

Si j'ai bien compris le sens des déclarations qui m'ont été faites, et notamment ce qui m'a été dit par le représentant anglais, l'intention des deux Puissances serait d'empêcher le retour d'un désastre semblable à celui de Sinope, et d'établir dès aujourd'hui une sorte d'armistice naval, prévenant toute attaque de notre part contre les ports ou le pavillon turcs, mais veillant d'un autre côté à ce que l'escadre ottomane ne commette aucune agression contre les bâtiments et le territoire russes. Il est essentiel, Monsieur, que ce point soit nettement établi.

Assurément, c'est le moins que les deux cabinets puissent faire pour ôter, du moins en apparence, au motif de l'entrée de leurs flottes dans la mer Noire, le caractère d'une hostilité flagrante contre nous ; car, permettre l'attaque aux Turcs, en prétendant nous l'interdire, ce serait prendre une part active à une guerre qu'ils ne nous ont point encore déclarée. Il est seulement à regretter que les deux Puissances, si elle voulaient prévenir de semblables collisions, n'aient pas, dès l'origine de la lutte, arrêté les entreprises maritimes dirigées par les Turcs contre nos rivages asiatiques, entreprises dont le conflit engagé à Sinope n'a été qu'une conséquence forcée, ou plutôt encore qu'elles n'aient point empêché les Turcs de nous déclarer la guerre, car, du moment qu'elles leur permettaient de nous la déclarer et de nous la faire en Asie comme en Europe, l'événement qui vient d'arriver ne pouvait demeurer entièrement exclu de leurs prévisions.

Que si elles ont regardé comme contraire à l'indépendance de la Porte la prétention de lui interdire entièrement les hostilités, nous cherchons comment celle de ne lui permettre désormais que des hostilités limitées serait plus conforme à l'idée qu'elles se font de cette même indépendance.

Quant à nous, il nous est impossible d'envisager une résolution pareille autrement que comme une atteinte portée à nos droits de belligérants. L'Empereur se voit donc obligé de protester solennellement contre le principe de la déclaration qui lui a été faite et ne saurait d'aucune façon en admettre la légitimité. Il attendra, pour se décider sur le parti ultérieur qu'il adoptera, la manière dont cette déclaration aura été mise à exécution par les amiraux, des deux flottes, et l'attitude que leurs vaisseaux prendront à l'égard des nôtres.

Il ne peut que regretter de voir la paix avec l'Angleterre et la France, que jamais il n'a voulu rompre, compromise par ce nouveau développement donné au système de pression que les deux puissances maritimes ont cru devoir dès l'abord adopter à son égard, et qui, progressant de mesure en mesure, engageant chaque fois davantage sa dignité comme la leur, en même temps qu'il encourageait les Turcs à pousser les choses à l'extrême, a fini par conduire la situation en Orient à son état de tension actuelle. Un hasard suffit aujourd'hui pour produire une collision d'où naîtrait une conflagration générale, et l'Empereur repousse d'avance la responsabilité de l'initiative qui en aura donné le signal.

Votre Excellence voudra bien donner au cabinet français lecture et copie de cette dépêche.

Correspondance politique, Russie, vol. 211, fol. 33-38.

---

*De Napoléon III au tsar Nicolas Ier*

29 janvier 1854

Sire,

Le différend qui s'est élevé entre Votre Majesté et la Porte ottomane en est venu à un tel point de gravité, que je crois devoir expliquer moi-même directement à Votre Majesté la part que la France a prise dans cette question et les moyens que j'entrevois d'écarter les dangers qui menacent le repos de l'Europe.

La note que Votre Majesté vient de faire remettre à mon gouvernement et à celui de la reine Victoria tend à établir que le système de pression adopté dès le début par les deux puissances maritimes a seul envenimé la question. Elle aurait au contraire, ce me semble, continué à demeurer une question de cabinet, si l'occupation des principautés ne l'avait transportée tout à coup du domaine de la discussion dans celui des faits.

Cependant les troupes de Votre Majesté une fois entrées en Valachie, nous n'en avons pas moins engagé la Porte à ne pas considérer cette occupation comme un cas de guerre, témoignant ainsi notre extrême désir de conciliation. Après m'être concerté avec l'Angleterre, l'Autriche et la Prusse, j'ai proposé à Votre Majesté une note destinée à donner une satisfaction commune. Votre Majesté l'a acceptée. Mais à peine étions-nous avertis de cette bonne nouvelle que son ministre, par des commentaires explicatifs, en détruisait tout l'effet conciliant et nous empêchait par là d'insister à Constantinople sur son adoption pure et simple. De son côté, la Porte avait proposé au projet de note des modifications que les quatre puissances représentées à Vienne ne trouvèrent pas inacceptables.

Elles n'ont pas eu l'agrément de Votre Majesté. Alors la Porte, blessée dans sa dignité, menacée dans son indépendance, obérée par les efforts déjà faits pour opposer une obérée (*sic*) armée à celle de Votre Majesté, a mieux aimé déclarer la guerre que de rester dans cet état d'incertitude et d'abaissement. Elle avait réclamé notre appui ; sa cause nous paraissait juste ; les escadres anglaise et française reçurent l'ordre de mouiller dans le Bosphore.

Notre attitude vis-à-vis de la Turquie était protectrice, mais passive. Nous ne l'encouragions pas à la guerre. Nous faisions sans cesse parvenir aux oreilles du sultan des conseils de paix et de modération, persuadés que c'était le moyen d'arriver à un accord, et les quatre puissances s'entendirent de nouveau pour soumettre à Votre Majesté d'autres propositions. Votre Majesté, de son côté, montrant le calme qui naît de la conscience de sa force, s'était bornée à repousser, sur la rive gauche du Danube comme en Asie, les attaques des Turcs, et, avec la modération digne du chef d'un grand empire, elle avait déclaré qu'elle se tiendrait sur la défensive. Jusque-là nous étions donc, je dois le dire, spectateurs intéressés, mais simples spectateurs de la lutte, lorsque l'affaire de Sinope vint nous forcer à prendre une position plus tranchée. La France et l'Angleterre n'avaient pas cru utile d'envoyer des troupes de débarquement au secours de la Turquie. Leur drapeau n'était donc pas engagé dans les conflits qui avaient lieu sur terre. Mais sur mer, c'était bien différent. Il y avait à l'entrée du Bosphore trois mille bouches à feu dont la présence disait assez haut à la Turquie que les deux premières puissances maritimes ne permettraient pas de l'attaquer sur mer. L'événement de Sinope fut pour nous aussi blessant qu'inattendu. Car peu importe que les Turcs aient voulu ou non faire passer des munitions de guerre sur le territoire russe. En fait, des vaisseaux russes sont venus attaquer des bâtiments turcs dans les eaux de la Turquie et mouillés tranquillement dans un port turc. Ils les ont détruits, malgré l'assurance de ne pas faire une guerre agressive, malgré le voisinage de nos escadres. Ce n'était plus notre politique qui relevait là un échec, c'était notre honneur militaire. Les coups de canon de Sinope ont retenti douloureusement dans le cœur de tous ceux qui en Angleterre et en France ont un vif sentiment de la dignité nationale. On s'est écrié d'un commun accord : « Partout où nos canons peuvent atteindre, nos alliés doivent être respectés. » De là l'ordre donné à nos escadres d'entrer dans la mer Noire, et d'empêcher, par la force s'il le fallait, le retour d'un semblable événement ; de là la notification collective envoyée au cabinet de Saint-Pétersbourg pour lui annoncer que si nous empêchions les Turcs de porter une guerre agressive sur les côtes appartenant à la Russie, nous protégerions le ravitaillement de leurs troupes sur leur propre territoire. Quant à la flotte russe, en lui interdisant la navigation de la mer Noire, nous la placions dans des conditions différentes, parce qu'il importait pendant la durée de la guerre de conserver un gage qui pût être l'équivalent des parties occupées du territoire turc et faciliter la conclusion de la paix, en devenant le titre d'un échange désirable.

Voilà, Sire, la suite réelle et l'enchaînement des faits. Il est clair qu'arrivés à ce point ils doivent amener promptement ou une entente définitive, ou une rupture décidée.

Votre Majesté a donné tant de preuves de sa sollicitude pour le repos de l'Europe, elle y a contribué si puissamment par son influence bienfaisante contre l'esprit de désordre, que je ne saurais douter de sa résolution dans l'alternative qui se présente à son choix. Si Votre Majesté désire autant que moi une conclusion pacifique, quoi de plus simple que de déclarer aujourd'hui qu'un armistice sera signé, que les choses reprendront leur cours diplomatique, que toute hostilité cessera, et que toutes les forces belligérantes se retireront des lieux où des motifs de guerre les ont appelées. [...]

Que Votre Majesté adopte ce plan, sur lequel la reine d'Angleterre et moi sommes parfaitement d'accord, la tranquillité est rétablie et le monde satisfait. Rien en effet dans ce plan qui ne soit digne de Votre Majesté, rien qui puisse blesser son honneur. Si, par un motif difficile à comprendre, Votre Majesté opposait un refus, alors la France comme l'Angleterre seraient obligées de laisser au sort des armes et aux hasards de la guerre ce qui pourrait être décidé aujourd'hui par la raison et par la justice. Que Votre Majesté ne pense pas que la moindre animosité puisse entrer dans mon cœur, il n'éprouve d'autres sentiments que ceux exprimés par Votre Majesté elle-même, dans sa lettre du 17 janvier 1853, lorsqu'elle m'écrivait : « Nos relations doivent être sincèrement amicales, reposer sur les mêmes intentions, maintien de l'ordre, amour de la paix, respect aux traités et bienveillance réciproque ». Ce programme est digne du souverain qui le traçait, et je n'hésite pas à l'affirmer, j'y suis resté fidèle.

Correspondance politique, Russie, vol. 211, fol. 66-68.

Lettre circulaire aux consuls de l'empereur en Russie concernant la suspension des relations diplomatiques entre la France et la Russie

Saint-Pétersbourg

Le 14 février 1854

Monsieur,

J'ai l'honneur de vous prévenir qu'à partir d'aujourd'hui il y a suspension des relations diplomatiques entre le gouvernement de Sa Majesté l'Empereur et celui de S. M. l'empereur de Russie.

Je pars dans peu de jours avec tout le personnel de la légation, mais les consuls et agent consulaires restent à leur poste : il n'est rien changé à ce qui concerne leurs attributions sous le rapport commercial et sous le rapport contentieux.

Je vous recommande de maintenir avec soin vos bonnes relations avec les autorités locales, et je n'ai pas besoin de vous recommander, tout en évitant de vous mêler de politique, de soutenir avec une prudente fermeté tout ce qui peut toucher à l'honneur et à la dignité de la France, qui n'est point en guerre avec la Russie : c'est toujours et dans toutes les circonstances le premier devoir des agents de Sa Majesté l'Empereur.

J'ai placé nos nationaux sous la protection de M. le comte de Bray, ministre du roi de Bavière à Saint-Pétersbourg : c'est donc à lui que vous devrez recourir en cas de besoin.

Comme il n'y aura plus de service de coursiers de cabinet de Saint-Pétersbourg à Paris, vous correspondrez directement avec Son Excellence M. le ministre des Affaires étrangères.

Correspondance politique, Russie,
vol. 211, fol. 118.

1857 : Le comte de Gobineau, en ambassade

Gobineau sent le soufre aujourd'hui. En un temps où le « politiquement correct » écrase de sa chape de plomb une partie de l'opinion occidentale réputée intellectuelle, il n'est pas étonnant qu'un Joseph-Arthur, comte de Gobineau, auteur d'un *Essai sur l'inégalité des races*, ait mauvaise presse parmi un public qui ne s'en tient qu'au titre dudit essai. On n'entreprendra pas ici une défense et illustration des positions de Gobineau en ce domaine, dont il serait tout de même abusif d'y voir les premiers fondements d'un racisme nazi. En effet, l'essai de Gobineau opère, certes, un classement dans les races humaines, pour expliquer que la sensualité des Noirs les conduit à la musique et à la danse tandis que la raison et l'énergie seraient plutôt le privilège des Blancs. Pour Gobineau, « toute civilisation découle de la race blanche, aucune ne peut exister sans le secours de cette race ». Cela dit, si l'Allemagne ou l'âme germanique sont au cœur de la pensée gobinienne, on ne trouvera nulle part dans son œuvre d'antisémitisme véritable. Mais là n'est cependant pas la question.

Gobineau, outre le théoricien qu'il voulut être, a surtout été un connaisseur de l'Orient, un écrivain et un diplomate. Spécialiste de l'Orient, il publia des souvenirs de voyage : *Trois ans en Asie,* mais aussi un gros ouvrage sur *Les religions et les philosophies dans l'Asie Centrale.* Ancêtre peut-être d'un Georges Dumézil, il publiera ensuite un *Traité des écritures cunéiformes* (1864) parfaitement aberrant, puis une *Histoire des Perses* presque romantique. Mais ce sont sûrement ses *Nouvelles Asiatiques,* magnifique ensemble de courtes histoires d'une grande intensité dramatique, qui représentent le plus beau fleuron de son amour de l'Orient. Les *Nouvelles Asiatiques,* c'est déjà un travail d'écrivain. Et, écrivain, Gobineau le fut abondamment, avec plusieurs romans, seulement publiés en volume, par les Éditions de la Nouvelle Revue Française, entre les deux guerres, mais surtout avec un ouvrage unique, l'un des chefs-d'œuvre absolus de la littérature du XIXe siècle : *Les Pléiades. Les Pléiades,* c'est Stendhal plus autre chose, en même temps que Stendhal moins quelque chose. Gobineau imagine un mélange de roman picaresque et de roman d'aventure au cours duquel se croisent et se recroisent trois jeunes gens se disant « calenders, fils de Roi » qui jettent sur l'ensemble de l'humanité le regard désespéré et fataliste qui est celui de Gobineau devant le monde dans lequel il vit. Des bords du lac Majeur jusqu'à une principauté imaginaire quelque part en Allemagne, la cour de Burbach, ils séduisent, aiment, se marient ou abdiquent, au rythme du cœur comme de la raison. Commencé en 1871, le livre parut en 1874, c'est sûrement, avec l'œuvre de Stendhal, l'un des chefs-d'œuvre des romanciers diplomates français du XIXe siècle.

Car, diplomate, Gobineau le fut, lui, réellement. Chef de cabinet de Tocqueville, ministre des Affaires étrangères en 1849, il est ensuite nommé à Berne. En 1851, le voilà chargé d'affaires à Hanovre puis, en 1854, secrétaire à la légation de Francfort. En 1855 il part pour la Perse où il séjourne jusqu'en 1858, pour y revenir, de 1860 à 1863, après une mission à Terre-Neuve en 1859, comme ministre plénipotentiaire. Il sera ensuite ministre de France à

Athènes, à Rio, à Stockholm, où il rencontrera une comtesse de La Tour qui sera le grand amour, probablement platonique, de sa vie, puis il voyagera en Russie, en Turquie, avec pour compagnon de voyage Pedro II, empereur du Brésil. On le retrouve à Rome où il tente même une carrière de sculpteur, puis à Bayreuth, chez les Wagner, d'où l'influence qu'on lui attribuera dans le racisme, lui véritable, de Richard Wagner. Après un ultime séjour à Bayreuth, Gobineau meurt à Turin en 1882.

On publiera ici deux lettres éminemment révélatrices. La première, envoyée de Perse en 1857 est tout simplement une « Nouvelle Asiatique ».

La seconde est d'un intérêt plus politique. Elle date de la mission de Gobineau au Brésil.

Pedro II, empereur du Brésil, était un souverain éclairé. On lui doit, entre autres choses, signalons-le au passage, la première grande collection de photographies d'Amérique latine, constituée de photos systématiquement achetées dans le monde entier. Très proche de Gobineau, Don Pedro, « le prince le plus intelligent et le plus savant qui existe », était un libéral. La lettre qu'on publie ici, autographe et signée, date du 22 septembre 1869. Elle concerne l'émancipation des esclaves du Brésil. Elle donna lieu à une communication de Cochin à l'Académie des sciences morales et politiques mais le texte de Gobineau, reproduit dans le journal de cette Académie, traversa l'Atlantique et déplut aux Brésiliens. Il semble que l'effet s'en fit assez longtemps sentir sur les relations franco-brésiliennes. Une dépêche de Rio en date du 30 mars 1871, également conservée au ministère des Affaires étrangères, fait savoir que « ces observations sont fort justes ; il est fort regrettable que la phrase signalée ait été maintenue dans la communication de l'Académie des Sciences… ». Outre l'intérêt politique et sociologique de ce texte, on admirera au passage la langue de l'auteur des *Pléiades*.

À Son Excellence Monsieur le comte Walewski,
ministre des Affaires étrangères

Téhéran, le 8 avril 1857

Monsieur le Comte,

Un sujet français, M. Richard, habitant la Perse depuis une quinzaine d'années y exerçait jusqu'ici la profession de maître de langue au collège royal et celle de revendeur. Il y a dix-huit mois, il fit un voyage dans le Kurdistan et trouva sur le chemin une jeune fille que, suivant lui, il acheta de ses parents, mais que, suivant elle, il fit monter en croupe de son domestique, Abbas, et qu'il amena ici. Il contraignit cette fille à prendre des habits d'homme et à remplir, dans sa maison, des fonctions serviles. Il ne la faisait pas sortir sans lui ; on ajoute qu'il la traitait assez mal et qu'elle avait témoigné l'intention de s'échapper mais, étrangère et absolument sans ressources, elle ne savait où aller.

Sur ces entrefaites, M. Richard eut une discussion avec son palefrenier auquel il refusait vingt-cinq francs de gages qu'il lui devait : cet homme menacé en outre de la bastonnade, se rendit chez le *Kelanret* ou préfet de police et dans d'autres endroits encore, où il raconta ce qu'il savait des rapports de M. Richard avec la fille kurde ; ajoutant que c'était de celle-ci qu'il tenait le récit du fait dont personne en ville n'avait eu jusque là le moindre soupçon.

La loi écrite, et plus encore la coutume de la Perse et les sentiments du peuple sont précis sur des crimes de cette nature : pour détournement d'une musulmane par un chrétien, il y a peine de mort pour l'un comme pour l'autre et pour travestissement d'une femme en homme, il y a également peine de mort pour la femme et si un homme est mêlé dans une affaire de ce genre, il est passible de la même peine, fût-il musulman. En un mot, c'est un des points sur lesquels les Asiatiques sont le plus susceptibles [...]

Il y a huit jours, au moment où M. Richard sortait de chez lui avec la fille kurde et le domestique Abbas, des agents du préfet de police se jetèrent sur la fille et se mirent en devoir de l'emmener. M. Richard demanda pourquoi on arrêtait un de ses gens ; on lui répondit que c'était une femme.

Si M. Richard avait, à ce moment, donné quelque argent aux hommes de police et fût allé avec eux chez les magistrats, tout pouvait s'arranger moyennant un cadeau ; mais il perdit la tête, avoua tout et ajouta que cette femme était celle d'Abbas. Il se rendit cependant chez le *Kelanret* après cet aveu et, poussant les choses plus loin, il ajouta qu'à la vérité, il entretenait des relations avec cette femme, mais que c'était du consentement du mari. Par cette parole au moins inutile, il enveloppa dans l'affaire un malheureux de plus qui se trouva placé également sous le coup de la peine capitale.

En qualité de Français, on ne voulut pas l'arrêter, mais on retint les deux autres qui furent conduits en prison. Pour lui, au lieu de venir me trouver sur le champ ou de me faire prévenir, il s'en alla chez le prince-gouverneur de la ville et déclara qu'il était prêt à se faire musulman, ce qu'il appuya le lendemain par une lettre qui m'a ensuite été présentée.

[…] La découverte de la grossesse [de la fille] fut toutefois un bonheur car le Premier ministre avait témoigné d'abord vouloir faire sauter cette femme à la bouche d'un canon. Désormais, l'arrêt de mort ne pouvait plus recevoir d'exécution qu'après les couches.

Je fus prévenu par ordre du *Sadr* : il me déclarait que, vu les relations toutes particulières existant entre la France et la Perse, on n'intenterait aucune action juridique contre M. Richard, mais qu'il était indispensable que ce personnage quittât immédiatement le pays et que, jusqu'à son départ, il restât enfermé dans sa maison parce que le gouvernement, malgré toute sa bonne volonté, ne pouvait pas répondre que les gens du quartier exaspérés ne lui fissent quelque mauvais parti s'ils le voyaient circuler dans les rues.

Je fis répondre au Premier ministre que, me plaçant volontiers au point de vue de la législation et des idées locales, j'entrais entièrement dans la légitime irritation contre M. Richard ; que d'ailleurs je pouvais lui donner l'assurance que la volonté de l'Empereur était que ses sujets se comportassent partout avec le plus profond respect pour les lois du pays, que M. Richard y avait gravement manqué et que, sans aucun doute, il partirait ; mais que je m'attendais à des résistances de la part de ce sujet français s'il pouvait présager que ses complices ne partageraient pas sa grâce ; qu'il en résulterait pour moi la nécessité de l'emploi de la force à son égard ; qu'en ce qui me concernait, je n'y voyais nul inconvénient, mais que je ne savais pas si le gouvernement persan ne tiendrait pas plutôt à éviter le bruit dans la ville et surtout un scandale très fâcheux en Europe. Car, il ne fallait pas se le dissimuler, une fois hors du territoire persan, M. Richard n'aurait rien de plus pressé que de s'associer aux ennemis du *Sadr* et d'envoyer aux journaux des récits qui ne pourraient pas manquer d'exciter un grand intérêt en sa faveur et de nuire à la réputation du cabinet de Téhéran ; que, s'il m'était permis de donner un conseil en cette circonstance, il me paraissait urgent de pardonner à la fille kurde et au domestique et de leur rendre la liberté ; enfin, que je ne prétendais certainement pas entreprendre sur la juridiction du Roi vis-à-vis de ses sujets, mais que je ne devais pas cacher que Votre Excellence verrait avec peine des arrêts de mort exécutés dans une affaire où un Français avait les torts principaux ; que l'Empereur en serait préoccupé désagréablement et, qu'au contraire, il saurait gré au Roi de lui épargner des faits qui, dans nos mœurs et dans les idées de toute l'Europe, étaient odieux au plus haut degré. [...]

M. Richard qui, dans le premier moment d'effroi, avait obéi à mon injonction de rester chez lui, voyant qu'il ne lui arrivait rien, reprit courage et me fit dire qu'il allait sortir pour s'occuper de ses affaires ; il me témoigna, en outre, qu'il ne partirait pas si son domestique Abbas ne lui était pas rendu. Je m'occupai de le contenir dans le devoir, mais je me servis de sa déclaration pour démontrer encore mieux au gouvernement persan combien le scandale était imminent si on ne prenait pas le parti de la douceur et du pardon vis-à-vis des deux prévenus.

Au bout de deux jours, on m'apporta de la part du Roi l'avis que la fille kurde serait complètement graciée et renvoyée dans son pays par égard pour l'intervention de la légation de France ; mais que, quant au domestique Abbas, il était impossible de le pardonner sans compromettre gravement l'autorité du Roi et sa justice aux yeux des sujets, attendu qu'un mari qui livrait sa femme ne pouvait prétendre à aucune indulgence.

Un côté regrettable de cette affaire, c'est qu'Abbas n'est nullement le mari de cette femme ; mais il a déclaré qu'il l'était et la loi musulmane, contrairement à notre civile, accepte, et comme les meilleurs, ces sortes de témoignages.

Me maintenant sur le terrain que j'avais choisi, j'ai fait dire au *Sadr* que, malgré la sagesse du Roi, le but que j'avais proposé n'était pas encore atteint car, s'il y avait une seule victime, c'en serait assez pour déterminer tous les inconvéniens à craindre.

Le *Sadr* me fit répondre qu'il tâcherait d'obtenir du Roi une grâce difficile ; que, du reste, en ce qui concernait M. Richard, j'étais libre de le faire rester si cela me convenait. [...]

Après trois jours de délai et à la suite de la communication que j'avais été faire au Premier ministre de la dépêche de Votre Excellence du 28 février, le sous-secrétaire d'État est venu me donner enfin l'assurance positive qu'il ne serait pas attenté à la vie de la fille kurde ni du domestique Abbas et qu'après une courte détention destinée seulement à faire oublier cette affaire, ils seraient mis l'un et l'autre en liberté et renvoyés dans leur pays. Il m'a renouvelé ensuite la proposition de faire rester M. Richard à Téhéran si cela me paraissait convenable.

Même dans ces conditions toutes favorables, je n'ai pas cru devoir accepter cette grâce pensant qu'il était plus à propos de profiter de l'occasion pour prouver au gouvernement persan que dans nos rapports avec lui, nous n'étions jamais disposés à abuser de sa confiance ni de son entraînement. J'ai fait remarquer au sous-secrétaire d'État que M. Richard ayant agi contre les lois et les usages locaux, le gouvernement de l'Empereur ne m'approuverait pas si je le laissais sans châtiment ; qu'à la vérité, nos idées et nos mœurs nous faisaient considérer la peine capitale comme excessive en pareilles matières, mais qu'il n'était que juste de faire sortir du pays un homme qui en avait troublé la paix. J'ai cru m'apercevoir que Mª Abbas Khan était sensible, comme je le souhaitais, à ma manière d'agir. [...]

Je me suis contenté de demander et d'obtenir pour M. Richard un délai de huit jours pendant lequel il pourra mettre en ordre ses affaires.

Correspondance politique, Perse, vol. 28, fol. 129-138.

Dépêche de Gobineau sur l'émancipation des esclaves au Brésil

Rio de Janeiro, 22 septembre 1869

Prince,

Par la dépêche en date du 24 juillet dernier, timbrée Direction des Consulats n° 16, Votre Excellence a bien voulu approuver les efforts que j'ai tentés pour éclairer le gouvernement brésilien sur l'impropriété de ses dernières mesures douanières. Je ne manque pas les occasions de revenir sur ce sujet ; malheureusement l'administration impériale est si à court de ressources, elle est pressée par des besoins si impérieux que les moyens même les plus mauvais d'augmenter ses revenus actuels lui paraissent en quelque sorte excusés par la nécessité. Si l'ordre régulier se rétablit ici dans les combinaisons financières, ce ne pourra pas être, dans tous les cas, avant la fin de la guerre du Paraguay ; il faut que le pays se trouve en situation de diminuer d'une manière sensible la circulation du papier monnaie, et par suite de relever le cours du change. Les dernières victoires du comte d'Eu avaient été marquées sur la place de Rio par certaines améliorations. Malheureusement, ce mouvement s'est bien vite arrêté et, je le répète, il faudra beaucoup de temps pour que l'état économique s'améliore au point de permettre des réformes rationnelles. Je suis, d'ailleurs, heureux d'apprendre que la récolte du café, si importante dans ces régions, se présente cette année sous les meilleurs auspices.

Votre Excellence m'exprime le désir d'être renseignée aussi complètement que possible sur les progrès de la question d'émancipation. C'est en effet un des sujets les plus importants que puisse présenter l'étude des intérêts brésiliens. En principe, on devrait penser qu'aucun obstacle grave ne s'oppose plus désormais à la solution de cette difficulté. L'Empereur se prononce de la manière la plus absolue contre l'esclavage ; le parti libéral ne parle pas avec moins de netteté ; le parti conservateur n'allègue rien en faveur d'un système si condamné. Cependant rien ne se fait pour le détruire, et on a remarqué avec raison que dans le discours prononcé à l'ouverture des Chambres par sa Majesté brésilienne, il ne s'est pas trouvé un mot sur ce point si important, ce qui fait contraste avec les déclarations des années précédentes.

Les raisons de ce temps d'arrêt sont assez complexes, et en allant au fond des choses on se rend aisément compte de leur force. En premier lieu, la gêne financière du pays et les embarras politiques résultant de l'état de guerre, sont des motifs qui expliquent toute répugnance à commencer actuellement une révolution d'un caractère toujours assez sérieux. On observe que, les forces militaires du Brésil se trouvant employées par les opérations poursuivies au Paraguay, il y aurait imprudence à affranchir des esclaves sans avoir le moyen de les contenir, au cas où leur nouvel état les disposerait à abuser de la liberté. On fait remarquer aussi que quel que soit le système de libération adopté, il en résulterait, nécessairement, dans une forme ou dans une autre, une obligation d'indemniser les propriétaires de Noirs ; si l'indemnisation était complète, l'État aurait à payer pour la valeur de deux millions d'esclaves à peu près, et les circonstances ne se prêtent pas aux déboursés énormes d'une pareille combinaison. Si, ce qui est plus admissible, le mode de dédommagement adopté engageait moins les finances impériales, il compromettrait d'autant les intérêts des planteurs ; or il est déjà notoire que ces intérêts sont dans une situation très critique ; les planteurs sont fort endettés : une bonne année suffit à peine à les mettre en état de renouveler leur crédit et ne parvient nullement à les libérer vis-à-vis de leurs créanciers. Nous pouvons nous souvenir d'avoir connu une situation analogue dans les Antilles françaises antérieurement à l'affranchissement de 1848 : tout ce qui viendra toucher à la position des planteurs leur sera funeste, parce que cette position est foncièrement anormale. La culture du café, la seule qui se fasse sur une grande échelle et qui donne des résultats vraiment importants, ne produit pas moins que des bénéfices de 40 % dans les bonnes années ; mais on attend quelquefois deux ou trois années une récolte suffisante : cependant les propriétaires empruntent à des taux usuraires, et, il faut l'ajouter, leur imprévoyance et leur peu de goût pour le travail contribuent puissamment à atténuer les profits et à exagérer les pertes. Il est donc certain qu'en ce moment l'émancipation, ou ruinerait l'État déjà ruiné, ou ruinerait les particuliers déjà fort engagés, ce qui arrive à dire que les deux parties seraient également et aussi profondément atteintes.

Les Brésiliens sont sensibles à l'évidence de ce fait, mais ils le sont peut-être encore plus à une autre observation qui non seulement affecte leurs intérêts, mais froisse sensiblement leur amour-propre. Il faut l'avouer : la plus grande partie de ce qu'on appelle Brésiliens se compose de sang-mêlés, mulâtres, quarterons, caboches de degrés différents. On en trouve dans toutes les situations sociales. M. le baron de Cotégipe, ministre actuel des Affaires étrangères est un mulâtre ; il y a au Sénat des hommes de cette classe ; en un mot, qui dit Brésilien, à peu d'exceptions près, dit homme de couleur. Sans entrer dans l'appréciation des qualités physiques ou morales de ces variétés, il est impossible de méconnaître qu'elles ne sont ni laborieuses, ni actives, ni fécondes. Les familles métisses se détruisent si vite que certaines catégories de mélanges existant il y a vingt ans à peine ne se retrouvent plus, par exemple, les Mameluks, et d'autre part la grande majorité des planteurs, dont j'ai signalé tout à l'heure à Votre Excellence la fâcheuse situation économique, vivent dans un état très voisin de la barbarie au milieu de leurs esclaves et ne se distinguent d'eux ni par des goûts plus raffinés, ni par des tendances morales plus élevées. Il en résulte que le commerce, les intérêts et toutes les fabrications grandes ou petites sont aux mains des étrangers. Ces derniers envahissent tout, et cela à tel point que beaucoup de plantations appartiennent à des Portugais, les plus nombreux, les plus agissants, les plus riches de ces immigrants, et que ceux-ci fournissent contre l'esclavage dans l'Amérique du Sud un des arguments les plus forts qu'on puisse alléguer. C'est le fait du travail des Blancs dans les caféries. J'ai déjà eu l'occasion d'en entretenir Votre Excellence.

Les Brésiliens, se voyant ainsi débordés par les éléments européens et obligés d'y avoir recours pour vendre leurs produits, pour construire des maisons, pour avoir des meubles, des vêtements, des ustensiles, ne trouvant que là à emprunter pour leurs besoins sans cesse renouvelés, se voient dépérir, remplacés graduellement dans leur propre pays. L'esclavage leur permet encore de se soutenir quelque peu, parce que l'esclave travaillant donne ce qu'il fait au maître qui ne produit rien, mais du jour où, l'esclave n'existant plus, le maître se trouverait en présence de la concurrence étrangère déjà si fortement maîtresse du terrain, il est évident que, voulût-il travailler à son tour, il n'aurait pas le moyen de lutter avec avantage, et, on peut l'affirmer : le Brésilien ne voudra jamais travailler. Il ne peut donc prévoir que son extinction graduelle, et de là provient son peu de goût pour en arriver à l'application des principes libéraux à l'égard des Noirs, principes que d'ailleurs il ne discute nullement.

Quant aux esclaves eux-mêmes, ils se reproduisent extrêmement peu et, comme la traite a définitivement cessé depuis 1852, leur chiffre a diminué de moitié depuis cette époque, de sorte qu'étant alors d'environ 4 millions il est tombé à 2 millions. En admettant que l'émancipation fût retardée encore d'une vingtaine d'années, il n'y aurait pour ainsi dire pas à s'en préoccuper. D'ailleurs le chiffre des affranchissements partiels ne laisse pas que d'être assez considérable. La plupart des nègres vivant sur les plantations ne peuvent pas être considérés comme très malheureux. Les maîtres paraissent au contraire plus disposés au laisser-aller, qu'à une sévérité outrée : ce qui est réel, c'est l'absence complète de toute espèce d'éducation morale chez les Noirs : leur dépravation naïve qui est absolue, et le contre- coup qui s'en fait sentir chez les maîtres. Au Brésil, comme dans tout le reste de l'Amérique, l'esclavage a fait plus de mal aux possesseurs d'esclaves qu'aux esclaves eux-mêmes.

Il existe, cependant, une certaine catégorie de Noirs, fixée principalement à Bahia et aux environs, qui tranche d'une manière remarquable sur la masse des autres individus de même race. Ce sont les Minas, venus des environs du Gabon. Ces esclaves sont de taille plus élevée et de proportions plus robustes que leurs compagnons de servitude. On les considère aussi comme plus intelligents mais, en même temps, on les dit obstinés, peu obéissants et capables de résistance : la police a eu quelques occasions de les surveiller de près. Ils forment entre eux des sociétés de secours, ils possèdent des caisses communes : il leur arrive de se libérer avec leurs économies, fait rare chez les autres esclaves, et qui plus est, ils rachètent tous les ans, au nom et avec les ressources dont je viens de parler, un certain nombre de leurs compatriotes. Souvent, ils renvoient ceux-ci en Afrique, mais on prétend que depuis quelques années et à mesure que le nombre des Minas libres a augmenté dans l'Empire, les départs sont moins fréquents ; les affranchis restent à Bahia ou viennent à Rio et se mettent à y exercer une profession quelconque dans laquelle ils réussissent généralement à se créer une petite fortune.

La plupart de ces Minas, sinon tous, sont chrétiens extérieurement et musulmans de fait ; mais comme cette religion ne serait pas tolérée au Brésil, ils s'en cachent et la plupart d'entre eux sont baptisés et portent des noms empruntés au calendrier. Cependant, malgré cette apparence, j'ai pu constater qu'ils doivent garder bien fidèlement et se transmettre avec un grand zèle les opinions apportées d'Afrique, puisqu'ils étudient l'arabe d'une manière assez complète pour comprendre le Koran, au moins en gros. Ce livre se vend à Rio chez les libraires français Fauchon, Dupont, qui en font venir des exemplaires d'Europe et les livrent au prix de 18 à 25 mille reis, 36 à 50 francs. Des esclaves, évidemment très pauvres, se montrent disposés aux plus grands sacrifices pour posséder ce volume. Ils contractent des dettes à cet effet et mettent quelquefois une année pour s'acquitter vis-à-vis du marchand. Le nombre des Korans vendus annuellement s'élève à peu près à une centaine d'exemplaires et s'accompagne de quelques grammaires arabes rédigées en français. Il est assurément singulier de voir une population africaine avoir recours à une langue européenne pour pouvoir parvenir à connaître son livre sacré.

L'existence d'une colonie musulmane en Amérique n'a, je crois, jamais été remarquée jusqu'ici, et bien que n'étant pas tout à fait nécessaire à constater dans cette dépêche, j'espère que Votre Excellence voudra bien me pardonner cette digression en faveur de la singularité qu'elle révèle. D'ailleurs elle explique l'attitude particulièrement énergique des nègres Minas.

Pour me résumer, Prince, je crois pouvoir conclure que la question de l'esclavage au Brésil ne saurait recevoir actuellement une solution ; que, si cette solution est trop retardée, elle viendra naturellement par l'extinction de la classe servile ; que, si elle est faite à temps, elle n'empêchera pas cette extinction ; que la population à proprement parler brésilienne, et qui, de fait, est métisse et au moins aussi parente des Noirs que des Blancs, quand on la considère dans son ensemble, est de même destinée à disparaître, soit par extinction, soit par absorption dans les familles portugaises qui viennent s'établir ici, et l'on peut prévoir dans un temps donné la suprématie absolue d'une sorte de nation nouvelle dont les Portugais des Açores et du sud du royaume formeront la base, et qui sera plus ou moins mêlée d'Allemands, de Français, et d'Italiens.

Correspondance consulaire et commerciale, Rio de Janeiro, vol. 16, fol. 8-15.

1857 : Les plus anciens télégrammes

La petite poignée de textes que l'on trouvera maintenant semblent, à première vue, bien inoffensifs. Ce sont des correspondances adressées de Berlin, Bucarest, Constantinople ou Londres qui ont eu un rôle important dans la concertation internationale en vue du règlement de la question des Balkans. À l'inverse de bien des documents que l'on a vus jusqu'à présent, ces textes sont, pour la plupart, extrêmement brefs, rédigés en un style lapidaire. C'est que, remontant tous à la première partie de 1857, ils sont les plus anciens télégrammes envoyés et reçus par le ministère des Affaires étrangères. C'est en effet en 1857 que le télégraphe, dont on verra dans le texte suivant son installation au sud de la Méditerranée, a commencé à être utilisé de manière régulière par les agents du ministère pour communiquer avec Paris, et par Paris même pour donner informations et instructions.

Cinquante ans plus tard, au même titre que d'autres correspondances, l'art de la rédaction du télégramme deviendra subtil et codé. Ici, les mots sont bruts, il s'agit de gagner du temps, d'économiser au plus juste l'utilisation d'un moyen de transmission encore à ses premiers balbutiements.

Le Métropolitain de Moldavie, ayant déjà protesté, sera d'accord avec les commissaires ; on peut le décider, selon l'occurrence, à s'abstenir ou à accepter la présidence pour proclamer en temps opportun l'illégitimité du Divan.

Cette dépêche rédigée en commun est expédiée aux 4 cabinets et communiquée aux 4 représentants à Constantinople.

Les élections commencent le 12 ; je prends la liberté de presser la décision du gouvernement de l'Empereur afin que, s'il y a une protestation à faire, nous puissions y procéder en temps opportun.

De Paris, 12 juillet 1857

Le Ministre à M. de Talleyrand

La Porte ayant prescrit au Caïmacan de Moldavie de redresser les listes conformément à l'interprétation de la commission et de retarder les élections de 15 jours, il n'y a pas lieu de donner suite au projet de protestation. Cette décision de la Porte étant d'ailleurs un témoignage éclatant de déférence envers les 4 puissances, on doit la considérer comme satisfaisante et il est désirable que les élections puissent, en effet, avoir lieu le 27.

De Bucarest, 18 juillet 1857

Le baron de Talleyrand au Ministre

M. Place écrit de Jassy par le télégraphe que les élections commencent demain 19 – Les listes n'ont pas été rectifiées ; le délai promis n'a pas été observé ; le scandale est à son comble. – Je demande l'autorisation de protester si, d'ici à 48 heures, je ne reçois pas de Constantinople des explications de ce manque de parole.

De Bucarest, 26 juillet 1857

Le baron de Talleyrand au Ministre

Le gouvernement prussien a télégraphié à son commissaire ce qui suit : « Nous attendons une communication du cabinet de Paris dont le but est de transporter à Constantinople l'action diplomatique. » – M. Richtofen a répondu : « Transporter l'action diplomatique à Constantinople c'est aller au-devant des désirs de Lord Radcliffe qui met tout en œuvre pour se rendre l'arbitre de la question des principautés. La décision qui y sera prise ne saurait être douteuse. La démarche du cabinet français prouve qu'il tâche d'opérer sa retraite. »

De Bucarest, 27 juillet 1857

Le baron de Talleyrand au Ministre

Je viens de recevoir les dépêches que Mr Place adresse jusqu'au 20 juillet à V. E. sur les élections. Les détails sont plus scandaleux encore que les premiers renseignements ne pouvaient le faire supposer. Les élections ont dû être terminées hier. L'inaction où je suis réduit jusqu'à l'arrivée d'un ordre de V. E compromet si gravement notre crédit que si une mesure énergique n'est pas prise sans retard, nous aurons perdu toute considération.

Constantinople

De Paris, 6 janvier 1857

La conférence a signé aujourd'hui le protocole final. La délimitation devra être effectuée le 30 mars. À la même date, la flotte anglaise aura repassé les Dardanelles et les troupes autrichiennes auront évacué les principautés.

De Constantinople, 8 janvier 1857

Nous avons terminé hier l'examen du Firman de convocation des Divans. Le nouveau texte ostensible ne contient aucune disposition restrictive des vœux des populations.

La Porte accepte la cession de notre télégraphe et demande à conserver provisoirement nos employés.

De Constantinople, 21 janvier 1857

Le baron de Talleyrand au Ministre

Le Sultan va recevoir incessamment la commission en audience de congé. MM. Koller, Richtofen et Basili comptent partir lundi pour Vienne. Je vous demande l'autorisation de les y rejoindre.

De Paris, 21 janvier 1857

Pour Monsieur de Talleyrand.

Vous ne pouvez pas aller à Vienne. Je vous ai adressé des instructions par le dernier courrier. Vous aurez à vous rendre à Bucharest vers le 15 mars.

De Constantinople, 23 janvier 1857

Le chargé d'affaires de Turquie en Perse annonce qu'après la prise de Benderbuchir le Shah aurait cédé à toutes les demandes de l'Angleterre.

Cette nouvelle ne m'est pas encore confirmée par Mr de Gobineau.

De Paris, 6 février 1857

J'approuve la combinaison relative au Monténégro et vous pouvez donner des instructions en conséquence à Mr Flécquard. Je lui écris de mon côté.

De Constantinople, 9 février 1857

J'ai des nouvelles de Téhéran jusqu'au 10 janvier. Le Shah n'avait pas cédé et la Guerre Sainte a été proclamée le 9. On attendait une mission russe. La situation semble très critique.

De Constantinople, 8 mars 1857

Le prince Konacki Vogoridès est nommé Caïmacan de Moldavie. D'après notre consul à Jassy, ce choix nous offrirait des garanties d'impartialité. Il ne plaît ni à Lord Stratford, ni à l'internonce dont tous les candidats ont été écartés.

Londres

De Londres, 5 mars 1857

La dissolution du Parlement a été décidée par le cabinet, mais ne pourra être mise à exécution que dans cinq semaines à cause des nécessités financières.

De Paris, 4 mai 1857

Lady Ashburton vient de mourir, prévenez-en Lady Sandwich afin qu'elle l'annonce avec ménagement à sa belle-mère.

De Londres, 2 juillet 1857

Le duc[1] et la duchesse de Montpensier reçoivent le corps diplomatique demain : à moins d'avis contraire je m'y rendrai.

---

1. Il s'agit du fils de Louis-Philippe, exilé en Angleterre depuis 1848. Il revint en France sous la IIIe République.

De Londres, 2 août 1857

Le gouverneur anglais vient d'apprendre par dépêche télégraphique adressée à Mussurus Bey qu'un changement de ministère vient d'avoir lieu à Constantinople. Il demande, en conséquence, si le gouvernement français se contente de cette satisfaction et, dans tous les cas, il propose une conférence à Paris pour décider des questions relatives aux élections moldaves.

De Londres, 4 août 1857

Mussurus Bey a reçu une dépêche d'Aali-Pacha prévenant de l'insistance de Mr Thouvenel pour obtenir immédiatement ou l'annulation des élections, ou ses passeports, et demandant l'avis de l'Angleterre. Lord Clarendon a répondu que les gouvernements chercheraient à s'entendre et que, jusque-là, il ne pouvait faire aucune réponse. Il me paraît de la plus grande importance que Mr Thouvenel ne précipite rien et que les deux gouvernements se mettent d'accord. Le gouvernement anglais me paraît convaincu que, dans le cas contraire, les Turcs laisseront partir Mr Thouvenel et ses collègues.

De Londres, 4 août 1857

Je pense que l'Empereur débarquera à Osborne vers 3 heures du matin.

De Paris, 20 août (2 h 45) 1857

Lord Radcliffe joue à Constantinople le même jeu que pour la note de Vienne : officiellement il conseille l'annulation, sous main il suggère une réponse qui équivaudra à un refus. Vous voyez, par les dépêches de Mr Thouvenel, qu'il est impossible que les représentants suspendent encore longtemps leur départ ; si dans 3 ou 4 jours les élections ne sont pas annulées, ils partiront et, dès lors, pour reprendre les relations il faudra bien d'autres satisfactions.

Si le gouvernement anglais tient, comme je n'en doute pas, à prévenir les conséquences déplorables du départ des représentans, il est *urgent* qu'il prenne des mesures pour que Lord Radcliffe n'agisse pas, dans cette circonstance, comme il l'a fait lors de la note de Vienne.

Lisez la présente à Lord Clarendon.

De Londres, 20 août 1857

Lord Clarendon vient d'envoyer par le télégraphe à Lord Radcliffe l'ordre formel d'insister énergiquement, et sans attendre de nouvelles instructions, pour l'annulation immédiate des élections et de faire entendre à la Porte qu'il est indispensable qu'elle cède à nos demandes.

Collection de télégrammes de l'année 1857.

1860 : Le télégraphe entre la Tunisie et l'Algérie

Comme M. Levasseur en Haïti, Luc Roches, qui représentait la France à Tunis en 1860, était un diplomate habile, jusque dans ces plus infimes détails qui font parfois échouer les plus grandes entreprises. Là aussi, comme en Haïti, le représentant de la France se trouve pris au dépourvu à la suite d'une erreur de son propre ministère. On lui a bien fait parvenir le projet de convention télégraphique qui doit amener une liaison nouvelle entre le pays de sa résidence et Alger, mais le texte en question ne traite que du fond, pas de la forme. Selon les propres termes de M. Roches, il y a donc « péril en la demeure ». D'une parfaite humilité, qui contraste avec le ton triomphant du consul général de France en Haïti une vingtaine d'années plus tôt, notre représentant à Tunis constate qu'« on reçoit des leçons à tout âge et celle-ci restera gravée dans (son) souvenir… » Déception, difficultés, M. Roches n'en éprouve pas moins le besoin de flatter outrageusement M. Feuillet de Conches, directeur du protocole au ministère des Affaires étrangères français, auquel il adresse sa missive d'explication. Les explications en question sont embarrassées, c'est Paris qui est responsable, c'est Tunis qui ne comprend pas, c'est le représentant de la France qui s'y emmêle les pieds dans des fils, heureusement seulement télégraphiques…

Lettre de Léon Roches, consul général à Tunis, à Feuillet de Conches, directeur du Protocole, relative aux difficultés de la forme des traités avec Tunis

Tunis, le 27 janvier 1860

Mon cher directeur,

Vous ne pouvez pas vous imaginer les tribulations et les inquiétudes qui n'ont cessé de m'assaillir depuis que j'ai commencé à négocier les conventions relatives à l'établissement de la ligne télégraphique entre Tunis et l'Algérie et à la construction de l'hôtel consulaire. Si vous lisiez toutes les dépêches que j'ai adressées à ce sujet aux différentes directions du Département, vous vous convaincriez des obstacles que j'ai eu à surmonter, soit de la part de l'autorité locale, soit de la part de certains agents étrangers. Mais comme j'étais sur mon terrain, j'ai pu, Dieu aidant, arriver à bonne fin.

Il est cruel de penser que j'ai fait avarie au moment où je touchais au port. Je dis avarie à dessein car je ne dois pas me faire illusion, les modifications apportées à la forme des conventions ont fait subir un véritable échec à mon caractère officiel vis-à-vis de la cour du Bardo. Et pourtant j'avais pris mes précautions, puisque dans la prévision de mon peu d'habitude à dresser des instrumens diplomatiques, j'avais prié avec instances le Département de m'envoyer des modèles et des instructions précises à cet effet. Un projet de la convention télégraphique m'a bien été expédié, mais il avait trait au fond et ne parlait pas de la forme. Or, comme il y avait péril en la demeure, j'ai dû signer la convention dans la forme usitée entre les Puissances qui ont établi chez elles des télégraphes électriques.

Mais il est au moins inutile de revenir sur le passé ; si jamais je me trouve en pareille circonstance, c'est à vous, mon cher directeur, que je m'adresserai en tems utile afin d'obtenir des instructions claires et précises.

J'ignore ce qui se fait à Téhéran et à Constantinople touchant la façon d'arranger les textes orientaux et français, ce que je puis vous affirmer, c'est que dans les dix ou douze traités passés entre la France et Tunis et dont les originaux sont sous mes yeux, le texte arabe et le texte français sont en regard ; l'arabe est signé par le bey et le français par le plénipotentiaire du roi.

La lettre particulière si bonne et si aimable que vous m'avez fait l'honneur de m'adresser, en date du 18 janvier, me fait connaître une circonstance dont je ne me doutais pas et qui va considérablement indisposer le bey, c'est que Son Altesse n'aura pas entre les mains un exemplaire de la convention télégraphique signé par l'Empereur. Je n'avais pas compris le sens des mots « d'approbation tout intérieure ». Je croyais qu'ils signifiaient que la convention et l'approbation de Sa Majesté n'auraient pas de publicité, aussi avais-je dit au bey qu'une des copies de la convention revêtue de la simple approbation de l'Empereur serait renvoyée à Tunis. C'est au surplus ce que m'écrivait mon charmant élève M. de Saint-Foint. Nouvelle déception ! Nouvelles difficultés ! Et malgré l'ampliation que vous avez la bonté de m'envoyer par faveur, je ne sais comment je ferai avaler cette nouvelle pilule à Son Altesse.

La forme, dans cette circonstance, aura nui considérablement au fond ; enfin, on reçoit des leçons à tout âge et celle-ci restera gravée dans mon souvenir. Du reste, je crois qu'en quittant Tunis je ne me trouverai plus en face d'une semblable anomalie gouvernementale. Un bey auquel on reconnaît le droit de nommer des généraux, des ministres, de créer une décoration, d'avoir un pavillon distinct, de faire des traités, etc., etc., et à côté de ces droits inhérents à la souveraineté, il n'a pas celui de nommer un plénipotentiaire pour signer une convention internationale et cette convention n'est pas ratifiée par le souverain avec lequel elle est établie.

Pardonnez ces réflexions qui me sont dictées par la vive contrariété que j'éprouve ; vous me connaissez assez du reste, mon cher directeur, pour savoir qu'avant tout je suis l'homme du devoir, or, quels que soient les obstacles que je rencontre, j'exécuterai les ordres du gouvernement de l'Empereur.

Je regrette d'autant plus les difficultés qui ont peiné et peineront encore vivement le bey, que Sidi Mohammed Sadak est un prince bien supérieur à son prédécesseur et sur le dévouement duquel la France peut compter. Il marche résolument dans la voie du progrès et il ne tiendra pas à lui que son pays ne sorte bientôt de l'ornière où le retenait le fanatisme musulman.

Malgré les peines et les soucis que m'ont causés les conventions que vient d'approuver Sa Majesté, je n'oublierai point que c'est à votre bienveillante intervention que je dois l'adoucissement des rigueurs du protocole. Veuillez en agréer ici, mon cher directeur, l'expression de ma vive gratitude ainsi que l'assurance de mes sentiments bien affectueux et bien dévoués.

Protocole, E. 3.

1862 : Relations diplomatique avec l'Éthiopie

C'est Homère qui parle pour la première fois des *Aithiopes*, les « faces brûlées » qu'Hérodote, de son côté, divise en Éthiopiens de l'est, aux cheveux lisses, et Éthiopiens de l'ouest, aux cheveux crépus. C'est dire que, depuis l'aube des temps, l'Éthiopie a été connue de l'Occident. Foyer de civilisations où la chrétienté rencontre des cultures monothéistes infiniment plus anciennes, où le judaïsme s'oppose à la culture chrétienne, où l'islam s'implante à son tour, l'Éthiopie médiévale atteindra son apogée à la fin du XVe siècle, quand un Zara Jacob, chrétien fanatique, en arrivera à faire exécuter ses propres fils pour idolâtrie. Cependant, dès cette époque, les négus éthiopiens commencent à connaître leurs premiers revers. La Turquie, le Portugal font de leurs territoires un champ de bataille, bientôt soumis à d'autres périls, tels ceux des Gallas, nomades qui pénètrent l'Éthiopie par le sud au milieu du XVIe siècle. Tour à tour catholique ou adepte d'un monophysisme traditionnel, l'Éthiopie va dès lors végéter jusqu'au milieu du XIXe siècle, au rythme alterné d'accès de xénophobie ou de ferveur religieuse. C'est en 1856 que le *ras* (gouverneur de province) Kassa se fit couronner empereur à Aksoum sous le nom de Théodore II. Dès lors, l'Éthiopie allait entrer dans une ère de modernité. Pourtant, très vite, Théodore II, qui avait tenu à lier des relations diplomatiques étroites avec les puissances occidentales, aura une attitude de plus en plus hostile à l'égard de leurs représentants dans son pays. Finalement, l'Angleterre enverra en Éthiopie des unités de l'armée des Indes et Théodore II, encerclé, se suicidera en avril 1868 dans sa forteresse de Magdala. Ses successeurs appartiendront, à partir de 1889, à la dynastie nouvelle de Ménélik, qui s'appuiera sur la puissance italienne pour développer son influence, agrandissant son royaume avec le pays des Gallas, le Harar et d'autres régions limitrophes. De successions en coups d'État, on en arrivera ainsi à Haïlé Sélassié, le « Roi des Rois », couronné en 1930 et qui sera assassiné en 1975.

En 1862, nous sommes donc au milieu du règne de Théodore II. Celui-ci, on l'a vu, souhaite s'ouvrir au monde moderne. D'où la lettre qu'il adresse le 20 octobre 1862 à Napoléon III, empereur des Français. Le négus, qui se place sous l'invocation de la Sainte Trinité, invoque la volonté divine pour justifier son pouvoir et souhaite que l'Empereur le considère, en somme, comme un cousin. Un siècle plus tard, des souverains fantoches d'Afrique auront vis-à-vis du président de la République française des sentiments somme toute assez similaires…

Lettre de Théodore II à Napoléon III

Au nom du père et du Fils et Saint-Esprit.

Un seul Dieu. Théodouroos Roi des Rois. Empereur d'Éthiopie, créé par l'unité et la Trinité ; à sa Majesté Napoléon III Empereur des Français.

Que Dieu vous donne la santé et moi je le remercie de me l'avoir toujours conservée.

Dans les temps passés, les rois d'Éthiopie, mes pères, ayant oublié leur Créateur, il avait retiré son Esprit d'avec eux et leur avait ôté leurs royaumes, qu'il donna aux Gallas et aux Turcs. À ma naissance, Dieu me prit de la poussière, me donna le jour, me releva et par la puissance divine je chassais les Gallas, mais les Turcs résistèrent à la volonté de Dieu et puisqu'il refusent de rendre la terre de mes pères, je vais lutter contre eux. L'éclat de votre nom comme Empereur des Français et prince chrétien vint jusqu'à nous. J'étais heureux et désirais que par la grâce de Dieu des liens d'amitié nous unissent, que vous me considériez comme un de vos parents et que vous m'aimiez. Je veux vous envoyer des ambassadeurs, que votre Majesté me fasse connaître si elle veut bien les recevoir. J'ai chargé Auguste Bardel votre sujet de vous porter cette lettre. Je vous faire connaître mes intentions verbalement, et je désire recevoir la réponse par lui-même.

Majesté : verrey-vous froidemment les musulmans oppressent les chrétiens !

Octobre 1862 le 20 à Gojdam (Gojjam)
en Éthiopie

Mémoires et documents, Afrique, Abyssinie,
vol. 61, fol. 105.

1864-1867 : Le Mexique et la France

Toujours Napoléon III, toujours la volonté impériale de faire montre de sa puissance dans le monde entier mais, cette fois, l'expédition du Mexique n'est pas la reconnaissance d'un roi Théodore II d'Abyssinie. En fait, l'expédition du Mexique, « la plus grande pensée du règne », fut pour Napoléon III un échec sans honneur et, pour celui dont il avait voulu faire l'empereur du Mexique, une débâcle sanglante.

Il faut replacer les visées mexicaines de Napoléon III dans le cadre historique qui est celui d'un Mexique indépendant depuis 1821. Gouverné d'une main de fer par le général Santa Anna, qui provoqua la sécession du Texas en 1836, suivie d'une guerre avec les États-Unis de 1846 à 1848 (on se souvient du siège d'Alamo…), le Mexique entra ensuite dans une période d'instabilité qu'on oserait dire caricaturale : dans les cinquante premières années de son indépendance, le nouvel État aura successivement cinquante-deux présidents ou dictateurs, auxquels il faut ajouter un infortuné empereur. Renversé après une guerre civile violente, Santa Anna laissera la place au libéral Juàrez. Mais celui-ci, refusant de reconnaître les dettes du régime précédent à l'endroit de l'Angleterre, de la France et de l'Espagne, les trois gouvernements unissent dans un premier temps leurs efforts pour le combattre. Convaincues par Juárez, l'Espagne et l'Angleterre s'effacent. Ce n'est pas le cas de la France. Le projet de Napoléon III est dès lors très ambitieux. D'une part, il veut installer au sud de l'Amérique du Nord un état fédéral qui puisse constituer un contrepoids catholique aux États-Unis. D'autre part, son ministre et demi-frère Morny ayant des intérêts personnels dans le remboursement de la dette mexicaine, Napoléon III n'entend pas en rester là : à la différence de l'Espagne et de l'Angleterre, il tient à se faire rembourser. D'où l'idée folle d'une expansion française au Mexique, sous la houlette d'un empereur fantoche qui ne serait autre que Maximilien de Habsbourg, archiduc d'Autriche et frère de l'empereur François-Joseph.

Persuadé que l'opération mexicaine se déroulera sans trop de problèmes, Napoléon poursuit donc la campagne entamée en 1862 avec les Anglais et les Espagnols. Une première défaite est essuyée à Puebla en mai 1862. Ensuite, ce sera l'épisode légendaire du sacrifice de la Légion étrangère devant Camerone, en avril 1863. Finalement Puebla tombe quand même le 17 mai et les Français entrent à Mexico le 5 juin 1863. Soutenues par les forces conservatrices du pays qui constituent un triumvirat fait de deux généraux et de l'archevêque de Mexico, les forces françaises s'installent dès lors dans la durée. C'est ce triumvirat qui votera l'établissement d'un empire mexicain et donnera la couronne à Maximilien. Prudent, le frère de François-Joseph hésitera pendant deux ans avant de s'engager plus avant. Mais, confiant dans les promesses de Napoléon III de maintenir plus longtemps encore les forces françaises au Mexique, Maximilien franchit le pas. On connaît la suite, tout un peuple, ou presque, réuni derrière Juárez, les États-Unis qui sortent de la guerre de Sécession et n'acceptent pas une autre présence que la leur au-delà du Rio Grande, enfin la trahison, parce qu'il faut bien l'appeler par son nom, de Napoléon III. Les forces françaises se retirent, le corps expéditionnaire quitte le Mexique en février et mars 1867. Maximilien est abandonné, il se rend aux juaristes et sera fusillé le 19 juin 1867.

Les trois premiers documents que l'on trouvera ici, datés de juin et juillet 1864, relatent l'arrivée, plutôt décevante pour les intéressés, de Maximilien et des siens au Mexique. Ils sont adressés à Drouyn de l'Huys, ministre des Affaires étrangères français, par Montholon, qui occupe la légation de France. Les deux suivants font partie des véritables appels au secours que Maximilien, prisonnier des juaristes, lance à tous les représentants de l'Europe à Mexico. Le dernier, laconique, est l'annonce de la mort de l'empereur. Tout est fini. L'impératrice Charlotte, fille du roi des Belges, qui avait tant poussé son mari à accepter cet empire, est une jeune veuve de vingt-sept ans. Elle mourra folle près de soixante ans plus tard. D'aucuns affirment qu'elle serait la mère du général Weygand…

L'arrivée de l'empereur Maximilien au Mexique

Mexico, le 9 juin 1864

Monsieur le Ministre,

Nous avons enfin vu le terme de cette époque d'incertitude et de transition qui chaque jour devenait plus pénible. Le passé a dit son dernier mot, et L.L.M.M, devançant l'attente de leurs nouveaux sujets, ont débarqué le 28 mai sur le sol mexicain, après un voyage rapide et heureux.

« La Thémis » avait pris les devants pour annoncer l'arrivée des augustes voyageurs, et la nouvelle, transmise par le télégraphe, trouvait encore le général Almonte à Orizaba. Malgré toute la diligence possible, il n'a pu arriver à Sacrificios que fort longtemps après que « la Novara » y avait mouillé, et l'on prête au jeune Empereur un propos que je doute fort qu'il ait tenu : « Moins heureux que Louis XIV, qui avait failli attendre, nous avons attendu, et attendu fort longtemps ». Ce qui semble certain, c'est que le retard de Mr et Mme Almonte paraît avoir déplu à L.L.M.M, toujours est il que soit à cause de la précipitation qui en est résultée, soit en raison du détestable esprit de la population de Vera Cruz, l'acceuil (*sic*) fait au nouveau Souverain y a été plus que froid, et que l'Impératrice profondement étonnée et justement blessée n'aurait pu retenir quelques larmes. Mais à partir du point où le chemin de fer a transporté L.L.M.M., la scène a bien changé. Partout les populations se sont portées sur leur passage pour les acclamer et leur demander la paix et la sécurité dont elles sont privées depuis si longtemps.

C'est surtout parmi les Indiens de race pure que l'on remarque une exaltation prodigieuse ; des villages entiers se portent à la rencontre des illustres voyageurs, ils leur offrent quelques fleurs, des fruits, tout ce que les agents de Suarez leur ont laissé puis, dans une allocution qui emprunte souvent à la simplicité quelque chose de touchant, ils remettent leur sort entre les mains du jeune Empereur. Ainsi que l'a dit un des alcades indigènes à L.L.M.M. « Cet homme blond, arrivant de l'occident, c'est bien celui dont parle la tradition pieusement conservée par les enfants des caciques à travers trois siècles de servitudes et 50 années de persécution, c'est une émanation de la Divinité, un autre Quetzalcoatl qui vient relever la race indienne de ses abaissements et de ses humiliations et lui rendre son antique splendeur».

Maximilien Ier semble avoir compris à merveille tout le parti qu'il pouvait tirer de ce mouvement populaire en sa faveur. Il se fait accompagner par le licencié F. G. Chimalpop de race indienne pure et d'origine royale, qui lui sert d'interprète auprès de ses nouveaux sujets, et par le cacique d'Amatlan, vieillard vénéré entre les siens, dont l'influence est grande, et que l'on voit souvent assis à la table impériale, au grand déplaisir des gens de race blanche qui entourent le cortège Impérial.

À Orizaba la charmante simplicité de l'impératrice Charlotte a gagné tous les cœurs.

À Puebla l'enthousiasme ne connaissait plus de bornes, et les Indiens des districts de Cholula et de Tlascala se préparaient à renchérir sur tout ce qui avait été fait jusque-là.

Mexico, je l'espère, fera dignement les choses, mais il est à regretter que les autorités qu'on nous a laissées, créatures, dit on, de Mr Arroyo, ne jouissent d'aucune sympathie dans aucune classe, et rendent ainsi impossible cette association spontanée des masses avec l'autorité, si nécessaire aux grandes manifestations et à l'enthousiasme de bon aloi.

J'ai l'honneur d'envoyer ci-joint à V. E. quelques coupures de «L'Estafette» relatives au voyage de la Cour, et le programme de l'entrée solemnelle dans la capitale qui est définitivement fixée au 12. Vous remarquerez probablement, Monsieur le Ministre, que parmi les noms qui figurent sur la liste des personnes qui doivent accompagner L.L.M.M. le nom du ministre de France a été omis. L'Empereur a voulu se rendre directement de la porte de la ville à la cathédrale où sera immédiatement chanté un *Te Deum*. De l'église la Cour se rendra au palais où le cortège sera congédié. L'Empereur ayant daigné s'enquérir auprès du général Almonte de la position qui m'avait été faite ici depuis mon arrivée et sachant que je n'avais pas présenté de lettres de créance au gouvernement provisoire a daigné me faire dire par Mr Arroyo qu'il me recevrait en audience particulière, dès son arrivée à Guadalupe. Je n'aurai donc l'honneur de remettre mes lettres de créance à Sa Majesté qu'après son installation au palais impérial.

Je joins à cette dépêche les rapports qui ont été publiés sur la bataille de Matehuala. Elle a été suivie de quelques autres faits d'armes de moindre importance mais non moins glorieux pour nos armes, tels que le combat de Valparaiso, qui fait le plus grand honneur à Mr le commandant comte de Courcy. Déjà la nouvelle que l'Empereur avait quitté Trieste avait produit, dans le nord, un effet immense. Son arrivée a mis le comble au désarroi dans lequel sont tous ceux qui tiennent encore pour la République et la fédération.

L'effervescence qui règne parmi les Indiens se sera bientôt répandue, si elle ne l'est déjà, sur tout le territoire de l'Empire, car ils correspondent entre eux avec une rapidité incroyable, et désormais les guérilleros devront craindre qu'il ne leur soit fait un mauvais parti par ceux qu'ils ont si longtemps opprimés. On ne parle plus des généraux ennemis, et leurs partisans seuls prétendent qu'ils ont réunis (*sic*) de nouveau plusieurs corps d'armée ; mais l'opinion générale est que Juárez et Doblado se sont provisoirement retirés vers Durango.

Correspondance politique, Mexique, vol. 62, fol. 61-66.

Entrée de Maximilien à Mexico

Mexico, le 26 juin 1864

Monsieur le Ministre,

L'empereur Maximilien a fait son entrée solennelle à Mexico, le 12 de ce mois, au milieu de l'enthousiasme général. Dès le matin une foule immense se pressait sur le parcours du cortège et les troupes qui formaient la haie ne parvenaient qu'avec peine à écarter la multitude qui encombrait les rues principales. Jamais rien de semblable ne s'était vu à Mexico ; depuis la maison la plus opulente jusqu'à la demeure la plus pauvre, on n'avait rien épargné pour fêter dignement l'entrée du souverain et de tous côtés on ne voyait que drapeaux, banderolles, écussons, guirlandes de fleurs et de feuillage, tentures et arcs de triomphe.

À neuf heures et demie du matin, le canon et les cloches annonçant l'approche de L.L.M.M. venaient redoubler l'émotion publique. L'Empereur et l'Impératrice, arrivant de Guadalupe, furent reçus au débarcadère du chemin de fer par les autorités municipales et les grands dignitaires de la cour et le cortège se rendit directement à la cathédrale. Après avoir entendu un *Te Deum* L.L.M.M. arrivaient enfin au palais et prenaient possession du trône de Moctezuma et d'Iturbide.

La ville est restée en fête pendant trois jours et trois nuits, les illuminations ont été splendides et spontanées. La façade de la légation de France a été ornée et illuminée simplement, mais de façon cependant à être remarquée.

Dès l'avant-veille, Monsieur le Ministre, de son arrivée, l'Empereur me fit prévenir par S. E. Mr le général Almonte, nommé à Puebla grand maréchal de la Cour, qu'il serait à Guadalupe le 11 et désirait que j'y fusse au devant de lui ainsi que Mme de Montholon. Je me rendis à cette gracieuse invitation en même temps que S. E. le général Bazaine. La visite ne dura que quelques instants. L.L.M.M. en profitèrent pour me parler de l'Empereur et de l'Impératrice dans les termes les plus touchants. L'empereur Maximilien m'exprima en même temps la satisfaction qu'il avait éprouvée en voyant les bons sentiments des Mexicains envers la France, ajoutant que ses efforts tendraient à rendre la nation de plus en plus reconnaissante envers sa bienfaitrice.

[…]

J'ai l'honneur, Monsieur le Ministre, de joindre ici le discours que j'adressai à l'empereur Maximilien en remettant entre ses mains mes lettres de créance.

Votre Excellence trouvera également sous ce pli la réponse qu'a daigné me faire Sa Majesté.

Le soir même, j'étais engagé à dîner au palais avec tous les membres de la légation ainsi que Mme de Montholon et ma fille.

Avant que L.L.M.M. ne fissent leur entrée au salon, j'ai été reçu en audience particulière, et j'ai remis à l'Empereur la lettre autographe de S.M. l'empereur Napoléon en réponse de la notification de l'avènement de l'archiduc Maximilien au trône du Mexique.

Depuis lors, Monsieur le Ministre, je n'ai revu l'Empereur qu'à un grand bal qui lui a été offert le 19 par la municipalité, et où l'enthousiasme s'est de nouveau manifesté d'une manière bien frappante pour qui connaît l'indifférence absolue qui forme le trait le plus saillant du caractère mexicain. Dès le lendemain de cette fête, l'Empereur s'est retiré à Chapultepec, ancien palais des rois aztèques qui deviendra probablement la principale des résidences impériales. Il s'y recueille, dit-on, et travaille beaucoup.

L'Empereur, s'isolant de toute influence extérieure, procède en ce moment à un examen minutieux des hommes parmi lesquels il peut espérer trouver de quoi former un gouvernement. Il étudie sans doute leurs antécédents, leurs capacités, leurs aptitudes et se fait présenter successivement ceux dont les noms ont acquis le plus de célébrité sous les divers régimes qui ont précédé l'établissement de l'empire, quel que soit du reste le parti auquel ils ont appartenu. […]

En présence de l'immense difficulté qu'il y a à trouver des hommes capables de diriger les diverses branches de l'administration, l'empereur Maximilien a songé à organiser des commissions composées de gens spéciaux pour chaque département. Celle de la Guerre et celle des Finances ont tout d'abord réclamé son attention, et l'organisation en a été confiée au général Bazaine et à Mr Corta.

Ces messieurs seront, Monsieur le Ministre, bien plus que moi, à même de transmettre à leurs départements respectifs d'intéressantes informations sur la marche probable des affaires et les tendances du gouvernement

Le général Bazaine voit souvent S. M. et conserve d'ailleurs son bureau politique qui annule en partie les attributions les plus importantes de la légation. Votre Excellence appréciera si en face du nouvel état de choses, il y a lieu de modifier les instructions qu'elle me donnait dans sa dépêche du 15 décembre dernier (n° 5). Instructions auxquelles je n'ai cessé de me conformer scrupuleusement, laissant toujours et partout la première place et l'initiative au général en chef. Comme jusqu'ici il ne m'a pas été donné de pénétrer sa pensée politique, je ne puis qu'attendre les événements pour les juger et en rendre compte à Votre Excellence à mesure qu'ils se dessinent.

Correspondance politique, Mexique, vol. 62, fol. 74-78.

Tendances anti-françaises

Mexico, le 10 juillet 1864

Monsieur le Ministre,

Je ne me permettrai point aujourd'hui de porter aucun jugement sur la situation, car il pourrait être considéré avec raison comme prématuré ; mais je ne puis m'abstenir de signaler certaines tendances inquiétantes pour l'avenir qu'on ne saurait laisser passer légèrement.

Il n'est malheureusement que trop évident désormais que les sympathies du nouveau gouvernement ne seront pas toujours d'accord avec le langage officiel en ce qui touche la

France, et que l'on trouve déjà lourde la dette de reconnaissance contractée envers notre Souverain.

Le grand maréchal Almonte et le général Woll dont on connaît le dévouement à l'empereur Napoléon sont tenus avec soin à l'écart, tandis que les étrangers qui ont accompagné l'Empereur – Allemands pour la plupart – semblent vouloir former une petite phalange dont la pensée ne serait pas difficile à pénétrer.

Parmi les personnes de l'entourage impérial, celle dont les rapports m'ont plu d'avantage jusqu'à présent est Mr le comte de Bombelles, capitaine des gardes de S.M. On le dit très dévoué à son souverain qu'il n'a presque jamais quitté depuis son enfance. Le conseiller intime baron Seberzenlechbner, hongrois de naissance, est tout à fait invisible et j'ignorerais son existence, si je n'avais vu son nom figurer dans le programme de quelques cérémonies publiques auxquelles je crois d'ailleurs qu'il n'a pas assisté.

On m'assure qu'il a une grande influence sur l'Empereur. Il est permis toutefois de supposer qu'il n'est peut-être pas étranger aux tendances anti-françaises que ma correspondance ne sera probablement pas la seule à signaler aujourd'hui. Mr Eloin, Belge, chef du cabinet de Sa Majesté et placé près d'elle par le roi Léopold, est un homme d'une ambition démesurée, ne cachant que difficilement ses sentiments hostiles à la France, et qui malheureusement a su capter la confiance de l'Empereur et particulièrement celle de l'Impératrice.

La composition du cabinet n'a pas été modifiée depuis la nomination de Mr Fernando Ramirez au département des Affaires étrangères, que je faisais pressentir à Votre Excellence dans ma dépêche n° 22. L'entrée en fonctions du cabinet actuel n'a d'ailleurs imprimé aucune impulsion au mouvement toujours si lent des affaires. Il semble en effet que tous les services soient suspendus : les communications les plus pressantes demeurent sans réponse : le désarroi est plus ou moins général dans les services publics, d'où il résulte un malaise et une inquiétude regrettables.

Déjà le 6 de ce mois, jour anniversaire de la naissance de l'Empereur, j'ai eu l'occasion de remarquer une grande tiédeur, presque de la froideur, et l'attitude de la foule offrait ce jour-là un pénible contraste avec l'enthousiasme qui avait accueilli les jeunes souverains à leur entrée à Mexico. C'est que le sentiment public ne se trompe guère, Monsieur le Ministre, sur la portée des choix qui ont été faits jusqu'ici par S.M. qui semble rechercher des gens savants et âgés de préférence à des hommes actifs et pratiques. Or tout le monde comprend que ce n'est pas avec des éléments caduques et viciés qu'on peut arriver à créer un empire naissant, que ce n'est pas avec des gens imbus des vieilles doctrines, ennemis du progrès, malveillants pour les étrangers, qu'on peut arriver à remettre de l'ordre dans l'administration. Malheureusement Mr Velasquez de Leon, ministre d'État, Mr Ramirez, ministre des Affaires étrangères, et Mr Ascarate nommé récemment préfet politique de Mexico appartiennent tous trois à l'ancienne école hispano-mexicaine, aucun deux n'a moins de soixante ans et ils sont de ceux qui tout en profitant des bienfaits de l'intervention française, n'ont cessé de lui être hostiles.

[…] Le 1er juillet, Monsieur le Ministre, s'est passé sans que les troupes mexicaines aient pu être payées par le Trésor national et aujourd'hui l'Empereur a exprimé, au général en chef, le désir que ces payements fussent effectués par notre payeur en chef comme par le passé. Les ordres sont donnés à cet effet. Mr Corta rendant compte au ministre des Finances de la situation financière, je m'abstiens d'en parler. Je suppose que la mesure qui vient d'être prise pour ce premier paiement n'est qu'un prêt, ou une avance, exigé par les retards apportés dans l'organisation du Trésor mexicain. Quoiqu'il en soit, elle est de nature à laisser dans le public et dans l'armée mexicaine des doutes sur la suffisance des ressources du gouvernement.

D'après ce que me dit Mr Budin, le Trésor devrait être parfaitement en mesure de faire face à ses engagements ; mais toute autorité de notre part ayant pour ainsi dire cessé depuis l'arrivée de l'Empereur, il est à craindre que la mauvaise gestion des agents mexicains ne produise promptement une augmentation de dépenses et une diminution de revenus. Aucune décision n'a encore été prise à l'égard de la coopération que l'on attend des agents des finances français.

De l'intérieur, Monsieur le Ministre, le fait le plus saillant est la soumission très probable du général Uraga. Rien n'est encore officiel que je sache, mais tout porte à croire qu'elle aura lieu prochainement.

Acapulco a été occupé le 4 sans combat. Dans une reconnaissance faite deux jours après on a rencontré l'ennemi à quelques kilomètres de la ville, retranché sur la route de l'intérieur. Un combat s'en est suivi dans lequel nous avons eu un officier tué et un grièvement blessé.

Le général en chef a je crois l'intention de diriger des forces de concert avec l'amiral Bouet, sur Mazatlan et la côte nord du Pacifique. C'est fort à désirer car les ressources continuent à arriver à Juarez par cette partie de la côte, comme par Matamoros, de façon à prolonger sa résistance indéfiniment.

Une expédition s'organise également pour opérer contre Monterey ; quelques corps sont déjà en mouvement dans la direction de cette ville ; et enfin l'amiral Bosse s'occupe de faire sonder les abords de la côte à l'embouchure du Rio Bravo del Norte.

La situation, Monsieur le Ministre, dans le Yucatan et le Tabasco est loin d'être satisfaisante. Elle promettait de s'améliorer très rapidement sous la direction habile imprimée à la réorganisation du pouvoir militaire et administratif de cette partie du pays par Mr le commandant Cloué. Depuis son rappel subit auprès de l'amiral Bosse qui, je dois le dire, me paraît avoir mal jugé la situation, les choses ont repris leur cours ordinaire et j'ai tout lieu de craindre que la guerre civile ne renaisse, sur toute la longueur de la côte de Mérida à Minatitlan. [...]

Veuillez agréer, Monsieur le Ministre les assurances de ma très haute considération.

Montholon

P.S. 11 juillet. On annonce comme certaine la soumission du général Uraga. On le dit arrivé à Guadalajara avec quelques centaines d'hommes. On affirme également que Doblado a passé la frontière se retirant aux États-Unis.

Correspondance politique, Mexique, vol. 62, fol. 104-110.

La fin dramatique de Maximilien

Au ministère des Affaires Étrangères

Dépêche télégraphique
Mexico le 31 mai 1867

Queretaro rendue. L'empereur Maximilien prisonnier appelle aux Terres Chaudes les chargés d'affaires de Belgique et d'Autriche avec avocats et documents nécessaires à sa défense. Condamnation probablement suivie de grâce, dit on, mais mon inquiétude est extrême. J'ai songé à me rendre aux Terres Chaudes où doit être déjà Juarez mais on ne me laisserait pas passer, l'opposition est aussi grande du côté des impériaux que de celui des libéraux ; mais j'ai vu que cela compromettrait inutilement le gouvernement de l'Empereur. Défense de l'Empereur à l'aide de documents sera un réquisitoire contre la France et l'empereur Napoléon, on excitera contre nous la haine mexicaine et l'hostilité américaine. Cependant toutes les démarches humainement possibles sont faites en faveur de l'Empereur près des chefs modérés. J'envoie incognito chargés d'affaires d'Autriche et de Belgique, Mr Forest qui secondera ceux-ci tout en rétablissant la vérité des faits. Siège de Mexico continue, disette telle que gens meurent de faim dans les rues. Situation horrible pour tous douloureuse pour moi qu'il y a cinq mois je voulais empêcher au prix d'une violation apparente du droit. Le général Marquez refuse de rendre Mexico ; j'ai engagé le consul américain à se rendre à Queretaro, il ne s'y croit autorisé. Prévenu mon collègue de Washington.

Dano

Correspondance politique, Mexique, vol. 69, fol. 115.

Dernières correspondances, communiquées par A. Dano, ministre de France, après son départ du Mexique

Parti de San Juan del Rio, 25 mai 1867.

Reçu à Guadalupe Hidalgo à 9 heures et 12 minutes du matin

L'empereur Maximilien au baron de Magnus, ministre de Prusse à Mexico.

Ayez la bonté de venir me voir aussitôt que possible avec les avocats Mariano Riva Palacio et Rafael Martinez de la Torre ou un autre que vous jugiez bon à défendre ma cause ; je désire que cela se fasse immédiatement, il n'y a pas de temps à perdre. N'oubliez pas les documents nécessaires.

Maximilien

À Messieurs Hooricks, Curtopassi et Forest.

Reçu il y a une heure, votre duplicata. Merci. Ici on continue à tout nier. Je serai d'une inquiétude mortelle jusqu'à ce que je sache si l'espoir que vous me laissez entrevoir se réalise.

Mexico, 19 juin – 5 h du soir.

Signé : A. Dano

À Monsieur Dano

Tacubaya, 19 juin, 5 heures du soir.

Tout est fini ! Maximilien a été fusillé ce matin à 7 heures avec Miramon Mejia !

C'est officiel.
Signé F (Forest) H (Hooricks)
Jules (Curtopassi).

À Messieurs Hooricks, Curtopassi, Forest.
J'ai reçu ce matin votre billet du 19 juin.
Je suis désolé. Dites-le au pauvre baron de Lago. Je vous remercie tous les trois. Notre tâche à tous est rude et pénible. Quelle sanction en Europe ! Il ne reste plus qu'à partir ; je m'y prépare. J'espère que toutes les légations pourront s'en aller en même temps ; l'effet serait plus grand. Cependant les pavillons de Prusse et d'Espagne ont flotté ce matin sur les consulats ! pourquoi ne venez-vous pas de suite à Mexico ; il me tarde de causer avec vous.
Mexico 21 juin, 2 h après midi
A. Dano

Correspondance politique, Mexique, vol. 69, fol. 212, 236.

La guerre de 1870

On l'oublie souvent, mais les origines de la guerre de 1870 entre la France et la Prusse renouent avec cette tradition européenne qui, depuis des siècles, conduisait les souverains d'un pays à vouloir installer un parent sur le trône vacant d'un autre pays. C'est ainsi qu'en 1869, les Cortès espagnols votèrent une Constitution à la fois libérale et monarchique destinée à mettre en place un régime remplaçant celui renversé un an plus tôt à Madrid par des officiers libéraux. Sur le trône depuis 1843, la reine Isabelle II, de plus en plus impopulaire et menant une vie privée critiquée par l'opinion publique, avait dû s'exiler. Mais il fallait lui trouver un successeur, et c'est ainsi que le roi de Prusse avança la candidature du prince Léopold de Hohenzollern-Sigmaringen. Représentant de la branche aînée de sa famille, privé pourtant de tout droit à la couronne de Prusse, le prince de Hohenzollern aurait naturellement permis au Kaiser de rétablir à son profit un nouvel axe entre l'Espagne et les pays de langue allemande, non plus l'Autriche cette fois, mais la Prusse.

Naturellement, la France de Napoléon III ne pouvait accepter cette ambition. D'où une négociation activement menée par Benedetti, ambassadeur de France à Berlin, et le roi Guillaume Ier de Prusse. Tandis que Guillaume Ier affirmait hautement que la décision revenait au seul intéressé, le prince Léopold, le chancelier Bismarck, qui aurait naturellement souhaité un roi prussien à Madrid, tentait d'empêcher la démarche française d'aboutir. Tout se noue entre le 10 juillet et le 13 juillet 1870. Rapidement, le roi de Prusse se rend compte que les risques sont grands de soutenir davantage la candidature du prince. Il finit donc par suggérer au père de celui-ci de décourager son fils. Mais Napoléon III veut aller plus loin, et amener la Prusse à renoncer officiellement à toute candidature prussienne sur le trône espagnol. Le 10 juillet, Guillaume conseille donc le retrait de la candidature Hohenzollern, mais n'accepte pas de céder aux autres exigences françaises. Le 12 juillet, le prince Léopold accepte de se retirer. Tout le monde croit que la crise est terminée. Néanmoins, dans la nuit du 12 au 13 juillet, Napoléon III renouvelle sa démarche, inacceptable pour la Prusse, en faisant parvenir à Guillaume Ier un nouveau télégramme dont le ton, comminatoire, lui demande de renoncer à toute nouvelle ambition Hohenzollern sur le trône espagnol. Le 13 juillet, Guillaume Ier reçoit donc à Ems, où il prend les eaux, l'ambassadeur Benedetti, mais il considère l'affaire comme terminée et ne veut pas aller plus loin. Il adresse donc au chancelier Bismarck une dépêche pour lui expliquer la situation. Bismarck, lui, voulant aller plus loin, va modifier le texte de son souverain pour en faire la fameuse « dépêche d'Ems », dont le ton est nettement plus hostile à la France. C'est cette manœuvre qui aboutit à ce qu'on considère comme une insulte et qui conduira le duc de Gramont, ministre des Affaires étrangères depuis le 15 mai 1870, à proposer au corps législatif de déclarer la guerre à la Prusse. Comme Bismarck, il voulait l'affrontement franco-prussien. Le 14 juillet, l'opinion publique française l'approuve déjà : le 15, seul M. Thiers s'interroge sur le bien-fondé de cette guerre, mais on ne l'écoute pas.

Nous ne possédons évidemment pas la dépêche d'Ems, mais on trouvera quatre dépêches de l'ambassadeur de France en Prusse au ministre des Affaires étrangères datées des 10, 11, 12 et 13 juillet 1870 qui relatent, au jour le jour, les événements de Berlin et d'Ems.

En conclusion, on trouvera, à la date des 16 et 17 juillet, avec des blancs volontairement laissés par le rédacteur, le projet de note adressée au gouvernement prussien : c'est la déclaration de guerre.

De l'ambassade de France en Prusse au duc de Gramont

Juillet 1870

Monsieur le duc,

La nouvelle de l'arrivée à Ems du comte Benedetti absorbe naturellement l'attention générale. On attend avec anxiété le résultat de ses entrevues avec le roi Guillaume et, si on témoigne un étonnement, c'est celui de ne pas voir le comte de Bismarck aux côtés de son souverain. On considère toutefois cette abstention comme un indice de la volonté de la Prusse d'isoler le gouvernement de toute participation aux négociations qui sont entamées, de réserver à Sa Majesté seule une décision qu'il lui appartient de prendre, en toute indépendance, en sa qualité de chef de la famille royale.

Chacun, du reste, a acquis la conviction que la candidature du prince de Hohenzollern est devenue pour l'Europe une cause de trouble qui ne peut disparaître que par la renonciation expresse du prince à ses prétentions. Quel que soit le jugement porté sur la politique du gouvernement de l'Empereur, on ne peut nier que notre doctrine ne s'appuie aujourd'hui sur des précédents sanctionnés par les Puissances et trop formels pour être méconnus. Si le roi Louis-Philippe et la reine Victoria ont refusé la souveraineté de la Belgique et de la Grèce pour leurs fils, la Russie en 1862 n'écartait-elle pas de la candidature au trône de Grèce le duc de Leuchtemberg, neveu du czar, prince de la famille impériale sans doute, mais seulement au chef de son père, élevé à cette dignité par l'empereur Nicolas ? N'est-il pas permis d'établir un rapprochement entre la parenté du duc de Leuchtemberg et celle qui unit le prince Léopold de Hohenzollern au roi de Prusse ? Tous deux appartiennent depuis peu à deux maisons souveraines et cela par suite de décisions prises spécialement en faveur de leur ligne. Après sa médiatisation qui eut lieu en 1849 au profit du roi de Prusse, le prince Charles Antoine, père du prince Léopold, fut élevé en 1850 par le roi Frédéric Guillaume IV au rang d'altesse, et en 1861 par le roi Guillaume à celui d'altesse royale. S'il est vrai que les deux branches des Hohenzollern étaient séparées depuis plusieurs siècles, que leur religion diffère, que le pacte de famille exclue les membres de la branche aînée de tout droit éventuel à la succession de la branche cadette, aujourd'hui régnante en Prusse, il n'en est pas moins manifeste que la fusion des deux lignes a conféré au roi de Prusse une autorité qu'il a souvent exercée sur les membres de la branche aînée, en intervenant dans leurs événements de famille. Je rappellerai à Votre Excellence qu'en 1867 l'union du comte de Flandre avec la princesse Marie de Hohenzollern fut célébrée à la cour de Prusse et que le contrat de mariage, dressé par le ministre de la maison du roi Guillaume, fut approuvé et signé par Sa Majesté ; on m'assure qu'il en fut de même, l'an dernier, lorsque le prince Charles de Roumanie épousa la princesse de Wied. Ces faits témoignent d'une subordination évidente qu'on a seulement intérêt à répudier en ce moment, mais qui existe en réalité. De plus les princes et princesses de Hohenzollern sont traités à la cour de Prusse comme princes et princesses de maison royale, le prince Léopold est colonel dans l'armée prussienne. On est donc fondé à dire que le prince Léopold est prince prussien et à ne pas admettre les distinctions subtiles qu'on cherche à établir en ce qui touche sa généalogie, son rang dans la famille royale, son indépendance à l'égard du roi de Prusse.

Cette polémique occupe beaucoup les journaux prussiens ; sur le fond de la question la presse officieuse commence depuis deux jours à se prononcer avec beaucoup plus de vivacité. La *Gazette de la Croix* attaque particulièrement la déclaration faite par Votre Excellence au Corps législatif, et je vous adresse ci-joint l'article qu'elle publie. Quant à la *Correspondance* de Berlin, elle s'occupe pour la première fois des affaires d'Espagne et fait ressortir la modération, non seulement de la presse prussienne, mais encore de celle de Vienne. Elle critique la précipitation que les journaux de Paris ont mise à « tirer de leurs raisonnements des conséquences si grosses de dangers. Le peuple allemand, dit-elle, a toujours montré pour l'autonomie de l'Espagne un grand respect, mais il n'a ni la mission ni le droit de s'ingérer dans les décisions d'une grande nation occupée à fixer sa constitution et à choisir un Roi ». *La Correspondance* accompagne ces réflexions d'extraits des journaux prussiens et autrichiens favorables à la thèse qu'elle soutient. [...]

George Le Sourd

Correspondance politique, Prusse, vol. 379, fol. 133-138.

L'ambassadeur de France en Prusse au ministre des Affaires étrangères

Ems, le 11 juillet 1870 1 heure 1/2 soir

Je quitte le Roi. Durant une audience que j'ai prolongée pendant une heure, j'ai invoqué tous les arguments imaginables pour déterminer Sa Majesté à me permettre de vous annoncer qu'elle invitera le prince de Hohenzollern à renoncer à la couronne d'Espagne, sans lui cacher cependant que je considérerais ce conseil comme un ordre. Le Roi s'y est refusé me déclarant qu'il devait laisser à son parent la plus entière liberté, après comme avant son acceptation. Restant sur le terrain où il s'est placé, le Roi a prétendu qu'il sortirait du rôle d'abstention qu'il s'est tracé depuis l'origine en déférant à ma demande, et il m'a donné constamment à entendre que l'initiative de la renonciation devait venir du prince Léopold qui a pris l'initiative de l'acceptation.

J'ai combattu cette manière de voir en représentant au Roi nos nécessités intérieures ; je lui ai parlé de la défiance et de l'irritation des esprits en France, de l'obligation où nous sommes de donner publiquement des explications attendues avec impatience, des dangers nouveaux que créait chaque heure de retard, de la gloire qu'il recueillerait personnellement en interposant son autorité pour prévenir de terribles calamités. Sa Majesté a maintenu sa résolution.

Après me l'avoir plusieurs fois demandé dans le cours de l'audience, le Roi, avant d'y mettre fin, m'a vivement engagé à vous télégraphier en son nom qu'il croyait recevoir ce soir ou demain une communication du prince Léopold qui a dû rejoindre son père à Sigmaringen et qu'elle s'empresserait de me donner une réponse définitive. Vous jugerez de l'importance qu'il faut attacher à cette déclaration du Roi et de la mesure dans laquelle il peut nous convenir d'en tenir compte.

Pendant que j'insistais sur la nécessité d'adopter une prompte résolution, il a échappé au Roi de me dire « Je n'ignore pas les préparatifs qui se font à Paris et je ne dois pas vous cacher que je prends moi-même mes précautions pour ne pas être surpris » S.M. a cherché ensuite à atténuer le sens de ses paroles.

Je n'ai pas fait usage des informations qui vous sont parvenues de Madrid ; vous savez déjà que le Roi prétend que nous sommes uniquement fondés à demander au gouvernement espagnol de revenir lui-même sur la combinaison qu'il a conçue, et S.M. n'aurait pas manqué de prendre prétexte de ce que je lui aurais dit pour insister dans ce sens.

Votre dernier télégramme est daté de cette nuit à 1 heure.

Benedetti

Correspondance politique, Prusse, vol. 379.

Télégramme chiffré du ministre des Affaires étrangères au comte Benedetti à Ems

Paris, 12 juillet 1870 midi

Vous nous dites dans votre dépêche que le Roi réclame avec une extrême vivacité un délai bien court pour connaître les intentions des deux princes de Hohenzollern et qu'il s'empresserait dès qu'il les connaîtrait de nous donner une réponse définitive. Il a ajouté qu'il verrait dans notre refus le désir de provoquer un conflit.

Notre dessein n'a jamais été de provoquer un conflit, mais de défendre l'intérêt légitime de la France dans une question que nous n'avons pas soulevée. Nous ne pouvons refuser au roi de Prusse le délai qu'il nous demande, mais nous espérons que ce délai ne s'étendra pas au delà d'un jour.

Gramont

La presse et l'opinion

Berlin, 13 juillet 1870

Monsieur le Duc,

La nouvelle du désistement du prince de Hohenzollern est parvenue hier soir à M. de Bismark, quelques heures après son arrivée à Berlin et l'a arrêté dans sa route vers Ems. Elle est aujourd'hui publique et transforme notablement les dispositions des esprits. Aujourd'hui que l'incident espagnol est clos par la volonté du prince lui-même, on s'est départi à Berlin du calme que j'avais constaté depuis une semaine ; la solution d'hier a fait succéder l'irritation au sang-froid et presque à l'indifférence ; d'après les données que j'ai recueillies aujourd'hui surtout, c'est à la personne du Roi que l'on s'en prend, on blâme S. M. d'avoir cédé à une mise en demeure, à un ultimatum du gouvernement de l'Empereur et d'avoir accepté une humiliation dont on cherche vainement à déguiser les apparences, mais qui n'en rejaillit pars moins sur l'ensemble de la politique prussienne ; enfin on supporte avec répugnance la concession obtenue par la France aussi rapidement et conquise de haute lutte. La Prusse n'est pas habituée depuis plusieurs années à donner raison à nos remontrances et l'épreuve actuelle paraît lourde à son amour propre.

M. de Bismark est encore à Berlin où, d'après *La Correspondance provinciale* il serait venu dans le but de convoquer le Reichstag, si les circonstances l'avaient exigé. Je ne sais s'il partage l'opinion du public sur le résultat de l'incident mais je ne serais pas étonné qu'il l'envisageât à un autre point de vue dont nous aurions encore plus d'intérêt à tenir compte.

Je sors de chez M. l'ambassadeur d'Angleterre qui, je le savais, avait eu ce matin une assez longue conversation avec le chancelier, Lord Loftus, après m'avoir dit qu'il avait vu M. de Bismark, s'est montré plus réservé que de coutume ; il m'a assuré avoir trouvé le chancelier très calme, mais les impressions qu'il m'a communiquées m'ont paru si peu en accord avec celles que je pense qu'il a rencontrées aujourd'hui ; chez lui, elles succédaient si immédiatement à sa rencontre avec le chancelier que j'ai été involontairement amené à les considérer comme le résumé d'opinions qui ne lui étaient pas exclusivement personnelles « On est convaincu ici que tout n'est pas fini avec la France, m'a dit Lord Loftus ; on en veut au ton comminatoire que le gouvernement de l'Empereur aurait pris dès le 7 juillet, à l'action directe que l'on a exercée sur le Roi, au [...] incontestable de vos réclamations. Aujourd'hui, je constate que tout le monde est mécontent, le public comme les chefs et les officiers comme l'armée ; on n'a pas compris tout d'abord ce qu'était cette candidature Hoherzollern éclatant comme un coup de foudre, on voit maintenant qu'elle a valu à la Prusse une défaite diplomatique. Je sais qu'aujourd'hui des principales villes du royaume on télégraphie à Berlin que l'irritation est très vive ; qu'on continue à mal augurer des arrière-pensées de la France, à lui prêter la velléité de revenir sur les faits accomplis et d'entretenir un état de malaise et d'insécurité qui devrait fatalement et dans un prochain délai aboutir à la guerre. Il arriverait un moment, en effet, où M. de Bismark ne serait plus maître de l'empêcher. Il serait important à mon sens, si, comme j'en suis convaincu, le gouvernement français veut fermement la paix, qu'il ne fît pas étalage à la tribune, du moins, de l'issue favorable du différend, qu'il rendit hommage à l'esprit de conciliation du roi de Prusse, qu'il apaisât l'opinion par des déclarations franchement amicales. Si, au contraire, les appréhensions actuelles subsistent, soyons sûrs que la guerre sera inévitable ».

Telles sont en substance les paroles de Lord Loftus. Je les transmets à Votre Excellence à titre confidentiel, selon le désir qu'il m'en a exprimé. En les comparant avec le propos que j'ai entendu prêter ce matin à M. de Bismark : « Tout est fini pour le moment », j'y trouve une analogie frappante. L'article que publie ce jour *La Correspondance provinciale* vient concorder avec ces impressions ; aujourd'hui il me semble indiqué que l'on se rend parfaitement compte dans le gouvernement prussien des griefs de l'opinion, de la nécessité de répondre à ce qu'on a appelé notre langage provoquant, d'expliquer la part prise par le Roi au désistement du prince de Hohenzollern, enfin de réchauffer le patriotisme allemand. C'est une apologie de la conduite de la Prusse présentée avec une vigueur peu commune et une originalité qui trahit presque la collaboration du chancelier ; M. de Bismark ne se serait pas autrement énoncé devant le Reichstag. Le journal insiste comme à dessein sur les traces regrettables que l'attitude offensante de la France laissera dans les rapports des 2 pays. *La Correspondance* contient en outre, un article destiné à expliquer les motifs qui ont déterminé M. de Bismark à quitter Varzin dans les circonstances présentes. J'en adresse la traduction à Votre Excellence.

Le Sourd

Correspondance politique, Prusse, vol. 379.

Au comte Benedetti à Ems

16-17 juillet 70

M. le comte, la rapidité avec laquelle les événemens ont marché depuis quelques jours ne m'ont guère permis de vous transmettre les instructions du gouvernement de l'Empereur autrement que par dépêches télégraphiques et par lettres particulières.

Désirant toutefois vous tenir au courant du langage que nous faisons entendre aux différens cabinets, je vous adresse sous ce pli une copie des dernières dépêches que j'ai écrites à M. Mercier et à M. de la Valette.

16-17 juillet 1870

Note

Le soussigné..... a reçu de son Gouvernement l'ordre d'adresser à Son Excellence M.... la communication suivante :

S.M. l'Empereur des Français s'est vue dans la nécessité, pour défendre l'honneur et les intérêts de la France, en même temps que pour protéger l'équilibre général de l'Europe, de déclarer la guerre à la Prusse et aux pays alliés qui lui prêtent contre nous le concours de leurs armes.

Sa Majesté a donné des ordres pour que, dans la poursuite de cette guerre, les commandants de ses forces de terre et de mer observent scrupuleusement vis-à-vis des Puissances qui demeureront neutres les règles du droit international, et pour qu'ils se conforment notamment aux principes posés dans la déclaration du Congrès de Paris du 16 avril 1856, savoir :

1° La course est et demeure abolie.

2° Le pavillon neutre couvre la marchandise ennemie, à l'exception de la contrebande de guerre.

3° La marchandise neutre, à l'exception de la contrebande de guerre, n'est pas saisissable sous pavillon ennemi.

4° Les blocus, pour être obligatoires, doivent être effectifs, c'est-à-dire maintenus par une force suffisante pour interdire réellement l'accès du littoral de l'ennemi.

Bien que l'Espagne et les États-Unis n'aient point adhéré à la déclaration de 1856, les vaisseaux de Sa Majesté ne saisiront pas la propriété de l'ennemi chargée à bord d'un vaisseau américain ou espagnol, à moins que cette propriété ne soit contrebande de guerre.

Sa Majesté ne compte pas non plus revendiquer le droit de confisquer la propriété des citoyens américains ou espagnols qui serait trouvée à bord des bâtiments ennemis.

L'Empereur a la confiance que, par une juste réciprocité, le Gouvernement............... voudra bien prescrire des mesures pour que les autorités et les sujets (ou citoyens)........... observent exactement de leur côté, pendant la durée de cette guerre, les devoirs d'une stricte neutralité.

Je soussigné........ etc.

Correspondance politique, Prusse, vol. 379.

1873 : Un Français, roi de Patagonie

L'histoire d'Antoine de Tounens, qui se fit couronner roi de Patagonie en 1861 par le peuple indien des Araucans, est si spectaculaire qu'elle ressemble bien à un roman. Roman, il y eut d'ailleurs, sur Antoine de Tounens, puisque Jean Raspail écrivit à son propos l'un de ses plus beaux récits. Il faut dire que cet aventurier français, de son véritable nom Aurélie-Antoine de Tounens, né à Chouignac, près de Périgueux, autour de 1820, et mort en 1878, se construisit un bien fabuleux destin. Les Araucans étaient certes connus depuis longtemps puisque l'Espagnol Alonzo de Ercilla écrivit entre 1569 et 1589 un poème épique qui devint célèbre sous le nom, précisément, d'*Araucana*. Résistants acharnés à la conquête espagnole, les Araucans tinrent tête aux envahisseurs jusqu'en 1773. À cette date, un traité signé avec l'Espagne leur reconnut une large autonomie. On créa dès lors, dans l'extrême sud du Chili, une confédération composée de quatre États gouvernés par des chefs héréditaires appelés des tocquis. Près d'un siècle plus tard, Antoine de Tounens débarque donc en Araucanie. Très vite adapté aux mœurs et à la langue de ce peuple, le Français se fait couronner roi d'Araucanie sous le nom de Aurélie-Antoine Ier. Levant alors une armée de plusieurs dizaines de milliers d'hommes, il décide de marcher contre le Chili.

Rapidement fait prisonnier, il est considéré comme fou et interné.

L'épopée de Tounens aurait pu s'arrêter là. Mais la France intervint pour faire libérer celui qui, souverain d'une population lointaine, était considéré par elle comme un ressortissant français. Antoine de Tounens revint en France, mais pour repartir chez les Araucans en 1869 et reprendre pendant quelques mois encore sa guerre contre le Chili. Le roi de Patagonie décida ensuite de rentrer en France. Du côté des Araucans, la guerre contre le Chili se poursuivit pendant encore une bonne dizaine d'années pour s'achever par leur défaite complète. Une grande partie du peuple araucan ira se réfugier en Argentine.

Bien sûr, rien dans ces efforts d'une plus qu'aventureuse présence française en Amérique latine n'est à comparer avec la désastreuse expédition du Mexique. D'ailleurs, le ministère des Affaires étrangères ne s'y trompa pas, qui répondit d'une manière ferme et négative au pauvre Eugène Mahon de Monaghan, consul honoraire de France, qui lui suggérait un soutien de la République au roi des Araucans : ni directement, ni indirectement, le gouvernement français ne voulut se compromettre dans cette affaire ! L'aurait-il fait qu'il est vraisemblable que la face du monde, du moins dans cette partie-là, n'en aurait guère été changée. On trouvera donc ci-après la lettre d'Eugène Mahon et la très sèche réponse du ministère.

Lettre d'Eugène Mahon de Monaghan, consul honoraire, au comte de Rémusat, ministre des Affaires étrangères

Paris le 24 mars 1873

Monsieur le Ministre,

Je considère comme un devoir de porter les faits suivants à la connaissance du gouvernement de la République.

Diverses circonstances, relatées dans la brochure ci-jointe, m'ont mis en rapport avec M. de Tounens, ce Français qui, en 1860, s'est fait élire roi d'Araucanie et de Patagonie et qui, depuis lors, lutte courageusement contre les difficultés matérielles et les préjugés de ses concitoyens sans avoir jamais perdu l'espoir d'arriver à la complète réalisation de son entreprise.

J'ai étudié la question araucanienne et me suis rendu un compte très exact des moyens pratiques par lesquels elle a de véritables chance de réussite. Sans tenir compte des plaisanteries de quelques journaux, je m'y suis vivement attaché parce que j'y entrevoyais un intérêt direct pour notre pays. Cette question, aujourd'hui purement commerciale, ne saurait manquer, dans un avenir prochain, d'avoir de sérieuses conséquences politiques.

Les faits ci-après exposés m'autorisent à entretenir Votre Excellence de cette affaire.

Monsieur de Tounens vient de sortir d'embarras. À force de chercher il a enfin trouvé, non pas en France où, à part quelques sympathies intelligentes, il n'a guère rencontré d'appui, mais en Angleterre. Ainsi que cela était à craindre, c'est le commerce anglais qui aura l'honneur de tenir la tête de cette grande entreprise et qui va en recueillir les premiers bénéfices.

Non seulement M. de Tounens est en rapports suivis avec des armateurs de Londres et d'autres ports du Royaume-Uni, mais il vient même de traiter avec certains d'entre eux qui lui fournissent argent, navires, marchandises. Les dernières lettres que je reçois de lui, sous la date des 21 et 22 du courant, m'annoncent la signature du contrat. Je puis donc attester le fait. J'ai d'ailleurs causé ici dernièrement avec deux de ces armateurs… Ils se montraient enthousiasmés de l'opération au point de déclarer qu'ils allaient changer le nom du premier bâtiment de l'expédition contre celui d'Orélie-Antoine 1er.

Toutes les marchandises composant les cargaisons sont anglaises. M. de Tounens trouve également en Angleterre des colons pour commencer à peupler et à défricher les fertiles territoires de l'Araucanie et de la Patagonie.

Déjà il a nommé des agents d'émigration, financiers et commerciaux. Ces agents s'occupent activement à négocier pour son compte, sur la place de Londres, un emprunt de 1 500 000 livres sterling. L'opération paraît avoir beaucoup de chances de succès. On m'assure même que déjà cet emprunt est en partie couvert. Les bons du Trésor araucanien sont acceptés par le commerce anglais.

Ainsi donc, avec l'appui des capitaux et du commerce britannique, sous la protection du pavillon d'Angleterre notre compatriote ne tardera point à rentrer en toute sécurité dans ses états qui ne lui sont contestés en vertu d'aucun droit réel.

L'emprunt dont je viens de parler et les bons du Trésor sont largement garantis par des concessions de territoire, des privilèges d'exploitation de mines, de voies ferrées, de lignes de bateaux à vapeur, par le produit des douanes, etc., etc. Il s'agit même d'entreprendre en grand la colonisation du pays.

Je suis très au courant des affaires de M. de Tounens et je puis affirmer que rien n'est plus sérieux et plus digne d'attention que ce qui se passe en ce moment au-delà du Détroit. Nous nous trouvons d'ailleurs en présence de faits déjà accomplis.

Quel que soit le désir de M. de Tounens de faire de l'Araucanie et de la Patagonie réunies une terre française, il est incontestable que, du moment que des capitalistes, des armateurs, des négociants anglais portent leurs capitaux dans ce pays, qu'ils vont y créer des industries, y coloniser, qu'ils se disposent à y établir de grandes relations commerciales, ils y exerceront forcément une influence prépondérante qu'ils tourneront au profit exclusif de l'Angleterre.

Mû par l'espoir d'intéresser notre commerce maritime et pour l'inciter à prendre la tête du mouvement, j'ai, il y a trois mois, consigné mes observations sur la question araucanienne dans la brochure ci-jointe. Le commerce français est resté indifférent. C'est le commerce anglais qui a compris cet appel et y répond par des actes. Au surplus, si l'on en juge par les articles raisonnés d'un certain nombre de journaux anglais, l'opinion, au-delà du Détroit, s'est faite toute autre que dans notre pays sur le compte de M. de Tounens et sur l'avenir de son entreprise.

Il m'a paru utile, Monsieur le Ministre, de faire connaître ce qui se passe au gouvernement de la République afin de le mettre en situation d'apprécier s'il ne lui conviendrait pas d'agir en vue d'intéresser le commerce et les capitaux français à une œuvre dont le commerce et les capitaux anglais viennent d'avoir l'honneur de prendre l'initiative. Je suis assez particulièrement lié avec M. de Tounens, je connais assez ses sentiments pour affirmer qu'il ne se résout à contracter des engagements, dont il prévoit les conséquences, avec l'étranger, que parce qu'il n'a point trouvé dans son pays l'aide qu'il attendait.

En résumé, Monsieur le Ministre, il n'est pas trop tard aujourd'hui, car M. de Tounens n'a point engagé l'avenir. Il n'a aliéné qu'une faible partie des ressources qu'offrent ses vastes états. Si une intervention bienveillante de notre part se produisait présentement, l'élément français pourrait encore se faire une large place, sinon même dominer toutes les autres influences. Quoiqu'il en soit, Monsieur le Ministre, ma double qualité de Français et d'agent m'imposait le devoir d'informer Votre Excellence.

Avis important relatif aux affaires de M. de Tounens (Orélie 1er)

[au récept. Le gouvt. français ne peut, ni directement, ni indirectement, encourager une entreprise dont le rôle commercial est subordonné aux chances aventureuses que M. de Tounens affronte à ses risques et périls. Rép. le 7 avril 73 ... une signature]

Personnel, 1ère série, vol. 2691.

Réponse du ministre des Affaires étrangères à Mahon de Monaghan

Monsieur,

J'ai reçu, avec la brochure dont elle était accompagnée, la lettre que vous m'avez fait l'honneur de m'écrire, le 24 du mois dernier, au sujet des tentatives faites par M. de Tounens pour coloniser l'Araucanie et la Patagonie.

Vous exposez, Monsieur, que des négociants et des capitalistes anglais sont disposés à fournir à ce Français les fonds et les moyens qui lui sont nécessaires. En même tems, vous signalez l'intérêt qu'il y aurait, pour notre commerce maritime, à ne pas demeurer étranger à cette entreprise et vous émettez l'avis que le gouvernement français pourrait intervenir afin de décider nos armateurs à prêter leur concours à M. de Tounens, dont l'œuvre conserverait alors son caractère national tandis qu'il est à craindre qu'elle ne profite exclusivement aux négociants anglais.

Le gouvernement de la République ne saurait encourager soit directement, soit indirectement, une entreprise de cette nature, qui offre les chances d'une opération de commerce et dont la responsabilité doit demeurer entièrement à son promoteur et à ceux qui jugent à propos de s'associer à lui.

Je vous ferai d'ailleurs remarquer, Monsieur, que les mêmes moyens de publicité existent dans les deux pays et que nos compatriotes ont été, aussi bien que les capitalistes anglais, en mesure d'apprécier les avantages que peut offrir le projet de M. de Tounens. Enfin, Monsieur, je ne vois pas comment le gouvernement français pourrait, sans engager sa propre responsabilité et soulever même des questions internationales délicates, exercer l'intervention qui vous semble opportune.

D'après ces considérations, vous reconnaîtrez, je n'en doute pas, qu'il est impossible de donner suite au vœu exprimé dans votre lettre précitée.

Personnel, 1ère série, vol. 2691.

1881 : La compagnie du canal de Panama

L'affaire de Panama a constitué l'un des grands scandales de la IIIe République. Dans un climat d'affairisme et d'industrialisation, le projet de Ferdinand de Lesseps, qui avait déjà percé le canal de Suez, engendra une multitude de spéculations qui conduisirent la Compagnie du Panama à littéralement avaler près d'un milliard et demi de francs, produit de la grande mais aussi de la petite épargne. De 1880 à 1888, les maladresses de Lesseps – et c'est un euphémisme… – l'amenèrent à modifier à plusieurs reprises un projet ambitieux pour aboutir, en 1889, à une catastrophe finale, à la mise en liquidation de la Compagnie et à la ruine de 85 000 souscripteurs. D'où le scandale qui suivit, deux ans après la liquidation. Ce fut l'occasion pour un Édouard Drumond, auteur plus tard de *La France juive*, de publier une série d'articles sous le titre *Les dessous de Panama*, dans lesquels, en même temps qu'un antisémitisme virulent, Drumond révélait au grand jour la corruption parlementaire, citait les noms des intermédiaires et de tous ceux qui avaient profité des libéralités de Ferdinand de Lesseps. Suicide ou assassinat, le baron de Reinach, l'une des principales personnalités compromises par Drumond, devait disparaître tragiquement. D'autres intermédiaires, Hertz et Aaron, s'enfuyaient à l'étranger, la tribune de la Chambre devenait le haut lieu d'une dénonciation tous azimuts d'une corruption généralisée. Ce mouvement de haine était savamment entretenu dans l'opinion publique par la droite contre ceux qu'on appelait les « chéquards ». Clemenceau, Albert Grévy, frère du président de la République, le président du Conseil Rouvier, figuraient parmi ceux que l'on montrait du doigt. Pour beaucoup, c'est l'antisémitisme soulevé par l'affaire de Panama qui conduisit tout droit à l'affaire Dreyfus.

Les documents que nous proposons ici sur la question du canal de Panama sont plus anciens. Bien avant le percement réel de l'isthme, les esprits s'échauffaient déjà sur cette affaire. Le gouvernement américain, de son côté, s'opposait à tout établissement d'une voie navigable interocéanique qui ne se fît sous son contrôle. D'où la colère des Panaméens. C'est ce sentiment que traduit la première dépêche publiée ici, datée de mars 1880. Le second document est également intéressant, puisqu'il décrit la mise en place de la Compagnie et ses premiers balbutiements sur place en 1881. On y voit en particulier les problèmes de santé que rencontrèrent les premiers agents arrivés de France. On était encore loin du scandale, on s'inquiétait simplement déjà d'une entreprise pharaonique dont les conséquences sur un environnement naturel et humain commençaient à se dessiner à l'horizon.

À Son Excellence, Monsieur le Ministre des Affaires étrangères

30 mars 1880

Monsieur le Ministre,

Il s'est produit un grand mécontentement à Panama, quand on y a su, vers le 10 de ce mois, l'opposition faite à la canalisation de l'isthme par le gouvernement de Washington et la prétention émise par ce même gouvernement de ne permettre l'établissement d'une voie interocéanique en Colombie, que sous la protection et le contrôle immédiat des États-Unis du Nord.

Dans le premier moment d'indignation il était question de faire un mauvais parti aux résidents américains et de mettre le feu aux magasins du chemin de fer. Mais peu à peu le sentiment public s'est calmé sous l'influence des conseils salutaires, et on a compris qu'il fallait s'abstenir de toute démonstration hostile, pour laisser au gouvernement central une action libre dans le règlement de cette délicate question.

D'ailleurs, la colère des Panaméens eût été bien impuissante ; car dans ce même moment, une frégate de guerre américaine, la « Pensacola », se trouvait mouillée devant la ville, ayant à son bord Mr l'amiral Rodgers et un équipage nombreux.

Vers cette même époque, Monsieur le Ministre, deux navires de guerre des États-Unis s'étaient dirigés du côté de l'Atlantique dans la lagune de Chiriqui et s'y livraient à des études dont le but n'était pas connu du gouvernement de Panama. La mission de ces navires avait été annoncée dans les journaux de New York et le bruit de leur présence sur les côtes de cet État circulait en ville tandis que le pouvoir exécutif n'avait aucun avis officiel de ce fait. Les doutes cessèrent quand il reçut une communication des autorités locales.

Une note fut aussitôt adressée au consul des États-Unis pour obtenir des explications sur la présence et les travaux mystérieux des deux bâtiments mouillés dans la lagune de Chiriqui.

Le consul répondit à la date du 16 qu'il n'avait aucune connaissance du fait ; qu'il transmettrait à son gouvernement la note qu'il recevait, et donnerait en temps opportun les explications qui lui seraient fournies.

Depuis cette époque, d'autres nouvelles récemment apportées par le croiseur « Penguin », de la marine britannique, nous ont appris que sur la côte du Pacifique à la limite du territoire colombien, un autre bâtiment de guerre américain, l'« Adams », mouillé dans le golfe Dulce s'occupe également de faire des reconnaissances dans la baie et sur les terres avoisinantes.

Sous le prétexte de vouloir établir des dépôts de charbon, les États-Unis semblent porter leur attention sur une bande de terre qui s'étend de l'Atlantique au Pacifique, et forme la limite de l'État de Panama avec la République de Costa-Rica.

En 1866, cette petite portion du territoire colombien a été l'objet d'une concession faite à un Sieur Thompson citoyen américain, agissant au nom d'une compagnie établie à Philadelphie. Mais la concession exigeait l'accomplissement de certaines conditions, telles que la création de deux lignes de bateaux à vapeur destinées au cabotage tant sur les côtes de l'Atlantique que sur celles du Pacifique et l'établissement d'un chemin de fer ou d'une route carrossable allant d'un océan à l'autre.

L'article 11 du contrat stipulait expressément que ce document deviendrait nul de plein droit si, dans tout le courant de l'année 1867, la compagnie de Philadelphie ne se trouvait pas complètement organisée, si elle n'avait pas fondé leurs lignes de paquebots stipulées, ni commencé la route qui devait traverser l'isthme.

C'est ce document réduit à néant faute d'un commencement d'exécution que les États-Unis songeraient, dit-on, à faire revivre depuis le voyage de Mr de Lesseps à Panama.

Il est à présumer, vu la lenteur des communications avec Bogota, que le pouvoir central n'est pas encore instruit des faits dont j'ai l'honneur d'informer Votre Excellence : – S'il en a connaissance déjà, on ne sait pas encore ici l'impression produite par les prétentions des États-Unis, dans la capitale de la Colombie.

La plus grande tranquillité règne en ce moment dans l'isthme. Mr l'ingénieur Ménocal, qui fait une si vive opposition au projet de Mr de Lesseps, se trouve à Panama depuis plusieurs jours, attendant le départ d'un paquebot pour l'Amérique centrale.

L'ancien président de la Bolivie, le général Daza, dont j'ai précédemment annoncé l'arrivée à ce port, est parti pour l'Europe par le steamer anglais du 21.

P.S. la même dépêche est transmise à la Direction des Affaires politiques.

Correspondance consulaire et commerciale,
Panama, vol. 6, fol. 157-160.

À Son Excellence, Monsieur le Ministre des Affaires étrangères

7 novembre 1881

Monsieur le Ministre,

J'ai l'honneur d'adresser à Votre Excellence quelques informations relatives à la Compagnie du canal de Panama.

La Compagnie vient d'acquérir le « Grand Hôtel » de Panama, au prix de 950 mille francs ; cet édifice est le plus vaste et le mieux situé de la ville ; la Compagnie y centralisera tous ses services, déjà le salon a été transformé en salle de dessin ; la prise de possession entière se fera dans le courant de décembre, en même temps que le dernier paiement du prix d'achat.

D'un autre côté la Compagnie s'applique à remplir l'engagement qu'elle a contracté, le 5 juin dernier, envers la Société du chemin de fer de Panama à Colon, pour l'achat des 70 000 actions de cette dernière, au cours de 250 piastres par action fixé par son président, M. Park, d'accord avec la majorité des actionnaires. Le capital représenté par cette acquisition est de 17 500 000 piastres, sur lesquelles 4 000 000 ont été versées le 1er juillet ; le reste est payable par cinquièmes en cinq années, avec l'intérêt annuel de 6 %. La Compagnie s'est réservé la faculté de s'acquitter intégralement à une époque quelconque dans l'intervalle de 18 mois, en prévoyant 3 mois d'avance.

Les actionnaires restent maîtres de l'exploitation jusqu'après complet paiement. Toutefois, la Compagnie du Canal est admise à faire partie du conseil d'administration du chemin de fer, elle y est représentée par MM. Richard W. Thompson, John W. Ellis, E.P. Fabbri, Jesse Seligman et C.J. de Sabla. Elle a droit à un autre siège, après le versement de la seconde échéance.

Le capital de la société américaine ne dépasse pas 7 millions de piastres ; en cédant sa place à la Compagnie du Canal, elle réalise un bénéfice énorme ; on estime même que le prix de vente, en y ajoutant le produit de l'intérêt et d'autres profits prévus, atteindra vingt millions de piastres ; la somme à répartir, en ce cas, entre chaque action, serait de 275 piastres environ.

En ce qui concerne le personnel des travaux de l'isthme, la mort a fait dans ses rangs de nombreuses victimes ; elle a frappé les chefs aussi bien que les simples employés ; ceux qu'elle a épargnés sont pour la plupart rentrés en Europe. Ils sont au fur et à mesure remplacés par des hommes nouveaux dont chaque paquebot apporte un contingent mais ceux-ci ne sont pas plus acclimatés que leurs devanciers, et le même sort les attend.

Il est vrai qu'à l'origine, l'absence d'abris suffisants contre la pluie et l'humidité des nuits, si funeste en cette contrée, n'a pas peu contribué, peut-être, au développement rapide de la maladie, la plainte a été générale sur ce point. On s'est empressé, depuis, de remédier au manque d'installations, on a fait venir des maisons de bois des États-Unis ; des villages se forment maintenant à Matachi, Gatun, Gamboa, Imperador et sur la ligne du canal. Néanmoins, à l'enthousiasme qui s'était manifesté au commencement, a succédé une certaine hésitation et, en saluant un ami au départ pour l'intérieur, on appréhende qu'il ne revienne bientôt atteint de la fièvre.

Des hommes qui ont impunément habité le Gabon, le Sénégal, la Cochinchine, le Brésil, s'étonnent de n'avoir pu échapper ici à ce terrible mal.

On prétend que le choix du personnel envoyé de Paris n'est pas toujours judicieux ; des employés devraient leur nomination à la faveur, lesquels n'ont pas montré l'aptitude requise, le courage et le tempérament indispensables sous ce climat. Des dissensions ont existé entre les supérieurs eux-mêmes ; de là des démissions, des révocations, des ressentiments qui se traduisent en plaintes exagérées peut-être, mais toujours de nature à causer une fâcheuse impression, de là aussi des frais de rapatriement qui accroissent inutilement les charges de la Compagnie.

Des discussions, des injures, des voies de fait publiques ont été échangées entre des employés d'un rang moindre, et on a cru pouvoir, dans certains cas, réclamer l'intervention du consulat pour obtenir la punition des coupables.

L'usage immodéré des liqueurs fortes est la principale cause de faits regrettables.

La Compagnie fait préparer actuellement le terrain sur une colline voisine de la ville pour l'édification d'un hôpital capable de contenir plus de 300 lits.

Cet hospice comprendra plusieurs pavillons où les malades seront classés suivant la nature de la maladie ; on espère qu'il sera achevé dans trois ou quatre mois. [...]

Correspondance consulaire et commerciale,
Panama, vol. 6, fol. 207-216.

1887 : Rimbaud à la recherche de mulets

En 1887, Rimbaud a trente-trois ans. Le dernier texte publié de lui, imprimé en octobre 1873 à Bruxelles, c'est « Adieu », d'*Une Saison en Enfer*. Après cela, on n'a plus que des lettres. Dès 1876, il a signé un engagement dans l'armée coloniale hollandaise. Arrivé à Batavia en juillet de la même année, il est porté déserteur le 15 août. C'est un premier départ. En décembre, le voilà de retour à Charleville. En 1877, il tourne en rond en Europe : Brême, Hambourg, Stockholm. Osera-t-on dire que, déjà, le poète n'existe plus ? À Gênes, Arthur Rimbaud prend un bateau pour Alexandrie où il arrive le 29 novembre. À la mi-décembre, il est de retour à Chypre, puis en France : quels errements, quelles angoisses… ?

1880 : Rimbaud repart pour l'Égypte, puis pour Chypre pour se retrouver en juillet à Alexandrie, Aden enfin, le 7 août 1880, où il est engagé par la maison Mazeran, Viannay, Bardey et Compagnie, pour faire le commerce des peaux et du café. Le 2 novembre, il est affecté à la succursale de Harar où il arrive le 13 décembre. Harar, Ogaden puis, en octobre 1885, Rimbaud, embauché par Pierre Labatut, va escorter un convoi d'armes destiné à Ménélik, roi des Choa. En février 1886, il est bloqué à Tadjoura. Son employeur, Labatut, quitte l'Afrique pour regagner la France où il va mourir d'un cancer. Son nouvel employeur, Soleillet, mourra à son tour d'une congestion à l'Hôtel de l'Univers, à Aden. Deux mois avant, en mai et juin, *La Vogue*, revue dirigée par Gustave Kahn, publie *Les Illuminations*. C'est seulement en décembre 1886 que Rimbaud quitte Tadjoura pour Ankober. Il lui faudra quatre mois pour atteindre son but. Il transporte quelque chose comme deux mille fusils, près de cent mille cartouches. Mais Ménélik, qui en est le destinataire, n'est pas au rendez-vous. Rimbaud essaie de le retrouver à Entotto, où il vient de combattre avec succès l'émir du Harar. Épuisantes allées et venues, et voilà de nouveau Rimbaud à Harar, puis à Aden, à Massaoua, au Caire au milieu du mois d'août. Le 8 octobre, il écrit à sa famille. « Donc, depuis deux mois, mes affaires vont très mal, je me fatigue inutilement, j'ai beaucoup de peine à garder le peu que j'ai. Je voudrais bien en finir avec tous ces satanés pays ; mais on a toujours l'espoir que les choses tourneront mieux et l'on reste à perdre son temps au milieu des privations et des souffrances que vous autres ne pouvez vous imaginer. »

Et puis quoi faire en France ? « Il est bien certain que je ne puis plus vivre cet enterrement ; et, surtout, j'ai grand'peur du froid – puis, enfin, je n'ai ni revenus suffisants, ni emploi, ni soutiens, ni connaissances, ni profession, ni ressources d'aucunes sortes. Ce serait m'enterrer que de revenir… ». Et c'est le 12 octobre suivant qu'il s'adresse au consul de France à Beyrouth pour lui demander – lui le grand trafiquant d'armes qui transporte les cartouches par milliers, lui qui nous a affirmé à dix-sept ans : « Ô que ma quille éclate ! ô que j'aille à la mer ! » – où trouver à Beyrouth ou sur la côte de Syrie quatre baudets !

Telle est la lettre déchirante découverte par Henri Hoppenot, conseiller politique du Haut Commissariat de la République à Beyrouth, qui fit fouiller dans les cartons de l'ancien consulat général de France au Liban au milieu des années trente pour retrouver une lettre évoquée dans un article du *Mercure de France* dont on possédait seulement celle qui lui avait été adressée en réponse.

C'est cette correspondance qu'on va lire : la demande absurde de A. Rimbaud, domicilié au consulat de France à Aden – possessions anglaises – à M. le consul de France à Beyrouth et la réponse de celui-ci, en date du 3 novembre 1887.

À Monsieur le Consul de France à Beyrouth

Aden, 12 octobre 1887

Monsieur,

Excusez-moi d'avoir à vous demander le renseignement suivant : À qui peut-on s'adresser à Beyrouth ou ailleurs sur la côte de Syrie pour l'achat de quatre baudets étalons, en pleine vigueur, de la meilleure race employée pour la procréation des plus grands et plus forts mulets de selle en Syrie ? Quel pourrait en être le prix et aussi le fret par les Messageries et l'assurance, de Beyrouth à Aden ?

Il s'agit d'une commande du roi Ménélik au Choa (Abyssinie méridionale) où il n'y a que des ânes de petite race, et où l'on voudrait créer une race supérieure de mulets, vu la très grande quantité et le très bas prix des juments.

Dans l'attente de votre réponse, je suis, Monsieur le Consul, votre obligé

A. Rimbaud

Au Consulat de France

Aden

Papiers Hoppenot.

A. M. A. Rimbaud, au consulat de France à Aden (Possessions anglaises).

Beyrouth, le 3 Xbre 1887

Monsieur,

En réponse à votre lettre du 12 octobre dernier, je m'empresse de vous faire savoir que c'est dans les environs de Damas, où l'on achète ordinairement les baudets étalons dont on se sert ici pour la procréation des mulets de Syrie. Les prix d'achat sur place de ces bêtes varient de 20 à 30 livres turques l'un, soit de 450 à 700 francs. Leur transfert de Beyrouth à

Aden, par les bateaux des Messageries Maritimes, est de 175 frs par tête, sans assurance, la chose étant contraire au règlement de la dite compagnie, qui n'assure jamais les bêtes. Les Messageries fournissent les stalles nécessaires au transport des bêtes, qui doivent être accompagnées d'un homme chargé de les soigner et qui doit embarquer avec lui leur nourriture pour la durée du voyage.

Il y a ici un maquignon, le nommé Youssef Nassif, qui se chargerait de se rendre à Damas à l'effet d'exécuter la commande en question, en lui fournissant d'avance les fonds nécessaires à l'achat, pour votre compte, des dits ânes, sans s'assumer aucune sorte de responsabilité. Les conditions me paraissent fort chanceuses pour vous, je crois devoir vous donner le conseil, pour le cas où vous vous décideriez à faire cette acquisition, d'envoyer à Damas une personne capable de surveiller sur place soit l'achat de ces bêtes soit leur embarquement à Beyrouth.

Papiers Hoppenot.

1887 : Une carrière ordinaire, le consul Léandre Le Gay

On voudrait simplement offrir maintenant aux lecteurs du tout début du XXIe siècle la biographie d'un agent du ministère des Affaires étrangères pendant la deuxième moitié du XIXe. Ce texte, préparé par l'actuelle direction des Archives du ministère, est une simple chronologie. Après les lettres de diplomates écrivains heureux ou malheureux, il peut être intéressant de se rendre compte de ce que fut la carrière d'un diplomate aux ambitions modestes, dont l'essentiel de la correspondance semble avoir été consacré à des plaintes sur son sort. Ni le climat de Djeddah, ni l'atmosphère de Sofia, par exemple, où il est nommé, ne conviennent à son tempérament. Il s'ennuie, ne parle pas la langue des pays où il se trouve, bref, c'est l'envers de la carrière diplomatique que l'on voit ici. Et pourtant, bien après, l'infortuné Léandre Le Gay fera l'objet d'une correspondance de l'ambassadeur de France en Turquie sollicitant l'approbation par le ministère des Affaires étrangères d'une décision de la municipalité de Sofia, désireuse de donner le nom de Le Gay à l'une des principales rues de la capitale bulgare…

Voilà donc, sans qu'il paraisse nécessaire d'ajouter d'autres commentaires, ce déroulé d'une carrière ordinaire sous les ors et les lambris probablement bien poussiéreux pour lui d'un consul tout à fait ordinaire.

Léandre LE GAY

11 septembre 1833

Naissance à Cuillé de Léandre, François, René Le Gay, fils de Léandre, Pierre Le Gay, notaire à Cuillé, et de Rose, Madeleine Boisgontier, son épouse.

Il a une sœur (cadette ?), Ernestine, Victoire, Marie.

4 novembre 1852

Bachelier ès-lettres (Académie départementale d'Ille-et-Vilaine), après des études au collège de Château-Gontier

2 septembre 1852-13 novembre 1854

Clerc d'avoué chez Me Eugène Courtois, président de la Chambre des avoués de Rennes.

Il est exempté de service militaire pour « myopie et faiblesse de constitution ».

1er décembre 1854

Bachelier en droit (Académie de Rennes).

1er août 1853-15 mars 1856

Clerc chez Me Édouard Duclos, notaire à Rennes, député au Corps législatif.

25 avril 1856-21 janvier 1858

Clerc stagiaire chez Me Beau, puis chez Me Baudier, notaires à Paris. Suit les cours d'arabe vulgaire, de turc, de persan et d'hindoustani à la Bibliothèque Impériale (École des Langues orientales), et ceux de turc et de persan au Collège de France.

10 avril 1858

Sollicite son admission dans les chancelleries (recommandé par Me Duclos).

1859

Vient en Égypte poursuivre ses études orientales et faire des recherches archéologiques.

18 mars 1861

Attaché à la chancellerie du consulat général d'Alexandrie.

4 juillet 1863

Démissionnaire, à la suite d'un conflit avec le consul général, M. de Beauval.

4 juillet 1863-9 janvier 1868

Professeur de littérature aux écoles égyptiennes du Caire (École d'état-major et École d'administration).

Il se marie (date inconnue). Il aura trois enfants, une fille et deux garçons dont l'un mourra à Sofia.

10 mars 1870

Attaché au consulat général de Tunis (service du drogmanat).

4 juillet 1870

Drogman auxiliaire du vice-consulat de Djeddah, prend son service le 30 septembre.

8 mai-11 décembre 1871, 1er juin 1872-10 janvier 1873

Gérant du vice-consulat.

« C'est par suite du désir que j'avais manifesté que j'ai été envoyé de Tunis à Djeddah en 1870. J'ai bien vite découvert que cette ville ne contient point les ressources que je comptais y trouver au point de vue de l'étude de l'arabe, et que son climat est loin d'être celui qui me convient ; mais j'ai dû me résigner à subir les conséquences de la faute que j'avais commise en faisant une démarche semblable. » (11 août 1873)

6 mai 1874

Quitte Djeddah pour venir en congé.

10 octobre 1874

Agent vice-consul à Choumla, dépendant du consulat de Roustchouk. Pendant le mois d'octobre, l'agence de Choumla est transférée à Sofia.

« Les circonstances actuelles exigent une expérience du pays et une sagacité toute spéciale chez les consuls placés en contact avec les populations slaves et bulgares. J'apprendrais avec plaisir que M. Legay, conformément à sa demande, fût transféré le plus tôt possible dans une province où ses antécédents et ses connaissances trouveront leur emploi, et que Votre Excellence eût fait choix pour Sofia d'un agent dont les qualités fussent en rapport avec les nécessités du poste qui lui serait confié » (lettre de l'ambassadeur de France en Turquie, Thérapia, 17 juillet 1876).

13 mars 1877

Nommé drogman-chancelier du consulat de Bosna Seraï, il remet le service de Sofia à son successeur Maricourt le 13 août.

« J'ai à plusieurs reprises… exprimé le désir d'obtenir un changement de résidence, 1°/ parce que je me trouvais à Sofia au milieu d'une population dont les neuf dixièmes ne parlent que le bulgare, langue qui m'est inconnue ; 2°/ parce que le climat de Sofia est beaucoup trop froid pour ma santé. Par suite de mon envoi à Bosna Seraï, je dois me rendre dans un pays où je trouverai, 1°/ une population qui parle le bosniaque, dialecte qui m'est inconnu ; 2°/ un climat plus froid encore que celui de Sofia… J'ai également eu l'honneur d'expliquer autrefois à M. le directeur des Consultats que pour plusieurs raisons, et notamment par suite de mon peu de goût pour les affaires de chancellerie, je désirais être nommé vice-consul pour quitter la carrière du drogmanat… Cependant, comme… je n'ai jamais eu pour but que de servir suivant mes faibles capacités mon pays, je ne refuse point d'accepter le poste auquel Votre Excellence m'a fait l'honneur de me désigner » (29 mars 1877).

28 décembre 1878

Vice-consul à Bourgas (création de poste). Il reçoit le 11 janvier 1879 une extension d'attributions (état civil et actes notariés).

décembre 1879 ?

La municipalité de Sofia donne à une des principales rues de la ville le nom de Le Gay en témoignage de sa reconnaissance « pour le soin qu'il a mis à protéger les habitants contre les abus de l'autorité ottomane et pour la charité dont il a fait preuve pendant les années si éprouvées de 1876-1877 ».

10 mars 1882

Vice-consul à Jaffa.

décembre 1882

Nommé « citoyen de Bourgas » par la municipalité de cette ville.

1er juillet 1886

Atteint de tuberculose, rentre en congé en France.

13 février 1887

Décède à Jaffa.

Lettre adressée à Monsieur Waddington, ministre des Affaires étrangères

2 janvier 1879

La municipalité de Sofia vient de donner à l'une des principales rues de la Ville le nom de « Le Gay », en témoignage de sa reconnaissance envers le premier agent consulaire de la République pour le soin qu'il a mis à protéger les habitants contre les abus de l'autorité ottomane et pour la charité dont il a fait preuve pendant les années si éprouvées de 1876-1877. La municipalité a voulu honorer à la fois le gouvernement de la France et son représentant. Vous trouverez ci-joint le texte du procès-verbal de la séance du conseil municipal qui a trait à cette décision, ainsi que la lettre du gouverneur à M. Devlette, le priant de porter le fait à la connaissance de M. Le Gay.

Je pense que Votre Excellence ne verra pas d'inconvénient à approuver cette mesure si flatteuse pour votre agent et qu'elle voudra bien lui faire parvenir les documents qui lui sont destinés.

1896 : Un geste diplomatique du consul de France en Finlande

Nous avons vu une table de porcelaine offerte en cadeau, nous verrons bientôt le menu d'un banquet officiel en Norvège, mais c'est de fleurs artificielles qu'il s'agit à présent. On le voit, ambassades et consulats ne négligent pas le détail, font dans la dentelle et la galanterie, mais n'omettent jamais d'en informer leur ministère ! Ainsi cette remarquable dépêche du 25 novembre 1896 que le consul de France en Finlande, Léon Duplessis, adressa à M. Hanotaux, alors ministre des Affaires étrangères, sur l'initiative qui fut la sienne de donner, par des fleurs artificielles offertes « aux principales dames d'Helsingfors » un écho à l'initiative d'un chef du protocole parisien. Ce dernier avait fait décorer les arbres des Champs-Élysées de fleurs tout aussi artificielles pour marquer le voyage en France du tsar de Russie.

M. Duplessis ne se fait guère d'illusions sur la portée politique de son geste, puisqu'il précise qu'il s'agit « d'un fait sans doute gracieux mais insignifiant en lui-même » ; il n'en joint pas moins en annexe à sa dépêche les cartes de visite qu'il reçut en remerciement de la baronne Ramsay, de la comtesse Mannersheim, de Madame Alexandra Mechelin et d'une Friherrinnan Eva Cronstedt…

On notera tout particulièrement la longue et très alambiquée dernière phrase de la dépêche de M. Duplessis, qui constate modestement que, par ce geste, le travail consulaire « se confond pour ainsi dire avec celui de la diplomatie proprement dite… ». Quel geste et quelle haute diplomatie !

À propos de fleurs artificielles offertes aux dames principales d'Helsingfors

Helsingfors, 25 novembre 1896

Monsieur le Ministre,

Lors du voyage, le mois passé, de l'empereur et de l'impératrice de Russie en France, je remarquai qu'une des choses qui frappait le plus ici l'imagination du public était l'ornementation d'arbres des Champs-Élysées avec des fleurs artificielles.

Désireux de profiter de cet engoûment pour cultiver des sympathies auxquelles nous tenons et qui importent à notre influence morale en ce pays, j'ai eu alors l'idée d'aller, pendant la semaine russe, rendre mes hommages aux principales dames de la société d'Helsingfors et d'offrir à chacune d'elles, en souvenir de la visite impériale faite en ce moment à la France, une jolie rose en soie ou un bouquet de myosotis en velours.

Cette petite courtoisie de salon a eu un plein succès. Tous les maris, à commencer par le gouverneur intérimaire général Goutcharoff, sont venus, dans les huit jours, me remercier au nom de leurs femmes dont la plupart avaient piqué ces fleurs à leur corsage le soir même où je les leur avais données. Les quelques rares dames enfin que je n'avais pas rencontrées chez elles m'ont adressé le lendemain des cartes tout particulièrement aimables que j'ai l'honneur d'envoyer ci-joint à Votre Excellence sous enveloppe à titre confidentiel.

La baronne Ramsay est la femme du général en chef des troupes finlandaises ; la comtesse Mannerheim porte un des plus vieux noms historiques de la Finlande ; madame Alexandra Mechelin est la femme de l'homme d'État finlandais de ce nom qui est l'ami personnel de Votre Excellence ; pour terminer, la baronne Eva Cronstedt née Aminoff, est mariée à l'un des plus importants financiers du grand-duché.

En adressant à Votre Excellence la présente dépêche sur un fait sans doute gracieux mais insignifiant en lui-même, je la prie de croire que je n'obéis pas au moindre mobile de vanité ou d'amour-propre. Depuis plus de vingt ans de carrière, j'ai eu maintes occasions dans mes différents postes d'imaginer et de mettre à exécution des idées analogues qui toutes dans mon esprit pouvaient faire naître quelque résultat utile.

Je n'en ai pas même parlé !

J'ai tenu néanmoins à fixer cette fois-ci ce minime épisode parce qu'on y voit d'une façon très claire un exemple de cette partie du travail consulaire où ce dernier se confond pour ainsi dire avec celui de la diplomatie proprement dite, entre dans la catégorie des impondérables, échappe à tout contrôle et est cependant nécessaire pour le bien du service.

Daignez agréer, Monsieur le Ministre, les hommages de mon plus profond respect.

Léon Duplessis

Annexe à la dépêche n° 155 en date du 25 novembre 1896

La Baronne E. Ramsay prie Monsieur Duplessis d'agréer les plus sincères remerciements pour sa charmante amabilité. La jolie rose sera précieusement gardée en souvenir de la visite Impériale à la France Munksnäs 12 octobre 1896	*Friherrinnan Ewa Cronstedt* remercie bien sincèrement Monsieur le Consul Duplessis pour la charmante rose qui sera toujours pour moi un précieux souvenir des jours innoubliables (*sic*).
Comme toutes les femmes, j'aime bien les fleurs. Vous m'avez *Mme Alexandra Mechelin* donc pris par un côté faible en m'envoyant une fleur. Et je suis aussi charmée de ce que c'est une fleur qui ne se fane pas. Elle sera gardée par moi comme un souvenir de l'homme si sympathique qui représente la France en Finlande.	*La Comtesse Mannerheim* Très touchée de votre gracieux envoi, je garderai ces fleurs qui ne se fânent pas, en souvenir de la belle France et de son aimable consul. Hfors, 9 oct. 1896

Nouvelle série Russie, 82 : Protocole, IV.

1897 : Hansen, un Danois au service de la diplomatie française

L'ensemble réuni sous le nom familier de « papiers Hansen » constitue un fonds de documents particulièrement important aux Archives du ministère des Affaires étrangères. Les titres des ouvrages que publia Jules Hansen pendant sa vie sont révélateurs de l'étendue des centres d'intérêts de ce curieux personnage : *À travers la diplomatie, Les coulisses et la diplomatie, L'Alliance franco-russe*, etc. Jules Hansen, était bien, en effet, un personnage étrange, ambivalent, un touche-à-tout des diplomaties française, allemande, autrichienne et même russe. Né au Danemark en 1828, il fit ses études à l'université de Copenhague puis occupa un premier poste à la cour royale du Danemark. Là, il commença à s'intéresser à la politique étrangère et publia dans les journaux danois de nombreux articles, en particulier sur le conflit entre le Danemark et l'Allemagne au sujet du duché d'Elbe. En 1864, à l'occasion d'un congé, il se rendit en France afin « d'éclairer » le public européen sur les causes de ce conflit. Il collabora à différents journaux, *Le Pays, La France*, et *La Patrie*. Il suivit de près la politique française, autrichienne et anglaise, et eut l'occasion de s'entretenir avec de nombreuses personnalités françaises, Drouyn de Lhuys, ministre des Affaires étrangères, Thiers, Gramont, le duc Decazes, Gambetta, Freycinet, mais aussi avec beaucoup d'hommes d'État étrangers, parmi lesquels Bismarck.

À partir d'octobre 1864, Hansen négocia avec Bismarck à Biarritz, Berlin et Paris pour la rétrocession au Danemark du Schleswig du Nord. Il poursuivit la négociation pendant encore deux ans, puis quitta le service du Danemark, une clause à laquelle il tenait particulièrement dans le traité de Prague mettant fin à la guerre austro-prussienne n'ayant pas été exécutée. À partir de ce moment-là, il se fixa définitivement à Paris et se mit en 1869 au service de la France.

En août 1870, on le voit chargé d'assister l'ambassade de France en Grande-Bretagne. Pendant son séjour à Londres, il effectua plusieurs missions de propagande et de renseignements en faveur de la France. Enfin, quand, en septembre 1872, Thiers ordonna à Versailles la création d'un service de renseignements politiques et militaires ce fut Jules Hansen qui fut spécialement chargé de la partie concernant les informations politiques. Il remplit dès lors de nouvelles missions diplomatiques officieuses, notamment en Russie, en Allemagne, en Italie et au Danemark. En 1876, il fonda l'important journal *L'Europe diplomatique*, dans le seul but d'y défendre les intérêts de la France auprès des esprits éclairés d'Europe. Après 1884, il joua un rôle important dans la formation de l'Alliance franco-russe, aux côtés du baron de Mohrenhein, nommé ambassadeur de Russie à Paris. Et c'est seulement en 1887 qu'il fut naturalisé Français. Il fut alors nommé conseiller d'ambassade honoraire et quitta le ministère des Affaires étrangères en 1894. Il devait mourir en 1907.

Venant après la carrière du malheureux Léandre Le Gay, Français s'il en fut aux infortunes consulaires assez misérables, celle de ce brillant diplomate français qui, né Danois et Danois pendant à peu près toute sa vie, servit les intérêts de la France avec éclat, paraît également exemplaire. On aurait pu extraire des dossiers qu'il a laissés bien des documents plus ambitieux. On se bornera à publier ici une note confidentielle rédigée de sa main, en janvier 1897, sur la santé du tsar Nicolas II. Si le fils du dernier des Romanoff, l'infortuné tsarévitch assassiné en 1817 avec toute sa famille, devait se révéler d'une constitution naturellement faible, la note confidentielle de Jules Hansen dévoile les raisons, tout aussi naturelles mais dues à de bien autres causes, de la santé délicate de Nicolas II. On dispose des sources que l'on peut : dans le cas présent ce fut un valet de chambre du tsar qui révéla à Hansen la nature, disons généreuse, de l'impératrice de Russie et les conséquences de cette belle ardeur amoureuse sur la santé de son malheureux époux.

Note confidentielle sur Nicolas II

Nicolas II est loin d'avoir une santé robuste ; elle est plutôt délicate au contraire. L'empereur éprouve souvent de grandes fatigues, surtout depuis son mariage. L'impératrice, grande et belle allemande, demande beaucoup à son mari, ce qui n'augmente pas les forces physiques de ce dernier.

L'empereur a un valet de chambre qui le sert depuis sa jeunesse et qui se permet quelquefois de lui donner des conseils. Le fidèle serviteur lui a conseillé de se ménager dans ses devoirs conjugaux ; mais, jusqu'ici, l'empereur n'a pas suivi ce conseil.

Le valet de chambre a remarqué les premiers signes de faiblesse chez l'empereur, au cours de son séjour à Breslau, en Silésie. La fatigue continua au Danemark où l'extrême pâleur de l'empereur fut beaucoup remarquée. Le valet de chambre se permit alors de dire à l'empereur qu'il aurait dû se faire suivre d'un meilleur médecin que M. Hirsch, « qui est un imbécile ». Nicolas II reconnut la justesse de cette observation, mais il était trop tard.

Pendant son séjour à Balmoral où Nicolas II mena une existence très tranquille, sa santé s'améliora, et il ne se trouvait que peu fatigué. À Paris, par contre, la fatigue recommença, et à Darmstadt, Sa Majesté ne se trouva guère mieux.

De retour en Russie, l'Empereur, sur les conseils des médecins, évita d'habiter Saint-Pétersbourg et se fixa dans la tranquille résidence de Tsarkoïé-Sélo où la Cour passera probablement l'hiver.

L'empereur travaille beaucoup trop. Il veut être au courant de toutes les affaires de l'État. Ses forces n'y suffiront pas. Dans son cabinet de travail, il y a partout des monceaux de dossiers qu'il n'a pu encore examiner. Le bruit qu'il a l'intention de se décharger d'une partie des affaires intérieures de l'État qu'il confierait à M. Pobiedonoskzew n'est pas confirmé, mais la chose n'est pas improbable.

En somme, l'empereur a grand besoin de se ménager, voilà tout. Son état n'a rien d'alarmant, pas même de grave. Quant aux réminiscences de la blessure qu'il a reçue au Japon, elles sont insignifiantes. Il n'y a encore rien de décidé au sujet d'un voyage de l'empereur en Crimée ; cela dépendra surtout de l'état de santé de l'impératrice qui est dans son cinquième mois de grossesse.

Un fait curieux est que, pendant le séjour du couple impérial à Darmstadt, les proches parents de l'impératrice ignoraient complètement son état.

Paris, 21 janvier 1897

PA – AP 85, Hansen, vol. 1, fol. 174

1898 : À propos de l'affaire Dreyfus

Nous sommes en pleine affaire Dreyfus. La France est divisée en deux clans qui s'opposent, voire se haïssent avec passion. Le 13 janvier 1898, c'est le *J'accuse* d'Émile Zola dans *L'Aurore* de Clemenceau. Au mois d'août, on découvre que le colonel Henry, l'un des principaux accusateurs de Dreyfus, a fabriqué un faux. Le colonel Henry se suicide, on va s'acheminer vers la révision. Pourtant, dans le même temps, il se trouve un agent consulaire français à Elsingborg, pour prévenir la légation de France en Suède et Norvège qu'un drame *Le Capitaine Dreyfus*, interdit à Copenhague mais déjà produit sur de nombreuses scènes allemandes, belges et hollandaises, devrait être donné dans la ville où il officie. Le représentant de la France à Stockholm saisit le Cabinet de Christiana (qui ne deviendra Oslo qu'en 1925) et s'efforce de faire interdire la pièce. Adressée à M. Delcassé, ministre des Affaires étrangères, ce modèle d'intervention, qui n'est pas sans évoquer aujourd'hui celle de bien des États qui refusent de voir mettre en scène tel ou tel aspect de leur vie politique ou simplement sociale sur le grand théâtre de la culture, méritait sûrement une place dans cette anthologie.

À son Excellence, Monsieur Delcassé, ministre des Affaires étrangères

Stockholm, le 4 octobre 1898

Monsieur le Ministre,

Une lettre de notre agent consulaire à Helsingborg m'a appris dimanche matin qu'une troupe danoise devait donner le lendemain soir dans cette ville une représentation du drame *Le Capitaine Dreyfus* interdit à Copenhague, mais qui a déjà été promené sur diverses scènes d'Allemagne, de Belgique et de Hollande, à la grande joie de nos ennemis. Cette exhibition était d'autant plus inconvenante qu'elle se produisait à l'heure où le gouvernement de la République ayant marqué, par la dévolution du procès Dreyfus à l'examen de la Cour Suprême, son désir de faire la plus entière lumière, les partisans de l'ex-capitaine, nombreux en ce pays, n'avaient plus même un semblant de prétexte pour faire de l'agitation en sa faveur, et qu'il ne s'agissait plus là que de l'exploitation, purement commerciale de la plus malsaine curiosité.

Le temps pressait, et le comte Douglas venant malheureusement de partir pour Upsal, je n'ai pu que lui écrire pour le prier de s'employer d'urgence auprès de ses collègues de cabinet en vue de l'interdiction de la pièce. Le ministre des Affaires étrangères a mis le plus gracieux empressement à déférer à mon désir et l'ordre demandé est parvenu en temps utile à Helsingborg.

Je me suis rendu aujourd'hui à son audience pour le remercier. Il m'a dit qu'il avait été heureux de nous être agréable et qu'il avait dû surtout d'y réussir, à la nationalité danoise de la troupe d'Helsingborg, les représentations données par des étrangers étant soumises à une autorisation toujours révocable. Au contraire, en ce qui concerne les œuvres interprétées par une troupe indigène, l'interdiction préalable ne peut être prononcée que dans l'intérêt des bonnes mœurs. [...]

J'avais déjà dû faire, quelques jours auparavant, une démarche verbale auprès du remplaçant du comte Douglas, alors en congé, pour empêcher la représentation de ce même drame ou d'une élucubration analogue, sur une des scènes de Christiania. [...]

Je n'ai pu savoir encore si le cabinet de Christiania était venu à composition. Ce qui est certain, par contre, c'est que la représentation annoncée n'a point encore eu lieu, et il faut espérer que la résolution prise, en ce qui le concerne, par le cabinet de Stockholm, aura sur son voisin l'autorité du bon exemple.

Nouvelle série, Allemagne, vol. 57, fol. 169-170.

XXe SIÈCLE

La diplomatie française au XXe siècle, nous l'avons vécue, fût-ce parfois d'un peu loin, depuis bientôt quatre décennies. D'abord humble étudiant de cette école qui succéda, à plus de trois siècles de distance, à l'*Académie politique* du cher Torcy, puis en poste à Hong Kong et Pékin, Londres et Florence, à l'UNESCO puis à Rome – et à Paris naturellement. En charge de questions qui ne furent pas seulement culturelles – la politique économique de la Chine populaire, l'UEO (Union de l'Europe occidentale)... –, nous avons participé à des réunions d'instruction, pris des notes plus souvent que suggéré des interventions officielles à quelques douzaines de « sommets » de tout poil, voire à quelques-unes de ces « conférences » qui ont remplacé les congrès de jadis. Nous avons usé nos plumes à écrire, récrire et ré-écrire dépêches et documents dix fois corrigés et renvoyés par des « patrons » sévères ou bienveillants. Nous avons même débarqué dans un poste consulaire après que les agents des Archives y avaient, pour en rapatrier à Paris l'essentiel, procédé à une razzia féconde sur ce qui constituait le trésor de guerre et le butin de vingt consuls qui s'étaient succédé avant nous. Le Quai d'Orsay, en somme, *le Département*, comme on répète que nous le disons, nous l'avons connu de l'intérieur comme de l'extérieur, avec pour seul regret celui d'avoir quand même fini par arriver presque « au bout du Quai », comme un de nos anciens confrères intitula le volume de ses mémoires. Un confrère ? Mais là aussi, des noms qui reviendront dans les pages qui vont suivre ont souvent résonné à mes oreilles comme de formidables échos. Sans remonter aux Philippe Berthelot et aux Alexis Léger ou aux Gaston Maugras, il y a eu les Hoppenot, que nous avons croisés, les Massigli, les Chauvel, les Alphand et les Courcel, qu'on retrouvera souvent. Ils étaient les ténors, de grands premiers rôles dont la présence active sur la scène internationale française ou dans ses coulisses traverse toute la deuxième partie du XXe siècle. Et puis, il y en a eu d'autres, moins connus mais qu'une poignée de ceux qui ont vécu dans leur sillage n'est pas près d'oublier. Un Louis Delamare ou un Pierre Susini morts sur le terrain, au Liban sous les balles des terroristes ou à Hanoï sous des bombes pourtant « amies ». Un X ou un Y dont la fascinante préciosité des dépêches était devenue légende. On les lisait avec délectation. Ou encore cette demi-douzaine d'ambassadeurs qui, tous en même temps dans la péninsule indochinoise et ses alentours, portaient des noms d'oiseaux… Parmi eux, le cher Georges Perruche qui avait vécu avant cela l'enfer d'un emprisonnement en Corée dont on trouvera ici le récit. Et enfin, une fois de plus, les écrivains diplomates, les phares, Saint-John Perse, Paul Claudel, Giraudoux, qui sont cités ici, d'autres qu'on n'a pas oubliés, Michel Huriet qui parla si bellement du Japon ou Francis Huré et son *Consulat du Pacifique*.

C'est un peu en souvenir de tous ces collègues-là qu'on a entrepris ce livre et, parvenu au chapitre qui traite du XXe siècle, on est heureux de renouer avec eux.

De ce XXe siècle, on se gardera bien de soulever d'autre rideau que celui de ces souvenirs-là. Car, les grands traits de l'histoire de ce siècle que nous avons si pleinement vécu, on ne les connaît que trop : deux guerres mondiales, au moins deux totalitarismes qu'on renvoie dos à dos en matière de crimes, une expansion des populations sans précédent qui conduit à l'émergence de presque deux nouveaux continents avec le naufrage terrifiant d'un troisième, et un siècle qui, pour nous Occidentaux, s'achève comme il avait commencé, par une crise balkanique qui, cent ans plus tôt, avait conduit à la Première Guerre mondiale.

On se doit néanmoins de souligner encore trois traits, quant à l'organisation même des relations internationales. Au premier chef, la place, essentielle à mesure que le siècle s'avance, du multilatéralisme dans les rapports entre États. On s'y prend à deux fois, la SDN est impuissante et capote mais l'ONU, pour ligotée qu'elle soit de toute part, n'est pas moins une plate-forme où, comme au sein de toutes ses organisations spécialisées, les États se rencontrent et où les plus faibles disposent d'un instrument de communication sûrement insuffisant mais qui a le mérite d'exister. En second lieu, aux deux totalitarismes ravageant tout autour d'eux et qui dominent le milieu du siècle, vient s'ajouter, se substituer ensuite après 1945, un nouvel équilibre de deux super-puissances soudées par la crainte qu'elles ont chacune de l'arme atomique de l'autre. Enfin, dans les toutes dernières années du siècle, une tentative de « moralisation » des relations entre États qui peut parfois aller jusqu'à un droit de regard de la communauté internationale sur la politique intérieure d'un pays que l'on considère comme contraire à cette morale. Il est trop tôt encore pour imaginer comment les actions terroristes sans précédent commises contre les États-Unis en septembe 2001 vont, à leur tour, modeler les rapports entre États : peut-être entrons-nous à présent dans une ère nouvelle des relations internationales. Plus que jamais, alors, tout ce qui précède appartiendrait au passé.

La technique des relations internationales évolue néanmoins en conséquence de tout ce qui précède. La « plate-forme de contact » de l'ONU remplace bien d'autres conférences ou congrès d'autrefois. Comme c'était le cas jusqu'à la fin du XVIe siècle, les chefs d'États se déplacent à nouveau aux quatre coins du monde pour soutenir avec plus de force leur politique : les Camps du Drap d'or s'appellent désormais Camp David ou sommets franco-britanniques ou franco-allemands. Dans le même temps, envoyés spéciaux et ambassadeurs extraordinaires chargés d'une mission spécifique se déplacent en un temps éclair pour régler un différend, trouver une solution à un problème, voire apaiser un conflit qui, dans l'absolu, ne concerne en rien leur propre État. En sens inverse, le rôle des ambassadeurs devient nettement plus économique, financier, voire culturel que par le passé : ils organisent la présence française dans les pays de leur résidence au moins autant – et parfois beaucoup plus !– qu'ils n'appliquent des instructions à proprement parler politiques. Ainsi, dans le cas de la France, l'action culturelle devient-elle un outil privilégié de la politique internationale.

On a vu que, dès la fin du XIXe siècle, l'invention du télégraphe avait modifié les moyens de communication entre États comme entre une capitale et ses envoyés à l'étranger. Mais si, au début des années 1900, un Paul Claudel, consul de France à Fou Tch'eou (romanisation française des caractères chinois du temps de Claudel !), écrivait encore ses dépêches lui-même et à la main, à peu près toutes celles-ci sont dactylographiées à partir de la guerre de 1914, et surtout le « télégraphe » joue un rôle de plus en plus important dans la communication immédiate de l'information. Cinquante ans encore et ce sera le téléphone. Puis la télécopie. Enfin le *e-mail* puisque tous les postes diplomatiques et consulaires français font désormais peu à peu partie d'un réseau intranet.

Nous avons nous-même connu un temps où, le téléphone ne servant que d'outil de mise au point entre collègues, deux formes de correspondance se partageaient le temps des diplomates qui les rédigeaient : la dépêche et le télégramme. Envoyée « par valise », la dépêche était un document d'une certaine longueur, faisant le point sur un événement qu'on prenait le temps d'analyser *a posteriori* avec parfois un luxe de détails et d'annexes. Le télégramme se devait en revanche d'être bref mais d'une écriture répondant à des codes si précis que sa rédaction même constituait presque une forme particulière de littérature. Le rédacteur soumettait son texte à un premier lecteur, sous-directeur ou ministre conseiller, qui effectuait de premières corrections et, le cas échéant, le renvoyait à son auteur pour une réécriture. Puis, généralement à la fin de la journée – en fonction des décalages horaires – avait lieu le rite de « la signature » du directeur ou du chef de poste. D'abord chiffrés à la main puis selon des méthodes de plus en plus sophistiquées et surtout de plus en plus rapides, les télégrammes ont pu se développer de manière exponentielle jusqu'à devenir ces longs télégrammes dits d'information qui, sur plusieurs numéros et de nombreuses pages, remplacent peu à peu les dépêches habituelles par les longues – si longues ! – analyses qu'ils fournissent aujourd'hui.

L'ensemble des documents que l'on présente ici tient naturellement compte de ces évolutions tant politiques que techniques. Mais plus que par le passé, nous avons choisi cette fois de privilégier des documents d'un intérêt politique plus évident, sans toutefois sacrifier totalement le pittoresque.

1900 : les cinquante-cinq jours de Pékin

Un magnifique document. La longue et très littéraire description par M. Pichon, représentant de la France à Pékin, en date du 28 août 1900, des célèbres « Cinquante-cinq jours de Pékin », au cours desquels la population occidentale et japonaise du « quartier des légations » de Pékin dut résister à des milliers d'assaillants chinois menés par les Boxers qui voulaient purger leur pays de la présence étrangère. Signalons que ce nom pittoresque de Boxers fut donné par les Occidentaux aux membres d'une société chinoise secrète, celle des K'uan Fui, ou des « Poings ». Qu'on nous pardonne d'adopter pour ce texte « d'époque » la transcription française alors en usage.

Dès la fin du XVIIIe siècle, les Boxers représentaient déjà une force d'opposition aux étrangers. C'était une secte ultranationaliste, ultraconservatrice, que la dernière impératrice de Chine, Ts'eu-Hsi, utilisa à son propre compte. C'est ainsi qu'en juin 1900, à l'initiative de l'impératrice et du prince Touan, son principal confident, les membres de la secte réussirent à entraîner la foule de Pékin à l'assaut de toutes les positions étrangères, et notamment des missions catholiques. Le massacre de plusieurs prêtres, puis celui du ministre d'Allemagne à Pékin, furent le prélude au fameux siège des légations. Ce quartier, au sud de la partie de Pékin dite « ville tartare », en bordure de la muraille qui séparait celle-ci de la ville dite « chinoise », avait été construit dans la deuxième moitié du XIXe siècle pour y loger les ambassades étrangères et leur personnel. Le quartier disposait d'une poignée de militaires, appartenant aux différentes légations. Pendant que se déroulait le siège, les puissances occidentales organisèrent un corps expéditionnaire international composé d'Anglais, d'Allemands, de Français, d'Italiens, d'Autrichiens, de Russes, d'Américains et de Japonais sous le commandement unique d'un général allemand. Les alliés prirent T'ien-tsin le 14 juillet 1900 pour entrer à Pékin le 15 août.

Il était malheureusement difficile de reproduire l'ensemble de la dépêche par laquelle le ministre de France à Pékin informa, après coup, le ministère des Affaires étrangères du détail des événements de ces cinquante-cinq jours. On se bornera donc à publier ici une manière de « dépêche de couverture » faisant un premier bilan de la situation au lendemain de la victoire occidentale, puis les dernières pages du récit du siège, avec la description – grand morceau de littérature ! – de l'arrivée du corps expéditionnaire dans la capitale chinoise.

Récit du siège des légations par les Boxers

Pékin, le 28 août 1900

Monsieur le Ministre,

J'ai l'honneur de vous adresser ci-joint le récit des faits qui se sont produits à Pékin du 20 juin au 15 août. […]

Il me semblerait superflu d'ajouter de longues considérations à l'historique, déjà suffisamment détaillé, des événements que je rapporte, et aux documents qui l'accompagnent.

Du 20 juin au 14 août, les légations ont été assiégées par les troupes impériales. Elles ont eu à lutter contre l'incendie, les fusillades, la canonnade et les mines.

Les escortes qui les défendaient se composaient (officiers compris) de 409 hommes auxquels on peut ajouter 80 volontaires, armés de carabines de divers modèles ou de fusils de chasse. Elles possédaient un canon italien de 37 mm, un canon Maxim, une mitrailleuse autrichienne et une mitrailleuse américaine. Les détachements italiens, japonais et russes, n'avaient, les deux premiers surtout, que très peu de munitions.

On peut évaluer à 5 000 ou 6 000 soldats le chiffre des troupes contre lesquelles cette poignée d'étrangers de toutes nationalités a dû combattre : ces troupes, munies de fusils Mauser ou Mannlicher, disposaient d'une artillerie considérable, dont elles n'ont utilisé que quelques pièces. […] Elles étaient soutenues et servies par plus de boxeurs et de coolies qu'elles ne pouvaient en employer. Tous les arsenaux et magasins d'approvisionnements, admirablement pourvus, leur étaient ouverts. Le gouvernement leur aurait libéralement donné tous les renforts qu'elles auraient jugés nécessaires. Elles ont usé plus de 3 500 projectiles de canon et des millions de cartouches de gros et petit calibre.

On peut se demander comment les assiégés ont résisté et ont été sauvés. Il a fallu, pour empêcher le massacre général, auquel tout semblait les condamner, une série d'événements extraordinaires, dont l'origine tient peut-être moins à la volonté des hommes qu'à un concours de circonstances échappant à toutes les prévisions.

Si, le 20 juin, le corps diplomatique était allé au Tsong li Yamen comme il en avait manifesté l'intention, aucun de ses membres n'aurait échappé à la mort ou pour le moins à la fusillade des soldats chinois. Le hasard a voulu que, seul, le ministre d'Allemagne se rendit à l'audience qu'il avait demandée : il a été assassiné.

Si le 22 juin l'évacuation des légations de France, d'Allemagne, d'Amérique et de Russie avait été maintenue, ou si elle avait eu lieu quelques jours plus tard comme il en était sérieusement question, la légation d'Angleterre aurait succombé en moins d'une quinzaine.

Si, dès le commencement du siège, nous n'avions pas découvert dans des maisons abandonnées assez de riz et de blé pour nourrir 900 réfugiés et 2 400 chrétiens indigènes pendant plus de 2 mois, nous aurions été pris par la famine.

Si nos agresseurs, au lieu d'envoyer la plupart de leurs artilleurs à T'ien-tsin, avaient conservé quelques bons pointeurs à Pékin, nous aurions été hors d'état de nous protéger contre leurs canons. Si, d'ailleurs, les Chinois avaient eu quelque courage, et tenté l'assaut de nos murs et de nos barricades, nous aurions été écrasés par la supériorité numérique qu'ils pouvaient nous opposer.

Si, à partir du 17 juillet, nous n'avions profité d'une sorte d'armistice intermittent dont il est difficile de démêler toutes les causes, les pertes que nous aurions subies, en les évaluant suivant les mêmes proportions que celles qui nous avaient été infligées jusqu'à la suspension partielle du feu, nous auraient réduits à l'impuissance. En outre, nos munitions auraient été absorbées complètement avant la possibilité de notre libération.

Si l'armée internationale, arrivée le 14 août dans la capitale chinoise avait ajourné de 24 heures son entrée, il est probable qu'elle ne nous aurait plus trouvés vivants. Les Chinois avaient creusé sous la légation d'Angleterre une mine de 54 mètres de long, qui, en éclatant, aurait pu tuer 100 personnes et aurait ouvert aux assaillants le refuge des femmes et des enfants. Ils avaient effectué sur la muraille un travail de même nature qui aurait fait sauter la barricade russo-américaine, et ils étaient près d'aboutir au même résultat à la légation de France.

Notre salut tient donc à un ensemble d'événements inattendus qui ne peuvent s'expliquer par un raisonnement logique et par un enchaînement de considérations rationnelles. J'ajoute que la saison, qui risquait de créer de sérieux obstacles aux mouvements de l'armée envoyée à notre secours, nous a été particulièrement clémente. Au lieu des pluies habituelles du mois de juillet, nous avons eu, sauf quelques orages rafraîchissants et bienfaisants, une température sèche et peu élevée. Tout rendait possible et pratique, même à une date plus rapprochée que celle qui a été choisie, un coup de main sur Pékin, d'où les Chinois se seraient enfuis, comme ils l'ont fait du reste, à l'approche de notre artillerie.

Je dois dire, pour être tout à fait juste, que l'intervention des Japonais nous a été tout spécialement favorable. C'est eux, qui, connaissant le mieux la Chine et les Chinois, ont donné aux troupes alliées les informations les plus sûres et les plus véridiques ; eux qui ont, pendant le siège, réussi à faire parvenir à T'ien-tsin des courriers qui portaient des nouvelles précises de notre situation désespérée ; eux qui ont fait décider la marche en avant sans attendre de renforts, après le combat de Pei tang où les troupes françaises se sont brillamment montrées. À un autre point de vue, qui n'est pas sans intérêt politique et philosophique, ce sont les Japonais qui ont été chargés au premier rang, avec l'appui du détachement italien et avec des marins ou des volontaires autrichiens, français et anglais, de la défense des chrétiens chinois que nos faibles forces ont arrachés à une mort encore plus menaçante pour eux que pour nous-mêmes. Ils se sont acquittés de cette tâche avec un courage au-dessus de tout éloge et avec une remarquable intelligence, et le colonel Shiba, qui les commandait, a été, de tous les officiers, celui dont les qualités ont été le plus appréciées.

Il est assez curieux, à ce propos, de faire la comparaison des pertes subies par chaque détachement :

Sur 82 hommes (officiers compris) les Anglais ont eu 3 tués et 10 blessés.

Sur 81 hommes (officiers compris) les Russes ont eu 4 tués et 19 blessés.

Sur 58 hommes (officiers compris) les Américains ont eu 7 tués et 10 blessés.

Sur 51 hommes (officiers compris) les Allemands ont eu 12 tués et 15 blessés.

Sur 48 hommes (officiers compris) les Français ont eu 11 tués et 22 blessés.

Sur 35 hommes (officiers compris) les Autrichiens ont eu 4 tués et 11 blessés.

Sur 29 hommes (officiers compris) les Italiens ont eu 7 tués et 12 blessés.

Sur 25 hommes (officiers compris) les Japonais ont eu 5 tués et 20 blessés.

À ce total de 53 tués et 119 blessés, il faut ajouter 12 tués et 23 blessés parmi les volontaires, ce qui fait, pour moins de 500 hommes, 65 tués et 142 blessés. Les 35 volontaires tués ou blessés sont pour la plupart des Japonais, des Anglais ou des Russes. Nous avons eu toutefois à déplorer la mort de trois Français : le capitaine d'infanterie de marine Labrousse, qui était de passage à Pékin, M. Wagner, fils de notre ancien consul général à Shanghaï, qui appartenait au service des douanes, et M. Gruintgens, interprète du chemin de fer Hankéou – Pékin.

Enfin, nous avions au Pei tang 30 marins et un officier. Nous avons eu cinq tués, dont l'enseigne de vaisseau Henry, et 9 blessés. Les Italiens avaient, au Jen tse t'ang (établissement des sœurs du Pei tang) 10 marins et un officier : ils ont eu six tués, et 3 blessés dont l'officier.

Sauf pour le Pei tang, qui n'a bénéficié d'aucun armistice, c'est, à quelques exceptions près, avant le 17 juillet que les vides se sont faits dans les rangs de nos matelots et de nos volontaires. À partir de cette date, nous n'avons guère eu à enregistrer que le quinzième des pertes que nous avions éprouvées antérieurement.

Le moment n'est pas venu de fixer les responsabilités engagées dans ce drame horrible qui couvrent encore trop d'obscurités. Ce qu'on peut dire dès maintenant, c'est que le rôle principal y a été joué par trois personnages dont les noms sont à retenir, et dont le châtiment, quel qu'il soit, ne saurait être trop sévère : le prince Toan, père de l'héritier présomptif du trône ; le général Tung-fou-siang, commandant des troupes du Kan-sou, connu pour une hostilité de sauvage contre tout homme civilisé, et le grand secrétaire d'État Kang-I. En dehors de ces meneurs de haute marque, il y a eu des comparses d'un rang moins élevé, et d'une influence moins grande, comme Li-ping-Heng, ancien gouverneur du Chan-Toung, révoqué sous la pression allemande lors de la prise de Kiao Tchéou ; le prince Lan, frère de Toan, et le prince Tchouang, qui avait été désigné pour enrôler et diriger les boxeurs.

L'action du triumvirat formé par Toan, Tung-fou-siang et Kang-I, s'est exercée dictatorialement sur l'impératrice, dont je suis loin d'excuser ou d'atténuer les criminelles entreprises, mais qui n'a été sous ses allures autoritaires qu'un instrument à la disposition de ces fanatiques imbéciles. On peut dire que, du 20 juin au 15 août, Pékin a été gouverné officiellement par les Boxeurs, qui s'y sont livrés aux pires brigandages, volant, pillant, assassinant les chrétiens ou les habitants paisibles qui refusaient de prendre part ou de payer tribut à leurs orgies. Ces actes se sont accomplis au milieu d'une anarchie sans pareille, les pillards tirant les uns sur les autres, et les soldats se combattant réciproquement pour se disputer les meilleures proies.

[…] Le courage n'est pas ce qui distingue les hauts mandarins chinois, et ceux-là mêmes qui comprenaient le péril n'osèrent pas faire ce qu'il fallait pour le conjurer. Ils s'arrêtèrent à mi-route, préférant avoir les mains ensanglantées et laisser les légations sous la menace des mines et des barricades plutôt que de s'exposer personnellement à la vengeance des fous furieux auxquels l'Impératrice obéissait. […]

La docilité avec laquelle l'Impératrice se prêtait à ces représailles impressionnait ceux qui redoutaient d'en être victimes à leur tour. De là le caractère instable et équivoque de l'armistice qui nous a néanmoins permis d'atteindre vivants le terme de nos épreuves. De là de sourdes luttes entre les divers partis représentés au pouvoir, lutte dont nous pouvions constater les effets par le degré de violence des attaques que nous avions à repousser. Suivant que le prince Toan et ses acolytes étaient plus ou moins confiants dans leur dictature, ou que le prince Tching et (à un degré moindre) Jong-lou se sentaient ou non rassurés, nous étions plus ou moins en butte à la fusillade ennemie. Ce sont ces alternatives de persévérance et de défaillance dans le mal qui ont contribué à l'échec de l'attentat organisé par un gouvernement qui prenait sur lui d'ordonner le massacre général des étrangers vivant dans sa capitale, et qui s'efforçait en particulier d'assassiner tous les membres du corps diplomatique sans excepter les femmes et les enfants. En même temps, il répandait partout au dehors, avec une maestria de mensonge et de perfidie dont on chercherait vainement un autre exemple, le bruit qu'il prenait les mesures de protection les plus efficaces en faveur de ceux qu'il faisait mitrailler jour et nuit. Aucune peuplade d'anthropophages peut-elle se vanter d'avoir travaillé mieux que cela ?

Veuillez agréer, Monsieur le Ministre, les assurances de ma très haute considération.

Annexe de la dépêche politique de Pékin
n° 47, du 28 août 1900.

Arrivée du corps expéditionnaire

Le soir, une attaque générale furieuse (particulièrement ardente à la légation d'Angleterre) se dessine. Nous sommes sur pied sans pouvoir songer à une minute de repos. Les balles pleuvent sur nos murs et nos toits avec un bruit strident qui casse les oreilles.

Tout à coup, à 2 heures du matin, un coup de canon lointain est entendu, puis un second, puis un troisième. Bientôt ce sont des feux de salve qui se succèdent, avec l'écho mécanique de mitrailleuse se rapprochant peu à peu. On distingue l'attaque et la défense, le tir éloigné et celui du voisinage. Il n'y a plus aucun doute : nos troupes approchent ! L'allégresse est générale. On s'aborde en se félicitant, en se réjouissant. L'aube naît avec la délivrance prochaine.

À 8 heures du matin les coups de canon se multiplient. Je monte sur la muraille où flotte le drapeau américain, qui paraît défier les bannières chinoises. Le spectacle est superbe. Le soleil s'est levé dans un ciel d'azur. L'atmosphère est d'une éclatante limpidité. L'horizon se dégage à perte de vue. On aperçoit la ligne bleue des collines qui se détachent sur un fond clair et doré. Le canon tonne au nord, à l'ouest, à l'est de la ville. Les obus qu'il y envoie montent en flocons blancs, puis s'abattent avec un retentissement profond. Le bombardement se précipite et devient de plus en plus distinct pour nous.

Je cours à la légation de France m'entretenir de la bonne nouvelle. Il serait difficile de peindre la joie qui éclate partout. « Les troupes arrivent ! » On n'a que ces mots à la bouche. Enfin nous allons être sauvés ! Il y a bien encore des inquiétudes sur le dernier effort que l'ennemi pourra faire si sa résistance se prolonge et sur les attaques qu'il pourra tenter si la ville n'est pas prise rapidement. À quels actes de rage et de désespoir n'est-il pas capable de se porter ? Quelles sont les dernières surprises que sa canaillerie nous ménage ? Mais ces craintes mêmes disparaissent devant la perspective du salut qui vient, on oublie toutes les lenteurs, toutes les privations, toutes les souffrances, toutes les douleurs du siège.

C'est du délire qui s'empare de tous quand, vers 3 heures de l'après-midi, quelqu'un se précipite à la légation d'Angleterre en criant : « Les troupes sont dans la ville chinoise, elles pénètrent sous la muraille dans le canal qui longe la légation ! » On court pêle-mêle, on se jette au devant des libérateurs, on pousse des hourras, on pleure, on s'embrasse, on se bouscule. Ce sont les soldats indiens du corps expéditionnaire anglais qui entrent en groupes serrés. Jamais je n'oublierai cette scène unique. [...]

Le 15, au lever du jour, on m'avertit qu'on entend le clairon de nos troupes. Je me lève pour recevoir le général Frey qu'accompagne M. d'Authouard. Le champagne coule en l'honneur de notre délivrance. Le miracle auquel il était presque interdit de croire est accompli. Nous sommes sauvés.

Dès l'entrée des Sikhs, je m'étais occupé de hâter l'expédition qui doit faire pour les assiégés du Pei tang ce qui a été fait pour nous-mêmes. Les ministres d'Angleterre et d'Amérique m'avaient promis que leurs troupes s'en chargeraient, avant que je connusse l'arrivée des nôtres. Ce sont maintenant nos officiers et nos soldats qui vont achever l'œuvre libératrice avec le concours de leurs alliés. À la fin, comme pendant tout le cours du siège, se sera affirmée la solidarité internationale contre la plus odieuse des barbaries. Puisse durer cette union féconde !

Pékin, 15 août 1900.

Correspondance politique et commerciale, Nouvelle Série, Chine, vol. 106, fol. 71-22.

1902 : Claudel et Fou Tch'eou

On poursuivra cette ouverture du XXe siècle par une lettre de diplomate écrivain. Quel écrivain, mais aussi quel diplomate ! De la grande lignée de ces agents des Affaires étrangères qui se laissaient aller à la littérature, le XXe siècle en aura, certes, connu beaucoup. Seulement deux d'entre eux, toutefois, ont été à la fois de très grands écrivains et d'immenses diplomates. Le premier nom qui vient à l'esprit, c'est naturellement celui de Saint-John Perse. On le rencontrera un peu plus loin. Tout de suite après, le nom de Claudel. Encore que la carrière diplomatique de Paul Claudel, reçu premier au concours des Affaires étrangères en 1890 et ambassadeur à Bruxelles jusqu'en 1935 – soit quarante-cinq ans de vie diplomatique active ! – ait tendance à s'estomper face à la formidable œuvre de l'écrivain. Deux volumes de théâtre dans la collection La Pléiade, un gros volume de poésie, deux volumes de journal, un volume de prose, sans parler de tout le reste. Colosse aux pieds profondément enfoncés dans une terre de France à laquelle il appartenait pleinement, Claudel fut pleinement écrivain mais aussi pleinement diplomate. Et, après un début américain à New York et à Boston, les quatorze premières années de cette carrière s'inscriront sous le signe de la Chine. Là aussi, quelle union intime entre tant d'écrivains français et ce pays ! Et là aussi, deux noms émergent immédiatement, celui de

Victor Ségalen, médecin et poète ; et à nouveau, naturellement, celui de Claudel. Tout le début de l'œuvre de Claudel s'inscrit sous le signe de la Chine. Il y a bien sûr *Connaissance de l'Est*, il y a une multitude de poèmes, il y a naturellement *Le Partage de Midi*. *Le Partage de Midi*, œuvre emblématique d'un Claudel déchiré entre sa foi et la chair, est né à Fou Tch'eou. On nous pardonnera d'adopter ici, encore une fois, la romanisation qui était celle de l'École française d'Extrême-Orient. Nommé en 1895 à Changhaï, puis en 1896 à Fou Tch'eou, en 1897 à Han-K'éou, de nouveau à Fou Tch'eou en 1898, qu'à part quelques voyages en Europe il ne quittera qu'en 1907, la carrière chinoise de Claudel s'achève à T'ien-Tsin en 1909. Il partira alors pour Prague et ce sera une autre histoire. Mais c'est à Fou Tch'eou que Paul Claudel a rencontré la famille Vetch, un couple qui est précisément l'un des pivots du *Partage de Midi*. M. Vetch est à la fois Amalric l'aventurier inquiétant, et de Ciz, le mari d'Ysé, dont Mesa, le personnage principal (Claudel… et Jean-Louis Barrault dans la plus magistrale interprétation de la pièce) est follement amoureux. La rencontre a lieu en 1899, la liaison avec Rose Vetch durera jusqu'en 1904, coupée d'un départ pour la France, d'un voyage en Terre sainte, d'une retraite à Solesmes et à Ligugé : le grand poète catholique tente de retrouver ses sources. Mais il revient à Fou Tch'eou, et ce n'est qu'en 1904 qu'il rompra avec Rose Vetch.

La correspondance que nous publions ici date de 1902. On propose à Claudel de quitter Fou Tch'eou pour un poste sûrement plus prestigieux à Hong Kong. Mais le consul de France refuse, et la belle lettre qu'il écrit alors à M. Delcassé, ministre des Affaires étrangères, en donne la raison : il est déjà passé plusieurs fois par Hong Kong, pour laquelle il éprouve une « profonde aversion » et, plutôt que de s'y trouver muté, il préférerait une mise en disponibilité, c'est-à-dire une forme de démission.

En revanche, le travail qu'il effectue en Chine est, dit-il, essentiel. C'est que la Chine d'alors est celle de l'immédiat après-guerre des Boxers de 1900, de l'humiliant traité de 1901 et d'avant la révolution de l'hiver de 1911-1912, qui mettra fin à l'empire chinois. Les raisons de Claudel sont, certes, excellentes, mais on peut imaginer qu'entre les lignes de la lettre du 24 février 1902, c'est une grande page de l'histoire littéraire française que l'on peut lire en filigrane.

Le refus par Claudel de sa nomination à Hong Kong, ses raisons

Foutcheou, le 24 février 1902

Monsieur le Ministre,

J'ai reçu la lettre de Votre Excellence en date du 12 du mois dernier, par laquelle elle me fait part de ma nomination au consulat de Hong Kong.

Je suis très sensible aux termes flatteurs dans lesquels elle veut bien m'annoncer cette mutation et je sais qu'en m'appelant à ce poste important, elle n'a été animée que par des sentiments de bienveillance à mon égard.

Je me permets cependant, comme je l'ai fait hier par télégramme, comme je l'avais fait quinze jours auparavant dès la première nouvelle de mon changement que j'avais reçu par le chancelier de Hong Kong, de vous demander, respectueusement mais instamment, de me laisser au poste que j'occupe actuellement.

Je suis venu pour la première fois à Foutcheou il y a 6 ans, au commencement de l'année 1896, et j'eus à ce moment le plaisir de signer le contrat qui appelait une mission française à la direction de l'Arsenal. Au courant des années qui se sont succédé depuis, je me suis peu à peu attaché au pays où je résidais, j'en ai apprécié les ressources et les besoins, je me suis créé parmi les hauts fonctionnaires chinois des relations précieuses et j'ai pu ainsi préparer de longue main une campagne dont la France commence à recueillir les fruits. Je me permettrai de rappeler à Votre Excellence tout ce que j'ai fait au cours de l'année écoulée : l'organisation, grâce à un contrat signé avec les autorités locales, de l'émigration des travailleurs du Fokhien sur les colonies françaises, l'achat à Amoy d'une île destinée à devenir un dépôt de charbon, la commande à Saigon par le Vice-Roi de 40 000 piculs de riz, enfin la création prochaine d'une école française qui va s'ouvrir dans trois semaines. Ce ne sont là que des premiers pas. Dans quelques jours va être signé un contrat, déjà conclu

6

de bienveillance envers un agent
lointain et dépourvu de relations,
et j'ai confiance qu'Elle ne voudra
pas me refuser la satisfaction
bien modeste que j'ai l'honneur
de solliciter.

Veuillez agréer les assurances du
respect avec lequel j'ai l'honneur
d'être,

Monsieur le Ministre,

de Votre Excellence
le très humble et très
obéissant serviteur
Claudel

Paul Claudel à Théophile Delcassé, ministre des Affaires étrangères,
au sujet de sa mutation à Hong Kong

verbalement, concédant gratuitement à une société française des privilèges exclusifs en matière de mines, de chemins de fer etc., dans trois préfectures, représentant plus du tiers du territoire de la province. J'ai reçu l'assurance que cette première concession en entraînerait d'autres, et j'ai la conviction de voir, si l'on me laisse ici, notre pays prendre dans la province, au point de vue économique, une situation tout-à-fait prépondérante. J'ai seulement besoin qu'on me laisse du temps devant moi et de me sentir bien assis dans le poste que j'occupe. Ma présence à Foutcheou est indispensable pour l'établissement de la compagnie et pour lui faciliter ses premiers pas. L'exemple de l'arsenal est là pour prouver tous les inconvénients qu'un changement de consul peut entraîner en Chine pour une entreprise qui débute.

Votre Excellence sait, du reste, que je n'ai jamais fatigué le ministre de demandes d'intervention et que, là où j'ai passé, j'ai toujours su m'arranger pour régler les affaires discrètement et pacifiquement.

En ce qui concerne Hong Kong, je prie respectueusement Votre Excellence de vouloir bien remarquer que je suis totalement étranger aux affaires de ce poste, qui sont essentiellement différentes de celles que j'ai l'habitude de traiter depuis mon entrée dans la carrière extérieure. Je ne suis nullement le fonctionnaire appliqué, ponctuel, aimant à écrire, et dont on a besoin dans ce poste d'information. De plus les goûts personnels des agents ont, après tout, quelque importance dans la question, car il est bien rare qu'un homme fasse de bonnes besognes dans un poste qu'il a en haine et qui lui a été imposé. Or les différents séjours que j'ai faits à Hong Kong m'ont donné pour cette ville une profonde aversion et je déclare ouvertement que je préfère ma mise en disponibilité à l'obligation d'y fixer ma résidence.

Une des critiques les plus fréquentes et les moins injustifiées qui sont adressées aux consuls français porte sur la fréquence des mutations dont ils sont l'objet. Cet inconvénient est surtout grave en Chine où il faut beaucoup de temps pour prendre position, où la patience, la persévérance, l'unité dans un dessein bien mûri et obstinément poursuivi sont des éléments de succès décisifs, et où les questions de personnes sont capitales. Je cite pour exemple l'affaire du riz, qui, engagée par moi au commencement de 1899 n'a abouti qu'à la fin de l'année dernière !

En résumé il me paraît que la faveur que je demande n'est pas exorbitante. Je vais au bout du monde, dans un poste obscur, dans un coin perdu où je suis à peu près privé de tout commerce avec des êtres civilisés. Au bout de longues années d'un travail pénible, j'arrive à faire de ce poste, où les efforts de mes prédécesseurs n'avaient abouti qu'à la création d'un cimetière, un point capital pour notre action en Chine et où des intérêts français considérables sont désormais engagés.

Au moment où je vous avoue la satisfaction de voir mon travail porter ses fruits, brusquement, sans préparation, j'apprends que je suis envoyé ailleurs, et que désormais j'aurai à employer mon activité à la compilation de rapports commerciaux et à l'expédition hebdomadaire d'informations frelatées, tristement recueillies chaque matin dans les colonnes de la presse locale.

Je ne demande pas d'avancement ni de distinction honorifique. Je ne désire qu'une chose : que l'on me laisse où je suis. J'ai le malheur de m'intéresser à mon métier et à ma tâche, et, je l'avoue bien naïvement à Votre Excellence, c'est pour moi un véritable crève-cœur de l'abandonner en ce moment.

J'ai confiance dans ses sentiments de bienveillance envers un agent lointain et dépourvu de relations et j'ai confiance qu'elle ne voudra pas me refuser la satisfaction bien modeste que j'ai l'honneur de solliciter. [...]

Dossiers de personnel, 2ᵉ série, vol. 363, cahier 1, fol. 76A-76E.

1908 : Une affaire d'importance, l'illustration d'un menu

C'était décidément la Belle Époque. En Chine, les Boxers massacraient les diplomates étrangers, les armées étrangères massacraient les Chinois. La première crise du Maroc mettait face à face, une fois de plus, la France et l'Allemagne. En 1903, le roi de Serbie et la reine Draga étaient assassinés par des officiers. Le nationalisme serbe redressait la tête. La révolution des « Jeunes Turcs » devenait de plus en plus nationaliste et oppressive vis-à-vis des minorités. L'Alsace restait toujours naturellement occupée, mais le président Fallières faisait un voyage officiel en Norvège, il offrait au roi Haakon en avril 1908 un banquet officiel pour remercier les souverains norvégiens de leur accueil et M. Delavaud, alors ministre de la République à Christiania, écrivait à M. Stephen Pichon, ministre français des Affaires étrangères, une passionnante dépêche discutant avec tact et goût de l'iconographie qui devait présider à l'illustration du menu déposé devant chaque convive en cette occasion. Il est vrai que le 8 avril précédent, le ministre avait interrogé le représentant de la France en Norvège sur ce grave sujet. La réponse de M. Delavaud constitue un petit chef-d'œuvre dans les archives du protocole du ministère des Affaires étrangères.

Voyage de M. le Président. Menu du dîner.

Christiania, le 20 avril 1908

À la date du 8 de ce mois (n° : 5), Votre Excellence a bien voulu, avant de faire graver le menu spécial du dîner ou du déjeuner que, pendant son séjour à Christiania, M. le président de la République offrira au roi et à la reine, me demander de lui suggérer l'idée d'une composition qui pourrait être agréable à Leurs Majestés.

Les souverains, qui admirent beaucoup les manifestations de l'art français et qui témoignent toujours très aimablement leur reconnaissance des attentions que leurs hôtes ont pour eux, apprécieront certainement d'autant plus la composition dont il s'agit qu'elle paraîtra plus originale et qu'elle marquera davantage notre désir de leur être agréables ainsi qu'au pays sur lequel ils règnent. Or, ce qui flatte assurément le plus les Norvégiens dans nos relations avec eux, c'est que nous admirions les beautés naturelles de leur pays, que nous connaissions leur histoire et que nous nous souvenions des liens qui rattachent cette histoire à la nôtre. Le sujet du menu du dîner offert par M. le Président au roi Haakon, au mois de mai 1907, était donc heureusement choisi puisqu'il représentait, très artistiquement, un fjord de l'ouest.

Il me semble que, pour ne pas nous répéter, nous pourrions, cette fois, nous inspirer de l'histoire de ce pays. M. de Seynes [...] a bien voulu dessiner une esquisse, que j'ai l'honneur de vous transmettre ci-joint ; ce paysage a pour motif principal la vieille forteresse d'Akershus, qui fut le berceau de Christiania. Elle était célèbre dès la fin du Moyen Âge et subit des sièges mémorables avant que Christian IV ne fondât en 1624 la ville qui reçut son nom. Ce monument, restauré et même reconstruit en grande partie au XVIIe et au XVIIIe siècle, constitue le trait le plus caractéristique de la capitale par son heureuse situation et son allure assez fière.

Un autre édifice historique cher aux Norvégiens, c'est la vieille demeure située à Eidsvold, à 60 kilomètres de

Christiania, où le Storthing de 1814, proclamant l'indépendance de la Norvège cédée par le Danemark à la Suède, élut roi le prince Christian Auguste, qui, au bout de quelques mois, fut forcé d'abdiquer et de laisser s'accomplir l'union, rompue 91 ans plus tard. Mais Bernadotte dut accepter la constitution que le Storthing avait votée et qui est restée encore en vigueur. Cet acte est copié sur notre première constitution, celle de 1791, et le tableau, populaire en ce pays, qui représente le vote d'Eidsvold, a beaucoup d'analogie, par la composition générale, avec une œuvre française bien connue, le « Serment du Jeu de Paume ». Les souvenirs de 1814 sont bons à rappeler, quand l'occasion s'en présente naturellement, puisque le Danemark et la Norvège qui lui était unie étaient, comme nous, en guerre avec toute l'Europe et que leur séparation fut la conséquence de leur fidélité à l'alliance française. Mais la maison d'Eidsvold n'est guère intéressante que par son passé ; c'est une construction du XVIIIe siècle qui a peu de caractère.

Les églises en bois du Moyen Âge, la magnifique cathédrale de Trondheim, les vieilles maisons et la tour de Bergen pourraient offrir, au contraire, un intérêt artistique.

Je crois qu'il ne conviendrait pas beaucoup de grouper sur un menu, comme cela pourrait se faire en d'autres occasions, des médaillons représentant chacun une des scènes constituant un souvenir historique commun aux deux pays. Ces souvenirs sont rares d'ailleurs et ne sont pas assez bien conservés pour qu'une explication fût superflue ; [...] les Norvégiens revendiquent fièrement comme l'un des leurs le premier duc de Normandie, qu'ils appellent Ganger Rolf (Rolf l'Errant), notre Rollon. Les barques des Vikings, telles que celles que possède encore le musée de Christiania, pourraient, le cas échéant, prêter à un assez joli motif.

Si Votre Excellence le désire, je puis lui faire parvenir une photographie de la forteresse d'Akershus, de la maison d'Eidsvold ou de tout autre monument que l'artiste choisi voudrait faire figurer dans son dessin.

Série Protocole, carton, 141.

1910 : Giraudoux et le concours d'admission dans les carrières diplomatique et consulaire

Encore un diplomate écrivain. Mais si la qualité de diplomate de Jean Giraudoux fut indéniable, bien que ce soit seulement au « petit concours » des Affaires étrangères qu'il ait été reçu premier en 1910 (et si ce n'est qu'en 1921 qu'il fut promu dans le « Grand Cadre » du ministère), il semble bien un dilettante à côté de ce formidable ouvrier de la plume littéraire et diplomatique que fut, à la même époque, un Paul Claudel au Quai d'Orsay. Giraudoux a voyagé en Turquie et en Russie, il a été chargé de mission au Portugal, aux États-Unis, mais dès 1926 il est quelque peu mis à l'écart, nommé à la Commission d'évaluation des dommages alliés en Turquie. Il ne reviendra avec un certain éclat au Quai d'Orsay qu'en 1934, tout en jouant les commis-voyageurs de la culture française aux quatre coins du monde. Lors de la déclaration de guerre contre l'Allemagne, en 1939, il est nommé commissaire à l'Information, pour prendre sa retraite après l'armistice : lui qui put dire que *La Guerre de Troie n'aura pas lieu*, il savait bien que le cataclysme qui se préparait serait sans précédent. C'est néanmoins beaucoup plus comme romancier, le délicat auteur de *Suzanne et le Pacifique*, *Siegfried et le Limousin*, de *Bella* surtout, d'*Églantine*, qu'il nous est connu. Et, plus tard et plus encore, comme l'auteur de quelques-unes de ces pièces qui enchantèrent toute la deuxième partie du XXe siècle, de *Siegfried* et *Amphitryon 38* à *Intermezzo* jusqu'à sa *Folle de Chaillot*, posthume, et à son *Pour Lucrèce* qui virent triompher la grande Edwige Feuillère.

On publie ci-après une note retrouvée dans les archives du ministère relative à la situation particulière qui fut celle de Jean Giraudoux, face à une administration quelque peu tatillonne… Pour être un futur grand écrivain, on n'en est pas moins d'abord un agent de l'État !

NOTE sur le cas de Mr. Giraudoux au sujet de son inscription pour le concours de 1910 à l'admission dans les carrières diplomatique et consulaire.

Mr Jean Giraudoux, né le 29 octobre 1882, premier prix du concours général de rhétorique, ancien élève de l'École normale supérieure promotion 1902, s'est destiné dès 1906 à la carrière diplomatique et consulaire, après avoir pris ses diplômes universitaires : licence ès lettres, diplôme d'études supérieures. Considérant qu'un séjour prolongé hors de France était le meilleur complément à l'étude du programme qui forme la base du concours d'admission aux Affaires étrangères, il préféra reculer la date où il s'y présenterait et se perfectionner dans l'étude des langues vivantes et des peuples étrangers. Il passa deux années en Europe, en qualité d'étudiant à Munich, Vienne, Copenhague et Buda Pest et une année en Amérique, à l'université Harvard, États-Unis, et au Canada.

Il était certain, d'après les renseignements pris au ministère des Affaires étrangères avant son départ pour l'étranger, de pouvoir se présenter au concours jusqu'en 1910. Les candidats doivent avoir moins de 27 ans au moment de l'inscription ; or le décret autorisant cette inscription, sans avoir une date fixe, paraissait régulièrement dans le courant d'octobre, et Mr Giraudoux est né le 29 octobre 1882. Il pouvait même envisager alors une admission à un concours postérieur à 1910 puisque l'esprit du décret et les usages (Dispenses d'âge accordées aux docteurs en droit) semblaient faciliter l'obtention d'une dispense pour les candidats justifiant d'études prolongées.

Il crut donc bon de ne se présenter pour la première fois qu'en 1909. Il fut admissible au concours qui eut lieu du 17 au 26 mai 1909 et, dans le classement final des candidats, il venait à quelques points du dernier admis. Il avait été désavantagé dans la seconde partie de son examen par un mauvais état de santé ; il était alité au moment de l'oral et ne se levait que pour aller subir chaque interrogation. Le résultat de l'examen aurait donc eu pour lui la valeur d'un très sérieux encouragement, s'il n'avait appris il y a quelques jours, au cours d'une visite à l'un des membres de la commission de stage, que les conditions d'âge l'écartaient probablement désormais du concours de l'année suivante, et cela par suite de la double modification apportée dans les usages antérieurs.

1° – La date du décret autorisant l'inscription des candidats serait fixée désormais au milieu de décembre.

2° – Toutes les dispenses, qui antérieurement avaient été accordées pour compenser chez les candidats voisins de la limite l'élimination résultant du flottement dans la date du décret, seraient rigoureusement refusées.

Si cette double réglementation devenait en réalité définitive, Mr Giraudoux se trouvait exclus du prochain concours et perdait ainsi le bénéfice de quatre années d'une préparation exceptionnellement complète à la carrière des Affaires étrangères, préparation poursuivie par lui non seulement sur le terrain même du programme, mais, comme cela a été expliqué, en poussant aussi loin qu'il lui était possible l'étude des langues et de l'économie des grands peuples par un séjour prolongé chez eux. La haute bienveillance de Son Excellence Monsieur le Ministre des Affaires étrangères pour le personnel de son département est appelée sur les conséquences que pourrait avoir l'application immédiate et simultanée des deux mesures dont il vient d'être parlé. En ce qui concerne Mr Giraudoux, elles auraient en quelque sorte sur lui un effet rétroactif de nature à anéantir ses plus légitimes espérances et le fruit de sa laborieuse préparation. Au moment où il l'a commencée, il était en droit de penser que, le décret autorisant l'inscription paraissant au milieu d'octobre, il pourrait postérieurement à ce décret, et antérieurement à son entrée dans sa 27e année, (29 octobre 1909) s'inscrire pour le concours. Il était, lorsque cette date a été légèrement modifiée, et cela d'une façon qui paraissait provisoire, en droit de penser que ce retard n'aurait pas de conséquence pour lui, puisque les dispenses pour les quelques jours qui lui auraient manqué étaient accordées libéralement pour les autres concours et en particulier pour les concours d'admission aux Grandes Écoles.

Son Excellence, Monsieur le Ministre des Affaires étrangères, ne voudra certainement pas que, quelle que soit la justification d'une réglementation permanente et définitive, il ne soit pas apporté, au début de son application, une tolérance de nature à préserver des droits aussi légitimes et les résultats d'études aussi prolongées, basés sur les règlements et usages régissant la matière lorsque cette préparation a été commencée.

En conséquence, Mr. Giraudoux sollicite de la haute bienveillance de Monsieur le Ministre des Affaires étrangères qu'il veuille bien lui accorder l'autorisation de s'inscrire comme candidat au concours de 1910 avant le 29 octobre 1909, au cas où la date du décret serait postérieure au 29 octobre dans la réglementation définitive.

Note manuscrite : Est-ce que la date du décret étant changée, il n'y a pas lieu de prendre les mesures transitoires en faveur de ceux qui escomptaient l'ancienne réglementation ?

Personnel, concours, 1910.

1914 : Alexis Saint-Léger ou Saint-John Perse

Et Saint-John Perse, enfin… Le benjamin de cette grande génération d'écrivains diplomates qui vit naître Claudel et Giraudoux a laissé, comme Claudel, une trace indélébile dans l'histoire de la littérature française. Au Quai d'Orsay, sa carrière s'acheva en 1940, avec la guerre, son refus de se rallier au général de Gaulle et l'espèce de disgrâce qu'il connut officiellement, tandis que sa gloire d'écrivain devenait telle qu'il obtint, on le sait, le prix Nobel de Littérature en 1960. Comme celle de Claudel, la carrière de Saint-John Perse, Alexis Léger de son nom de diplomate, Alexis Saint-Léger, de son nom officiel, commence sous les couleurs de la Chine. La biographie qui figure en tête du volume de la Pléiade qui lui est consacré a été, on le sait, rédigée par lui. C'est ainsi qu'il précise qu'en 1914, il fut « reçu au concours des Affaires étrangères pour la carrière diplomatique et consulaire, s'y présentant en limite d'âge et pour la première fois. Le Quai d'Orsay : milieu nouveau (pour lui), et qu'il intrigue, n'ayant fourni à la commission de stage aucune référence personnelle ni lettre d'introduction… ». En fait, cette biographie, parfois quelque peu décalée par rapport à la réalité, est déjà un premier chef-d'œuvre de rhétorique. On l'y voit donc arriver en 1916 en Chine, « dans les fonctions de troisième, puis de deuxième secrétaire à la légation de France à Pékin... Secrétaire à Pékin du corps diplomatique, membre puis président de la Commission internationale, chargé de l'administration du quartier diplomatique, (il) s'occupe de sa mise en état de défense contre une épidémie de peste. (Il) assiste, de la coulisse chinoise, à une éphémère restauration impériale de la dynastie mandchoue... et à la libération de Pékin par les armées républicaines ».

Mais la grande époque d'Alexis Léger, c'est son activité diplomatique, entre 1925 et 1947, pendant laquelle il interdit toute réédition en France de ses œuvres, voulant se consacrer entièrement à sa tâche de diplomate. Son ministre sera d'abord Aristide Briand ; il deviendra ensuite directeur de cabinet de Philippe Berthelot, secrétaire général du Quai d'Orsay avant lui et son plus proche compagnon. Dès lors, Alexis Léger sera mêlé à toutes les conférences internationales, à toutes les négociations officielles et officieuses. C'est lui qui « négocie personnellement le pacte franco-soviétique, conçu comme pacte ouvert tendant à élargir l'organisation de la sécurité collective en Europe et impliquant l'entrée de la Russie dans la Société des Nations... » Plus tard, sous le Front populaire, son amitié avec Léon Blum lui assurera la confiance du président du Conseil. Il l'accompagnera à Londres, ce sera le début de la guerre d'Espagne, il participera surtout à la conférence de Munich, avec Daladier.

On comprendra peut-être pourquoi, devant la dimension historique et littéraire du personnage, on a tenu à publier ici deux documents de lui. Le premier est à sa place, dans cette chronologie, puisqu'il date de 1914. C'est le texte de sa composition d'histoire au grand concours des Affaires étrangères. Le thème en était « L'Entente cordiale à l'époque de Louis-Philippe ». Le candidat Léger, Marie, René, Alexis, rédigea sa copie le 6 mai 1914. Trois mois plus tard, l'histoire basculait.

Le deuxième document est déjà dans la veine du Saint-John Perse que nous aimons. Pourtant signé encore Alexis Léger, il est adressé à M. Alexandre Conty, ministre de France à Pékin. Il date du 13 juillet 1917, il est composé d'une lettre personnelle ainsi que d'une note jointe, qualifiée de « relation respectueuse » concernant les circonstances dans lesquelles la famille du président de la République chinoise, qu'une tentative de restauration impériale avait voulu renverser, se réfugia au temple de Tao-Yu, près de Pékin. Ce document fut plus tard imprimé sur les presses des lazaristes de Pékin et tiré à dix exemplaires par les soins d'Henri Hoppenot, alors secrétaire d'ambassade, c'était en 1937. Cette lettre dut particulièrement retenir l'attention de son auteur lorsqu'en 1972 il surveilla, d'aussi près qu'on l'a dit, l'édition de la Pléiade, puisqu'elle y est reproduite.

Composition d'histoire de Léger, Marie, René, Alexis ; L'Entente cordiale à l'époque de Louis-Philippe

Paris, le 6 mai 1914

L'histoire de l'« Entente cordiale » entre la France et l'Angleterre à l'époque de Louis-Philippe n'est point celle d'une entente qui ait jamais trouvé son fondement – ses limites ou sa force – dans aucun acte diplomatique immédiat. En face du groupement des trois puissances absolutistes de l'Europe centrale, groupement naturel mais qui trouvera aussi sa forme conventionnelle dans un acte propre comme celui de Teplitz et de Munchengrätz en 1833, l'Entente de fait entre les deux puissances occidentales et libérales ne rencontrera jamais sa consécration indirecte que dans la quadruple Alliance de 1834 : intermédiaire trop fortuit pour constituer vraiment une réponse à l'acte de Munchengrätz. Aussi bien le nom lui-même d'« Entente cordiale » ne fut point couramment réservé d'un bout à l'autre de son histoire à cette entente de fait entre l'Angleterre et la France, et il est piquant d'observer que cette entente a précisément commencé de porter son nom quand elle a cessé de correspondre à la réalité pour n'être plus qu'une simple survivance et une tentative de raison, presque de résignation, c'est-à-dire dans la deuxième période de son histoire : de 1840 à 1846.

Des deux Ententes cordiales que l'on peut distinguer, celle de 1830-1836 et celle de 1840-1846, l'évolution est d'ailleurs identique. Et le fondement ne l'est pas moindre. L'intérêt, sous lequel se cache un profond dissentiment national nourri par le souvenir des luttes entre les deux nations – intérêt de deux puissances isolées, et que rapproche du moins une certaine communauté d'institutions libérales, à fortifier les vues de leur action commune en face du groupement spontané des puissances absolutistes de l'Europe continentale.

De cette entente, chacune entendra tirer les fruits, et par deux fois, quand elle pensera en avoir épuisé le bénéfice, la diplomatie française cherchera à s'en libérer pour esquisser un rapprochement vers ces cours absolutistes dont le prestige demeurait si grand pour l'amour-propre royal. L'histoire de l'Entente cordiale porte donc finalement l'empreinte personnelle de la politique de ce roi qui, tenant sa couronne de la révolution, gardait cette secrète impatience : de ne plus faire en Europe figure de parvenu.

Et cette empreinte, elle la porte aussi dès son origine : isolée en Europe par cette origine, préoccupée de se voir reconnaître et inquiète de l'hostilité des gouvernements absolutistes, particulièrement de celui du tsar Nicolas, la nouvelle monarchie, dont un jeune comte Apponyi ne se fait point faute de railler, dans son journal, la situation difficile, doit trouver un appui en Europe dont elle puisse faire le pivot même de sa politique.

Cet appui, elle le trouve dans l'Angleterre. Le conseil vient de Talleyrand et il a déjà servi en 1815. Mais il rencontre aussi le sentiment personnel du Roi qui, comme Louis XVIII, incline vers les Anglais. L'Angleterre d'autre part n'est pas sans trouver là son intérêt, pareillement isolée en face de la Russie, de l'Autriche et de la Prusse. Et comment ne serait-elle pas favorable au nouveau régime français ? Elle ne pouvait regretter M. de Polignac et les ultras. Polignac avait signifié pour elle l'entente russo-française en Orient, l'avortement de la politique de Canning, le règlement d'Andrinople de 1829 ; s'il avait vraiment menacé l'équilibre européen avec ce « grand projet » que lui dressait un jeune étourneau, son secrétaire Bois-le-Comte, la déception du ministre français avait du moins abouti aux compensations algériennes.

Les ultras, enfin, n'étaient-ils pas une menace constante pour la paix européenne, avec cette politique des grandes aventures et de la gloire qu'un M. de Chateaubriand était toujours prêt à susciter, toujours tenté par « ces révolutions tant aimées qu'il sentait remuer sous la terre et qui venaient s'offrir pour des destinées extraordinaires » ?

L'entente trouve encore sa force dans l'appui de deux hommes : Talleyrand en France, et bientôt en Angleterre Palmerston, dont toute la politique aura pour pivot la défiance du Russe dont il s'agit de contrecarrer la politique en Orient, et même en Europe. Or le prix d'un appui français en Orient, l'Angleterre vient de l'éprouver dans la politique franco-russe de 1829. L'envoi à l'ambassade de Londres de Talleyrand, l'ancien ennemi des Russes dans la politique orientale, va faciliter cette entente et y préluder. Louis-Philippe d'autre part fait des concessions à l'Angleterre en restreignant de son mieux les conséquences de la conquête d'Alger (rappel d'une partie du corps expéditionnaire français).

I

Deux terrains particulièrement brûlants allaient s'ouvrir immédiatement à l'action de cette première Entente cordiale : la révolution belge de 1830, puis le conflit de 1832 entre la Turquie et Méhémet-Ali. Or en Belgique même, l'Angleterre allait rencontrer les menaces de son ennemi le plus redouté : le tsar Nicolas. Le roi Guillaume de Hollande avait [fait] appel à la Sainte-Alliance, les Belges à la France, et Malé, dans le premier ministère composite aux côtés de Laffitte, avait posé le principe de non-intervention sous forme batailleuse, en face de la Prusse et de la Russie prêtes à intervenir. On ne pouvait opposer pareil principe à l'Angleterre, qui avait été la plus intéressée et la plus agissante dans la création de ce royaume de Hollande aux frontières de la France ; il était d'autre part fort dangereux d'agir sans elle. Talleyrand sut donc imposer aux hommes du Mouvement l'idée d'un règlement collectif sous forme d'une conférence diplomatique à Londres entre toutes les puissances. « Que ceci soit populaire ou non à Paris, il n'y a que cela de vrai », et, dans sa correspondance avec Mme Adélaïde, il affirmait déjà son ferme espoir d'éviter la guerre. Le protocole de Londres de novembre 1830 n'aboutissait qu'à une proposition d'armistice entre les belligérants. Mais par là-même la belligérance des Belges était reconnue et l'idée d'une médiation européenne substituée à celle d'une intervention européenne suivie d'exécution en faveur du roi de Hollande. C'est en vain, après le protocole de décembre 1830, que l'intransigeance des Belges remet un instant tout en question. Profitant des embarras de la Russie en Pologne, de l'Autriche en Italie, Talleyrand et Palmerston vont imposer à

Lettre à Alexandre Conty

« Temple de Tao-Yu », près Pékin, 13 juillet 1917

Monsieur le Ministre,

Je suis vraiment fatigué et j'ai besoin de ces deux jours de congé que vous m'aviez promis, après tous ces événements de Bas-Empire que nous venons de vivre et toutes ces aventures de coulisse chinoise que j'ai eu à courir pour vous comme un diplomate vénitien.

Notre valise diplomatique ne part que dans cinq jours, et je serai rentré dans deux jours. Vous aurez à temps, vous pouvez y compter, le rapport officiel et le compte-rendu de mission que vous attendez de moi pour Paris.

En attendant, et pour vous seul, *off the record*, à titre purement personnel et de plume privée, voici une libre relation des faits qui vous éclairera mieux qu'aucune rédaction administrative sur l'accomplissement de ma singulière mission : enlèvement d'une famille présidentielle en pleine restauration impériale !

Aussi bien, cette mission en elle-même est-elle de peu d'intérêt pour le Quai. Et, par ailleurs, pour tout ce qui concerne la crise politique et qui relève d'urgence du courrier télégraphique ou du chiffre, vous avez déjà les notes officielles d'intérêt général et les projets de télégrammes que j'ai laissés hier pour vous, sous grande enveloppe, au secrétariat de la légation.

Tenez-moi toujours, je vous prie, pour votre très déférent et dévoué […]

RELATION RESPECTUEUSE ADRESSÉE PAR LE SECRÉTAIRE LEI HI-NGAT À SON EXCELLENCE LE MINISTRE KANG TE AU SUJET DE SA MISSION AUPRÈS DE LA FAMILLE DU PRÉSIDENT LI ET DES CIRCONSTANCES QUI ACCOMPAGNÈRENT L'EXODE DE CETTE DERNIÈRE VERS UN LIEU DE REFUGE

J'ai l'honneur de vous rendre compte de la mission que vous avez bien voulu me confier, au cours des troubles qui ont suivi la restauration impériale, d'assister M. Po Leang-ts'ai, premier interprète de la légation, dans les démarches tendant à faciliter la fuite de la famille présidentielle vers le quartier diplomatique.

À dire vrai, cette mission s'est accomplie si simplement que je ne saurais, sous peine de n'en rendre aucun compte, manquer de vous en rapporter de fort négligeables détails.

Le 5 de ce mois, cinquième jour de la restauration impériale et l'année la neuvième du règne de Hsiuan Tong, le maréchal Toan Tchi-joei et le général Tchang Hsiun, ayant mesuré leurs forces inégales, ne doutèrent plus qu'elles dussent en venir aux mains et commencèrent de s'observer avec prudence comme MM. de Turenne et Montecuculli. La panique se répandit aussitôt dans Pékin et les gens de condition se portèrent à l'envi vers toutes portes de la ville qui ne fussent point aux mains d'hommes de guerre. Ceux qui ne pouvaient suivre cet exode se souvinrent de l'inviolabilité du quartier diplomatique. Le président Li Yuan-hong, réfugié depuis trois jours à la légation du Japon, fit appel à la protection et à l'hospitalité françaises en faveur de sa femme et de ses enfants, abandonnés dans leur résidence privée en pleine ville tartare : dans sa hâte à choisir entre l'honneur du suicide et l'avantage de la fuite, le président avait en effet fait bon marché du sort d'une famille qui avait paru jusque-là lui tenir fort à cœur, par ses membres illégitimes tout au moins.

[…] Les troupes de police chargées de garder la demeure présidentielle relevaient pour la plupart du général Wou Ping-hsiang, préfet de police de Pékin (en apparence neutre, mais qui avait secrètement adhéré à la préparation du coup d'État). Forçant les consignes de son quartier, nous allâmes droit au général Wou Ping-hsiang pour lui arracher les instructions qui nous laisseraient toute liberté d'action parmi ses hommes. Une discussion s'engagea, savante, tenace, courtoise, où l'usage du mensonge alternait avec celui de la vérité. L'habileté déployée par M. Po Leang-ts'ai était grande, la chaleur était extrême et les cigales excessives : le général céda. Nous étions autorisés à emmener dans notre automobile, sous notre entière responsabilité, la portion légitime de la famille présidentielle représentée par Mme Li, ses deux filles et son fils dernier-né ; pour ce qui est de l'illégitime, nous ne disputâmes point plus avant : non qu'aucune pudeur occidentale nous retînt sur ce point, mais le nombre des concubines du président nous était inconnu, celui des places de notre voiture nous l'était moins.

Aux abords de la demeure présidentielle nous eûmes beaucoup de mal à faire admettre nos prétentions. En dépit des assurances données par le général Wou Ping-hsiang, l'affaire n'allait pas sans dispute. Après une laborieuse identification de nos personnes, les officiers relevant de la préfecture de police firent paraître dans leur discours qu'ils n'étaient point seuls à supporter la responsabilité de cette garde, mais, qu'à ne le celer point, ils l'exerçaient tout passivement sous l'étroite et despotique surveillance des délégués de Tchang Hsiun. Et sans doute fallait-il bien que les gardes s'entregardassent, car nous pûmes distinguer dans les ruelles avoisinantes, mêlés les uns aux autres et se neutralisant, des hommes de tous corps et de toutes formations.

Nous reprîmes donc, ici et là, nos pourparlers, et tandis que nombre d'estafettes, émissaires, espions et contre-espions étaient dépêchés en tous sens pour s'assurer de la véracité de nos dires, nous fûmes conduits sous escorte dans un poste de garde où M. Po Leang-ts'ai poursuivit sa très savante escrime, tandis que le thé m'était offert avec bonne grâce par des mains inquiétantes de syphilitiques, d'eczémateux et de phtisiques. Ces hommes avaient bonnes façons et s'avouaient d'un haut grade sous de mauvaise toile. Ils nous tinrent fort civilement compagnie et nous furent, sur ma foi, d'un commerce agréable jusqu'au retour des estafettes, émissaires, espions et contre-espions.

Quand les officiers et policiers préposés à la garde de la famille présidentielle nous eurent autorisés à disposer de leurs prisonniers, ce fut au tour de Mme Li de nous faire connaître sa défiance. Redoutant un guet-apens, elle ne consentait à nous recevoir et à nous suivre qu'après un échange de correspondance avec le président Li. Un homme de confiance, serviteur fidèle qu'à son masque inintelligent M. Po Leang-ts'ai reconnut aussitôt pour un homme du Hou-pei, c'est-à-dire de la province du président Li, fut dépêché incontinent auprès de ce dernier et ne tarda pas à nous revenir de la légation du Japon. Les portes aux sceaux rompus s'écartèrent enfin et des cours encombrées d'un bric-à-brac de garde-meubles nous livrèrent accès à une salle d'honneur.

[…]

Soudain, et sur le coup d'une heure déraisonnable sonnée par la pendule bavaroise, le portrait en pied, plus grand que nature, du président Li fut manœuvré à bras de l'intérieur, se rabattit vers nous en manière de volet et, dans le libre encadrement d'une baie envahie de lumière, sous la splendeur haïtienne d'un après-midi d'histoire, nous découvrit la cour où s'avançait, hiérarchique et craintif, un cortège silencieux réglé par un invisible protocole : en tête, s'appuyant d'une main au bras d'une dame de qualité et de l'autre sur une petite canne européenne de bois noir, un être chèvre-pieds habillé de vert bronze, en qui nous reconnûmes la présidente Li à qui nous avions présenté nos hommages en des temps moins adverses ; à la suite ses filles, en tunique claire, suivies des concubines en soie prune, suivies elles-mêmes d'un nombre de servantes et de serviteurs de tout rang, gens de maison et d'écurie, hommes de confiance et hommes de peine, femmes de chambre et intendants, rôtisseurs et confiseurs, guérisseurs, policiers et portiers : privilégiés d'hier et demain quémandeurs dans ce pays de Chine où plus qu'en aucun autre l'affaire de vivre est compliquée. Dominant la foule, demi-nu et porté à bout de bras par un géant coiffé d'un melon beige, un enfant sale aux bracelets d'argent : le dernier-né des fils du président. À l'arrière-plan le chœur des figurants, et, parmi le vacarme des cigales, des choucas, des pintades et des pies, le croassement des corbeaux, l'aboiement des chiens de race, les murmures d'un grand arbre chargé de voisins et les pleurs mal réglés d'une nombreuse clientèle, soudain le ronflement inattendu de deux automobiles amarante dont il n'avait point été question et que l'on tirait à l'improviste des hangars de la Cour… Avant que nous eussions pu prendre le commandement des opérations, à la faveur de la cohue et de la précipitation générales, les deux voitures supplémentaires, prises d'assaut par les concubines et par nombre d'êtres dont nous ne saurons jamais les noms, démarraient en tête à grande allure, – tandis que M. Po Leang-ts'ai et moi, faisant à tour de bras tomber des grappes humaines des flancs de notre voiture, avions toutes les peines du monde à nous frayer une place à côté de ceux-là dont nous avions la charge, c'est-à-dire de Mme Li, de ses deux filles et de son fils.

Le nombre des gens à qui nous nous trouvâmes ainsi donner la volée nous est généreusement inconnu. On peut l'évaluer grossièrement à la contenance de trois voitures limousines, cette capacité étant portée aux limites où la peuvent seuls porter des Chinois animés du sentiment de la peur, c'est-à-dire au triple environ de la capacité d'une même voiture en Europe, dans les mêmes circonstances et sous l'empire des mêmes sentiments.

Il ne nous est point apparu que les troupes de faction se rendissent un compte exact de ce qui se passait si rapidement, sous leurs yeux. Elles n'eurent garde, dans le doute, de manquer aux bienséances : les honneurs militaires nous furent rendus à tout hasard sur plus de 300 mètres, sans que nous puissions encore décider à qui ils s'adressaient : de la famille de l'ex-président, des officiers emportés aux flancs de notre voiture, ou de vos collaborateurs, Monsieur le Ministre.

[…]

Un peu avant sept heures, nous arrivâmes au seuil de la légation de France où nous eûmes la satisfaction de déposer sains et saufs : Mme la présidente Li, Mlles Li et l'enfant sale aux bracelets d'argent.

Nous sûmes par la suite que les concubines du Président, portées sans incident par leurs voitures amarante, avaient trouvé refuge dans le quartier diplomatique, à l'hôtel des Wagons-Lits, où le président Li ne tarda pas à leur rendre discrètement visite.

Me remémorant aujourd'hui cette brève équipée, je ne saurais encore prononcer, Monsieur le Ministre, ce qu'il convient le plus de louer dans le maintien de ses principaux acteurs : de la décence de ceux qui n'eurent à maîtriser que leur peur, ou de la correction de ceux qui eurent à maîtriser leur rire.

Le début de la guerre de 1914

La guerre de 1914-1918, c'est un million quatre cent mille soldats français, un million sept cent mille soldats allemands tués. Deux cent dix mille victimes civiles, trois cent mille mutilés, un million d'invalides, six cent mille veuves, sept cent mille orphelins. Et tout commença un jour de juin 1914, par l'assassinat à Sarajevo de l'archiduc autrichien François-Ferdinand et de sa femme, la duchesse de Hohenberg, par l'étudiant bosniaque Gavrilo Princip, lié à l'organisation terroriste serbe « La Main noire ».

Immédiatement après éclatent des manifestations anti-serbes en Bosnie et dans toute une partie de l'Autriche-Hongrie. C'est le 28 juin. Aussitôt, l'ambassadeur d'Allemagne à Vienne assure l'empereur François-Joseph du soutien de son pays. Presque immédiatement après, dans une lettre à Guillaume II, empereur d'Allemagne, François-Joseph annonce la nécessité d'éliminer la Serbie « en tant que facteur politique dans les Balkans ». Redoutant une intervention russe en faveur des Serbes, le Kaiser est néanmoins partisan d'une action immédiate. La Serbie déjà : pour Guillaume II, il s'agit de se débarrasser de la Serbie, « pivot de la politique panslaviste ». Dès le 6 juillet, l'Allemagne prend donc une attitude délibérément offensive et confirme à l'Autriche tout son soutien. À la mi-juillet, nul ne doute plus que le conflit austro-serbe ne conduise tout droit à une guerre européenne. Le 23 juillet à dix-huit heures, le ministre des Affaires étrangères austro-hongrois, Berchtold, remet un ultimatum sévère à la Serbie, à l'heure même où le président Poincaré et Viviani, ministre des Affaires étrangères, sont en Russie, ce qui ne pourra que retarder une réaction rapide du côté français. La France et la Russie négocient alors, jusqu'au 23 juillet, les conditions dans lesquelles seront appliquées toutes les obligations imposées par l'alliance entre les deux pays, en cas de conflit. La Russie tente d'obtenir quelque modération de la part de la Serbie, aussi celle-ci accepte-t-elle l'ultimatum qui lui a été lancé, mais en partie seulement. Elle refuse notamment toute participation autrichienne à une enquête sur les circonstances de l'assassinat de l'archiduc et de sa femme, considérant celle-ci comme attentatoire à sa souveraineté. D'où, le 25 juillet, la rupture, par l'Autriche-Hongrie, des relations diplomatiques entre les deux pays et la mobilisation immédiate des troupes de l'empire. Le 28 juillet, l'Autriche-Hongrie déclare la guerre à la Serbie, ce sera « l'expédition du châtiment ». La Russie mobilise dès le lendemain treize corps d'armée qui « resteront l'arme au pied ». Ce qui n'empêche pas Nicolas II de proposer de soumettre le conflit à la cour d'arbitrage de La Haye. Mais, dès le 30 juillet, le gouvernement russe ordonne la mobilisation générale et, le 31 juillet, l'Allemagne lance un bien inutile ultimatum à Saint-Pétersbourg, exigeant précisément la démobilisation de la Russie. Dans le même temps, l'Allemagne envoie un ultimatum à la France lui demandant de préciser son attitude éventuelle en cas de guerre. Le gouvernement français répond que la France « agira selon ses intérêts ». Le 1er août, l'Allemagne décrète la mobilisation générale en même temps que la France et déclare la guerre à la Russie. La veille, à 21 h 40, Jean Jaurès avait été assassiné au Café du Croissant, rue Montmartre. On commence à développer l'idée que seul Jaurès aurait pu empêcher la guerre, mais il est trop tard…

L'ensemble de documents que nous publions ici date des 1er et 2 août 1914. On y verra à quel rythme peut éclater un conflit de l'ampleur de celui qui se prépare. On trouvera donc d'abord une instruction générale du président du Conseil, ministre des Affaires étrangères, aux principaux ambassadeurs de France en poste en Europe ; puis une première correspondance de Jules Cambon, ambassadeur de France à Berlin, décrivant les démarches qui s'effectuent alors entre la Russie, l'Angleterre et la France d'une part, l'Allemagne et l'Autriche de l'autre. On y voit ensuite l'ambassade de France à Rome faire état de la prudence de l'Italie, qui ne s'engage pas encore dans la guerre. Puis, un peu plus tard dans la même journée, Viviani adresse à nouveau une correspondance aux ambassadeurs européens, en y incluant cette fois Madrid et Constantinople. Jules Cambon rend alors compte de la mobilisation générale à Berlin et, le 2 août, le ministre d'État du Luxembourg annonce la violation de la neutralité du Grand-Duché par les armées allemandes. Enfin, Jules Cambon fait parvenir le 6 août suivant, par l'intermédiaire du ministre de France à Copenhague où il a été obligé de se replier, un long texte dans lequel il rend compte des événements des cinq journées précédentes à Berlin. La guerre est proche, la guerre est là, des trains bourrés de soldats français partent de la gare du Nord, la fleur au fusil et les chansons aux lèvres. On crie « À Berlin ! ». On mettra plus de quatre ans à ne pas vraiement y arriver.

René Viviani, président du Conseil, ministre des Affaires étrangères, à MM. les ambassadeurs de France à Londres, Saint-Pétersbourg, Berlin, Vienne, Rome.

Paris, le 1er août 1914

Deux démarches ont été faites hier soir par les ambassadeurs d'Autriche, l'une assez vague à Paris, l'autre précise à Pétersbourg dans un sens conciliant.

Le comte Szecsen est venu me déclarer que le gouvernement austro-hongrois avait avisé officiellement la Russie qu'il n'avait aucune ambition territoriale et ne touchera pas à la souveraineté d'État de la Serbie, qu'il répudie également toute intention d'occuper le sandjak ; mais que ces déclarations de désintéressement ne conservent leur valeur que si la guerre reste localisée à l'Autriche et à la Serbie, une guerre européenne ouvrant des éventualités impossibles à prévoir. L'ambassadeur d'Autriche, en commentant ces déclarations, a laissé entendre que, si son gouvernement ne pouvait répondre aux questions des puissances parlant en leur propre nom, il pourrait sans doute répondre à la Serbie ou à une puissance lui demandant ses conditions au nom de la Serbie. Il ajoutait qu'il y aurait là peut-être encore une possibilité.

À Pétersbourg, l'ambassadeur d'Autriche est venu voir M. Sazonoff et lui a déclaré que son gouvernement consentait à entamer une discussion quant au fond de l'ultimatum adressé à la Serbie. Le ministre russe s'est déclaré satisfait de cette déclaration et a proposé que les pourparlers aient lieu à Londres avec la participation des puissances. M. Sazonoff a dû demander au gouvernement anglais de se charger de la direction de la négociation ; il a indiqué qu'il serait très important que l'Autriche arrêtât ses opérations en Serbie.

Il résulte de ces faits que l'Autriche se montrerait enfin disposée à un arrangement, de même que le gouvernement russe est prêt à entrer en négociations sur la base de la proposition anglaise.

Malheureusement ces dispositions, qui permettraient d'espérer une solution pacifique, paraissent en fait devoir être annulées par l'attitude de l'Allemagne. Cette puissance a en effet posé un ultimatum donnant douze heures au gouvernement russe pour accepter de démobiliser, non seulement du côté allemand, mais aussi du côté autrichien ; c'est à midi que le délai expire. L'ultimatum ne se justifie pas, puisque la Russie a accepté la proposition anglaise qui implique un arrêt des préparatifs militaires de toutes les puissances.

L'attitude de l'Allemagne prouve qu'elle veut la guerre. Et elle la veut contre la France. Hier, lorsque M. de Schoen est venu demander au Quai d'Orsay quelle attitude la France comptait prendre en cas de conflit russo-allemand, l'ambassadeur d'Allemagne, bien qu'il n'y ait directement entre la France et l'Allemagne aucun conflit et que nous ayons employé depuis le début de la crise et employions encore tous nos efforts en vue d'une solution pacifique, a ajouté qu'il me priait de présenter au président de la République ses hommages et remerciements, et demandait que l'on voulût bien prendre « des dispositions pour sa propre personne » ; nous savons également qu'il a déjà mis en sûreté les archives de l'ambassade. Cette attitude de rupture des relations diplomatiques sans conflit direct, et bien qu'aucune réponse négative précise ne lui ait été faite, est caractéristique de la volonté arrêtée de l'Allemagne de faire la guerre à la France. Le défaut de sincérité de ses protestations pacifiques est démontré par la rupture qu'elle impose à l'Europe, lorsque les négociations étaient enfin acceptées par l'Autriche, d'accord avec la Russie.

Jules Cambon, ambassadeur de France à Berlin, à René Viviani, président du Conseil, ministre des Affaires étrangères.

Berlin, le 1er août 1914

Mon collègue de Russie a reçu hier soir deux télégrammes de M. Sazonoff l'avisant que l'ambassadeur d'Autriche à Pétersbourg avait déclaré que son gouvernement était prêt à discuter avec le gouvernement russe la note à la Serbie, même quant au fond ; M. Sazonoff lui aurait répondu que ces conversations devraient, à ses yeux, avoir lieu à Londres.

L'ultimatum à la Russie ne peut qu'écarter les dernières chances de paix que ces conversations semblaient laisser subsister. On peut se demander si, dans de pareilles conditions, l'acceptation de l'Autriche était sérieuse et n'avait pas pour objet de faire peser la responsabilité du conflit sur la Russie.

Mon collègue d'Angleterre a fait dans la nuit un appel pressant aux sentiments d'humanité de M. de Jagow. Celui-ci lui a répondu que la question était trop engagée et qu'il fallait attendre la réponse russe à l'ultimatum allemand. Or il a dit à sir E. Goschen que l'ultimatum réclamait le retrait de la mobilisation russe non seulement du côté de l'Allemagne, mais encore du côté de l'Autriche ; mon collègue anglais s'en est vivement étonné et lui a déclaré que ce dernier point semblait inacceptable pour la Russie.

L'ultimatum de l'Allemagne, intervenant à l'heure précise où l'accord semble près de s'établir entre Vienne et Saint-Pétersbourg, est significatif de sa politique belliqueuse.

Le conflit n'existait en fait qu'entre la Russie et l'Autriche, l'Allemagne n'ayant à intervenir que comme alliée de l'Autriche ; dans ces conditions, les deux puissances principalement intéressées étant disposées à causer, si l'Allemagne ne désirait pas la guerre pour son propre compte, il est incompréhensible qu'elle envoie un ultimatum à la Russie au lieu de continuer à travailler, comme toutes les autres puissances, à une solution pacifique.

Barrère, ambassadeur de France à Rome, à René Viviani, président du Conseil, ministre des Affaires étrangères.

Rome, le 1er août 1914

J'ai été ce matin, à 8 heures 1/2, chez le marquis de San Giuliano pour connaître de lui d'une façon précise quelle serait l'attitude de l'Italie en présence des actes provocateurs de l'Allemagne et de ses suites qu'ils peuvent avoir.

Le ministre des Affaires étrangères m'a répondu qu'il avait reçu hier soir la visite de l'ambassadeur d'Allemagne. M. de Flotow lui aurait dit que l'Allemagne avait demandé au gouvernement russe de suspendre sa mobilisation et au gouvernement français d'indiquer ce qu'il avait l'intention de faire; l'Allemagne avait donné à la France un délai de dix-huit heures et à la Russie un délai de douze heures pour répondre.

M. de Flotow a demandé, à la suite de cette communication, quelles étaient les intentions du gouvernement italien.

Le marquis de San Giuliano a répondu que la guerre entreprise par l'Autriche, étant donné surtout les conséquences qui pouvaient en sortir d'après les paroles de l'ambassadeur d'Allemagne, ayant un caractère agressif ne cadrant pas avec le caractère purement défensif de la Triple-Alliance, l'Italie ne pourrait participer à la guerre.

René Viviani, président du Conseil, ministre des Affaires étrangères, à MM. les ambassadeurs de France à Londres, Saint-Pétersbourg, Berlin, Vienne, Rome, Madrid, Constantinople.

Paris, le 1er août 1914

L'ambassadeur d'Allemagne est revenu me voir ce matin, à 11 heures. Après lui avoir rappelé tous les efforts poursuivis par la France en vue d'un règlement honorable du conflit austro-serbe et de la difficulté qui s'en est suivie entre l'Autriche et la Russie, je l'ai mis au courant des pourparlers continués depuis hier :

1° Proposition transactionnelle anglaise prévoyant, entre autres, de la part de la Russie, la suspension des préparatifs militaires, à condition que les autres puissances en fassent autant ; adhésion de la Russie à cette proposition ;

2° Communication du gouvernement autrichien déclarant ne vouloir ni s'agrandir en Serbie, ni même pénétrer dans le sandjak et se disant prêt à discuter à Londres avec les autres puissances le *fond même* de la question austro-serbe.

J'ai mis en regard l'attitude de l'Allemagne qui, abandonnant tout pourparler, posait à la Russie un ultimatum au moment même où cette puissance vient d'accepter la formule anglaise (qui implique l'arrêt des préparatifs militaires de tous les pays ayant mobilisé) et envisageait comme imminente une rupture diplomatique avec la France.

Le baron de Schoen m'a répondu qu'il ignorait les développements survenus dans cette question depuis vingt-quatre heures, qu'il y avait peut-être là une « lueur d'espoir » pour un accommodement, qu'il n'avait reçu aucune nouvelle communication de son gouvernement et qu'il allait s'informer. Il a de nouveau protesté de son sincère désir de joindre ses efforts à ceux de la France pour arriver à la solution du conflit. J'ai insisté sur la grave responsabilité qu'assumerait le gouvernement impérial si, dans de pareilles circonstances, il prenait des initiatives non justifiées et de nature à compromettre irrémédiablement la paix.

Le baron de Schoen n'a plus fait allusion à son départ immédiat et ne m'a plus demandé de répondre à sa question concernant l'attitude de la France en cas de conflit austro-russe. Il s'est borné à dire de lui-même qu'elle n'était pas douteuse.

Il ne convient à aucun degré d'exagérer les possibilités qui peuvent résulter de ma conversation avec l'ambassadeur d'Allemagne, car, de son côté, le gouvernement impérial continue les plus dangereux préparatifs sur notre frontière. Il ne faut pas les négliger cependant et nous ne devons pas cesser de travailler à un arrangement. La France, de son côté, procède à toutes les mesures militaires propres à la garantir contre une avance trop grande des préparatifs militaires allemands. Elle estime que ses tentatives de conciliation n'auront de chances d'aboutir que dans la mesure où on la sentira prête et résolue, si la lutte lui est imposée.

Jules Cambon, ambassadeur de France à Berlin, à René Viviani, président du Conseil, ministre des Affaires étrangères.

Berlin, le 1er août 1914

On distribue dans les rues de Berlin des éditions spéciales des journaux annonçant que la mobilisation générale de l'armée et de la flotte est ordonnée et que le 1er jour de la mobilisation est le dimanche 2 août.

Eyschen, ministre d'État du Luxembourg, à René Viviani, président du Conseil, ministre des Affaires étrangères.

Luxembourg, le 2 août 1914

J'ai l'honneur de porter à la connaissance de Votre Excellence les faits suivants. Dimanche 2 août de grand matin les troupes allemandes, d'après les informations qui sont parvenues au gouvernement grand-ducal à l'heure actuelle, ont pénétré sur le territoire luxembourgeois par les ponts de Wasserbillig et de Remich, se dirigeant spécialement vers le sud du pays et vers la ville de Luxembourg, capitale du Grand-Duché ; un certain nombre de trains blindés, avec des troupes et des munitions, ont été acheminés par la voie de chemin de fer de Wasserbillig à Luxembourg, où l'on s'attend à les voir arriver d'un instant à l'autre.

Ces faits impliquent des actes manifestement contraires à la neutralité du Grand-Duché, garantie par le traité de Londres de 1867. Le gouvernement luxembourgeois n'a pas manqué de protester énergiquement contre cette agression auprès des représentants de Sa Majesté l'empereur d'Allemagne à Luxembourg ; une protestation identique va être transmise télégraphiquement au secrétaire d'État pour les Affaires étrangères à Berlin.

———

Bapst, ministre de France à Copenhague, à Gaston Doumergue, ministre des Affaires étrangères.

Copenhague, le 6 août 1914

L'ambassadeur de France à Berlin me prie de communiquer à Votre Excellence le télégramme suivant :

J'ai été dirigé par le gouvernement allemand sur le Danemark. Je viens d'arriver à Copenhague. Tout le personnel de l'ambassade et le chargé d'affaires de Russie à Darmstadt avec sa famille m'accompagnaient. On a usé de tels procédés à notre égard que je crois utile d'en faire le rapport complet à Votre Excellence par le télégraphe.

Lundi matin, 3 août, après que j'avais, conformément à vos instructions, adressé à M. de Jagow une protestation contre les actes d'agression commis sur le territoire français par les troupes allemandes, le secrétaire d'État vint me voir. M. de Jagow venait se plaindre d'actes d'agression qu'il prétendait avoir été commis en Allemagne, à Nuremberg et à Coblentz notamment, par des aviateurs français, qui, selon lui, « seraient venus de Belgique ». – Je répondis que je n'avais pas la moindre donnée sur les faits dont il voulait faire état et dont l'invraisemblance me paraissait évidente ; je lui demandai à mon tour s'il avait pris connaissance de la note que je lui avais adressée au sujet de l'envahissement de notre territoire par des détachements de l'armée allemande. – Comme le secrétaire d'État me disait n'avoir pas encore lu cette note, je lui en donnai connaissance. J'appelai son attention sur l'acte commis par l'officier commandant un de ces détachements qui s'était avancé jusqu'au village français de Joncherey, à 10 kilomètres à l'intérieur de nos frontières, et avait brûlé la cervelle à un soldat français qu'il y avait rencontré. Après avoir qualifié cet acte, j'ajoutai : – « Vous reconnaîtrez qu'en aucune hypothèse il ne saurait être comparé à un vol d'aéroplane sur territoire étranger, accompli par des particuliers animés de cet esprit d'audace individuelle qui distingue les aviateurs.

« Un acte d'agression commis sur le territoire d'un voisin par des détachements de troupes régulières commandés par des officiers présente une gravité toute autre. »

M. de Jagow me déclara qu'il ignorait les faits dont je lui parlais et il conclut qu'il était difficile qu'il ne s'en produisît pas de cette nature lorsque deux armées, remplies des sentiments qui animaient nos troupes, se trouvaient face à face de chaque côté de la frontière.

À ce moment, les attroupements qui se trouvaient sur la Pariser Platz, devant l'ambassade, et que nous apercevions à travers la fenêtre entr'ouverte de mon cabinet, poussèrent des cris contre la France. Je demandai au secrétaire d'État quand tout cela finirait.

« Le gouvernement n'a pas encore pris de décision, me répondit M. de Jagow. Il est probable que M. de Schoen recevra aujourd'hui l'ordre de demander ses passeports, et ensuite, vous recevrez les vôtres. » – Le secrétaire d'État m'assura que du reste je n'avais aucune préoccupation à avoir au sujet de mon départ et que toutes les convenances seraient observées à mon égard ainsi qu'à l'égard de mon personnel. Nous ne devions plus nous voir et nous prîmes congé l'un de l'autre, après un entretien qui avait été courtois et qui ne pouvait me faire prévoir ce que l'on me réservait.

Avant de quitter M. de Jagow, je lui avais exprimé le désir de faire une visite personnelle au chancelier, puisque ce serait la dernière fois que j'aurais l'occasion de le voir.

M. de Jagow me répondit qu'il ne m'engageait pas à donner suite à cette intention, car cette entrevue ne servirait à rien et ne pourrait être que pénible.

À 6 heures du soir, M. de Langwerth m'a apporté mes passeports. Il refusa au nom de son gouvernement d'accéder au désir que je lui exprimais de me laisser partir par la Hollande ou la Belgique. Il me proposa de partir soit par Copenhague, bien qu'il ne pût m'assurer le libre passage de la mer, soit par la Suisse, via Constance.

J'acceptai cette dernière voie ; M. de Langwerth m'ayant demandé de partir le plus tôt possible, il fut convenu, en raison de la nécessité où j'étais de m'entendre avec l'ambassadeur d'Espagne, qui prend nos intérêts en main, que je quitterais l'ambassade le lendemain mardi 4 août, à 10 heures du soir.

Une heure après le départ de M. de Langwerth, à 7 heures, M. de Lancken, ancien conseiller d'ambassade à Paris, vint me dire, de la part du ministère des Affaires étrangères, d'inviter le personnel de mon ambassade à ne plus prendre ses repas dans les restaurants. Cette consigne était si stricte que le lendemain mardi j'eus besoin de recourir à l'autorité de la

Wilhelmstrasse pour que l'hôtel Bristol nous envoyât nos repas à l'ambassade.

Le même soir, lundi à 11 heures, M. de Langwerth revint m'apprendre que son gouvernement me refusait le retour par la Suisse sous le prétexte qu'il faudrait trois jours et trois nuits pour me conduire à Constance. Il m'annonça que je serais dirigé sur Vienne. Je ne consentis à ce changement que sous réserve et dans la nuit j'écrivis à M. de Langwerth la lettre suivante :

« Berlin, 3 août 1914

« Monsieur le Baron,

« Je réfléchis à la route dont vous êtes venu me parler ce soir pour me faire rentrer dans mon pays. Vous me proposez de passer par Vienne. Je suis exposé à me trouver retenu dans cette ville, sinon du fait du gouvernement autrichien, du moins du fait des circonstances de sa mobilisation, qui lui crée des difficultés analogues à celles de l'Allemagne pour la circulation des trains.

« Dans ces conditions, je crois devoir réclamer du gouvernement allemand l'engagement d'honneur que le gouvernement autrichien me dirigera sur la Suisse et que le gouvernement suisse ne fermera ni à moi, ni aux personnes qui m'accompagnent, sa frontière qu'on me dit justement fermée aux étrangers.

« Je ne puis donc accepter la proposition que vous m'avez faite que si j'ai les sûretés que je réclame et si je suis assuré de ne pas être retenu quelques mois hors de mon pays.

En réponse à cette lettre, le lendemain matin, mardi 4 août, M. de Langwerth me donna par écrit l'assurance que les autorités autrichiennes et suisses avaient reçu les communications nécessaires.

En même temps, on arrêtait chez lui, dans son lit, M. Miladowski, attaché au consulat de Berlin, ainsi que d'autres Français. M. Miladowski, pour qui un passeport diplomatique avait été demandé, put être relâché au bout de 4 heures.

Je me préparais à partir pour Vienne, quand, à 4 heures 45, M. de Langwerth revint m'annoncer que je devrais partir avec les personnes m'accompagnant à 10 heures du soir, mais que je serais conduit en Danemark. Devant cette exigence nouvelle, je demandai si l'on me mettrait dans une forteresse, au cas où je ne l'accepterais pas. M. de Langwerth me répondit simplement qu'il reviendrait chercher la réponse dans une demi-heure. Je ne voulais pas donner au gouvernement allemand le prétexte de dire que je m'étais refusé à sortir d'Allemagne. Je déclarai donc à M. de Langwerth, lorsqu'il revint, que je me soumettrais à l'ordre qui m'était donné, mais « que je protestais ».

J'écrivis aussitôt à M. de Jagow la lettre, dont la copie suit :

« Berlin, le 4 août 1914

« Monsieur le Secrétaire d'État,

« Votre Excellence m'avait dit à plusieurs reprises que le gouvernement impérial, conformément aux usages de la courtoisie internationale, me faciliterait mon retour dans mon pays et me donnerait tous les moyens d'y rentrer rapidement.

« Cependant hier, après m'avoir refusé l'accès de la Belgique et de la Hollande, M. le baron de Langwerth m'a informé que je passerais par la Suisse via Constance. Dans la nuit, j'ai été avisé que je serais envoyé en Autriche, pays qui prend part du côté de l'Allemagne à la présente guerre. Comme j'ignorais les intentions de l'Autriche à mon égard, puisque sur son sol je ne suis qu'un simple particulier, j'ai écrit au baron de Langwerth que je demandais au gouvernement impérial l'engagement que les autorités impériales et royales autrichiennes me donneraient toutes les facilités possibles pour continuer ma route, et que la Suisse ne se fermerait pas devant moi. M. de Langwerth a bien voulu me répondre par écrit que je pouvais être assuré d'un voyage facile et que les autorités autrichiennes feraient tout le nécessaire.

« Il est près de 5 heures et le baron de Langwerth vient de m'annoncer que je serai dirigé sur le Danemark. Étant donné les événements, je ne suis pas assuré de trouver un bâtiment pour me transporter en Angleterre ; et c'est cette considération qui m'avait fait écarter cette proposition, d'accord avec M. de Langwerth.

« En réalité, on ne me laisse aucune liberté, et on me traite presque en prisonnier. Je suis obligé de me soumettre, n'ayant aucun moyen d'obtenir qu'il soit tenu compte des règles de la courtoisie internationale à mon égard, mais je tiens à protester entre les mains de Votre Excellence contre la façon dont je suis traité.

Pendant qu'on portait ma lettre, j'étais avisé que le voyage ne s'effectuerait pas directement, mais par la voie du Schleswig. À 10 heures du soir, je quittai l'ambassade, avec mon personnel, au milieu d'un grand concours de police à pied et à cheval.

À la gare, un employé inférieur du ministère des Affaires étrangères représentait seul cette administration.

Le voyage s'est effectué avec une lenteur extrême. Nous avons mis plus de vingt-quatre heures pour gagner la frontière. Il a semblé qu'à chaque station on attendait des ordres pour repartir. J'étais accompagné du major von Rheinbaben, du régiment Alexandre de la garde, et d'un fonctionnaire de la police. Aux environs du canal de Kiel, la troupe a envahi nos wagons. On a fait fermer les fenêtres et les rideaux des voitures ; chacun de nous a dû se tenir isolément dans son compartiment avec défense de se lever et de toucher à ses sacs de voyage. Dans le couloir des wagons, devant la porte de chacun de nos compartiments maintenue ouverte, se tenait un soldat, le revolver au poing et le doigt sur la gâchette. Le chargé d'affaires de Russie, les femmes, les enfants, tout le monde a été soumis au même traitement.

À la dernière station allemande, vers 11 heures du soir, le major von Rheinbaben est venu prendre congé de moi. Je lui ai remis, pour M. de Jagow, la lettre qui suit :

« Mercredi soir, 5 août 1914

« Monsieur le Secrétaire d'État,

« Hier, avant de quitter Berlin, j'ai protesté par écrit auprès de Votre Excellence contre les changements successifs de direction qui m'ont été imposés par le gouvernement impérial, pour sortir d'Allemagne.

« Aujourd'hui, lors du passage du train qui m'emportait au-dessus du canal de Kiel, on a voulu visiter tous nos bagages, comme si nous pouvions cacher quelque instrument de destruction. Grâce à l'intervention du major von Rheinbaben, cet affront nous a été épargné.

« Mais on a fait plus.

« On nous a obligés de rester chacun dans nos compartiments, dont les fenêtres et les rideaux étaient fermés. Pendant ce temps, dans le couloir des voitures, à la porte de chaque compartiment et faisant face à chacun de nous, se tenait un soldat, le revolver à la main, le doigt sur la gâchette, durant près d'une demi-heure.

« Je crois devoir protester contre cette menace de violences à l'égard de l'ambassadeur de la République et du personnel de son ambassade, violences que rien n'avait pu seulement me faire pressentir. J'avais l'honneur d'écrire hier à Votre Excellence que j'étais traité presque en prisonnier. Aujourd'hui, c'est en prisonnier dangereux que j'ai été traité. Je dois noter que, dans le cours du voyage qui, depuis Berlin jusqu'au Danemark, a pris vingt-quatre heures, aucun repas n'a été préparé, ni fourni à moi, non plus qu'aux personnes reconduites avec moi jusqu'à la frontière.

Je croyais tout terminé, lorsque peu après le major von Rheinbaben vint, un peu confus, m'annoncer que le train ne poursuivrait pas jusqu'à la frontière danoise si je ne payais pas le prix de ce train. Je m'étonnai qu'on ne me l'eût pas fait payer à Berlin et, qu'en tout cas, on ne m'eût pas prévenu. Je proposai de payer par un chèque sur une des plus grandes banques de Berlin ; cette facilité me fut refusée. Avec le concours de mes compagnons, je pus réunir en or la somme qui m'était demandée immédiatement et qui s'élevait à 3611 marks 75, soit à environ 5 000 francs au taux actuel du change.

Après ce dernier incident, je crus devoir demander à M. de Rheinbaben sa parole d'officier et de gentilhomme qu'on allait me conduire jusqu'à la frontière danoise. Il me la donna et j'exigeai que l'homme de police qui était avec nous nous accompagnât.

Nous arrivâmes ainsi à la première station danoise où le gouvernement danois avait fait préparer un train pour nous conduire à Copenhague.

On m'assure que mon collègue d'Angleterre et le ministre de Belgique, bien qu'ils aient quitté Berlin après moi, sont partis directement pour la Hollande. Je suis frappé de cette différence de traitement. Et comme le Danemark et la Norvège sont remplis en ce moment d'espions, si je réussis à m'embarquer en Norvège, on craint que je ne sois arrêté en mer, avec les officiers qui m'accompagnent.

Je ne veux pas terminer cette dépêche sans signaler à Votre Excellence le dévouement et l'énergie dont tout le personnel de l'Ambassade n'a pas cessé de faire preuve pendant la durée de cette crise ; je serais heureux qu'il lui fût tenu compte des services rendus à cette occasion au gouvernement de la République, en particulier par les secrétaires de l'ambassade ainsi que par l'attaché militaire et l'attaché naval.

Livre jaune 256.

1917 : Claudel au Brésil

Si des littérateurs sont souvent d'excellents diplomates, on vient de le voir et on continuera à le constater, la littérature peut aussi entrer dans le champ de la diplomatie. Tel est le cas de cette dépêche, signée par un écrivain qui n'est rien moins que Claudel, et traitant de littérature.

Ministre de France au Brésil en 1917, Claudel réussit, par ses amitiés et, très certainement, par sa personnalité même, à faire signer par le gouvernement brésilien une convention littéraire, artistique et scientifique entre la France et le Brésil. Ce document se place dans le long processus qui amena progressivement l'extension de la convention de Berne sur la propriété littéraire à une grande partie des pays occidentaux. Le rôle actif que joua Claudel dans la ratification de la convention franco-brésilienne correspond aussi à l'émergence d'une politique culturelle de la France à l'étranger.

Ratification de la Convention littéraire, artistique et scientifique entre la France et le Brésil

Rio-de-Janeiro, le 12 septembre 1917

Hier a eu lieu au Palais de l'Itamaraty entre M. Nilo Peçanha, ministre des Relations extérieures et moi-même l'échange des instruments contenant le texte de la nouvelle Convention littéraire, artistique et scientifique entre la France et le Brésil. Le chancelier avait voulu que cette cérémonie fût entourée d'une certaine solennité. Tous les fonctionnaires du ministère y assistaient et le chancelier, avant de me remettre le document brésilien, prononça quelques paroles gracieuses, rappelant les vieilles traditions de relations intellectuelles entre son pays et le nôtre, qui donnaient à notre pays le droit d'être le premier à voir reconnaître ses droits à la propriété intellectuelle. Je vous envoie par cette valise l'instrument de la convention ainsi qu'un exemplaire du procès-verbal de remise.

Ainsi se termine de la manière la plus satisfaisante une négociation qui, avant d'aboutir au terme désiré, eut à subir beaucoup de retards et de vicissitudes. C'est en janvier 1891 que le gouvernement provisoire concluait avec le gouvernement français une première convention littéraire qui ne fut pas ratifiée par la Chambre. En 1908, la législation brésilienne reconnaissait la propriété intellectuelle et le gouvernement était autorisé à adhérer à l'Union internationale de Berne. En 1913, M. Lauro Muller et M. de Lalande signaient la convention actuelle, mais pendant les années qui suivirent, toutes les instances de mes prédécesseurs pour obtenir la mesure suprême qui aurait permis d'en amener l'exécution restèrent inutiles. Il fallut l'arrivée au pouvoir de M. Nilo Peçanha, dont on connaît le libéralisme et l'amitié pour notre pays, et la campagne énergique menée par M. Ataulpho de Paiva, président de la cour d'appel, pour que les droits de nos auteurs fussent enfin assurés au Brésil d'une protection effective.

Dans ma dépêche n° 133 du 20 juin (Amérique) j'ai fait ressortir l'importance de la présente convention pour les intérêts français. Je n'y insiste pas aujourd'hui, mais il serait désirable que les différentes corporations intéressées, Société des gens de lettres, Société des auteurs et compositeurs dramatiques, Société des auteurs et compositeurs de musique, fissent entendre, leurs remerciements au gouvernement brésilien.

P.S. Si les différentes sociétés mentionnées ci-dessus veulent tirer parti des nouveaux droits qui viennent de leur être reconnus, elles feront bien d'envoyer au Brésil un délégué qui se rende compte de la situation et fasse choix d'un représentant permanent.

Protocole, série E, carton 41.

La Révolution de 1917 vue par Maurice Paléologue, ambassadeur à Petrograd

On se doute bien qu'on n'entreprendra pas ici d'aborder la révolution russe, fût-ce même d'en évoquer les détails dont traitent les documents ci-dessous. On se bornera donc à présenter, au jour le jour, voire d'heure en heure, une semaine de la « Révolution de février », c'est-à-dire des premiers jours de mars 1917, puisque le calendrier orthodoxe a conservé un décalage de treize jours avec le nôtre.

Ces documents, d'un rythme haletant et dont on ne reproduit naturellement qu'une faible partie, sont constitués par quelques-uns des télégrammes qu'envoya à l'époque Maurice Paléologue, ambassadeur à Petrograd de 1914 à 1917. Né en 1859, mort en 1944, Paléologue a été l'un des plus illustres représentants de la diplomatie française au tournant du siècle. Avant d'être nommé en Russie, il fut, de 1912 à 1914, directeur des Affaires politiques au Quai d'Orsay. En 1921, il publia un témoignage de première main sur *La Russie des Tsars pendant la guerre*. C'est seulement en 1955 qu'on édita, après sa mort, un *Journal,* dans lequel il traite notamment, avec beaucoup de rigueur, de l'affaire Dreyfus.

Les brefs télégrammes qu'il expédia à Paris pendant la révolution de février ne prétendent en rien à la littérature : ils constituent une manière de carnet de notes, de « choses vues » par une mission diplomatique en poste à l'étranger sur un événement capital pour l'histoire de l'humanité.

Dépêches de Pétrograd

N° 307. 11 mars 1917, 19 h

La journée a été marquée par plusieurs collisions sanglantes sur la perspective Newsky. À quatre ou cinq reprises, la troupe a repoussé la foule par des feux de salve.

On me rapporte que la rigueur de la répression aurait jeté le découragement dans les milieux ouvriers. Un régiment aurait toutefois refusé de tirer. Je sais d'autre part que les chefs de l'extrême-droite cherchent le moyen de faire comprendre à l'Empereur que le maintien de M. Protopopow au ministère de l'Intérieur est un danger pour la dynastie.

N° 308. 12 mars 1917, 11 h 30

La situation s'est aggravée ce matin.

Quelques régiments se sont mutinés et sont entrés en collision avec police.

N° 310. 12 mars 1917, 14 h

L'émeute militaire se propage. Des bandes de soldats parcourent la ville, appelant le peuple à la révolution et s'efforçant de débaucher les troupes restées fidèles à leur devoir. [...]

N° 313. 12 mars 1917, 20 h

Toute la moitié orientale de Pétrograd est au pouvoir des insurgés.

L'arsenal de la Litéïni et l'hôtel du ministère de l'Intérieur ont été saccagés. Les détenus des trois principales prisons ont été mis en liberté. Le palais d'Hiver est envahi. Le palais de justice est en flammes.

N° 314. 12 mars 1917, 20 h 30

Le Conseil des ministres a pris sur lui d'enlever à M. Protopopow le ministère de l'Intérieur et de nommer « Gérant provisoire » le général Makarenko. Il en a aussitôt rendu compte à l'Empereur, il l'a, de plus, supplié de conférer des pouvoirs extraordinaires à un général pour prendre toutes les mesures exceptionnelles que comporte la situation et notamment pour nommer d'autres ministres.

Malgré l'ukaze de prorogation, la Douma s'est réunie cet après-midi. Elle a constitué un « comité permanent », destiné à servir d'intermédiaire entre le gouvernement et les troupes révoltées. M. Rodzianko, qui préside le comité, a télégraphié à l'Empereur que la dynastie est en péril et que le moindre délai lui serait fatal.

Dans les milieux ouvriers, le cri de « À bas la guerre ! » est très fréquent L'esprit des troupes me paraît, au contraire, assez bon, au point de vue patriotique. Tandis que je revenais tout à l'heure du ministère des Affaires étrangères avec mon collègue d'Angleterre, mon automobile a été arrêté (*sic*) par un régiment insurgé, dont les dispositions malveillantes n'étaient pas douteuses. Dès que nous nous sommes fait reconnaître, nous avons été acclamés.

N° 315. 13 mars 1917, 10 h

Les insurgés sont maîtres de toute la capitale. On continue cependant de se fusiller dans les rues.

Nombreuses scènes de pillage et d'incendie.

Avez-vous reçu mes télégrammes, d'hier 12 mars n° 308-310 ?

N° 319. 13 mars 1917, 22 h

Le président du Conseil de l'Empire, le métropolite de Pétrograd, M. Sturmer, M. Protopopow, le préfet de Pétrograd, etc.… sont arrêtés. Tous les commissariats de police sont en flammes. La forteresse de S. Pierre et S. Paul est devenue le quartier général de l'insurrection. Une lutte très vive est engagée autour de l'amirauté, où le ministre de la Guerre, le ministre de la Marine et quelques hauts fonctionnaires ont cherché un refuge. Dans le reste de la ville, les émeutiers poursuivent avec acharnement « les traîtres », les policiers et les gendarmes.

La fusillade est parfois si intense dans les rues qui avoisinent l'ambassade, qu'il m'est très difficile de me renseigner et de faire parvenir mes télégrammes à la poste centrale.

On m'a assuré néanmoins que le « comité permanent » de la Douma vient de se constituer en « gouvernement provisoire ».

Je sais d'autre part que M. Rodzianko, M. Milioukow et M. Maklakow sont tout à fait déconcertés par le rôle anarchique de l'armée :

– « Ce n'est pas ainsi, me disait tout à l'heure un de leurs amis, qu'ils prévoyaient la révolution. Ils comptaient s'appuyer sur l'armée. Aujourd'hui ils ne savent plus comment la faire rentrer dans l'ordre. »

J'ai demandé à mon informateur :

– « L'insurrection des troupes n'a-t-elle donc pas été préparée ? »

Il m'a répondu :

– « Non, le parti ouvrier lui-même croyait que l'armée lutterait contre lui. C'est la fusillade de dimanche dernier, sur la perspective Newsky, qui a soulevé l'indignation des troupes. »

N° 321. 14 mars 1917, 10 h 30

Il y a encore beaucoup de combats et d'incendies ce matin. Les soldats font la chasse aux officiers et aux policiers.

Le comité de la Douma a fait appel au patriotisme de tous les officiers survivants pour qu'ils viennent se mettre à sa disposition, en vue de rétablir un peu de discipline dans les troupes.

On organise une milice municipale pour maintenir l'ordre dans la rue.

N° 322. 14 mars 1917, 11 h 15

L'Empereur qui se rendait de Mohilew à Moscou pour essayer d'y organiser la résistance à la révolution a été arrêté à la station de Bologoyé.

Deux délégués de la Douma sont allés conférer avec lui. Ils ont mission de lui demander d'abdiquer en faveur de son fils sous la régence du grand-duc Michel. Le prince Lvow (de Moscou) serait le président d'un ministère responsable.

Nº 323. 14 mars 1917, 15 h

Hier, tandis que je revenais à pied du ministère des Affaires étrangères, je me suis trouvé au milieu d'une foule qui, m'ayant reconnu, a voulu m'entraîner à la Douma dans un automobile (*sic*), surmonté d'un drapeau rouge. Je m'y suis naturellement refusé.

Dans l'état d'anarchie où se trouve la capitale, le comité provisoire est le seul organisme qui représente un principe d'ordre et d'autorité. C'est donc à ce comité que je m'adresse pour assurer la subsistance de l'ambassade et la protection des Français.

Mais, au point de vue politique, nous avons grand intérêt à témoigner discrètement notre sympathie à des hommes tels que M. Rodzianko, M. Milioukow, M. Maklakow, M. Chingarew, qui sont peut-être les ministres demain et qui luttent de toutes leurs forces contre les manœuvres pacifistes du comité socialiste révolutionnaire. [...]

N° 336 16 mars 1917, 9 h

Ce matin l'ordre est à peu près rétabli, sauf dans le quartier de Vibourg, où l'on entend encore quelques coups de feu.

Hier, dans les casernes, les soldats ont procédé à l'élection de leurs officiers.

On m'assure que l'Empereur a abdiqué cette nuit.

Nº 337. 16 mars 1917, 11 h

Toutes les villes de Russie ont adhéré cette nuit au nouveau gouvernement.

J'entrerai sans doute aujourd'hui même en relations avec ce gouvernement. Je crois aller au devant de vos intentions en l'assurant officiellement de tout mon concours, sans me laisser arrêter par les questions de forme.

Nº 340. 16 mars 1917, 12 h

Sous la pression des ouvriers et des soldats, l'accord des deux comités est rompu.

L'Empereur a abdiqué hier en son nom personnel et au nom de son fils, au profit du grand-duc Michel. Cette combinaison n'a pas été approuvée par les socialistes qui, cette nuit, ont imposé que tout fût remis en question. Les membres du comité exécutif demandent en ce moment au grand-duc Michel de renoncer à son tour au pouvoir.

Les ouvriers exigent la proclamation de la République et la convocation immédiate d'une Constituante. Par cette double exigence ils risquent de provoquer le démembrement de la Russie. Voulant maintenir à tout prix l'unité nationale, le comité de la Douma s'efforce de faire accepter l'institution d'un directoire pour la durée de la guerre.

N° 343. 16 mars 1917, 16 h

Le csarévitch, qui souffre de la rougeole, est dans un état alarmant. La même maladie a emporté hier l'amie intime de l'Impératrice, Mme Wyroubow, qui était réfugier (*sic*) auprès de sa souveraine.

Le comte Kokovstsow vient d'être arrêté.

Toute la colonie française de Pétrograd est indemne. Prière de rassurer les familles par une note à la presse.

N° 346. 16 mars 1917, 19 h

La propagande pacifique du comité social démocrate ayant provoqué dans quelques régiments un mouvement contre la guerre, le gouvernement provisoire a cru nécessaire de faire protéger les ambassades de France et d'Angleterre.

Le général Rittich, directeur du corps des pages est venu installer à l'ambassade 32 pages, élèves-officiers de son école.

N° 347. 16 mars 1917, 19 h 30

Après une journée d'agitation, l'accord des deux comités s'est rétabli. La question dynastique n'est pas encore tranchée. Une négociation se poursuit avec le grand-duc Michel.

Le drapeau rouge vient d'être arboré sur le palais d'Hiver.

Papiers M. Paléologue (133), vol. 4, fol. 79-105.

1919 : Ouverture de la conférence de Versailles

La conférence de Versailles, qui devait déboucher sur le traité du même nom, commença ses travaux le 18 janvier 1919 pour aboutir, le 28 juin suivant, à la signature du traité que, moins de quinze ans plus tard, Hitler s'emploierait à démanteler. *Diktat* pour l'Allemagne, le traité de Versailles allait emputer celle-ci du huitième de son territoire et du dixième de sa population de 1914. La France retrouvait l'Alsace-Lorraine, la Belgique les territoires d'Eupen et de Malmédy et la Sarre était placée sous contrôle de la SDN pour une durée de quinze ans. Mais surtout, à l'est, le territoire allemand était coupé en deux par le fameux « corridor de Dantzig ». Un référendum était prévu pour la Haute Silésie. Enfin, l'Allemagne perdait toutes ses colonies. Les clauses militaires du traité prévoyaient un contrôle très strict des forces terrestres et navales allemandes ainsi que l'occupation, pendant quinze ans, de la rive gauche du Rhin. Enfin, des réparations économiques et financières ainsi que des « clauses morales » conduisaient l'ex-empereur Guillaume II et certains de ses collaborateurs à se voir considérés comme des « criminels de guerre ».

On publie ici les premiers discours de la séance du 18 janvier 1919, qui marqua l'ouverture de la conférence.

Du côté américain, le président Wilson proposa la présidence définitive de la conférence au président du Conseil français, Georges Clemenceau. Cette initiative fut soutenue par Lloyd George, au nom de l'Empire britannique et par le baron Sonnino, chef de la délégation italienne. On trouvera donc ces discours protocolaires d'ouverture, la réponse de Clemenceau et ses premières remarques sur l'ordre du jour des travaux.

Discours d'ouverture

M. LE PRÉSIDENT WILSON. – J'ai le grand honneur de proposer comme président définitif de cette conférence, le président du Conseil français, M. Clemenceau. Je le ferais sans doute, déférant à l'usage. Je le ferais s'il ne s'agissait que de rendre hommage à la République française ; mais je le fais aussi parce que je désire, et vous le désirez certainement avec moi, rendre hommage à l'homme lui-même. La France mériterait déjà seule cet honneur ; mais nous nous trouvons aujourd'hui dans sa capitale et c'est ici que se réunit cette grande conférence. La France par ses souffrances et ses sacrifices pendant la guerre mérite un tribut spécial. De plus, Paris est son ancienne et magnifique capitale où plus d'une fois se sont réunies de ces grandes assemblées dont le sort du monde a dépendu. Je suis heureux de penser que la réunion qui commence couronne la série de ces réunions.

Cette conférence peut être considérée, à quelques égards, comme le couronnement suprême de l'histoire diplomatique du monde jusqu'à ce jour, car jamais autant de nations n'ont été représentées à la fois pour résoudre les problèmes qui intéressent à un tel degré le monde entier.

De plus, cette réunion signifie pour nous la fin de cette terrible guerre qui menaçait de détruire la civilisation et le monde lui-même. C'est pour nous un sentiment délicieux que de sentir que nous nous réunissons au moment où cette terrible menace a cessé d'exister. Mais, ce n'est pas seulement à la France, c'est à l'homme qui est son grand serviteur que nous voulons rendre hommage et faire honneur.

Nous avons appris, depuis que nous sommes en rapport avec lui, depuis qu'il est à la tête du gouvernement, à admirer la puissance de sa direction, la force et le sens de son action ; mais, de plus, ceux qui le connaissent, ceux qui ont travaillé de près avec lui ont acquis pour lui une véritable affection. Ceux qui l'ont vu comme nous travailler en ces derniers temps, savent jusqu'à quel point il est uni avec nous, savent avec quelle ardeur il travaille pour ce que nous voulons nous-mêmes – car nous voulons tous la même chose : nous voulons avant tout enlever des épaules de l'humanité le poids effroyable qui pèse sur elle. Allégée de ce poids, l'humanité pourra enfin retourner joyeusement au travail.

Aussi, messieurs, ce n'est pas seulement au président du Conseil de la République française, c'est à M. Clemenceau que je vous propose de donner la présidence de cette assemblée.

M. LLOYD GEORGE. – C'est non seulement un plaisir pour moi, mais un véritable privilège, que d'appuyer au nom de l'Empire britannique la motion qui vient d'être présentée par M. le président Wilson.

Je le ferai pour les raisons que M. le Président vient d'exprimer avec tant d'éloquence. C'est un hommage, un hommage à l'homme, que nous voulons rendre avant tout.

Dans toutes les conférences auxquelles nous avons assisté, l'homme le plus alerte et le plus vigoureux, en un mot le plus jeune, fut toujours M. Clemenceau. Par la fraîcheur de son esprit, par son infatigable énergie, il prouvait à chaque instant sa jeunesse ; il est vraiment « le grand jeune homme » de la France.

Mais rien ne nous sera plus agréable que de le voir prendre la place que nous lui proposons d'accepter. Nul n'est plus qualifié pour cela.

Nous avons souvent discuté ensemble, nous nous sommes accordés souvent ; quelquefois nous n'étions pas d'accord et, dans ce cas, nous avons toujours eu l'habitude de discuter nos opinions avec toute la force et la vigueur qui appartiennent à deux Celtes comme nous.

Je crois que dans les débats de la conférence, il y aura au début indubitablement des retards, mais je garantis, par ma connaissance de M. Clemenceau, qu'il n'y aura pas de temps perdu. Cela est indispensable. Le monde a soif de paix. Des millions d'hommes attendent pour revenir à leur vie normale ; ils ne nous pardonneraient pas de trop longs délais. Je suis sûr que M. Clemenceau ne permettra pas qu'il se produise des retards inutiles. Il est un des plus grands orateurs vivants, mais il sait que la plus belle éloquence est celle qui fait avancer les affaires et que la plus mauvaise est celle qui les retarde.

J'ai une autre raison de le féliciter d'occuper la place qui va lui être attribuée : c'est le courage indomptable dont il a fait preuve dans les jours difficiles. Au cours de ces jours, son énergie, sa présence d'esprit ont plus fait que tous nos actes, aux uns et aux autres, pour assurer la victoire. Il n'est pas d'homme dont on puisse dire qu'il a contribué davantage à surmonter les difficultés terribles qui étaient si proches du triomphe final. Il représente l'énergie admirable, le courage, les ressources de son grand peuple, et c'est pourquoi je désire ajouter ma voix à celle de M. le président Wilson et demander son élection à la présidence de la conférence de la Paix.

M. SONNINO. – Messieurs, au nom de la délégation italienne, je m'associe cordialement à la proposition de M. le président Wilson appuyée par M. Lloyd George, et je vous demande de porter à la présidence de la conférence de la Paix, M. Clemenceau, heureux de pouvoir, dans cette circonstance, rendre un témoignage de sympathie et d'admiration à la France et à l'éminent homme d'État qui est à la tête de son gouvernement.

M. CLEMENCEAU. – Mon devoir, messieurs, est de mettre aux voix la proposition de M. le président Wilson, appuyé par M. Lloyd George et par M. le baron Sonnino. Je mets aux voix, en conséquence, cette proposition qui tend à nommer M. Clemenceau président de la conférence de la Paix.

Élu président à l'unanimité, il s'exprime ainsi :

Messieurs, vous ne comprendriez pas qu'après avoir entendu les paroles des trois éminents hommes d'État qui viennent de parler, je gardasse le silence. Je ne puis échapper à la nécessité de dire ma vive, ma profonde gratitude et à l'illustre président des États-Unis et au Premier Ministre de la Grande-Bretagne, ainsi qu'à M. le baron Sonnino, pour les paroles qu'ils ont prononcées.

Autrefois, dans ma jeunesse, il y a bien longtemps, M. Lloyd George l'a rappelé, quand je parcourais l'Amérique et l'Angleterre, j'entendais toujours reprocher aux Français qu'un excès de courtoisie les portait à aller au-delà de la vérité. En entendant l'homme d'État américain et l'homme d'État anglais, je me suis demandé si dans Paris ils n'avaient pas gagné notre vice national de flatteuse urbanité.

Messieurs, il faut dire cependant que mon élection est nécessairement due à la haute tradition internationale de vieille courtoisie envers le pays qui a l'honneur de recevoir la conférence de la Paix dans sa capitale. Le témoignage d'amitié, ils me permettront de dire de « friendship », de M. Wilson, de M. Lloyd George, m'a profondément touché, parce que j'y vois pour nous trois une force nouvelle qui nous permettra de mener à bien, avec le concours de toute la conférence, le travail ardu qui nous est confié. J'y puise une nouvelle confiance dans le succès de nos efforts.

M. le président Wilson a une autorité particulière pour dire que c'est la première fois qu'on voit ensemble une délégation de tous les peuples civilisés de la terre.

Plus grande a été la catastrophe sanglante, qui a dévasté et ruiné l'une des plus riches parties de la France, plus large et plus belle doit être la réparation vulgaire, si j'ose dire, qui nous est due à tous, mais la réparation plus noble et plus haute que nous allons tâcher de faire pour que les peuples puissent enfin échapper à cette étreinte fatale qui, amassant les ruines et les douleurs, terrorise les populations et ne leur permet pas de s'abandonner librement au travail, par crainte des ennemis qui peuvent surgir du jour au lendemain.

C'est une grande et noble ambition qui nous est venue à tous ; il faut souhaiter que le succès couronne nos efforts. Il ne pourra en être ainsi que si nous avons des idées bien fixes et bien déterminées. Je l'ai dit à la Chambre des députés, il y a quelques jours, je tiens à le redire ici : « Le succès n'est possible que si nous restons tous fermement unis. »

Nous sommes venus amis, nous devons franchir cette porte frères. Telle est la première pensée que je tiens à exprimer. Tout doit être subordonné à la nécessité d'une union de plus en plus étroite entre les peuples qui ont pris part à cette Grande

Guerre. La Société des Nations, elle est ici, elle est en vous, c'est à vous de la faire vivre, et pour cela, il faut qu'elle soit dans nos cœurs ; il faut, je l'ai dit au président Wilson, qu'il n'y ait pas de sacrifice que nous ne soyons prêts à consentir.

Je ne doute pas que vous y soyez tous disposés.

Nous arriverons à ce résultat, mais à la condition de nous efforcer impartialement de concilier des intérêts, en apparence contradictoires, dans la vue supérieure d'une humanité plus grande, plus heureuse et meilleure.

Voilà, messieurs, ce que j'avais à vous dire.

Je suis touché au delà de toute expression du témoignage de confiance et d'amitié que vous voulez bien me donner.

Le programme de cette conférence a été établi par M. le président Wilson, ce n'est pas la paix de territoires plus ou moins vastes que nous avons à faire, ce n'est plus la paix des continents, c'est celle des peuples. Ce programme se suffit à lui-même, il n'y a plus de paroles superflues à ajouter, messieurs, tâchons de faire vite et bien.

M. Clemenceau passe ensuite à l'examen de l'ordre du jour.

La première question inscrite est la suivante : responsabilité des auteurs de la guerre.

La deuxième est ainsi conçue : sanction contre les crimes commis pendant la guerre.

La troisième, législation internationale du travail.

Toutes les puissances sont invitées à présenter des mémoires sur ces trois questions.

Les puissances à intérêt limité sont priées également de remettre des mémoires sur les questions de tout ordre, territorial, financier, économique, qui les intéressent particulièrement. Ces mémoires seront adressées au secrétariat général de la conférence. C'est une méthode assez nouvelle : nous n'avons pas voulu vous imposer un ordre de travail. Nous avons pensé gagner du temps en vous priant de présenter d'abord vos revendications. Tous les peuples représentés ici peuvent exposer des demandes non seulement les concernant, mais encore revêtant un caractère d'ordre général. Vous voudrez bien présenter ces mémoires dans le plus bref délai. Sur ces mémoires nous ferons un travail d'ensemble que nous vous soumettrons. Vous pouvez traiter la troisième question même au point de vue de l'organisation du travail. C'est un champ très vaste.

Mais nous insistons pour que vous commenciez par examiner la première question qui concerne la responsabilité des auteurs de la guerre. Je n'ai pas besoin de vous en exposer les raisons ; si nous voulons établir le droit, dans le monde, nous pouvons dès aujourd'hui, puisque nous avons la victoire, appliquer les sanctions de droit.

Nous vous les demanderons contre les auteurs des crimes abominables commis pendant la guerre.

Quelqu'un demande-t-il la parole sur cette question ?

Si personne ne demande la parole, je vous rappelle que chacune des délégations devra se livrer à une étude de cette première question. Elle a fait l'objet d'un mémoire de M. Larnaude, doyen de la faculté de droit de Paris, et de M. de la Pradelle, professeur du droit des gens à la faculté de droit de Paris. Ce mémoire qui vous sera envoyé porte le titre suivant : « *Examen de la responsabilité pénale de l'empereur Guillaume II* ».

La lecture de cette brochure facilitera sans nul doute votre travail.

En Angleterre et en Amérique des ouvrages ont été également publiés sur ce point.

Il n'y a pas d'observation ? Le programme est adopté.

Messieurs, il me reste à annoncer qu'en tête de l'ordre du jour de la prochaine réunion sera inscrite la question relative à la Société des Nations.

Notre ordre du jour, messieurs, est épuisé. Avant de lever la séance, je voudrais savoir si l'un des délégués des puissances invitées désire poser une question au bureau. Comme nous devons travailler en complet accord, il est souhaitable que les membres de cette conférence présentent toutes les observations qu'ils estiment nécessaires. Le bureau accueillera l'expression de tous les sentiments qui pourront se manifester ; il répondra à toutes les questions qui lui seront posées.

Personne ne demande plus la parole ?

La séance est levée.

1920 : Rétablissement des relations diplomatiques avec le Vatican

La loi de 1901 sur les associations avait abouti à la dissolution, en France, de presque toutes les congrégations religieuses. C'était l'œuvre – la presse et les milieux catholiques de l'époque devaient, ô combien ! le souligner – du ministère Combes : « le Petit Père Combes ». À la mort de Léon XIII, en 1903, Pie X, son successeur, va adopter à l'égard de la France une politique beaucoup plus radicale. On en arrivera, en 1904, à la rupture des relations diplomatiques entre le gouvernement français et Rome, en même temps qu'à la dénonciation du Concordat de 1801 par le vote de la loi de séparation de l'Église et de l'État de 1905. L'hostilité de Pie X à la France laïque va encore se préciser, notamment par l'encyclique *Vehementer nos*, de février 1906. C'est ainsi que le pape refusera les associations cultuelles laïques chargées d'administrer en France les biens ecclésiastiques. De même, Pie X va-t-il condamner, par l'encyclique *Pascendi*, le « modernisme », puis le mouvement du Sillon, de Marc Sangnier, en 1910.

La guerre va naturellement changer bien des choses, et, peu à peu, la France comme le Saint-Siège se rendront compte de la nécessité de rétablir des relations diplomatiques normales entre les deux États. On remarquera d'ailleurs, et la note que l'on publie ici en fait état dès ses premières lignes, que l'ambassade de France à Rome, c'est-à-dire auprès du roi d'Italie, n'avait pas été favorable à la reprise d'une relation normale avec le Vatican. Le retour à la France de l'Alsace-Lorraine, la question d'Orient, la question rhénane : autant de raisons d'assurer un rapprochement durable. Néanmoins, l'ambassadeur Barrère, alors en poste à Rome, continuait à regarder d'un œil critique l'évolution qui se manifestait.

La note adressée le 16 janvier 1920 à Alexandre Millerand, alors président du Conseil et qui devait succéder à Deschanel, en septembre, comme président de la République, expose les multiples considérations qui poussent le Quai d'Orsay à suggérer très vite, sans « passer par Canossa » pas plus que par « la Consultà » – c'est-à-dire par un accord négocié avec le gouvernement italien – le rétablissement des relations diplomatiques avec le Saint-Siège.

Note pour M. Millerand

16 janvier 1920

L'ambassade de France à Rome a été opposée à la reprise des relations diplomatiques entre la France et le Saint-Siège pendant la durée des hostilités. Elle y a été opposée parce que cette mesure pouvait aliéner à la France les sympathies de certains partis italiens (démocrates avancés, radicaux anticléricaux), dont l'appui lui était nécessaire, fournir aux pacifistes français, en raison du pacifisme actif et déclaré du Saint-Siège, un encouragement et un concours qu'il eût été dangereux de leur procurer.

Dès avant la fin des hostilités, l'ambassade a préparé son évolution en indiquant que, à son avis, le moment ne tarderait pas à venir de reprendre les relations diplomatiques avec le Vatican, et en conseillant d'utiliser le temps qui restait pour procéder à l'examen unilatéral, en France, des conditions que nous aurions à poser (par exemple, garanties de l'État en ce qui concerne l'Église, intervention sous une forme quelconque dans la désignation des évêques).

Aussitôt les hostilités terminées, l'ambassade a indiqué que les raisons précédemment opposées par elle à la reprise des relations diplomatiques avec le Vatican avaient cessé d'exister et que, au contraire, les conséquences de la guerre et l'ouverture des négociations de paix faisaient surgir des raisons sérieuses de souhaiter un contact avec le Saint-Siège (retour à la France de l'Alsace-Lorraine, question rhénane, question d'Orient, etc.).

Au lendemain de l'armistice, les circonstances étaient particulièrement propices, au point de vue international, à une reprise effectuée dans les conditions les plus favorables à la France. Le Vatican était désemparé, en présence d'une issue de la guerre contraire à celle sur laquelle il avait compté. L'Allemagne, en faveur de laquelle il avait fait preuve d'une incontestable partialité, était battue. L'Autriche, qui était son principal soutien en Europe, était anéantie. La forme républicaine des gouvernements issus de la révolution allemande et celle des États qui s'étaient élevés sur les ruines de l'Empire austro-hongrois, le mouvement social dans les pays de l'Europe centrale étaient pour lui l'objet d'une inquiétude qui s'est prolongée jusqu'à ces derniers mois. En France et en Belgique, le ressentiment provoqué par son attitude pendant la guerre était encore très vif, même parmi les catholiques. En Angleterre, le gouvernement, faisant le bilan des résultats obtenus par sa légation près le Vatican, le trouvait maigre. En Italie, restait au pouvoir le ministre qui avait conclu le pacte de Londres, dont une clause excluait expressément le pape du congrès de la Paix. De cet ensemble de circonstances, résultaient pour le Saint-Siège un isolement et un malaise qui nous mettaient dans une position exceptionnellement avantageuse pour négocier avec lui et même, si nous l'avions voulu, armés et documentés comme nous l'étions, pour écarter certaines personnes de la Secrétairerie d'État (cardinal Gasparri, Mgr Todeschini…).

À l'heure actuelle, la situation s'est notablement modifiée à l'avantage du Saint-Siège, donc (en tant que nous avons à débattre des intérêts avec lui) à notre détriment. Le Saint-Siège a noué des relations avec des États nouveaux de l'Europe centrale (Pologne, Tchéco-Slovaquie). Il entretient avec le royaume serbo-croate-slovène les mêmes relations qu'auparavant avec la Serbie. Il a consolidé avec l'Allemagne républicaine les relations qu'il avait avec l'Allemagne impériale (légations de Prusse et de Bavière à Rome, nonciature apostolique à Munich) et il est en train de les resserrer, puisque la légation de Prusse auprès de lui sera transférée en légation d'Allemagne et qu'il est question d'établir, par réciprocité, une nonciature à Berlin. Ses rapports sont confiants et étroits avec le gouvernement de M. Nitti, qui a eu à se louer de lui, et la question d'un *modus vivendi* entre le Quirinal et le Vatican a été discutée avec sympathie dans la presse italienne. Il a renoué des relations avec le Portugal. Il en conserve avec l'Angleterre, qui ne paraît pas avoir hâte à supprimer sa légation près le Saint-Siège, bien que celle-ci ait un caractère provisoire. Enfin, l'opinion publique en France et en Belgique est sensiblement moins hostile au Vatican. Cet ensemble de faits qui sont acquis a pour conséquence de le placer dans une position beaucoup plus forte à notre égard.

Il serait illusoire d'espérer que sa situation, par rapport à nous, s'affaiblira prochainement. L'activité diplomatique dont il fait preuve n'a en effet pas encore porté tous ses fruits et les résultats qu'il peut normalement en attendre le fortifieront encore.

Dans ces conditions, il nous sera de plus en plus difficile d'obtenir, par des voies officieuses, la satisfaction des intérêts religieux français qui nous obligent à recourir à lui de temps à autre. Le reniement pratique des interventions officieuses, sous le pontificat actuel, s'avère faible. Les intermédiaires de bonne volonté qui s'en chargent à l'occasion n'ont pas les moyens d'action nécessaires. Ecclésiastiques, même du plus haut rang, ils ne sont jamais, par rapport au pape, que les sujets soumis et disciplinés d'un souverain spirituel. Laïques, ils sont sans autorité, étant sans mandat. Il faut bien nous persuader que les rares satisfactions que nous réussissons à obtenir du Saint-Siège sont de sa part, ou bien des concessions à la crainte, ou bien des avances sur la reprise. Or, il est évident qu'il concédera d'autant moins à la crainte qu'il se sentira plus fort, et qu'il fera d'autant moins d'avances sur la reprise que la reprise paraîtra plus problématique.

Par conséquent, il reste de notre intérêt de nous aiguiller vers cette reprise diplomatique.

Documents diplomatiques français, 1920,
t. I, n° 19.

1920 : À nouveau Claudel, mais à Copenhague

L'année 1920 est bien celle de toutes les normalisations en Europe. On a vu la mise en œuvre du rétablissement des relations diplomatiques entre le Saint-Siège et la France, c'est à présent des relations commerciales entre ceux qu'on appelait alors les Soviets et la France qu'il s'agit. L'amiral Koltchak n'a pas encore été exécuté mais, déjà, le ministre de France à Copenhague, Paul Claudel, encore lui, considère sa défaite, ainsi que celle de Denikine, comme définitivement acquise. « Il n'y a plus qu'une chose à faire, c'est la paix avec les Soviets ». À la même époque, la Russie soviétique a d'ailleurs conclu une série de traités avec ses voisins pour établir la paix à l'extérieur de ses frontières. Entre février 1920 et mars 1921, elle a ainsi signé cinq traités avec l'Estonie, la Lituanie, la Lettonie, la Finlande et la Pologne. Plus tard, du 10 au 14 avril 1922, la conférence de Gênes aura pour objet de régler les relations de la Russie avec les autres puissances. Ce sera un échec puisque, d'un côté, les Soviétiques réclament trente milliards de roubles-or aux Alliés en réparation des dommages causés par l'intervention de la Russie ; tandis que les créanciers de la Russie évaluent la dette russe à dix-huit milliards de roubles-or. Néanmoins, l'accord de Rapallo, quelques jours plus tard, marquera le rétablissement des relations diplomatiques entre la Russie et l'Allemagne. Il faudra cependant attendre février 1924 pour rétablir les relations avec la Grande-Bretagne et c'est seulement en décembre 1924 que la France reconnaîtra le gouvernement soviétique.

Il n'en reste pas moins que, dès le mois de janvier 1920, Paul Claudel suggère une première démarche, au moins sur le plan commercial. On retiendra de cette « lettre particulière », adressée à Philippe Berthelot, alors directeur des Affaires politiques et commerciales, une remarque elle aussi tout à fait particulière : « le trait saillant du bolchevisme, souligne Claudel, est sa vanité enfantine. Le second est son avidité. Il y a à faire avec des gens pareils... Actuellement, on agit à l'égard des Soviets comme si on en avait peur. Cette peur est un sentiment ridicule. Ce qui se passe en Russie n'a absolument rien d'effrayant ni d'étonnant pour quelqu'un qui a l'expérience des Asiatiques. En tout cas, ce n'est pas par la violence aveugle qu'on mettra les choses au point... Mes cheveux se dressent sur ma tête quand j'entends parler de plans extravagants tels que croisade polonaise, ou polono-roumaine, ou intervention allemande... ».

« Lettre particulière » : la correspondance de Claudel à l'époque n'avait rien de vraiment diplomatique.

Paul Claudel, ministre de France à Copenhague à Philippe Berthelot, directeur des Affaires politiques et commerciales.

Copenhague, 18 janvier 1920

Je suis frappé du fait que tous les officiers intelligents qui ont un contact avec les Russes reviennent avec la même opinion : il n'y a plus qu'une chose à faire, c'est la paix avec les Soviets. C'est l'avis de M. de B., c'est également celui du commandant Giraud[2] (Lettonie), que je considère comme un officier de premier ordre.

Les solutions Koltchak-Denikine se sont complètement évanouies. Quant à compter sur les États frontières de la Finlande à la Pologne pour suffire à la tâche qui a découragé l'Europe, c'est une idée, si on la poursuivait, qui nous ménagerait de rudes déceptions.

Les nouvelles de ce matin, d'après lesquelles le blocus est levé et l'importation et l'échange de marchandises confiés aux sociétés coopératives sont un pas dans la bonne direction, mais cela ne suffit pas. La levée du blocus seule aura pour effet probable de permettre la rentrée en Russie, non pas des négociants sérieux qui ne jouiraient d'aucune protection, mais des aventuriers et des spéculateurs malhonnêtes, spécialement des agioteurs sur le rouble.

Il faudrait donc à mon avis envisager une série de mesures graduées à peu près selon le plan qui suit :

1. *Mesures humanitaires et sanitaires*. La Russie est dans un état effroyable, la disette et les épidémies les plus horribles s'y donnent carrière. Il est donc nécessaire de maintenir un cordon prophylactique et d'envoyer à l'intérieur des missions composées de médecins, d'infirmières, de Croix-Rouge, etc.

2. Il faut immédiatement assurer *le contact avec le gouvernement de facto*, qui est celui des Soviets, mais cela non pas à Moscou, où l'on ne jouirait d'aucune sécurité et où les communications sont difficiles, mais dans un port de la côte, et peut-être même dans un port neutre. Il faudrait constituer non

pas une ambassade, mais un bureau de spécialistes et de techniciens. Il prendrait le titre par exemple de « bureau économique français », qui plairait aux Soviets.

3. Après la tâche sanitaire, la tâche la plus urgente est celle de la *réfection des chemins de fer*. Il faut donc envoyer des missions qui reconstitueraient les voies et le matériel roulant. L'intérêt des Soviets à cette réorganisation est tel qu'ils l'aideraient sans doute de tout leur pouvoir.

4. Les Soviets en échange reconnaîtraient toutes les dettes de la Russie et prendraient toutes les mesures d'amnistie, libération des prisonniers, indemnités, etc.

5. Les Alliés, par une déclaration solennelle, sanctionneraient le principe de non-intervention et *reconnaîtraient absolument le fait de la translation des propriétés à la classe paysanne*. (Cette déclaration capitale devrait être très adroitement faite.)

6. Les Soviets renoncent à la propagande.

7. Pas de liberté de commerce et de mouvements pendant plusieurs années. Régime étroit des passeports toujours irrévocable (exclure les aventuriers et les tripoteurs).

8. Pendant plusieurs années le commerce ne se ferait pas à l'intérieur de la Russie, mais dans un petit nombre de *ports ouverts* comme en Chine. Les ports francs seraient administrés internationalement et seraient régis par des tribunaux mixtes statuant suivant l'équité et les usages du commerce.

Cette institution s'impose surtout où deux civilisations totalement différentes sont en contact.

L'avantage pour les commerçants européens, c'est qu'ils trouveraient la sécurité complète de leurs personnes et de leurs biens, et des tribunaux qui assurent la sécurité des transactions.

Les bolcheviks auraient un intérêt *énorme* à limiter les courants commerciaux et à prélever simplement un bénéfice sur les opérations non pas diffuses, mais limitées à quelques points, par conséquent facilement exploitables (voir ce qui se passait en Chine avec les taotaïs des ports ouverts).

Les États alliés auraient le même intérêt et le contrôle des douanes, qui seraient ainsi entre leurs mains, leur permettrait de récupérer peu à peu les arrérages de leurs dettes.

On pourrait choisir comme ports Pétrograd (un quartier spécial), Odessa, Taganrog, Novorossisk, etc.

9. Industrie. Je vous recommande la lecture de l'extrait ci-joint du *Temps* qui a été pour moi un trait de lumière. Il est stupéfiant que les industriels européens n'aient pas encore compris l'avantage qu'ils pourraient retirer d'un « contrôle » et d'une collaboration de personnages aussi vénaux que les bolcheviks. Il n'y a qu'à reconnaître toutes les théories les plus hardies et les plus folles sur la socialisation, etc. Il n'y a rien là qui puisse gêner un homme intelligent. L'État confie ainsi au patron une autorité despotique et des droits qu'il n'aurait jamais autrement. Les industriels deviennent en réalité les premiers et les seuls bénéficiaires de véritables « monopoles d'État ». C'est une situation splendide. Il y a là matière aux ententes les plus fructueuses en laissant les théories et les glorioles aux bolchevistes et les bénéfices aux patrons. Ce fait domine tout : *La Russie est actuellement le seul pays du monde où la classe ouvrière soit domptée.*

Le trait saillant du bolchévisme est sa vanité enfantine. Le second est son avidité. Il y a à faire avec de pareilles gens. Ce régime provisoire pourrait être maintenu pendant trois ou quatre ans. Actuellement on agit à l'égard des Soviets comme si on en avait peur.

Cette peur est un sentiment ridicule. Ce qui se passe en Russie n'a absolument rien d'effrayant ni d'étonnant pour quelqu'un qui a l'expérience des Asiatiques. En tout cas ce n'est pas par la violence aveugle qu'on mettra les choses au point.

J'espère que ces projets ne vous scandaliseront pas. Mes cheveux se dressent sur ma tête quand j'entends parler de plans extravagants, tels que croisade polonaise, ou polono-roumaine, ou intervention allemande.

Je joins à ma lettre un extrait du livre d'Étienne Taris, *La Russie et ses richesses*, qui donne une idée assez exacte de la situation du paysan en Russie. En somme la révolution a été faite, non seulement contre les propriétaires absents, mais contre le régime tyrannique et absurde du *Mir* sous lequel le paysan était forcé de vivre. Le paysan russe a besoin de quatre choses : des terres pour produire du blé, des magasins pour conserver son blé, des chemins de fer pour le transporter et, pour cela, de paix et de sécurité.

Centre des archives diplomatiques Nantes, documents diplomatiques français, 1920, t. I, n° 27.

1920 : Encore Copenhague, encore Claudel

On en arrive à un dossier des plus curieux. C'est celui constitué par Claudel, toujours ministre à Copenhague, entre son séjour à Rio et sa longue ambassade de Washington. Nommé en 1919 au milieu des troubles de toutes sortes qui secouaient l'Allemagne sortant de la guerre et la Russie bolchevique dont on ignorait encore l'avenir, l'auteur du *Soulier de Satin* se retrouva à la tête d'un véritable réseau d'espionnage dont les agents, Caro ou le mystérieux Eugène, semblaient faire partie de sa vie de tous les jours. Il serait difficile de démêler le vrai du faux dans les propos qu'il recueille pour les rapporter ensuite à Paris. On admirera pourtant l'énergie que mit celui qui fut, on le répète, non seulement l'immense écrivain que l'on sait, mais aussi un grand diplomate, à rassembler ces mille et une informations contradictoires, à protéger ses sources. Le monde qui s'agite autour de sa chancellerie semble appartenir à un univers d'un autre temps, quelque part entre Kafka et John Le Carré, avec un détour par *La Princesse Casamassima* (le plus mauvais roman de Henry James) ou *Sous les yeux de l'Occident*, de Joseph Conrad. On y voit des agents allemands doubles ou triples croiser de mystérieuses Françaises, des aristocrates russes jouer avec le feu et des agents grecs hanter les couloirs des palaces de Copenhague.

On trouvera ci-dessous, « bruts de décoffrage », cinq exemples d'informations, parfois délirantes, gravement transmises par l'ambassadeur. Il a paru intéressant de publier à la suite une dépêche dans laquelle M. Claudel, ministre de France au Danemark, explique à Son Excellence M. Pichon, ministre des Affaires étrangères à Paris, le fonctionnement de son réseau.

Claudel et ses informateurs

Copenhague 1er avril 1919

Dernièrement les journaux allemands ont démenti la nouvelle d'un journal anglais annonçant que les bolchevistes russes auraient offert un traité d'alliance à Scheidemann et Haase.

Cette nouvelle était cependant absolument exacte et voici, suivant Eugène qui garantit l'exactitude de l'information, comment les choses se passèrent :

Le gouvernement des commissaires russes quelques jours après la révolution bolcheviste en Hongrie, envoya à Joffé à Wilna deux documents dont l'un original, l'autre une copie.

Joffé était prié de donner son avis et de faire immédiatement le nécessaire pour envoyer ces documents à Berlin.

Ces documents étaient le texte et sa copie d'une note adressée par le gouvernement des Soviets russes au gouvernement allemand et proposant la conclusion d'une alliance entre les deux pays aux conditions suivantes :

1° La République allemande y compris celle de l'Autriche s'allient aux gouvernements bolchevistes de Hongrie et de Russie pour marcher d'accord contre l'Entente et la Pologne.

2° Le gouvernement des Soviets russes garantit le rétablissement de la frontière de la République allemande dans les cadres de 1914, sauf cependant pour l'Alsace-Lorraine, la Posnanie et le Schleswig du Nord, dont l'indépendance sera décidée par un libre plébiscite.

3° Le gouvernement allemand s'engage à protéger le gouvernement russe des Soviets pour renverser le gouvernement polonais et à proclamer en Pologne un gouvernement qui sera composé de gens désignés par le parti communiste de Pologne.

4° Le gouvernement allemand s'engage à donner les moyens financiers pour le mouvement communiste en Bohême et Yougo Slovaquie jusqu'à ce que leurs gouvernements actuels soient renversés.

La question de la Silésie sera réglée par un plébiscite.

5° Le gouvernement allemand met immédiatement en liberté Radek et Ledebour, accorde aux spartakistes la plus large amnistie, brise avec la bourgeoisie, reconstruit le cabinet en faisant un ministère purement socialiste, socialise l'industrie, nationalise le capital, sépare l'Église de l'État, s'engage une fois que les opérations militaires auront été terminées à convertir en armée populaire l'armée actuelle et brise le « *Imkertum* » et la lourde industrie.

6° Le gouvernement des Soviets s'engage, au cas où les points ci-dessus énoncés seront acceptés, à cesser immédiatement de s'immiscer dans les affaires intérieures de l'Allemagne et à y financer la propagande.

En outre le gouvernement des Soviets garantit une armée d'un 1/2 million d'hommes pour le combat commun contre l'Entente et permet de recruter des soldats chez les prisonniers russes en Allemagne si ces derniers sont cependant disposés à combattre.

La note est signée par Lénine et Tchitcherine ; elle fut remise à Berlin à la femme d'Oscar Cohn et à un certain Goldberg, agent de Erzberger, lequel la donna à Scheidemann.

Un conseil de ministres fut convoqué ; Rantzau y prit part. La discussion dura toute la nuit. Une réponse a été donnée par les Allemands par la même voie mais ce que dit cette réponse, il est impossible de le savoir.

Le fait qu'il y a eu réponse tend à montrer cependant qu'il n'y a pas eu fin de non recevoir absolu.

Copenhague, 9 août 1919

L'agent grec m'annonce que le capitaine Nyholm (Danois) chargé par le général Ioudenitch de venir ici recueillir des fonds pour l'armée russe du Nord-Ouest, voit très souvent, à l'hôtel Phoenix, Kogine (agent allemand travaillant pour une alliance russo-allemande avec Tzar et Kaiser).

De même source, il m'est communiqué que le général Gurko (réactionnaire russe) habitant également l'hôtel Phoenix, est en relation avec les Allemands.

L'amie du général, Mme Trarieux, fit remettre récemment par mégarde à l'agent grec une lettre qu'elle avait écrite au ministre de Turquie à Copenhague. Je vis Mme Trarieux il y a 15 jours sur son invitation. Elle me dit regretter le genre de paix faite avec les Allemands, paix qui ne leur laisserait que de la haine.

Hier l'agent R. (agent double) me communiqua qu'il avait introduit Kogine comme membre dans la « *Russian relief commission* », qui travaille avec le capitaine Nyholm contre les bolchevistes.

Cette « *Russian relief Commission* » est en relations étroites avec le colonel Wieth ancien chef du contre-espionnage danois.

L'association russe d'assassins de Stockholm tua un des meilleurs agents d'E. appartenant aussi à l'organisation sociale-révolutionnaire russe et qui nous fournissait de merveilleux renseignements.

Larsen, le Danois arrêté à Stockholm pour complicité avec l'association russe, était un agent du général Potozki, attaché militaire à la légation de Russie à Copenhague. Larsen fut condamné il y a environ trois ans à plusieurs mois de prison pour espionnage en faveur de l'Allemagne. Il ne trahit personne. Larsen fréquentait ces derniers temps la « Société russe » (extrême réactionnaire) qui tient ses séances à la légation de Russie. Il est à la Société comme chez lui.

D'après le *Politken* de ce matin, une dépêche de Stockholm dit que les assassins russes appartenaient à une organisation pour la restauration du tzarisme. Le général Ioudenitch en aurait été un des chefs.

Si mes impressions sont exactes – et les faits que je donne ici ont besoin d'être complétés – il semblerait que nous nous trouvions devant une organisation assez compliquée d'Allemands et de Russes réactionnaires pour amener non seulement la restauration d'un tzar mais encore la création d'une alliance entre l'Allemagne et la Russie. Il semblerait aussi que différents membres de la colonie russe de Copenhague pourraient être compromis dans toute cette affaire.

L'agent A me communiqua que le gouvernement allemand aurait décidé d'interdire, définitivement, la vente de *Renaissance* en Allemagne. Le prétexte : le journal semble germanophobe puis, de toutes façons, il n'est pas pour les intérêts allemands qui poursuivent un rapprochement économique avec la Russie. Donc inutile d'introduire un concurrent dans la place.

En attendant les Allemands envoient en Russie les 3 journaux « russes » paraissant à Berlin.

En Allemagne, il y a jusqu'ici (avec les prisonniers de guerre) près de 300 000 Russes auprès desquels la *Renaissance* aurait fait de la contre-propagande. Les Allemands ont évidemment le droit d'interdire la vente dans leur pays d'un journal étranger. Mais ne semble-t-il pas que les Alliés, dont les intérêts sont défendus dans la mesure de ses moyens par la *Renaissance* ont le droit d'user de représailles. […]

Copenhague 20 août 1919

Note

Sur l'invitation spéciale de Lacroix devenu, semble-t-il, chef des passeports polonais, je fus aujourd'hui chez lui. Il me présenta un de ses compatriotes qui produisit sur moi la meilleure impression et me raconta ce qui suit :

En Allemagne le parti conservateur est tout prêt à faire un coup d'État. S'il attend encore, c'est uniquement parce qu'il n'est pas encore assez sûr de la situation et qu'il croit les socialistes-indépendants et les communistes encore trop forts. Il manque en effet 2 000 mitrailleuses et 600 canons que ceux-là tiennent ou doivent tenir cachés. Ces derniers renseignements ne doivent, sous aucun prétexte, être communiqués à la presse.

Par contre, on aurait le plus grand intérêt à ce que les journaux de l'Entente répandent certaines des informations que voici :

Malgré tous les démentis que pourront infliger les Allemands, il est absolument sûr qu'il y a actuellement encore 700 000 hommes dans la *Reichswehr,* dont 200 000 du côté de la Posnanie et de la Hte-Silésie qui leur sert de paravent pour l'ouest contre lequel ils peuvent être un jour appelés à opérer.

D'autre part, von der Goltz a officiellement deux divisions soit 60 000 hommes. Je ne parle pas de tous ceux qui sont soi-disant Baltes ou Russes.

Ces 60 000 hommes seront bientôt ramenés à Berlin. Ils forment une partie des cadres de l'armée allemande et en sont la pépinière d'officiers : chaque compagnie possédant de 15 à 20 officiers répartis souvent « inofficiellement » aussi dans l'administration ou parmi les « civils » qui sont arrivés dans la Courlande et la Lettonie.

En outre la police a pris le nom de police militaire. Chaque quartier au lieu d'avoir de 5 à 10 agents en possède de 25 à 30, tous sous-officiers ou *Feldwebel.* Ils sont donc conservés, prêts à toute éventualité, sous prétexte qu'il faut leur donner une position dans le civil, qu'on ne peut pas les laisser mourir de faim, etc.

Ces agents de police militaire qui relèvent de leurs officiers spéciaux commandent à la Bürgerwehr à laquelle ils font faire des exercices de « gymnastique ». Imaginez, répartis sur toute l'Allemagne, le nombre de sous-officiers déjà ainsi représentés. J'estime leur nombre actuellement, avec les citoyens de la garde civique qui sont organisés, à 140 000, ce qui avec les 100 000 soldats autorisés par l'Entente font déjà 240 000 hommes de soldats réguliers et ayant fait déjà la guerre. Pour moi, mes renseignements me permettent de vous affirmer qu'avec leur organisation, leur discipline, les Allemands peuvent avoir, dans les six jours, mobilisé leurs deux millions d'hommes.

Je suis en relations avec tous les milieux et spécialement les socialistes indépendants qui possèdent leurs espions partout : je parle donc en connaissance de cause. Beaucoup de socialistes indépendants ont d'ailleurs de doubles cartes (de socialistes indépendants et de social-démocrates), ce qui leur permet de mieux travailler.

Les conservateurs et le parti militaire sont les maîtres de la situation et les socialistes – bien contre leur gré – sont obligés de les suivre.

Ce que veulent les conservateurs, c'est – dès qu'ils seront sûrs de leur force – faire un coup d'État – qui avec von der Goltz arrivant à Berlin avec ses gros canons, aurait bien des chances de réussir.

Après, on recommencera la guerre contre la France.

J'ai moi-même entendu des quantités d'officiers allemands dire : « *Bald geht es wieder los und dies mal wird man schon sehen* »

Tous les Allemands détestent l'Entente. Même les spartakistes lui reprochent de leur enlever la Haute-Silésie « qui pourtant est bien allemande ». Il n'y a que les communistes qui fassent exception. D'autre part les Allemands savent que cette fois-ci l'Amérique ne recommencera plus la guerre, que l'Angleterre est loin et peu sûre par suite de sa situation intérieure. Quant à la France, les Allemands disent qu'elle est fatiguée, dégoûtée de la guerre et ne la recommencera sous aucun prétexte. J'ai moi-même parlé à de nombreux soldats français en Allemagne. Ils me disaient : « Ah la sale guerre. Mais c'est la dernière. Tout plutôt que ça ! »

Les Allemands diront alors « rendez-nous le Rhin ». Et ils sont sûrs que les Français, pour les raisons précitées, le rendront. Mais ils ne s'arrêteront ensuite pas en route.

Et les Allemands croient ferme en ce que je vous dis. L'Amérique, l'Angleterre démobilisées, la France presque aussi, laissant les Allemands persuadés qu'ils n'ont été vaincus que par la faim et les sans-travail allemands que l'on fera facilement marcher puisque, ainsi, ils pourront être aussi bien nourris.

À Berlin seulement, il y a de 300 à 360 000 sans travail.

Voilà à quoi a mené la non-promenade des alliés à Berlin. Mes conseils sont, sans perte de temps :

1° Empêcher le reste des troupes de Goltz de combattre avec les Russes qu'ils feront ensuite retourner contre l'Entente.

2° Désarmer les troupes de Goltz avant qu'elles ne quittent les Baltiques.

3° Enlever, en tout cas, tous les gros canons à l'Allemagne. Voyez aussi ceux soi-disant démolis de Spandau : les mitrailleuses suffisent à maintenir l'ordre.

4° Donner à manger aux prolétaires, sans travail, sacrifier dix milliards, peu importe. Et faites leur distribuer les vivres par les organisations socialistes.

Vous vous ferez alors des amis de ces affamés qui ne laisseront rien entreprendre contre vous : et les socialistes vous diront : « Nous savions ce qui se passait. Mais nous n'étions pas assez forts pour pouvoir vous le dire. Vous nous avez rendu service. Merci. » Faites même prendre l'initiative par votre Parlement, au besoin par vos socialistes auxquels vous donnerez ainsi une satisfaction.

Tels sont les renseignements que j'ai reçus. […]

Copenhague 20 août 1919

Vis cet après-midi le sioniste Grossmann retour de Russie, il me dit :

« L'armée bolcheviste ressemble absolument à la tzariste. Les soldats sont aussi idiots que sous l'ancien régime et sont prêts à n'importe quel coup d'État monarchique.

En Russie tout le monde saluera avec enthousiasme quiconque viendra la libérer, mon impression est que entre Koltchak, Denikine, Ioudenitch et les révoltes intérieures, le bolchevisme sera fini en mars.

Nous aurons alors la réaction. Je ne serais pas pour m'en plaindre. Puis viendra la Constituante et je pense une République modérée. »

États baltiques

Les Allemands en Lettonie. Sous le titre « Brutalité du militarisme allemand » des journaux communistes publient : « À S'chaulon la population protestant contre la confiscation sans discernement de tout le fer, nos officiers après de nombreux coups de pied et arrestations firent tirer dans la foule.

Résultat : trois morts dont une jeune fille de 17 ans. Un sous-officier allemand nous raconta d'autre part, avec orgueil, ce que leurs officiers avaient fait le 2 avril 1919. 163 hommes du front opposé étaient venus se rendre. Ils disaient qu'ils n'étaient pas bolchevistes mais incorporés de force. Nous les avons zigouillés. Les cochons idiots nous avaient rendu leurs armes, étaient tombés à genoux et nous suppliaient de songer qu'ils étaient mariés et avaient de la famille. Nous nous sommes simplement moqués d'eux et avons répondu : « Nous avons besoin de vos roubles. » Les Bolcheviki avaient lorsqu'ils régnaient à Mitau condamné judiciairement 70 personnes. Les Allemands, aussitôt arrivés, ont fusillé 200 hommes. Après trois semaines leurs cadavres ne sont pas encore enterrés. Sur une simple dénonciation toute une famille fut fusillée : homme, femme et cinq enfants âgés de six mois à 10 ans. Le commandant von Eick « travaillait » terriblement. Le *Mitauische Zeitung* écrivait que puisque les Lettons ne voulaient pas se civiliser il fallait les faire disparaître comme les Indiens. Dans tout l'arrondissement de Riga les *bolcheviki* exécutèrent 667 personnes. Les Allemands en trois semaines seulement et uniquement à Riga fusillèrent 5 600 hommes : presque seulement des Lettons. Et nos officiers travaillent maintenant en plus à réintroduire la monarchie en Russie et en Allemagne. Les troupes allemandes doivent passer aux Russes. On dit aux troupes : « Nous reprendrons Riga aux Lettons » : il arrive constamment des civils d'Allemagne. Il sont uniformés à Mitau et envoyés à l'armée russe. Si l'on demande à l'un deux, ce qu'il vient faire, il répond : « Nous venons reprendre Riga et rosser les Lettons. Les soldats veulent se venger du refus des Lettons de leur accorder des terres. La camarilla d'officiers allemands les excite et nos socialistes apeurés se taisent et n'osent pas entamer la lutte avec eux. »

Paul Claudel, ministre de France au Danemark à Stéphen Pichon, ministre des Affaires étrangères à Paris.

Copenhague, le 30 octobre 1919

Par un télégramme en date du 15 octobre dernier Votre Excellence a bien voulu me prier de la renseigner d'une manière précise sur l'origine des renseignements fournis par la source KX.

Mon télégramme du 11 août, rédigé quelques jours après mon arrivée à Copenhague, a pu donner une impression inexacte sur l'organisation du service en en attribuant la responsabilité principale à M. Caro. M. Caro est un excellent Français, ancien correspondant à Berlin, où M. Cambon a pu le connaître, d'abord du *Matin* puis du *Rousskoïe Slov*. Depuis la guerre il s'est réfugié à Copenhague, où il n'a cessé de servir son pays avec beaucoup d'activité, d'intelligence et de désintéressement. Mon prédécesseur, ainsi que l'attaché militaire, m'en a parlé comme d'un homme qui mérite toute confiance. Ses services sont rémunérés, d'ailleurs, d'une manière très modeste, non par le Département, mais par la légation, au moyen des fonds spéciaux qui lui sont attribués.

M. Caro est l'intermédiaire par qui nous recevons les renseignements de l'agent Eugène qui forment la partie de beaucoup la plus importante de ceux que je transmets sous la rubrique KX. C'est lui d'ailleurs qui nous a procuré cet informateur dans les conditions exposées par mon prédécesseur dans ses télégrammes n° 627, 797, 813 et 855.

L'agent Eugène (Trotzky) est un journaliste israélite et socialiste qui a longtemps été à Berlin, où Caro l'a connu, le correspondant de feuilles à tendances libérales. Sa qualité de membre actif du parti socialiste-révolutionnaire russe lui permet d'avoir de nombreuses et précieuses collaborations non seulement parmi ses coreligionnaires politiques et ses compatriotes, mais en Allemagne où beaucoup d'entre eux ont transporté leur activité et même parmi les milieux bolcheviks.

C'est ainsi qu'à Berlin il est en relations étroites avec Paul Axelrod.

Sa moralité personnelle est de celles à propos desquelles il ne convient pas de montrer trop d'exigences. Je dois constater qu'à peine le ministre des Affaires étrangères avait-il consenti à utiliser ses services au prix de 3 000 couronnes par mois, qu'il allait vendre les mêmes informations au bureau organisé à Stockholm par M. Féraud sur les fonds fournis par le ministère de la Marine. Actuellement il touche 3 000 couronnes du ministère des Affaires étrangères, 3 000 du ministère de la Marine, et mon collègue, M. Delavaud, fournit l'appoint de telle façon qu'il reçoit en tout 7 000 couronnes *suédoises*. Quant à ses informations qui sont transmises régulièrement au ministère depuis un an, je dois constater que jusqu'à ces derniers jours elles n'avaient donné lieu à aucune observation. Notre attaché militaire à qui je les communique souvent considère que la plupart sont justes et beaucoup excellentes. M. Féraud à qui j'ai parlé longuement à ce sujet les considère comme de premier ordre. Cet avis est partagé, me dit-il, par mon collègue de Stockholm et par l'attaché militaire à ce poste qui les utilise largement.

M. Féraud, qui est parti hier pour Paris, sera d'ailleurs en mesure de vous donner lui-même son opinion sur cet agent.

En ce qui me concerne personnellement, je ne dispose pas de tous les moyens nécessaires pour pouvoir porter un jugement absolu sur l'exactitude et surtout sur l'intérêt, à un point de vue général et au regard des autres sources d'informations que possède le ministère des Affaires étrangères, des renseignements fournis par Eugène. Cependant à la suite des observations que vous m'avez adressées, j'ai repris toute la série de ses communications, telles que je les ai transmises fidèlement, – trop fidèlement peut-être – au Département depuis trois mois environ et je suis parvenu aux conclusions suivantes :

Si les informations d'Eugène sont inexactes, pendant une période déjà aussi longue, il est impossible que cette inexactitude et cette absence de critique ne se trahissent pas par des incohérences et par des contradictions. Je dois constater que sur le sujet principal qu'elles touchent, c'est-à-dire les intrigues germano-russes menées à Copenhague et à Berlin, elles sont au contraire parfaitement suivies.

Si d'autre part elles sont non seulement inexactes, mais sans intérêt, il faut, ou bien que les événements les démentent, ou que ces événements qu'elles annonçaient soient eux-mêmes sans importance. Or, comme je le disais plus haut, la plupart des informations transmises par Eugène se rapportent à l'état d'esprit des colonies russes de Copenhague et de Berlin et au complot noué à Berlin, dans un esprit hostile à l'Entente et favorable à l'Allemagne, dont le résultat a été le coup de force de Bermondt. De ce complot Eugène nous a indiqué les principaux acteurs comtesse Kleinmichel, Biskoupsky, Bischoff, Dournovo, Klemisch, Osten Sacken, le journal *Prizyv*, Virgoulitch, les centres d'action et de recrutement à Berlin (avec les adresses exactes), les soutiens financières qu'il a trouvés en Allemagne (télégramme du 6 août), en même temps que le voyage qu'il faisait en Courlande (lettre du 27 août) nous édifierait sur les résultats obtenus et sur les préparatifs poursuivis d'accord entre von der Goltz et Bermondt. Les vues générales qu'il exprime sur les dispositions de l'immense majorité des Russes de l'étranger, dispositions qui sont nettement et violemment hostiles à l'Entente et favorables à l'Allemagne, sont parfaitement exactes et se sont confirmées chaque jour de nouveaux faits.

C'est ainsi que le général Gourko a des relations ostensibles avec la légation d'Allemagne de Copenhague. C'est ainsi que le général Potozki, attaché militaire russe marié à une Balte déclarait tout dernièrement au colonel Boronosov qui l'a rapporté au commandant Du Boucher : la Russie n'a pas à compter sur l'Entente qui ne sait que bombarder ses ports et combattre les volontaires qui veulent la délivrer. Il est impossible de lever plus ouvertement le masque. Le rapport de la mission française à Berlin en date du […] donne d'ailleurs sur l'activité du journal *Prizyv* des renseignements exactement concordants.

Avoir dénoncé d'avance un événement aussi important que le coup de force de Bermondt, en avoir précisé les acteurs et les ressorts, en avoir suivi pas à pas tous les détails d'exécution, ne me semble pas pour un agent d'information une « performance » dénuée de tout intérêt.

En ce qui concerne l'affaire Alleschutz qui a fait l'objet de votre télégramme nº 633, les propos que mes communications lui attribuent ont été tenus devant six témoins. Les renseignements donnés par lui m'ont d'ailleurs été confirmés pour la plus grande partie par M. Féraud. Ce dernier me dépeint M. Goulkevitch, comme un homme ondoyant et incertain et extrêmement mal entouré. L'affaire Alleschutz forme d'ailleurs un pendant à l'affaire Dondell dont mon télégramme du 13 septembre entretenait déjà le Département et où M. Goulkevitch a également joué un rôle.

Les propos attribués à M. Maklakoff ont été rapportés par la comtesse Witte.

En plus des renseignements indiqués ci-dessus, Eugène nous a fourni des informations dont les faits ont prouvé l'exactitude sur la propagande allemande en Alsace-Lorraine (télégramme du 1er septembre 1919), sur l'état de l'armée allemande (télégramme du 20 août) confirmé par les débats à la Chambre française et sur la situation économique de l'Allemagne (lettre du [...]) confirmée par les récents débats au Reichstag allemand).

Le défaut principal que je pourrais reprocher aux informations fournies aussi bien par Eugène, que par Caro et par M. Féraud lui-même, c'est que ces trois agents gravitent plus ou moins autour du groupe des financiers israélites et socialiste, dont la personnalité la plus importante est M. Schkaff (bailleur de fonds du journal *Renaissance*) et dont l'émanation la plus récente est la « Banque Baltique ». Sur l'état d'esprit de ce groupe, je me permets de renvoyer Votre Excellence à ma dépêche nº [...] S'il n'est pas illégitime d'attribuer aux informations venant de cette source un caractère tendancieux. Mais où trouver des informations parfaitement objectives ? C'est au poste central qui les reçoit et qui seul dispose de recoupements en nombre suffisant d'opérer la critique et le départ nécessaires.

C'est cette critique que, dans les premiers temps de mon séjour à Copenhague, j'ai cru, sans doute à tort, impossible et à vrai dire dangereuse d'exercer. J'ai cru qu'une des grandes sources d'erreur pour une information consistait dans les modifications de forme, même d'apparences insignifiantes, qu'on lui fait subir. Moins on touche à une nouvelle et mieux cela vaut. Néanmoins, comme mes moyens de contrôle sont maintenant plus nombreux, je m'efforcerai de me conformer aux instructions de Votre Excellence.

Comme conclusion à cette lettre, à la demande de Votre Excellence si je vois une utilité à continuer d'employer l'agent Eugène, je réponds nettement dans le sens affirmatif. Je ne sais où nous pourrions trouver un homme mieux placé, comme Russe, comme journaliste, comme socialiste, comme mêlé aux affaires allemandes, pour nous donner des informations qui nous seront de plus en plus nécessaires. L'importance de Copenhague est caractérisée par le fait de l'entrevue que les agents anglais de la Croix Rouge vont y avoir prochainement avec d'importants représentants bolchevistes. Ce n'est pas à un pareil moment, au moment où les affaires russes et baltiques retiennent l'attention du monde entier que nous devons renoncer à aucun de nos instruments d'enquête, alors que l'expérience n'en a pas controuvé la valeur.

Malheureusement, en fait, je ne sais si nous pourrons continuer à retenir les services d'Eugène. M. Féraud me fait connaître en effet que le ministre de la Marine a décidé de supprimer le crédit de 3 000 couronnes qu'il affectait jusqu'à présent à son service d'information de Stockholm, et Eugène ne se contenterait pas des 3 000 couronnes que Copenhague pourrait continuer à lui verser.

D'autre part notre attaché militaire qui apprécie particulièrement les informations d'Eugène serait disposé à fournir les fonds qui formeraient le complément de la mensualité actuellement consentie. Dans ces conditions ces renseignements seraient naturellement réservés au poste de Copenhague, ce qui éviterait le grave inconvénient des transmissions en double, mais il me serait facile d'en fournir communication à mon collègue de Stockholm.

Centre des archives diplomatiques Nantes,
Fonds Copenhague.

Février 1920 : La fin de l'amiral Koltchak

L'équipée de l'amiral Koltchak s'inscrit dans les dernières tentatives des armées blanches pour barrer la route à la révolution soviétique. L'Empire est mort, il n'en éclate que mieux. Dès 1917, un certain nombre d'officiers, dont Kornilov, sont entrés en rébellion au Kouban, formant « une armée de volontaires ». En Ukraine, c'est l'Allemagne qui appuie les efforts d'un Skoropadski. Des républiques indépendantes se constituent en Géorgie, en Azerbaïdjan et en Arménie, en mai 1918. Dans le même temps, les Anglais débarquent à Mourmansk et à Arkhangelsk. Les Japonais occupent Vladivostok et une brigade tchécoslovaque, formée en 1916, prend le contrôle du transsibérien en mai et juin 1918. La guerre devient totale et, en juillet 1918, le tsar et sa famille sont massacrés à Iékaterinbourg. Ce sont alors les menées, beaucoup plus efficaces, du général Denikine qui refuse de coopérer avec les nationalistes ukrainiens ; du baron Wrangel, dans le sud de la Russie. Dans le même temps, le général Pilsudski, commandant en chef polonais, tente de rétablir une grande Pologne. Wrangel et Denikine mourront en exil, Pilsudski sera le triste artisan d'un rapprochement entre la Pologne et l'Allemagne en 1934. Le destin de l'amiral Koltchak sera tout autre.

Né à Saint-Pétersbourg en 1874, officier de marine puis amiral commandant de la flotte de la mer Noire en 1916, Alexandre Vassilievitch démissionne en février 1917 après la révolution et gagne la Mandchourie puis la Sibérie. Là il coordonne toutes les menées contre-révolutionnaires. Les amateurs de bandes dessinées voient se profiler l'ombre de Corto Maltese. En octobre 1918, Koltchak devient ministre de la Guerre du directoire qui s'est constitué à Omsk. À la fin du mois de novembre, il renverse ce directoire pour se proclamer chef suprême. L'Angleterre et la France le soutiennent alors, mais l'amiral Koltchak se conduit de manière dictatoriale. Ainsi va-t-il perdre le soutien des Tchèques qui constituaient son principal appui. Après avoir remporté quelques premiers succès, Koltchak est battu à Omsk, et son gouvernement est finalement renversé à Irkoutsk. L'amiral se place alors sous la protection des alliés, mais les Tchèques achèvent de le trahir et le livrent aux bolcheviks. Ceux-ci vont l'exécuter sans procès le 7 février 1920. Le général Janin, qui commandait les forces françaises dans cette région, avait préféré éviter un affrontement avec les Soviétiques. D'où le télégramme que l'on trouvera ci-dessous, transmis par Gaston Maugras, alors haut-commissaire français en Sibérie par intérim, au ministre des Affaires étrangères français, Millerand. Un bel acte de lâcheté en vérité, puisqu'il semble que le général Janin aurait pu éviter la fin tragique de l'amiral…

Gaston Maugras, haut-commissaire français en Sibérie par intérim, à Millerand, ministre des Affaires étrangères.

Kharbine, 24 janvier 1920, 19 h 35

Je viens de recevoir du général Janin le télégramme suivant :

« En ce qui concerne l'amiral, nous avons pu l'amener jusqu'à Irkoutsk sans qu'il fût massacré. En arrivant là, les Tchèques se trouvant en présence d'une importante concentration militaire, j'ai estimé que la mesure du possible était atteinte, et que je n'avais pas le droit de faire verser en son honneur le sang de quelques soldats tchèques, ce à quoi leur gouvernement ne m'avait pas autorisé. L'amiral a été remis aux commissaires du gouvernement provisoire comme il avait été fait pour le tsar que l'ambassadeur de France m'a personnellement interdit de défendre ».

Je dois faire remarquer que la livraison de l'amiral aux socialistes-révolutionnaires, sans qu'il semble y avoir eu résistance ni combat, ne paraît pas s'accorder avec la note remise le 1er janvier par les hauts-commissaires alliés au général Janin, acceptée par conséquent par lui et tendant à accorder à l'amiral la protection des troupes alliées. Mes collègues m'en ont déjà fait la remarque. Cette note commençait en ces termes :

… « Les hauts-commissaires alliés déclarent que toutes les mesures doivent être prises pour assurer la sécurité personnelle de l'amiral Koltchak dans la limite du possible. Si l'amiral Koltchak se trouve contraint par les événements à faire appel à cet égard à la protection des troupes alliées, il ne peut pas faire de doute que lesdites troupes doivent recevoir l'amiral Koltchak sous leur protection et prendre toutes les mesures nécessaires pour assurer son transport dans tel lieu qui sera ultérieurement décidé par les gouvernements alliés ».

Je ne doute pas que le général Janin n'ait eu des raisons impérieuses pour autoriser la remise de l'amiral Koltchak aux socialistes-révolutionnaires, mais je dois constater que nous subissons de ce fait une sérieuse perte de prestige non seulement vis-à-vis des Russes, mais vis-à-vis de nos alliés.

Les Japonais en profitent déjà pour assurer qu'ils avaient proposé aux Tchèques, à Irkoutsk même, de faire prendre particulièrement l'amiral sous la protection des troupes japonaises, ce qui aurait été refusé par les Tchèques. Quant aux Tchèques, ils rejettent la responsabilité de la décision relative à l'amiral sur le général Janin et assurent qu'ils n'ont agi que suivant ses ordres.

Documents diplomatiques français, 1920, t. I, n° 43.

1920 : Les Turcs massacrent les Arméniens de Cilicie

Les massacres turcs de populations arméniennes se sont succédé avec une terrible régularité à la fin du XIXe siècle et dans les premières décennies du XXe. Favorables au tsar parce que chrétiens, les Arméniens de l'Empire ottoman constituaient dans les faits une minorité suspecte, et difficile en tout cas à assimiler. Dès les années 1894-1896, puis au cours de la Première Guerre mondiale, près de deux millions d'Arméniens furent ainsi exterminés. Le traité de Brest-Litovsk, qui conclut en 1918 une paix séparée entre l'URSS et l'Allemagne, aboutit à la création d'une Arménie russe indépendante. Plus tard, en 1920, le traité de Sèvres tenta de créer une Grande Arménie. Celle-ci aurait réuni les anciens territoires russes et turcs habités par des Arméniens. Cependant, l'incapacité des Alliés à assurer l'indépendance effective de cet État fit capoter le projet. Plus tard, en décembre 1920, la Turquie réoccupa une partie des territoires qui lui avaient été ainsi enlevés. Dès lors, la Russie soviétique proclama une République socialiste soviétique d'Arménie. C'est en 1921 qu'on fixa les frontières entre les deux Arménies.

Toutefois, au début de 1920, la Turquie mena déjà un certain nombre d'opérations de représailles à l'endroit des Arméniens de Cilicie. Cette région, au sud-est de l'Anatolie, entre les monts Taurus et la Méditerranée, avait été attribuée à la France en 1919. L'hostilité et la résistance des populations furent si vives qu'elle fut finalement restituée en 1921 à la Turquie.

Le télégramme très confidentiel que l'on trouve ici est envoyé par le grand diplomate que fut Maurice Paléologue, ambassadeur de France à Pétrograd de 1914 à 1917, puis secrétaire général du ministère des Affaires étrangères, au haut-commissaire français à Constantinople. On y voit évoquée la possibilité d'une action directe de la France et du Conseil suprême des Alliés en réaction contre les massacres de Cilicie. La vigueur des mesures proposées est telle que l'on peut se demander si les Alliés envisagèrent vraiment de mettre à exécution une telle menace. En tout état de cause, dans le contexte actuel où c'est le pouvoir politique qui décide a posteriori de la qualification ou non de crimes contre l'humanité les massacres commis voilà près d'un siècle, il est intéressant de voir que le même politique avait pu, à chaud, imaginer une réaction plus directe.

La correspondance envoyée peu après par Paul Cambon, alors ambassadeur de France à Londres, à son frère Jules, secrétaire général du ministère des Affaires étrangères, montre déjà les limites de cette urgence.

Maurice Paléologue, secrétaire général du ministère des Affaires étrangères, à Defrance, haut-commissaire français à Constantinople.

Paris, 29 février 1920, 14 h 05

Urgent. Très confidentiel.

Action en Turquie,

Le conseil suprême des Alliés a envoyé de Londres au haut-commissaire britannique un télégramme relatif aux massacres d'Arméniens en Cilicie, en l'invitant à vous le communiquer ainsi qu'aux commandants des forces navales et militaires. Dans ce document le conseil suprême exprime l'avis qu'il est nécessaire d'occuper le ministère de la Guerre ottoman ainsi que d'autres bâtiments officiels, et d'arrêter le grand vizir, le ministre de la Guerre et les autres ministres directement responsables, qui seront internés soit à terre, soit à bord d'un vaisseau de guerre allié. En même temps, le conseil suprême demande l'avis des hauts-commissaires et des commandants des forces militaires et navales sur les mesures qu'ils peuvent recommander « soit dans ce sens, *soit dans un autre* ».

Veuillez me faire connaître d'urgence votre avis personnel et celui de vos collègues.

Les Alliés ont sans aucun doute le devoir et le droit d'exiger que le gouvernement turc cesse sans délai de fomenter la rébellion contre les Alliés et agisse d'une manière rapide et réellement efficace, par tous les moyens dont il dispose, pour mettre fin aux attaques des nationalistes. Il faut à cet effet donner au gouvernement turc la conviction que les Alliés le tiendront pour responsable de la prolongation de cet état de choses.

Mais les mesures envisagées à Londres doivent-elles être immédiatement appliquées, ou ne devraient-elles pas être plutôt préparées et réservées comme moyen suprême de coercition ?

Je télégraphie au général Gouraud de me renseigner d'urgence sur la situation exacte en Cilicie et sur les forces dont il peut disposer.

Je demande au ministre de la Marine de prendre des mesures pour l'envoi de forces navales françaises sur les côtes de Cilicie sur l'avis conforme des hauts-commissaires à Constantinople comme le suggère le télégramme du conseil suprême.

Paul Cambon, ambassadeur de France à Londres, à Jules Cambon.

Londres, 29 février 1920

Mon cher Ami,

J'ai rarement éprouvé plus de désagréments que pendant cette conférence : je vois se défaire une à une toutes les garanties d'influence que nous avions en Orient. C'étaient des garanties morales constituées par l'usage et une longue tradition. Il n'en restait souvent qu'un décor, mais en France, l'opinion prenait ce décor pour une réalité et elle fera sentir sa déception au gouvernement quand le traité sera signé. Il y a quinze mois, nous aurions fait ce que nous aurions voulu, aujourd'hui, il est trop évident pour nos Alliés et pour les Turcs que nous ne pourrions rien faire. Gouraud se débat avec 25 000 hommes de troupe dont un tiers seulement est composé de troupes blanches, françaises, le reste se compose d'indigènes et d'Arméniens, de sorte que pour le Turc, la France est seule la protectrice et l'alliée des Arméniens. Les nationalistes turcs nous opposent 100 000 hommes. Nous avons dû évacuer Marach que nous devons reprendre au risque de perdre tout prestige en Orient et les Anglais ne se font pas faute de nous faire entendre que nous sommes responsables des massacres d'Arméniens qui recommencent en Cilicie. Il faut donc envoyer du monde à Gouraud. C'est indispensable. On peut en prendre à Franchet d'Esperey, mais celui-ci ne voudra lâcher personne et réclamera le commandement en Cilicie ; c'est un esprit des plus bornés.

Millerand, harassé par les grèves, aura-t-il le temps et la résolution de faire le nécessaire ?

Documents diplomatiques français, 1920, t. I, n° 184.

1920 : Les États-Unis débiteurs de la France !

Curieuse campagne de presse que celle qui s'est développée en France au début de 1920, cherchant à présenter les États-Unis comme débiteurs de la France depuis la guerre d'Indépendance. Il faut dire qu'en dépit de l'euphorie qui avait salué l'entrée en guerre des États-Unis, en avril 1917, et le cri de « La Fayette, nous voilà ! », qu'on attribuait à l'enthousiasme des nouveaux combattants, beaucoup en Europe avaient regretté la lenteur de la décision américaine. Dès le mois de mai 1915, le torpillage du *Lusitania*, navire britannique transportant de nombreux passagers américains, n'avait suscité qu'une protestation de la part du président Wilson. Et quand la pression allemande s'était accrue avec, en janvier 1917, un « télégramme Zimmermann » par lequel l'Allemagne proposait ni plus ni moins au Mexique une alliance contre les États-Unis en contrepartie d'un retour au Mexique des territoires perdus, dont le Texas en 1848, l'opinion américaine s'était indignée, mais le gouvernement n'avait pas réagi davantage. Pas de réaction immédiate non plus à la destruction du *Vigilantia*, navire de commerce américain par un sous-marin allemand. Il avait fallu attendre le 2 avril pour que, par 373 voix contre 50 à la Chambre des représentants et par 82 contre 6 au Sénat, les États-Unis se décident enfin à entrer dans le jeu.

Et puis voilà qu'au lendemain de la guerre, alors qu'une partie de l'Europe mettait tous ses espoirs en la création, bien utopique, de la Société des Nations, le Sénat américain rejetait le traité de Versailles après avoir demandé en vain la suppression de l'article 10 du pacte de la Société des Nations, garantissant l'intégrité territoriale et l'indépendance politique des membres de la SDN. Du coup, un antiaméricanisme latent va bel et bien éclater au grand jour. Et l'un des arguments sur lequel s'appuie ce sentiment est que les États-Unis n'ont jamais remboursé à la France les emprunts faits par l'Amérique pendant la guerre d'Indépendance ! D'où la demande de la sous-direction d'Amérique du ministère des Affaires étrangères à la direction des Archives de mener une enquête sur le remboursement de ces emprunts. C'est un peu comme si, à la veille du plan Marshall, au lendemain de la Seconde Guerre mondiale, on avait pu se demander si ce n'étaient pas les États-Unis qui devaient encore quelque chose à l'Europe…

Très sérieusement, la sous-direction d'Amérique adresse donc une note aux Archives. C'est en 1920. Quelques semaines auparavant, le département du Trésor américain a déjà répondu par avance à la question posée. Mais quatre ans plus tard, les Archives remettront à leur tour leur travail. Il a fallu un peu de temps – c'est un euphémisme ! – mais la « Note sur l'assistance financière, gratuitement portée par la France aux États-Unis pendant la guerre de l'Indépendance » conclut que toutes les créances françaises sur le gouvernement des États-Unis sont aujourd'hui et depuis longtemps éteintes. En une période où l'on tentait, tant bien que mal, de mettre en œuvre un système international capable d'empêcher le retour d'un nouveau conflit mondial, il est intéressant de voir que, faute de « devoir de mémoire », on réclamait déjà « un droit d'inventaire » envers un allié très proche, quitte à chicaner pour quelques centaines de millions de francs.

Remboursement des emprunts faits par les États-Unis en France pendant la guerre d'Indépendance.

Paris le 17 mai 1920

NOTE pour la Direction des Archives.

La sous-direction d'Amérique a l'honneur de communiquer ci-joint à la direction des Archives la traduction d'une note du département américain du Trésor relative au remboursement des emprunts fait par les États-Unis à la France pendant la guerre de l'Indépendance.

M. Lanel serait très obligé à M. Piccioni de bien vouloir faire vérifier, à l'aide des documents français, l'exactitude des indications contenues dans cette note et de lui faire part des résultats de cette enquête.

Il y aurait en effet intérêt à les utiliser, le cas échéant, afin de mettre un terme à une campagne de presse qui cherche à représenter les États-Unis comme étant restés débiteurs de la France depuis plus de 100 ans.

La note américaine a été communiquée au Département, à titre officieux, par l'ambassade des États-Unis à Paris.

Extrait d'un document communiqué officieusement par l'ambassade des États-Unis à Paris, le 12 mai 1920.

16 mars 1920

Mémorandum pour M. Moseley.

A. s. des emprunts faits par les États-Unis à la France pendant la guerre de l'Indépendance.

Pendant la période révolutionnaire le gouvernement des États-Unis négocia de nombreux emprunts en Europe. Certains, dont les emprunts français, furent contractés directement avec les gouvernements étrangers. Les sommes reçues furent pour la plus grande partie consacrées au paiement des fournitures achetées à l'étranger. Voici la liste des emprunts français :

1777 – Emprunt aux fermiers généraux de France autorisé le 23 décembre 1776	$ 181.500
1778-82 – Emprunt au gouvernement français autorisé le 3 décembre 1777, 18.000.000 livres	$ 3.267.000
1781-82 – Emprunt au gouvernement français, autorisé le 26 octobre 1779, 10.000.000 de livres	$ 1.815.000
1783 – Emprunt au gouvernement français, autorisé le 14 septembre 1782, 6.000.000 de livres	$ 1.089.000
	$ 6.352.500

Divers paiements furent faits au moyen de ces emprunts. Ce qui restait dû fut englobé dans les emprunts de 1795 (4 1/2 et 5 1/2 %.) La dette envers la France fut finalement remboursée en 1808 et 1815.

Deways dans son *Histoire Financière des États-Unis* (page 47) montre que la France prêta en tout $ 6.352.500 qui furent remboursés avec intérêt, mais qu'un don de $ 1.996.500 fut également reçu du gouvernement français. Un accord intervint à Versailles le 25 février 1783 entre les deux gouvernements pour le remboursement des emprunts, le gouvernement français confirmant par cet instrument le don gratuit fait au congrès des Treize États Unis de la dite somme de $ 1.996.500 à titre d'aide et subside. En conséquence elle ne fut pas remboursée, cependant que tous les autres emprunts faits à la France pendant la guerre de l'Indépendance ont été acquittés.

Note historique n° 216.

1923 : Encore et toujours Claudel, mais au Japon

Le tremblement de terre de Yokohama, le 1er septembre 1923, a été l'un des plus désastreux de l'histoire du Japon… Claudel, encore et toujours lui, était alors ministre de France à Tokyo. L'événement devait avoir une grande importance pour lui puisqu'il publia, dans *Lectures pour Tous*, de janvier 1924, un texte admirable : « À travers les villes en flammes ». Reprise dans le volume consacré à ses « Œuvres en prose », cette description, faite a posteriori, de ce terrible cataclysme est effectivement un grand morceau de littérature. Sur le coup de l'événement, Claudel devait écrire dans son journal : « Le 1er septembre, à midi, violent tremblement de terre. À cinq heures, départ pour Yokohama avec le commandant Têtu. À neuf heures, arrivée devant Y. Nuit sur le talus du chemin de fer. Le 2, à cinq heures, entrée à Yokohama. Patek. L'*André Lebon* (il s'agissait d'un navire français alors en rade de Yokohama), Déjardin (c'était le nom du consul de France à Yokohama, qui mourut dans le tremblement de terre). Sauvetage des Français du *Illanez*. Le 3, départ pour Dzouchi. Ma fille a failli être enlevée par un raz-de-marée. Le 4, Dzouchi. Le 5, Yokosouka, retour par un destroyer à Yokohama. Le 6, l'*André Lebon* ; scène avec le prince de Béarn (il s'agissait du conseiller de l'ambassade, arrivé à

Tokyo en décembre 1922). Le 7, retour à Tokyo. Le 8, Voruz (attaché militaire de l'ambassade). Le 9, les Deux Vieilles Sœurs envoyé à Yokohama, l'Orpheline Russe. Le 15, Chuzenji, dans le cyclone. Le 16, Chuzenji, mes enfants qui vont partir. Le 1er septembre, à huit heures du soir, l'ambassade a brûlé avec tout ce que j'avais, meubles, vêtements, bibelots, gravures, livres, etc.... J'ai perdu le troisième acte du *Soulier de Satin* que j'étais en train de recopier, deux études préparatoires sur les Eaux, un grand poème en prose sur Angkor (du genre de la *Connaissance*), le poème d'amour qui formait le thème du *Partage de Midi*, mes cinq volumes annotés de Saint-Thomas, etc. F.V.T. (c'est-à-dire l'invocation : *Fiat Voluntas Tua* : Que ta Volonté soit faite). Beaucoup de notes et de brouillons ».

Mais à la date du 20 septembre 1923, Claudel avait alors écrit un autre texte, admirable, concernant ce séisme qui fit supporter au Japon « en une nuit des pertes matérielles plus fortes que celles de la guerre russo-japonaise », détruisit la plus grande partie de Tokyo, notamment le quartier des ambassades, et toute la ville de Yokohama. Cette dépêche mérite d'être citée dans son intégralité. C'est encore de la poésie en prose, un autre éclat de *Connaissance de l'Est*. C'est aussi une correspondance diplomatique.

Tremblement de terre du 1**[er]* ***septembre 1923.

Tokio, le 20 septembre 1923

M. Claudel, ambassadeur de France au Japon,
à S. Exc. M. Poincaré, président du Conseil,
ministre des Affaires étrangères.

Mon premier mot doit être un remerciement à V. Exc. Sans le crédit de cent mille francs que vous m'avez accordé pour la construction de la nouvelle chancellerie, sans l'étayage de l'ancien hôtel de l'ambassade, il est absolument certain que nous périssions tous, aussi bien le chef de poste que les agents placés sous ses ordres et les domestiques. Jamais tremblement de terre plus violent ne s'était déchaîné en effet sur cette malheureuse partie du Japon. Mais la nouvelle chancellerie où tout le personnel était réuni a admirablement tenu bon. Il n'y a pas une vitre cassée, pas un papier manquant. La vieille ambassade qui se débattait au milieu de ses puissants étais, comme un bateau sur la mer, avait également résisté tout en perdant les tuiles de sa toiture et la plus grande partie de son revêtement de plâtre. À l'intérieur les cloisons étaient abattues et les meubles dans un désordre épouvantable, mais il n'y avait pas de dégâts intéressant les parties de l'édifice vraiment essentielles. L'incendie seul en est venu à bout.

Au moment de la catastrophe se trouvaient à Tokio
M. Claudel, chef de poste,
M. Chayet, troisième secrétaire,
M. Bonmarchand, interprète,
M. Lortat-Jacob, chiffreur,
M. Le commandant Têtu, attaché aéronautique,
le sergent Louveau, secrétaire de l'attaché militaire,
le quartier-maître Gosselin, secrétaire de l'attaché naval,
le secrétaire japonais Imamura et le secrétaire chinois Ange Tchang,
les deux garçons de bureau.

Le prince de Béarn et sa famille étaient à Yokohama où ils habitent.

M. Guézennec était dans le train en pleine marche à Omori, rentrant chez lui à Yokohama.

Mme Guézennec était chez elle à Yokohama.

Ma femme et deux de mes filles étaient à Chuzenji, la troisième au bord de la mer à Dzoushi chez l'ambassadeur de Belgique à 30 kilomètres de Yokohama.

Mme Chayet et son fils à Kamakura à 30 kilomètres de Yokohama.

Le commandant du Merle et sa famille à Chuzenji.

Le commandant Voruz à Matsushima.

La catastrophe se produisit quelques secondes après-midi. Il était impossible d'ignorer l'heure, car, pendant ces premières secondes effroyables d'un tremblement de terre, quand on ne sait encore où la convulsion sans cesse croissante va s'arrêter, le préposé au coup de canon méridien, sans plus se laisser troubler par le désordre des éléments qu'il ne l'aurait fait pour la trompette du Jugement dernier, y mêla sa détonation officielle. Je sortis aussitôt de mon bureau ainsi que tout le personnel. Les sensations que l'on éprouve pendant que l'on voit la terre tout autour de soi animée d'une espèce de vie monstrueuse et autonome et les petits édifices humains de toutes parts s'écrouler comme des châteaux de sable ne sont pas de celles qu'on oublie facilement. Comme je l'ai dit, la vieille ambassade grâce à ses puissants étais avait glorieusement résisté, mais toutes les tuiles de la toiture, tous les plâtres des murs et des cloisons étaient tombés, et à l'intérieur le désordre et le gâchis étaient quelque chose d'indescriptible.

Les incendies commencèrent aussitôt et de toute part les fumées commencèrent à s'élever. Kanda, le quartier de l'ambassade, suivant une tradition bien établie, fut un des premiers à flamber. L'établissement des sœurs de Saint-Paul que j'essayai de joindre était entouré de flammes. L'école de l'Étoile du Matin était debout, celle des frères marianistes intacte, mais l'école primaire était menacée. Impossible de joindre aucun des 3 ou 4 Français dispersés sur d'immenses espaces et d'ailleurs, ainsi que l'évêque résidant dans les quartiers hauts de la ville d'habitude moins éprouvés. À 5 heures l'ambassade semblait hors de danger. Elle tenait bon malgré les chocs continuels. Tout le quartier du Sud de l'autre côté de l'arroyo et du jardin avait brûlé et du seul côté, fort étroit, où les maisons restaient debout, elle était protégée par une série d'espaces vides et de rideaux d'arbres. Le vent de typhon qui soufflait éloignait de nous les flammes qui allaient dévorer Asakusa et Honjo. Je me décidai alors à partir pour Yokohama. Je savais que cette ville est toujours plus éprouvée que Tokio par les tremblements de terre et mon pauvre ami Déjardin qui depuis plusieurs mois semblait obsédé d'un véritable pressentiment m'avait plusieurs fois exprimé ses craintes pour sa sécurité. C'est à Yokohama que sont concentrés toute la population française, tous les intérêts français et il me semblait que ma place en de telles circonstances était au milieu de mes compatriotes*. Pourquoi n'ajouterais-je pas que je désirais également me rapprocher de ma fille aînée en ce moment au bord de la mer à Dzoushi, chez l'ambassadeur de Belgique, à trente kilomètres de Yokohama et qui pouvait avoir été entraînée par le raz-de-marée qui est la conséquence habituelle de ces convulsions sismiques. M. Chayet restait à l'ambassade. Le commandant Têtu, attaché aéronautique, voulut bien s'offrir, en présence du refus de mon chauffeur, à conduire ma petite auto Citroën. J'avais à tort, je le reconnais, si peu d'inquiétude sur la sécurité de ma résidence personnelle que j'y avais laissé tous mes papiers et manuscrits.

Le voyage s'accomplit sans grande difficulté jusqu'au pont de Kawasaki dont nous trouvâmes les abords effondrés. Nous abandonnâmes l'auto et nous nous mîmes en marche dans la nuit qui commençait. À mesure que nous avancions nous voyions s'élever au dessus du grand port européen une

*. En fait la colonie française de Tokio, non plus, je crois, que les autres colonies étrangères de cette ville, n'a pas perdu un seul de ses membres. La plupart de nos compatriotes à l'exception des sœurs de St. Paul de Chartres, ont conservé leurs résidences personnelles et leurs biens. Au contraire 20 Français de Yokohama ont été tués, plusieurs blessés et tous ont vu leurs propriétés détruites de fond en comble. Cela s'explique du fait que Yokohama a été détruite par le tremblement de terre et Tokio par l'incendie. Les consuls ou gérants des consulats de France, d'Allemagne, d'Amérique, d'Angleterre et de Chine ont été tués.

immense colonne de flammes et de fumée et à 9 heures enfin nous pouvions nous rendre compte de l'énormité de la catastrophe. Sur trente kilomètres carrés d'étendue, dans cet énorme amphithéâtre qui s'étend des collines de Tsurumi et de Kanagawa à la mer, tout brûlait. Le premier plan était formé par des espèces de chaînes de montagnes incandescentes qui étaient les parcs à charbon en combustion et par derrière une espèce d'énorme cuve incessamment brassée et remuée par le vent. De temps en temps une explosion de flamme de cinq cents mètres qui sautait vers le ciel, c'était un gazomètre, une usine de produits chimiques qui éclatait.

Nous passâmes la nuit couchés sur le talus du chemin de fer au milieu de quelques réfugiés entre ce panorama de Jugement dernier d'un côté et l'énorme vapeur rouge que faisait de l'autre l'incendie de Tokio. Entre les deux se levait sur la mer une lune d'une pureté et d'une sérénité ineffables. La terre sous nos corps ne cessait de trembler et presque à chaque heure on entendait le bruit à côté de nous des rames de wagons secouées qui essayaient de sortir de leurs rails.

Au lever du jour l'incendie devant nous avait singulièrement diminué et par un passage de rails disjoints et de ponts à claire-voie nous atteignîmes les gares de Yokohama et de Sakuragicho.

Quel spectacle : il ne restait plus rien de Yokohama, toute la ville indigène était rasée, nivelée, aplatie, et du quartier européen les quelques maisons, que le premier choc n'avait pas abattues, avaient été détruites par l'incendie qui achevait de s'éteindre, des deux côtés des rues jonchées de cadavres noircis et d'inextricables enchevêtrements de fils que nous suivions. Devant la gare je rencontrai mon collègue Patek (l'ancien ministre des Affaires étrangères de Pologne) qui n'était plus qu'un bloc de boue où ne se distinguaient que les taches rouges des deux yeux brûlés. Il avait passé la nuit en compagnie de mon collègue d'Italie Di Martino dans la boue d'un égoût éventré au milieu des 50 000 réfugiés du jardin public (un endroit appelé à devenir légendaire quand l'histoire de la catastrophe sera écrite). Je l'engageai à m'accompagner au quai jusqu'au bateau français « l'André Lebon » que je désirais rejoindre pour en faire ma centrale, mais l'idée de traverser de nouveau Yokohama lui inspirait une invincible horreur. Il préférait se mettre en route vers Tokio.

Pour moi je continuai avec le commandant Têtu et je dois avouer que le chemin au milieu des incendies et des ruines branlantes n'avait rien d'agréable. Nous parvînmes à la jetée partiellement démolie et en nous faisant hisser avec des cordes d'un bateau à l'autre (Le commandant Têtu a un bras inutilisable depuis la guerre) nous parvînmes enfin à « l'André Lebon ».

L'« André Lebon » est commandé par un homme de premier ordre, d'une énergie et d'une intelligence remarquables et que j'ai appris depuis longtemps à apprécier, le commandant Cousin. Je vous enverrai ultérieurement un rapport spécial sur le rôle magnifique joué pendant la catastrophe par cet officier qui quelques jours auparavant, à Hong-Kong, avait sauvé son bateau d'un terrible typhon. Le capitaine Cousin me mit au courant de la situation qui était pire encore que je ne me l'imaginais. Tout le quartier européen détruit, tous les Français sans abri, cherchant parmi les décombres leurs morts et leurs disparus, les deux maisons du consulat effondrées, le consul tué, plusieurs morts déjà constatées parmi lesquelles les PP. Le Barbey et de Noailles, le domestique du prince de Béarn (dont le fils avait été enseveli sous les ruines de sa maison et assez gravement blessé), la famille Chalhoub, M. Viel, M. Jarno, un bon et digne français, M. Cotte, propriétaire de l'hôtel Oriental, dix sœurs de Saint-Maur écrasées sous le toit de leur chapelle etc., etc…

Pour faire face à cette situation, un bateau dont les machines étaient démontées (les pièces à terre pour les réparations), *pas une seule embarcation à vapeur ou à pétrole* (! !), rien que de lourds canots manœuvrés par des matelots pleins de bonne volonté mais aussi habitués à l'aviron que des étudiants en vacances à Bougival, aucune aide à attendre des Japonais terrifiés qui refusaient tout secours, tout concours, et restèrent pendant toute la journée du 2 dans un état de véritable paralysie.

Leurs bateaux relevaient leurs échelles et refusaient de prendre aucun réfugié à bord, les nombreux remorqueurs erraient dans le port en refusant d'aider qui que ce soit. La flotte de guerre restait à Yokosouka (qu'on voyait brûler dans le lointain) et ce n'est que le soir du 2 septembre qu'apparut un petit torpilleur. Tout le travail de sauvetage fut opéré par les chaloupes de l'« Empress of Australia » et de « l'André Lebon ».

Je me rendis aussitôt à terre et m'établis pour toute la journée devant les ruines du consulat. C'est là que gisait, une jambe brisée et tordue, la figure paisible mais déjà verdie et gonflée, le cadavre de M. Déjardin. Il était dans son bureau en train de discuter avec M. Bickart et un avocat anglais la question des baux perpétuels quand la terre se mit en mouvement, les deux visiteurs purent s'échapper, mais le mur s'écroula sur M. Déjardin comme il franchissait à son tour la porte. M. Bickart vit sa tête sous les décombres, il tira le corps au dehors avec l'aide du jardinier. Une jambe paraissait brisée et notre malheureux consul respirait avec peine. Il eut le temps de murmurer « Ma femme » « Mon enfant » « Le Consulat »... « De l'eau ». M. Chevallier qui venait d'échapper par miracle se précipita pour en chercher. Quand il revint il était mort. On mit le corps sur une petite charrette. Nous le couvrîmes d'un suaire qui fut volé pendant la nuit ainsi que les souliers.

Au bas du consulat c'était un mouvement et une confusion indescriptibles ; Japonais, étrangers et Français y arrivaient les uns après les autres apportant avec lui des histoires horribles. *L'Oriental* et le *Grand Hôtel* s'étaient abîmés d'un seul coup. À l'Agence Cook tout le public de touristes avait été englouti, seule une demoiselle anglaise Mlle Crone s'était échappée à la nage de ce « Bund » ou quai, qui fut pour les étrangers une véritable souricière, et avait gagné ainsi un des bateaux amarrés dans le port. Le chargé d'affaires du Chili et sa femme apparurent plus semblables sous leurs oripeaux souillés à des morts dans leurs suaires qu'à des êtres vivants. M. Illanès s'était jeté d'un quatrième étage avec un enfant dans ses bras sans se faire aucun mal. Madame Illanès, les pieds enveloppés de loques, criait comme une folle, les cheveux épars, et me suivait partout sans vouloir me quitter. Parmi les Japonais nous trouvâmes un enfant français qu'une femme nourrissait de boulettes de riz qu'elle tirait de sa bouche. Il avait les deux jambes brûlées. Nous le portâmes à bord où il mourut. Voici un enfant d'un an sur le dos d'une Japonaise, dont le père, M. Triéger, a été tué, sa femme étant morte il y a un an. Toute une famille syrienne, les Challoub, a péri, sauf une femme. Nous voyons arriver les sœurs de Saint-Maur qui ont perdu dix des leurs, les frères marianistes dont l'établissement a péri, mais qui n'ont pas de pertes de vies à déplorer, le prince de Béarn qui nous raconte sa nuit tragique, M. Guézennec qui cherche sa femme qu'il ne retrouve que le soir et qui a tout perdu.

Nos compatriotes sont remarquables de sang-froid et de dignité. Je signale spécialement M. Darbier qui bien qu'ayant perdu une fille brûlée vive a guidé les équipes de recherches de l'« André Lebon » et leur a permis de retrouver et de charger les pièces de machines démontées ainsi que deux vedettes construites par lui.

Ils sont contents de me voir au milieu d'eux partageant leurs dangers et leurs infortunes.

À la fin de la journée, j'apprends par M. Chayet, qui est accouru pour sauver sa femme et son petit garçon, que l'ambassade a brûlé pendant la nuit, vers 8 heures le vent a changé et les maisons jusqu'alors préservées ont pris feu. L'ambassade a flambé en quelques secondes. Il n'y a eu rien moyen de sauver. Grâce au travail courageux et acharné de M. Chayet et de pompiers enfin survenus, il a été possible de garantir sa résidence personnelle ainsi que la chancellerie.

Les embarquements continuent en bon ordre, mais vers deux heures un nouveau danger apparaît. Depuis le matin les citernes d'essence et de mazout se déversent dans le port autour duquel on les a disposées imprudemment. Ce fleuve de feu a été maintenu jusqu'ici par le vent et par une digue d'épaves. Vers midi le vent change et la digue cède. La colonne de feu et de fumée s'approche lentement de l'« André Lebon » qui disparaît complètement dans un nuage noir. Le cœur battant nous nous attendons à voir la première langue de feu jaillir. Mais non, par une manœuvre qui nous paraît une espèce de miracle, notre beau bateau sans machines réussit à s'éloigner. Il gagne de vitesse sur le fleuve de feu qui bientôt s'arrête et se dissipe. Il est sain et sauf. Le commandant bien que son guindeau ne fonctionnât point a réussi à dégager ses ancres. Le vent le pousse dans un sens favorable. Aucun remorqueur n'a consenti à l'aider, mais par bonheur une sorte d'aventurier américain, M. Laffin, qui pendant la catastrophe a accompli des prodiges de courage, vient à passer sur un petit bateau. Il prend le câble qu'on lui lance. Il l'amarre à un coffre. Le bateau se déhale et gagne ainsi les cinquante mètres, qui ont assuré son salut.

Quand la nuit vient tous les Français ont été recensés et transbordés à bord de l'« André Lebon » où ils reçoivent les soins les plus empressés, leur principal besoin étant celui des vêtements : la plupart n'avaient en effet sur eux qu'un pantalon et une chemise, les femmes une simple robe. Tous les Français qui n'avaient pas rallié le bord pouvaient être considérés comme morts, sur témoignages oculaires ; et en effet seul le nom de Madame Dourille a été rayé de la liste des disparus que nous avions établie le dimanche au soir.

Le jour même, c'est-à-dire le 2, j'ai pu essayer de télégraphier à Votre Excellence les premiers et les noms (*sic*) des personnes sauvées, mais je ne sais quand ils vous sont parvenus, les communications par TSF étant difficiles et peut-être même intentionnellement brouillées.

Le lendemain, ayant satisfait à mes devoirs officiels et après avoir laissé mes instructions au capitaine Têtu qui, accompagné de M. Guézennec, s'acquitta fort bien de sa tâche, je fis procéder à l'inhumation de M. Déjardin que nous enterrâmes à la place où il était tombé sous une simple croix de bois et enveloppé du pavillon national*. Puis je partis avec M. Chevallier à la recherche de ma fille que je retrouvai en bonne santé à Dzouchi. Elle avait failli être enlevée par un

*. Depuis, les marins du « Colmar » ont confectionné avec la grille du Consulat une barrière fort décente autour de la tombe. Je vous en enverrai prochainement une photographie.

raz-de-marée et n'avait dû la vie qu'à une intervention de la Providence. La maison où elle habitait avait failli d'ailleurs disparaître dans un éboulement.

Le reste peut se conter rapidement. Retour à bord de l'« André Lebon » où j'organise le service d'évacuation, dont le prince de Béarn, revenu de Kobé où il avait conduit sa famille a pris la direction de mes mains. Je vous enverrai à ce sujet un rapport détaillé ainsi que sur la situation des Français de Yokohama. Les consulats et services de toutes les puissances se sont également transportés à bord de l'« André Lebon ».

Le lendemain je rentrais à Tokyo, dans un Tokyo dont la plus grande partie est nivelée, anéantie. Seuls subsistent les quartiers du sud et de l'ouest. Les quartiers des affaires (sauf les grands buildings américains), des plaisirs, de l'instruction, les faubourgs industriels, le port, l'université, les bibliothèques, tout cela a disparu. Le musée Okura, les marchands de bibelots du Nakadôri, anéantis. L'ambassade d'Amérique, une partie de celle d'Angleterre, les légations de Chine et des Pays-Bas ont brûlé. L'ambassade d'Italie est inhabitable. À Tokyo seulement les chiffres officiels sont jusqu'à ce jour : 411 000 maisons détruites, 231 000 disparus, 72 000 tués par l'incendie. Pour Yokohama les chiffres n'ont pas encore été publiés. On parle de 25 000 morts.

C'est un désastre sans précédent, le plus grand de l'histoire. Le Japon a supporté en une nuit des pertes matérielles plus fortes que celles de la Guerre russo-japonaise. Mais il se remet courageusement au travail avec la résolution farouche de demander aussi peu que possible de secours à l'étranger. C'est ce qui m'a fait penser que la plus grande partie des secours recueillis en France devrait être consacrée à la reconstruction de nos œuvres françaises, Institution des sœurs de Saint-Paul et de Saint-Maur, athénée français, collège Saint-Joseph etc…

Nos compatriotes sont partis tous de Yokohama dans une disposition d'esprit très pessimiste. Ils voient le commerce du port anéanti, le marché de la soie transporté à Kobé, le remplacement de Yokohama par un nouveau port créé à Tokyo etc… Rien de tout cela ne me parait sûr*. Je crois au contraire que la reconstruction de deux énormes villes sur un nouveau plan va donner lieu à une activité intense. Il faut que nous ne laissions pas tout faire aux Américains et que nous prenions position. Je recommande l'envoi immédiat d'un délégué représentant toutes nos industries de fer pour constructions et travaux publics, de machines de toute espèce, de ciment, etc.

Nous avons des amis précieux dans un ministère dont les tendances nous sont favorables.

Dès maintenant je recommanderais la reconstruction immédiate à Yokohama de ce que j'appellerais une centrale française. Ce serait une espèce de baraquement qui comprendrait un logement pour le consul et des chambres pour les Français qui voudraient venir sur place pour surveiller leurs intérêts ou se rendre compte des possibilités. On pourrait y ajouter une sorte de magasin et de salle d'exposition. J'ai demandé pour cette œuvre le secours de l'Indo-Chine.

Je suis obligé d'écourter ce rapport en raison de mes occupations accablantes. Votre Excellence voudra bien m'excuser.

P.S. Je dois signaler l'étrange panique qui pendant les premiers jours de la catastrophe s'est emparée de la population japonaise. Partout on entendait dire que les Coréens secondaient l'œuvre de l'incendie et se livraient à toutes sortes d'assassinats et de pillages. On se mit donc à la poursuite de ces malheureux que l'on abattait comme des chiens partout où on les rencontrait. J'en ai vu tuer un sous mes yeux, un autre torturé par la police, 16 furent massacrés à Utsunomiya. Le gouvernement japonais a réussi à arrêter ces violences, tout en déclarant dans un communiqué assez maladroit que, de fait, il y avait eu des cas prouvés de crimes commis par les Coréens de concert avec les révolutionnaires et anarchistes.

*. J'ai appris déjà du directeur de la Yokohama Specie Bank que le marché de la soie resterait dans ce port. De fait les opérations ont déjà recommencé. Le plus pressé est de refaire le port dont les jetées se sont effondrées. Toute l'hydrographie de la baie a été dit-on modifiée.

En dehors de Tokyo et de Yokohama, les villes de Yokosouka (le grand port de guerre), Kamakura, Odawara et une quantité de petits villages ont beaucoup souffert. Le nombre des victimes reconnues dans toute la région dépasse déjà 100 000.

J'envoie sous ce pli à Votre Excellence :

1º) des plans des villes de Tokyo et de Yokohama avec l'indication des parties dévastées ;

2º) un certain nombre de photographies que je serais reconnaissant à Votre Excellence de vouloir bien communiquer si elle le juge à propos au directeur des *Lectures pour tous* qui me les a demandées ;

3º) un numéro du journal l'*Asahi Graphie*.

2e P.S. Ce qui paraît avoir frappé le plus les Japonais dans l'incendie du 1er septembre, c'est l'exemple qu'il fournit et ce qui serait arrivé à leur capitale en cas de bombardements aériens. Aussi pour la reconstruction dans les villes préparent-ils des prescriptions pour imposer des rues larges et l'emploi des matériaux incombustibles.

Personnel, 2e série, vol. 363, fol. 76.

1925 : Les démêlés, en Syrie, du général Sarrail avec les autorités religieuses

L'affaire Sarrail fit grand bruit. On a beaucoup écrit à son sujet et tous ceux qui se sont un peu plongés dans les archives de la présence française en Syrie et au Liban entre les deux guerres savent l'espèce de scandale que constitua l'attitude du général Maurice Sarrail, haut-commissaire de la France en Syrie en 1924 et 1925.

C'est à la suite de la conférence de San Remo, le 25 avril 1920, que la France se vit confier un mandat sur la Syrie et le Liban, en dépit de l'opposition des populations syriennes elles-mêmes. Le premier haut-commissaire français fut le général Gouraud, qui commença par expulser de Damas l'émir Fayçal, qui avait pour ambition la création d'une « grande Syrie », englobant la Syrie, le Liban, la Palestine et la Jordanie. La Syrie d'après 1920 fut partagée en quatre « États » ceux de Damas et d'Alep, regroupés en 1925 sous le nom de Syrie, celui du Djebel Druze, qui bénéficia rapidement d'une autonomie restreinte, et l'État des Alaouites, qui devait devenir, en 1930, le gouvernement de Lattaquié.

À l'arrivée du nouveau haut-commissaire Sarrail, la situation dans la région était déjà tendue. Sarrail lui-même était un militaire très contesté. C'était un ardent républicain, très proche du général André, ministre de la Guerre n'était pas de son avis, tout ce qui ne se pliait pas à ses exigences, tout ce qui lui donnait des conseils contraires à des désirs ou lui faisait prévoir des conséquences fâcheuses s'il réalisait ses projets, tout cela c'était le « Jésuite ».

Le jésuite prenait toutes les formes ; il se déguisait en officier, en fonctionnaire, en homme de la rue, il coiffait le tarbouche du député musulman qui votait pour M. Eddé, il s'habillait de la culotte bouffante du montagnard qui criait « Vive le général Van Den Berg », il se camouflait en guerrier druse mécontent de voir brimer ses chefs, il s'embusquait sous le « keffieh » d'un Bédouin de l'Euphrate qui appelait le président de la République : l'empereur des Français, il poussait l'astuce jusqu'à se faire assassiner le long d'une route sous la forme d'un paisible voyageur, pour montrer que la sécurité était imparfaite en Syrie. Le chef de cette bande protéiforme était le père Chanteur, recteur de l'université des jésuites, et j'étais, paraît-il, son principal lieutenant.

Réception au cercle français

Le contact de Sarrail avec nos compatriotes de Beyrouth ne fut pas beaucoup plus heureux qu'avec les Libanais. Le cercle français de la ville invita un jour, comme il se devait, le haut-commissaire à une première réception dans ses salons et tous les Français s'y trouvèrent au grand complet. Présentation, discours de bienvenue très bien tourné du président, M. Soubret, réponse de Sarrail. Après quelques remerciements, le général lança cette phrase, qui sonna comme un coup de klaxon dans une symphonie de Mozart « Je suis content de vous connaître, bien que vous disiez sans doute beaucoup de mal de moi ; dites-en tant que vous voudrez, cela m'est égal, j'en ai dit moi-même de mes chefs, et cela ne m'a pas empêché de devenir général : l'important est que vous fassiez ce que je vous dis. » Les assistants le regardent : a-t-on bien compris ? Dans une réception entre compatriotes, où chacun ne pensait qu'à faire connaissance du nouveau haut-commissaire, les uns par intérêt, les autres par curiosité, la plupart par simple convenance, on entendit avec stupeur le personnage qu'on recevait et fêtait lancer cette algarade à ses hôtes.

Les visites patriarcales

D'après les usages, plus forts que les lois, en Orient, le consul général de France, et par conséquent, le haut-commissaire, son successeur, après sa prise de service à Beyrouth, va rendre visite au patriarche maronite à sa résidence de Bkerké. Monseigneur Hoyek a-t-il voulu donner une preuve éclatante de sa sympathie pour la France et de son désir de conciliation, en prévenant la visite d'un haut-commissaire qu'on disait hostile à la religion ? S'est-il dit que, pour être sûr d'avoir la visite de Sarrail, le mieux était de le forcer à lui rendre la sienne ? On annonça un jour que le vieux patriarche était parti de Bkerké, suivi de ses principaux archevêques et évêques, et se dirigeait en cortège solennel vers le haut-commissariat.

Branle-bas ! « Faut-il rendre les honneurs », me demande-t-on ? – « Oui, et avec le plus de soldats qu'on puisse réunir ».– « Mais les honneurs militaires à un "curé" ? » – « Ne pas le faire, c'est manquer à tous les usages et commettre une inconvenance que ressentiraient vivement, non seulement tous les maronites, mais même tous les Libanais. »

La garde attendit donc à la porte du grand sérail, le clairon sonna aux champs, les honneurs fut rendus, et la visite fut, paraît-il, très cordiale. Sarrail, au milieu des soutanes violettes, se comporta aussi correctement que possible et se montra aimable envers tous. Je respirais.

Je ne respirai pas longtemps. Quand je demandai au général quelles dispositions il y avait lieu de prendre pour rendre sa visite au patriarche, « Pas si vite, me dit-il, laissez-moi réfléchir. » – « Mais une visite protocolaire doit se rendre dans les trois jours. »

Huit jours après, la visite n'était pas encore rendue, malgré mes pressantes instances. Je commençai à voir venir dans mon bureau quelques personnages de l'entourage du patriarche, qui me demandaient de les prévenir quand le général viendrait à Bkerké. Je comprenais ce que cela voulait dire. Puis, on me demanda franchement ce qui se passait. Quelle tristesse pour moi, obligé de raconter à ces braves gens toutes les excuses que je pouvais trouver. Elles étaient mauvaises ; mes interlocuteurs le savaient, ils en étaient aussi tristes que moi, et n'avaient pas la cruauté d'insister.

Cela dura plus de deux mois !

Pendant ce temps, on s'agitait à Beyrouth, et des réclamations parvinrent au Quai d'Orsay contre l'impolitesse que le haut-commissaire faisait au patriarche libanais. J'en eus le contre-coup, car je voyais bien, à l'humeur de Sarrail, qu'il recevait du ministère des Affaires étrangères des lettres qui ne lui plaisaient pas. Enfin, un jour d'avril le général m'annonça qu'il allait rendre au patriarche la visite qu'il lui avait faite en janvier.

Mieux vaut tard que jamais ; j'allais moi-même annoncer la bonne nouvelle à mes amis de Bkerké ; c'est à peine si j'entendis exprimer quelques regrets que ce geste de stricte politesse soit si tardif.

La réception fut ce qu'était d'habitude ce genre de cérémonie, très simple et très cordiale. Les paroles échangées célébrèrent la vieille amitié de la France et du Liban, prélats maronites et fonctionnaires français entrechoquèrent leurs verres, remplis du délicieux vin d'or de Chtaura. On se serait cru revenu au bon temps où le haut-commissaire était tout simplement français, en face des chefs maronites qui tenaient la citadelle où le flambeau de l'amitié du Liban pour la France était entretenu depuis plus de quatre-vingts ans.

La réaction du haut clergé maronite se traduisit par une gaminerie dont j'aurais cru ces graves prélats incapables ; gaminerie est le mot que j'employai pour atténuer les commentaires d'un acte qui était en réalité une inconvenance, montrant à quel point l'impolitesse de Sarrail vis-à-vis de leur patriarche avait ulcéré leurs cœurs.

Après que le haut-commissaire eut pris congé de Monseigneur Hoyek, les archevêques et évêques l'accompagnèrent jusqu'à la porte du monastère, où se tenait le photographe obligatoire, d'ailleurs amené par le haut-commissariat. Sur les ordres de l'artiste, les prélats en grand costume se rangèrent à droite et à gauche de Sarrail, devant les arcades d'un couloir en forme de cloître, donnant sur la cour ; ils alternaient fraternellement avec les fonctionnaires du haut-commissariat qui avaient accompagné Sarrail ; aux deux extrémités, raides comme il convient, les serviteurs du patriarcat et les kawass du haut-commissaire.

Au moment où l'opérateur, sans doute complice, cria « Ne bougeons plus », on entendit un léger frou-frou de soutanes… Quand l'artiste vint, en souriant, m'apporter son épreuve, Sarrail y figurait seul, avec les quatre ou cinq Français dont j'étais, les serviteurs du patriarcat, et les deux kawass flanquant solennellement le vide. Envolés, les archevêques : au moment psychologique, ils s'étaient glissés adroitement derrière les portiques du couloir auxquels ils étaient adossés.

Je n'ai pas assisté à la remise de la photographie au général ; mais j'ai entendu dire qu'il n'a pas été content.

Retraite pascale.

La messe de Pâques était la grande cérémonie, au cours de laquelle le clergé catholique de tout l'Orient rendait aux ministres et consuls de France les honneurs liturgiques dus, selon les traités anciens, aux représentants de la puissance protectrice. Le général Sarrail ne voyait pas approcher cette date sans une certaine anxiété. Il se rendait compte que, s'il n'allait pas à la messe consulaire la plus solennelle de l'année, son geste aurait des conséquences graves pour notre protectorat religieux en Orient. Le Vatican l'attendait à ce tournant, et, derrière les diplomates pontificaux, une pléiade de chefs religieux italiens auraient été enchantés de se débarrasser, une bonne fois, des restes d'une tradition qui donnait à la France une position politique privilégiée.

Au fur et à mesure que la date fatidique approchait, la résolution de Sarrail semblait s'ancrer. « Non, je n'irai pas à la messe de Pâques », disait-il à son entourage. On aurait dit qu'il s'agissait pour lui d'entrer dans une salle d'opération pour se faire trépaner !

On s'agitait du côté du clergé. Monseigneur Giannini, l'évêque italien de Beyrouth, m'interrogeait avec intérêt : « Viendra-t-il à la messe de Pâques, le haut-commissaire ? – « Sans doute, Monseigneur, répondais-je, il n'y a aucune raison qu'il n'y vienne pas. « On y attache une grande importance à Rome. »

Le père Rémy, anxieux, venait me trouver, « Faites tout le possible pour que le général aille à la messe, ce serait une catastrophe s'il n'y venait pas. Les Italiens n'attendent que cela pour faire nommer par monseigneur des curés italiens dans les paroisses, et faire retirer les fauteuils d'honneur placés dans les églises pour le haut-commissaire à Beyrouth, le ministre et les consuls en Égypte. »

Le dimanche suivant, assistant à la messe à l'église Saint-Louis, la paroisse, je m'aperçois, de ma place de modeste citoyen, qu'on avait retiré les deux fauteuils, qui s'y trouvaient en permanence, réservés au haut-commissaire et à son épouse. Je vais aussitôt trouver le supérieur des capucins, le père Jérôme, qui me dit, d'un ton désolé, que monseigneur a donné ce matin même l'ordre de les enlever. « Monseigneur prétend que, puisque le général Sarrail a refusé sa messe d'arrivée, le protectorat catholique n'existe plus. Pour couper court à ses hésitations au sujet de la messe de Pâques, il a fait supprimer le fauteuil d'honneur donné, depuis trois cents ans, aux consuls de France dans l'église Saint-Louis. »

Et le père Jérôme me montra les deux fauteuils, symboles d'une influence si disputée, relégués dans un coin poussiéreux de la sacristie :

« Après tout, lui dis-je, nous sommes sous le mandat français, et l'église n'a pas l'exterritorialité. Nous sommes donc ici chez nous ; donnez l'ordre au sacristain de remettre les deux fauteuils à leur place. » – « Mais, Monseigneur ? » – « J'en fais mon affaire. »

Les deux fauteuils sont replacés, devant le père Jérôme scandalisé et enchanté. Ils sont présents à leur poste pour la grand-messe de dix heures, de sorte que peu de gens auront remarqué l'incident. On les a retirés un instant pour les épousseter.

Le père Jérôme court à l'évêché. « Monseigneur, n'y-a-t-il pas eu un petit malentendu ? » – Mgr Giannini est un prélat des plus fins, et un de ces Italiens ancien style, avec lesquels il faut employer de très petit mots pour les choses graves, et de gros superlatifs pour les toutes petites choses. – « Le haut-commissaire est en train d'arranger avec vous la question de sa présence à la messe de Pâques ; vous avez délégué le père Rémy pour ces pourparlers ; or, vous n'avez encore aucune réponse définitive : rien ne doit être changé avant la fin de cette négociation : par conséquent, c'est certainement par erreur que vous avez donné l'ordre d'enlever les fauteuils consulaires. »

La discussion se termina par la concession que fit monseigneur, en acceptant de faire remettre les deux fauteuils à leur place. « Uniquement en considération pour M. de Reffye, » ajouta-t-il.

Et le père Jérôme, en le remerciant, lui dit que son ordre allait être immédiatement exécuté : il l'était déjà depuis plus d'une heure. Monseigneur sourit, car il le savait très bien.

J'avais eu une émotion : on ne peut pas comprendre, si l'on n'a pas vécu en Orient avant la guerre de 1914, tout ce qu'il y avait de passé brisé, d'influence perdue, de France bafouée, dans ce seul geste symbolique : l'enlèvement du fauteuil du consul de France dans la paroisse française. Évidemment, à la

Loge des officiers et fonctionnaires qui inspirait Sarrail, ces sentiments devaient paraître ridiculement démodés.

La première messe du général Sarrail

Quelques jours avant Pâques, le général m'annonça qu'il irait à la messe. Que s'était-il passé ? Je ne l'ai su que peu après, et c'est Mgr Giannini qui me l'a appris, en même temps qu'à la foule des fidèles. Sarrail me demanda donc de régler avec les capucins le cérémonial de la messe : « Tout ce que vous voudrez, pour m'asseoir, me lever, saluer, m'incliner ; mais pas de signe de la croix, ni de génuflexions, ça jamais !

Nous nous sommes assez divertis, le brave père Rémy et moi, à régler d'avance quelques variantes au cérémonial ordinaire, de manière à « laïciser » la messe consulaire à l'usage de Sarrail.

Enfin, le grand jour arrive : je vais prendre le général à la Résidence des Pins, pour l'accompagner à l'église, où je dois, selon l'usage, me placer à sa droite. Quand nous approchons des portes de la paroisse, les spahis ont peine à se frayer un passage dans la foule ; les services d'ordre, qui n'avaient pas prévu pareille affluence, sont débordés. Si on avait annoncé que le haut-commissaire devait monter l'escalier qui précède le péristyle de l'église, à genoux, pieds nus, en robe de bure et la tête couverte de cendres, la curiosité populaire n'eût pas été plus excitée : tout le monde voulait voir Sarrail, en grand uniforme, entrer dans une église.

Ce n'étaient pas seulement les catholiques qui cherchaient à s'édifier par ce pieux spectacle, car je reconnus parmi les curieux des musulmans, des juifs, des orthodoxes, des Arméniens, que le seul zèle religieux n'avait pas poussé dans cette cohue. Dans l'intérieur de l'église, on n'aurait pas trouvé une place pour faire tomber une épingle. Ce jour-là, des gens qui n'avaient jamais mis les pieds dans une église depuis de longues années, s'étaient sentis pris d'un prurit de dévotion, et s'étaient précipités pour occuper leurs places une heure à l'avance. Fonctionnaires du haut-commissariat, officiers oublieux qu'ils faisaient partie de la Loge fondée par les thuriféraires de Sarrail, personnages officiels libanais, toute la société maronite et une bonne partie du peuple chrétien de Beyrouth, tous, avec leurs femmes en grandes toilettes, s'écrasaient pour venir voir «la première messe de Sarrail». L'église Saint-Louis disait «nef pleine», et si l'on eut payé les places, la paroisse eut fait une belle recette.

Certainement, Mgr Giannini, qui présidait la cérémonie, ne se faisait aucune illusion sur les raisons de cette subite poussée de foi.

Selon les rites, le père Rémy, en grand costume d'officiant, s'avance vers le portail pour recevoir le haut-commissaire. Il tient dans sa main le goupillon, cette arme redoutable, et, à côté de lui, un enfant de chœur porte l'eau bénite. Il était entendu que le père Rémy esquisserait, avec son goupillon, un vague signe de croix dans l'air, et que le général s'inclinerait. Mais le malicieux capucin chargea son canon jusqu'à la gueule, et, d'un vigoureux coup de poignet, aspergea copieusement d'eau bénite l'uniforme de Sarrail. Le général, stoïque, s'inclina, sans rien dire.

J'étais furieux contre le père Rémy : «Il va me mettre le général à cran, pensé-je, dès le début de la cérémonie.» Non, Sarrail fut aussi sage que si son uniforme eut été un scaphandre, et il alla s'asseoir, avec toute la componction nécessaire, sur le fauteuil qui lui était destiné, sans paraître sentir les milliers d'yeux fixés sur lui. Sur un signe du maître de cérémonies, il se levait, s'asseyait, comme un soldat à l'exercice : tout allait bien ; j'étais enchanté !

Mais vint le coup de tonnerre : après l'évangile, Mgr Giannini, se plaçant sur le devant du chœur, prononça son allocution. Il remercia d'abord le général de continuer les traditions de la noble France, en venant s'asseoir dans le fauteuil du protecteur de la foi catholique en Orient. Il ajouta : «Je savais ; mon Général, que vous viendriez, car voici la lettre que

Monsieur Herriot, votre éminent ministre des Affaires étrangères m'a fait l'honneur de m'écrire : j'ai le plaisir de vous la lire. » Elle était à peu près conçue en ces termes :

« Ne vous inquiétez pas, Monseigneur, des bruits qui ont pu courir comme quoi le nouveau haut-commissaire de la République n'assisterait plus aux messes consulaires. Rien ne justifierait cet abandon des traditions de la France, et vous pouvez être assuré que le général Sarrail sera présent à la messe de Pâques. Je lui ai transmis mes instructions à ce sujet, afin qu'il n'y ait rien de changé dans les rapports entre les représentants de la République et l'Église catholique en Orient, tels qu'ils ont réglés par les anciens traités et les usages séculaires. »

J'ai cru que Sarrail allait bondir sur l'évêque, ou se lever pour lui répondre sur un ton qui n'aurait rien eu d'onctueux. Il se contint et resta à sa place sans mot dire.

A-t-il senti l'affront aussi vivement que je l'ai fait moi-même ?

Le prélat italien commettait certainement une « gaffe » diplomatique de première grandeur, mais il était trop fin pour ne pas l'avoir compris, c'était donc une avanie publique qu'il avait eu l'intention d'infliger au haut-commissaire français, en montrant que le gouvernement français lui avait écrit directement, sans passer par son intermédiaire comme c'eût été normal de le faire. Monseigneur Giannini, avec son air souriant et doucereux, s'offrait le plaisir d'humilier à la fois le représentant de la France et l'adversaire de l'église catholique.

Le général se tint très correctement jusqu'à la fin de la cérémonie ; puis il se rendit à la sacristie ; selon l'usage, Mgr Giannini l'y reçut, offrit le verre de liqueur classique, qu'ils burent en causant cordialement ensemble, et l'on s'en alla comme en était venu, au milieu de la curiosité d'une foule innombrable.

Jamais Sarrail ne me fit la moindre allusion au discours de l'évêque.

Papiers Verchère de Reffye (n° 241).

1932 : Fermeture à Genève d'une pension de famille « particulière »

On a parlé plus haut du congrès de Vienne, de ses bals et de ses flons-flons en marge de l'une des plus grandes conférences diplomatiques de l'histoire. Toute l'organisation politique de l'Europe jusqu'à la guerre de Crimée devait pourtant naître de ces joyeusetés-là. La conférence du désarmement qui s'ouvrit à Genève le 2 février 1932 tourna plus court. Organisée pour répondre aux travaux de la commission de la SDN à ce sujet, avec l'Allemagne, les États-Unis et l'Union soviétique parmi les membres d'une commission préparatoire toute remplie d'un bel optimisme, elle se solda par la porte claquée par Hitler qui, le 14 octobre 1933, quitta tant la conférence que la SDN elle-même.

Le 16 mars 1935, Hitler dénonçait unilatéralement les clauses du traité de Versailles relatives au désarmement. La conférence de 1932 dura pourtant encore jusqu'en avril 1937, puis elle s'ajourna dans l'indifférence générale. Une superbe photographie, qui date de 1932, montre une douzaine de ses membres, réunis dans un palace de Lausanne. Autour d'un tapis qu'on imagine vert, les ors et les lambris d'un salon d'hôtel, une cheminée, des fleurs, un miroir qui reflète un lustre illuminé, ces messieurs portent smoking et cravate noire, ces messieurs fument abondamment. L'Allemand von Papen regarde de côté, Édouard Herriot, président du Conseil des ministres français, se croise les doigts, Duncan Sandys, membre de l'ambassade de Grande-Bretagne à Berlin, qui devait devenir le gendre de Churchill et que l'on a connu dans d'autres instances européennes, semble sourire, Ramsay MacDonald, Premier Ministre britannique, assis dans la chaise la plus confortable, allume longuement une cigarette. Voilà les hommes sur lesquels le destin du monde a pu reposer.

Et pourtant, en coulisses, faute de valses et de quadrilles, ces messieurs – après tout la morale devrait nous inciter à penser qu'il s'agissait seulement de leurs collaborateurs – fréquentaient une pension de famille genevoise dont on donnera tout de suite l'adresse : 5, rue Massot ; et le nom de l'hôtesse, Mme Désirée Charles. Fort accueillante, la pension Massot était peuplée d'un bataillon de jeunes filles blondes entre dix-huit et dix-neuf ans dont le *Daily Herald* annoncera, en première page et en caractères gras de son édition du 5 février 1932, qu'elles étaient « importées de Paris ». Tandis que les chefs fumaient leurs cigarettes dans leur salon faussement rococo, d'aucunes s'agitaient donc pour le soulagement de leurs troupes.

On trouvera ci-joint une revue de presse du ministère des Affaires étrangères ainsi que des extraits de la correspondance diplomatique et de la correspondance du ministre de l'Intérieur de l'époque avec le ministre des Affaires étrangères.

La pension de la rue Massot

Section d'étude de la presse étrangère 32/104. *Daily Herald*, 5 février 1932. Une pension de famille à Genève.

Le correspondant spécial du *Daily Herald* à Genève (M. W.N. Ewer) écrit, le 5.2., qu'un organe socialiste de Genève, *le Travail,* vient de révéler que, par décision spéciale des autorités genevoises, une « pension de famille » a été ouverte à Genève et réservée exclusivement aux délégués de la conférence du Désarmement.

D'une plume indignée, le correspondant spécial décrit la « pension Massot », et la visite qu'il y fit. Cette « pension » serait une succursale d'un établissement tenu à Paris, rue Lavoisier, « derrière la Madeleine ». Des jeunes filles, blondes, de 18 à 19 ans, accueillent les visiteurs.

W.N. Ewer déclare que les fonctionnaires de la Société des Nations sont très irrités, et redoutent que cette initiative des autorités genevoises (« Genève, la ville calviniste, la plus stricte d'Europe sur la moralité ») ne contribue à discréditer la Société des Nations et la conférence du Désarmement.

8 février 1932

Le président du Conseil, ministre des Affaires étrangères, [Aristide Briand] à Monsieur Pierre Cathala, ministre de l'Intérieur (Direction de la Sûreté générale) [Signé par le directeur des Affaires politiques et commerciales].

La presse anglaise fait un certain bruit autour d'une « permission spéciale », donnée par les autorités de la ville « abolitionniste »[1] de Genève, pour l'ouverture de la « pension Massot », qui serait « simplement un établissement de la rue Lavoisier (à Paris) transféré pour la durée de la conférence du Désarmement ».

Votre Département a été tenu au courant des critiques passionnées dont nous sommes l'objet à la Commission de la traite

1. À l'époque, en faveur de l'abolition des maisons de tolérance.

des femmes, parce que nous maintenons chez nous le « système de la réglementation ». Il est à prévoir que les milieux abolitionnistes vont mettre à profit la circonstance pour renouveler leurs attaques en y cherchant une preuve que ce système facilite la prostitution et la traite. Aussi vous serais-je obligé de bien vouloir me communiquer toute information que vous pourriez recueillir sur l'exactitude des faits signalés.

Vous trouverez ci-joint l'analyse d'un article du *Daily Herald* publié en 1ère page le 5 février, avec manchette en caractères gras : « Filles de joie importées de Paris ».

Section d'étude de la presse étrangère, 32/112. *Morning Post, Daily Herald,* 10 février 1932. Jeunes femmes expulsées de Genève.

Le *Morning Post* (10.2) publie une information de l'agence Reuter (9.2) envoyée de Genève, d'après laquelle la police a fait une descente dans une « pension de famille » (cf. note 32/104) qui n'était en réalité qu'une entreprise immorale et a procédé à l'arrestation de la directrice et de « quatre jeunes filles de belle apparence », qui ont été reconduites à la frontière.

« L'établissement avait été luxueusement meublé, les diverses pièces ayant été décorées de tentures roses, blanches, vertes et rouges. Les scellés y ont été apposés par les autorités. Ainsi finit une habile tentative de tourner la loi suisse en la matière ».

Le *Daily Herald* (10.2), sous la plume de son correspondant spécial W.N. Ewer, se réjouit des mesures de police prises, à son instigation, dit-il, contre l'établissement qu'il avait dénoncé. Il précise que parmi les quatre jeunes filles expulsées, deux étaient de nationalité polonaise. Un groupement féminin de Genève avait organisé une surveillance spéciale autour de la « pension de famille » et avait déposé une plainte entre les mains du délégué de la Suisse à la Société des Nations.

Idem, 13 février 1932.

Comme suite à ma lettre n° 65 du 8 février au sujet de l'ouverture à Genève de la « Pension Massot », qui serait un établissement de la rue Lavoisier (à Paris) transféré en Suisse, j'ai l'honneur de vous adresser ci-joint un article paru dans le *Journal de Genève* à la date du 11 février.

D'après ces informations, la « pension » aurait été fermée et les arrêtés d'expulsion auraient été pris contre les occupants dont deux seraient de nationalité française et deux de nationalité polonaise.

27 février 1932

Le ministre de l'Intérieur à Monsieur le Président du Conseil, ministre des Affaires étrangères, Service français de la Société des Nations.

Par dépêche 65 du 8 février courant, vous avez bien voulu appeler mon attention sur des articles de presse parus dans les journaux anglais et concernant l'ouverture à Genève d'une maison de rendez-vous dite « pension Massot », transférée dans cette ville pour la durée de la conférence du Désarmement.

J'ai l'honneur de vous faire connaître que la « pension Massot », située à Genève, 5, rue Massot, ouverte le 10 janvier 1932, a été fermée par ordre des autorités genevoises le 9 février courant : la tenancière Charles Désirée, Clémence, sa sœur, femme Darlix, tenancière d'une maison de rendez-vous à Paris, et qui se trouvait alors à Genève où elle était venue, disait-elle, pour aider sa sœur à s'installer et non pour surveiller la gérance de la maison, et les quatre pensionnaires de l'établissement ont été expulsées le jour même.

La décision des autorités suisses a été prise à la suite de renseignements fournis par la préfecture de police, d'après lesquels les pensionnaires de la maison Massot étaient des habituées des maisons de rendez-vous de Paris et s'étaient rendues à Genève dans l'intention de s'y livrer à la prostitution.

Société des Nations, 1763.

1933 : La Société des Nations face à la question juive

1933. Le 30 janvier, Hindenburg appelle à la chancellerie allemande Adolf Hitler. Avec 230 députés, le parti national-socialiste était devenu le premier parti du Reichstag après les élections du 31 juillet 1932. Six mois de tergiversations et Hitler est au pouvoir. Le 23 mars, les pleins pouvoirs lui sont donnés. Et c'est, aussitôt, l'épuration de l'université, de la justice, des grands corps de fonctionnaires. C'est l'autodafé des ouvrages dont les auteurs sont marxistes ou pacifistes, mais surtout juifs. Ce sera la première vague d'émigration d'intellectuels.

Ce sera la suppression des syndicats. Ce sera le boycottage des commerces juifs, les premières lois sur la sélection raciale et, en mars 1933, l'ouverture du camp de Dachau, tout près de Munich.

La France a peut-être mis plus longtemps que d'autres pays à se rendre compte du danger qui était subitement aux portes de l'Europe. C'est pourtant au ministre français des Affaires étrangères Paul-Boncour que, dès le mois de septembre 1933 – en même temps qu'à d'autres ministres occidentaux dont on espère qu'ils sauront choisir d'organiser une première résistance aux mesures antijuives nazies –, un certain nombre d'organisations juives occidentales adressent cette lettre très importante. Il s'agit d'une véritable mise en garde du monde libre à l'endroit d'Hitler et du nazisme. Parfaitement circonstanciée, cette lettre explique comment « six cent mille êtres humains, dont beaucoup portent des noms illustres… sont plongés dans l'humiliation et dans le désespoir, pire que ceux dont ils ont souffert au Moyen Âge dans des ghettos ou dans les pays où ils ont été persécutés au XIXe siècle… ». Pour les signataires de la lettre, qui ne concerne encore que les juifs allemands, le problème est entre les mains de la Société des Nations. On sait que, face à l'Allemagne hitlérienne, la SDN ne pourra rien. On rappellera seulement que Joseph Paul-Boncour, né en 1873 et mort presque centenaire à Paris en 1972, fut l'un des quatre-vingts parlementaires qui, en juillet 1940, refusèrent les pleins pouvoirs au maréchal Pétain. C'est lui qui, délégué de la France à la conférence de San-Francisco, signa pour elle la Charte des Nations-Unies.

Il était essentiel, parmi les premiers documents qui concerneront la montée des périls en Europe et la Seconde Guerre mondiale, de commencer par la lecture de cette lettre.

La situation des Juifs en Allemagne

Genève, le 29 septembre 1933

Son Excellence Monsieur Paul-Boncour, Genève.

Monsieur,

Au nom des organisations juives représentées à Genève à l'occasion de la Quatorzième Assemblée de la Société des Nations, nous avons l'honneur de vous adresser un bref exposé de la situation des Juifs en Allemagne.

Les 600 000 Juifs résidant en Allemagne ont fait l'objet, au cours des derniers six mois, de mesures législatives et administratives spéciales, destinées à les dépouiller des droits civils élémentaires, des moyens de gagner leur vie et de leur dignité humaine. Après le boycottage de démonstration du 1er avril, les gouvernements et les autorités locales de tous les pays du Reich ont permis et même encouragé systématiquement un boycottage économique qui est en train d'acculer rapidement des milliers de Juifs allemands à la ruine et au désespoir.

Une série de lois ont été édictées dans le but d'éliminer les personnes de race juive de l'exercice d'un grand nombre de professions. Les Juifs ont été presque complètement exclus des rangs des juges, des maîtres d'écoles – aussi bien dans l'enseignement primaire que secondaire – et des professeurs d'université. La plupart des avocats juifs ont été privés du droit de pratiquer, alors que ceux qui ont nominalement conservé ce droit sont en fait empêchés de l'exercer par une pression systématique. La plupart des médecins, dentistes, etc., de race juive ont été privés du droit de gagner leur vie dans les services médicaux de l'État. Des restrictions rigoureuses ont été introduites en ce qui concerne l'admission des enfants juifs dans les écoles secondaires et des étudiants juifs dans les universités et autres établissements d'enseignement supérieur, dont beaucoup n'admettent pas du tout les étudiants juifs.

Les Juifs ont été mis en marge de la vie industrielle et commerciale en Allemagne. Des quantités de maisons ont été invitées à congédier leurs employés juifs. Des maisons juives ont été pratiquement confisquées et leurs propriétaires et directeurs juifs expulsés. Il ne reste guère de métiers que les Juifs puissent exercer en paix et en sécurité.

Le sort des centaines d'hommes et de femmes de race juive, qui ont par le passé contribué à la vie scientifique, littéraire, artistique et technique de l'Allemagne, est particulièrement tragique. En dehors de plusieurs centaines de savants juifs appartenant à toutes les branches de la science, qui ont été expulsés des universités et des autres institutions, un grand nombre d'artistes, d'acteurs et de musiciens se sont vus privés de leur gagne-pain.

Toute lacune laissée dans le réseau des mesures officielles interdisant aux Juifs l'exercice de leurs professions est aussitôt comblée par des ordonnances et règlements locaux. Les non-Juifs n'osent plus acheter dans les magasins juifs, ou avoir recours aux services des artisans juifs. L'Union des syndicats allemands a récemment décidé que les Juifs ne pourront désormais être admis comme membres des syndicats, d'où il résulte qu'aucun travail ne sera dorénavant confié aux Juifs.

De plus, et dans une large mesure, par suite de ces mesures, les Juifs d'Allemagne sont contraints de vivre dans une atmosphère de haine et de mépris, qui les dépouille de toute dignité humaine. C'est ainsi que les Juifs ont été mis en marge de la vie sportive du pays. Dans certaines villes, les Juifs ne sont pas admis aux bains publics aux mêmes heures que les non-Juifs.

La sécurité personnelle n'est plus garantie aux Juifs qui n'osent pas se plaindre, car leurs plaintes sont punies d'emprisonnement ou d'internement dans les camps de concentration.

Six cent mille êtres humains, dont beaucoup portent des noms illustres dans le monde des sciences, des arts, de l'industrie et du commerce, sont plongés dans l'humiliation et dans le désespoir, pires que ceux dont ils ont souffert au Moyen Âge dans les ghettos ou dans les pays où ils ont été persécutés au dix-neuvième siècle. Et lorsque les Juifs des autres pays protestent, ils sont accusés de se livrer à la propagande des atrocités, et l'on prêche la vengeance contre les Juifs allemands réduits à l'impuissance.

Jusqu'ici, environ la moitié des 600 000 Juifs allemands ont été ruinés, et un grand nombre d'entre eux acculés à la misère. Au cours des derniers six mois, environ 60 000 Juifs se sont enfuis dans les pays voisins, où la tragédie des réfugiés juifs d'Allemagne s'est heurtée aux difficultés économiques qui rendent impossible l'absorption de ces réfugiés. De ce fait, le problème des Juifs allemands a cessé d'être un problème intérieur allemand, ou un problème purement juif. Il est devenu un problème mondial. C'est pourquoi nous nous permettons d'affirmer que la Quatorzième Assemblée de la Société des Nations devrait s'occuper de ce problème et prendre des mesures en vue d'une action décisive.

Nous croyons que, non seulement du point de vue juif, mais aussi au nom de l'humanité, les principes de l'égalité civique – principes qui sont à la base de la civilisation moderne – ainsi que la garantie de la liberté et du droit à la vie de toutes les personnes et à toutes les communautés ne sauraient être systématiquement reniés dans un grand pays comme l'Allemagne.

Le problème des Juifs allemands, dans la mesure où il relève de la Société des Nations, peut se résumer en trois points :

(a) la restitution et la garantie des droits civils aux Juifs en Allemagne ;

(b) une action internationale concertée en faveur des Juifs réfugiés d'Allemagne ;

(c) des mesures destinées à faciliter l'émigration des Juifs d'Allemagne en Palestine.

Il est universellement admis que la Palestine est aujourd'hui le principal pays de colonisation juive. Cet aspect du problème est traité par l'Agence juive pour la Palestine en collaboration avec la puissance mandataire, conformément aux stipulations du mandat palestinien.

En ce qui concerne le point (a), nous tenons à attirer l'attention sur la déclaration du gouvernement allemand à la conférence de la Paix à Versailles, aux termes de laquelle l'Allemagne s'engage à garantir à ses minorités les droits qui font l'objet des traités des minorités contractés par d'autres pays.

Nous nous permettons également de signaler la résolution de la Troisième Assemblée de la Société des Nations, adoptée en 1922, exprimant l'espoir que tous les États membres de la Société des Nations assureront à leurs minorités de race, de religion ou de langue, des droits tout au moins égaux à ceux qui sont garantis par les traités des minorités.

Indépendamment de cette déclaration, chaque membre de la Société des Nations est lié par l'obligation morale d'accorder à tous les citoyens de son pays les Droits élémentaires de l'Homme, qui sont la base même de tout État moderne. Sans tenter de proposer un texte, nous croyons que la garantie de ces droits et de l'égalité de tous les citoyens devant la loi pourrait être assurée au moyen d'une convention conclue sous les auspices de la Société des Nations. Il semble qu'au cours de la première assemblée qu'elle tient depuis les événements d'Allemagne, la Société des Nations a le devoir de tenir compte de la situation créée dans ce pays par la suppression des droits des citoyens juifs et d'adopter une résolution affirmant la nécessité d'une convention garantissant les Droits de l'Homme, afin de s'assurer que tous les États et tous les peuples reconnaissent ces principes fondamentaux.

En ce qui concerne le point (b), nous estimons qu'il est du devoir de la Société des Nations, conformément aux précédents qui existent, de s'occuper du problème des réfugiés d'Allemagne, qui ont dû quitter le pays pour des raisons de distinction de race. Une résolution dans ce sens a été adoptée par la conférence annuelle de l'Organisation internationale du Travail et elle a été communiquée à la Société des Nations.

Le nombre croissant des réfugiés a donné à cette question les proportions d'un problème international d'une angoissante gravité. Les pays voisins de l'Allemagne, où la majorité des réfugiés a cherché asile, sont particulièrement préoccupés. Seule, une autorité chargée par la Société des Nations sera en mesure de s'occuper utilement de ce problème, qui ne peut être résolu que par la voie de coopération internationale.

Nous nous permettons donc de suggérer que la Quatorzième Assemblée de la Société des Nations crée un haut-commissariat pour les réfugiés d'Allemagne et invite le Conseil de la Société des Nations à procéder immédiatement à la nomination d'un haut-commissaire.

Au nom des organisations suivantes :
American jewish congress
Comité des délégations juives
Joint foreign committee of the board of
deputies of the british jews and the
Anglo-jewish association
Organisation sioniste

Norman Bentwich
Selig Brodetsky
Leo Motzkin
Société des Nations, 446.

1938 : La vie diplomatique et les accords de Munich

1938. On n'a guère écouté, à la SDN ni même en Europe, l'appel des signataires de la lettre à Paul-Boncour de 1933. Un mois plus tard, après l'échec de la conférence du Désarmement, l'Allemagne s'est retirée de la SDN. En 1935, un plébiscite lui assure le retour de la Sarre puis, en dépit du traité de Versailles, le service militaire obligatoire est rétabli. Le 7 mars 1936, c'est l'occupation et la remilitarisation de la Rhénanie. En octobre 1936, l'axe Berlin-Rome est signé, pour être élargi en novembre au Japon. Mars 1938, c'est l'Anschluss, l'annexion de l'Autriche. Et puis, ce sera la question des Sudètes et le démembrement de la Tchécoslovaquie. Tout l'été 1938, les pays occidentaux tergiversent. Les 29 et 30 septembre 1938, ils capitulent. Les accords de Munich constituent peut-être la plus grande défaite de l'Europe face à Hitler. Mais c'est une défaite qu'on oserait dire assumée, fut-elle dans le désespoir. On sait le mot fameux de Daladier qui, rentrant d'Allemagne en avion, fut accueilli au Bourget par une foule enthousiaste sous prétexte qu'il avait « sauvé la paix » : « Les c... ! ». Tout était dit. Les signataires de Munich savaient ce qu'ils faisaient, ils ont accepté de le faire.

Et pourtant, la diplomatie va son train. Sans illusion, on échange instructions, informations… C'est du beau fonctionnement de cette belle machine huilée que témoignent les trois correspondances qui suivent. L'une d'entre elles constitue en somme les condoléances de la France à la Tchécoslovaquie poignardée. La suivante, c'est la présentation officielle des résultats de Munich à l'ensemble de la diplomatie française. La dernière pourrait être un chef-d'œuvre de correspondance diplomatique. André François-Poncet, grand ambassadeur, fait une peinture de l'accueil par Berlin des résultats de la conférence de Munich. *In fine*, il lance un appel à la France, mais aussi à l'Europe. Qu'elles offrent à l'étranger « le spectacle du travail, de la cohésion et de la force », mais aussi, et d'abord, « qu'elles comblent au plus vite les lacunes de leurs armements… ». Quelques mois auparavant, après *Vers l'Armée de métier*, en 1934, un certain Charles de Gaulle avait publié *La France et son Armée*. Le maréchal Pétain, qui devait participer à l'ouvrage, s'était déjà brouillé avec celui qui en fut le seul signataire.

À propos des accords de Munich

Georges Bonnet, ministre des Affaires étrangères, à V. de Lacroix, ministre de France à Prague.

Paris, le 2 octobre 1938

Veuillez effectuer auprès de M. Krofta une démarche spéciale pour lui exprimer les sentiments de profonde sympathie avec laquelle, d'heure en heure, j'ai suivi sa noble et courageuse action personnelle au cours d'une épreuve nationale aussi douloureuse.

Vous lui marquerez comment, avec tous mes compatriotes, j'ai admiré la haute tenue morale et la maîtrise incomparable de tous les dirigeants tchécoslovaques, dont la clairvoyance a si grandement contribué à protéger leur pays des horreurs de la guerre.

Vous l'assurerez de mon amitié personnelle la plus fidèle et de ma volonté de l'aider de mon mieux dans la tâche constructive qui va désormais s'imposer à lui. La dignité, l'abnégation dont la nation tchécoslovaque tout entière a donné l'exemple sont la garantie la meilleure des forces vivantes qu'elle tient en réserve pour la sauvegarde de son patrimoine historique et la poursuite d'un fier et libre destin.

Georges Bonnet, ministre des Affaires étrangères, à tous les postes diplomatiques.

Paris, le 3 octobre 1938

La réponse donnée le 27 septembre par M. Hitler au message personnel remis à Berlin, la veille, par Sir Horace Wilson de la part de M. Neville Chamberlain n'était pas de nature à amener une détente dans la situation générale. M. Hitler se refusait à toute concession et maintenait sa décision de faire entrer ses troupes le 1er octobre, dans la région habitée par les Allemands des Sudètes. Le maréchal Goering accentuait encore cette attitude en déclarant le 27 septembre à Sir Nevile

Henderson que, si le lendemain 28 à 14 heures, le gouvernement tchécoslovaque n'avait pas accepté le memorandum allemand de Godesberg, des mesures de mobilisation seraient prises aussitôt et suivies d'action.

Malgré cette intransigeance allemande, les gouvernements français et anglais ont poursuivi sans relâche leurs efforts pour trouver les bases d'un règlement pacifique de la question tchécoslovaque.

Dans la soirée du 27 septembre, Sir Nevile Henderson présentait au gouvernement allemand un nouveau projet comportant essentiellement l'occupation, le 1er octobre, des territoires de Egger et de Asch.

Ce projet n'ayant pas été retenu, l'ambassadeur de France soumettait aussitôt, dans la matinée du 28 septembre, à M. Hitler lui-même, une autre proposition qui, tout en reprenant les modalités d'application du plan britannique, élargissait sensiblement la zone de territoire pouvant être occupée par les Allemands dès le 1er octobre.

De l'entretien qui avait duré une heure entière et au cours duquel le chancelier s'était montré calme, et presque amical, notre ambassadeur retira l'impression qu'il n'était peut-être pas impossible d'arriver à un accord. Sans rejeter la proposition française, M. Hitler se réserva d'y répondre par écrit.

C'est dans ces conditions que, répondant à une suggestion de M. Neville Chamberlain présentée d'accord avec le gouvernement français après l'appel du président Roosevelt et appuyée à Berlin par M. Mussolini, M. Hitler convia, dans l'après-midi du 28 septembre, les chefs de gouvernement français, anglais et italien à se réunir, dès le 29 septembre, à Munich.

Après de laborieuses négociations, qui commencèrent le 29 septembre à midi, un accord fut signé dans la nuit du 29 au 30 septembre.

Il n'est pas besoin de résumer ici le texte de cet accord qui a été publié le 30 septembre : il me paraît toutefois utile de comparer les principaux éléments de cet accord avec les exigences formulées par M. Hitler à Godesberg le 23 septembre.

1°. À Godesberg, toute la zone habitée par les Allemands des Sudètes devait être remise à l'Allemagne dès le 1er octobre. À Munich, cette occupation se fait progressivement dans un délai de dix jours.

2°. À Godesberg, la nouvelle frontière résultait d'une décision unilatérale de l'Allemagne. À Munich, c'est une commission internationale qui la détermine finalement.

3°. À Munich, l'Allemagne renonce au plébiscite qu'à Godesberg elle voulait instituer dans la zone à forte majorité sudète, sans doute avec l'arrière-pensée de créer un précédent qu'elle pourrait invoquer dans d'autres cas.

4°. À Godesberg, M. Hitler avait exigé l'organisation de plébiscites dans certaines régions de population en majorité tchèque, mais comportant des minorités allemandes. À Munich, il renonce à cette prétention, laissant à la commission internationale le soin d'apprécier l'opportunité et de déterminer les limites territoriales de ces plébiscites.

5°. À Munich, l'Allemagne reconnaît aux populations le droit d'option « permettant d'être inclus dans les territoires transférés ou d'en être exclus ».

6°. Alors que, dans le projet de Godesberg, le gouvernement allemand n'acceptait qu'un représentant plénipotentiaire du gouvernement et de l'armée tchécoslovaques comme agent de liaison avec l'état-major allemand, il admet, dans la commission internationale, un représentant tchécoslovaque sur un pied d'égalité avec le représentant allemand.

7°. Le projet allemand de Godesberg ne mentionnait aucun projet de garantie internationale. À Munich, l'Angleterre et la France s'engagent sans réserve ni délai à participer à une garantie internationale des nouvelles frontières de l'État tchécoslovaque contre toute agression non provoquée ; l'Allemagne et l'Italie s'engagent à donner leur garantie, après règlement de la question des minorités polonaise et hongroise.

8°. Dans son ensemble, le projet de Godesberg ressemblait à maints égards à une véritable convention d'armistice conclue à l'issue d'opérations militaires allemandes victorieuses ; l'accord de Munich a le caractère d'un arrangement, conclu sous la garantie des quatre puissances, dont l'exécution est soumise essentiellement au contrôle et même, dans de nombreux cas, à la décision d'une commission internationale.

Le gouvernement tchécoslovaque, dans un esprit de très haute abnégation auquel il convient de rendre hommage, a accepté l'accord du 29 septembre. Toutes les opérations prévues dans cet accord sont aujourd'hui en cours d'exécution.

André François-Poncet, à Georges Bonnet.

Berlin, le 4 octobre 1938

L'accord conclu le 29 septembre à Munich n'a pas été accueilli en Allemagne avec moins de soulagement qu'en France et en Angleterre.

Le discours prononcé, le 26 septembre, par le chancelier et les nouvelles concernant les mesures militaires prises par la France et par l'Angleterre avaient mis le comble à l'anxiété. Le chancelier avait coupé les ponts. On n'imaginait pas qu'il pût reculer. On était obligé de constater que, contrairement à l'attente générale, les puissances occidentales paraissaient résolues à affronter la guerre. Durant les journées des 27 et 28 septembre, on sentait d'heure en heure approcher le cataclysme. Cet état d'esprit se lisait sur le visage des Berlinois conviés, dans la soirée du 28 septembre, à entendre un discours du Dr Goebbels qui, suivant l'opinion généralement répandue, devait apporter la nouvelle de la mobilisation générale.

C'est dans cette atmosphère qu'a commencé à se répandre, le mercredi, vers dix heures du soir, la nouvelle de la conférence à Quatre, qui devait s'ouvrir le lendemain à Munich. Elle a immédiatement provoqué une immense satisfaction. Pas un seul instant, on n'a douté qu'elle ne conjurât la guerre imminente. Le miracle que l'on avait cessé d'espérer se produisait.

Si l'on excepte quelques fanatiques, bien peu d'Allemands estimaient que les Sudètes valussent les risques d'une guerre européenne. La masse du peuple ignorait tout des Sudètes ;

elle n'avait nullement conscience qu'ils aient jamais appartenu au Reich ; elle ne s'intéressait guère plus à leur sort qu'à celui des Allemands de Roumanie. Elle se serait fort bien accommodée d'une expédition punitive contre la Tchécoslovaquie, mais elle eût certainement préféré abandonner les Sudètes que de voir le monde entier se dresser contre l'Allemagne.

Il s'en faut donc de beaucoup qu'au moment où le conflit germano-tchèque menaçait de tourner au drame européen, on ait constaté en Allemagne l'atmosphère fiévreuse et agressive d'août 1914. C'est certainement sans enthousiasme que le peuple allemand aurait suivi son Führer dans une guerre générale.

Si tel est le sentiment général qu'ont suscité dans le pays les événements de ces derniers jours, il ne semble pas que, dans les cercles dirigeants du Reich, on soit d'accord sur la leçon à en tirer. À cet égard, on discerne, semble-t-il, deux courants différents.

Les milieux les plus raisonnables ont été très frappés des résistances auxquelles, pour la première fois, la volonté du Führer s'est heurtée. Devant l'attitude adoptée par l'Angleterre et la France et, au dernier moment, par l'Italie elle-même, Adolf Hitler n'a pu maintenir intégralement la position qu'il avait prise à Godesberg et qui se trouvait formulée dans son mémorandum du 23 septembre. Il s'apprêtait à dicter des conditions à la Tchécoslovaquie comme à un pays vaincu. Il avait, d'un geste unilatéral, fixé sur une carte la zone que devaient, dès le 1er octobre, occuper les troupes allemandes. Le délai d'évacuation imparti était si court que les Tchèques ne pouvaient se replier en bon ordre. Sur tous ces points, le Führer a dû composer. S'il obtient satisfaction quant au fond, il a été obligé d'accepter, en ce qui concerne les modalités d'exécution, une procédure internationale, malgré l'antipathie qu'il a toujours professée contre de telles méthodes. Il n'a donc pu aller aussi loin qu'il le voulait. Il s'est rendu compte qu'il avait atteint la limite au-delà de laquelle l'opposition de l'étranger risquait de se transformer en une intervention armée.

Dans les hautes sphères politiques allemandes, et même parmi les nazis les plus convaincus et les plus influents, il ne manque pas de voix qui conseillent de se contenter, provisoirement du moins, des résultats obtenus, de s'accorder quelque répit, de détendre les ressorts économiques et financiers, de rechercher un arrangement avec les puissances occidentales. Ce sont ces éléments qui, lors de la crise du 28 septembre, ont pesé sur M. Goering et l'ont emporté sur M. de Ribbentrop.

Mais nombreux sont également ceux qui proclament qu'il faut continuer à aller de l'avant et à monnayer dans toute la mesure du possible la supériorité militaire dont le Reich croit disposer actuellement. Leur influence se fait sentir au sein même de la commission internationale, où ils affectent de se comporter en vainqueurs ayant le droit de formuler des exigences impératives. Il a fallu leur rappeler à plusieurs reprises que l'accord du 29 septembre n'était pas un *diktat* allemand, mais un arrangement international. L'annexion des Sudètes succédant à sept mois d'intervalle au rattachement de l'Autriche n'a pas calmé leurs appétits. Au moment où l'armée allemande occupe les montagnes qui formaient jusqu'ici les frontières historiques de la Bohême, ils interrogent l'horizon en quête de nouvelles prétentions à formuler, de nouvelles batailles à livrer, de nouveaux objectifs à emporter.

Manifestement soucieuse de ménager l'amour-propre de la France et de l'Angleterre, de dissiper les méfiances, d'éveiller les espoirs, la presse allemande n'a cessé d'affirmer ces jours-ci que l'accord de Munich pouvait être le point de départ de l'édification d'une Europe nouvelle, affranchie de préjugés et de haines mutuels, dominée par le respect des droits vitaux de chaque peuple et orientée vers une collaboration harmonieuse entre les nations. Les journaux du Reich ont multiplié les paroles aimables à l'adresse de la France. Ils ont tenu à répéter qu'il n'existait entre la France et l'Allemagne aucun sujet de contestation. Ils se sont plu à rendre hommage au rôle qu'avait joué M. Daladier durant la conférence de Munich ; ils ont célébré en lui l'ancien combattant avant tout soucieux d'éviter à son pays et à l'Europe les horreurs d'une nouvelle guerre. Reprenant une expression de M. Goering, ils ont écrit « qu'avec un homme comme M. Daladier, il y avait moyen de faire de la politique ».

Relatant la déclaration échangée entre le Führer et le Premier britannique après la conférence de Munich – déclaration qui a été présentée ici comme un pacte de non-agression – ils ont laissé entendre qu'à leur avis rien ne s'opposait à ce qu'un arrangement semblable intervînt entre la France et l'Allemagne. La condition primordiale était évidemment que la France, adoptant une politique réaliste, tirât la conclusion des événements qui venaient de bouleverser l'Europe.

À cet égard, la conférence de Munich doit être pour nous un avertissement. Pour que l'accord qui assigne à la Tchécoslovaquie de nouvelles frontières et une nouvelle place en Europe puisse devenir le point de départ d'une réorganisation du continent sur des bases équitables, il est indispensable que les démocraties occidentales tirent des événements dramatiques de la semaine dernière la leçon qu'ils comportent. Il est nécessaire que, tout en continuant à affirmer leur volonté de paix et en ne négligeant aucun moyen d'entente avec les États autoritaires, elles éliminent les causes de faiblesse intérieure, qu'elles comblent au plus vite les lacunes de leurs armements et qu'elles offrent à l'étranger le spectacle du travail, de la cohésion et de la force. C'est seulement à ce prix que l'Europe évitera de revivre, après un répit plus ou moins long, des crises comme celle que vient de résoudre la conférence de Munich et qui, pendant plusieurs jours, a menacé de dégénérer en une effroyable mêlée.

Documents diplomatiques, 1938-1939.

Novembre 1938 : La Nuit de Cristal

1938, toujours. Nous sommes maintenant en novembre. L'horreur règne déjà sur l'Allemagne. Profitant de l'assassinat à Paris d'un conseiller de l'ambassade d'Allemagne, von Rath, par un Juif polonais, les autorités allemandes vont pouvoir donner libre cours aux plus violentes manifestations antisémites du régime depuis 1933. Ce sera la « Nuit de Cristal », au cours de laquelle des milliers de Juifs, leurs personnes, leurs propriétés, leurs commerces seront pris à parti par des manifestants nazis, entraînant avec eux de larges fractions de la population allemande, sous l'œil d'abord indifférent, voire parfaitement sympathique des autorités. On roue de coups, on pille, on brûle, on brise. Les synagogues sont incendiées, les magasins éventrés.

Cette fois, les chancelleries sont émues. Il nous a paru intéressant de publier trois formes de ces réactions. D'abord, une série de courts télégrammes, de Berlin, Düsseldorf, Koenigsberg, Leipzig, Munich, émanant de l'ambassade ou des consulats, pour décrire la situation au matin du 10 novembre 1938. Puis deux longues dépêches signées du chargé d'affaires d'alors à l'ambassade de France à Berlin. La première est un bilan fait, avec quinze jours de recul, du « pogrom hitlérien de novembre 1938 ». Le texte est terrifiant. Le second est une analyse plus politique des raisons de ce qui s'est passé les 10 et 11 novembre 1938. L'ensemble de ces documents se passe de tout autre commentaire.

Réactions à la Nuit de Cristal

Les manifestations anti-juives se poursuivent dans Berlin comme en province où nos consuls me signalent de tous côtés les mêmes excès. Commencées dans l'après-midi d'hier, dès que fut connue la mort de M. von Rath, elles continuent ce soir dans toute la ville. Les synagogues de la capitale brûlent. Des bandes, vraisemblablement composées de S.S. en civil, brisent les devantures des magasins juifs ; les pillages sont aussi méthodiquement organisés dans les quartiers luxueux de la capitale que dans les faubourgs ouvriers. Nulle part, la police n'intervient. Elle a manifestement été prévenue et elle a reçu l'ordre de ne pas s'opposer à la « fureur populaire ».

La foule a la même attitude que dans la soirée du 27 septembre dernier. On avait alors fait défiler à travers le centre de la ville une division blindée et les Berlinois l'avaient regardée passer en silence. Aujourd'hui encore, ils restent silencieux. Les passants s'attroupent, regardent le spectacle et, sans protestation ni cris d'enthousiasme, reprennent leur chemin, apparemment indifférents.

Télégramme de Berlin, 10 novembre 1938.

Les excès antisémites ont continué toute la journée. Les scènes de pillage et de violence prennent un aspect si répugnant qu'elles soulèvent la réprobation de nombreux Allemands aryens. La police est présente, mais n'intervient pas. Grandes manifestations devant le bâtiment de la préfecture, le préfet, M. Schmidt, ayant une femme d'ascendance (mot passé). Le bruit court que ce haut fonctionnaire aurait démissionné.

Télégramme de Düsseldorf, 10 novembre 1938, 20 h 36.

La nuit dernière des manifestants ont incendié la grande synagogue qui a subi de très graves dommages, détruit le mobilier des deux autres synagogues et démoli les vitrines des rares magasins juifs encore existants. À aucun moment la police n'est intervenue.

Ce matin dès 5 heures les S.S. et la Gestapo ont procédé à l'arrestation de tous les hommes adultes juifs et perquisitionné dans leurs bureaux et appartements. Au cours de ces opérations ils se comportèrent avec leur brutalité coutumière et proférèrent au sujet du sort réservé aux personnes arrêtées des menaces de nature à semer la panique parmi l'élément israélite.

Les journaux de cet après-midi publient avec une satisfaction cynique le récit des excès de cette nuit qu'ils qualifient de « manifestation spontanée de l'indignation populaire », mais gardent le silence sur les arrestations massives.

Le gros de la population est calme et semble réprouver les persécutions infligées aux Juifs.

Télégramme de Koenigsberg, 10 novembre 1938.

À la nouvelle du décès de M. von Rath, la plupart des magasins israélites de Leipzig ont été détruits par la population cette nuit. Un grand magasin et les synagogues sont en flammes.

Télégramme de Leipzig, 10 novembre 1938, 10 h 35.

Cette nuit vers 4 heures du matin un pogrom a eu lieu à Munich. Les journaux n'ayant pas encore relaté l'événement, j'ai été me rendre compte sur place : une soixantaine (c'est-à-dire la plupart) des magasins juifs situés dans les quartiers commerçants du centre de la ville ont été détruits ou fortement endommagés. Les glaces des devantures sont toutes pulvérisées, elles ont été brisées à coups de pierres, des grenades à main auraient aussi été employées ; certains étalages sont en partie détruits ; d'autres paraissent avoir moins souffert.

Je n'ai constaté qu'exceptionnellement des traces de pillage dans quelques rares magasins vidés de leur contenu ; les manifestants ont détruit systématiquement, mais n'ont rien volé. Une foule serrée circule aujourd'hui dans les quartiers sinistrés ; passive et muette, elle ne se livre à aucun commentaire ; interrogés séparément, les Munichois réprouvent généralement ces actes de violence, ce qu'ils n'oseraient faire en public.

D'après des informations que j'ai pu recueillir, ce seraient des bandes de S.A. venues de la région des Sudètes pour assister aux cérémonies du 9 novembre qui auraient agi. Les destructions sont méthodiques, ayant eu lieu dans différents endroits. Il ne semble pas qu'elles aient été concertées longtemps à l'avance ni par conséquent que la police en ait eu vent.

Celle-ci a dû seulement laisser faire, car il paraît par ailleurs peu admissible qu'elle n'ait pas été alertée et n'ait pas eu le temps d'intervenir. Ce saccage serait la manifestation d'une réaction national-socialiste antijuive, réaction résultant de l'attentat perpétré contre le conseiller d'ambassade von Rath.

La synagogue « Ohel Jacob » de la rue Herzog Rudolph Charles a été incendiée et a brûlé entièrement ; celle de la Reichenbachstrasse a été fortement endommagée ; c'étaient les deux seuls temples israélites subsistant à Munich depuis la destruction de la grande synagogue.

Dès ce matin tous les Juifs mâles de nationalité allemande ont été appréhendés et incarcérés ; leurs familles ont été laissées en liberté, mais nombre d'entre elles ont reçu l'ordre d'évacuer leurs appartements ou maisons dans les 48 heures ; jusqu'à présent, les Juifs ressortissants étrangers n'ont pas été inquiétés, mais sont dans les transes, s'attendant au pire.

L'aspect général de la ville est calme, à l'exception des quartiers sinistrés envahis par la multitude ; Munich conserve sa physionomie habituelle.

Télégramme de Munich, 10 novembre 1938, 20 h 10.

L'annonce de la mort de M. von Rath a provoqué dès cette nuit des incidents qui se sont amplifiés ce matin.

De nombreux magasins juifs ont été saccagés dans divers quartiers et les synagogues ont été attaquées. J'ai vu cet après-midi deux synagogues en flammes. Le sanctuaire principal au centre de la ville est occupé par les S.S. et les abords en sont interdits. Il est question d'arrestations nombreuses.

Télégramme de Munich, 10 novembre 1938, 20 h 17.

Un de mes collaborateurs a rencontré ce matin dans le 4e arrondissement un groupe d'une cinquantaine de Juifs emmenés par la police.

La foule regarde les incendies avec curiosité sans plus. La police n'a aucune peine à la contenir. Les pompiers regardent le sinistre, prêts à intervenir si le feu attaquait les immeubles voisins.

Dans l'une au moins des synagogues le feu a été provoqué par le jet de bombes incendiaires.

Ce matin sur le Gurtel, des jeunes gens de 16 à 18 ans en culotte noire se promenaient la hache à la main.

Un touriste de passage me dit avoir assisté à Salzbourg au début de la matinée au sac de magasins juifs.

Télégramme de Munich, 10 novembre 1938, 20 h 15.

Les manifestations antisémites ont cessé à Berlin depuis hier matin. Il n'est pas exclu toutefois qu'elles reprennent à l'occasion des obsèques de M. von Rath. Les boutiques pillées ont été déblayées et closes par des planches, les rideaux de fer protégeant les vitrines ayant été la plupart du temps défoncés.

Un grand nombre de Juifs appartenant à toutes les classes sociales ont été arrêtés et transportés dans divers camps de concentration, notamment en Saxe. On cite des chiffres variant de 1 500 à 2 000.

À l'exception de l'agence berlinoise de l'« Orient-Lloyd » dirigée par un isréalite allemand, qui a eu sa vitrine défoncée et qui a fait l'objet d'une intervention immédiate de ma part en vue de la sauvegarde des documents qu'elle renferme (passeports, billets de passage, etc.) aucune maison française n'a été, à ma connaissance, l'objet d'attentats. D'autres missions diplomatiques et, notamment, la légation des Pays-Bas, ont eu au contraire à se plaindre des traitements infligés à leurs ressortissants, sous l'air indifférent, sinon bienveillant, d'une police qui s'avouait elle-même condamnée à l'impuissance.

Des centaines d'israélites assiègent depuis hier les différents consulats pour attendre des visas, n'osant ni rentrer dans leurs foyers saccagés ni circuler de peur d'être reconnus et arrêtés.

Télégramme de Berlin du 12 novembre 1938.

La police a relâché aujourd'hui une centaine de Juifs âgés de plus de 60 ans qui devront quitter la Prusse orientale avant jeudi prochain, sous peine d'internement dans un camp de concentration. Les personnes incarcérées ne semblent pas subir de sévices graves. Tous les avoirs en banque des Juifs sont bloqués ; l'argent trouvé au cours des perquisitions a été saisi ; les automobiles et la plupart des machines à écrire séquestrées.

Au cours des troubles de mercredi, on a incendié le temple du cimetière israélite ; mais contrairement aux bruits qui avaient couru, les tombes n'ont pas été profanées.

Dans toutes les classes de la population, l'énorme majorité des gens réprouvent sévèrement ces actes de vandalisme qu'ils considèrent comme une honte pour l'Allemagne.

Télégramme de Koenigsberg, 12 novembre 1938.

En même temps que la presse allemande d'hier publiait un appel du Dr Goebbels invitant la population à s'abstenir dorénavant de toute « démonstration et action » anti-juive, les mêmes organes faisaient paraître une proclamation que la direction du NSDAP de Munich adressait aux membres de ce parti pour les convier à venir assister en masse le soir même aux manifestations antisémites organisées dans vingt endroits différents de la ville.

À Munich aussi, le texte de la convocation mentionnait « La juiverie mondiale a reçu la réponse qu'elle méritait ! La synagogue est brûlée ; les magasins juifs sont fermés ; l'insolence juive est punie ».

Le Gauleiter Wagner, ministre de l'Intérieur bavarois, a pris la parole au cirque Kroner : « Les magasins juifs, a-t-il dit, ne sont pas fermés momentanément, ils resteront définitivement fermés ». Le discours du Gauleiter, retransmis par radio dans les 19 autres salles de réunion, clôtura la série de ceux qui furent prononcés au cours de ce meeting qui prit fin vers 23 heures.

Télégramme de Munich, 12 novembre 1938, 13 h 22.

Les manifestations antisémites de ces jours derniers ont été marquées par divers incidents mettant directement en cause les immunités accordées d'habitude aux membres des missions diplomatiques et consulaires.

C'est ainsi que le consul des Pays-Bas, qui contemplait une scène de pillage en compagnie d'un de ses compatriotes, a été grossièrement pris à partie par un manifestant et n'a pu qu'avec peine obtenir la protection de la police pour éviter une bagarre. La légation des Pays-Bas a protesté mais n'a obtenu jusqu'ici ni les excuses ni les assurances qu'elle réclamait.

Le consul général de Suède [mots passés] situé au-dessus de magasins juifs, s'est vu de son côté assiégé par la tourbe menaçante qui venait de saccager ceux-ci et n'a, lui aussi, obtenu qu'à grand-peine, et après de longs pourparlers, la protection de la police qui aurait tout d'abord refusé d'intervenir.

Mais l'incident le plus grave est celui dont a été victime le nouveau ministre de Colombie, qui, nouvellement arrivé ici, ignorait qu'il fût interdit de photographier ce genre de manifestation. Insulté, bousculé, le diplomate américain, malgré ses protestations et l'exhibition de son laissez-passer diplomatique officiel, fut cerné par la police, conduit au poste d'où il n'obtint qu'à grand-peine d'entrer en communication avec sa légation. On consentit enfin à le mener dans sa voiture mais sous bonne escorte à la Wilhelmstrasse où, loin de recevoir des excuses, il s'entendit admonester sévèrement pour son imprudence, imputer toute la responsabilité des suites de celle-ci et finalement réclamer son appareil et les clichés qu'il renfermait. Sur son refus énergique, on le laissa finalement repartir.

On assure ici que la victime de cet incident demandera un congé prolongé dès le lendemain de la remise de ses lettres de créance.

J'ajoute enfin qu'au cours du pillage d'un magasin et dans des circonstances encore mal éclaircies, un drapeau anglais aurait été lacéré, mon collègue britannique s'occupe de cette affaire qu'il juge assez grave.

Dans les milieux diplomatiques de Berlin, où tous ces incidents sont vivement commentés dans l'esprit que l'on devine, on se demande dans quelle mesure M. Hitler en a été informé et dans quelle mesure, par suite, les autorités du Reich peuvent en être tenues responsables.

Télégramme de Berlin, 13 novembre 1938, 14 h 25.

J'apprends de source sûre que des démonstrations antisémites ont eu lieu à Innsbruck dans la nuit du 9 au 10 novembre.

Des manifestants en civil ont pénétré dans les maisons occupées par les israélites, enfonçant et démolissant les mobiliers. Les victimes de ces agressions sont nombreuses, beaucoup ont dû être transportées à l'hôpital. On compte sept morts, deux personnes auraient été noyées dans le canal qui traverse la ville. La synagogue et les magasins juifs ont également été détruits.

Le 12 novembre au matin, des bandes se sont rendues devant le palais archiépiscopal, manifestant et cassant les carreaux à coups de pierres. Ils se sont rendus ensuite à l'église de la « Basilique » dont ils brisèrent les vitraux.

Il faut probablement voir une corrélation entre cette démonstration et les discours dans lesquels M. Wagner avait âprement pris à partie l'archevêque et l'Église catholique.

Télégramme de Munich, 14 novembre 1938, 13 h 25.
Société des Nations.

Le pogrome hitlérien du 10 novembre 1938 : le chargé d'affaires à Berlin au ministre des Affaires étrangères

Berlin, le 26 novembre 1938

On commence aujourd'hui à savoir, avec un peu plus de précision, ce qu'a été le pogrome hitlérien de jeudi dernier. Depuis quelques jours, les renseignements affluent. Télégrammes et lettres de nos consuls, reportages des journalistes français et étrangers, lettres anonymes, tout confirme ce que chaque passant a pu constater en circulant dans les rues de Berlin. Les manifestations anti-juives du 8 novembre se sont déroulées, à travers tout le territoire du Reich, sur le même rythme et d'après le même modèle et, partout, elles ont atteint un degré de brutalité qui, dans l'histoire, n'a été dépassé que par les massacres arméniens du début du XXe siècle.

Ces manifestations ont revêtu trois formes principales :
– incendies des synagogues ;
– pillage de boutiques ;
– arrestations et assassinats.

Presque toutes les synagogues que les Juifs possédaient encore en Allemagne, ont été, dans la journée de jeudi, sinon complètement détruites, du moins rendues pratiquement inutilisables. On signale en Bavière l'incendie des synagogues de

Bayreuth et de Bamberg. À Munich, il ne restait plus, depuis la disparition de la synagogue principale démolie il y a un mois, qu'une synagogue qui a été détruite à son tour le 10 novembre. À Sarrebruck, à Francfort-sur-le-Main, à Ludwigshafen, à Cologne, à Carlsruhe, les synagogues ont été incendiées. Il en a été de même à Dresde et à Leipzig. En Autriche, Innsbruck et Vienne ont été le théâtre de scènes analogues. Autour de Berlin, on a brûlé les synagogues de Cottbus et de Potsdam. À Berlin même, neuf des synagogues sur les douze que comptait la capitale ont été détruites. Cette énumération, évidemment incomplète, est déjà éloquente. Il convient de rappeler, en outre, que les incendies se sont partout déroulés de la même façon. Vers 4 ou 5 heures du matin, on a vu apparaître des équipes de jeunes gens qui ont arrosé d'essence bancs et boiseries et se sont retirés en y mettant le feu. Souvent, les objets du culte, les livres et les ornements sacrés ont été lacérés. Les pompiers ne sont jamais intervenus que pour protéger les maisons voisines que l'incendie menaçait de gagner. Des synagogues, il ne reste que des murs noircis.

Autant qu'aux synagogues, les exécuteurs du pogrome se sont acharnés sur les boutiques et les magasins juifs. Partout, à travers tout le Reich, se sont déroulées les mêmes scènes, dont le récit est d'une pitoyable monotonie. Il semble cependant que celles-ci aient pris à Berlin un caractère plus systématique qu'ailleurs. Elles y ont eu pour principal centre le quartier du Kurfürstendamm et de la Tautzienstrasse. Ces deux rues, qui sont les plus riches et les plus élégantes de Berlin, comptaient de nombreuses boutiques juives. Pas une n'a été épargnée. Toutes les glaces ont été brisées et toutes les devantures pillées. Le soir du 10 novembre, ces rues, d'habitude brillantes de lumière, étaient sombres et une boutique sur deux ne présentait plus qu'une façade mal protégée par des planches hâtivement clouées. Des scènes analogues se sont déroulées dans l'ancien centre de Berlin, autour de la Friedrichstrasse, de la Leipsigerstrasse et de l'Avenue des Tilleuls où se trouvaient beaucoup de maisons de confection israélites. La foule est montée dans ces maisons, et a jeté pêle-mêle par la fenêtre, meubles, mannequins, étoffes, machines à écrire et papiers. Dans le même quartier, le rez-de-chaussée du grand magasin Israël a été entièrement saccagé. D'autres quartiers plus pauvres n'ont pas été épargnés. Le nord de Berlin, où habite une population juive souvent misérable, présentait, dès jeudi matin, un aspect de désolation et, le soir, l'*Angriff*, journal du Dr Goebbels, pouvait se féliciter du « bon travail » qu'on y avait fait. Partout d'ailleurs, dans les quartiers riches comme dans les quartiers ouvriers, le travail d'exécution a été le même. Des équipes de jeunes gens sont arrivées très tôt le matin, munies des clés nécessaires pour ouvrir les portes ou lever les rideaux de fer. Ayant fait irruption, ils ont – presque toujours de l'intérieur – brisé les vitres des devantures qui tombaient à l'extérieur sur le pavé. Puis, après avoir bouleversé la boutique, ils se retiraient, sans d'ailleurs, au début du moins, se livrer à aucun pillage. Le travail commencé a été achevé par de nouvelles équipes, le plus souvent par des enfants de la jeunesse hitlérienne, qui prenaient plaisir à démolir, comme dans un jeu de massacre, ce qu'on pouvait encore démolir. Les pillages n'ont commencé qu'un peu plus tard. Très vite, en effet, les passants se sont aperçus qu'on pouvait sans crainte se servir. Sous l'œil bienveillant de la police, ils ont raflé tout ce qui était emportable : objets de maroquinerie, chaussures, étoffes, bas, cravates, fourrures, lingeries…

Personne n'osait protester.

Incendies et pillages se sont complétés par des arrestations en masse de la population juive. À Munich, plus d'un millier de personnes ont été appréhendées au cours de rafles exécutées dans le quartier juif de la ville. Le bruit a même couru qu'il n'était laissé que 48 heures aux Juifs pour quitter définitivement Munich. Bien que la nouvelle ait été ultérieurement démentie, il semble à tout le moins vraisemblable que certains éléments du parti national-socialiste ont songé à purger définitivement de toutes tares judaïques la capitale du mouvement hitlérien. À Hambourg, on a opéré également de nombreuses arrestations parmi la population juive de la ville. Il en a été de même à Sarrebruck, à Francfort-sur-le-Main, à

Leipzig et à Koenigsberg. À Berlin, un communiqué officiel du DNB a avoué 1 800 arrestations « du reste en grande partie temporaires ». « Il s'est agi, précise le même communiqué, en partie d'arrestations opérées par mesures de protection, en partie d'arrestations dans le cadre de l'action de désarmement des Juifs et, en grande partie, aussi, d'arrestations d'éléments criminels qui ont pu être découverts lors de cette action de police ». En réalité, le nombre des arrestations semble avoir été, au moins à Berlin, beaucoup plus considérable. Dès les premières heures de la journée de jeudi, la police a, en effet, procédé à une opération de grande envergure qui a surtout frappé les Juifs des quartiers riches : avocats, médecins et hommes d'affaires. Rassemblés dans le nord de Berlin, ceux-ci ont été chargés sur des camions et, de là, conduits au camp de concentration d'Oranienburg, à 40 kilomètres environ au nord de la ville. Des témoins allemands qui ont vu défiler ces colonnes de voitures estiment, sans d'ailleurs qu'aucun contrôle soit possible, que le chiffre des arrestations atteint au moins plusieurs dizaines de mille. Enfin, à mesure que les jours passent, on entend se multiplier les récits de suicides ou d'assassinats. Il s'agit tantôt de boutiquiers qui, ayant fait mine de se défendre, ont été froidement abattus ou pendus, tantôt de Juifs désespérés qui se sont précipités dans la rue, du haut de leurs maisons, tantôt de Juifs jetés dans un canal et noyés. Un cas particulièrement tragique, qui a été raconté à un des secrétaires de cette ambassade, est celui d'un Juif, ancien haut fonctionnaire du Reich, officier durant la grande Guerre, et décoré de la Croix de Fer de 1ʳᵉ et de 2ᵉ classe, qui, au moment de son arrestation, a tué de ses mains sa femme et s'est ensuite tiré une balle dans la tête. Ce n'est là qu'un incident. Peu à peu, on en découvrira d'autres.

Tels sont les grands traits du pogrome qui a incendié et ensanglanté l'Allemagne dans la journée du 10 novembre.

Or, dans plusieurs déclarations publiques, le Dr Goebbels, ministre de la Propagande et Gauleiter de Berlin, a affirmé qu'il ne s'est agi en l'espèce, que d'une manifestation purement spontanée de la fureur qui s'était emparée du peuple allemand, lorsqu'avait été connue la mort de M. von Rath, secrétaire de l'ambassade d'Allemagne à Paris, tombé sous les balles d'un assassin juif.

On peut affirmer qu'il s'agit là d'un mensonge cynique.

Sans doute n'est-il pas contestable que l'assassinat du secrétaire de l'ambassade d'Allemagne a provoqué, dans tout le Reich, un fort mouvement de colère. Cette colère a déterminé, dès le 9 novembre, un certain nombre de manifestations anti-juives, d'un caractère brutal et spontané. C'est, en particulier, ce qui s'est passé dans quelques villages de l'Allemagne rhénane, pays où l'anti-sémitisme est endémique et où la nouvelle du crime commis à Paris a été cause de quelques pillages. Mais ces troubles sont restés sporadiques. Le pogrome du 10 novembre a été, au contraire, systématiquement préparé et exécuté. Commencé partout à la même heure, il a revêtu partout les mêmes formes et, partout, la police a eu la même attitude. Il semble certain que la décision a été prise par le gouvernement du Reich, avec la pleine approbation du Führer et Chancelier d'Empire, dont on n'a pas le droit de contester la responsabilité.

[…]

De ces affirmations contradictoires, il semble résulter que, jusqu'à présent, le Dr Goebbels, qui est le responsable le plus direct du pogrome, ne sait pas encore s'il doit camoufler son entreprise ou, au contraire, s'en vanter.

Quel qu'ait été, d'ailleurs, le rôle personnel du ministre de la Propagande dans les exécutions du 10 novembre, rôle qu'il sera, plus tard, intéressant d'éclaircir, toutes les manifestations de brutalité matérielle se sont arrêtées jeudi soir. Dès le 11 au matin, on annonçait, en effet, que le gouvernement du Reich allait, désormais, procéder régulièrement et punir les Juifs légalement. Effectivement, un conseil a réuni le samedi 12 novembre, sous la présidence du maréchal Goering, les ministres de l'Intérieur, Dr Frick, de la Propagande, Dr Goebbels, de la Justice, Dr Gürtner, des Finances, comte Schwerin von Krosigk, et de l'Économie, Dr Funk. On connaît déjà les mesures décrétées par ce conseil : impôt d'un milliard sur la nation juive, obligation de réparer les dégâts commis dans la journée du 10 novembre, confiscation par l'État des primes d'assurances, enfin interdiction de tout commerce de détail à partir du 1er janvier 1939. On assure, en même temps, que ces mesures ne constituent qu'un début.

Devant ces persécutions, qui évoquent les souvenirs de Babylone et de Ninive, la réaction de l'opinion étrangère à Berlin a été unanime et sa réprobation des plus énergiques. Malgré la crainte qu'ils peuvent avoir du ministre de la Propagande, la plupart des journalistes n'ont pas hésité à dire au moins une grande partie de ce qu'ils avaient vu. D'autre part, plusieurs de mes collègues ont été obligés d'intervenir pour défendre leurs ressortissants. Certains d'entre eux, comme le nouveau ministre de Colombie, ont eu directement maille à partir avec la police berlinoise, qui les a malmenés comme de vulgaires malfaiteurs. Partout, parmi les observateurs étrangers de l'Allemagne nationale-socialiste, règne la même inquiétude devant le triomphe du radicalisme hitlérien.

La réaction de la population allemande reste jusqu'à présent plus difficile à définir. Extérieurement, la foule s'est montrée apathique. Elle n'a pas participé aux pillages, mais n'a rien fait pour les empêcher. Elle reste dominée par la peur des dénonciations, et, comme toujours, lors des crises du régime, cette ambassade reçoit des séries de lettres anonymes qui protestent contre la terreur nationale-socialiste.

Mais, déjà, commence à circuler dans Berlin le bruit que tout le monde, en haut lieu, n'a pas approuvé le pogrome du 10 novembre. On a remarqué le soin avec lequel le Dr Goebbels s'est efforcé de compromettre le maréchal Goering en lui réservant le mérite d'avoir décrété les nouvelles lois anti-juives. La violente explosion de jeudi dernier n'est peut-être que la manifestation brutale d'un conflit qui oppose les chefs du Troisième Reich et leurs coteries rivales.

———

Raisons publiques et cachées de la dernière offensive hitlérienne contre le judaïsme

Berlin, le 15 novembre 1938

Le chargé d'affaires de France à Berlin, à Son Excellence Monsieur le Ministre des Affaires étrangères

La mort de M. von Rath, tombé à Paris sous les balles d'un agresseur israélite polonais, a été la raison officiellement invoquée dans le Reich pour justifier les excès de l'« indignation populaire » des 10 et 11 novembre et les mesures d'une rigueur sans exemple qui, le 12 novembre, sont venues compléter et parfaire cette ultime offensive du national-socialisme contre les Juifs.

En réalité, l'assassinat du diplomate allemand n'a été qu'un prétexte et, dans son ensemble, le public allemand lui-même ne s'y est pas trompé. À Berlin comme dans le reste du Reich, l'homme de la rue qui, le plus souvent, a assisté aux scènes de désordre et de pillage avec une muette réprobation, n'a pas hésité à soupçonner ses dirigeants d'avoir été bien aise de l'occasion que leur offrait ainsi le sort par la voie d'un jeune exalté de 17 ans.

On peut même dire qu'à cet égard la propagande de M. Goebbels a obtenu des effets directement opposés à ceux qu'elle cherchait. Plus elle s'est efforcée de généraliser la portée du meurtre et de faire de l'acte de Grynzpan un crime « historique », plus l'Allemand moyen, dans la mesure où il n'est pas égaré par le fanatisme hitlérien, a été tenté de découvrir ou d'inventer les arrière-pensées qui, d'après lui, auraient guidé ses maîtres. À force de brandir son arme et d'en donner à tort et à travers des coups d'estoc et de taille, M. Goebbels en a, semble-t-il, affaibli l'efficacité. Rien n'est plus caractéristique à cet égard que le bruit qui circule ici, parmi les petites gens, que l'attentat contre M. von Rath ne serait qu'une machination de la Gestapo dans laquelle

Grynzpan aurait joué, à son insu, le rôle de van der Lubbe dans l'incendie du Reichstag pour permettre en définitive aux nazis de régler brutalement la question juive.

En dehors du principe qui consiste, pour le IIIe Reich, à user en tout état de cause de la violence, signe tangible de la force matérielle du régime, il est évident que des raisons multiples ont déterminé les dirigeants hitlériens à entreprendre cette campagne décisive contre le judaïsme.

En apparence, il s'agit principalement de continuer et d'achever la politique d'antisémitisme qui est l'un des axiomes de l'Allemagne nouvelle. Dans le cadre général de l'action déjà entreprise et qui s'est manifestée notamment au cours des mois derniers par l'interdiction faite aux israélites d'exercer désormais les professions de médecin et d'avocat, les mesures du 12 novembre et celles qui s'y ajouteront encore n'ont d'autre effet que de reléguer davantage le Juif allemand dans sa condition de paria, condamné à végéter misérablement et à disparaître peu à peu du Reich. « Sans doute nous ne voulons pas rétablir les ghettos, a déclaré hier M. Goebbels, mais nous voulons instituer entre le peuple allemand et les Juifs la séparation la plus absolue (*schärfste Abtrennung*). »

Cette politique ne va d'ailleurs pas, à l'heure actuelle, sans de considérables avantages matériels et moraux pour le gouvernement qui la pratique. Outre l'amende d'un milliard qui viendra enrichir les caisses destinées à alimenter le Plan de quatre ans, l'obligation imposée aux Juifs de se défaire, à bref délai, et dans les conditions les plus défavorables, de leurs entreprises, de leurs ateliers, de leurs maisons de commerce, permet aux grands chefs du régime de cultiver à peu de frais leur popularité auprès de la classe de plus en plus nombreuse des capitalistes allemands qui ne savent que faire de leurs fonds, et de développer leur clientèle parmi les artisans et les commerçants allemands qui devaient jusqu'ici lutter contre la concurrence juive. À Vienne, par exemple, où les maisons israélites s'étaient particulièrement multipliées, on assiste depuis quelque temps à un véritable « rush » d'Allemands venus du reste du Reich pour acheter à bas prix affaires, immeubles et propriétés cédés par les Juifs. C'est une compensation aux difficultés de ravitaillement économiques, un dérivatif au mécontentement qui tend à s'accroître dans les milieux du commerce et de l'industrie.

Mais à bien juger les choses, ces raisons n'ont joué, en la circonstance, qu'un rôle secondaire dans les décisions du Führer et de ses lieutenants les plus radicaux, ou tout au moins celles-ci ont été hâtées par d'autres motifs. Bien des arrière-plans de la politique allemande de ces derniers jours s'éclairent si l'on examine la part qu'a prise M. Goebbels à l'élaboration de ces décisions.

Le cas Goebbels n'est pas nouveau. Cette ambassade l'a étudié récemment. On sait que le ministre de la Propagande, dont les désordres privés sont notoires, a évité de peu une crise fatale pour son crédit auprès du Führer et pour son autorité dans le régime. Avec le dynamisme qui lui est propre, M. Goebbels n'a nullement songé à s'effacer, ne fût-ce que provisoirement. Il lui fallait une contre-attaque brillante. Il a cherché l'occasion de se mettre en avant, de reconquérir l'entière faveur du Führer et d'afficher publiquement le pouvoir qu'il avait conservé dans les conseils du Troisième Reich.

Les cercles berlinois bien informés attribuent à M. Goebbels toute l'initiative et la responsabilité des manifestations d'« indignation spontanée » qui ont débuté dans la nuit du 9 au 10 novembre. Ce serait ses instructions qu'aurait suivies la Gestapo et les policiers n'en auraient nullement fait mystère. Dans l'organisation des pogromes, le ministre de la Propagande a-t-il été trop vite ou trop loin ? L'appel qu'il a lancé à la population dans la soirée du 10 novembre le laisserait supposer. Mais l'affaire était engagée. Le grand art de M. Goebbels fut ensuite de s'adjoindre le maréchal Goering qui éprouvait, sans doute, le besoin de se laver du reproche de « modération » que lui adressaient, depuis le conflit germano-tchécoslovaque, les nazis cent pour cent.

Auprès du Führer, le jeu de M. Goebbels ne pouvait être que facile. La corde anti-sémitique est toujours sensible chez

M. Hitler. Rien n'est plus aisé que de la faire vibrer. Le moment était d'ailleurs fort opportun. M. Hitler est suivi dans sa politique contre les Juifs par le Duce. La loi de protection de la race que vient d'édicter le gouvernement fasciste est une approbation totale des idées hitlériennes, un encouragement au Troisième Reich à aller encore de l'avant. Enfin, une violente campagne contre le judaïsme, à la suite de l'assassinat de M. von Rath, pouvait concentrer heureusement l'attention du pays, la détourner d'autres sujets, refaire une fois de plus l'unanimité et couvrir certaines épurations qui, paraît-il, se poursuivraient à petit bruit, notamment dans l'armée.

Mais surtout, avec une habileté consommée, M. Goebbels a su rattacher le problème juif en Allemagne, problème intérieur, au problème de la campagne anti-national-socialiste à l'extérieur, plus spécialement dans les démocraties anglo-saxonnes. À travers les prismes déformants de la propagande allemande, le meurtre de M. von Rath est devenu, non pas une réplique aux mesures d'expulsion prises par les autorités du Reich contre les Juifs polonais, mais l'aboutissement direct des attaques portées contre le régime hitlérien par les démocrates américains et les leaders de l'opposition britannique, une réponse provocante au discours de Weimar qui venait d'être prononcé. C'est ce que, dans leur style habituel, les journaux de M. Goebbels ont appelé « porter la question juive sur le terrain international ». Désormais, le siège du Führer était fait. M. Goebbels avait lié son offensive de réhabilitation personnelle à l'un des thèmes qui touchent le plus vivement M. Hitler.

Un journaliste étranger faisait observer, il y a quelques jours, que dans la presse allemande la campagne contre l'internationale juive avait supplanté toutes les accusations élevées d'ordinaire contre le bolchevisme international. Les rédacteurs officieux ne s'attaquent plus guère à Moscou, ni au communisme. Ils gardent tous leurs coups pour la juiverie mondiale, vaste entité indéfinie destinée à synthétiser, pour l'opinion allemande, l'armée de ceux qui, à l'étranger, ne manquent pas une occasion de saboter l'influence hitlérienne. Il y a, pour ainsi dire, état de guerre entre le Troisième Reich et l'internationale juive. Dans cette guerre, les Juifs allemands viennent d'être frappés à titre d'otages.

Aussi, pour juger à leur juste valeur les décisions du 12 novembre, doit-on les interpréter comme une riposte du régime et de la propagande national-socialiste, un défi du radicalisme hitlérien à l'opinion des démocraties anglo-saxonnes (la France étant pour l'instant ménagée). Un fonctionnaire du parti se félicitait avant-hier du « coup de poing que M. Goebbels venait de porter au visage non seulement des Juifs de New York et de Londres, mais aussi des puritains anglo-saxons ». « Certains milieux américains, déclarait récemment un agent de l'office des Affaires étrangères à l'un de ses collaborateurs, veulent engager avec l'Allemagne une lutte au couteau. Ils l'auront. Nous savons pertinemment que ce sont eux qui encouragent et excitent contre le Reich l'opposition anglaise, M. Eden et M. Churchill. Nous rendrons les coups avec usure. »

Au camp de concentration d'Oranienburg où ont été rassemblés de nombreux Juifs arrêtés « par mesure de sécurité » les 10 et 11 novembre, on ne cache pas aux prisonniers qui, jusqu'à présent, seraient assez bien traités, qu'on les considère comme des otages. Leur traitement ultérieur dépendra, leur dit-on, du degré de sagesse que manifesteront les excitateurs « juifs » de l'étranger. L'*Observateur Raciste* s'est servi de la même formule.

À Washington, on n'a pas hésité à comprendre le caractère de défi que revêtait l'anti-sémitisme allemand et le rappel de l'ambassadeur des États-Unis à Berlin paraît indiquer qu'on en a calculé toutes les conséquences. On peut, d'autre part, se demander ce qu'il advient dans de telles conditions des efforts de rapprochement germano-britanniques. Ce qui est de nature à autoriser de sérieuses inquiétudes, c'est que les dirigeants hitlériens semblent avoir, par leur geste, tiré le trait final sous une politique de modération et d'entente internationale, tout au moins en ce qui concerne leurs relations avec les États-Unis et l'Angleterre, et cela à une heure où, en dépit des discours de Sarrebruck et de Weimar, on pouvait penser que l'esprit de l'accord de Munich finirait par triompher et par étendre ses heureux effets aux rapports de l'Allemagne avec toutes les grandes puissances démocratiques. Est-ce le signe que les radicaux, une fois de plus, l'emportent à Berlin ? Doit-on en conclure qu'un accord stable est impossible avec le Troisième Reich et que ce qu'il y a de violent et de farouche dans l'éthique national-socialiste condamne l'Allemagne à subir elle-même la loi de fer à laquelle elle prétend assujettir ses adversaires ? Dans le corps diplomatique berlinois, un découragement visible s'est emparé des représentants des petites puissances neutres et certains d'entre eux ne dissimulent pas qu'à leur avis, si rien ne vient changer l'évolution intérieure du Troisième Reich, un conflit européen pourrait bien être inévitable.

Centre des archives diplomatiques Nantes, Berlin.

Décembre 1938 : Entretiens Bonnet-Ribbentrop

L'orage s'avance. En décembre 1938, Georges Bonnet, ministre des Affaires étrangères dans le gouvernement Daladier, déjà l'un des acteurs de la conférence de Munich trois mois plus tôt, conclut avec son homologue, von Ribbentrop, un accord de non-agression franco-allemand. Georges Bonnet voulait à tout prix éviter la guerre, le prix à payer fut celui que l'on sait puisque, déjà à Munich, Hitler avait obtenu la mainmise du Reich sur les territoires des Sudètes, avec la garantie de la France et de la Grande-Bretagne sur les nouvelles frontières tchécoslovaques. Chamberlain, l'homme au parapluie, menait la délégation anglaise. Dès le 30 septembre 1938, au lendemain des accords de Munich, Chamberlain avait signé avec l'Allemagne un traité de non-agression. Ce sont les entretiens de Bonnet et de Ribbentrop que l'on trouve ici, précédés d'un télégramme de couverture qui insiste sur la volonté du ministre des Affaires étrangères français d'une harmonisation des rapports européens.

Le compte-rendu même des entretiens, auxquels Alexis Léger, Saint-John Perse, a pris une part active, laisse entrevoir sans doute possible la duplicité allemande. Ribbentrop était pourtant un négociateur maladroit. Rallié tardivement à Hitler, il n'en fut pas moins l'un de ses principaux conseillers, sinon le principal en matière de politique étrangère. Dès 1933, il avait fondé un « Bureau Ribbentrop », rival officieux du ministère des Affaires étrangères, encore entre les mains de diplomates trop traditionnels pour les nazis. Ambassadeur à Londres de 1936 à février 1938, il s'aliéna les milieux politiques britanniques en raison de sa morgue et de son intransigeance. L'ambassadeur gaffeur alla, en 1937, jusqu'à causer un véritable scandale en faisant devant le roi George VI le salut nazi. À sa manière, Ribbentrop réussit le tour de force de convaincre une bonne partie de l'opinion publique du Royaume-Uni que l'Allemagne était devenue un adversaire incontournable. Ce qui n'empêcha pas, on l'a vu, les accords de Munich et leurs suites. Ministre des Affaires étrangères le 4 février 1938, Ribbentrop joua la politique du pire, particulièrement à l'égard de l'Angleterre. Il poussa Hitler à utiliser la peur de la guerre chez ses ennemis pour multiplier les provocations. Il parvint à faire du comte Ciano, le gendre de Mussolini et le ministre des Affaires étrangères italien, l'un de ses adversaires les plus convaincus. En revanche, ce fut lui qui réussit le tour de force que fut le pacte germano-soviétique du 23 août 1939. Son art de la diplomatie continuant néanmoins à s'émousser, il conseilla à Hitler d'entrer en guerre contre la Russie deux ans plus tard, puis à ne rien faire pour éviter la rupture avec les États-Unis. À la fin de la guerre, Hitler lui-même ne croyait plus en lui. Il n'en fut pas moins traduit devant le tribunal de Nuremberg, considéré comme l'un des responsables de la guerre, condamné à mort et exécuté le 16 octobre 1946. Déporté par les Allemands, libéré en 1946, attaqué par les communistes qui lui reprochaient Munich, Daladier, pour sa part, n'en resta pas moins député et président du parti radical de 1957 à 1958. Il devait mourir en 1970. Quant à Alexis Léger, à l'heure où l'on pendait Ribbentrop, il séjournait encore aux États-Unis et publiait en France son poème *Vents*.

Entretiens avec J. von Ribbentrop : Collaboration franco-britannique.

Paris, le 11 décembre 1938 à 13 h. 20

L'ambassadeur d'Angleterre a été informé très complètement par moi de la substance des entretiens que j'avais eus avec M. de Ribbentrop. Je vous serais obligé toutefois de signaler particulièrement au secrétaire d'État que j'ai moi-même tenu à prendre l'initiative d'affirmer très clairement, au cours de conversations avec le ministre allemand, le caractère et la portée de la solidarité franco-anglaise et ce qu'elle a de fondamental dans l'orientation de la politique de la France.

Je n'ai laissé subsister aucun doute sur l'impossibilité où se trouverait éventuellement l'Allemagne de spéculer sur une dissociation de la France et de l'Angleterre ; par contre, en examinant avec mon interlocuteur les modalités susceptibles de traduire dans les faits un effort de détente entre la France et l'Allemagne, j'ai eu soin de marquer que je ne pouvais concevoir cet effort que dans le cadre d'une harmonisation des rapports européens. J'estimais vaine en effet toute recherche d'un développement des rapports entre la France et l'Allemagne sans un effort correspondant pour l'amélioration des relations anglo-allemandes. En tout état de cause, l'âpreté des polémiques engagées dans la presse allemande contre l'Angleterre ne pourrait que desservir nos efforts.

Rapports franco-allemands

Secret

7 décembre 1938

Entretiens de M. Georges Bonnet et de M. von Ribbentrop et présence de M. Léger et du comte W...[1].

1. Lacune de déchiffrement.

M. Georges Bonnet passe en revue les différents aspects des relations franco-allemandes, notamment en matière d'échanges commerciaux, de presse et de tourisme.

M. von Ribbentrop répond qu'il est d'accord pour rechercher l'instauration de rapports psychologiquement meilleurs. Le problème est d'ailleurs moins facile à résoudre qu'on ne le croit. Du côté allemand on a essayé de développer les visites d'anciens combattants et des voyages de jeunesse ; bien que les résultats n'aient pas correspondu à leurs efforts, les autorités allemandes restent prêtes à de nouvelles tentatives et sont toujours désireuses de les voir aboutir.

M. von Ribbentrop s'est lui-même préoccupé de ce qui pourrait être fait au point de vue commercial. Ses services lui ont représenté que les échanges entre les deux pays portent sur un chiffre très diminué ; l'Allemagne n'en souffre pas actuellement car elle écoule sa production vers le sud-est. Il émet néanmoins le souhait qu'à l'issue de la crise, la question soit réévoquée dans des conditions meilleures.

M. Georges Bonnet parle des relations franco-italiennes dont il souhaite l'harmonisation dans le cadre de rapports généraux améliorés entre les puissances.

M. von Ribbentrop répond en confirmant la parfaite solidarité qui unit l'Allemagne et l'Italie, non sans symétrie avec l'action politique franco-britannique. Rien, au reste, ne lui paraît, dans l'existence de ces deux groupements, s'opposer à une harmonisation des rapports des quatre puissances. Personnellement il n'exclut pas la possibilité d'une collaboration des deux axes.

La substance qui cimente la conception politique germano-italienne est la lutte contre le bolchevisme. M. von Ribbentrop ne dit pas formellement que l'axe Rome-Berlin n'a pas d'autre objet, mais il semble cependant vouloir le laisser entendre.

En ce qui concerne la récente manifestation anti-française à la Chambre italienne des députés, M. von Ribbentrop affecte de n'avoir pas approfondi la question qu'il présente comme n'ayant pas particulièrement attiré l'attention du gouvernement allemand. Autant qu'il le sache, il ne s'agit pas d'une manifestation gouvernementale italienne. Au surplus, il ne voit pas dans l'affaire d'éléments qui pourraient limiter ou exclure les possibilités de relations pacifiques.

M. Georges Bonnet réplique que le gouvernement italien n'a pas pris une attitude rectifiant les manifestations qui ont été publiques et qu'il n'a même pas marqué sa désapprobation.

En ce qui concerne l'Espagne, *M. Georges Bonnet* expose comment la politique française repose exclusivement sur le souci de voir l'Espagne aux Espagnols.

M. von Ribbentrop déclare que c'est la lutte contre le bolchevisme qui a conduit l'Allemagne à jouer un rôle actif en Espagne. Un jour viendra où on ne le regrettera pas en France. Ceci dit, il va de soi qu'il souhaite la victoire du général Franco. Il ne croit pas au surplus à la possibilité d'une trêve et ne voit pas comment le succès du nationalisme pourrait constituer un danger pour la France.

M. Georges Bonnet répond que le gouvernement français n'a aucune complaisance pour le bolchevisme, qu'il est hostile à toute semence de désordre, même en ce qui concerne l'Espagne. Il reste fidèle à la formule de l'Espagne aux Espagnols et n'aurait pas d'objection à la victoire du général Franco ou de tout autre, pourvu que cette victoire ne soit pas le résultat d'une aide étrangère.

M. von Ribbentrop soulève la question des relations franco-russes. La politique suivie par la France à l'égard de l'URSS lui apparaît comme une illustration et une survivance de la politique de Versailles tendant à assurer l'encerclement de l'Allemagne.

M. Léger fait observer au ministre allemand qu'il oublie la genèse du pacte franco-russe, qui tire son origine d'un projet qui n'avait rien de bilatéral. La conception de l'accord était celle d'une entente collective à laquelle l'Allemagne et d'autres puissances seraient associées. Le pacte franco-russe n'était expressément qu'une pierre d'attente et il n'a pas dépendu ni de la France, ni de l'URSS qu'elle soit restée isolée.

M. von Ribbentrop répond qu'en fait le pacte franco-russe n'en a pas moins rempli le rôle d'une entreprise tendant à l'encerclement de l'Allemagne.

Sur l'affirmation de *M. Georges Bonnet* à propos de l'Italie que la France tend à assurer la paix générale, *M. von Ribbentrop* fait le procès de l'attitude anglaise.

Le gouvernement britannique avait paru montrer au lendemain de Munich une certaine compréhension, mais son attitude n'a pas tardé à causer une vive déception en Allemagne. Il n'a plus été question en Angleterre que de réarmement ; les manifestations se sont succédé au Parlement, sous l'action de M. Duff Cooper, de M. Churchill, de M. Eden et de M. Morrisson. La violence de ces manifestations a dépassé tout ce qui a pu se dire contre l'Angleterre en Allemagne. Le chancelier Hitler lui-même, dans son discours de Sarrebruck, est resté en deça des attaques proférées en Angleterre.

En ce qui concerne la Tchécoslovaquie, *M. von Ribbentrop* reproche à la politique française d'avoir poursuivi la même politique d'encerclement qu'impliquaient les accords franco-russes. L'Allemagne s'était trouvée en face du risque que les discours de M. Pierre Cot avaient concrétisé dans la formule du « navire porte-avions ».

M. Georges Bonnet ayant soulevé la question de la garantie nouvelle promise à la Tchécoslovaquie, *M. von Ribbentrop* répond de manière très ambiguë qu'il va examiner précisément cette question à son retour à Berlin. Le ministre allemand laisse entendre qu'il ne compte nullement faire prendre corps à cette garantie, car d'une manière générale la notion de garantie présente bien des inconvénients. Si le gouvernement tchécoslovaque songeait à reprendre une politique à la manière de M. Benès, la situation deviendrait très grave.

M. Léger souligne ce qu'il y a de contradictoire dans une telle conception puisque la garantie collective comporte nécessairement la neutralité. L'octroi de cette garantie ne saurait donc favoriser une politique active de la Tchécoslovaquie contre aucun État.

M. von Ribbentrop ne contredit pas directement cette observation, mais il insiste sur la nécessité de laisser se développer l'amitié naturelle qui se manifeste maintenant en Tchécoslovaquie à l'égard de l'Allemagne.

Sur une observation nouvelle de M. Georges Bonnet, *M. von Ribbentrop* dit sans conviction qu'il examinera la question à son retour.

M. von Ribbentrop a soulevé la question coloniale en demandant quel était le sentiment du gouvernement français à ce sujet.

M. Georges Bonnet s'est référé aux déclarations gouvernementales faites en France sur la question coloniale et qui ne permettent pas d'évoquer la question.

La question juive n'a pas été abordée en cours de l'entretien.

Paraissant viser l'Europe orientale, M. von Ribbentrop a marqué qu'on ne comprendrait pas à Berlin que certaines puissances veulent se mêler des intérêts propres de l'Allemagne en Europe. Il l'avait déjà dit à Londres, mais cela n'a pas empêché Lord Runciman de venir s'occuper en Tchécoslovaquie de questions qu'il n'avait pas à connaître.

Note historique n° 496.

Mars 1940 : La direction de la guerre

Maurice Dejean, qui fut un des grands ambassadeurs de la République après 1945, a été dès septembre 1939 chef adjoint, puis chef du cabinet diplomatique de Daladier, alors ministre de la Guerre puis ministre des Affaires étrangères, et de Paul Reynaud, devenu président du Conseil en mars 1940. C'est à ce titre que, de septembre 1939 à juin 1940, il a rédigé de nombreuses notes et comptes-rendus de réunions dont il garda ensuite la trace dans ses archives personnelles.

Le document que l'on publie ici est le relevé des décisions prises lors du Conseil suprême du 28 mars 1940, au cours duquel la France et l'Angleterre se sont conjointement prononcées contre tout accord de paix séparée. Au cours de ce même conseil, les deux pays avaient également décidé de mettre en application un projet de Churchill visant à poser des mines fluviales dans les affluents du Rhin et à jeter des mines par avion. Cette décision ne devait pas être approuvée par le comité de guerre. Prévoyant l'attaque de la Belgique, les Alliés se réservent d'eux-mêmes un droit d'intervention sans information préalable des gouvernements intéressés.

On note que la question d'une déclaration de guerre à l'URSS, alors liée à l'Allemagne par le pacte germano-soviétique, a pu être envisagée, ainsi que des opérations au Caucase.

Dans son laconisme, cet ensemble de décisions, pour la plupart relevant de ce que les Britanniques appellent du *wishfull thinking*, c'est-à-dire, en somme, des plans sur la comète que l'on espère voir passer, ne représente pas moins un bel exemple de la volonté de collaboration de tous les instants de la France et de l'Angleterre pendant ce qui n'était encore que « la drôle de guerre »...

Résultats du Conseil suprême du 28 mars 1940

Secret

1° – Le communiqué publié à l'issue de la séance fait état de la déclaration franco-anglaise qui se prononce contre toute paix séparée et qui prévoit la collaboration politique des deux pays dans tous les domaines, dans le présent comme dans l'avenir.

Ce texte, qui a été adopté aujourd'hui, contient une phrase précise sur la sauvegarde de notre sécurité, qui donne au gouvernement français la garantie que les intérêts vitaux de la France sur le continent seront respectés pendant la négociation et lors de la conclusion du traité de Paix.

2° – En ce qui concerne la Hollande et la Belgique, il a été résolu :

a) de réserver aux Alliés le droit de pénétrer en territoire belge si celui-ci était attaqué, mais sans prévenir le gouvernement royal, de façon à ce que ce dernier, dans l'ignorance de nos intentions, nous adresse un appel qui serait utile du point de vue de l'opinion intérieure anglaise ;

b) de réserver la liberté d'action des Alliés si la Hollande et la Belgique étaient attaquées simultanément par l'Allemagne ;

c) de réserver le droit d'intervention des Alliés, sans consultation préalable avec le gouvernement hollandais, au cas où les Pays-Bas seraient attaqués seuls, la Belgique restant neutre ;

d) de considérer tous accords germano-néerlandais conclus sous la pression du Reich et aboutissant à la vassalisation de la Hollande, comme un acte inamical à l'égard des Alliés et comme une violation de la neutralité.

3° – Pour ce qui est des eaux territoriales norvégiennes, il a été résolu d'adresser une note aux deux gouvernements scandinaves pour constater l'abus que l'Allemagne fait de leurs eaux territoriales ; et d'établir immédiatement après plusieurs champs de mines dans ces eaux.

4° – Il a été décidé de soumettre la question des relations des puissances alliées avec l'URSS à une étude d'experts, qui sera entreprise immédiatement, et qui délibérera des avantages ou des inconvénients d'une déclaration de guerre à l'URSS, et d'opérations au Caucase.

5° – La suppression de la contrebande en Extrême-Orient sera l'objet de propositions concrètes, prochainement soumises au gouvernement français par le gouvernement britannique.

6° – Le Premier ministre fera procéder à l'étude immédiate du doublement du pipe-line de l'Irak, et s'efforcera de donner satisfaction aux desiderata marqués par le gouvernement français.

7° – Le Conseil suprême a donné son approbation de principe aux propositions de la mission franco-britannique aux États-Unis en ce qui concerne l'achat de matériel d'aviation. Il sera réservé aux deux trésoreries de s'entendre sur la répartition des charges financières qui découleront de ces achats.

8° – Il a été décidé d'étudier plus particulièrement la question du ravitaillement de l'Allemagne en pétrole et d'entraver par tous les moyens possibles la navigation des chalands pétroliers sur le Danube.

9° – Sous réserve de l'approbation du cabinet de guerre, et dans le cadre de toutes les opérations prévues et énumérées plus haut, le président du Conseil et le général Gamelin ont accepté la mise en application très prochaine du projet de M. Winston Churchill pour l'utilisation de mines fluviales sur le Rhin, ainsi que d'autres mines déposées par avions dans les voies navigables intérieures de l'Allemagne, de façon à imposer au Reich des exigences supplémentaires à l'égard d'un matériel ferroviaire déjà insuffisant pour ses besoins.

I° – Le calendrier de ces diverses opérations est le suivant :

– Lundi Ier ou mardi 2 avril. – Remise d'une note aux États scandinaves pour les prévenir de notre intention de mouiller des mines dans les eaux territoriales norvégiennes.

– Jeudi 4 avril. – Pose de champs de mines.

Dépôt simultané dans les affluents du Rhin des premières mines fluviales (si le cabinet de guerre approuve les dispositions du Conseil suprême) ;

– Lundi 15 avril. – Dépôt par avion de mines dans les rivières et dans les canaux allemands.

IIº – Le président du Conseil et le Premier ministre sont tombés d'accord pour constater la nécessité de contacts plus fréquents et plus étroits entre les chefs et les membres des deux gouvernements. Il va également être procédé à l'étude des avantages qu'offrirait la création d'un secrétariat franco-anglais permanent du Conseil suprême.

Réponse du comité de guerre au sujet des mines fluviales et autres

Secret

30 mars 1940

Le comité de guerre estime que les représailles probables de l'ennemi, notamment contre les usines d'aviation françaises, entraîneraient – dans l'état actuel des forces aériennes françaises – pour la cause des Alliés des inconvénients plus graves que les avantages attendus de l'opération.

En conséquence, le gouvernement français demande au gouvernement anglais l'ajournement des opérations précitées, tant en ce qui concerne le mouillage de mines dans le Rhin que le jet de mines par avion.

Cet ajournement serait d'une durée de 3 mois, c'est-à-dire environ jusqu'au début de juillet, date à laquelle l'opération de mouillage des mines sera de nouveau possible.

Papiers M. Dejean (nº 288), vol. 4, fol. 30-33.

La Turquie en 1940

Pendant toute la durée de la Seconde Guerre mondiale, l'attitude du gouvernement d'Ankara a été ambiguë. Inquiète du pacte germano-soviétique du 23 août 1939, la Turquie avait, à l'automne suivant, conclu des traités avec la France et la Grande-Bretagne. Elle décida pourtant de rester en dehors du conflit jusqu'à l'été 1941. Mais, quand les Allemands eurent occupé la plus grande partie des Balkans, elle se trouva contrainte de se rapprocher de Berlin, sans pourtant cesser des relations actives avec l'Angleterre. En août 1944, Ankara décida enfin de rompre ses relations diplomatiques avec le Troisième Reich pour lui déclarer la guerre six mois plus tard, en février 1945, afin d'être admise parmi les Nations-Unies.

Toute cette période a vu se développer, à Ankara comme à Istanbul, une atmosphère étrange où Alliés et représentants des pays de l'Axe se côtoyaient tous les jours, invités parfois aux mêmes réceptions pour ne s'en espionner que mieux en rentrant dans leurs ambassades. C'est dans la Turquie d'alors que se déroule « l'affaire Cicéron », du nom de code de cet espion allemand, maître d'hôtel de l'ambassadeur de Grande-Bretagne, qui réussit le tour de force de transmettre à ses maîtres des informations si riches que ceux-ci ne voulurent pas y croire. Un grand film de Joseph Mankiewicz, interprété par James

Mason, en a immortalisé l'intrigue, fût-ce, naturellement, en la rendant plus romanesque encore.

Pour les besoins de la cause, la France créa donc, à Istanbul, dès le début de la guerre, un « Bureau d'information et de presse » aux multiples activités, dont le consul général de l'époque, René Guyon, rendait compte fidèlement à l'ambassadeur de France à Ankara, René Massigli.

Nous voici face à un superbe exemple de propagande, sinon de « bourrage de crâne » dont photographies et articles tout prêts destinés à la presse turque constituent l'un des moyens d'action favoris.

La belle ingénuité dont témoignent en la matière les responsables de ce Bureau d'information et de presse n'a pas besoin d'être soulignée… De « la femme française pendant la guerre » (illustrée !) à « Hitler capitaliste » en passant par « La France vue par un neutre », il s'agissait de montrer au bon peuple turc, par journalistes interposés, plus ou moins payés pour cela, où était alors le bien et qui représentait le mal.

À Son Excellence Monsieur Massigli, ambassadeur de France à Ankara

Istanbul, le 4 avril 1940

Monsieur l'Ambassadeur,

J'ai l'honneur de vous présenter ci-dessous un rapport sur l'activité, pendant le mois d'avril, du Bureau de presse et d'information créé sur votre initiative au consulat général de France à Istanbul. Je me permets, à la suite de ce rapport, de vous faire part des observations que j'ai pu faire à la tête de cet organisme durant ce premier mois d'action.

Distribution de photographies

– Depuis le début du mois d'avril le Bureau de presse et d'information a distribué dans tous les journaux turcs d'Istanbul environ 600 photographies d'actualité choisies dans des collections constituées grâce aux envois de Téléfrance et, en partie, à ceux de l'attaché naval à Istanbul et de l'attaché militaire à Ankara.

Le résultat a été très satisfaisant. On peut considérer que 50 % environ des photographies qui paraissent dans la presse turque d'Istanbul sont des reproductions de celles qui sont distribuées par le Bureau d'information et de presse.

Il faut dire que dans ses envois quasi quotidiens le Bureau d'information et de presse s'attache à procurer aux journaux turcs des documents se rapportant aux événements du jour même.

Distribution de textes

– En même temps qu'il distribue des séries de photographies d'actualité, le Bureau de presse et d'information diffuse des textes, des articles d'information. Ces articles, empruntés généralement aux services de Téléfrance, aux revues de presse du ministère de l'Information, au Bulletin de la presse étrangère du même Département et aux Bulletins du ministère de l'Air et de la Marine, sont la plupart du temps adaptés par nos soins avant d'être envoyés aux directeurs de journaux turcs.

Voici la liste complète des articles qui ont été distribués pendant le mois d'avril :

La France au travail (illustré)

La femme française pendant la guerre (illustré)

La conservation du sang (Services sanitaires de l'armée française) (illustré)

Le ballon captif en France (illustré)

Le 25e anniversaire des chars de combat français (illustré)

La Flotte française (illustré)

L'entraînement des jeunes pilotes français (illustré)

La guerre maritime du Reich et les Scandinaves

La fabrication des avions français (illustré)

La démoralisation de la jeunesse allemande

L'approvisionnement des Alliés en pétrole

Le sort des Juifs en Allemagne depuis la guerre

Le ravitaillement de l'Allemagne en pétrole

La foire de Lyon

Témoignage d'un neutre en Allemagne

Hitler m'a dit

L'époque des petits États est révolue, il n'y a plus de neutres.

Les champs de mines à l'entrée de la Baltique

La construction d'usines souterraines en France (illustré)

L'Empire colonial français et les troupes coloniales françaises (illustré)

L'organisation du Service de l'Intendance française (illustré)

La Marine française vue par un Anglais (illustré)

Hitler et le capitalisme

La France en guerre vue par un Anglais

La France vue par un neutre

Les traitements infligés par le Reich aux populations de Pologne

Le temps travaille contre le moral allemand

L'organisation du ravitaillement dans l'armée française (illustré)

L'artillerie en France (illustré)

Hitler capitaliste
La ploutocratie allemande
Les résultats culturels du nazisme
La puissance militaire de la Roumanie
Les Polonais vont-ils mourir de faim ?
Exemples de répression en Allemagne
Les chiens de guerre
Le moteur et le cheval dans l'armée
La mode française (illustré)
Les accords franco-britanniques
Le minerai de fer suédois
L'Angleterre maîtresse des mers
L'Allemagne ne peut impunément stocker des avions
L'amitié franco-britannique devant la propagande nazie
Quelques points faibles de l'aviation allemande
L'objectivité des informations navales britanniques
La cadence de guerre dans l'industrie britannique

soit en tout : 46 articles dont chacun a été distribué au moins deux fois.

Ici nous avons rencontré moins de succès auprès des journaux turcs. Il est rare que nos articles aient été reproduits textuellement. Mais on nous assure, dans les salles de rédaction d'Istanbul, que c'est par amour-propre, et dans la crainte aussi des lois, que les directeurs de journaux répugnent à publier des articles distribués par des organismes étrangers plus ou moins officiels. Ce qui ne les empêche pas d'ailleurs de s'en inspirer largement.

Archives :

L'activité du Bureau de presse et d'information s'est manifestée également par la constitution d'archives de photographies et de textes. Près de 1 500 photographies ont été classées par sujets, chaque division comportant des subdivisions multiples. Ceci permet de satisfaire rapidement tout journaliste turc qui se présente à nous pour nous demander des documents sur un sujet donné. Le cas s'est déjà produit à trois reprises.

Les archives « textes » sont composées d'un grand nombre d'articles découpés dans les revues de presse et les différents envois du ministère de l'Information, du ministère de l'Air, de la Marine etc… Ces articles ont été et sont chaque jour spécialement choisis pour être éventuellement offerts à l'examen ou à l'étude des journalistes turcs désireux de traiter un sujet donné.

Développements prévus de l'activité du Bureau d'information et de presse.

Le Bureau d'information et de presse entend maintenant développer son activité.

1°) Il cherchera à « placer » chaque jour dans un ou deux journaux turcs les chroniques radiodiffusées de Téléfrance, ces chroniques étant adaptées de telle manière qu'elles apparaissent comme des « correspondances particulières ».

On n'a hésité devant cette nouvelle forme d'action qu'à la suite de la communication faite à M. de Monicaut par le ministère des Affaires étrangères turc lors de la création de notre bureau. Il semble que rien ne s'oppose plus désormais à ce que des propositions soient faites à quelques organes turcs. On s'efforcera avant tout de ne pas braver la susceptibilité de l'Agence d'Anatolie.

2°) Le Bureau d'information et de presse compte aussi entretenir des relations personnelles suivies avec la plupart des journalistes turcs d'Istanbul. Il n'attend pour cela que la réponse à la demande de crédits spéciaux qui a été faite à cet effet au ministère de l'Information.

Observations

Le fonctionnement du Bureau de presse et d'information d'Istanbul a permis de faire un certain nombre d'observations concernant, d'une part, les envois du ministère de l'Information et des autres Départements, et d'autre part, l'utilisation rationnelle de ces envois.

A – Notes sur les envois du ministère de l'Information et des autres Départements.

Comme on l'a vu, les articles distribués dans les journaux turcs sont empruntés aux envois du ministère de l'Information (Notes à diffuser, Revues de Presse, Téléfrance etc.) ; aux envois du ministère de l'Air (Bulletin hebdomadaire) ; aux envois du ministère de la Marine (Bulletin de Presse).

À part les revues de presse – où l'on trouve pourtant d'excellents documents susceptibles d'être utilisés – les articles réunis dans ces envois ont évidemment été choisis pour servir à l'information française et à la contre-propagande. Or, malgré leur tenue parfaite et leur intérêt certain, il arrive souvent qu'ils ne peuvent être employés utilement à l'étranger. L'esprit qui inspire ces articles et parfois même le choix des sujets ne sauraient convenir qu'à des lecteurs de chez nous. Souvent même ils sont, si l'on ose dire, trop violemment français, soit qu'ils exaltent telle ou telle forme de l'activité de notre pays, soit qu'ils critiquent ou condamnent l'activité de l'ennemi. Enfin il arrive aussi que le sujet choisi est tel que le document tout entier doit être laissé de côté.

Cela vient certainement de ce que ces documents ne sont ni choisis ni rédigés spécialement à l'usage de l'information à l'étranger. Il y aurait grand intérêt, semble-t-il, à signaler le fait au ministère de l'Information. Un service de rédaction spécialisé pourrait fournir aux agents du ministère dans les différentes capitales d'Europe et du monde des documents facilement utilisables. Les qualités et les caractéristiques de ces documents pourraient être les suivantes : simplicité dans le choix des sujets ; brièveté et concision dans la rédaction ; objectivité aussi grande que possible dans le raisonnement et l'argumentation ; modestie dans l'éloge de la France ; mesure dans les réquisitoires contre l'ennemi. Le plus souvent possible les articles seraient positifs : autrement dit les affirmations auraient le pas sur les critiques. On s'attacherait plus par exemple à montrer la puissance de la Flotte française qu'à s'étendre sur les ruines de la Marine allemande, etc…

Ces suggestions sont basées sur un fait maintes fois contrôlé : à savoir que, outre qu'ils se flattent généralement d'observer une certaine neutralité, les étrangers considèrent avec défiance toute suggestion avancée ou tout argument proposé par un parti dans le but exclusif de nuire au parti adverse.

B – Utilisation des articles envoyés par le ministère de l'Information et des autres départements.

Comme on l'a vu plus haut les directeurs de journaux turcs, s'ils s'en inspirent, répugnent évidemment à utiliser les articles qui leur sont envoyés par le Bureau de presse et d'information. Il y aurait pourtant intérêt à ce que ces documents parvinssent entre les mains du plus grand nombre possible de notabilités turques. Le seul moyen pratique de les mettre sous les yeux de ces personnages serait de les imprimer dans le journal *Istanbul*. Mais ceci suppose une réforme totale de ce journal, qui n'est plus lu que par une minorité de Stambouliotes. Il est de plus en plus évident en effet que le meilleur moyen de faciliter le rendement de l'information française en Turquie est de remonter l'*Istanbul*. Jamais nous n'aurons de meilleur interprète en Turquie qu'un journal français bien fait.

L'intérêt de l'information française en Turquie commande donc que l'on procède à une transformation radicale de l'*Istanbul*. De fait, ce journal, ayant petit a petit périclité au cours de ces dernières années, est devenu un organe misérable d'aspect et de tenue. Ses défauts et ses faiblesses peuvent s'énumérer comme suit : mauvaise qualité du papier et de l'impression ; défectuosité de la composition et de la mise en page ; pauvreté de la matière rédactionnelle originale ; incapacité notoire de l'administration, spécialement dans le démarchage de la publicité et l'organisation du service de vente.

Il y a deux moyens de remonter l'*Istanbul* :

1°) transformer l'affaire en société anonyme après une augmentation de capital qui servirait à acheter la nouvelle machinerie nécessaire dont on peut évaluer le prix à 300 000 francs environ.

2°) Apporter des réformes profondes dans la rédaction et dans l'administration, et imprimer le journal à forfait dans une imprimerie moderne de la ville, l'heure d'édition du journal étant portée à 17 heures.

C'est cette deuxième solution qui paraît la meilleure. Elle peut être adoptée immédiatement et entraîne peu de frais. Avec les subventions dont il bénéficie et après une réforme complète de son administration, l'*Istanbul* doit pouvoir supporter les frais d'une modernisation ainsi conçue.

Istanbul le 4 avril 1940.

Papiers René Massigli (217),
vol. 33, fol. 152-157.

Juillet 1940 : Paul Morand et Londres entre de Gaulle et Vichy

Encore un diplomate écrivain, ou plutôt cette fois un véritable écrivain dont la carrière diplomatique tourna court. Paul Morand est né en 1888. D'abord en poste à Londres pendant la Première Guerre mondiale, il tient un *Journal d'un attaché d'ambassade* qui, publié en 1948, nous montrera avec un étonnant brio les dessous de la vie diplomatique. C'est la guerre, oui, on travaille oui, mais on danse aussi, en habits et gants blancs. Vingt-cinq ans plus tard, Morand se retrouve à nouveau en Angleterre. On aurait pu dire : au bon moment ; mais ce sera plutôt pour lui au plus mauvais moment. En mission pour le gouvernement français, il est déjà à Londres lorsque le général de Gaulle débarque, le 14 juin 1940. Alors que tant d'autres rejoignent, dès les premiers jours, la France libre, Paul Morand conserve une réserve que l'on n'oserait qualifier de toute diplomatique. Non seulement il ne rallie pas les premiers « Français libres », mais il quittera Londres plutôt que de risquer de se compromettre dans leur sillage. Avant son départ, le 20 juillet, il fera parvenir au ministre des Affaires étrangères une étonnante « Relation sommaire de la situation à Londres du 17 juin au 20 juillet », longtemps demeurée confidentielle.

La publication récente du *Journal* des dernières années de la vie de Paul Morand a suscité de nombreuses querelles, et beaucoup de bons esprits ont proclamé bien haut leur indignation. Sans vouloir prendre part à ce débat, on notera toutefois qu'à dix reprises, vingt reprises peut-être, Morand précise dans son journal qu'il appartiendra à son exécutrice testamentaire d'en retirer tout ce qui pourrait nuire à son image. Il avait donc conscience de certaines des outrances échappées alors à sa plume. On a cru bon de publier le journal de Morand sans en modifier grand-chose. Assez curieusement, c'est la presse de droite qui s'en est le plus indignée, vertueusement, cela va sans dire. Le texte que l'on publie ci-après vaudra sûrement les mêmes indignations posthumes. On comprend en tout cas mieux l'hostilité viscérale de l'écrivain au général de Gaulle lorsqu'on lit les premières lignes que le diplomate lui consacre. Ni le général de Gaulle, ni son entourage, ni les ministres britanniques, à plus forte raison Winston Churchill, n'échappent à sa vindicte. Circulent entre les lignes Saint-John Perse et André Maurois qui devaient gagner les États-Unis. On voit Jean Monnet, qualifié de « personnalité saturnienne et malchanceuse », tandis qu'on décrit les mille et une vexations auxquelles seraient soumises les troupes françaises refusant de rejoindre le général de Gaulle par fidélité à l'État. L'État, c'est l'État français, depuis huit jours son siège est à Vichy.

Note confidentielle pour le ministre : relation sommaire de la situation à Londres du 17 juin au 20 juillet 1940

Liverpool, 20 juillet 1940

L'annonce de notre armistice s'est abattue sur une opinion britannique mal préparée ; la première réaction nous fut cependant favorable : grand élan de sympathie et de pitié pour une France qui restait l'alliée élue ; on comprenait qu'elle dut abandonner la lutte. « Que les Français se reposent ; c'est à nous maintenant de continuer seuls », disait Harold Nocholson, un des plus fidèles partisans de l'Entente. Mais, dès le 18 juin, le *Times* porte déjà la question sur le terrain politique : « Le maréchal Pétain forme un gouvernement de droite. »

Le général de Gaulle avait débarqué à Londres le 14 juin. Autour de lui s'étaient cristallisées aussitôt les tendances, jusque-là éparses, visant à créer un noyau français de résistance loin d'une France vassalisée par l'Allemagne, noyau constitué surtout avec des éléments français de gauche, sur lesquels, malgré des déboires, l'Angleterre croit toujours pouvoir compter. Dès lors, les mots « French Government » sont remplacés par « The Petain Government », gouvernement qui est censé ne pas représenter la nation. (Cette formule adoptée par la presse, la B.B.C., etc. subsiste encore.) On espère que le général de Gaulle saura rallier les colonies françaises, et le ministère de la Guerre économique, tout occupé à ce moment d'un pool des ressources coloniales interalliées, insiste pour qu'en dépit de l'armistice la mission française du blocus y participe. La mission décline cette offre.

Dès le 17 juin, M. de Kérillis était arrivé à Londres et y avait commencé ses démarches et le général de Gaulle parlait pour la première fois à la B.B.C. Sous le patronage du ministre de l'Information, M. Duff Cooper, ils orchestrent toute une propagande injurieuse contre le maréchal, troublent l'opinion anglaise, divisent la colonie française d'Angleterre, font pleuvoir les nouvelles tendancieuses ou fausses (arrivée imminente de MM. Blum, Mandel, Campinchi, Delbos, – attentat de la Gestapo contre M. Paul Reynaud, assassinat de M. Pierre Cot, etc.). Cependant, le 19 juin, M. Churchill fait à la radio un discours où, sauf une allusion à la rupture par la France de ses engagements envers son alliée, le ton est encore très modéré. (« Quoiqu'il arrive, notre victoire sera celle de la France… »)

Rapidement, le bruit se répand que le général de Gaulle a refusé d'exécuter l'ordre qu'il vient de recevoir de rentrer en France ; il va grouper tous les Français désireux de poursuivre la lutte, il se déclare sûr de l'appui que lui ont promis télégraphiquement les généraux Noguès, Catroux, Mittelhauser ; il a pour lui l'ambassade de France, il déjeune chez M. Corbin à qui Kérillis a dit brutalement : « De toutes façons, vous êtes fini ; autant venir avec nous. » Les 19, 20, 21 juin, le général de Gaulle et Kérillis sont installés comme chez eux dans le bureau de l'ambassadeur et de son secrétaire de confiance, M. de Charbonnière. Kérillis, qui prétend avoir refusé les fonds de la propagande anglaise en vue de la création d'un journal français à Londres, obtient néanmoins de la Bank of England l'autorisation d'exporter avec lui aux États-Unis les 40 000 livres sterling qu'il avait en dépôt à Londres « depuis juin 1936 ». La Bank of England lui accorde cette faveur unique (aucun autre Français n'a été autorisé à sortir plus d'une livre sterling), sur une intervention écrite de l'ambassade.

Parti pour Bordeaux dans un avion anglais avec Lord Lloyd le chef du Comité de coordination, M. Jean Monnet (accrédité à Londres en novembre 1939 par M. Daladier) est rentré à Londres le 20 juin. Depuis, il assiège Downing Street et, au Foreign Office, M. Vansittart. À l'ambassade, c'est chez M. Roger Cambon qu'il tient ses assises : il est de notoriété publique qu'il sera le président du Conseil de ce gouvernement français en préparation dont tous les réfugiés français notables se voient offrir les portefeuilles.

Mais Bordeaux donne l'ordre à nos unités navales réfugiées en Angleterre de rentrer dans leurs ports. Cette mesure pose devant le public la question de la flotte française. L'opinion britannique en est si émue que le gouvernement croit pouvoir prendre une décision à laquelle, heureusement, il ne sera pas donné suite : il annonce à la radio que le général de Gaulle est autorisé à prendre sous sa juridiction tous les Français habitant en Angleterre ; résultat de l'influence de Jean Monnet. Et ce même soir du 23 juin, le général de Gaulle lance sur un ton comminatoire un appel à tous les Français, qui jette la consternation dans leurs rangs car ils se voient contraints d'opter entre un internement probable ou un engagement chez les factieux. Affaissé, ambigu et spectral, M. Corbin annonce le 22 juin sa démission à ses intimes. L'avant-veille M. Alexis Léger, arrivant d'Arcachon, était débarqué à Londres où il logeait chez Vansittart. Désapprouvant la politique des réfugiés, il cherche à se désolidariser d'eux au plus vite et consacre son séjour en Angleterre à s'efforcer de faire comprendre à ses amis anglais les dangers de cette politique et à préparer son départ pour les États-Unis. De même, M. André Maurois, à qui de Gaulle a offert le sous-secrétariat d'État aux Affaires étrangères, a répondu : « Faites une légion, mais non un gouvernement. » Pendant tout ce temps, M. Élie Bois et Madame G. Tabouis ameutent la presse du dimanche contre le gouvernement français.

Cependant, de tous côtés, les esprits modérés s'inquiètent et font tous leurs efforts pour éviter une définitive rupture franco-anglaise. Ronald Tree agit sur M. Duff Cooper (Tree est secrétaire parlementaire), le major Morton, chef de l'Intelligence Service de Downing Street, influe sur le Premier Ministre qui consent à retarder sa déclaration d'investiture au gouvernement de Gaulle mais à regret, car le mouvement de Gaulle était devenu un élément de la politique intérieure anglaise. « Que voulez-vous, répondait Vansittart au commandant du C. si nous ne créons pas un gouvernement français de lutte à outrance, nous ne pourrons pas soutenir le moral de notre peuple. » – Cependant M. Jean Monnet doit sentir que l'atmosphère se refroidit car il modère l'élan de ses interventions : cet homme brillant et habile, cette personnalité saturnienne et malchanceuse semble ébranler l'édifice en même temps qu'il le construit, suivant ainsi la ligne brisée de toute une vie mystérieuse et internationale, semée de faillites.

Les troupes françaises, ramenées de Norvège en Écosse, s'impatientent et réclament leur rapatriement. Le 26 juin, un incident éclate qui fera réfléchir l'ambassade et les Anglais raisonnables : les ouvriers d'arsenaux français, retenus à Liverpool, marchent sur le consulat de France et il faut les arrêter par des barrages de police. Du coup l'ambassadeur se décide à donner suite aux demandes réitérées des missions et les convoquant chez lui, promet, bien que mollement, de les faire rapatrier.

Le gouvernement anglais, ne voyant débarquer aucun des hommes politiques annoncés, commence à s'interroger sur la politique à suivre : c'est au cours de ces dernières journées de juin qu'est né le projet de la mise hors de combat de la flotte française. Dès le 28 juin, le ministre de la Guerre économique, M. Dalton, travailliste « dur », se refuse à toute conversation sur le ravitaillement de la France et annonce le blocus des côtes françaises. Le 1er juillet, les ministères britanniques, auprès desquels sont accréditées des missions françaises, convoquent les chefs de ces missions et les invitent à prendre du service en Angleterre, en leur laissant le choix entre le général de Gaulle ou l'administration britannique. C'est alors qu'éclate l'affaire de Mers-el-Kébir.

Cet attentat a eu à Londres des contrecoups moraux immédiats : secrètement blâmé par une partie de l'opinion publique anglaise, il a ouvert les yeux à beaucoup de Français encore hésitants ou même déjà inscrits chez de Gaulle ; il a rendu impossible la création en Angleterre d'un gouvernement et même d'un comité national français ; il a obligé l'ambassade à se dégager entièrement de ses liens avec le général, et les réfugiés à mettre une sourdine à leurs conspirations.

La rupture des relations diplomatiques qui a suivi gêna beaucoup le gouvernement britannique ; la presse l'annonça par de très discrets entrefilets. Bien qu'elle eût été rendue publique dès le 5 juillet par les radios étrangères, elle ne fut officielle que huit jours après, les télégrammes de Vichy ayant subi un curieux retard. Avec le départ de M. Roger Cambon, l'ambassade se trouvait enfin placée sous les ordres d'un chef impartial, M. de Castellane. Grâce à lui, les télégrammes partaient et arrivaient normalement et le rapatriement des missions était préparé avec la collaboration du Foreign Office.

M. Winston Churchill, désorienté, avait en effet repassé la main aux diplomates et les chargeait de réparer ses erreurs. Pour obtenir un avantage naval très discutable, l'amirauté avait ruiné en quelques heures trente-cinq ans d'alliance. Mais nous n'avions pas encore vu la fin des maladresses du Premier Ministre. Irrité par certaines discrètes interventions de nos missions, mettant en garde soldats, marins et réfugiés français contre des engagements irréfléchis, le gouvernement faisait arrêter par la police anglaise, les cinq et six juillet, les quartiers-maîtres de la mission navale coupables d'avoir parlé breton dans la rue à des compatriotes ; des tracts étaient saisis, deux de nos officiers étaient mis au secret à Glasgow ; un courrier de la Marine, le lieutenant de Saint-Seine, était dépouillé d'un pli officiel ; la pression administrative sur les blessés et les réfugiés en faveur de la légion de Gaulle, dont l'effectif s'élevait maintenant à 4 000 hommes, s'accentuait de jour en jour, enfin, le 9 juillet au matin, une trentaine d'officiers de nos missions se voyaient assigner une résidence forcée à Oxford avec huit heures de préavis. Dans les missions, l'émotion était à son comble. Averti à temps, le Foreign Office faisait rapporter la mesure deux heures avant son exécution, obtenant même la mise hors de cause de nos attachés naval et militaire spécialement visés.

Dès le lendemain, 10 juillet, une détente immédiate en résultait : le Foreign Office acceptait d'échanger avec le gouvernement français un agent diplomatique. Il trouvait sur l'heure un bateau pour le rapatriement des missions et quelques jours plus tard celles-ci partaient pour la France.

Nous laissions derrière nous une situation pleine de difficultés auxquelles il faudra parer : nos marins, internés dans de mauvaises conditions, sont en danger d'être réexpédiés trop vite sans les garanties de sécurité nécessaires par les autorités anglaises inquiètes de leur esprit de révolte ; les blessés et les convalescents sont soumis à des pressions administratives les dirigeant sur de Gaulle ; des marins de commerce et des réfugiés civils, non encore recensés, errent à travers l'Angleterre, oubliés de tous ; se manifestent activement ; le personnel des missions resté volontairement pour assurer la liquidation ou retenu contre son gré par les Anglais, a beaucoup de peine à communiquer avec Vichy. La presse anglaise ne publie que des nouvelles françaises tendancieuses et l'ancienne mission d'information (Bret) ne fait plus rien de bon ; l'Institut français, dirigé par M. Denis Seurat, bien que subventionné par les Affaires étrangères, sert de cabinet politique au général de Gaulle ; un bureau politique de placement et de renseignements pour réfugiés vient de s'ouvrir où l'influence de M. P. Comert et de Madame G. Tabouis s'exerce dans le sens le plus défavorable au gouvernement français.

Paul Morand

Papiers 1940, papiers Baudouin, vol. 12.

1944 : Difficile reconnaissance du Gouvernement provisoire de la République française

Bien avant la Conférence de Yalta qui, du 4 au 11 février 1945, réunit les trois grands chefs alliés de la Seconde Guerre mondiale, Roosevelt, Churchill et Staline, et qui, d'une certaine manière, décida de l'avenir de l'Europe pour le demi-siècle qui allait suivre, les chefs d'État des trois principales puissances qui allaient signer quelques semaines plus tard la capitulation allemande, ne s'embarrassaient pas toujours de la présence française. Si le maréchal de Lattre de Tassigny fut en effet cosignataire de la capitulation du 8 mai 1945, ni de Gaulle, ni le général Tchang Kaï-chek n'avaient été invités à participer à Yalta. En juillet de la même année, seuls Truman, Churchill et Staline se rencontrèrent à la conférence de Potsdam.

En ce qui concerne la France, il est certain que l'attitude des Alliés vis-à-vis du gouvernement du général de Gaulle évolua, certes, au cours de l'année 1944, mais qu'en dépit de la stature déjà internationale du chef du Gouvernement provisoire de la République, une méfiance perdurait. Qu'il s'agisse des relations tendues entre Churchill et le général à Londres pendant la guerre ou du soutien donné par certains à Giraud, pour ne pas parler de l'attitude de plusieurs personnalités françaises réfugiées aux États-Unis qui ne cachaient pas leur hostilité à de Gaulle, la reconnaissance effective du GPRF (Gouvernement provisoire de la République française) prit plusieurs mois. Pourtant, c'est dès le 3 juin 1944 que le Comité français de Libération nationale (CFLN), présidé par le général de Gaulle, avait pris le nom de GPRF sur proposition unanime de l'Assemblée consultative réunie à Alger. Son autorité fut vite reconnue *de facto* par les États-Unis sur les territoires libérés (11 juillet 1944) et c'est lui qui ordonna le rétablissement de la légalité républicaine sur le territoire métropolitain (9 août).

Installé à Paris dès le 31 août, le gouvernement provisoire fut remanié début septembre pour y permettre l'entrée de personnalités de la Résistance intérieure. C'est seulement le 22 octobre 1944 que le GPRF devait être reconnu *de jure*.

La série de documents que l'on publie ici, datés du mois de septembre 1944 et du 19 octobre de la même année, rendent compte, qu'il s'agisse d'Alger, de Dublin, de Washington ou de Londres, de l'étendue des problèmes posés. On notera qu'au 28 septembre 1944 encore, le *New York Tribune* pouvait souligner que la déclaration conjointe anglo-américaine sur l'Italie allait jusqu'à placer, de fait, les autorités françaises dans une position inférieure à celle du « gouvernement italien » nommé tel quel par les Anglais et les Américains.

On voudrait aussi remarquer que si le nom de Henri Hoppenot, grand ambassadeur dans la période précédente, apparaît à nouveau, puisque Henri Hoppenot est alors délégué du GPRF à New York, les noms de MM. Bidault, ministre des Affaires étrangères, Massigli, ambassadeur de France à Londres ou Laforcade, délégué du GPRF à Dublin, signataires de ces divers télégrammes, seront parmi ceux que l'on retrouvera dans les vingt ou trente ans qui vont suivre dans toutes les ambassades de France à l'étranger.

Ministère des Affaires étrangères, services d'Alger,
à Georges Bidault, ministre des Affaires étrangères

Alger, 12 septembre 1944

(*Reçu :* le 14.)

M. Guérin me signale l'(attitude) favorable du Saint-Siège en ce qui concerne la question de la reconnaissance et le grand intérêt que le pape lui-même attacherait à un premier contact officieux entre (...)[1] et le Gouvernement provisoire.

D'après certaines rumeurs courant le Vatican, le nonce serait d'ailleurs déjà à Paris et aurait été reçu par M. Massigli.

J'attacherais du prix à pouvoir fournir le plus tôt possible à notre délégué les éléments d'une réponse à la secrétairerie d'État.

M. Bérard a enfin consenti à se démettre, mais est encore à Sainte-Marthe. MM. Guérin et Couve de Murville s'efforcent, avec le concours des autorités militaires, de lui trouver une résidence provisoire dans les environs de Naples.

Direction d'Europe.

M. de Laforcade, délégué du GPRF à Dublin,
à Georges Bidault, ministre des Affaires étrangères

Dublin, 19 septembre 1944

(*Reçu :* le 23)

Bien que la presse irlandaise n'ait donné que des comptes-rendus assez brefs du remaniement du Gouvernement provisoire et de l'important discours prononcé par le général de Gaulle le 12 septembre au Palais de Chaillot, l'intérêt que suscite le redressement politique de la France tant à l'intérieur qu'à l'extérieur va croissant aussi bien dans les milieux

1. Lacune de déchiffrement.

officiels que dans l'opinion publique de Dublin. Mon télégramme par courrier nº 8 a indiqué *in fine* la forme que prend dès maintenant cet intérêt et les raisons qui l'inspirent.

Demeurée neutre pendant le conflit, malgré la démarche pressante du 21 février et parce qu'elle voulait voir dans sa neutralité un symbole de son indépendance, l'Irlande tend manifestement à chercher du côté du continent un contrepoids à l'influence anglaise et aussi américaine. En ce qui nous concerne, cette tendance est à enregistrer. J'ai cependant marqué au secrétaire général des Affaires étrangères qui m'esquissait ses vues à ce sujet que le développement des relations franco-irlandaises ne saurait, bien entendu, comporter de pointe contre nos Alliés.

Dans le cadre actuel – si complexe – des relations internationales, les tendances d'une petite nation comme l'Irlande peuvent n'avoir qu'une importance relative. Elles sont néanmoins significatives parce qu'elles révèlent qu'aux yeux des petites puissances la France joue à nouveau son rôle, qu'on attend d'elle qu'elle reprenne sa mission traditionnelle dont l'un des aspects est de grouper ces mêmes petites puissances. Aussi les déclarations de Votre Excellence sur la continuité de cette mission ont-elles été accueillies avec faveur. L'*Irish Times*, dans un éditorial du 15 septembre empreint d'une sincère sympathie pour notre pays, prévoit que celui-ci sera en mesure d'exercer bientôt « son influence juste et traditionnelle dans les affaires européennes et mondiales ».

M. Hoppenot, délégué du GPRF à Washington,
à Georges Bidault, ministre des Affaires étrangères

Washington, 28 septembre 1944

(*Reçu :* le 7 octobre)

La déclaration conjointe anglo-américaine sur l'Italie est accueillie avec une certaine réserve par la presse et l'opinion américaine. Ceux mêmes qui l'approuvent le font sans chaleur et présentent la décision prise comme un expédient destiné à masquer, sinon à pallier, l'échec de l'administration alliée à résoudre d'une manière satisfaisante les problèmes politiques ou économiques auxquels elle a à faire face depuis un an en Italie.

Certains journaux n'ont pas manqué de souligner la différence de traitement accordé à l'Italie et à la France, au détriment moral de cette dernière. Le *New York Tribune* a remarqué que la *déclaration conjointe* parlait du « gouvernement italien », appellation que le président Roosevelt avait soigneusement évitée dans ses déclarations sur l'« autorité française *de facto* ». Le même journal écrit que les fonctionnaires du Département d'État ont été incapables de dire si le prochain envoyé italien aurait ou non rang sur le délégué français.

J'ignore comment le protocole américain résoudra cette épineuse question. J'attacherais plus d'importance à connaître les instructions du Département sur l'attitude que je devrais observer à l'égard du futur ambassadeur d'Italie, dont l'arrivée ne saurait sans doute tarder. Dans la mesure où le gouvernement français considère que l'état de guerre ou d'armistice règne encore entre la France et l'Italie, je devrais m'abstenir de toutes relations avec ce « collègue », et de recevoir ou de rendre sa visite. Si le Département estime au contraire que des relations peuvent être nouées entre la future mission italienne et la mienne, je lui serais reconnaissant de m'en définir, par le télégraphe, l'étendue et le caractère.

D'une manière générale, j'aurais du reste le plus grand intérêt à être éclairé sur les directives générales de la politique que le gouvernement français entend suivre à l'égard de l'Italie, ne serait-ce que pour orienter les réponses à faire aux questions qui me sont fréquemment posées à ce sujet, notamment par les représentants des petites puissances européennes. Ceux-ci ressentent la politique, trop lénitive à leurs yeux, adoptée à l'égard de l'ennemie d'hier par la Grande-Bretagne et les États-Unis. Ils se montrent désireux de savoir dans quelle mesure nous nous y associons. Je crains qu'ils ne soient aujourd'hui tentés d'interpréter trop logiquement l'attitude adoptée à Montréal par notre délégation à la conférence de l'UNRRA[1] quand elle s'est portée en flèche pour seconder la proposition américaine en faveur du ravitaillement de l'Italie par cet organisme. S'il convenait de ne pas nous opposer à cette mesure, je ne vois pas les avantages que nous avions à faire un geste qui entraînait les petites puissances européennes, jusqu'alors réticentes ou opposées à nous suivre bon gré mal gré. Les interprétations auxquelles cette initiative peut prêter de leur part ne seront pas toutes favorables à nos intérêts et à notre prestige.

M. Massigli, ambassadeur de France à Londres,
à Georges Bidault, ministre des Affaires étrangères

Londres, 29 septembre 1944

(*Reçu :* le 30.) Confidentiel.

Le passage du discours de M. Winston Churchill consacré aux affaires françaises reflète très exactement la position embarrassée qui est aujourd'hui celle du gouvernement britannique. Il traduit aussi l'attitude sentimentale qui est, en la matière, celle du Premier Ministre.

La libération de la France a eu ici, comme vous le savez, un énorme retentissement. Les conditions dans lesquelles elle s'est effectuée, le rôle qu'y ont joué les forces du maquis, l'insurrection parisienne, autant d'éléments qui ont frappé au plus haut degré les imaginations, donné leur pleine force aux sympathies que la France avait conservées dans ce pays et réveillé celles qui s'étaient assoupies. Dans le cas du Premier Ministre, s'ajoute le soulagement éprouvé à pouvoir donner désormais libre cours aux sentiments qu'il a toujours nourris pour notre pays, sans évoquer en même temps les désaccords qui lui sont tant reprochés et qui l'ont opposé au général de Gaulle. Pour le gouvernement comme pour l'opinion publique, il n'y a aucune raison de différer désormais la reconnaissance du

1. U.N.R.R.A. : *United Nations Relief and Rehabilitation Administration.*

Gouvernement provisoire ; bien plus, on a besoin que la France reprenne sa place parmi les grandes puissances. Le problème allemand est là, qui exige notre participation. Sur ce point essentiel, M. Churchill ne se dédit pas ; il réaffirme la position qu'il a déjà prise […]

M. Hoppenot, délégué du GPRF à Washington,
à Georges Bidault, ministre des Affaires étrangères

Washington, 19 octobre 1944

(*Reçu :* le 20.)

Ainsi que nos télégrammes de presse l'ont signalé, des correspondances visiblement inspirées et datées de Washington ont annoncé ces jours derniers que le général Eisenhower se préparait à se dessaisir au profit du général de Gaulle d'une large part du contrôle qu'il exerçait sur les affaires civiles en France. Une zone dite de l'intérieur serait créée dont la délimitation d'après le *New York Times* ferait actuellement l'objet de négociations entre les autorités militaires américaines et les « autorités *de facto* ». Le général de Gaulle assumerait la responsabilité du pouvoir dans cette zone sans que cette décision du général Eisenhower, précise le correspondant officieux du journal, implique une reconnaissance comme gouvernement de l'autorité *de facto*. Les mesures dont il s'agit ne sont que la stricte application des accords négociés en août dernier à Washington et Londres le 25 du même mois. La présentation qui en est faite n'en est que plus significative. Elle vise en effet à désarmer les critiques soulevées dans ce pays par la politique américaine à l'égard de la France en donnant au public l'impression que le gouvernement du général de Gaulle reçoit du général Eisenhower toute la liberté d'action à laquelle il peut prétendre sur la plus grande partie de notre territoire. Elle réserve (…[1]) principe du gouvernement américain et maintient le problème

1. Lacune de déchiffrement.

de ses relations avec le gouvernement français sous le couvert fictif de l'autorité du commandement supérieur allié.

Il est possible, m'assure-t-on d'une autre source, que M. Roosevelt prenne publiquement acte dans un avenir prochain de la décision du général Eisenhower et l'endosse en quelque sorte en des termes qui constitueraient plus une constatation de l'état de fait créé par cette décision qu'une reconnaissance politique avec les conséquences durables qu'elle comporterait. Tout se passe comme si le Président en se laissant aller à des concessions de forme ou de terme destinées à calmer le mécontentement croissant des opinions publiques demeurait résolu à éviter tout engagement direct de son gouvernement à l'égard du gouvernement français et à se réserver la possibilité de faire jouer l'autorité du Haut Commandement interallié en toute éventualité où une reconnaissance complète dudit gouvernement exclurait a priori la possibilité d'interventions étrangères. Le Président n'entend pas se lier les mains par une telle reconnaissance ni traiter sur un pied d'égalité avec nous. Cette position, dont rien n'indique qu'elle puisse être dans un délai prochain fondamentalement modifiée, n'exclut pas la possibilité d'une collaboration désirable et féconde sur bien des terrains entre les deux nations. Elle nous en marque les limites et doit guider ceux qui ont pour tâche d'orienter l'opinion publique française. Elle déconseille de croire aussi bien les récriminations stériles que l'importance exagérée accordée par certains à des manifestations purement verbales et platoniques destinées à nous apaiser. Certains commentaires qu'avait consacrés Radio-Brazzaville dans ses émissions vers l'Amérique pour la nomination de M. Caffery et à ses premières déclarations m'ont paru à ce point de vue regrettables. Si nous n'avons pas à quémander ce que l'on nous refuse, nous avons encore moins à nous glorifier du peu que l'on nous donne.

Documents diplomatiques français, 1944,
t. II, n° 4, 20, 30, 32, 74.

Décembre 1944 : Pourparlers pour un traité franco-soviétique

La visite que rendit le général de Gaulle à Moscou en décembre 1944 marque une étape essentielle dans la réinstallation de la France sur la scène internationale. Il s'agit pour le général non seulement de s'assurer une légitimité personnelle, mais surtout, peut-être, de fortifier celle de la France en tant que puissance à part entière parmi les Alliés.

Ce n'est pourtant pas l'intérêt historique de ce voyage que l'on veut confirmer ici ; il s'agit plus simplement de montrer comment une conversation entre négociateurs de différents pays – en l'occurrence entre chefs d'États puisque c'est de Gaulle et Staline qui se retrouvent face à face, entourés du côté français par Georges Bidault et du côté soviétique par M. Molotov, ministre des Affaires étrangères soviétique, et M. Bogomolov, ambassadeur – peut aboutir sinon à des malentendus flagrants, dans le cas précis, du moins à des erreurs ou des différences d'appréciation notables. La question qui se posait était celle de la signature, entre la République française et l'Union soviétique, d'un traité qui devait être bilatéral ou trilatéral, si la Grande-Bretagne y était associée. Le compte-rendu français de ces entretiens, notamment de ceux du 2 et du 8 décembre, au cours desquels, précisément, le général de Gaulle rencontra directement le maréchal Staline, font déjà état de ce malentendu, quant à l'interprétation de la réponse de Staline aux propositions françaises. Mais on trouvera en outre ici le compte-rendu de ces rencontres telles qu'elles ont été publiées ultérieurement par la revue *Recherches Internationales*, à partir de documents soviétiques. Et là, les différences entre l'interprétation française et l'interprétation soviétique des mêmes conversations sont évidentes. Au-delà de la simple curiosité que présente l'ensemble de ces documents, il faut peut-être aussi tenir compte, dans la version soviétique, d'un certain souci de faire passer dans les milieux diplomatiques russes eux-mêmes, un point de vue sans doute peu conforme à une doctrine qui était alors celle officielle de l'URSS et qui, au cours de conversations aussi préparées qu'elles aient été, a pu, ça ou là, en diverger plus ou moins sensiblement.

On lira donc deux documents « très secrets » datés de Moscou des 2 et 8 décembre, ainsi que le projet de traité remis par Maurice Dejean, qui devait ensuite faire une carrière remarquable et remarquée à Moscou ; une lettre très personnelle adressée par René Massigli, alors ambassadeur de France, à Jean Chauvel, Secrétaire général du ministère des Affaires étrangères, se plaignant amèrement du peu d'égards de la diplomatie française pour la Grande-Bretagne alors que Staline, de son côté, a pris la peine d'informer Churchill de la démarche française ; enfin, un commentaire du ministère des Affaires étrangères sur l'article publié par la revue *Recherches Internationales*.

Compte rendu de l'entretien du général de Gaulle avec le maréchal Staline

Le samedi 2 décembre à 21 heures au Kremlin

Très secret.

Le général de Gaulle a été reçu au Kremlin le 2 décembre à 21 heures par le maréchal Staline.

Assistaient à l'entretien : M. Molotov, M. Bogomolov, M. Roger Garreau et l'interprète Podzerov.

Le maréchal serre la main de son visiteur et l'invite immédiatement à s'asseoir en face de lui devant une grande table à tapis vert où sont préparés papiers et crayons. Il lui demande s'il a fait bon voyage et, sur la réponse affirmative du général de Gaulle, commence suivant son habitude à tracer des figures géométriques au crayon rouge sur sa feuille de papier en attendant que ce dernier poursuive la conversation.

Le général exprime au maréchal sa satisfaction d'être l'hôte du gouvernement soviétique qu'il remercie d'avoir bien voulu, par l'intermédiaire de M. l'ambassadeur Bogomolov, l'inviter à faire ce voyage.

Le maréchal pose quelques questions sur le séjour du général à Bakou et sur les impressions qu'il a emportées de sa visite à Stalingrad. Le général ayant fait l'éloge de l'œuvre de reconstruction déjà accomplie dans cette glorieuse cité, le maréchal lui demande dans quel état matériel se trouve la France après sa libération et si la remise en marche de ses moyens de production se poursuit de manière satisfaisante. Le général expose les graves difficultés que son gouvernement s'efforce de surmonter surtout en ce qui concerne les moyens de transports et les matières premières. Des progrès considérables ont été déjà réalisés : bien que plus de 4 000 ponts de routes et voies ferrées eussent été détruits, les communications sont déjà rétablies d'un bout à l'autre du territoire, l'extraction de la houille a doublé en deux mois, etc. Mais ce qui préoccupe surtout le Gouvernement provisoire, c'est l'équipement de la nouvelle armée qui brûle de prendre la part la plus efficace dans la poursuite de la guerre. Il presse les autorités américaines d'accélérer les fournitures de matériel indispensable, mais n'obtient malheureusement pas satisfaction.

Le maréchal fait observer qu'il vaut mieux ne pas trop compter sur l'assistance des autres et que le mieux est de faire soi-même tout l'effort possible pour remettre en marche l'industrie nationale.

Le général de Gaulle déclare que tel est bien le but que s'est assigné son gouvernement.

Passant à la situation générale de la France en Europe et dans le monde, il expose que le rétablissement d'une France forte constitue sur le continent, avec une Russie puissante, la meilleure garantie de sécurité. Il remercie le gouvernement soviétique d'avoir pris l'initiative de proposer que la France soit admise en qualité de membre égal et permanent dans la Commission consultative des affaires européennes. Le maréchal estime que la chose allait de soi et que la France devait reprendre la place qu'elle mérite.

Le général de Gaulle dit que, en effet, la défaite de 1940 fut un accident et aussi une conséquence du fait que, constamment exposée aux agressions allemandes, elle n'avait pas réussi, au cours des négociations du traité de Versailles, à convaincre les Alliés de la nécessité d'assurer d'une manière définitive la sécurité réelle de ses frontières. Les propositions formulées par M. Clemenceau au Conseil suprême au sujet de la frontière du Rhin avaient été malheureusement rejetées et les garanties qui nous avaient été apportées en compensation étaient illusoires. La Russie était alors absente et son concours nous a manqué : elle aurait mieux compris les besoins de la France, sa position vis-à-vis de la menace allemande étant pareille à la nôtre. Il fallait absolument éviter que se renouvelle une erreur aussi funeste dans le règlement de la paix de demain.

Le maréchal ayant demandé si le général de Gaulle avait déjà envisagé un plan concret, celui-ci répond que la frontière géographique et historique de la France est constituée par le

Rhin et que cette frontière est la seule qui puisse assurer la sécurité de notre pays.

Le maréchal répond : « Il est bon en effet que la France soit sur le Rhin. Il est difficile de faire objection à cela ». Puis, après quelques secondes de réflexion, il ajoute : « Toutefois aucune frontière naturelle, si forte soit-elle, ne peut constituer une garantie absolue de sécurité si elle n'est pas protégée par une nation solide et une armée forte. Il ne faut pas s'endormir derrière une illusion de sécurité comme le fut la ligne Maginot. Il y a chez nous des gens qui demandent à porter nos frontières sur les Carpates parce que cette chaîne de montagnes constitue une protection naturelle de la Russie. Mais la sécurité doit être garantie aussi par des alliances et des accords entre nations amies. L'histoire des deux guerres a démontré que ni la France, ni la Russie, ni même ces deux pays ensemble n'étaient assez forts pour venir à bout de l'Allemagne. Pour atteindre ce but, le concours d'autres puissances leur était nécessaire. Par conséquent ce n'est que par une solide entente entre l'Union soviétique, la France, la Grande-Bretagne et l'Amérique qu'une victoire totale pourrait être obtenue et établie une paix durable. L'Union soviétique et la France ne pouvaient régler seules la question de la frontière du Rhin. Le général de Gaulle avait-il déjà abordé ce problème avec Londres et Washington ?

Le général de Gaulle répond qu'il partage entièrement la manière de voir du maréchal, que l'accord des quatre grandes puissances est en effet indispensable et que cet accord sera grandement facilité par la participation de la France aux travaux de la Commission consultative des affaires européennes. En précisant comme il vient de le faire la revendication française de la frontière du Rhin, il avait l'espoir que l'Union soviétique, en raison de sa position semblable à celle de la France et qui l'expose aux mêmes dangers immédiats, comprendrait aisément le bien-fondé de notre demande et l'appuierait le moment venu auprès des autres puissances alliées.

D'ailleurs, poursuit le général, s'il n'a évoqué jusqu'à présent que le problème de la future frontière occidentale de l'Allemagne, il serait heureux de connaître les vues et les projets du gouvernement soviétique à l'égard de la frontière orientale du Reich.

Le maréchal répond que les anciennes terres polonaises de la Prusse occidentale, de la Poméranie, de la Silésie doivent être légitimement restituées à la Pologne. « En somme, la frontière de l'Oder » ? demande le général de Gaulle. – L'Oder et même plus loin, répond le maréchal. L'Oder et la Neisse. Et aussi des rectifications de frontière pour la Tchécoslovaquie qui, de toute manière, rétablira ses frontières de 1938.

Le général de Gaulle constate que le tracé de ces frontières s'inspire des mêmes considérations géographiques et historiques ainsi que des mêmes nécessités militaires sur lesquelles le peuple français tout entier fonde sa revendication de la frontière du Rhin.

Le maréchal revient sur la garantie de paix et de sécurité qu'offre le maintien d'une solide entente entre les grands alliés qui soutiennent le principal poids de cette guerre. L'Union soviétique et la Grande-Bretagne ont déjà, sur ce plan, conclu un traité d'alliance de 20 ans[1]. Il conviendrait que l'Union soviétique et la France envisagent un accord du même genre afin de se prémunir contre le danger commun d'une nouvelle agression allemande.

Le général de Gaulle répond que tel est bien le désir de son gouvernement. Nos deux pays étant les voisins immédiats de l'Allemagne sont les plus intéressés à s'unir pour leur défense commune. Déjà avait été conclu dans ce but le pacte de 1935 qui pouvait servir de base à la négociation d'un nouvel accord mieux adapté aux conditions actuelles.

Le maréchal Staline et M. Molotov rappellent ensemble que le pacte de 1935 n'a jamais été appliqué, que l'Union soviétique, instruite par cette pénible expérience, n'entend pas conclure un accord sur le papier qui ne serait pas garanti par une sincère et solide volonté d'en respecter la lettre et l'esprit. Le général de Gaulle fait observer qu'il n'est pas Pierre Laval

1. Traité d'alliance anglo-soviétique du 26 mai 1942.

et que s'il souhaite conclure un pacte avec l'Union soviétique, c'est pour en assurer la pleine application et établir une entente solide entre la France et la Russie.

Le maréchal Staline et M. Molotov enregistrent cette assurance avec satisfaction. L'accord envisagé s'intégrera dans la bonne entente et l'étroite collaboration des quatre grands alliés et de toutes les Nations unies.

Le général de Gaulle demande à prendre congé à 23 heures.

Papiers Burin des Roziers

Projet français remis par Maurice Dejean à M. Bogomolov à l'ambassade de France à Moscou

Moscou, 3 décembre 1944, 13 h

Très secret.

Le Gouvernement provisoire de la République française et le présidium du Conseil suprême de l'Union des Républiques socialistes soviétiques.

Déterminés à poursuivre en commun et jusqu'au bout la guerre contre l'Allemagne.

Convaincus qu'une fois la victoire acquise le rétablissement de la paix sur des bases stables et son maintien pour un durable avenir comportent comme condition l'existence d'une étroite collaboration entre eux et avec l'ensemble des Nations unies.

Décidés, en particulier, à prévenir toute nouvelle agression de la part de l'Allemagne.

Constatant que pour accomplir la tâche qu'ils sont ainsi résolus à poursuivre en commun, il importe de formuler à nouveau pour les préciser et les compléter, en raison de circonstances nouvelles et d'une nécessité accrue, les stipulations de l'accord d'assistance mutuelle du 2 mai 1935.

Désireux, d'autre part, de confirmer les engagements réciproques résultant de l'échange de lettres du 20 septembre 1941 relatif à l'action conjointe dans la guerre contre l'Allemagne.

Assurés de répondre, par la conclusion d'une alliance entre la France et l'URSS, aux sentiments comme aux intérêts des deux peuples, aux exigences de la guerre comme aux besoins de la paix et de la reconstruction économique, en conformité entière avec les buts que se proposent les Nations unies.

Ont résolu de conclure un traité à cet effet et ont désigné pour leurs Plénipotentiaires, savoir

....

....

....

Lesquels, après avoir échangé leurs pleins pouvoirs reconnus en bonne et due forme, sont convenus des dispositions suivantes :

Article premier. – Chacune des Hautes Parties contractantes continuera de combattre aux côtés de l'autre et des Nations unies jusqu'à la victoire finale sur l'Allemagne. Chacune des Hautes Parties contractantes s'engage à prêter à l'autre aide et assistance dans cette lutte par tous les moyens dont elle dispose.

Art. 2. – Les Hautes Parties contractantes n'accepteront d'entrer en négociations ni avec le gouvernement hitlérien ni avec aucun gouvernement ou autorité établis en Allemagne qui seraient animés soit de l'esprit hitlérien soit de celui du militarisme prussien. Chacune d'elles s'engage à ne pas entrer en négociations séparées avec l'Allemagne.

Art. 3. – Les Hautes Parties contractantes contribueront d'un commun accord à l'établissement d'un système international destiné à garantir d'une manière efficace le maintien de la paix mondiale et à assurer le développement harmonieux des rapports entre les nations.

Art. 4. – En attendant qu'un tel système ait pu être établi à leur satisfaction mutuelle et afin d'en poser dès maintenant une des bases essentielles, les Hautes Parties contractantes s'engagent pour la période qui suivra la fin des hostilités à prendre en commun toutes les mesures nécessaires pour parer à toute menace provenant de l'Allemagne et pour faire échouer toute velléité d'agression de sa part.

Art. 5. – Dans le cas où l'une des Hautes Parties contractantes se trouverait impliquée dans des hostilités avec l'Allemagne soit à la suite d'une agression commise par celle-ci, soit par le jeu de l'art. 4 ci-dessus, l'autre lui apportera immédiatement toute l'aide et l'assistance en son pouvoir.

Art. 6. – Afin de rendre plus efficace l'assistance réciproque prévue aux articles 4 et 5 ci-dessus et d'en préciser les modalités, les Hautes Parties contractantes procéderont sans délai à des négociations en vue de la conclusion d'une convention militaire. Cette convention sera constamment adaptée par entente mutuelle au développement de la technique militaire et à l'évolution de la situation générale en Europe.

Art. 7. – Les Hautes Parties contractantes entameront également des négociations immédiates en vue de la conclusion d'accords particuliers destinés à rendre plus étroites les relations entre la République française et l'Union soviétique et à développer les échanges de toutes sortes entre les deux pays.

Art. 8. – Les Hautes Parties contractantes conviennent de se donner l'une à l'autre toute l'assistance économique possible après la guerre en vue de faciliter et de hâter la reconstruction des deux pays et de contribuer à la prospérité du monde.

Art. 9. – Le présent traité maintient en vigueur le traité de non-agression signé entre la France et l'URSS le 29 novembre 1932 et la convention relative à la procédure de conciliation qui lui a été annexée.

Art. 10. – Le présent accord n'affecte en rien les engagements précédemment assumés par les Hautes Parties contractantes avec les États tiers en vertu de traités publiés.

Art. 11. – Le présent traité, dont les textes français et russe feront également foi, sera ratifié et les instruments de ratification seront échangés à… aussitôt que faire se pourra.

Il prendra effet à compter de l'échange des ratifications et restera en vigueur pendant vingt ans. Si, un an au moins avant l'expiration de cette période, il n'est pas dénoncé par l'une des Hautes Parties contractantes, il restera en vigueur sans limitation de durée, chacune des Hautes Parties contractantes pouvant alors y mettre fin par une déclaration à cet effet avec préavis d'un an.

En foi de quoi les Plénipotentiaires ci-dessus désignés ont signé le présent traité et y ont apposé leurs sceaux.

Fait à… en double expédition, le…

Papiers Burin des Roziers

Entrevue entre le général de Gaulle et le maréchal Staline

Vendredi 8 décembre 1944

Très secret.

Présents du côté français :

Général de Gaulle

MM. Bidault

Garreau

Présents du côté soviétique :

Maréchal Staline

MM. Molotov

Bogomolov

Général de Gaulle. – Nous avons jusqu'ici causé de beaucoup de choses. Le moment est venu d'exposer clairement notre position sur certains problèmes d'une importance capitale pour vous et pour nous.

Pour nous la préoccupation essentielle, la question vitale, c'est l'affaire allemande.

Le problème de la sécurité française à l'égard de l'Allemagne comprend trois éléments :

a. les frontières,

b. le désarmement,

c. les alliances.

[…]

Le désarmement présente lui-même trois aspects, militaire, économique et moral.

Au sujet du désarmement économique, nous considérons, non seulement qu'à l'intérieur de l'Allemagne l'industrie lourde ne doit pas être employée, même partiellement, à des fins d'armement, mais encore que le bassin de la Ruhr – avec toutes ses ressources – doit être soustrait à la souveraineté allemande et soumis à un régime international, aussi bien pour l'administration que pour l'exploitation des mines et des usines au profit de la paix.

Cette internationalisation de la Ruhr pourra être en fait moins difficile qu'on ne pourrait le penser. En dehors des quelques patrons, sa population est composée presque exclusivement d'ouvriers. On pourrait en faire une population cosmopolite. Elle comprend d'ailleurs déjà un grand nombre d'ouvriers étrangers. On pourrait en faire venir d'autres. Le caractère cosmopolite que présente déjà, dans une certaine mesure, la population de la Ruhr faciliterait l'établissement d'un régime international.

Pour ce qui est des frontières sud de l'Allemagne, nous considérons qu'il faut rendre les Sudètes aux Tchécoslovaques et faire de l'Autriche un pays libre et indépendant.

Quant au corps même de l'Allemagne, ne préjugeons rien. Nous verrons.

c. Nous en arrivons aux alliances. Il y a deux grands pays qui, en raison de leurs positions géographiques, sont particulièrement exposés à une agression allemande, la France et l'URSS.

D'autre part, ce sont les deux seuls pays qui, par la nature des choses, ont toujours eu et conserveront une grande armée. En Grande-Bretagne l'armée permanente est et sera toujours un objet de discussion, chez nous et chez vous, elle est une institution.

Il est donc conforme à la nature des choses que nous soyons alliés en premier lieu, de façon à pouvoir agir préventivement et riposter immédiatement. Nous sommes les deux seuls pays à pouvoir le faire. Si nous sommes associés pour cela, les autres États de l'Europe, les États balkaniques – par exemple – ne pourront pas aller de l'autre côté, parce que nous serons les plus forts.

Du point de vue de la France, l'alliance franco-soviétique vient donc en premier lieu.

Quant à la Grande-Bretagne, l'histoire – surtout l'histoire des vingt années qui ont séparé les deux guerres – montre qu'elle est très gênée pour agir préventivement et pour agir immédiatement. D'abord en raison de sa position géographique. En outre toute action britannique est subordonnée à un concert avec les Dominions. Ceux-ci sont très éloignés : ils ne sont pas directement menacés, ils ont des intérêts divergents. Pour toutes ces raisons il est difficile à la Grande-Bretagne de prendre des mesures préventives ou des mesures immédiates en cas de conflit.

C'est ainsi qu'en 1914 la Grande-Bretagne a hésité avant d'entrer en guerre. Elle n'a agi que parce que la Belgique était envahie et qu'ainsi l'Angleterre se sentait immédiatement en péril. Si l'agression allemande est dirigée non vers l'ouest mais vers l'est, l'Angleterre aura du mal à se décider. Si elle l'a fait en septembre 1939, c'est après une longue série de capitulations. En revanche quand l'agression allemande est en cours et que la Grande-Bretagne se sent menacée, elle agit avec constance, courage, énergie. Il est certain que la Grande-Bretagne doit être associée à la France et à l'URSS dans la défense de la paix. Mais c'est un autre étage de sécurité.

La sécurité doit être envisagée enfin sous son aspect mondial. Je pense ici essentiellement à la participation de l'Amérique, que les querelles européennes contrarient, qui les comprend mal ; qui a une foule d'intérêts épars dans le monde, dont les préoccupations essentielles ne concernent pas l'Europe et qui ne se met en route qu'au dernier moment. Roosevelt n'est entré dans la présente guerre que lorsque la France était terrassée, lorsque la Grande-Bretagne était à bout, et que les armées allemandes avaient atteint le Caucase. Dans l'édifice de la sécurité, l'Amérique représente le 3e étage. Cet étage ne doit pas être négligé. Il doit être construit. Mais il doit couronner l'édifice.

Vous nous avez saisi d'une proposition de pacte tripartite anglo-franco-soviétique. Je tiens à vous dire que nous n'avons pas d'objection de principe à un tel pacte. Mais nous considérons qu'il ne répond pas au problème. Nous préférons de beaucoup un système de sécurité à trois étages.

1° Pacte franco-soviétique.

2° Pacte anglo-soviétique et franco-britannique.

3° Sécurité collective (avec inclusion de l'Amérique).

Un point que je tiens à souligner est qu'un pacte tripartite présente des complications très grandes. Entre la France et l'URSS, il n'y a pas d'objet de contestation directe. Avec la Grande-Bretagne nous en avons toujours eus et nous en aurons toujours. Vous aussi, vous avez avec les Britanniques des divergences, par exemple en Iran. Vous en aurez peut-être en Extrême-Orient.

Il n'est donc pas sûr qu'il soit facile de conclure un pacte tripartite. En outre, son jeu peut être gêné et même entravé par des oppositions d'intérêts ; cela est d'autant plus vrai que les Allemands s'entendront à combiner leur agression avec des complications entre Alliés. Nous considérons donc que le pacte tripartite n'est pas la meilleure méthode pour réaliser la sécurité.

Le maréchal Staline vante les avantages d'un pacte tripartite. Les Anglais seraient liés directement à la France et à l'URSS. Ce serait sérieux et solide. On pourrait se concerter, amener l'Angleterre à agir plus vite. Staline se demande si cela ne vaudrait pas mieux. Puis brusquement il change de sujet.

Après tout, nous pouvons faire un pacte à nous deux ; il faut que la France comprenne l'intérêt essentiel de la Russie soviétique dans l'affaire polonaise. Nous ne pouvons pas admettre une Pologne qui, tantôt marche contre Moscou, tantôt contre l'Allemagne. Nous voulons une Pologne franchement sympathique aux Alliés et résolument anti-allemande. Cela n'est pas possible avec le gouvernement de Londres. Il représente un esprit anti-russe qui a toujours existé en Pologne. Au contraire, nous pourrions nous rencontrer avec une autre Pologne, grande, forte, amie de la France et de l'URSS parce que démocratique. Si vous partagez cette manière de voir, faites un arrangement avec Lublin et nous pourrons conclure un pacte avec vous. Churchill sera évidemment très froissé. Tant pis. Cela ne fera qu'une fois de plus. Lui aussi m'a offensé souvent.

L'interprète s'étant exprimé peu clairement, le général de Gaulle comprend qu'il s'agit d'un pacte tripartite, à condition qu'un arrangement officiel intervienne avec le Comité de Lublin. Il estime que cette proposition présente peu d'intérêt.

Il répète que le gouvernement français veut bien envoyer un délégué à Lublin et accepter à Paris un délégué de Lublin. Mais il ne veut pas faire de convention avec le Comité de Lublin qu'il connaît mal. La France et l'URSS ont un intérêt commun à une Pologne unie. Mais pas à une Pologne artificielle, en laquelle la France n'aurait pas confiance.

Staline termine l'entretien en parlant de l'escadrille « Normandie » et du dîner qui doit avoir lieu le lendemain soir au Kremlin.

En rentrant à l'ambassade, le général de Gaulle constate que M. Bidault et M. Garreau ont interprété différemment les paroles de Staline relatives à la conclusion d'un pacte et à un arrangement avec Lublin. Selon M. Bidault et M. Garreau, Staline avait en vue le pacte bilatéral franco-soviétique et non le pacte tripartite.

M. Bidault et M. Garreau ont à 11 heures du soir une nouvelle entrevue avec M. Molotov qui confirme cette interprétation.

Staline a bien offert de conclure le pacte bilatéral, si le Comité de Lublin et le Gouvernement provisoire de la République française échangent des délégués.

Là-dessus, le Général décide que M. Garreau recevra le lendemain, samedi à 13 heures à l'ambassade, les représentants du Comité polonais de Libération nationale, arrivés depuis quelques jours à Moscou. Au cours de l'entrevue, le général de Gaulle viendra à l'ambassade et les verra.

Papiers Burin des Roziers.

René Massigli, ambassadeur de France à Londres, à Jean Chauvel, secrétaire général du ministre des Affaires étrangères.

Londres, 11 décembre 1944

Personnelle.

Mon cher ami,

Je ne suis pas content, et je pense que vous ne l'êtes pas davantage. Pourquoi a-t-on entouré d'un tel mystère le voyage de Moscou ? Pourquoi ne m'a-t-on pas chargé de dire aux Anglais que l'on voulait, dès cette première prise de contact, négocier un traité ? Puisque l'on avait préparé un projet avant le départ, ç'eût été bien facile…

L'atmosphère de mystère ainsi créée ne peut que susciter l'impression que nous voulons faire une grande politique européenne, tout seuls avec les Russes, et peut-être les Russes, de leur côté, sans avoir eux-mêmes l'intention de s'étayer sur nous seuls, et pour cause, ne seraient-ils pas fâchés que nous renoncions à nous appuyer sur d'autres qu'eux-mêmes… L'incident qu'a provoqué la communication de Churchill à Staline est caractéristique à cet égard. Je vous supplie, en tout cas, dès que vous aurez le texte du traité – et j'espère qu'on va vous le télégraphier – de me le communiquer, pour que je puisse en donner au moins le sens au Foreign Office. Les Russes le feront, eux, certainement. Je ne vois pas ce que nous avons à gagner à être moins amicaux et moins confiants qu'ils ne le sont eux-mêmes à l'égard des Britanniques. En tout cas, on a ressenti ici la différence de procédé : *Staline avertissant Churchill* et paraissant lui demander un avis – nous, ne disant rien à personne.

Pour y voir plus clair, je me propose de me rendre à Paris à la fin de la semaine. Je pense que nos ministres arriveront vers dimanche. Arrivant moi-même samedi, je pourrai recueillir enfin des informations directes et peut-être des instructions.

Ici on ne cache pas que l'on regrette que l'occasion ait été délibérément négligée de conclure un accord tripartite qui eût été une bonne base pour la paix européenne. Quand nous aurons étudié les textes, c'est une idée à laquelle il faudra, je pense, revenir.

Papiers Massigli.

Note sur les entretiens de Gaulle-Staline de décembre 1944

Les entretiens de Gaulle-Staline des 2, 6 et 8 décembre 1944 ont été publiés par la revue *Recherches Internationales* d'après des documents russes. Ce fait ne ressort pas seulement de l'introduction à ce recueil mais du texte même de ces comptes-rendus, qui emploient le mot *nous* pour désigner les Russes.

Ces textes comparés aux documents français correspondants accusent quelques divergences.

D'abord ils sont en général sensiblement plus longs et, semblerait-il, plus complets. En fait les observateurs français et russes ont noté la plupart du temps des parties différentes des entretiens et selon une suite qui n'est pas toujours la même ; leurs comptes-rendus se complètent plutôt qu'ils ne coïncident ; parfois même ils s'opposent.

I – Entretien du 2 décembre 1944 (R.I. p. 43-50).

1 – Selon le compte-rendu soviétique le thème principal de cet entretien aurait été la question des futures frontières de l'Allemagne principalement à l'ouest, sujet auquel de Gaulle ramenait sans cesse la conversation. De Gaulle aurait proposé « de détacher la Rhénanie de l'Allemagne et de la réunir à la France ». Staline ne donne là-dessus aucune réponse positive, s'en remettant à l'opinion des Anglo-Américains.

2 – Il est question aussi des frontières de l'Allemagne avec la Pologne : « de Gaulle dit que pour lui l'Oder doit être la

frontière de l'Allemagne et que, plus loin vers le sud, la frontière doit suivre la Neisse, c'est-à-dire passer à l'ouest de l'Oder. Staline approuve… »

3 – « de Gaulle dit qu'il ne pense pas que la France ait des objections sérieuses contre la remise aux Polonais de la Prusse orientale, qui a toujours été un élément pernicieux dans la politique germanique. De Gaulle dit qu'en l'occurrence il considère le problème de la frontière orientale indépendamment des autres problèmes qui concernent l'Allemagne ».

4 – Enfin, au cours du débat il est question de reprendre le texte du pacte franco-soviétique de 1935, dont les Soviets regrettent qu'il n'ait jamais été appliqué.

Reprenons chacun de ces points selon le compte-rendu français de l'entretien.

1 – Dans celui-ci les mots Rhénanie et Palatinat ne sont pas mentionnés lorsque de Gaulle expose les desiderata français au sujet de la frontière occidentale de la future Allemagne. De Gaulle y dit seulement et de façon assez vague « que la frontière géographique et historique de la France est constituée par le Rhin et que cette frontière est la seule qui puisse assurer la sécurité de notre pays ». À quoi Staline répond : « Il est bon en effet que la France soit sur le Rhin. Il est difficile de faire objection à cela » ; il estime toutefois qu'« aucune frontière naturelle, si forte soit-elle, ne peut constituer une garantie absolue de sécurité ».

2 et 3 – C'est Staline qui parle le premier des futures frontières de la Pologne et revendique pour celle-ci la Prusse Orientale, la Poméranie et la Silésie. Sans approuver formellement, de Gaulle se contente de demander :

– « En somme, la frontière de l'Oder ?

– L'Oder et même plus loin, répond Staline, l'Oder et la Neisse ».

Il n'est pas dit que de Gaulle donne son accord, même au sujet de la Prusse-Orientale, à propos de laquelle aucune intervention du général n'est relevée : de Gaulle seulement « constate que le tracé de ces frontières (orientales de l'Allemagne) s'inspire des mêmes considérations géographiques et historiques ainsi que des mêmes nécessités militaires sur lesquelles le peuple français tout entier fonde sa revendication de la frontière du Rhin », c'est-à-dire que les questions des frontières orientales et occidentales de l'Allemagne sont liées (au contraire de ce que prétend le compte-rendu russe).

4 – Sur le point du pacte de 1935, le procès-verbal français d'ailleurs très bref sur ce chapitre, concorde avec le compte rendu soviétique.

II – Entretien du 6 décembre 1944 (R.I. 61-60)

Cet entretien a trait surtout à la question polonaise. À la différence de ce que l'on constate pour celui du 2 décembre, les deux comptes-rendus français et soviétique concordent presque entièrement et exposent le dialogue selon un ordre identique. Notons toutefois quelques variantes, assez légères mais significatives :

p. v. russe : « de Gaulle dit qu'il est d'accord avec les propositions soviétiques sur les frontières occidentales de la Pologne ; il pense que l'établissement de la frontière sur l'Oder et la Neisse exclura la possibilité d'une entente entre l'Allemagne et la Pologne ».

cf. p. v. français : « Général de Gaulle : Nous ne sommes pas du tout opposés à ce que le maréchal Staline a dit l'autre jour des frontières occidentales de la Pologne. Nous croyons qu'une telle solution exclurait l'accord entre l'Allemagne et la Pologne ».

p. v. russe : « de Gaulle pense que Staline connaît mieux que quiconque la situation en Pologne, étant donné qu'il a contribué à la formation du nouveau gouvernement polonais ».

cf. p. v. français : « Général de Gaulle : le Maréchal (Staline) sait mieux que personne l'inconvénient de construire un gouvernement que l'opinion n'accepterait pas ».

Signalons enfin une longue lacune dans l'édition du p. v. russe (aux 2 tiers de la page 59): le p. v. français rapporte à ce moment un discours de Staline sur la situation dans les Balkans, et une mise au point du général de Gaulle qui proteste contre l'assimilation faite par Staline de Laval et du Général Giraud.

III – Entretien du 8 décembre 1944 (R.I. p. 61-69).

Au sujet du pacte franco-soviétique préféré par la France à un accord tripartite franco-anglo-soviétique. Pas de différences majeures dans les deux comptes-rendus qui se complètent. Le p. v. russe paraît même plus clair (il y eut du côté français des incompréhensions « l'interprète s'étant exprimé peu clairement ») et en tous cas plus complet. Notons toutefois quelques omissions par les Russes de certains passages du discours de de Gaulle relevés dans le p. v. français :

« de Gaulle : « Nous considérons qu'il faut rendre les Sudètes aux Tchécoslovaques et faire de l'Autriche un pays libre et indépendant ».

« Quant au corps même de l'Allemagne, ne préjugeons rien. Nous verrons.

… « Vous aussi (Russes), vous avez avec les Britanniques des divergences, par exemple en Iran. Vous en aurez peut-être en Extrême-Orient ».

Par contre il n'est pas dit dans le p. v. français que selon Staline, un pacte franco-soviétique « serait avantageux pour la France du point de vue de l'indépendance de sa politique », et que de Gaulle ait approuvé le Chef d'État soviétique à ce sujet.

Note historique n° 542.

Automne 1944 : La France sera cosignataire de la Charte des Nations unies

Toujours cette année-pivot 1944, l'automne et la volonté du général de Gaulle d'être reconnu partout, et à part entière, sur un pied d'égalité avec tous les Alliés. Il s'agit maintenant des Nations unies. Quelques repères chronologiques : le 26 août 1941, la charte de l'Atlantique signée par Churchill et Roosevelt, qui entend substituer à la Société des Nations « un système de sécurité générale établi sur des bases plus larges ». Six mois plus tard, le 1er janvier 1942, la « Déclaration des Nations unies », signée à Washington par les représentants de vingt-six nations affirmant la nécessité d'organiser la paix et la sécurité futures. Octobre 1943 : le secrétaire d'État américain, Cordell Hull, obtient le consentement soviétique à la création d'une « Organisation internationale fondée sur l'égalité entre tous les États pacifiques ». Et en novembre 1943, à Téhéran, Staline, Roosevelt et Churchill confirment le projet d'une nouvelle organisation internationale. D'où, le 9 décembre 1943, la création d'une commission d'experts en vue d'étudier le projet d'organisation internationale. Ce sont ensuite les deux mois charnières de septembre et octobre 1944 et les deux conférences de Dumbarton-Oaks, qui réunissent d'abord les Anglo-Saxons et les Russes (21-28 septembre), puis les Anglo-Saxons et les Chinois (29 septembre-7 octobre) pour établir les grandes lignes de la future organisation : une Assemblée générale, un Conseil de sécurité, un Secrétariat, un Conseil économique et social. Et c'est là que la diplomatie française entre en scène.

Encore une fois, il s'agit pour la France de se positionner dans une situation exactement égale à celle des autres pays signataires. D'où le refus d'un acte « d'adhésion unilatérale » au bénéfice d'une *accession sur un pied d'égalité complète, la France devenant cosignataire*. En matière diplomatique, on le voit, tout est dans les mots. Tout est même, quelquefois, dans le sens à donner à un seul mot. À plus d'un demi-siècle de distance, toutes ces arguties paraissent bien dérisoires. On sait d'autre part que ce qui se passera quatre mois plus tard à Yalta (où, soit dit en passant, l'Ukraine et la Russie blanche seront admises comme membres de l'Organisation des Nations unies) sera sur un plan strictement politique, infiniment plus important. Et pourtant, il était nécessaire que, dès le départ, soient définis des procédures et un mécanisme qui, après la « Charte des Nations unies » établie à la conférence de San-Francisco en juin 1945, constituera tout de même un lieu géométrique, fût-il mis en place sur la base du plus petit commun dénominateur, où tous les États du monde signataires pourront se retrouver.

La note de la Direction politique du ministère des Affaires étrangères en date du mois d'octobre 1944 et, naturellement, qualifiée de confidentielle, définit avec précision les conditions de cette *cosignature* française.

Note de la Direction politique

Démarche américaine concernant l'entrée officielle de la France parmi les Nations unies

Paris, 25 octobre 1944
Confidentiel

La déclaration du 1er janvier 1942 prévoit deux catégories de nations unies.

1° Les nations représentées par des gouvernements signataires qui, ayant souscrit à la Charte de l'Atlantique, s'engagent :

a. à employer toutes leurs ressources, militaires et économiques, contre les partenaires du pacte tripartite avec lesquels ils sont en guerre (art. 1) ;

b. à ne conclure ni armistice, ni paix séparée (art. 2).

2° Les nations qui « rendent ou peuvent rendre assistance matérielle dans la lutte contre l'hitlérisme et qui peuvent "adhérer" à la déclaration » (art. 3).

Dès la signature de la déclaration, en janvier 1942, il nous a été indiqué officieusement – notamment par le Foreign Office – que l'article 3 avait été rédigé à l'intention de la France libre.

Dès le début, notre position fut la suivante :

Il ne peut s'agir pour la France d'un acte « d'adhésion unilatérale ». Seule peut être envisagée une *accession* sur un pied d'égalité complète, la France devenant *cosignataire.* Dans un communiqué du 2 janvier 1942, le comité national français exprima sa sympathie pour les principes de la déclaration et se réserva d'examiner les conditions d'une accession éventuelle de la France.

Le gouvernement britannique manifesta des dispositions favorables à l'entrée officielle de la France parmi les Nations unies. Mais après une première réaction assez bonne, le gouvernement des États-Unis, *dépositaire de la déclaration*, adopta une attitude négative. L'affaire en resta là (août 1942).

À la lumière des principes posés plus haut, la note verbale que l'ambassadeur des États-Unis a remise le 24 octobre à M. Bidault paraît très satisfaisante.

1° Elle stipule qu'il est *absolument convenable et désirable* que la France devienne *formellement* membre des Nations unies.

2° Elle propose :

a. l'envoi par le ministre des Affaires étrangères ou par notre représentant à Washington d'une communication exprimant l'adhésion de la France aux principes de la déclaration ;

b. la signature de la déclaration par notre représentant à Washington.

Il s'agit donc bien d'une accession qui placera la France sur le même plan que les signataires primitifs.

Les avantages d'une telle accession seront considérables.

Il en découlera naturellement que désormais la France sera convoquée de plein droit aux conférences internationales organisées pour l'ensemble des Nations unies et qu'elle participera à tous les organismes créés dans le cadre des Nations unies, sans que ses représentants soient soumis à la moindre discrimination.

Après la reconnaissance du Gouvernement provisoire, la signature du pacte des Nations unies marquerait la réapparition sur la scène internationale d'une France égale en droit à tous les Alliés.

Il restera encore à la France à s'assurer la place qui lui revient parmi les Grands Alliés ; mais une étape décisive aura été franchie dans cette direction.

Documents diplomatiques français, 1944,
t. II, n° 94.

1945 : La France tenue à l'écart de Yalta

Yalta, enfin. Avec la conférence de Potsdam qui devait suivre en juillet, la conférence de Yalta, du 4 au 11 février 1945, est la dernière de ces grandes manœuvres diplomatiques menées par les États-Unis, l'Union soviétique et, dans une moindre mesure, la Grande-Bretagne, pour définir un ordre mondial à trois. On a vu les efforts du général de Gaulle et de la République française pour s'insérer dans ce ballet où d'aucuns ne voulaient lui reconnaître aucune place. Yalta est la phase finale de ce véritable partage du monde qui s'opéra en dehors de toute véritable concertation d'une grande partie des intéressés, pas même de la France et d'un certain nombre de pays qui auraient pu y avoir part. C'est à Yalta que l'on décida de diviser l'Allemagne en quatre zones d'occupation, la France recevant une partie de celle attribuée au départ aux États-Unis. Toutes les forces militaires allemandes devaient être dissoutes et l'industrie de guerre allemande détruite. Néanmoins, les États-Unis voulurent bien abandonner un plan Morgenthau, qui aurait purement et simplement réduit l'Allemagne à une économie agricole. On n'ira pas plus loin dans l'analyse des résultats de la conférence de Yalta, qui se tint à une époque où la guerre avec le Japon n'était pas encore terminée et où, la bombe atomique n'étant pas encore mise au point, l'Amérique avait peut-être le sentiment que la guerre pouvait durer encore longtemps. Même si ce ne fut pas à Yalta qu'on décida de la division de l'Europe en deux blocs, il n'en reste pas moins que c'est dans la foulée de Yalta, fût-ce au mépris des accords mêmes de la conférence, que Staline commença à imposer des structures « socialistes » dans les pays d'Europe orientale occupés par l'armée Rouge et que, devant l'impuissance de ces anciens alliés, on aboutit à ce qui devait devenir la guerre froide.

Naturellement, la France de de Gaulle aurait souhaité être partie prenante à la rencontre de Yalta. D'où le télégramme, avec « priorité absolue », de Georges Bidault aux représentants diplomatiques de la France à Londres, Washington et Moscou, le 5 janvier 1945. Il s'agit de faire parvenir aux différents ambassadeurs un aide-mémoire soulignant que, même occupée par une guerre qui continue à se dérouler sur son territoire ou sur ses frontières immédiates, la France doit être présente sur les bords de la mer Noire. Puis, quelques jours plus tard, le long télégramme de Georges Bonnet, ambassadeur de France à Washington, analysant avec une belle rigueur une situation politique américaine telle qu'un « réalisme » ne pourra aboutir, en fait et quand bien même rien n'est précisé à ce propos, qu'à une rencontre à trois sans la France. Le 13 février 1945, au lendemain de la conférence, R. Garreau, alors délégué du GPRF à Moscou, devait se borner à commencer le long télégramme qu'il enverrait pour rendre compte de ce qui s'était passé à Yalta sans la France, par les plus traditionnelles des formules diplomatiques : « D'après les premiers renseignements que j'ai pu recueillir, la Conférence tripartite qui s'est tenue dans les différentes villes de Crimée (Yalta, Sébastopol) se serait déroulée dans une atmosphère cordiale… ». On en restera là quant à ce troisième télégramme, qualifié d'urgent, mais dont le contenu fait aujourd'hui partie des grands classiques de l'histoire des relations internationales.

Georges Bidault, ministre des Affaires étrangères aux représentants diplomatiques de la France à Londres, Washington et Moscou.

Paris, 15 janvier 1945

Priorité absolue.

Au sujet de la prochaine réunion, annoncée par la presse, des représentants des grandes puissances, j'ai remis aujourd'hui 15 janvier, aux ambassadeurs des États-Unis, de Grande-Bretagne et de l'URSS, un aide-mémoire dont vous trouverez ci-après le texte.

Citation :

« Le Gouvernement provisoire de la République française a eu connaissance, d'après des informations publiques, d'un projet de conférence entre les hauts représentants de la Grande-Bretagne, des États-Unis d'Amérique et de l'URSS ayant pour but de préciser les conditions de leur coopération dans la guerre.

À ce sujet, le Gouvernement provisoire de la République française croit devoir appeler l'attention du gouvernement des États-Unis d'Amérique sur les observations suivantes :

Les opérations militaires à l'ouest se déroulent actuellement sur le territoire français ou au voisinage immédiat de ses frontières. La France y engage dans toute la mesure de ses possibilités actuelles une importante et croissante contribution, non seulement par ses forces armées terrestres, navales et aériennes, mais encore par certaines ressources indispensables à la bataille, notamment ses moyens de transport et ses ports.

Il apparaît, en outre, à la lumière des récents événements militaires, que la poursuite de la lutte jusqu'à la victoire suppose nécessairement une participation constamment accrue de la France à l'effort de guerre commun. Cette participation ne peut être assurée dans des conditions satisfaisantes sans une révision des programmes de fabrication, de fournitures et de transports qui sont actuellement en vigueur entre les Alliés, révision à laquelle il ne saurait être utilement procédé sans la participation directe du Gouvernement provisoire de la République française.

Il convient d'observer, d'autre part, que les conférences tenues entre les autres grandes puissances alliées amènent celles-ci à préjuger, sans que la France y ait pris part, du règlement de certaines affaires d'ordre politique ou économique qui, cependant, intéressent directement ou indirectement la France, alors que le GPRF ne saurait évidemment se considérer comme engagé par aucune des décisions prises en dehors de lui et que, de ce fait, ces décisions perdent leur valeur.

Indépendamment de tous motifs de haute convenance politique ou morale, il paraît donc opportun au GPRF de faire connaître que sa participation à de telles conférences est, à ses yeux, nécessaire pour ce qui a trait aussi bien aux problèmes concernant la conduite générale de la guerre qu'à ceux dont le règlement intéresse l'avenir de la paix, problèmes dans lesquels la responsabilité de la France est évidemment engagée.

Le Gouvernement provisoire de la République française ne peut douter que son point de vue ne soit partagé par les autres grandes puissances alliées. »

Fin de citation.

Vous vous inspirerez des mêmes considérations dans les entretiens que vous pourrez avoir sur une question au sujet de laquelle il règne, dans l'opinion française, une complète unanimité.

Georges Bonnet, ambassadeur de France à Washington, à Georges Bidault, ministre des Affaires étrangères[1].

Washington, 12 février 1945, 2 h. 52

(*Reçu :* le 13, 14 h.)

Priorité absolue. Réservé.

Le secrétaire d'État par intérim vient de me faire appeler pour me donner connaissance de la note qui va vous être remise aujourd'hui par M. Caffery sur le projet de conférence à San Francisco et les accords conclus à ce sujet à la conférence de la mer Noire. La même communication a été faite ensuite à mon collègue de Chine.

M. Grew m'a dit qu'il avait tenu à me signaler l'intérêt qu'attache son gouvernement à voir la France se joindre aux trois autres puissances pour l'envoi des invitations ainsi qu'à obtenir son assentiment aux accords intervenus. Le gouvernement des États-Unis serait très désireux aussi de recevoir une prompte réponse. Il estime que les invitations devraient être adressées rapidement pour éviter, tant de la part de l'intéressé que de l'opinion publique, des spéculations inutiles et dangereuses sur la matière des décisions prises.

Je lui ai répondu (que) je vous ferai part de cette communication, mais que la procédure la plus simple en la matière n'ayant pas été suivie, à savoir d'inviter la France à la conférence de la mer Noire, mon gouvernement, placé devant des propositions aussi importantes, désirerait certainement les examiner d'une manière approfondie. L'inclusion éventuelle de la Turquie dans les Nations unies, la solution adoptée à propos des grandes puissances, le (principe) (…) en tutelle pour certains territoires antérieurement soumis ou non à (mandat), constituent autant de décisions d'un intérêt primordial pour la France.

M. Grew a de nouveau insisté sur le grand désir des États-Unis de voir le gouvernement de la République répondre

1. Télégramme communiqué au général de Gaulle, au Cabinet et à Chauvel.

(favorablement) à la communication qui lui est faite. Cette insistance est conforme à l'attitude prise depuis quelque temps par l'administration américaine en ce qui concerne l'accession de la France en partenaire complet au groupe des puissances directrices. Il a également souligné au sujet du projet de tutelle pour divers territoires qu'il s'agissait d'une consultation préparatoire sur les lignes générales du système à établir et que la France aurait pleine latitude d'y faire connaître son point de vue.

Documents diplomatiques français 1945,
t. I, n°s 19, 95.

1945 : La Tunisie revendiquera-t-elle son indépendance à San Francisco ?

Du 25 avril au 25 juin 1945, on a vu que la conférence de San Francisco, réunie sur l'invitation de l'Union soviétique, des États-Unis, de la Grande-Bretagne et de la Chine, à la suite de la conférence de Yalta, devait aboutir à la signature de la Charte des Nations unies par cinquante nations. Ce fut naturellement l'occasion pour certains pays de tenter de trouver là un forum pour y exprimer des aspirations qu'ils considéraient comme réprimées. Ainsi la France redouta-t-elle que la Tunisie souhaite s'y faire entendre par la voix du leader du parti Néo-Destour, qui combattait pour une Tunisie indépendante et modernisée.

Occupée par la France dès 1881, la Tunisie était encore un protectorat, malgré l'hostilité de l'Italie de Mussolini, qui en fit, dès les années 30, l'un des objectifs de sa politique d'expansion. L'État français du maréchal Pétain avait réussi à éviter, en 1940, une occupation de la Tunisie par les Italiens. Mais, en 1942, lors du débarquement allié en Afrique du Nord, les Allemands s'installent dans le protectorat. En fait, refoulées de Libye, les troupes de l'Axe vont toutes se replier sur la Tunisie. Ce n'est qu'en 1943 que le pays va repasser sous l'administration française, celle du Comité français d'Alger. Habib Bourguiba, miliant du Destour, fondateur d'un journal nationaliste, avait été arrêté et interné à plusieurs reprises par la France, de 1934 à 1936, puis de 1938 à 1942. Lorsque les Allemands le libérèrent à cette date, il se réfugia en Italie mais refusa de servir les intérêts de l'Allemagne. Moncef bey, qui dirigeait le pays jusqu'en 1943, avait été déposé, pour faits de collaboration. Du coup, un décret du 27 mars 1944 du général de Gaulle avait purement et simplement rétabli un protectorat en Tunisie.

C'est dans ce contexte qu'il faut situer les multiples tentatives de Bourguiba, devenu le chef incontesté de l'opposition, d'intéresser toutes les nations du monde à l'indépendance de la Tunisie. D'où l'inquiétude de la France de le voir débarquer à la conférence de San Francisco. Et des craintes du côté français quant à l'attitude des États-Unis, déjà prêts à soutenir un peu partout dans le monde, particulièrement à l'encontre des pays européens, une décolonisation dont ils ne faisaient pas les frais. Le télégramme envoyé par Georges Bidault, ministre des Affaires étrangères, le 14 mai 1945, aux représentants diplomatiques de la France à Tunis et à Washington, fait ainsi état des manœuvres du consul des États-Unis au Caire pour faciliter le départ de Bourguiba vers San Francisco. Une telle attitude serait « considérée par le gouvernement français comme un acte incorrect et inamical... ». On publie ici ce texte très court, symptomatique de ce que sera plus tard la hantise de la France devant d'éventuelles interventions américaines hostiles à une politique coloniale, voire à une politique de décolonisation plus que délicate.

Georges Bidault, ministre des Affaires étrangères, aux représentants diplomatiques de la France à Tunis et Washington

Paris, 14 mai 1945

(*Expédié* le 15. 21 h. 20.)

Pour Tunis : Je me réfère à votre télégramme nº 396. Je vous communique ci-après un télégramme que j'adresse à Washington.

Pour les deux : Le leader nationaliste tunisien Bourguiba a quitté clandestinement la Tunisie et s'est rendu en Égypte. Nous avons des raisons de penser, bien que nous n'ayons pas à cet égard de preuve certaine, qu'il est en rapport au Caire avec le consul des États-Unis en cette ville, M. Doolittle, ancien consul général à Tunis, dont l'activité dans la régence nous avait conduit à demander le rappel au gouvernement américain. Il est à craindre qu'il n'utilise ces relations pour tenter de se faire transporter aux États-Unis afin de se joindre à San Francisco aux délégations arabes.

Je vous laisse le soin de marquer au Département d'État, sous la forme que vous jugerez opportune, que toute facilité accordée par les représentants des États-Unis à ce sujet tunisien protégé français pour favoriser son départ pour l'Amérique serait considérée par le gouvernement français comme un acte incorrect et inamical.

Documents diplomatiques français, 45, nº 341.

1945 : La France, l'Indochine et les États-Unis

Toujours les grandes manœuvres de la France pour jouer un rôle à part entière sur la scène internationale en 1944 et 1945, et toujours une politique des États-Unis souvent plus attentive à barrer la route à une « recolonisation » de l'ancien empire français qu'à faciliter la liberté d'action d'une nation qu'un Truman, après un Roosevelt, continue à regarder d'un mauvais œil. C'est ainsi qu'à Washington on estimera que les offres françaises de participation à la phase finale de la guerre contre le Japon, en particulier par la fourniture de troupes, furent surtout considérées comme un moyen de s'introduire de nouveau et plus solidement en Extrême-Orient afin de conserver une mainmise sur l'Indochine.

Il faut dire que la Seconde Guerre mondiale avait sérieusement ébranlé les positions de la France au Vietnam. Dès septembre 1940, l'amiral Decoux, nommé par le gouvernement de Vichy, avait accepté, certes forcé, mais sans manifester trop de scrupules, l'entrée des troupes japonaises en Indochine. L'amiral Decoux s'était bien efforcé de sauvegarder la présence française en associant plus étroitement les Vietnamiens au gouvernement colonial, mais les Japonais, de leur côté, avaient favorisé les nationalismes qui se manifestaient depuis le début des années 20, singulièrement par l'intermédiaire des sectes, « caodaïstes », etc. De leur côté, Hô Chi Minh et le parti communiste indochinois, soutenus par la Chine de Tchang Kaï-chek, se posaient comme les grands rassembleurs de toutes les forces nationalistes, à la fois contre le Japon et contre la France. Le 9 mars 1945, un coup de force japonais conduisit à l'élimination de l'amiral Decoux. Il s'agissait, dès lors, pour la France du général de Gaulle de manœuvrer au plus près afin de maintenir sa présence dans la péninsule, tout en poursuivant la lutte contre les forces japonaises qui s'y trouvaient. D'où la déclaration de mars 1945 du général de Gaulle prévoyant la constitution, dans le cadre de l'Union française, d'une Fédération indochinoise composée du Laos, du Cambodge et des trois parties du Vietnam : Cochinchine, Annam et Tonkin. Un peu plus tard, agissant seules, des forces françaises libéreraient en septembre les camps d'internement japonais, et le corps expéditionnaire français commandé par le général Leclerc entrerait à Saïgon le 5 octobre 1945.

Le président Truman et ses diplomates n'avaient donc pas tort de voir dans la démarche française plus d'arrière-pensées politiques qu'un véritable souci stratégique. On trouvera ci-dessous une note de Georges Bidault, ministre des Affaires étrangères, destinée à expliquer les positions françaises en ce domaine. On y joint un commentaire de la déclaration du général de Gaulle sur l'Indochine ainsi qu'une autre note de Georges Bidault au général Pechkoff, ambassadeur de France à Tchoung-King, où se trouvait replié le gouvernement chinois, mettant les points sur les i quant à l'attitude de la France vis-à-vis des États-Unis.

Georges Bidault, ministre des Affaires étrangères, aux représentants diplomatiques de la France à Rabat et Tunis

Paris, 15 mars 1945

Dans l'allocution qu'il a prononcée à la radio le 14 mars le général de Gaulle a annoncé que le gouvernement français définirait incessamment les moyens par lesquels il entendait « mettre l'Union indochinoise à même de réaliser dans tous les domaines son grand avenir ». Cette définition prendra la forme d'une déclaration *ad omnes* qui sera diffusée par l'AFP le 21 ou le 22 mars.

La déclaration comportera deux parties ; dans la première seront esquissés les grands traits de l'organisation politique future de la communauté française, l'autre définira de façon plus précise le régime particulier dont jouira l'Indochine dans le cadre du système fédéral français.

Je n'insisterai pas sur l'importance que le gouvernement attache, dans la présente crise indochinoise et avant la conférence de San Francisco, à ce que cette déclaration reçoive la plus large publicité. Il conviendra donc d'en préciser la signification et la portée. À cet effet il sera bon de marquer son caractère d'engagement solennel pris par la France en faveur d'une politique qui rencontre l'adhésion de toute l'opinion française.

En vue d'orienter vos commentaires, vous pourrez vous reporter à la déclaration du CFLN du 8 décembre 1943 et au discours du général de Gaulle à l'occasion de la fête du Têt, le 15 février, dans lequel il a affirmé que la France serait en Indochine sa propre mandataire et exprimé la conviction que la responsabilité de conduire les peuples vers la pleine maturité politique ne peut se partager dans l'intérêt même de ces peuples. Vous insisterez également sur l'octroi de l'autonomie économique qui précise la répudiation du pacte colonial déjà consacrée par Brazzaville.

J'attacherais du prix à être informé par le télégraphe de l'accueil qui sera réservé à cette déclaration.

Conditions générales du statut dont bénéficiera l'Indochine libérée de l'envahisseur

La déclaration débutait par un rappel de la continuité politique depuis la conférence de Brazzaville et de la résistance commune des Indochinois et des Français contre l'ennemi. Les récents événements n'avaient que confirmé le gouvernement dans ses intentions antérieures. La fédération indochinoise formerait avec la France et les autres parties de la communauté, une « Union française » au sein de laquelle elle jouirait d'une liberté propre. Les ressortissants de la Fédération seraient citoyens indochinois et de l'Union française. Ce statut de citoyen comme la participation aux organismes fédéraux de l'Union française seraient fixés par l'Assemblée constituante.

L'Indochine aurait un gouvernement fédéral présidé par le gouverneur général, composé de ministres responsables devant lui, choisis parmi les Indochinois et les Français résidants en Indochine. Un Conseil d'État serait chargé de la préparation des lois et des règlements fédéraux. Une assemblée élue (sans précision de suffrage) voterait les taxes et le budget fédéral et délibérerait des projets de lois (elle ne les sanctionne pas), des traités de commerce et de bon voisinage. Les libertés démocratiques formeraient la base législative indochinoise. Les cinq pays de la fédération conserveraient leur caractère propre en matière de civilisation et de tradition. Avec l'aide de la métropole et à l'intérieur du système de défense générale de l'Union française, la Fédération indochinoise se constituerait des forces de terre, de mer et de l'air, dans lesquelles les Indochinois auraient accès à tous les grades.

Le progrès culturel serait poursuivi avec des mesures sur l'enseignement obligatoire, le développement de l'enseignement secondaire et supérieur où la langue locale serait associée à la culture française. Une inspection du travail, le développement syndical et l'émancipation des travailleurs compléteraient le progrès social. L'autonomie économique dans le cadre de l'Union française permettrait à l'Indochine d'atteindre son développement économique, de réaliser son industrialisation et développer ses relations commerciales, avec la Chine notamment. Ce statut serait mis au point après consultation des organes qualifiés de l'Indochine libérée.

Georges Bidault, ministre des Affaires étrangères, au général Pechkoff, ambassadeur de France à Tchoung-King

Paris, 28 mai 1945

(Expédié : le 29, 1 h. 30.)

Réservé.

Le président Truman, au cours d'un entretien qu'il a eu avec M. Bidault le 19 mai à Washington, a manifesté sa grande appréciation des offres de participation de la France à la guerre contre le Japon. Il a toutefois déclaré qu'il devait attendre des indications du commandant en chef sur ce théâtre d'opérations pour donner à la France une réponse complète. M. Bidault a précisé que le général Juin enverrait incessamment à l'état-major américain les renseignements nécessaires pour qu'une décision rapide puisse être prise au sujet de l'engagement de nos troupes en Extrême-Orient.

Le 21 mai M. Bidault confirmait ces indications à M. Grew. Il en profita pour insister sur la volonté du gouvernement français d'apporter, grâce à la participation de deux divisions françaises aux opérations d'Extrême-Orient, une aide appréciable à la lutte contre l'ennemi commun et de la manière jugée la plus utile par le commandement américain. M. Grew ayant demandé si nous n'avions pas surtout en vue de réoccuper l'Indochine, M. Bidault répondit que notre intention déjà connue du gouvernement américain était de contribuer dans toute la mesure de notre possible à la défaite du Japon, que les conditions nécessaires de synchronisation de notre participation avec les opérations antérieures ou en cours se trouvaient pleinement remplies et qu'il appartenait au commandement américain de prendre la décision finale ; il a ajouté que, bien entendu, la France ne doutait pas qu'avec la victoire finale et la libération de l'Indochine sa souveraineté sur ce pays se trouverait automatiquement rétablie. M. Grew a déclaré qu'il n'avait jamais été question, dans la pensée du gouvernement américain, qu'il en fût autrement et que, des questions de technique militaire restant seules à résoudre, il comptait, comme le président connaître bientôt la réponse du commandement américain.

Documents diplomatiques français, 45,
n°s 193, 378.

1945-46 : À côté du Tribunal militaire international, le Tribunal américain de Nuremberg

Du 20 novembre 1945 au 1er octobre 1946, s'est tenu à Nuremberg l'un des plus grands procès de l'histoire de l'humanité. C'était celui intenté, devant un tribunal militaire composé des quatre puissances alliées, la France, les États-Unis, l'Union soviétique et la Grande-Bretagne, à deux douzaines de dirigeants de l'Allemagne hitlérienne ainsi qu'à six groupements et organisations du Troisième Reich. Ils étaient jugés pour crimes contre la paix, crimes de guerre, et surtout crimes contre l'humanité, c'est-à-dire génocide. Seuls trois accusés furent déclarés non coupables, dont le docteur Schacht, le grand architecte de l'Allemagne nazie. L'amiral Dönitz fut condamné à dix ans d'emprisonnement, Rudolf Hess devait rester à la prison de Spandau jusqu'à la fin de sa vie et devenir le plus vieux prisonnier politique de l'histoire. Mais douze accusés furent condamnés à mort, dont Martin Bormann par contumace. Seul le maréchal Goering devait échapper à la pendaison, se suicidant la veille dans sa cellule. Tous les autres furent exécutés le 16 octobre 1946 à Nuremberg.

On a cependant moins parlé d'autres procès, à Nuremberg également, qui se tinrent devant un tribunal américain chargé de juger d'autres criminels aux noms moins flamboyants. Et ce qu'il y a de remarquable dans ce second procès, c'est que les accusés furent très souvent des administrations auxquelles on reprochait l'excès de diligence dont elles avaient fait preuve pour mettre en œuvre des mesures barbares.

Le tribunal américain avait regroupé les charges amassées contre les inculpés sous huit chefs d'accusation :

1) Méditation, préparation, déclenchements et poursuites de guerre d'agressions et d'invasions de pays étrangers ;

2) Plans communs et conspirations ;

3) Crimes de guerre, meurtres et mauvais traitements à l'encontre de belligérants et prisonniers de guerre ;

4) Crimes contre l'humanité : offenses et atrocités perpétrées entre les années 1933 et 1939 à l'encontre de sujets allemands, pour des motifs de caractère politique, racial ou religieux ;

5) Crimes de guerre et crimes contre l'humanité : offenses et atrocités perpétrées à l'encontre des populations civiles ;

6) Crimes de guerre et crimes contre l'humanité, pillages et spoliations ;

7) Crimes de guerre et crimes contre l'humanité : travail forcé ;

8) Participation à des organisations criminelles.

Douze procès furent, dès lors, soumis au tribunal américain de Nuremberg, parmi lesquels un procès dit « des médecins », un procès des militaires ayant exercé un commandement dans les Balkans ; un procès des directeurs de l'office pour la race et la colonisation ; un procès des groupes d'extermination des camps de concentration ; un procès Krupp ; un procès de IG Farben et un procès dit « des ministères ».

M. Arnaud d'Andurain de Maÿtié, délégué auprès du tribunal américain de Nuremberg, a établi, jour après jour, des rapports particulièrement intéressants sur les débats devant cette Cour. On en trouvera d'abord un, en date du 7 janvier 1947, qui rend compte du réquisitoire introductif fait à l'encontre des administrations et ministères allemands, et en particulier du ministère des Affaires étrangères. De manière très explicite, le rapporteur indique que « ce n'est pas la diplomatie en tant que telle dont on nous confère le procès, mais bien la perversion par un certain nombre de diplomates allemands des anciennes et respectables traditions de la diplomatie ».

Le deuxième document, daté du 4 mai 1948, aborde la notion de crimes contre l'humanité et précise « l'unité de jurisprudence entre les décisions du Tribunal militaire international, d'une part, et les jugements rendus par les différentes chambres du tribunal américain de Nuremberg d'autre part ». Avec une sorte d'humour glacé, l'auteur de ces rapports souligne que le président qui a signé le verdict concernant les *Einsatzgruppen*, c'est-à-dire les groupes d'extermination des camps de concentration, un certain juge Eusmanne de la cour de Pittsburg, est l'auteur de plusieurs romans policiers, pour certains portés à l'écran, ce que peut traduire certains passages du verdict « absolument étrangers à la cause qu'il était chargé de juger ».

Le dernier document, enfin, en date du 11 mars 1948, est d'un intérêt plus particulier pour la France puisqu'il fait la liste d'un certain nombre de personnalités françaises dont l'arrestation avait été prévue par l'ambassade d'Allemagne à Paris en février 1944. Les diplomates tels Chauvel et Fouques-Duparc y côtoient Aragon ou le comte de Fels, qualifiés d'« écrivains de Vichy ».

Le réquisitoire introductif d'instance du procès des ministères

Nuremberg, le 7 janvier 1947
M. Arnaud d'Andurain de Maÿtié
Délégué auprès du tribunal américain de Nuremberg
à Son Excellence le ministre des Affaires étrangères
à Paris (Secrétariat des Conférences)

Communiqué à Europe au Conseiller politique à Baden-Baden

Ci-joint l'exemplaire pour le ministère de la Justice

Le ministère public a soumis, hier, au tribunal chargé de juger le procès des ministères du Reich, son réquisitoire introductif d'instance. La lecture de ce document dont j'envoie, ci-joint, au Département le texte dans sa version originale, n'a pas pris moins de 5 heures d'horloge. Par une attention dont le général Taylor avait tenu antérieurement à me faire part, ce texte a été, au fur et à mesure, traduit ou, comme on parle ici, « interprété » en français au cours de l'audience. Le texte français écrit, ayant dû être remanié, n'a pas encore été distribué ; je vous l'adresserai donc ultérieurement.

En gros, le réquisitoire se compose de deux parties ; la première se réfère aux différents chefs d'accusation dont l'acte d'accusation (ma dépêche n° 4 du 27 novembre dernier) a chargé les inculpés et n'apporte rien de nouveau à cet égard. Dans une seconde partie, la culpabilité des intéressés est examinée soit individuellement, soit par groupe de personnes selon les fonctions naguère exercées par ces dernières.

Le groupe des anciens diplomates devant particulièrement retenir l'attention, je relèverai ci-après les passages principaux qui les concernent.

Il est parlé tout d'abord des diplomates de carrière, au premier rang desquels figurent Weizsaecker et Woermann ; Ritter et Erdmansdorff viennent ensuite. On qualifie de « pseudodiplomates » Keppler et Veesenmayer, qui furent des émissaires spéciaux de Hitler et à ce titre jouèrent un rôle de premier plan dans les différentes tractations qui aboutirent successivement à l'annexion de l'Autriche et du territoire des Sudètes, puis à l'invasion de la Tchécoslovaquie et de la Pologne. Quant au successeur de Weizsaecker au secrétariat d'État des Affaires étrangères en 1943, Steengracht von Moyland, il n'apparaît que comme un criminel de guerre mineur en comparaison des autres. Bohle, enfin, diplomate nominal, tombe uniquement sous l'accusation générale d'avoir créé et dirigé le parti national-socialiste de l'étranger (« *Auslandorganisation* ») en vue de fomenter dans les différents pays visés par le Reich des troubles intérieurs destinés à faciliter les agressions hitlériennes.

En évoquant le cas de ces anciens fonctionnaires de la Wilhelmstrasse, le réquisitoire débute par une déclaration de principe : ce n'est pas la diplomatie en tant que telle dont on entend faire le procès ; mais bien de la perversion par un certain nombre de diplomates allemands des anciennes et respectables traditions de la diplomatie. C'est eux qui, en habillant leurs pratiques fallacieuses des formes éprouvées des usages diplomatiques ont, afin de perpétrer leurs menteries et forfaits, usurpé le préjugé de respectabilité qu'on accorde dans tout pays civilisé à ceux qui donnent leurs soins aux affaires internationales ; par là ils ont failli à ruiner une vénérable institution du droit des gens. Au cours de conversations privées, plusieurs procureurs américains avaient pris la précaution bien superflue de m'exprimer cette vue avec complaisance.

À entrer dans le détail ; on remarque que le rôle personnel de Keppler semble avoir été d'un plus grand poids dans la préparation de la politique d'agression du Reich que celui de ses autres collègues. Weizsaecker n'en supporte pas moins une bonne part de la rancune du ministère public : contre l'ancien secrétaire d'État l'accusation produit en effet un document où Weizsaecker, le 10 septembre 1938, en pleine affaire des Sudètes, consigna en marge : « les provocations devront atteindre toute leur ampleur mardi prochain » (il s'agit des incidents fomentés par le parti national-socialiste dans les régions peuplées de Sudètes) ; on s'arme également contre lui du compte-rendu de sa conversation avec M. Coulondre, le 18 mars 1939, et avec l'ambassadeur de Pologne à Berlin, le 6 avril de la même année ; de son télégramme à l'ambassadeur d'Allemagne à Rome en date du 24 août 1939, concernant la Pologne ; enfin des fausses assurances qu'il donna, le 15 janvier 1940, à l'ambassadeur de Belgique venu s'enquérir avec une certaine inquiétude des intentions de l'Allemagne à l'égard de son pays. [...]

Si l'on considère dans son ensemble le présent réquisitoire, on doit lui reconnaître le mérite de viser simultanément à citer des faits précis et à juger l'affaire d'un point de vue général. L'accusation met sans doute le procès des ministères à sa place en le situant en tête de ceux qui sont actuellement pendants devant le Tribunal américain de Nuremberg ou que ce tribunal a déjà jugés ; à cet égard, est-il dit, les vingt-et-un inculpés dont il s'agit viennent immédiatement en importance après les justiciables du Tribunal militaire international, les Goering, les Hess et les Ribbentrop. Ce dernier, après tout, fut surtout, dans la conduite de la politique étrangère allemande, une tête de proue, un homme de confiance du Führer : ce sont les bureaux de la Wilhelmstrasse, que dirigèrent Weizsaecker et ses collègues, qui, en adhérant d'enthousiasme à la politique de guerre de Hitler, élaborèrent les meilleures voies et moyens de la réaliser. Bismarck ne doit pas faire oublier Hollstein. Avec le procès des ministères, c'est au cœur de la politique étrangère et de la politique économique du Reich que l'on pénètre.

La conclusion, en se référant au dernier message de Noël du Souverain Pontife, élève la leçon à tirer du procès au niveau du problème général de la politique du mensonge dont les effets désastreux ont été à plusieurs reprises dénoncés au monde par les papes Pie XI et Pie XII. Mais ce souci d'envisager l'affaire d'un point de vue universel est quelque peu contrarié, tout au long du réquisitoire, par l'insistance avec quoi le ministère public américain revient sur la politique antijuive du Reich.

Que, dans la série des fautes dont les Diebtrich, Stuckart, Darre et Schwerin von Krosigk (ce dernier en recevant toujours avec joie, dans les caisses de l'État, le produit des biens confisqués aux juifs) se sont rendus coupables, la libido antisémitique doive figurer en tête, on l'admettra sous bénéfice d'inventaire. Mais à lire que c'est dans ce même domaine, l'anti-sémitisme, que la politique étrangère du Reich à l'égard des pays satellites atteignit le comble du déshonneur, on peut douter si ce n'est pas vouloir trop prouver.

Le rôle de la Wilhelmstrasse, sous cet aspect particulier, est exposé, il est vrai, par d'abondantes citations de documents. Et la conclusion elle-même, tout en prétendant à la généralité, revient sur la question juive : « Dans l'exécution du programme d'extermination des juifs, est-il dit, la Wilhelmstrasse a joué un rôle encore plus important que Darre ».

Est-ce donc là une indication prémonitoire, quant au critérium d'où devra dépendre pour les accusés la hiérarchie des peines ? Il est intéressant, en tout cas, de relever l'affirmation qu'un crime contre l'humanité existe indépendamment du fait qu'une guerre est en cours. Le ministère public, à cet égard, s'efforce à prouver qu'une telle doctrine n'est pas contraire à la déclaration d'incompétence du Tribunal militaire international de Nuremberg, qui a refusé de juger les crimes antérieurs au 1er septembre 1939 ; il s'élève, d'autre part, contre la décision d'une chambre particulière du tribunal américain de Nuremberg, qui a statué dans un sens opposé à cette même doctrine.

Il apparaît bien que c'est encore les persécutions des juifs allemands, antérieurement au déclenchement de la guerre, que le ministère public a ici en vue ; mais par là du moins, la politique anti-juive du troisième Reich, en mettant en jeu la notion de crime contre l'humanité, rejoint la question générale de la formation, à dater des assises de Nuremberg, d'un droit pénal international nouveau.

Compétence du tribunal de Nuremberg en ce qui concerne les crimes contre l'humanité commis antérieurement à la guerre.

Nuremberg, le 4 mai 1948
M. Arnaud d'Andurain de Maÿtié
Délégué auprès du tribunal américain de Nuremberg
à Son Excellence le ministre des Affaires étrangères
à Paris (Secrétariat des Conférences)

Communiqué à Europe au conseiller politique à Baden-Baden

Ci-joint l'exemplaire pour le ministre de la Justice

Rendant compte, dans ma dépêche n° 82 du 18 mars dernier, d'une décision de principe intervenue devant la chambre du tribunal chargée de juger le procès des ministères, je faisais remarquer qu'en faisant droit à l'exception d'incompétence, antérieurement soulevée par la défense, les juges américains avaient maintenu l'unité de jurisprudence entre l'arrêt du Tribunal militaire international, d'une part, et les jugements rendus par les différentes chambres du tribunal américain de Nuremberg d'autre part.

Or, depuis cette date, et tandis que le procès des ministères était suspendu, le verdict rendu, le 8 avril dernier, dans le procès dit des *« Einsatzgruppen »* (groupements d'extermination), a fait beaucoup de bruit en ce qu'il évoque la question des crimes contre l'humanité commis antérieurement à la guerre, objet précisément de l'exception d'incompétence admise au procès des ministères. Il est dit expressément dans le verdict du 8 avril que le droit international existe depuis toujours ; que ce n'est pas uniquement un droit écrit, ce droit étant naturel, comme peuvent l'être la justice divine et la justice royale, sous l'Ancien Régime, en France. Qu'en conséquence le tribunal chargé de juger les crimes de guerre peut se déclarer également compétent pour juger des crimes contre l'humanité commis sous le régime hitlérien entre le 30 janvier 1933 et le 1er septembre 1939. Certes, dit encore le même jugement, le droit pénal est restrictif ; mais un tribunal, élevant le débat, peut interpréter la fameuse loi n° 10 du Conseil de contrôle de Berlin, déclarer qu'elle ne restreint pas dans le temps les crimes contre l'humanité et, sans donner à la loi une interprétation extensive, se proclamer habile à exercer son action purificatrice à l'égard des crimes contre l'humanité perpétrés par les autorités hitlériennes quelqu'en soit la date.

Ce verdict a été ici très favorablement accueilli ; le fait que 14 des 21 inculpés ont été condamnés à la pendaison a, en premier lieu, satisfait une bonne partie du personnel de Nuremberg, inquiète de voir les récents jugements de Nuremberg incliner à l'indulgence. Mais, surtout, le fait que, pour la première fois à Nuremberg, les juges épousaient en quelque sorte la thèse du ministère public d'inclure toute la durée du régime hitlérien dans le champ de compétence du tribunal, a eu aux États-Unis un certain retentissement.

De nombreux journalistes ont télégraphié sur le champ qu'une divergence de jurisprudence en résultait dans les annales de Nuremberg ; quelques-uns, partant de là, ont émis la vue qu'une juridiction d'appel – en l'occurrence le tribunal de Nuremberg toutes chambres réunies – devait trancher le débat.

Ce sont là des conclusions erronées.

Dans le procès des « *Einsatzgruppen* », en effet, les inculpés n'étaient pas accusés d'avoir commis, antérieurement à la guerre, de crime contre l'humanité. Chefs des groupements chargés, au cours des années de guerre, de l'exécution de certaines catégories de personnes enfermées dans les camps de concentration, ils n'ont été que les bas instruments de cette hideuse besogne. Ils n'ont joué aucun rôle antérieurement à la guerre. C'est pourquoi, le tribunal chargé de les juger n'avait pas à les condamner ou à les absoudre pour cette période. En évoquant la question des crimes contre l'humanité perpétrés entre les années 1933 et 1939 et en disant qu'elle lui semblait relever de la compétence du tribunal, les juges américains ont exprimé incidemment une simple opinion.

Le président qui a signé le verdict des « *Einsatzgruppen* » est aux États-Unis une personnalité connue du monde judiciaire, il s'agit du juge Eusmanne, de la cour de Pittsburg, qui s'illustra, il y a plus de vingt ans, dans la défense de Sacco et Vanzetti. Auteur de romans policiers, dont plusieurs ont été portés à l'écran, officier de marine pendant la guerre, ce juge d'origine italienne qui vient d'être réélu à Pittsburg, fait figure, plus que d'un magistrat sévère, d'un agent électoral avide de popularité.

Il semble avoir satisfait à ce penchant en couchant dans le verdict qu'il a rendu un passage absolument étranger à la cause qu'il était chargé de juger. Par le fait même il ne s'agit pas, contrairement à ce qu'on a pu dire, d'un jugement, mais d'une simple opinion de doctrine. Cette opinion incidente, « *obiter dicta* », n'a pas la valeur de la chose jugée, elle équivaut tout au plus à ce que vaut, en vue de la détermination d'un jugement, la doctrine d'un jurisconsulte, c'est-à-dire qu'elle vient, dans la hiérarchie des sources du droit, après le droit écrit, la coutume et la jurisprudence. Il me semble donc faux de dire que l'unité de jurisprudence, maintenue par le tribunal américain de Nuremberg sur la question des crimes contre l'humanité perpétrés par le régime hitlérien antérieurement à la guerre a, depuis le 8 avril dernier, été rompue.

Nations unies-organisations internationales, carton 92.

Le procès des ministères

Nuremberg, le 26 novembre 1947
N° 1 SC
M. Arnaud d'Andurain de Maÿtié
Délégué auprès du tribunal américain de Nuremberg
à Son Excellence Monsieur le ministre des Affaires étrangères à Paris (Secrétariat des Conférences)

Communiqué à Europe au conseiller politique à Baden-Baden

Ci-joint : un exemplaire pour le ministère de la Justice

L'acte d'accusation des anciens hauts fonctionnaires des départements ministériels du Reich leur a été signifié le 15 de ce mois par le président du tribunal américain chargé de juger les criminels de guerre. Conformément à la procédure américaine, un délai d'un mois franc doit s'écouler entre cette date et le second épisode de l'action judiciaire, à savoir la convocation publique des inculpés qui, assistés de leurs avocats, sont invités à décliner leur identité et à indiquer s'ils plaident coupable ou non-coupable.

Ce n'est qu'après cette cérémonie rituelle que s'ouvre le procès proprement dit, lui-même divisé en deux phases : celle réservée à l'accusation et celle consacrée à la défense.

Étant donné la date initiale de l'affaire, on présume ici, en mettant les choses au mieux, que le procès commencera peu après le 15 décembre prochain et que quatre ou cinq séances pourront avoir lieu avant Noël. Le tribunal, suivant la meilleure tradition judiciaire, se mettra alors en vacances jusqu'au 5 janvier prochain. D'après les indications qui m'ont été données par le général Taylor, président du tribunal, on s'attend à ce que les débats durent cinq mois au minimum.

Dans le procès en question, les inculpés sont au nombre de 21. La liste ci-jointe donne leurs noms et les principales fonctions qu'ils ont remplies. Il est à remarquer que cette liste ne comprend que huit diplomates : MM. von Weizsaecker, Steengracht von Moyland, Keppler, Echle, Woermann, Ritter, Otto von Erdmansdorff et Veesenmayer, nommés en premiers.

Une lettre, en date du 8 août dernier de M. Caming, accusateur public du tribunal de Nuremberg, adressée à notre compatriote M. Gerthoffer, délégué du ministère de la Justice, et communiquée en son temps au Département, demandait aux services français de recherche des criminels de guerre la documentation nécessaire à la poursuite de seize anciens diplomates allemands nommément désignés, dont plusieurs avaient été particulièrement mêlés aux affaires franco-allemandes.

J'ai demandé au général Taylor d'où vient que le nombre des diplomates visés par l'acte d'accusation du 15 de ce mois avait été réduit de moitié par rapport aux prévisions initiales ; il s'est borné à me répondre que la salle du tribunal où devait se dérouler le procès n'était pas assez grande pour contenir plus d'une vingtaine d'accusés. Cette explication a toute l'apparence d'une défaite ; je vais m'efforcer d'en obtenir une plus satisfaisante.

Que va-t-on faire, ai-je demandé encore, des huit autres diplomates, ceux qui ne figurent pas aujourd'hui sur l'acte d'accusation ? Va-t-on renoncer à toute poursuite à leur encontre ? Il m'a été répondu avec quelque nuance d'embarras, m'a-t-il semblé, qu'ils seraient sans doute traduits par la suite devant un tribunal allemand de dénazification ; mais que rien n'avait encore été décidé à ce sujet.

Il avait d'abord été envisagé de faire un procès spécial aux anciens fonctionnaires de la Wilhelmstrasse. Le cas de ces derniers, au nombre de huit, a finalement été joint à celui de hauts fonctionnaires d'autres départements ministériels du Reich, parmi lesquels figurent notamment celui qui fut pendant plus de dix ans chef de la chancellerie présidentielle, ainsi qu'un ancien ministre des Finances et un ancien ministre de l'Agriculture.

L'impression recueillie ici est en effet que, dans l'opinion des autorités américaines, il convient désormais de mettre un terme à ces procès de criminels de guerre ; on voudrait que tout fût conclu vers le milieu de l'année prochaine. Ce but n'aurait pas été atteint si l'on avait fractionné l'instance entre les différentes branches de l'ancienne administration du Reich. Avant de se dissoudre, le tribunal américain de Nuremberg devra avoir jugé un nombre déjà respectable de procès différents, douze au total.

Si la Wilhelmstrasse ne doit pas avoir les honneurs d'un procès particulier, ses représentants tout au moins ne trouveront parmi leurs consorts devant le tribunal américain que des personnalités ayant occupé des fonctions de tout premier plan dans la machine administrative de l'Allemagne hitlérienne.

Ce sont :

Ernst von Weizsaecker. […] ; secrétaire d'État aux Affaires étrangères de 1938 à 1943 ; ambassadeur auprès du Saint-Siège de 1943 à 1945 ; brigadier-général des « SS » ; membre du parti national-socialiste du travail allemand.

Gustav Adolf Steengracht von Moyland. […] ; secrétaire d'État aux Affaires étrangères de 1943 à 1945 ; brigadier-général des troupes de choc du parti national-socialiste du travail allemand.

Wilhelm Keppler. Conseiller économique d'Adolf Hitler de 1932 à 1938 ; […] ; secrétaire d'État pour les questions spéciales au ministère allemand des Affaires étrangères de 1938 à 1945 […] membre fondateur du « Cercle d'amis » de Himmler ; membre du corps dirigeant du parti national-socialiste du travail et titulaire de l'Insigne d'Or du Parti.

Ernst Wilhelm Bohle. Chef de l'organisation du parti national-socialiste du travail allemand pour l'étranger de 1933 à 1945 ; […]

Ernst Woermann. […] Directeur politique du ministère des Affaires étrangères avec le rang de sous-secrétaire d'État de 1938 à 1943 ; ambassadeur à Nankin de 1943 à 1945 ; « *oberführer* » des « SS » ; membre du parti national-socialiste du travail.

Karl Ritter. […] Officier de liaison entre le ministère des Affaires étrangères et le commandant en chef des armées allemandes ; membre du parti national-socialiste du travail.

Otto von Erdmansdorff. Ministre en Hongrie de 1937 à 1941 ; adjoint au directeur politique du ministère des Affaires étrangères de 1941 à 1943 ; membre du parti national-socialiste du travail.

Edmund Veesenmayer. Attaché au ministère des Affaires étrangères pour missions spéciales de 1939 à 1944 ; […] ; brigadier-général des « SS » ; membre du parti national-socialiste du travail.

Hans Heinrich Lammers. […] Membre et secrétaire exécutif du conseil de Cabinet secret ; membre du conseil de la Défense du Reich ; lieutenant-général des « SS » ; membre du parti national-socialiste du travail et titulaire de l'Insigne d'Or du Parti.

Wilhelm Stuckart. Secrétaire d'État à l'Intérieur de 1935 à 1945 […] ; ministre de l'Intérieur, mai 1945, lieutenant-général des « SS » ; membre du parti national-socialiste du travail et titulaire de l'Insigne d'Or du parti.

Richard Walther Darre. Ministre de l'Agriculture et du Ravitaillement du Reich de 1933 à 1945 ; […] lieutenant-général des « SS » ; « *Reichleiter* » du parti du travail et titulaire de l'Insigne d'Or du parti.

Otto Meissner. Chef de la chancellerie présidentielle de 1934 à 1945 ; […].

Otto Dietrich. Chef de la presse du parti national-socialiste du travail de 1932 à 1945 ; secrétaire d'État au ministère de l'Instruction publique et de la Propagande de 1937 à 1945 ; chef de la presse du gouvernement du Reich de 1937 à 1945 ; membre de l'état-major personnel de Hitler de 1933 à 1945 ; lieutenant-général des « SS » ; […].

Gottlieb Berger. Lieutenant-général des « SS » de 1940 à 1945 ; officier de liaison entre le Reichführer des « SS » et le ministre du Reich pour les territoires occupés de 1941 à 1945 ; […]

Walter Schellenberg. Brigadier-général des « SS » et brigadier général de la police ; chef de la division étrangère de la Sûreté générale du Reich, de 1941 à 1944 ; […].

Lutz Schwerin von Krosigk. Ministre des Finances du Reich de 1932 à 1945 ; nommé ministre des Affaires étrangères en mai 1945. […]

Emil Puhl. Membre du conseil de direction de la Reichsbank de 1935 à 1945 ; vice-président de la Reichsbank de 1939 à 1945 ; […]

Karl Rasche. Membre du conseil de direction de la Dresdensbank de 1935 à 1945 ; […] ; membre du « cercle d'amis » de Himmler.

Paul Koerner. Représentant permanent de Goering comme exécuteur du plan de 4 ans et chef de l'office du plan de 4 ans de 1936 à 1945 ; […] ; lieutenant-général des « SS » ;

Paul Pleiger. Président du cartel du charbon du Reich de 1941 à 1945 ; […] ; chef de l'économie de guerre […]

Hans Kehrl. Conseiller pour les questions spéciales du ministère de l'Économie du Reich de 1938 à 1942 ; chef de l'Office technique du Comité du plan et chef de la direction du plan du ministère des Armements de 1943 à 1945 ; [...]

Nations unies-organisations internationales, carton 92.

Arrestation de personnalités françaises sous l'occupation allemande

Nuremberg, le 11 mars 1948
M. Arnaud d'Andurain de Maÿtié
Délégué auprès du tribunal américain de Nuremberg
à Son Excellence le ministre des Affaires étrangères à Paris
(Secrétariat des Conférences)

Communiqué à Europe au conseiller politique à Baden-Baden

Ci-joint l'exemplaire pour le ministre de la Justice

Au cours de l'audience de ce matin d'assez nombreux documents ont été présentés au procès des ministères, qui ont trait aux arrestations de personnalités françaises opérées en France par les autorités allemandes pendant l'occupation. Ces documents ont pour but, en corrélation avec le cinquième chef d'accusation, de démontrer que la Wilhelmstrasse a approuvé de telles mesures et en a même, parfois, pris l'initiative.

Le Département trouvera, ci-après, à titre d'exemple, la traduction d'un télégramme, adressé par Abetz à Ribbentrop le 21 février 1944. Il y est suggéré, en particulier, de mettre la main sur des diplomates français, parmi lesquels sont mentionnés, en première ligne, MM. Chauvel et Fouques-Duparc.

Le télégramme porte la mention initiale « affaires secrètes du Reich », suivie des indications : « sujet réservé » et « pour le ministre ». Après une référence à un télégramme de la

Wilhelmstrasse en date du 18 février, auquel le présent télégramme répond, le texte est ainsi conçu :

« I. L'ambassade, d'accord avec la S.D. (Service de Sûreté) et le commandement militaire en France, a établi des listes de hautes personnalités en vue de leur arrestation préventive ; on procède actuellement à l'arrestation de ces personnes dès que leur conduite manifeste une inclination à la dissidence. Jusqu'ici les personnalités suivantes ont, sur la base de soupçons motivés, été arrêtées : Yves Bouthillier, ancien ministre des Finances ; le général de la Porte du Theil, chef du service du travail ; Louis Aragon, écrivain ; Charpentier, bâtonnier de l'ordre des avocats de Paris ; Champetier de Ribes, ancien ministre des Finances ; le professeur Daure, recteur de l'université de Caen ; le comte de Fels, écrivain de Vichy. »

« II. De plus, après l'établissement des listes ci-dessus mentionnées, l'ambassade a eu connaissance du comportement manifestement favorable à la dissidence de certains hauts fonctionnaires et elle a ordonné leur arrestation immédiate par la S.D.

Il s'agit de certains états-majors de coopération avec le mouvement de la résistance, qui, au moment précis du débarquement anglo-américain, doivent prendre la direction de différentes administrations publiques.

En ce qui concerne le ministère des Affaires étrangères, les personnes suivantes sont en jeu : le ministre Chauvel ; le conseiller d'ambassade Fouques-Duparc et les secrétaires de légation Darche, Torre et Martin.

À la radio d'État, l'état-major de coopération avec la dissidence, actuellement arrêté, se composait de : Maurice Bourdet, Charles Brun, Angel d'Auriac, Joseph Cordonnier, Jacques Parsons et Pierre Schick.

Au ministère de l'Information, on pourrait, sur l'initiative de l'ambassade, arrêter les hommes de confiance de la dissidence dont les noms suivent ; le général Reynal, l'écrivain Van der Veerden, l'écrivain Magnat-Péton, le rédacteur en chef de l'OFI Havas à Clermont-Ferrand, Perrin, le rédacteur en chef de l'OFI à Beaumont, Olivier et le rédacteur de l'OFI à Beaumont, La Grange.

D'autres arrestations sont, de ce même chef, actuellement en cours et sont exécutées selon les renseignements reçus à ce sujet. »

« III. Les personnalités arrêtées pour des motifs politiques sont assemblées au camp de détention de Compiègne pour être dirigées sur l'Allemagne. C'est ainsi que la semaine dernière seulement, 1 700 détenus ont été acheminés vers des camps de concentration du Reich. J'envoie sur les hautes personnalités politiques comprises dans ce nombre un rapport complet. »

« IV. Il est conforme à la nature de la résistance illégale de présumer des inclinations dissidentes chez un grand nombre de personnalités françaises ; mais des faits précis à cet égard peuvent rarement être découverts ; dès que le cas se présente, l'arrestation est immédiatement opérée.

Cependant une investigation détaillée de chaque cas particulier est nécessaire car il a été prouvé que les gaullistes, au moyen de leurs agents secrets, font peser systématiquement des soupçons sur des Français amis de l'Allemagne, afin que ces personnes soient arrêtées par les autorités allemandes. Par exemple, les listes transmises par le télégramme n° 81 du 7 janvier dernier contiennent des cas de cette nature, ainsi qu'il a été prouvé par la suite.

Un moyen sûr de déceler les personnalités soupçonnées à bon droit d'inclinations dissidentes est de considérer leur cas en liaison avec l'action policière dans laquelle ces personnes sont impliquées. C'est ainsi que, la semaine dernière, une simple action de police contre l'armée secrète a amené, dans le département de l'Ain, l'arrestation de 410 personnes. Le chiffre mensuel de l'ensemble des arrestations par les autorités allemandes est actuellement de 4 000 en moyenne. Parmi ces détenus se trouve un nombre respectable de personnalités appartenant à la vie publique, au monde des fonctionnaires et à l'ancienne armée française. »

Nations unies-organisations internationales, carton 92.

1946-1956 : Romain Gary ou les difficultés d'un diplomate qui est aussi écrivain

Huit documents, certains d'ailleurs très brefs, pour montrer l'envers non pas de la carrière diplomatique, mais de la carrière du diplomate écrivain. Il s'agit d'un certain Roman Kacew, qui écrit à son ministère pour lui demander l'autorisation d'aller faire une conférence à Varsovie alors qu'il se trouve en poste en Bulgarie ; puis qui demande l'autorisation de publier une comédie intitulée *Tulipe* et qui reçoit cette autorisation. Qui, voulant ensuite publier un roman intitulé *Le Grand Vestiaire*, se voit accorder également cette autorisation, mais à condition qu'il adopte un pseudonyme.

Roman Kacew, secrétaire d'ambassade à Sofia puis en poste à Paris adoptera donc un pseudonyme, ce sera celui de Romain Gary. Dès lors, lorsqu'en 1956, il obtient le prix Goncourt pour *Les Racines du ciel*, alors qu'il est en poste à La Paz, il est autorisé à venir passer quelques jours à Paris pour y recevoir le prix qui lui a été décerné, mais on prend soin de lui préciser qu'il fera ce voyage à ses frais ! Ce qui ne l'empêche pas, dans un télégramme d'une belle modestie, de rendre compte au Département de quelle manière le chargé d'affaires de France en Bolivie a reçu de chaleureuses félicitations du gouvernement de La Paz ainsi que de ses collègues du corps diplomatique.

Pour avoir nous-mêmes, en d'autres temps, demandé l'autorisation de publier un manuscrit, autorisation qui fut d'abord refusée, puis donnée à la condition expresse, comme à Romain Gary, de le publier sous un pseudonyme, nous ne pouvions pas ne pas savourer le plaisir d'inclure ces huit documents dans ce volume.

Romain Gary, secrétaire d'Ambassade à la légation de France à Sofia à Georges Bidault, ministre des Affaires étrangères

10 juin 1946

J'ai l'honneur de solliciter l'autorisation de me rendre à Varsovie, dans le courant du mois d'août, afin d'y faire une conférence.

L'invitation de faire cette conférence m'a été transmise par le ministre de Pologne à Sofia.

Romain Gary

Romain Gary, secrétaire d'ambassade à la légation de France à Sofia à Georges Bidault, ministre des Affaires étrangères

1er septembre 1947

J'ai l'honneur de solliciter l'autorisation de publier et de faire représenter la pièce ci-jointe.

Il s'agit d'une comédie tirée d'un roman intitulé *Tulipe* publié aux éditions Calman-Lévy en 1945.

Ce livre n'avait pas été présenté au visa du Département, ayant été l'objet d'un contrat d'éditions avant mon entrée au sein des agents du ministère des Affaires étrangères. (novembre 1946)

Romain Gary

Note pour la direction du personnel.
***Autorisation de publier une pièce intitulée* Tulipe**

Par sa note N° 569, la direction du Personnel a bien voulu consulter la direction d'Amérique sur la requête présentée par M. Romain Gary, secrétaire d'ambassade à la légation de France à Sofia, au sujet de sa pièce intitulée *Tulipe*.

Étant donné la transposition poétique de cette œuvre, la direction d'Amérique ne pense pas que les critiques qu'on y relève contre certaines formes de pensée et de vie aux États-Unis puissent la faire considérer comme un pamphlet des institutions américaines.

La direction d'Amérique estime que l'autorisation sollicitée par M. Romain Gary peut lui être accordée, en raison des principes de liberté d'expression et de critique auxquels les États-Unis comme la France ont exprimé leur attachement.

———

Le ministre des Affaires étrangères à
Monsieur Romain Gary, secrétaire d'ambassade
à Sofia

13 octobre 1947

Par lettre en date du 1er septembre dernier vous avez bien voulu solliciter l'autorisation de publier une comédie tirée d'un roman intitulé *Tulipe*.

J'ai l'honneur de vous faire savoir que rien ne s'oppose à la publication de cette pièce, à la seule condition qu'il ne soit pas fait mention de vos titres.

Garnier

———

Romain Gary, secrétaire d'administration de 3e classe à Monsieur le ministre des Affaires étrangères

Le 14 septembre 1948

J'ai l'honneur de solliciter de votre bienveillance l'autorisation de publier cette année aux Éditions Gallimard, un roman intitulé *Le Grand Vestiaire*, dont je vous adresse, ci-joint, le manuscrit.

Le ministre des Affaires étrangères à Monsieur Roman Kacew dit Gary, administrateur de 3e classe à l'administration centrale

16 octobre 1948

Par lettre en date du 21 septembre, vous avez sollicité du Département l'autorisation de publier, sous le nom de Romain Gary, un manuscrit intitulé *Le Grand Vestiaire*.

J'ai l'honneur de vous faire savoir que le Département ne voit pas d'objection de principe à la publication de ce texte. Toutefois, en raison des fonctions que vous occupez actuellement ou que vous pouvez être amené à exercer à l'étranger, le Département estime préférable que vous utilisiez un pseudonyme, qui vous laissera plus de liberté dans l'exercice de vos activités d'écrivain.

Garnier

De la part de F. de Panafieu pour Romain Gary

Décembre 1956

Vous êtes autorisé à venir passer quelques jours à Paris pour y recevoir le prix que vous a décerné l'Académie Goncourt et dont je vous félicite bien chaleureusement.

Je regrette de devoir vous préciser que les frais de ce déplacement ne pourront être supportés par le Département.

F. de Panafieu

Télégramme de Romain Gary, du 6 décembre 1956, de La Paz

Le chef du protocole vient de me faire savoir que bien que n'ayant rien entendu de l'ambassade bolivienne à Paris et touché par les paroles de sympathie que j'ai eues pour le peuple bolivien, dont la presse française s'est fait l'écho, le ministre me considère dès maintenant comme chargé d'affaires de France et me transmet ses chaleureuses félicitations. Les journaux sont pleins, depuis le 3 décembre, d'articles élogieux consacrés à la culture française que l'on fait d'ailleurs quelquefois voisiner avec des « nouvelles » de source égyptienne sur les atrocités franco-anglaises à Suez.

Le conseil municipal m'a voté ses félicitations et vingt ambassadeurs ont levé hier leurs verres à la « grandeur éternelle de la culture française ».

Je rends compte, dans mon télégramme suivant, des réactions de quelques-uns de mes collègues d'Amérique latine. Je crois donc que, dans une mesure toute relative, le but de ma mission, tel du moins qu'il m'a été présenté au Département, est peut-être atteint très largement à la suite de circonstances extérieures et indépendantes de ma volonté.

Romain Gary

Personnel, 4e série, dossier Romain Gary.

1947 : *Réactions au plan Marshall*

Un très joli film espagnol de Luis Berlanga raconte l'histoire d'un petit village de Castille, au lendemain de la Seconde Guerre mondiale, dont les habitants attendent monts et merveilles de l'arrivée d'Américains, chargés de distribuer à l'Europe une manne sans pareille de produits de première nécessité et de cigarettes. Tout le village se prépare à la fête, on attend Mister Marshall et les siens, on pavoise, l'harmonie municipale multiplie les flonflons et le convoi américain arrive bien au village, dans une grande pétarade et des flots de poussière, mais c'est pour le traverser sans s'arrêter. Le film s'appelle *Bienvenue, Mister Marshall*...

Au-delà de la satire, courageuse dans l'Espagne franquiste d'alors, il faut se souvenir que le plan Marshall divisa littéralement l'Europe en deux. Le plan Marshall, c'est le Programme de Reconstruction Européenne (European Recovery Program : ERP) proposé le 5 juin 1947 dans un discours prononcé à l'université de Harvard par le général Marshall, alors secrétaire d'État américain. Le discours de Harvard était un appel à l'ensemble des pays européens, y compris l'URSS et les pays communistes, à accepter une assistance américaine pour la reconstruction matérielle et le redressement financier des pays européens touchés par la guerre avec l'Allemagne. Immédiatement après l'appel de Harvard, les ministres des Affaires étrangères des trois principaux alliés européens des États-Unis, M. Bidault pour la France, M. Bevin pour le Royaume-Uni et M. Molotov, se réunissaient à Paris pour discuter de cette proposition. C'était aussitôt l'un des premiers *niet* de l'Union soviétique. Molotov refusait tout, sous prétexte de préserver la souveraineté nationale de chacun. En accusant les États-Unis des pires volontés impérialistes. Quant à la France et la Grande-Bretagne, elles se faisaient, selon lui, les complices d'une hégémonie de grande puissance dont l'Europe entière avait tout à redouter.

Les trois ministres des Affaires étrangères se séparèrent sans trouver d'accord, le plan Marshall était signé par le président Truman le 2 avril 1948 pour une durée de quatre ans, seize pays en acceptaient les termes, le reste de l'Europe le refusait. Le rideau de fer était bien tombé.

Il est intéressant de voir la rhétorique employée par adversaires et partisans du plan Marshall au cours de la réunion de Paris qui se prolongea jusqu'au 3 juillet 1947. On trouvera donc ici deux interventions-clés, en date du 2 juillet. Elles font suite à une proposition française favorable à l'initiative américaine en date du 1er juillet. La première est donc la fin de non-recevoir de M. Molotov, la seconde l'expression des regrets de M. Bidault.

Déclaration faite le 2 juillet 1947 à la cinquième séance par V.-M. Molotov, président de la délégation soviétique.

2 juillet 1947

La délégation soviétique a étudié avec attention la proposition de la délégation française faite le 1er juillet.

Tout comme la proposition précédente de la délégation britannique, le projet français pose le problème de l'élaboration d'un programme économique pour l'ensemble de l'Europe, bien que, comme on le sait, les pays européens pour la plupart n'aient pas encore leurs programmes économiques nationaux propres. Il est proposé, afin d'élaborer un tel programme général, de créer une organisation spéciale qui serait chargée de dresser l'état des ressources et des besoins des États européens, de déterminer même quel pourra être le développement des industries essentielles de ces pays, et ce n'est qu'ensuite que l'on déterminerait quelle possibilité il y a de recevoir l'aide économique américaine.

Ainsi, la question de l'assistance économique américaine, sur laquelle on ne dispose d'ailleurs d'aucune information précise, a servi de prétexte aux gouvernements britannique et français pour chercher à créer une organisation nouvelle qui serait placée au-dessus des États européens, et s'ingérerait dans leurs affaires intérieures au point de leur donner telles ou telles directives quant au développement des principales industries de leur pays. À cet égard, l'Angleterre et la France, de même que les pays qui leur sont proches, prétendent s'assurer une position prédominante au sein de cette organisation, ou, comme il est dit dans le projet britannique, au sein de ce qu'on a appelé le « Comité directeur » pour l'Europe.

On fait maintenant des réserves verbales : cette organisation n'interviendrait pas dans les affaires intérieures de ces États, et ne porterait pas atteinte à leur souveraineté. Cependant, il ressort avec évidence des tâches que l'on propose à cette organisation ou au « Comité directeur » que les pays européens deviendront des États contrôlés et perdront leur autonomie économique première et leur indépendance nationale au profit de certaines grandes puissances. En tous cas, la possibilité pour tel ou tel pays de recevoir un crédit américain est liée, suivant ce que l'on propose maintenant, à une conduite docile vis-à-vis de l'organisation précitée et de son « Comité directeur ».

Où cela peut-il conduire ? Aujourd'hui, on peut exercer une certaine pression sur la Pologne, l'invitant à produire plus de charbon, au prix même d'une limitation des autres branches de l'industrie polonaise, parce que tel ou tel pays européen y a intérêt. Demain, on dira qu'on doit demander à la Tchécoslovaquie d'augmenter sa production agricole et de réduire sa production de machines, et on l'invitera à obtenir des autres pays européens, qui désirent vendre leurs produits le plus cher possible, les machines qui lui sont nécessaires, ou, comme l'ont écrit récemment les journaux, on obligera la Norvège à renoncer au développement de son industrie de l'acier parce que cela convient mieux à quelques sociétés étrangères productrices d'acier, etc.

Que resterait-il alors de l'indépendance économique et de la souveraineté de ces pays ? Comment les petits pays, et en général les États moins forts, pourront-ils dans ces conditions sauvegarder leur économie et leur indépendance nationale ?

Le gouvernement soviétique ne peut, certes, s'engager dans cette voie, il continue à insister sur les propositions qu'il a soumises à la présente conférence le 30 juin. Le gouvernement soviétique ne partage pas non plus l'enthousiasme du dernier projet français au sujet de l'aide extérieure.

S'efforcer d'amener l'Europe avant tout à s'aider elle-même et à développer ses possibilités économiques ainsi que les échanges entre États, cela correspond aux intérêts des pays européens. Par contre, déclarer, comme le fait le projet français, que ce sont les États-Unis d'Amérique et non les pays européens eux-mêmes qui doivent assumer un rôle décisif dans l'œuvre de reconstruction de l'économie des pays européens est un attitude contraire aux intérêts des pays européens, puisqu'elle peut mener à l'abandon de leur indépendance économique, abandon incompatible avec le maintien de leur souveraineté nationale.

La délégation soviétique estime que, pour les pays européens, ce sont les mesures d'ordre intérieur et l'effort national de chaque pays qui doivent avoir une importance décisive, et non l'espoir d'un appui qui devrait venir du dehors, qui ne doit avoir qu'une importance secondaire.

Même dans les conditions les plus difficiles, l'Union soviétique a, toujours et avant tout, compté sur ses propres forces, et, comme on le sait, elle avance d'un pas ferme dans la voie du redressement de sa vie économique.

Il existe deux sortes de coopération internationale.

La première est fondée sur le développement des relations politiques et économiques entre États jouissant de droits égaux et dont la souveraineté nationale ne subit aucune intervention étrangère. Telle est la base démocratique de la collaboration internationale qui rapproche les peuples et rend plus facile l'établissement d'une aide mutuelle.

Il y a une autre sorte de coopération internationale, fondée sur la position prédominante d'une ou de plusieurs grandes puissances vis-à-vis d'autres pays, tombés en quelque sorte dans la situation d'États subordonnés, privés d'un gouvernement indépendant. Il est évident que la première sorte de coopération entre les États, quand ils agissent comme des parties ayant des droits égaux, diffère radicalement de la deuxième sorte de coopération internationale où ce principe n'est pas observé.

En adoptant une attitude positive à l'égard du développement d'une coopération internationale fondée sur le principe des droits égaux et du respect mutuel des intérêts des parties contractantes, le gouvernement soviétique ne peut aider qui que ce soit à remettre ses affaires en ordre aux dépens d'autres États petits ou moins forts, car cela n'a rien à faire avec une coopération normale entre États. […] et cela ne peut que compliquer les relations entre les pays d'Europe et rendre difficile une coopération entre eux… Le gouvernement soviétique se refuse à accepter ce plan, qui, à son avis, n'est absolument pas satisfaisant et ne peut assurer des résultats positifs. D'autre part, l'Union soviétique préconise le développement, dans la mesure du possible, d'une coopération économique entre les pays européens et les autres pays, coopération fondée sur des droits égaux et le respect mutuel de leurs intérêts nationaux et elle y a contribué constamment elle-même et continuera à y contribuer en développant le commerce avec les autres États.

[...]

Le gouvernement soviétique croit devoir mettre en garde les gouvernements français et britannique contre les suites d'une telle action qui a pour but non pas d'unir les efforts des pays européens dans l'œuvre de reconstruction économique d'après-guerre, mais de réaliser des buts tout différents qui n'ont rien de commun avec les intérêts réels des peuples européens.

Déclaration faite le 2 juillet 1947 à la cinquième séance par Georges Bidault, président de la délégation française.

Monsieur le Président,

J'ai écouté avec beaucoup d'attention, et aussi avec quelque déception, la déclaration de M. Molotov. Sa conclusion met en garde mon pays. Je voudrais, de mon côté, mettre en garde la délégation soviétique contre toute action qui aurait pour conséquence de séparer l'Europe en deux groupes.

En ce qui le concerne, le gouvernement français rejette tout soupçon d'hégémonie. L'intérêt des peuples européens est de s'unir et non de se séparer. L'univers est témoin que la France a tout fait pour empêcher la déchirure et elle décline solennellement toute responsabilité quant au résultat qui pourrait se produire du fait d'un refus qu'elle a tout fait pour empêcher.

Je voudrais présenter quelques observations au sujet des critiques qui ont été adressées au dernier projet du gouvernement français. Il a été, à plusieurs reprises, mentionné qu'il s'agissait d'un programme imposant certaines contraintes à diverses nations européennes. Je rappelle, une fois de plus, que ce que nous souhaitons demander aux nations européennes est un bilan et que leur indépendance est entièrement préservée. Les statistiques nationales doivent être additionnées et confrontées de manière à déterminer les ressources et les besoins. Il n'y a là dedans pas l'ombre d'un soupçon de contrainte imposée à l'Europe. Quant à l'organisme qui doit essayer d'établir ce bilan, il agira sans violence et d'après les données qui lui seront fournies. Il a été mentionné que l'aide américaine était incertaine. Elle le sera encore plus si les données du problème ne sont pas respectées, et si, naturellement, l'Europe ne prend pas la parole pour dire – je le répète pour la quatrième fois au moins – ce qu'elle peut faire pour elle-même et ce qui nous manque à tous.

On nous dit : c'est un prétexte pour se mêler des affaires intérieures des autres peuples. J'ai déclaré, à plusieurs reprises, j'ai même indiqué par écrit, qu'il ne s'agit pas de fixer des directives par voie d'autorité. Il s'agit simplement de savoir les objectifs de production de ces divers pays et de les harmoniser en toute liberté. Ni l'Angleterre, j'en suis sûr, ni la France, en tout cas, je l'affirme, ne prétendent à une place dominante dans un tel concert. Mais nous avons appris, de l'expérience des organisations internationales existantes, que le rôle des grandes puissances ne pouvait être sous-estimé. C'est pourquoi nous avons pensé, comme il est normal dans toute autre instance, que leur devoir était de prendre l'initiative.

En conséquence, il n'y a pas eu seulement des réserves verbales quant à la non-interférence dans les affaires intérieures et quant à la garantie de la souveraineté particulière des États, mais un engagement clair et catégorique. Il ne saurait être question de pays contrôlés qui seraient soumis au bon plaisir de quelques grandes puissances. L'acceptation des pays européens n'est pas subordonnée à leur obéissance, mais à leur acceptation indépendante. Ils participeront, s'ils le veulent, et mon information est qu'un grand nombre d'entre eux le veulent. Leur concours bénévole sera le bienvenu ; naturellement, aucun concours autre que bénévole ne saurait être accepté. [...]

Il a été suggéré que la France éprouvait un véritable engouement pour l'aide étrangère. La France se souvient d'avoir éprouvé en effet un tel engouement à l'époque où c'était l'aide française qui pouvait être secourable à beaucoup de pays du monde. À l'heure qu'il est, la France éprouve exactement le sentiment contraire. Il s'agit, en premier lieu, de l'effort individuel de chaque État, que rien ne remplacera. Chaque État doit faire le maximum possible avec les moyens que lui laissent les destructions de la guerre pour se relever lui-même. Ensuite, sur un continent d'étendue restreinte, il faut organiser l'effort d'entr'aide indispensable pour coordonner nos moyens dans l'amitié et l'indépendance préservées. Enfin, pour le surplus et d'une manière provisoire, il convient de s'adresser à un autre continent sorti indemne de la guerre et dont les moyens sont immenses pour aider les pays qui ont affreusement souffert d'avoir été les premiers et les principaux à supporter l'horreur du drame. [...]

La proposition française n'a pas et n'aura pas pour effet d'enchaîner l'économie des petits pays, mais au contraire de la libérer. Le jour où nous aurons modernisé notre économie, alors nous pourrons payer avec nos ventes de produits, avec nos propres moyens, nos achats indispensables et vraiment, de la sorte, assurer notre indépendance. L'indépendance ne s'obtient pas dans la misère de l'isolement, elle s'affirme dans la collaboration humaine et la prospérité.

À la fin de la réunion, M. Bidault prononce les paroles suivantes :

« J'accueille de bon cœur la proposition de M. Molotov relative à la publication intégrale des textes authentiques présentés à cette conférence par chacune des délégations. Il sera alors loisible à chacun d'y réfléchir.

« J'ajoute, au nom du gouvernement, et je l'ai dit devant l'Assemblée nationale, dépositaire en France des pouvoirs souverains, que la France est décidée, et que son gouvernement se sent obligé de poursuivre l'étude des perspectives qu'offrent les suggestions de M. Marshall. Ce travail sera entrepris avec tous ceux qui voudront y collaborer. J'exprime ici l'espoir qu'aucun refus n'est définitif et qu'en conséquence le travail qui nous est proposé ne sera pas l'œuvre d'une Europe réduite. »

Livre jaune, 292.

1948-51 : Acquisition de la Villa Bonaparte, à Rome

À Yalta, on découpait le monde à grands traits de crayon bien rouge et bien gras sur une carte d'Europe. L'ensemble de documents suivant est tout au plus une intervention chirurgicale au scalpel dans une ville où l'histoire du monde occidental a presque commencé. Il n'est pas, dans les relations diplomatiques internationales, d'affaire négligeable. Tel fut le cas de l'acquisition par la France, entre 1948 et 1951, de la Villa Bonaparte à Rome. Mussolini avait échangé pour quelques sous symboliques le plus beau palais de Rome, le palais Farnèse, avec l'hôtel Doudeauville, rue de Varenne, pour en faire des ambassades de France auprès du Quirinal et d'Italie auprès de la République française. Le siège de la représentation diplomatique de la France auprès du Saint-Siège, précisément, avait longtemps été le palais.

Au lendemain de la guerre, le gouvernement français décida de s'approprier la Villa Bonaparte, au carrefour de la Rome baroque et de la Rome moderne. Construite au XVIe siècle, transformée au milieu du XVIIIe par le cardinal de Gonzague, cette superbe villa devenue néoclassique avait été occupée, après la chute de l'Empire, par Pauline Borghèse, sœur de Napoléon. On sait que la plastique idéale de la belle Pauline lui permet, sculptée dans le marbre par Canova, de régner encore un peu partout, l'original et ses copies, dans le monde entier. Quant à la très jolie villa proche de la Porte Pia, par laquelle, ouvrant une brèche dans le mur d'Aurélien, les troupes du Risorgimento pénétrèrent dans la Rome pontificale, elle était jusqu'en juin 1945 propriété de l'Allemagne. Le comité de Liquidation des biens allemands en Italie, dans sa séance du 30 juin 1948, confia donc le séquestre de la Villa Bonaparte à l'ambassade de France auprès du Saint-Siège avec la possibilité d'y installer ses services. Cependant, la demande d'acquisition par le gouvernement français devait être approuvée par les gouvernements de Londres et de Washington, et c'est seulement le 17 novembre 1950, par une démarche unifiée, que la décision des Alliés fut notifiée au gouvernement italien. La note alliée prévoyait que la France pourrait occuper gratuitement l'immeuble en attendant d'en avoir effectué le paiement.

Les deux documents ci-joints, datés de 1948 à 1951, font état des démarches de la France pour s'assurer la pleine possession de ce qui est encore aujourd'hui, aux côtés du palais Farnèse et de la Villa Médicis, l'un des trois joyaux de la présence française en Italie. C'est aujourd'hui à la Villa Bonaparte que cardinaux et humbles prêtres, petites sœurs en robe noire et membres éminents de la curie romaine se retrouvent régulièrement autour de buffets débordants de petits fours. Pourtant, la représentation diplomatique de la France auprès du Saint-Siège est aussi une affaire sérieuse, le poste est convoité, les lieux sont admirables.

La Villa Bonaparte ou comment l'ambassade de France près le Saint-Siège est devenue propriété française

Télégramme

Saint-Siège le 24/12/1951

Je réponds à votre télégramme n° 896.

En attendant le paiement du prix approuvé par le comité de liquidation des Biens allemands, la Villa Bonaparte reste inscrite au cadastre [comme] propriété allemande. Toutefois la note adressée par les trois puissances alliées au gouvernement italien le 17 novembre prévoit que jusqu'au paiement en question la France pourra continuer à occuper [gratuitement] l'immeuble.

Dans ces conditions, si personne ne peut taxer d'abus notre occupation actuelle et si aucun délai ne nous a encore été imparti pour le paiement, il n'en reste pas moins que nous nous trouvons actuellement sans titre juridique normal.

À tous points de vue, nous avons intérêt à sortir de cette situation ambiguë qui peut donner lieu à des malentendus et justifier les campagnes malveillantes de la [nature] de celle dont a [...] Mgr Montini.

[...] Il me semble donc que des dispositions devraient être prises pour que nous soyons *(sic)* à même de payer [dans un] délai maximum de 3 mois.

J'ajoute que le prix à payer n'est pas encore déterminé.

La commission de liquidation des Biens allemands en Italie (dans laquelle figure un représentant du gouvernement italien) n'a pas encore procédé à l'expertise dont les résultats peuvent être quelque peu différents du chiffre établi il y a déjà 2 ans [par notre] propre expert. Il conviendrait donc de laisser en blanc le montant du crédit alloué par le projet de loi actuellement en préparation.

d'Ormesson

Note historique 617.

Villa Bonaparte

Je réponds à votre télégramme N° 259-260.

Un projet de loi portant ouverture de crédits ne saurait se concevoir sans que soit précisé le montant de ces crédits. D'accord avec le ministère du Budget j'ai fixé ce montant à 130 millions de francs.

Puisque le paiement doit être envisagé dans un délai maximum de 3 mois, j'aurais intérêt à savoir le plus tôt possible si l'estimation de notre architecte est acceptée par le comité de liquidation des Biens allemands.

Je vous laisse juge de l'opportunité de faire effectuer une démarche auprès du comité en vue de hâter la contre-expertise.

Boisney

Achat de la Villa Bonaparte

Rome Saint-Siège, le 16 mars 1951 à 16 h 10

M. Fouques-Duparc rend compte au Département des conditions très favorables dans lesquelles le comité de liquidation des Biens allemands en Italie a fixé le montant à payer pour la Villa Bonaparte aux sommes indiquées par mon collègue :

228 150 000 lires pour le terrain et les bâtiments.

4 510 000 lires pour les meubles appartenant au Reich.

481 000 lires pour les honoraires de l'expert officiel.

Il convient d'ajouter le prix des meubles appartenant à titre personnel à d'ex-diplomates allemands soit 860 000 lires et une gratification de 30 000 lires à l'expert que l'architecte de la Villa avait mis à notre disposition pour nous aider. Le montant total s'élève donc à 234 031 000 lires soit, actuel taux de chancellerie, 129 184 012 francs. C'est ce montant qu'il convient d'inscrire au projet de loi prévu par votre télégramme n° 899 de décembre dernier. Le démarche toute récente du chancelier

Adenauer auprès de M. François-Poncet pour obtenir la restitution de la Villa Bonaparte, la nomination de Monseigneur Munch en qualité de nonce en Allemagne, qui fait présager la désignation très prochaine d'un ambassadeur de la République fédérale au Vatican, constitue de nouveaux et très sérieux facteurs qui nous obligent à procéder d'urgence au paiement de la Villa, condition indispensable pour qu'elle cesse d'être portée au cadastre italien comme propriété allemande et qu'elle soit inscrite comme propriété française.

J'insiste donc très vivement pour que toutes dispositions législatives et administratives soient prises en vue de pouvoir mettre sans aucun retard un point final à cette affaire.

Ormesson

Transfert des fonds

Amba France – Saint-Siège

Par télégramme de ce jour j'autorise M. Fouques-Duparc à verser au compte du comité de liquidation des biens allemands en Italie la somme de 233 141 100 lires représentant le prix d'achat de la Villa Bonaparte hors des meubles ayant appartenu à l'État allemand ainsi que les frais d'expertise.

Une lettre 419 du 15 mars 1951 de M. Fouques-Duparc dont j'ai eu connaissance après l'envoi de mon télégramme d'hier précise que l'acquisition des meubles appartenant à des diplomates allemands est subordonnée à l'accord de leurs propriétaires auxquels ils devaient normalement être restitués conformément aux règles établies par le comité. J'en conclus qu'il n'y a pas lieu d'envisager l'éventualité d'un paiement immédiat à ce titre.

Bousquet

1950 : Le plan Schuman et la construction de l'Europe

Ministre des Affaires étrangères français de 1948 à janvier 1953, Robert Schuman a été l'un des artisans, sinon des apôtres, de la construction européenne. Avec Jean Monnet, son alter ego, en somme, en ce domaine, c'est lui qui a successivement mis en œuvre la Communauté européenne du charbon et de l'acier (CECA), puis lancé le projet d'armée européenne (CED) que la France devait néanmoins rejeter devant la double opposition, à l'Assemblée nationale, des communistes et des gaullistes du RPF. Robert Schuman vivrait encore jusqu'en 1963. Ministre de la Justice du cabinet Edgar Faure de février 1955 à janvier 1956, il continua à se consacrer à l'unité européenne. Président du Mouvement européen en 1955, il fut, de 1958 à 1960, président de l'Assemblée parlementaire européenne de Strasbourg.

Le destin de Robert Schuman est exceptionnel Humble sous-secrétaire d'État dans le gouvernement de Paul Reynaud en 1940, chargé ensuite des réfugiés dans le ministère Pétain, mais retiré de la vie publique avant le 10 juillet 1940, il fut emprisonné et déporté par les nazis. Évadé en 1942, il s'inscrivit au MRP, Mouvement républicain populaire, qui regroupait alors les chrétiens-démocrates. D'abord ministre des Finances dans le gouvernement Bidault de juin à novembre 1946, il devint brièvement président du Conseil, de novembre 1947 à juillet 1948, commençant à prendre des mesures pour assainir la circulation monétaire. C'est lui qui fit adopter le plan Marshall en avril 1948 ; c'est lui qui reconnut l'indépendance du Vietnam dans le cadre de l'Union française ; ce fut lui, enfin, qui amorça une politique de rapprochement avec l'Allemagne de l'Ouest par l'abandon du contrôle de la Ruhr. Mais c'est son rôle européen au ministère des Affaires étrangères qui l'a fait entrer dans l'Histoire.

Bien sûr, après Robert Schuman, l'Europe allait connaître d'autres développements. Mais avant lui, elle avait déjà été l'objet de rêves utopiques, certes, mais aussi de projets bien en forme.

C'est la raison pour laquelle il nous a paru intéressant de juxtaposer ici deux documents. On trouvera, certes, la déclaration officielle du gouvernement français, corrigée de la main de Robert Schuman, en date du 9 mai 1950. Après avoir brièvement évoqué son espérance d'une Europe unie, réconciliée, prospère, faisant bénéficier de sa richesse commune l'ensemble du continent ainsi que, notamment, l'Afrique, le ministre, qui a souligné certains termes de la déclaration, expose son plan : la réconciliation franco-allemande, l'unification économique comme prélude à une fondation européenne s'étendant à d'autres domaines, les buts et les principes de la future « Haute Autorité commune », c'est-à-dire de la communauté Charbon-Acier.

Mais on trouvera aussi, en prélude, en somme, un texte tout à fait intéressant dont le ministère des Affaires étrangères possède le manuscrit original. On remontera donc le temps en publiant le mémorandum présenté par Aristide Briand, alors ministre des Affaires étrangères, devant l'assemblée générale de la Société des Nations, à Genève, le 5 septembre 1929. Pour Aristide Briand, il s'agit d'établir « une sorte de lien fédéral » entre les nations européennes. Briand a chargé, pour ce faire, le secrétaire général du Quai d'Orsay d'alors de préciser son idée dans un mémorandum. Le texte, qui ne remet aucunement en cause les souverainetés nationales issues des traités de 1919, mais envisage la création d'un véritable Marché commun, ne reçut guère d'échos favorables en Grande-Bretagne, en Allemagne et en Italie. Il se trouve que ce texte, en quelque sorte prémonitoire, a été rédigé par Alexis Léger, à l'époque où celui-ci avait mis temporairement de côté la carrière parallèle qui était la sienne sous le nom de Saint-John Perse.

On rappellera pour mémoire que la CECA issue du plan Schuman regroupa la France, l'Allemagne fédérale, l'Italie, la Belgique, les Pays-Bas et le Luxembourg, mais que l'Angleterre se refusa à y adhérer. On sait quelles furent les conséquences de cette prudence toute britannique…

La déclaration Schuman

Le 9 mai 1950

La paix mondiale ne saurait être sauvegardée sans des efforts créateurs à la mesure des dangers qui la menacent.

La contribution qu'une Europe organisée et vivante peut apporter à la civilisation est indispensable au maintien des relations pacifiques. En se faisant depuis plus de 20 ans le champion d'une Europe unie, la France a toujours eu pour objet essentiel de servir la paix. L'Europe n'a pas été faite, nous avons eu la guerre.

L'Europe ne se fera pas d'un coup, ni dans une construction d'ensemble : elle se fera par des réalisations concrètes créant d'abord une solidarité de fait. Le rassemblement des nations européennes exige avant tout que l'opposition séculaire de la France et de l'Allemagne soit éliminée : l'action entreprise doit toucher au premier chef la France et l'Allemagne.

Dans ce but, le gouvernement français propose de porter immédiatement l'action sur un point limité mais décisif :

Le gouvernement français propose de placer l'ensemble de la production franco-allemande de charbon et d'acier, sous une Haute Autorité commune, dans une organisation ouverte à la participation des autres pays d'Europe.

La mise en commun des productions de charbon et d'acier assurera immédiatement l'établissement de bases communes de développement économique, première étape de la Fédération européenne, et changera le destin de ces régions longtemps vouées à la fabrication des armes de guerre dont elles ont été les plus constantes victimes.

La solidarité de production qui sera ainsi nouée manifestera que toute guerre entre la France et l'Allemagne devient non seulement impensable, mais matériellement impossible. L'établissement de cette unité puissante de production ouverte à tous les pays qui voudront y participer, aboutissant à fournir à tous les pays qu'elle rassemblera les éléments fondamentaux de la production industrielle aux mêmes conditions, jettera les fondements réels de leur unification économique.

Cette production sera offerte à l'ensemble du monde sans distinction ni exclusion, pour contribuer au relèvement du niveau de vie et au progrès des œuvres de paix. L'Europe pourra, avec des moyens accrus, poursuivre la réalisation de l'une de ses tâches essentielles : le développement du continent africain.

Ainsi sera réalisée simplement et rapidement la fusion d'intérêts indispensable à l'établissement d'une communauté économique et introduit le ferment d'une communauté plus large et plus profonde entre des pays longtemps opposés par des divisions sanglantes.

Par la mise en commun de productions de base et par l'institution d'une Haute Autorité nouvelle, dont les décisions lieront la France, l'Allemagne et les autres pays qui y adhéreront, cette proposition réalisera les premières assises concrètes d'une Fédération européenne indispensable à la préservation de la paix.

Pour poursuivre la réalisation des objectifs ainsi définis, le gouvernement français est prêt à ouvrir des négociations sur les bases suivantes :

La mission impartie à la Haute Autorité commune sera d'assurer dans les délais les plus rapides : la modernisation de la production et l'amélioration de sa qualité; la fourniture à des conditions identiques du charbon et de l'acier sur le marché français et sur le marché allemand, ainsi que sur ceux des autres pays adhérents; le développement de l'exportation commune vers les pays non adhérents; l'égalisation dans le progrès des conditions de vie de la main d'œuvre de ces industries.

Pour atteindre ces objectifs à partir des conditions très disparates dans lesquelles sont placées actuellement les productions des pays adhérents, à titre transitoire, certaines dispositions devront être mises en œuvre, comportant l'application d'un plan de production et d'investissements, l'institution de mécanismes de péréquation des prix, la création d'un fonds de reconversion facilitant la rationalisation de la production. La circulation du charbon et de l'acier entre les pays adhérents sera immédiatement affranchie de tout droit de douane, et ne pourra être affectée par des tarifs de transport différentiels. Progressivement se dégageront les conditions assurant spontanément la répartition la plus rationnelle de la production au niveau de productivité le plus élevé.

À l'opposé d'un cartel international tendant à la répartition et à l'exploitation des marchés nationaux par des pratiques restrictives et le maintien de profits élevés, l'organisation projetée assurera la fusion des marchés et l'expansion de la production.

Les principes et les engagements essentiels ci-dessus définis feront l'objet d'un traité signé entre les États et soumis à la ratification des Parlements. Les négociations indispensables pour préciser les mesures d'application seront poursuivies avec l'assistance d'un arbitre désigné d'un commun accord ; celui-ci aura charge de veiller à ce que les accords soient conformes aux principes et, en cas d'opposition irréductible, fixera la solution qui sera adoptée. La Haute Autorité commune chargée du fonctionnement de tout le régime sera composée de personnalités indépendantes désignées sur une base paritaire par les gouvernements ; un président sera choisi d'un commun accord par les gouvernements ; ses décisions seront exécutoires en France, en Allemagne et dans les autres pays adhérents. Des dispositions appropriées assureront les voies de recours nécessaires contre les décisions de la Haute Autorité. Un représentant des Nations unies auprès de cette Autorité sera chargé de faire deux fois par an un rapport public à l'ONU rendant compte du fonctionnement de l'organisme nouveau notamment en ce qui concerne la sauvegarde de ses fins pacifiques.

L'institution de la Haute Autorité ne préjuge en rien du régime de propriété des entreprises. Dans l'exercice de sa mission, la Haute Autorité commune tiendra compte des pouvoirs conférés à l'Autorité internationale de la Ruhr et des obligations de toute nature imposées à l'Allemagne, tant que celles-ci subsisteront.

Secrétariat général, vol. 57, fol. 3-6.

Memorandum d'Aristide Briand sur l'organisation d'un régime d'Union fédérale européenne

Paris, le 1er mai 1930

Au cours d'une première réunion tenue le 9 septembre 1929, à Genève, à la demande du représentant de la France, les représentants qualifiés des vingt-sept États européens membres de la Société des Nations ont été appelés à envisager l'intérêt d'une entente entre gouvernements intéressés, en vue de l'institution, entre peuples d'Europe, d'une sorte de lien fédéral qui établisse entre eux un régime de constante solidarité et leur permette, dans tous les cas où cela serait nécessaire, d'entrer en contact immédiat pour l'étude, la discussion et le règlement des problèmes susceptibles de les intéresser en commun.

Unanimes à reconnaître la nécessité d'un effort dans ce sens, les représentants consultés se sont tous engagés à recommander à leurs gouvernements respectifs la mise à l'étude de la question qui leur était directement soumise par le représentant de la France et qu'aussi bien ce dernier avait déjà eu occasion, le 5 septembre, d'évoquer devant la 10e Assemblée de la SDN.

Pour mieux attester cette unanimité, qui consacrait déjà le principe d'une union morale européenne, ils ont cru devoir arrêter sans délai la procédure qui leur paraissait la plus propre à faciliter l'enquête proposée : ils ont confié au représentant de la France le soin de préciser, dans un memorandum aux gouvernements intéressés, les points essentiels sur lesquels devait porter leur étude ; de recueillir et d'enregistrer leurs avis ; de dégager les conclusions de cette large consultation, et d'en faire l'objet d'un rapport à soumettre aux délibérations d'une conférence européenne, qui pourrait se tenir à Genève lors de la prochaine assemblée de la SDN.

Au moment de s'acquitter de la mission qui lui a été confiée, le gouvernement de la République tient à rappeler la préoccupation générale et les réserves essentielles qui n'ont cessé de dominer la pensée de tous les représentants réunis à Genève le 9 septembre dernier.

La proposition mise à l'étude par vingt-sept gouvernements européens trouvait sa justification dans le sentiment très précis d'une responsabilité collective en face du danger qui menace la paix européenne, au point de vue politique aussi bien qu'économique et social, du fait de l'état d'incoordination où se trouve encore l'économie générale de l'Europe. [...]

L'action même de la Société des Nations, dont les responsabilités sont d'autant plus lourdes qu'elle est universelle, pourrait être exposée en Europe à de sérieuses entraves, si ce fractionnement territorial ne trouvait au plus tôt sa compensation dans un lien de solidarité permettant aux nations européennes de prendre enfin conscience de l'unité géographique européenne et de réaliser, dans le cadre de la Société, une de ces ententes régionales que le Pacte a formellement recommandées.

C'est dire que la recherche d'une formule de coopération européenne en liaison avec la Société des Nations, loin d'affaiblir l'autorité de cette dernière, ne doit tendre et ne peut tendre qu'à l'accroître, car elle se rattache étroitement à ses vues.

Il ne s'agit nullement de constituer un groupement européen en dehors de la SDN, mais au contraire d'harmoniser les intérêts européens sous le contrôle et dans l'esprit de la SDN, en intégrant dans son système universel un système limité, d'autant plus effectif. La réalisation d'une organisation fédérative de l'Europe serait toujours rapportée à la SDN, comme un élément de progrès à son actif dont les nations extra-européennes elles-mêmes pourraient bénéficier.

Une telle conception ne peut laisser place à l'équivoque, pas plus que celle dont procédait, sur un terrain régional encore plus restreint, la négociation collective des accords de Locarno qui ont inauguré la vraie politique de coopération européenne.

En fait, certaines questions intéressent en propre l'Europe, pour lesquelles les États européens peuvent sentir le besoin d'une action propre, plus immédiate et plus directe, dans l'intérêt même de la paix, et pour lesquelles, au surplus, ils bénéficient d'une compétence propre, résultant de leurs affinités ethniques et de leur communauté de civilisation. La SDN elle-même, dans l'exercice général de son activité, a eu plus d'une fois à tenir compte du fait de cette unité géographique que constitue l'Europe et à laquelle peuvent convenir des solutions communes dont on ne saurait imposer l'application au monde entier. Préparer et faciliter la coordination des activités proprement européennes de la SDN serait précisément une des tâches de l'association envisagée. […]

Aussi bien le représentant de la France a-t-il eu souci, dès le début, d'éviter toute ambiguïté, lorsque, prenant l'initiative de la première réunion européenne, il a estimé qu'elle devait comprendre seulement les représentants d'États membres de la SDN, et se tenir à Genève même, à l'occasion de la 10ᵉ assemblée, c'est-à-dire dans l'atmosphère et dans le cadre de la SDN

NÉCESSITÉ D'UN PACTE D'ORDRE GÉNÉRAL, AUSSI ÉLÉMENTAIRE FÛT-IL, POUR AFFIRMER LE PRINCIPE DE L'UNION MORALE EUROPÉENNE ET CONSACRER SOLENNELLEMENT LE FAIT DE LA SOLIDARITÉ INSTITUÉE ENTRE ÉTATS EUROPÉENS.

Dans une formule aussi libérale que possible, mais indiquant clairement l'objectif essentiel de cette association au service de l'œuvre collective d'organisation pacifique de l'Europe, les gouvernements signataires s'engageraient à prendre régulièrement contact, dans des réunions périodiques ou extraordinaires, pour examiner en commun toutes questions susceptibles d'intéresser au premier chef la communauté des peuples européens.

Observations

1° Les gouvernements signataires apparaissant ainsi liés à l'orientation générale d'une certaine politique commune, le principe de l'union européenne se trouverait désormais placé hors de toute discussion et au-dessus de toute procédure d'application quotidienne : l'étude des voies et moyens serait réservée à la Conférence européenne ou à l'organisme permanent qui serait appelé à constituer le lien vivant de solidarité entre nations européennes et à incarner ainsi la personnalité morale de l'union européenne.

2° Ce pacte initial et symbolique, sous le couvert duquel se poursuivraient dans la pratique la détermination, l'organisation et le développement des éléments constitutifs de l'association européenne, devrait être rédigé assez sommairement pour se borner à définir le rôle essentiel de cette association. (Il appartiendrait à l'avenir, s'il devait être favorable au développement de l'union européenne, de faciliter l'extension éventuelle de ce pacte de principe jusqu'à la conception d'une charte plus articulée.)

3° La rédaction du pacte européen devrait néanmoins tenir compte des réserves essentielles indiquées dans le présent mémorandum. Il importerait en effet de définir le caractère de l'Europe, considérée comme une entente régionale répondant aux dispositions de l'article 21 du pacte de la SDN et exerçant son activité dans le cadre de la SDN (Il serait précisé, notamment, que l'Association européenne ne saurait se substituer à la SDN dans les tâches confiées à celle-ci par le pacte ou par les traités, et que, même dans son domaine propre d'organisation de l'Europe, elle devrait encore coordonner son activité particulière avec l'activité générale de la SDN)

4° Pour mieux attester la subordination de l'Association européenne à la SDN, le pacte européen serait réservé, à l'origine, aux États européens membres de la Société.

C'est sous la réserve de ces observations et en s'inspirant de la préoccupation générale rappelée au début de ce mémorandum que le gouvernement de la République, conformément à la procédure arrêtée à la première réunion européenne du 9 septembre 1929, a l'honneur de soumettre aujourd'hui à l'examen des gouvernements intéressés un relevé des différents points sur lesquels ils sont invités à formuler leur avis.

NÉCESSITÉ D'UN MÉCANISME PROPRE À ASSURER À L'UNION EUROPÉENNE LES ORGANES INDISPENSABLES À L'ACCOMPLISSEMENT DE SA TÂCHE.

A. Nécessité d'un organe représentatif et responsable, sous forme d'institution régulière de la « Conférence européenne », composée des représentants de tous les gouvernements européens membres de la SDN, et qui demeurerait l'organe directeur essentiel de l'Union européenne, en liaison avec la SDN [...]

B. Nécessité d'un organe exécutif, sous forme de Comité politique permanent, composé seulement d'un certain nombre de membres de la Conférence européenne et assurant pratiquement à l'Union européenne son organisme d'étude en même temps que son instrument d'action. [...]

C. Nécessité d'un service de secrétariat, aussi réduit fût-il à l'origine, pour assurer administrativement l'exécution des instructions du président de la conférence ou du Comité européen, les communications entre gouvernements signataires du pacte européen, les convocations de la Conférence ou du Comité, la préparation de leurs discussions, l'enregistrement et la notification de leurs résolutions, etc. [...]

NÉCESSITÉ D'ARRÊTER D'AVANCE LES DIRECTIVES ESSENTIELLES QUI DEVRONT DÉTERMINER LES CONCEPTIONS GÉNÉRALES DU COMITÉ EUROPÉEN ET LE GUIDER DANS SON TRAVAIL D'ÉTUDE POUR L'ÉLABORATION DU PROGRAMME D'ORGANISATION EUROPÉENNE.

(Ce troisième point pouvant être réservé à l'appréciation de la prochaine réunion européenne.)

A. Subordination générale du problème économique au problème politique.

Toute possibilité de progrès dans la voie de l'union économique étant rigoureusement déterminée par la question de sécurité et cette question elle-même étant intimement liée à celle du progrès réalisable dans la voie de l'union politique, c'est sur le plan politique que devrait être porté tout d'abord l'effort constructeur tendant à donner à l'Europe sa structure organique. C'est sur ce plan encore que devrait ensuite s'élaborer, dans ses grandes lignes, la politique économique de l'Europe, aussi bien que la politique douanière de chaque État européen en particulier.

Un ordre inverse ne serait pas seulement vain, il apparaîtrait aux nations les plus faibles comme susceptible de les exposer, sans garanties ni compensation, aux risques de domination politique pouvant résulter d'une domination industrielle des États les plus fortement organisés.

Il est donc logique et normal que les sacrifices économiques à faire à la collectivité ne puissent trouver leur justification que dans le développement d'une situation politique autorisant la confiance entre peuples et la pacification réelle des esprits. Et même après la réalisation d'une telle condition de fait, assurée par l'établissement d'un régime de constante et d'étroite association de paix entre peuples d'Europe, encore faudrait-il l'intervention, sur le plan politique, d'un sentiment supérieur des nécessités internationales pour imposer aux membres de la communauté européenne, en faveur de la collectivité, la conception sincère et la poursuite effective d'une politique douanière vraiment libérale.

B. Conception de la coopération politique européenne comme devant tendre à cette fin essentielle : une fédération fondée sur l'idée d'union et non d'unité, c'est-à-dire assez souple pour respecter l'indépendance et la souveraineté nationale de chacun des États, tout en leur assurant à tous le bénéfice de la solidarité collective pour le règlement des questions politiques intéressant le sort de la communauté européenne ou celui d'un de ses membres.

C. Conception de l'organisation économique de l'Europe comme devant tendre à cette fin essentielle : un rapprochement des économies européennes réalisé sous la responsabilité politique des gouvernements solidaires.

À cet effet, les gouvernements pourraient fixer eux-mêmes, définitivement, dans un acte d'ordre général et de principe qui constituerait un simple pacte de solidarité économique, le but qu'ils entendent assigner comme fin idéale à leur politique douanière (établissement d'un marché commun pour l'élévation au maximum du niveau de bien-être humain sur l'ensemble des territoires de la communauté européenne).

OPPORTUNITÉ DE RÉSERVER, SOIT À LA PROCHAINE CONFÉRENCE EUROPÉENNE, SOIT AU FUTUR COMITÉ EUROPÉEN, L'ÉTUDE DE TOUTES QUESTIONS D'APPLICATION,

dont les suivantes :

A. Détermination du champ de coopération européenne, notamment dans les domaines suivants :

1° *Économie générale.*

2° *Outillage économique.*

3° *Communications et transit.*

4° *Finances.*

5° *Travail.*

6° *Hygiène.*

7° *Coopération intellectuelle.*

8° *Rapports interparlementaires.* – Utilisation de l'organisation et des travaux de l'« Union interparlementaire », pour le développement des contacts et échanges de vues entre milieux parlementaires des différents pays d'Europe (afin de préparer le terrain politique aux réalisations de l'Union européenne qui nécessiteraient des approbations parlementaires et, d'une façon générale, d'améliorer l'atmosphère internationale en Europe par la compréhension réciproque des intérêts et sentiments des peuples).

9° *Administration.* – Formation de sections européennes dans certains bureaux internationaux mondiaux.

B. Détermination des méthodes de coopération européenne dans les questions que retiendrait la Conférence européenne ou le Comité européen.

Il pourrait être opportun, suivant les cas :

– soit de créer des organismes de coordination et d'étude là où ils n'existent pas (par exemple pour l'outillage européen ou pour les diverses commissions fluviales européennes).

– soit de seconder les efforts de la SDN dans les questions qui font déjà l'objet de ses études méthodiques (en préparant, notamment, par des échanges de vues et des négociations amiables, l'entrée en vigueur, dans les relations des États d'Europe, des conventions établies ou des recommandations formulées par la SDN).

– soit enfin de provoquer des conférences, européennes ou générales, de la SDN dans les questions susceptibles d'être traitées par elle, mais qui ne l'ont pas encore été. (À toute conférence européenne les États extra-européens seraient invités à se faire représenter par des observateurs et toute convention qui serait établie par une conférence convoquée à la demande des États d'Europe, pour autant qu'elle ne serait pas strictement continentale par son objet, demeurerait ouverte à l'adhésion des États extra-européens.)

C. Détermination de tous modes de collaboration entre l'Union européenne et les pays situés en dehors de cette union.

En sollicitant, sur les quatre points ci-dessus indiqués, l'avis des vingt-six gouvernements européens dont il a reçu mandat d'enquête, le gouvernement de la République tient à formuler cette observation générale, qu'il a cru devoir s'attacher, pour des raisons purement pratiques, à une conception aussi élémentaire que possible de sa consultation : non qu'il entende limiter, dans ses vœux, les possibilités de développement futur d'une organisation fédérale de l'Europe, mais parce que, dans l'état actuel du monde européen et pour accroître les chances d'assentiment unanime à une première proposition concrète, susceptible de concilier tous intérêts et toutes situations particulières en cause, il importe essentiellement de s'en tenir aux données initiales de quelques vues très simples. Aussi bien est-il de bonne méthode de procéder du plus simple au plus complexe, en s'en remettant au temps du soin d'assurer, avec la vie, par une évolution constante et par une sorte de création continue, le plein épanouissement des ressources naturelles que l'Union européenne pourrait porter en elle-même.

C'est une telle conception qui guidait déjà le représentant de la France, quand, devant la première réunion européenne convoquée à Genève, il se bornait à suggérer, à titre immédiat, la recherche d'un simple lien fédéral à instituer entre gouvernements européens membres de la SDN pour assurer pratiquement leur coopération.

L'heure n'a jamais été plus propice ni plus pressante pour l'inauguration d'une œuvre constructive en Europe. Le règlement des principaux problèmes, matériels et moraux, consécutifs à la dernière guerre aura bientôt libéré l'Europe nouvelle de ce qui grevait le plus lourdement sa psychologie, autant que son économie. Elle apparaît dès maintenant disponible pour un effort positif et qui réponde à un ordre nouveau. Heure décisive, où l'Europe attentive peut disposer elle-même de son propre destin.

S'unir pour vivre et prospérer : telle est la stricte nécessité devant laquelle se trouvent désormais les nations d'Europe. Il semble que le sentiment des peuples se soit déjà clairement manifesté à ce sujet. Aux gouvernements d'assumer aujourd'hui leurs responsabilités, sous peine d'abandonner au risque d'initiatives particulières et d'entreprises désordonnées le groupement de forces matérielles et morales dont il leur appartient de garder la maîtrise collective, au bénéfice de la communauté européenne autant que de l'humanité.

Papiers 1940, papiers Léger, 3, fol. 225-232.

1950 : Quand Naundorff défraie la chronique diplomatique

Le 4 octobre 1950, Olivier Manet, chargé d'affaires par intérim aux Pays-Bas, adressa sur ce sujet une correspondance des plus pittoresques à Robert Schuman, ministre des Affaires étrangères. Peut-être la construction européenne est-elle aussi faite de ces incidents-là... Le chargé d'affaires y raconte, avec un humour évident, l'exhumation du corps de Naundorff, à la suite de l'effondrement de sa pierre tombale...

On joindra à cette correspondance un document plus récent, qui montre bien de quelle manière le « mythe Naundorff » a pu occuper les esprits. Il s'agit d'une note du ministre des Affaires étrangères daté de 1955 qui rend compte du singulier destin d'une bague ayant appartenu à Naundorff...

Karl Wilhelm Naundorff

La Haye, le 4 octobre 1950

Olivier Manet chargé d'affaires de France à Son Excellence Monsieur Robert Schuman, ministre des Affaires étrangères

C'est une pierre tombale portant l'inscription : « Ici repose Louis XVII, Charles Louis, Duc de Normandie, Roi de France et de Navarre, né à Versailles le 27 mars 1785, décédé à Delft le 10 août 1845 » que des experts ont soulevée le 26 septembre dernier en présence des autorités hollandaises, pour se pencher sur le squelette de feu Karl, Wilhelm Naundorff.

Je n'aurai garde de me mêler à un débat qui n'a certainement pas de secret pour le Département et à propos duquel, d'ailleurs, l'ouverture prochaine, au Vatican, du testament de la duchesse d'Angoulême, risque fort de faire perdre la vedette à la ville de Delft. Mais j'ai pensé qu'il me fallait tout de même rendre compte d'un événement qui aura, pour quelques jours, rendu toute sa vigueur à une vieille controverse et rappelé combien les Hollandais tiennent, au fond, à ce que l'authentique Louis XVII soit enterré sur leur sol.

C'est l'effondrement d'une des parois du caveau qui aurait, dit-on, rendu nécessaire l'exhumation. Le docteur J.P.L. Hulst ayant été convié à cette occasion, tous ceux que passionne la disparition mystérieuse du Dauphin attendaient de cet examen quelque élément de preuve établissant que Naundorff était bien le fils de Louis XVI. Procédant par élimination, le médecin légiste a commencé sagement par déclarer que la simple observation d'un crâne ne pouvait lui permettre de conclure à une filiation quelconque. Il a, par contre, relevé l'excellent état de la dentition, et s'est jugé en mesure d'affirmer que Naundorff était mort à l'âge de soixante ans environ, ce qui correspondrait avec la date de naissance du Dauphin. Le docteur Hulst a, par ailleurs, décelé une brisure de l'omoplate gauche ; il a certifié qu'elle était antérieure à la mort et due à une blessure reçue relativement peu de temps avant le décès. Quant à l'analyse de cheveux qui a été faite lors de l'ouverture du cercueil en 1904, le praticien a tenu à déclarer qu'il lui déniait toute valeur.

Après cet examen, une pierre tombale toute neuve, mais identique à la précédente, est venue sceller le caveau sur un squelette dont le docteur Hulst s'était plu à reconnaître le parfait état de conservation.

Louis Charles de Bourbon, arrière-petit fils de Naundorff, a assisté à toutes les opérations. Objet de la curiosité unanime, il s'est contenté de répondre à ceux qui l'interrogeaient, que quelles que soient les conclusions des experts cela ne pourrait rien changer au statut de sa famille, hollandaise depuis trois générations. Il dirige aujourd'hui une compagnie d'Assurances néerlandaise.

J'ajoute qu'à l'occasion de cet événement, un certain C.J. Begeen a déclaré être sur le point de publier un livre, auquel il travaille depuis plusieurs années et qui contiendra les preuves que Naundorff s'identifie bien avec le jeune prisonnier du Temple.

Olivier Manet

Bague de Jules Favre

Extraits de la note historique, décembre 1955

Le musée du ministère des Affaires étrangères conserve une bague faite d'un anneau d'or, enchâssant parmi des torsades compliquées, un grenat arrondi dont l'intaille représente une Diane chasseresse.

Cette bague fut la propriété de Naundorff jusqu'à sa mort en 1845. Ses enfants en firent don quelques années plus tard à Jules Favre, qui plaida leur cause avec le plus grand désintéressement, s'efforçant en 1861 et 1874 de faire reconnaître la légitimité de leurs prétentions par les tribunaux français.

Chargé de signer la Convention d'armistice à Versailles le 28 janvier 1871, Jules Favre, qui n'avait pas de cachet personnel, apposa sur la cire l'empreinte de la bague de Naundorff qu'il portait au doigt. Les détails de cette scène nous ont été transmis par le récit d'un témoin, le capitaine d'Hériss dans son volume de souvenirs *le Cabinet noir* (Paris 1887 Ollendorf). Un récit légendaire en a été fait par Villiers de l'Isle Adam dans un article paru au *Figaro* du 16 juillet 1884. L'auteur l'inséra ensuite dans son recueil « *l'Amour suprême* » (Paris 1886).

En 1910, ce bijou historique fut donné au ministère des Affaires étrangères par M. Velten, ministre plénipotentiaire, neveu de Mme Jules Favre.

En 1924, une contestation s'éleva sur l'authenticité de cet objet, à l'occasion du don d'une autre bague au musée Jean Houdon à Versailles. L'affaire fut déclenchée par l'information suivante parue dans *le Matin* du 19 octobre 1924 : « Versailles. Le maire vient de remettre au musée Houdon la bague avec laquelle Jules Favre scella en 1871, l'armistice signée entre la France et la Prusse. Cette bague, propriété de M. G. Clemenceau, qui la portait le jour de la signature du traité de Versailles, a été offerte à la ville par l'ancien président du Conseil ».

Le lendemain, *le Temps* et *le Figaro* faisaient paraître un article sur le même sujet, ce dernier demandant qu'on établisse laquelle des deux bagues était authentiquement celle utilisée à Francfort en comparant les empreintes de l'une et l'autre avec le cachet du traité de 1871.

Diverses protestations et mises au point furent émises par M. Chaumié, député du Lot-et-Garonne (*Le Temps* du 24 octobre), par M. André Jaulme (*Les Nouvelles de Versailles* 30 octobre), par M. de St-Clair (*La Légitimité* – 4° trimestre), concluant toutes à l'authenticité de la bague conservée au ministère des Affaires étrangères.

Afin de fixer définitivement ce point d'histoire, M. Émile Dard, ministre plénipotentiaire, chef du service des Archives du ministère des Affaires étrangères fit procéder par

MM. Abel Rigault, sous-chef du bureau des Archives, Georges Hutin, géographe, George Girard, bibliothécaire, à la confrontation de l'intaille de la bague conservée au musée des Affaires étrangères avec les empreintes qui figuraient sur la Convention d'armistice du 28 janvier 1871 et le traité de Francfort.

Les résultats de cette confrontation firent l'objet d'un communiqué du Département ainsi conçu :

« Quelques doutes ayant été exprimés dans la presse au sujet de l'authenticité de la bague avec laquelle Jules Favre a scellé la Convention d'armistice du 28 janvier 1871 ainsi que le traité de Francfort, le ministère des Affaires étrangères croit devoir apporter les précisions suivantes :

Jules Favre tenait cette bague de Naundorff dont il avait été l'avocat. Elle a été donnée au musée des Affaires étrangères par M. Velten, ministre plénipotentiaire, neveu de Madame Jules Favre.

À la suite de la lettre écrite au *Temps* par M. le député Chaumié, une commission de trois fonctionnaires du Service des archives a procédé à une comparaison entre l'intaille de la bague conservée aux Affaires étrangères et les cachets apposés sur la Convention d'armistice de 1871 et le traité de Francfort. Elle a constaté à l'unanimité que l'intaille et les cachets étaient identiques et qu'aucun doute n'était possible à cet égard. Cette note parut dans la presse le 1er novembre 1924.

Le maire de Versailles, M. Saint-Mleux, soutint alors qu'il y avait deux bagues de Jules Favre. L'une, donnée par Naundorff à Jules Favre serait passée à M. Édouard Lockroy, puis à son cousin, le capitaine Verdier qui l'aurait offerte à son tour à Madame Jacquemaire-Clemenceau, laquelle en aurait fait don au musée de Versailles. L'autre, achetée par Jules Favre lui aurait servi à signer le traité de Francfort et serait maintenant propriété de l'État et conservée au musée des Affaires étrangères.

Madame Geneviève Favre, fille de l'ancien ministre des Affaires étrangères et Madame Édouard Lokroy, contestent l'une et l'autre cette thèse. (article du *Temps* du 6 février

1926) Elles affirment, la première, que Jules Favre ne portait qu'une seule bague, celle que lui avait donnée Naundorff et qu'il n'en avait pas fait, à sa connaissance, exécuter de réplique ; la seconde, qu'elle n'a jamais entendu parler de bague donnée par Jules Favre à son mari où à quelque membre de sa famille. »

Note historique, 515.

1950-1953 : Un secrétaire d'ambassade prisonnier des Nord-Coréens

Le document dont on va maintenant reproduire de larges extraits est d'un intérêt exceptionnel. C'est le long récit de la captivité, devrait-on dire le calvaire ? des agents du consulat de France à Séoul qui, du mois de juillet 1950 au mois d'avril 1953, demeurèrent captifs des Nord-Coréens après que, le dimanche 25 juin 1950, avant le lever du jour, l'armée de Kim Il-sung eut déclenché brusquement une attaque générale sur le 38e parallèle. La guerre de Corée, latente jusque-là, commençait.

Georges Perruche, alors secrétaire d'Extrême-Orient de première classe en poste en Corée, a superbement raconté ce qu'il advint des étrangers surpris à Séoul par la guerre. « La nuit du 25 au 26 juin, toutes les femmes et les enfants américains, ainsi que les étrangers qui en manifestaient le désir, furent évacués sur Inchon, où un bateau alerté par radio et détourné de sa route devait venir les prendre pour les conduire au Japon. Les religieuses et missionnaires français et anglais avaient décidé de rester. [...] Le 27 au matin, l'ambassade américaine [me] faisait savoir sa décision d'évacuer de Séoul sur-le-champ tous ses ressortissants en précisant que "tout était maintenant fini" et que les troupes du nord étaient susceptibles de faire irruption dans la ville dans le courant de l'après-midi… En quelques heures, abandonnant leur automobile ainsi que tous leurs effets et munis d'une simple valise, presque tous les Européens laïcs furent dirigés sur l'aérodrome de Kimpo… Aucun avis officiel de son repli ne me fut adressé par le gouvernement coréen qui, au contraire, dans une proclamation à la population, prétendait rester à Séoul. La présence du ministre des Affaires étrangères devant l'hôtel Banto, une valise à la main, laissait cependant peu de doute sur ses projets… Bientôt le téléphone cessa de fonctionner… Une atmosphère pesante d'attente règne alors sur la ville… Dans la journée, des "Iaks" se montrent pour la première fois au-dessus de Séoul… Un obus perdu tombe à peu de distance de notre maison… Vers huit heures du matin, sur la grande voie qui passe au nord du consulat, les premiers tanks nordistes agrémentés de feuillage font une bruyante apparition… ». D'une fenêtre, Georges Perruche filme cette scène qu'il qualifie d'historique en prenant garde de ne pas être aperçu. Dans les prisons, « en même temps que les détenus politiques, qui n'ont pas été exécutés par les sudistes avant leur départ, ont été libérés les prisonniers de droit commun. Des bandes de civils armés de façon hétéroclite : fusil muni d'une loque en guise de bretelle, casque américain, couteau à la ceinture, se répandent dans la ville… ». L'une d'entre elles fait enfin irruption au consulat le 28 juin dans l'après-midi pour réclamer des voitures…

Georges Perruche raconte ensuite les premiers interrogatoires subis par ceux qui sont déjà des prisonniers puis commence le récit de leur longue équipée à travers la Corée et une partie de la Chine… On notera que, parmi les membres de la légation britannique de Séoul qu'il cite, figure un M. Blake, qui n'est autre que George Blake, dont on apprendra plus tard que, libéré par les Coréens, il a subi un lavage de cerveau particulièrement efficace puisqu'il deviendra, précisément, l'un des cerveaux de l'espionnage communiste au sein même du Foreign Office.

On nous pardonnera de citer longuement ce passionnant document rédigé par Georges Perruche après son retour en France et daté du 30 juillet 1953. On notera aussi que, pendant tout le temps que dura sa disparition, le secrétaire d'Extrême-Orient de première classe Georges Perruche ne fut considéré par son ministère d'origine ni comme en activité, ni comme mort. Du coup, son épouse ne reçut ni son traitement d'agent du ministère, ni une pension de veuve. Ce furent ses amis qui se relayèrent à l'époque, pour lui permettre de vivre. Un célèbre « Arrêt Perruche », du Conseil d'État, sera ensuite un exemple de jurisprudence administrative et posera les bases d'une reconstitution après coup de carrière.

Pendant près de trois ans, Georges Perruche et ses compagnons avaient vécu en enfer. Georges Perruche était notre ami. Il termina sa carrière dans une chambre d'hôtel à Ulan Bator, où il était ambassadeur de France en Mongolie extérieure. Il y a les fastes du Palais Farnèse, oui, et des tuyauteries déglinguées à l'autre bout du monde…

Relation de la déportation en Corée du Nord des agents du consulat de Séoul

Paris, le 30 juillet 1953

Très confidentiel

Georges Perruche, secrétaire d'Extrême-Orient de 1re classe à Monsieur Georges Bidault, ministre des Affaires étrangères

Après avoir rendu compte séparément dès mon retour de Corée en mai dernier aux services du chiffre et de la comptabilité des destructions de documents auxquelles j'ai procédé en juin et juillet 1950 et des mesures de précaution que je fus amené à prendre en prévision du viol de l'immunité diplomatique et du pillage de notre poste de Séoul, j'ai l'honneur de faire parvenir ci-joint à Votre Excellence un récit général des événements qui se sont produits dans la capitale coréenne au moment de l'attaque nordiste et des circonstances de la longue captivité qui en est résultée pour mes collaborateurs et moi-même. [...]

Dehors, sous la pluie, des détenus coréens qui, à en juger par l'état misérable de leurs vêtements, étaient entrés depuis quelque temps déjà dans cette triste condition, creusaient des abris souterrains pour les policiers sous la toujours vigilante garde de mitraillettes russes. Ce n'est d'ailleurs qu'avec un tel instrument braqué sur nos reins que nous étions autorisés à nous rendre aux latrines à l'autre extrémité de la cour.

Dans la journée nous comparûmes devant le chef de la Sécurité qui nous assura à nouveau de sa protection et me promit, sur ma demande, de me faire entrer en contact avec le ministre des Affaires étrangères. Vers le soir une camionnette nous conduisait au camp de concentration des étrangers à quelques kilomètres au nord-est de Pyong-yang. Nous retrouvâmes là les membres de la légation britannique de Séoul : M. Vivian Holt, le ministre, M. Blake et M. Owen, arrivés quelques jours auparavant en camion ainsi qu'une dizaine de missionnaires et de laïcs américains capturés à Séoul. Quelques jours plus tard arrivèrent successivement les Pères français, les

Sœurs françaises, la famille de M. Martel, l'évêque anglican Cooper en soutane rouge, M. Matti, Suisse protégé français, gérant de l'hôtel Chosen à Séoul. Conformément à la tradition policière coréenne et, afin de prévenir les évasions, ces prisonniers arrivaient pieds nus et leurs chaussures ne leur étaient rendues qu'au nouveau lieu de détention.

Le baraquement qui constitua notre logis du 18 juillet au 5 septembre 1950 comprenait cinq pièces entre lesquelles les soixante détenus européens étaient intégralement répartis : les femmes, les Français laïcs, les Américains, les religieux non américains et M. Matti, enfin les Anglais, chaque pièce donnant sur un couloir où se tenaient les gardiens. Il était formellement interdit de quitter la pièce qui vous était affectée, de parler aux détenus des pièces voisines et de se rendre aux latrines situées à l'extrémité du couloir sans une autorisation du garde. Trois fois par jour, à des heures irrégulières, on nous apportait un demi-bol de riz et un bol d'eau chaude salée où nageaient quelques feuilles de navet. La faim continuelle, l'abondance de la vermine, l'attitude insolente de nos gardes et le peu d'habitude que nous avions de la vie de captif rendirent le séjour dans ce premier camp moralement et physiquement très pénible.

Presque chaque jour nous assistions aux attaques des bombardiers et chasseurs-bombardiers sur Pyong-yang où s'élevait la fumée noire des incendies. À différentes reprises, et toujours vers le milieu de la nuit, nous fûmes tirés de notre sommeil pour être conduits à de nouveaux interrogatoires menés avec la minutie et la bêtise propres à tous les régimes policiers. À toutes les demandes que je fis d'entrer en communication avec mon gouvernement, mes interrogateurs me répondirent invariablement qu'ils n'avaient pas qualité pour transmettre une telle requête.

Le 5 septembre dans l'après-midi, ordre nous fut soudain donné de nous préparer à partir dans les dix minutes en laissant sur place les couvertures et les nattes qui nous avaient été remises. Le chef de la Sécurité, venu de la ville, nous informa qu'en raison des raids scélérats de l'aviation américaine sur

Pyong-yang et afin de mieux assurer notre protection, le gouvernement populaire avait décidé de nous transporter dans un endroit plus sûr. Nous dûmes nous déchausser pour gagner des camions qui attendaient à quelques centaines de mètres du camp et, à la nuit noire, nous fûmes conduits à la gare de Pyong-yang où un train aux vitres brisées était préparé pour nous recevoir. Après une longue attente, accroupis par terre, on nous fit monter dans ces wagons sales où la fraîcheur de la nuit se faisait désagréablement sentir.

Nous n'étions hélas pas les seuls à bénéficier de cette nouvelle sollicitude du gouvernement populaire et nous vîmes bientôt apparaître, se profilant comme des ombres dans l'obscurité du quai, marchant en silence et par rangs de trois, les hautes silhouettes de prisonniers de guerre américains que l'on conduisait à l'avant du train dans des wagons-plateaux où, accroupis les uns contre les autres, grelottant dans leurs chemises de toile déchirées, ils devaient passer les six froides nuits de notre voyage vers le Nord.

Le train en effet ne circulait que de nuit par crainte des attaques aériennes. Dès la pointe du jour, nous nous arrêtions et on nous conduisait à l'abri de quelque bois à bonne distance de la voie ferrée tandis que la locomotive allait se dissimuler dans le tunnel le plus proche. Les intendants se rendaient alors dans les villages environnants pour répartir la corvée de cuisson du riz entre les différentes familles et bientôt apparaissaient, venant de tous les chemins, des villageoises portant sur leur tête, dans de vastes cuvettes de bois, les boules de riz qui constitueraient notre repas. Il nous advint à deux reprises d'assister de loin à l'attaque, par des avions de chasse, du train vide qui nous attendait et de retrouver celui-ci le soir sans plus de dommage que quelques trous de projectiles supplémentaires.

Le convoi d'environ 950 prisonniers de guerre avec lequel nous voyagions comprenait de nombreux blessés et malades, quelques-uns dans un état de maigreur épouvantable, équipés de béquilles et d'éclisses de fortune et affaiblis par la sous-alimentation et le manque de soins. Une ou plusieurs tombes fraîchement creusées marquèrent hélas chacune de nos étapes.

Le matin du 11 septembre nous arrivâmes à Manpo, sur le Yalou, à la frontière de la Mandchourie. Nous fûmes conduits en camion sur la route de Ko-San-dji dans une agglomération de baraques assez sordides composées de petites pièces sales et mal éclairées [...].

L'inconfort de notre nouvel habitat était largement compensé par la possibilité de se promener enfin sous le ciel sur une distance d'une vingtaine de mètres, par une nourriture suffisante comprenant plus de riz, du poisson sec, un peu de viande et même quelques œufs et par la latitude chaque matin d'aller faire notre toilette et laver notre linge dans le Yalou.

Grâce aux informations que nous donnaient certains chrétiens lors de nos corvées d'eau au puits commun, nous apprîmes l'offensive alliée, la prise de Pyong-yang et l'avance des troupes des Nations unies vers Kanghé. L'immense espoir d'une libération prochaine nous envahit, ceci d'autant plus que les soldats chargés de nous garder devenaient de moins en moins stricts et cherchaient même, auprès des missionnaires parlant le coréen, à s'assurer une protection en cas de renversement de la situation.

Le 10 octobre, alors que nos espoirs étaient plus grands que jamais, nous reçûmes l'ordre de nous préparer à partir... en emportant avec nous ce qui restait de ravitaillement et jusqu'aux marmites de fonte pour la cuisson du riz. Le bruit courut que Manpo avait été choisi comme siège provisoire du gouvernement réfugié et qu'il nous fallait céder la place. Nous fûmes transportés à Ko-san-dji, à quelques trente kilomètres en aval sur le Yalou, où nous retrouvâmes, grâce aux renseignements recueillis par quelques hommes politiques sud-coréens capturés à Séoul et qui avaient été adjoints à notre groupe à Manpo, la déprimante nouvelle que les Chinois intervenaient dans la guerre. Quelques jours après, afin de faire place aux troupes de Mao Tsé-tong qui déferlaient à travers le Yalou, toutes les localités frontalières étaient complètement évacuées et nous partions nous-mêmes en une pénible étape à pied à travers la montagne au petit village, évacué également mais situé à l'écart des grandes routes et très misérable, de Tchou-An-i.

Là rien n'était préparé pour nous recevoir. L'organisation du ravitaillement devint extrêmement précaire ; un climat de débâcle semblait régner chez les Coréens, tous les jeunes gens mobilisables, un sac de toile sur le dos, fuyant l'avance alliée, affluaient du Sud individuellement par les sentiers de montagne, vraisemblablement pour répondre à l'ordre des communistes qui avaient l'intention de reformer, éventuellement en Chine, de nouvelles unités de combat.

Allongés à même la terre dans l'obscurité d'une cellule sans fenêtre, infestée de vermine, nous ne nous levions que pour aller chercher notre bol de millet ou pour couper dans la montagne le bois nécessaire au chauffage. Le froid commençait à sévir et personne ne possédait de manteau ou de vêtement épais. Bien qu'aucune nouvelle ne puisse faire son chemin jusqu'à nous dans le village sans habitants, le bruit commença à se répandre parmi ceux des internés qui connaissaient le coréen et qui pouvaient parler avec les gardes qu'on allait nous emmener dans une région reculée, à l'extrême nord du pays, pour nous y exterminer.

Le 25 octobre apparurent des officiers de Sécurité, dans la tenue d'hiver des gardes-frontière soviétiques, qui semblaient venir examiner avec mépris le bétail dont ils auraient la charge. Le lendemain nos gardes donnèrent l'ordre de départ, tout le monde devait marcher vieillards, malades, infirmes. Nous nous mîme en route sous la neige, soutenant les plus âgés et portant sur une civière improvisée une Sœur belge très malade qui ne pouvait se tenir debout. […]

Le 30 octobre enfin nous atteignîmes Manpo où les vieillards et les malades arrivés la veille avec leurs charrettes nous accueillirent en pleurant, démoralisés parce qu'on les avait fait coucher dehors par le gel auprès d'une maisonnette incendiée. Nous les aidâmes à allumer des feux, à faire bouillir un peu de grain et à s'organiser un peu mieux sous la protection de paillassons pour la nuit suivante que nous passâmes dehors à leurs côtés. […]

Le 31 octobre de nouvelles équipes de gardiens de prison spécialisés vinrent prendre charge de nous. Le commandant,

« Le Tigre » comme devaient le surnommer les soldats américains, nous informa que tout allait changer, que la mansuétude coupable des autorités à notre égard allait cesser, qu'il ne tolérerait pas de retard dans la marche et que tout le monde sans aucune exception marcherait. Des promesses analogues furent faites aux soldats américains campés en plein air au bord du Yalou et dont une quarantaine malgré leurs efforts ne purent se mettre debout.

Après que le commandant eut fait minutieusement fouiller chaque prisonnier et retiré aux vieillards leur bâton, qualifié « d'armes », nous commençâmes cette longue marche vers le nord jusqu'à Tchou-Kang-i qui devait coûter la vie à tant d'entre nous. Les soldats américains malades et incapables de se lever furent laissés sur la berge du Yalou où ils durent être achevés le soir même à la mitraillette.

Nous marchâmes cette nuit-là jusqu'à 10 ou 11 heures, le froid commençait à être assez vif mais aucun toit n'était prévu pour la halte, et nous nous allongeâmes par terre sous le ciel étoilé dans une vallée proche de Manpo. Au jour, quand nous fûmes autorisés à allumer des feux de paille pour dégeler nos membres engourdis, plusieurs des soldats américains avaient cessé de vivre. Quelques-uns de leurs camarades trop faibles pour prendre le départ furent laissés sur le bord de la route, plusieurs détonations nous apprirent, une fois le premier tournant passé, qu'ils avaient achevé leurs souffrances. Ceux que la volonté de survivre avait poussé à se mettre en chemin malgré leur faiblesse se faisaient soutenir par leurs camarades un peu plus robustes.

Sur l'ordre du « Tigre », les mourants devaient être portés sur les épaules de leurs compagnons qui, débilités par la sous-alimentation, avaient déjà beaucoup de peine à se traîner eux-mêmes. Tenu pour responsable de l'abondance des traînards dans sa section, un jeune officier américain fut exécuté sur le champ d'une balle dans la tête par le chef du convoi.

Nourris de deux poignées de grains de maïs mal cuit, souffrant tous de diarrhée ou de dysenterie, nous marchâmes encore jusqu'à la nuit noire ce soir du 1er novembre et nous couchâmes encore sur la terre glacée pour avoir à nouveau le matin le spectacle des cadavres nus des morts de la nuit que leurs camarades enterraient sommairement.

Pour courte qu'ait été l'étape du lendemain (une vingtaine de kilomètres), elle n'en conduisit pas moins au bout de leurs forces plusieurs des déportés civils : la Rév. Mère Béatrix, une Allemande, Madame Fundesrath et la Sœur anglaise Mary-Clare. Les deux premières absolument épuisées furent exécutées par les gardes au début de l'étape de montagne du lendemain 3 novembre tandis que la troisième mourut quelques jours après. Le soir nous gîtâmes accroupis par terre, serrés les uns contre les autres dans un baraquement d'école, pas avant cependant que le « Tigre » ne nous eût fait un grand discours sur la magnanimité de la politique de son gouvernement vis-à-vis des prisonniers, en nous précisant que les traînards avaient été conduits dans les hôpitaux de l'Armée populaire. Nous espérâmes un instant, après cette déclaration d'une hypocrisie monstrueuse que personne ne sollicitait, qu'un ordre quelconque était arrivé du gouvernement qui tempérerait la folie meurtrière de nos gardiens. Les étapes suivantes que nous effectuâmes dans la neige sur une route en lacet, à travers des montagnes dénudées et désertes, nous détrompèrent bien vite. […]

C'est le 8 novembre que nous arrivâmes dans les baraquements de l'école de Tchou-kang-i où, comme à l'ordinaire, rien n'était organisé pour nous. L'eau surtout manquait, même pour boire. Dans « la cuisine » sorte de couloir proche des cabinets où quatre marmites avaient été installées sur des fourneaux de terre argileuse, quelques soldats américains s'affairaient gauchement dans une fumée épaisse, essayant d'allumer des feux pour bouillir le maïs, sous les insultes et les ordres contradictoires des sentinelles. Lorsque ces dernières consentaient à les accompagner, ils pouvaient aller jusqu'à un puits du voisinage d'où ils ramenaient, dans des bidons fuyant de toute part, une quantité dérisoire d'une eau de plus en plus boueuse. Bientôt le vent s'éleva et la température descendant brusquement jusqu'à –15° rendit la corvée très pénible.

Couchés à même le parquet, assoiffés et affamés, couverts de vermine, dans une salle de classe qu'un poêle rudimentaire, fait d'un vieux baril d'essence, ne parvenait pas à dégeler, nous appréhendions l'avenir.

Le 11 novembre mourut le R.P. Villemot, le 12 le R.P. Antoine Combert, le 13 le R.P. Julien Combert. J'obtins le 12 novembre, avec le R.P. Coyos, l'autorisation d'accompagner la corvée d'enterrement, hélas quotidienne ; nous creusâmes à grand'peine une tombe peu profonde dans le sol rocailleux de la colline voisine et nous y allongeâmes le corps du doyen de nos missionnaires de Corée, tandis qu'à côté étaient enterrés deux jeunes prisonniers américains. À notre retour, des avions alliés bombardèrent la ville, incendiant plusieurs quartiers et forçant ainsi les nombreux soldats chinois qui y cantonnaient à s'enfuir dans la montagne.

Le lendemain, sous la menace très directe de son revolver, le « Tigre » obligeait tous les détenus, y compris les vieillards et les mourants, à sortir dans l'air glacé du matin pour la « culture physique ».

L'épuisement dû à la longue marche, le manque d'eau et de nourriture ainsi que la dysenterie et le froid continuaient à faire de profonds ravages dans nos rangs. [...]

Inquiet du renouvellement possible d'une attaque aérienne, le commandement du camp nous fit remettre en marche une nuit et nous arrivâmes le 15 novembre au petit village évacué et particulièrement misérable de Hadjan-i situé au bord du Yalou, à quelques 8 km au nord-est de Tchou-kang-i. Le froid devenait intense, nous étions logés par petits groupes dans des maisonnettes de torchis sans fenêtre, à peine éclairées par le jour qui filtrait à travers le papier tendu sur le cadre de la porte, mais dont le sol par contre pouvait être chauffé au moyen d'un « ondol », ce poêle souterrain, analogue au kang de Chine du Nord, qui équipe toutes les habitations paysannes.

Chaque groupe devait envoyer le soir une corvée de quelques hommes pour attendre dehors, par une température descendant parfois jusqu'à – 20°, et pendant une heure ou plus, la distribution des denrées nécessaires à la nourriture du lendemain : un peu de millet, quelques choux chinois, une poignée de sel, parfois mais rarement un petit morceau de porc, dont la répartition, après la diminution due à la cuisson, risquait toujours de provoquer une polémique avec le groupe de prisonniers politiques coréens qui nous avait été adjoint.

La difficulté de la corvée d'eau, dans des puits au fond desquels apparaissait aux jours les plus froids une appréciable croûte de glace, incitait les détenus à une grande retenue dans des ablutions que la température de nos cellules nous poussait déjà à réduire au minimum.

Tandis que chaque jour, titubant sous leur charge et stimulés par les aboiements gutturaux de leur escorteur à mitraillette, nous voyions passer les soldats emportant vers le charnier commun les trois, quatre ou même (cela arriva après une nuit particulièrement froide du début janvier) les dix prisonniers de guerre morts dans les précédentes 24 heures ; les décès se multipliaient également parmi les déportés civils*. [...]

En janvier 1951, le froid s'accentua encore ; sur l'autre rive du Yalou les caravanes de camions « Molotov » de l'armée chinoise avaient laissé leur garniture de branches de sapin pour se camoufler en blanc. Accroupis sur la natte de la chambre obscure que nous partagions avec les diplomates britanniques, nous ne présagions aucun changement lorsque, le 30 janvier, un officier de police accompagné d'un garde vint nous rendre visite et, après nous avoir fait remplir le questionnaire traditionnel, nous avisa de nous tenir prêts à partir dans l'après-midi. Un grand espoir nous envahit à nouveau malgré le froid extrême régnant dans le vieil autobus qui nous fit refaire la nuit en sens inverse l'itinéraire de notre terrible marche pour nous reconduire à Manpo.

La ville, presque entièrement rasée par les bombardements, était méconnaissable. Au bureau central de police où on nous conduisit, nous fûmes reçus courtoisement par des officiers supérieurs de Sécurité qui s'abstinrent de toute question et de

*. J'ai transmis au bureau de l'État-Civil, à la direction des Affaires administratives et sociales, la liste de mes compatriotes décédés en vue de l'obtention de jugements déclaratifs de décès.

toute provocation. L'un d'eux, qui avait à Séoul procédé à l'arrestation du ministre britannique, nous offrit même, en signe de joyeuse rencontre, un petit verre d'alcool de sorgho. On nous promit que notre sort allait s'améliorer, que nous allions percevoir des rations régulières de cigarettes, manger du riz au lieu de millet et que nous aurions une maison confortable.

En fait, après nous avoir contraints à laisser au camp de Hadjan-i notre unique couverture, sous prétexte que notre nouvelle demeure serait pourvue de tout le nécessaire, on nous entassa à dix sur les nattes des deux petites chambres d'une maison paysanne, dont les gardes, à trois, occupaient la pièce la plus grande et la moins froide et, à la différence près qu'une cuisinière faisait bouillir pour nous du riz et du chou, nous continuâmes pendant deux longues années encore à souffrir du froid, de la faim, ainsi que de l'absence de nouvelles* et de livres.

Pendant toute l'année 1951 et le début de l'année 1952, nous ne fûmes pas autorisés à sortir d'une courette de 12 m de long sur 5 m de large. Postérieurement, à la suite de protestations innombrables, nous obtînmes de l'officier chef du camp l'autorisation de nous promener sur une centaine de mètres dans le chemin qui passait devant la maison.

Nous vécûmes dans ces conditions aux environs de Manpo du début de février 1951 jusqu'au 27 mars 1953, absolument coupés du monde, glanant de-ci de-là quelques nouvelles vieilles par fois de plus d'un an, dans les brochures russes ou les journaux chinois qui, à intervalles extrêmement éloignés, trouvaient leur chemin jusqu'à nous.

Asie 1944-..., Corée, vol. 3, fol. 58-74.

---

* Le premier et unique message du Département, non daté mais vraisemblablement d'octobre 1952 et contenant de brefs messages familiaux, nous est parvenu au début de l'année 1953.

1953 : Escale de la reine Élisabeth II d'Angleterre à Panama

Bien sûr, le XXe siècle n'est plus le temps des « Entrées » de souverains étrangers dans de bonnes villes qui déployaient pour eux tous les fastes d'une réception officielle. Et pourtant, magazines spécialisés ou chroniques bientôt télévisuelles, les déplacements des souverains aux quatre coins de la planète ont continué à faire l'objet de descriptions enthousiastes de la part de journalistes de tout poil. Et, naturellement, les diplomates en poste dans les pays où se déroulaient ces fastes ne pouvaient manquer d'en rendre compte.

À cet égard, la dépêche, probablement expédiée sans trop d'urgence de Panama le 11 décembre 1953 par Marcel Ollivier, chargé d'affaires par intérim, est significative d'un style tout inspiré des élans d'un Léon Zitrone. De la « très simple cérémonie » à « l'excellent dîner arrosé de vins et de champagne français », achevé par une « exhibition de danses panaméennes par un groupe de jeunes gens et jeunes filles appartenant à la Société (à la Société, s'il vous plaît !) vêtus de costumes nationaux », nous savons tout de cette étape inoubliable avec tour de danse de la reine « au bras du Président pendant que le duc d'Édimbourg accomplissait la même politesse avec Madame Remon », épouse dudit Président.

Quelque part entre la plume de Stendhal et la voix du regretté Léon Zitrone, la diplomatie française a souvent été peu avare de littérature…

Visite à Panama de la reine Élisabeth II d'Angleterre

Panama, le 11 décembre 1953

M. Marcel Ollivier, chargé d'affaires de l'ambassade de France à Panama à Son Excellence Monsieur Georges Bidault ministre des Affaires étrangères

Venant de la Jamaïque et poursuivant son voyage à travers le Commonwealth britannique, la reine Elisabeth II d'Angleterre, accompagnée du duc d'Édimbourg, est arrivée à Cristobal le 29 novembre à neuf heures du matin sur le s/s « Gothique » escorté par le croiseur « Sheffield » de la Royal Navy.

Dès son arrivée, la reine a été saluée par le gouverneur de la zone du Canal, le général Seybold et par les officiers généraux commandants les Forces armées américaines. *Un peu plus tard* le président de la République de Panama, le colonel Remon, accompagné du ministre des Relations extérieures, montait à bord du yacht royal pour souhaiter la bienvenue à la jeune souveraine.

Vers dix heures la reine Elisabeth II débarquait en compagnie du prince consort, de Lady Pamela Mountbatten et des officiers formant sa suite. Sur le quai, un détachement des Forces armées américaines rendait les honneurs et fut passé en revue par la souveraine.

Cette cérémonie terminée, la reine prenait place dans une voiture découverte au côté du président Remon et suivit de son cortège – le duc d'Édimbourg était dans une voiture avec le ministre des Relations extérieures –, Sa Majesté parcourut les rues de Colon sous les ovations d'une foule délirante qu'aucun service d'ordre ne parvenait à contenir et dont les hurlements hystériques, la proximité constante et l'odeur caractéristique devaient lui être aussi pénibles que les rayons d'un soleil tropical dont elle se protégeait le visage sous une immense ombrelle blanche. La reine ne se départit cependant jamais durant cette très fatigante journée de son charmant sourire.

À l'Hôtel de Ville de Colon la Souveraine reçu des mains du gouverneur les clefs de la ville. Après ce geste symbolique la reine et sa suite se rendirent à la limite de la zone du Canal et du territoire de la République où ils prirent congé du président Remon.

Là le gouverneur du Canal attendait la souveraine. La reine et sa suite prirent place dans des voitures de la Compagnie du Canal et ce fut sous l'escorte de policiers des Forces armées américaines que le cortège royal prit la route de Panama.

Après avoir accompli le trajet en un temps record, pour essayer de rattraper son retard sur l'horaire officiel, le cortège fit halte à l'écluse de Mira Flores où la reine et le duc d'Édimbourg, accompagnés du gouverneur, se firent expliquer le fonctionnement du canal et de la tour de contrôle, exécutant personnellement les manœuvres devant permettre l'éclusage d'un navire en transit.

Après cette visite traditionnelle qui prit fin vers 12 h 30, la reine et sa suite furent les hôtes d'un très brillant déjeuner, suivi d'une réception, offerts en leur honneur par le gouverneur du Canal. (*Seuls* les hauts fonctionnaires du Canal, les officiers supérieurs américains et les membres de l'ambassade des États-Unis à Panama étaient invités). À trois heures de l'après midi la reine Elisabeth II et sa suite rejoignaient, « Le Gothique » à l'écluse de « Pedro Miguel ».

À six heures du soir la reine Élisabeth et le duc d'Édimbourg débarquaient du « Gothique » à Balboa pour se rendre à une garden-party à l'ambassade britannique. L'itinéraire du couple royal passait par les principales artères de la ville de Panama. La foule ne fut pas moins enthousiasmée qu'à Colon et ne fit pas preuve de plus de retenue. Il était plus de sept heures lorsque la reine et son royal époux parvinrent à l'ambassade où les attendaient quatre cents de leurs sujets. Pressé par le temps, le couple royal ne fit qu'une très brève apparition, ce qui ne fut pas sans décevoir quelque peu les invités, qui attendaient *debout* et sans aucun rafraîchissement son arrivée depuis bien avant cinq heures. Le charme de la reine et l'amabilité du duc agirent comme par enchantement et les plus irascibles sujets de Sa Majesté tout en laissant percer leur dépit de n'avoir eu leur souveraine à eux que quelques trente minutes furent unanimes dans leurs éloges du couple royal et se sentirent tous rassurés quant à l'avenir du Commonwealth.

Le Président et Madame Remon offrirent à neuf heures du soir un banquet de 95 couverts en l'honneur de la reine Elisabeth II, seuls les membres du gouvernement et les chefs de mission y avaient été conviés en compagnie de leurs épouses. Ayant été prié d'arriver à la présidence à huit heures, mes collègues et moi purent pour tromper notre attente échanger nos impressions. Je notai que ma nervosité de jeune agent pas encore rompu aux heureuses expériences que réserve la vie diplomatique était partagée à un certain degré par les ambassadeurs, même européens [...] Les souverains britanniques accompagnés du Président et Madame Remon faisaient à huit heures trente précise leur entrée dans le grand salon de la Présidence où nous attendions sagement rangés en ordre de préséance. Vêtue d'une robe blanche recouverte de dessins argentés, ayant sur la tête un diadème de diamants et de perles, sur ses lèvres un sourire que la vivacité et la franchise de son regard rendait plus charmant encore, la reine Elisabeth II apparaissait à nos regards d'adultes comme une fée d'un conte de notre enfance.

Après que nous lui eussions été présentés la souveraine remit au président Remon une écrin contenant les insignes de « Chevalier Grand Croix de l'Ordre de l'Empire britannique ». Le colonel Remon remit à son tour à la reine l'écrin contenant le grand collier de l'Ordre « d'Amadore Guerrero » et au duc d'Édimbourg les insignes de commandeur du même ordre. La reine remit ensuite les insignes de « chevalier commandeur de l'Ordre de l'Empire britannique » au ministre des Relations extérieures M. Guizado.

Cette très simple cérémonie terminée, nous passâmes dans la salle à manger, où un excellent dîner arrosé de vins et de champagne français nous fut servi. Dès la fin de ce banquet où l'atmosphère fut empreinte de la simplicité et de la sympathie que dégageait le couple royal, la reine et le prince consort se rendirent en compagnie du Président et de Madame Remon à une réception offerte en leur honneur par le chef d'État panaméen au Club Union (club de la société panaméenne). Après avoir assisté à une exhibition de danses panaméennes par un groupe de jeunes gens et jeunes filles appartenant à la Société, vêtus de costumes nationaux, la reine fit un tour de danse au bras du Président pendant que le duc d'Édimbourg accomplissait la même politesse avec Madame Remon, aux accords d'un orchestre panaméen qui exécutait un morceau très couleur locale, s'alliant au mambo et à la rumba !

La reine et le duc d'Édimbourg prirent congé du président Remon et de son épouse à 23 h 30 pour rejoindre leur navire, sous les ovations d'une foule qui avait tenu à voir le couple royal une dernière fois.

Le 30 à sept heures du matin le « Gothique » escorté du « Sheffield » prenait la mer pour rejoindre les Fidjis, prochaine escale du programme royal. Une escadrille de chasseurs américains survolèrent les deux navires qui prenaient le large en un dernier geste de courtoisie de la part des autorités américaines.

La venue à Panama de la souveraine britannique a causé une certaine friction entre le gouvernement panaméen et les autorités américaines. Celles-ci ont en effet refusé d'accéder à une demande du Protocole panaméen, que le président Remon soit le premier à souhaiter la bienvenue à la souveraine. Ce refus eut pour prétexte que la reine débarquant dans la zone du Canal seules les autorités américaines étaient protocolairement qualifiées pour la recevoir à son arrivée. L'ambassadeur britannique a eu toutes les peines du monde à convaincre les Américains qu'il devait monter à bord du « Gothique » avant le gouverneur et les hautes autorités militaires.

La visite de la reine d'Angleterre à Panama a eu un grand succès tant auprès du public et de la presse panaméenne que des 26 000 Jamaïquains qui y résident. En lisant les comptes-rendus chaleureux de la visite royale et en écoutant les commentaires, tous extrêmement élogieux, on comprend mieux ici le bien fondé des paroles du Premier Ministre britannique qui se serait adressé à la reine en ses termes avant son départ « que le voyage de Sa Majesté autour du monde pourrait avoir pour l'Angleterre des résultats bien plus fructueux que le voyage de circumnavigation que Drake effectua sous l'ancêtre dont elle porte le prénom en rapportant un bien plus précieux que l'or et les joyaux, l'amitié des peuples qu'elle visitera »

Sa Majesté s'est déclarée particulièrement satisfaite de l'accueil que lui a réservé le peuple et le gouvernement panaméens. Elle a tenu à adresser un message de remerciements au président Remon et à son peuple.

Après avoir vu la jeune souveraine et son très sympathique époux, on ne peut douter qu'ils reçoivent partout le même accueil qu'ils reçurent en cette terre étrangère, la première, dit-on, que visite la reine depuis sa montée sur le trône. Heureux augure ? Espérons-le pour le couple royal et pour le plus grand bienfait de nos voisins d'outre-Manche.

Amérique 1952-1963, Panama, vol. 16.

1956 : *Les affaires immobilières franco-italiennes*

Après la question de l'ambassade de France auprès du Saint-Siège, il s'agissait de consolider la situation de l'ambassade de France au Quirinal, à savoir le palais Farnèse, le plus beau palais, peut-être, de tout Rome. On nous pardonnera de revenir sur un sujet qui nous tient tout particulièrement à cœur.

Dans l'axe de l'une des plus belles places romaines, la place de Santa-Maria dei Fiori, la façade du palais Farnèse est l'œuvre conjuguée du grand Sangallo puis, à partir de 1546, de Michel-Ange qui imagina la superbe corniche supérieure et sculpta le blason des Farnèse. La cour intérieure est grandiose, où se succèdent les ordres successivement imposés là par Sangallo, Vignole et Michel-Ange. À l'intérieur, bien que la plupart des œuvres qui constituaient les trésors des Farnèse aient été transportées à Naples, demeurent, ce qui représentera pendant tout le XVIIe siècle le modèle de tous les plafonds italiens, les fresques des Carrache, consacrées aux amours des dieux. D'un érotisme parfois puissant, ces peintures encadrées par un décor où se mélangent le trompe-l'œil, le stuc et les marbres, occupent aujourd'hui le plafond de la grande salle à manger de l'ambassade de France, et certains ambassadeurs ont eu l'idée délicate de placer des miroirs sur les nappes afin de permettre à leurs invités d'observer les turpitudes de Jupiter ou d'Hercule sans avoir à risquer le « syndrome de Stendhal » maladie plus ou moins psychosomatique, aujourd'hui bien connue de ceux qui se renversent trop la nuque en arrière pour admirer des fresques qui les laissent pantois.

La note tirée du « Fonds des immeubles » du ministère des Affaires étrangères, en date du 31 décembre 1956, définit de manière précise le statut juridique du palais Farnèse, et la contrepartie offerte par la France avec l'hôtel Doudeauville, rue de Varenne. On soulignera au passage que, sans avoir la grandeur du palais Farnèse, l'hôtel Doudeauville est un des plus beaux du VIIe arrondissement de Paris. Il possède en particulier un théâtre rococo et une superbe décoration de miroirs vénitiens.

Ambassade de France à Rome et ambassade d'Italie à Paris

En 1519, le cardinal Alexandre Farnèse, qui devint plus tard le pape Paul III, fit entreprendre, sur des terrains situés à proximité du Tibre, la construction du palais qui a conservé son nom. L'ambassade de France auprès du gouvernement italien y est installée depuis 1875, date où notre ambassadeur, le marquis de Noailles, le prit en location.

C'est un des édifices les plus célèbres de Rome, d'une immense valeur archéologique et artistique. Après avoir appartenu aux ducs de Parme, puis aux rois de Naples, il était propriété indivise entre les familles de Hohenzollern et de Bourbon-Des-Deux-Siciles qui, après de longues négociations, le vendirent à l'État français pour 3 millions de francs. L'acte d'achat fut signé au quai d'Orsay, le 27 décembre 1911, par M. de Selves, alors ministre des Affaires étrangères.

Il fut inscrit au Tableau général des propriétés de l'État avec les indications suivantes :

« Palais Farnèse, sis place Farnèse à Rome, comprenant un rez-de-chaussée et deux étages avec cour intérieure, relié par un arc passant au dessus de la Via Giulia et conduisant aux annexes (dépendances, remises, jardins). Superficie totale 7 377 mètres carrés ».

(On précise que le palais forme un bloc bordé sur ses quatre façades par la place Farnèse, la Via della Morte, la Via Giulia et la Via Del Mascherone. Les annexes sont situées de l'autre côté de l'étroite Via Giulia entre cette rue et le Tibre).

Toutefois par un accord de la même date, le gouvernement français reconnaissait au gouvernement italien en raison du caractère de l'édifice, un droit de rachat à l'expiration d'une période de 25 ans. Il était convenu que, si le gouvernement italien faisait usage de ce droit, il devrait verser le même prix de 3 millions de francs « payable en or ou en billets de la Banque de France » et rembourser les dépenses que le gouvernement français aurait effectuées pour réparations extraordinaires ou restauration du palais pendant ladite période de 25 ans.

Le Département espéra jusqu'en 1934 que le gouvernement italien ne ferait pas usage du droit de rachat qui lui avait été consenti. Le palais Farnèse assure à notre ambassade (et à l'École française d'archéologie qui occupe l'étage supérieur) une installation d'une noblesse irremplaçable, tandis que la construction ou l'achat d'un autre immeuble auraient entraîné des difficultés et des frais très élevés. Mais le 20 décembre 1934, dans les délais de préavis qui avaient été stipulés, une lettre de l'ambassade d'Italie notifia au Département la volonté du gouvernement italien de procéder au rachat du palais à la date et aux conditions prévues.

En remettant cette lettre au secrétaire général du ministère, l'ambassadeur d'Italie déclara toutefois verbalement que son gouvernement était disposé à négocier un accord qui laisserait le palais Farnèse à notre disposition après qu'il aurait cessé d'être notre propriété.

Ces premières indications furent ensuite précisées comme suit : le gouvernement italien était disposé à nous louer le palais pour une durée de 99 ans moyennant une redevance nominale de une lire par an, à la condition que la France mette également pour 99 ans et pour un franc par an, un immeuble d'importance équivalente à la disposition de l'ambassade d'Italie à Paris. Après comparaison de plusieurs immeubles, les préférences de l'ambassade d'Italie se portaient sur l'hôtel de la Rochefoucauld-Doudeauville, 47 rue de Varenne. Situé à l'angle de la rue et de la cité Varenne (impasse privée), entre une cour d'honneur et un jardin de 4 472 mètres carrés, c'est un très bel hôtel du XVIIIe siècle dont les façades sur cour et jardin et certains éléments de décoration intérieure figurent au catalogue des monuments historiques. Il ne comportait pas, toutefois, les locaux nécessaires pour installer la chancellerie, et d'importants travaux étaient indispensables à cette fin.

Le Département qui souhaitait conserver l'usage du palais Farnèse accueillit très favorablement cette suggestion. Une convention franco-italienne fut signée le 24 décembre 1936, fixant pour 99 ans et dans les conditions de réciprocité les plus strictes, les installations respectives de l'ambassade d'Italie à l'hôtel Doudeauville et de l'ambassade de France au palais Farnèse. Les travaux d'aménagement que nécessitait l'hôtel Doudeauville et que ne nécessitait pas le palais Farnèse, constituaient cependant pour le gouvernement français une obligation sans contrepartie.

L'application de cette convention n'allait pas sans de sérieuses difficultés pratiques :

1°. – Il résultait d'une première évaluation approximative que l'achat et l'aménagement de l'hôtel Doudeauville coûteraient entre 20 et 25 millions de francs et le Département ne disposait d'aucun crédit.

2°. – La rachat du palais Farnèse « payable en francs ou en billets de la Banque de France » selon l'accord de 1911, aboutissait à revendre pour 3 millions de francs dépréciés aux 9/10 un immeuble qui avait été payé 3 millions de francs-or.

3°. – En 1911, le Parlement avait autorisé l'achat du palais Farnèse, et voté à cet effet un crédit de 3 millions de francs. Mais il n'avait pas autorisé sa rétrocession éventuelle au gouvernement italien, cette dernière n'ayant été prévue que par une convention franco-italienne qui n'avait jamais été soumise à la ratification parlementaire.

Il s'agissait donc d'une opération financièrement très mauvaise et d'une régularité administrative discutable. Il paraissait inopportun d'en saisir le Parlement, alors assez mal disposé à l'égard du gouvernement fasciste.

Ces difficultés furent tournées de la manière suivante :

1°. – Le gouvernement italien versa au Trésor pour le rachat du palais Farnèse une somme totale de 7 279 445 francs soit :

– frais d'achat . . . . 3 000 000.
– frais d'acte . . . . 15 445.
– remboursement de réparations
et d'améliorations. . . . . 4 264 000.
7 279 445.

Les réparations et améliorations effectuées par nos soins comprenaient notamment l'aménagement de la vaste salle dite « Salon d'Hercule » qui était restée inachevée depuis quatre siècles, la restauration de la grande corniche et celle des façades du palais.

2°. – L'hôtel Doudeauville fut acheté non par l'État mais par la Caisse des dépôts et consignations au prix de 11 500 000 francs et loué par la Caisse au ministère des Affaires étrangères pour une durée de trente ans à dater du 14 mai 1937. L'annuité à la charge du Département, qui représente à la fois le loyer et l'amortissement du capital investi s'élève à 783 810 francs.

Le prix de 11 500 000 francs comprenait un très important matériel (lustres, tapisseries, tapis et rideaux qui sont en quelque sorte immeubles par destination ; et aussi divers éléments de mobilier) évalué au total de 813 200 francs.

3°. – Pour les travaux d'aménagement une somme de 9 499 133 francs fut mise à la disposition du Département sur les crédits ouverts au titre de « Plan de grands travaux destinés à combattre et à prévenir le chômage ».

Ces travaux, qui furent entrepris en mai 1937 consistèrent :

Dans la démolition des deux ailes donnant sur la cour d'honneur et du bâtiment des communs donnant sur la cité Varenne (constructions qui avaient été ajoutées à une date relativement récente au corps de bâtiment principal, et qui ne présentaient aucun intérêt artistique).

Dans la reconstruction sur leur emplacement d'autres bâtiments spécialement aménagés, d'accord avec l'ambassade d'Italie, pour l'installation de ses services.

Dans divers aménagements et restaurations dans le bâtiment principal à usage d'habitation et de réception.

La situation juridique des deux ambassades est donc en définitive la suivante :

À Rome, le palais Farnèse, propriété de l'État italien nous est loué pour 99 ans à dater du 24 décembre 1936 pour une lire par an.

À Paris, l'hôtel Doudeauville est actuellement propriété de la Caisse des dépôts et consignations. Il est loué au ministère des Affaires étrangères pour 30 ans à dater du 14 mai 1937 par location-vente, au prix de 785 810 francs par an. L'État en deviendra propriétaire le 14 mai 1967. Il est sous-loué au gouvernement italien pour 99 ans à dater du 24 décembre 1936 pour 1 franc par an.

Le Département a pris bénévolement à sa charge la participation de l'hôtel Doudeauville dans les dépenses communes de la cité Varenne (voirie, éclairage, etc…) charge qui n'a pas d'équivalent à Rome. Toutes les réparations grosses ou petites du palais Farnèse et de l'hôtel Doudeauville sont à la charge du gouvernement locataire.

Les locaux affectés dans le palais Farnèse à l'installation des bureaux étant devenus insuffisants, l'État a acheté à cette fin le 28 avril 1948 pour 23 millions de lires, un petit immeuble situé 251 Via Giulia à proximité immédiate du palais Farnèse. Il se compose de trois étages avec sept pièces par étage.

Note historique, 649.
Fonds des immeubles, carton 275.

1957 : Les tribulations du buste de Paul Bourde

Les révolutions amènent leurs lots de vandalismes, profanations et autres manifestations iconoclastes. Une photographie célèbre d'après la chute du communisme en Union soviétique montre une gigantesque statue de Staline couchée sur une barge descendant au fil de l'eau un fleuve quelque part en Russie…

L'affaire Paul Bourde, au début de l'année 1957, ne fut certes pas d'une importance aussi considérable. On se bornera ici à présenter les principales pièces de ce dossier et les correspondances échangées à ce sujet entre anciens ou futurs anciens ambassadeurs, Gillet, Massigli, Basdevant, anciens ou futurs anciens ministres, Maurice Faure et Berthoin… On imagine que le lecteur pourra de lui-même reconstituer les principaux éléments de cette triste conséquence d'une décolonisation pourtant, pour une fois, à peu près réussie…

Qu'on ne s'avise, en tout état de cause, plus, après avoir compulsé ces dossiers, de remettre en cause l'efficacité de l'administration diplomatique française à l'étranger…

La démolition à Sfax de la statue de P. Bourde

Tunis, le 5 janvier 1957 à 21 h 30
Reçu, le 5 janvier 1957 à 21 h 35

Le Monde de ce soir relate longuement la démolition récente à Sfax des statues de Messieurs Bourde et Thomas.

Je m'étais élevé très vivement hier auprès de Monsieur Abdallah Farhat contre ces agissements. Mon interlocuteur m'en a exprimé ses regrets, en précisant que des faits de ce genre étaient absolument contraires aux instructions données par le président Bourguiba lui-même.

Le gouverneur de Gabès a également exprimé ses regrets à notre Consul.

Gillet.

Paul Bourde, un enfant de Voissant.

Voissant, le 10 janvier 1957

C'est avec une certaine stupeur que nous avons appris par un article paru dans le *Dauphiné Libéré* en date de ce 10 janvier que le buste de Paul Bourde qui s'élevait sur une place de Sfax a été déboulonné et enlevé de nuit, sur ordre des autorités tunisiennes.

Au fait qui était donc Paul Bourde ? Il est bon de le rappeler brièvement. C'était avant tout un Dauphinois, né en notre commune de Voissant, sur les rives du Guiers et de l'Ainan le 22 mai 1851, d'humble origine ; son père qui à l'époque était douanier aux « frontières de Savoie » fut par la suite muté dans les Ardennes et le jeune Bourde entra alors au séminaire de Charleville. Paul Bourde se passionne pour l'aventure coloniale, il fait des projets d'expédition mais il végète dans des situations diverses, il aide sa famille dans une exploitation paysanne, puis il court tenter sa chance à Paris où le siège de

1871 le trouve garde national puis c'est le journalisme qui l'appelle, *Le Moniteur Le Temps* l'envoient enquêter outre-mer. C'est en journaliste qu'il visite la Tunisie en 1886. À la suite d'une série de critiques qu'il fait paraître dans *Le Temps,* Alexandre Ribot, alors président du Conseil, décide de lui confier la réalisation des réformes qu'il réclame pour remettre en valeur ce riche pays endormi depuis des siècles sous la domination arabe. Il devient directeur de l'Agriculture tunisienne (comme quoi le journalisme mène à tout).

Bourde se met au travail, il a une idée simple, géniale : tous les historiens parlent des « vergers » tunisiens, or il ne voit point d'arbres dans la Régence, et le manque d'eau ne permet pas de penser qu'on puisse en faire pousser beaucoup. Pourtant il cherche – et trouve –.

Les vergers tunisiens étaient au temps romain des oliveraies. C'est de Tunisie que Rome tirait son huile.

Il sillonne la Tunisie, bat les plaines où ont déferlé les invasions arabes si dévastatrices ; un peu partout, il trouve des pierres, des marbres, des stèles. Il examine ces pierres et parmi celles-ci reconnaît des meules de moulins à huile ; il situe sur la carte l'aire où jadis se dressaient ces moulins et il déclare « partout où il y eut autrefois des oliviers, partout il peut en venir ». 57 000 arbres furent plantés autour de Sfax ; quarante ans après, le nombre d'oliviers avait décuplé passant de 380 000 à quatre millions. Vers 1930 la forêt d'oliviers s'étendait sur un rayon de 80 km depuis la ville de Sfax. D'autres régions, notamment Enfidaville, Sbeïtla, avaient suivi l'exemple donné et permis d'étendre considérablement les olivettes.

La culture de cette nouvelle source de richesse a profité en premier lieu aux Tunisiens musulmans qui possèdent aujourd'hui les 9/10 des oliviers du pays.

L'importance non seulement économique, mais aussi et surtout humaine de l'œuvre désintéressée de Paul Bourde apparaît donc considérable.

Quels avantages a tirés Paul Bourde de ce don merveilleux fait à la Régence ? Aucun, il n'a pas demandé un are de concession, il n'a pas possédé un seul de ces oliviers, il est rentré en France, il a été oublié par ceux qu'il avait sauvés de la misère, il est mort pauvre en 1914… et, à présent, ils lui enlèvent même son buste ! !

Stupeur, certes, devant tant d'ingratitude, indignation même… puis à la réflexion, fierté, pour nous Français, pour nous habitants de Voissant, qu'un enfant de chez nous, né dans une humble petite maison de campagne, de condition si modeste que l'on connaît à présent, ait enrichi la Tunisie que d'autres avant nous avaient ruinée… et de là, ensuite, notre compréhension à faire disparaître ce témoignage en quelque sorte si gênant pour une certaine propagande, que représente le buste de cet homme génial.

Dans notre petit village, il n'existe qu'une toute petite plaque sur sa maison natale, relatant que c'est là qu'il est né. Dans nos cœurs, à chacun de nous, il a sa place, pourtant nous ne connaissons de sa personne même pas son visage. Le faible budget de notre commune (250 habitants) n'a jamais permis de lui élever aucun monument, aussi ce buste si gênant, enlevé nuitamment sur une place de Sfax, trouverait à nouveau une place au grand jour au milieu d'un arpent de terre dauphinois que la commune de Voissant lui a réservé depuis longtemps.

Que la Tunisie garde les oliviers et la richesse qu'ils lui procurent, mais nous fasse don de ce buste… de cette pauvre chose inanimée qui possède bien une âme et qui, pour nous seulement, nous force à l'aimer.

Auguste Gerget
Maire de Voissant

Comité Central de la France d'Outre-Mer, pouvez-vous faire quelque chose dans ce sens !

Le statue de Paul Bourde sera-t-elle transférée à Voissant ?

Paris, le 17 janvier 1957

Mon cher ami,

J'ai appris avec beaucoup de mélancolie le geste d'ingratitude qui a amené les Tunisiens à faire disparaître le monument de Paul Bourde, qui, sous forme d'un buste je crois, ornait une place de Sfax.

Ce geste a une répercussion dans une localité de l'Isère puisque Paul Bourde était né dans ce département, dans la commune de Voissant ; et le maire m'a fait part de l'émotion de son conseil municipal.

Le maire demande que ce buste soit attribué à la commune où il pourrait trouver sa place dans la cité originaire de Paul Bourde. L'idée me paraît bonne. En seriez-vous d'accord et, dans ce cas, serait-il possible que les formalités soient remplies pour le transfert de ce buste ?

J'interviendrai ensuite auprès des Beaux-Arts pour que quelques crédits nous soient accordés à cet effet. J'attends naturellement une réponse de vous avant d'entreprendre quoi que ce soit.

Bien amicalement à vous,

J. Berthoin. Ancien ministre sénateur de l'Isère

Monsieur Maurice Faure, secrétaire d'État aux Affaires étrangères, Quai d'Orsay, Paris

Comité central de la France d'Outre-Mer

Paris, le 23 janvier 1957

Mon Cher Ami.

En qualité de président du comité central de la France d'Outre-Mer, j'ai reçu du maire de Voissant une lettre, dont ci-joint copie, au sujet d'un incident qui s'est produit à Sfax, où le buste de Paul Bourde a été enlevé.

Je pense que l'idée de ramener le buste à Voissant, où Bourde est né il y a un peu plus de cent ans, est très légitime et mérite d'être prise en considération. C'est pourquoi il m'a semblé utile d'en saisir l'ambassade de France à Tunis par la lettre dont ci-joint également copie.

Je suis convaincu que, s'il en est besoin, vous donnerez toutes facilités à l'exécution de ce transfert.

R. Massigli

Ambassadeur de France

Réponse de Maurice Faure à M.-J. Berthoin

Paris, le 26 janvier 1957

Mon Cher Ami

J'ai demandé à notre ambassade à Tunis de bien vouloir prendre toutes les mesures nécessaires pour obtenir la restitution, par les autorités tunisiennes, du buste de Paul Bourde, et d'organiser son rapatriement dans les délais les plus courts.

J'espère que nous obtiendrons rapidement satisfaction, et je ne manquerai pas de vous tenir au courant de l'issue de ces démarches.

Agréer, Mon Cher Ministre et Ami, l'expression de mes sentiments les meilleurs.

Maurice Faure

Buste de Paul Bourde à Sfax

Paris, le 29 janvier 1957

Ambafrance *Tunis* N° 451

M. Auguste Gerget, maire de Voissant, où est né Paul Bourde en 1851, a demandé au Département d'intervenir auprès du gouvernement tunisien afin que le buste de notre compatriote, récemment enlevé sur une place de Sfax, soit transféré, en vue de son érection, dans son village natal.

Je vous serais obligé de vouloir bien demander aux autorités tunisiennes de vous remettre le buste de Paul Bourde. Il serait souhaitable que les frais de transport soient prélevés sur le budget de l'ambassade.

Diplomatie p. o.

J. Basdevant

Acheminement du buste Paul Bourde

Monsieur le Maire,

Vous avez bien voulu, le 10 janvier 1957, appeler l'attention du Comité central de la France d'Outre-Mer sur le sort réservé au buste de Paul Bourde, érigé sur une place de la ville de Sfax et enlevé, au début de cette année, par les autorités tunisiennes.

J'ai l'honneur de vous faire connaître que ce buste a été déposé au consulat général de France à Sfax et que notre ambassadeur à Tunis a pris les dispositions nécessaires pour en assurer l'expédition à la commune de Voissant.

Veuillez agréer, Monsieur le Maire, l'assurance de ma considération distinguée.

Jean Basdevant

Tunisie 1956-1969, carton 406.

1961 : Le comte de Paris à Kaboul

C'est le même M. Arnaud d'Andurain de Maÿtié, que l'on a déjà vu à Nuremberg, qui est à présent ambassadeur de France en Afghanistan. Il écrit à M. Couve de Murville, alors ministre des Affaires étrangères, une superbe correspondance concernant la visite du comte de Paris à Kaboul, du 17 au 22 juin 1961. Là aussi, on aurait voulu pouvoir publier l'ensemble de ce texte, dont on dira, sans ironie aucune, qu'il est d'une haute tenue littéraire. Bien sûr, on a été obligé d'en retrancher de longs passages. Mais, quelle que soit l'attention que mettait le général de Gaulle à suivre alors les quelques visites que put faire le comte de Paris à travers le monde, on ne se dissimulera pourtant pas ce que ce voyage afghan a d'exotique et de quelque peu hors du temps. Lorsqu'on sait ce qu'il est advenu aujourd'hui de l'Afghanistan, pays dont « le roi possédait parfaitement notre langue » et faisait remarquer à son visiteur qu'il n'était pas question de « renouer » des liens entre les deux pays puisque les liens franco-afghans n'avaient jamais été rompus, on peut se permettre de regretter ces exotismes-là. En même temps que l'art du diplomate qui savait si bien en rendre compte.

Le programme du séjour en Afghanistan du comte de Paris, que l'on joint en annexe, permet de voir que l'auguste visiteur se rendit le 20 juin 1961 à Bamyan, dont il fit l'ascension de la falaise et put admirer le grand bouddha de cinquante-trois mètres de haut représentant, « selon les archéologues, la plus haute statue rupestre du monde ». Le grand bouddha de Bamyan est mort, aucune femme, voilée ou non, ne semblait cependant, déjà à l'époque, avoir participé à ce qui était, somme toute, une forme de visite royale.

La visite de Monseigneur le comte de Paris.

Kaboul, le 24 juin 1961

M. Arnaud d'Andurain de Maÿtié
Ambassadeur de France en Afghanistan
à Son Excellence M. Maurice Couve de Murville
ministre des Affaires étrangères

Monseigneur le Comte de Paris, au terme du voyage d'étude qui, depuis le mois dernier, l'aura conduit dans cinq pays d'Afrique et d'Asie, a passé six jours dans celui de ma résidence, du 17 au 22 juin. Le programme détaillé de son emploi du temps figure sur l'annexe ci-jointe. Lorsqu'avec un mois d'avance Votre Excellence voulut bien me demander d'adresser ce programme à son cabinet, j'avais volontairement laissé libres d'assez larges moments, en prévision des invitations dont les autorités afghanes pourraient prendre l'initiative, ce qui ne manqua pas en effet ; mais, comme il est d'usage en ce pays, cela vint assez tard. [...]

Le programme ainsi complété *in extremis* s'exécuta ponctuellement à deux exceptions près : un violent orage, qui éclata malencontreusement dans la matinée du dimanche 18 juin, fit que le roi décommanda le thé qu'il comptait offrir l'après-midi dans ses jardins de Paghman. Nous nous contentâmes donc de visiter ces jardins, sis à cinq lieues de Kaboul, avec le seul maréchal de la Cour. De plus, un dérangement intestinal, courant dans ces pays du fait de la température et du régime alimentaire auquel on est soumis, força Mgr à annuler la promenade que les Afghans voulaient lui faire faire le 21 mai en le menant au col du Salang où le percement par les techniciens russes d'un tunnel de 3 kilomètres à près de 4 000 mètres d'altitude permettra, grâce au franchissement direct des Paropamisades, de raccourcir de 150 kilomètres environ la route qui conduit de Kaboul à la Bactriane.

Cela étant, l'emploi du temps de Mgr me semble avoir été assez heureusement équilibré entre des entretiens avec des personnalités afghanes, françaises et étrangères et le tourisme que je qualifierai d'éducatif ; car il est indispensable de se lancer ici à travers le pays non seulement afin de saisir la structure physique de ce territoire (dans notre conversation, nous avons pu comparer l'Afghanistan à une mangue dont l'énorme noyau central est constitué par des chaînes de montagne considérables qui ne laissent à l'agriculture que la périphérie et où les lambeaux de la pulpe du fruit s'insérant dans le noyau sont figurés par les vallées qui s'insinuent partout dans le massif central) mais pour mesurer l'ampleur des problèmes dont la solution conditionne la circulation intérieure et, partant, le développement économique national.

Des entretiens qu'eut le Prince il convient de citer tout d'abord celui avec le Roi qui, ainsi que je l'ai déjà mentionné, eut lieu le jour même de l'arrivée et dura près d'une heure.

Le Roi possédant parfaitement notre langue, le jeune secrétaire d'ambassade afghan attaché, pendant son séjour, à la personne du Prince, n'avait à traduire que ce qu'exprimait le Roi seul, qui, même, par moments, parla directement en français. Il fit même voir en cette occasion à quel point il était instruit des nuances de notre langue. Mgr, en effet, ayant dit au début qu'il venait, à la demande du général de Gaulle, afin de « renouer » les liens entre les deux pays et ayant par la suite répété ce terme, le Roi lui fit courtoisement observer qu'il ne fallait pas en user, car les liens franco-afghans n'avaient jamais été rompus à proprement parler, à part une courte période d'interruption pendant la dernière guerre, où la France n'eut pas, pendant trois ans, de représentant diplomatique : « disons donc resserrer, si vous le voulez bien, et non pas renouer », précisa-t-il. Mgr reconnut de bonne grâce le bien-fondé de cette petite leçon de terminologie.

Le Roi écourta quelque peu l'entretien en prévision de l'après-midi prévue pour l'en-demain à Paghman ; malheureusement cette rencontre n'eut pas lieu, comme indiqué ci-dessus. Et Mgr ne devait plus revoir son hôte, bien qu'il eût demandé par la suite à aller de nouveau chez lui afin de le remercier de l'hospitalité reçue. […]

Parmi les convives que j'ai eu l'occasion de faire rencontrer à Mgr au cours des deux dîners et du déjeuner que j'ai donnés en son honneur, je me contenterai de citer le vieux maréchal Chah Wali Khan Ghazi, le dernier oncle vivant du Roi, ancien ministre en France. Cette relique du passé (en gagnant jadis la bataille de Kaboul, il mit sur le trône la dynastie actuelle) n'accepte plus de dîner dans les missions étrangères, se contentant de s'y rendre pour la réception que donnent, l'après-midi, quelques ambassades à l'occasion de leur fête nationale. C'est donc uniquement à la présence de Mgr que j'ai dû de pouvoir l'inviter à déjeuner : il me répondit par une lettre fort bien tournée où il se déclarait fort heureux de pouvoir, à l'occasion de la visite du comte de Paris, en venant déjeuner à l'ambassade, revoir la maison où il avait passé son enfance. Mgr a donc pu rencontrer ce seigneur qui est, en fait ici, le second personnage de l'État et il a bien voulu me dire combien la personne du maréchal lui avait paru émouvante.

Le Prince a, pour le reste, fort bien perçu les grandes manières des personnalités de la famille royale avec qui il a pu s'entretenir chez moi ; il a apprécié leur conception traditionnelle de l'hospitalité mais la réserve naturelle à l'Afghan qui, pour n'être pas colonisé, a dû tout au long du siècle dernier, lutter farouchement pour préserver son indépendance si menacée, l'a également frappé. Il a éprouvé lui-même qu'on ne pouvait passer la limite que les Afghans s'étaient fixée : si le Roi, à la veille du départ, lui a envoyé 40 peaux de caracul de la contexture la plus fine, la plus serrée, la plus frisée (de la qualité extra rare dite « teker ») à l'intention de Madame la comtesse de Paris, il ne semble pas avoir tenu à le revoir. De son côté, le prince Daoud a envoyé à Mgr un magnifique tapis mais n'a pas jugé bon de le recevoir.

Mgr, d'autre part, a remarqué combien les Anglais étaient détestés ici et il m'a dit que les Américains lui semblaient l'être tout autant. Je ne suis pas tout à fait de son avis sur ce point : il me semble, en effet, que, si les Anglais sont honnis à un point où ils ne doivent l'être qu'en peu de pays, les Américains ne le sont pas davantage qu'ailleurs.

J'ai encore dit à Mgr, le jour de son départ, ceci par quoi je veux conclure.

Dans ce pays où tout se fait encore par le sommet, il est essentiel pour nous de conserver et, si possible, de fortifier la dilection que porte à la France le Roi et son entourage. Le fils aîné du Roi est à Paris où il complète ses études depuis trois ans : c'est fort bien ; mais le Roi lui-même, qui a gardé un souvenir attendri de ses années passées à Paris et à Montpellier, et qui n'a pas revu notre pays depuis douze années (il s'y rendit alors à titre privé) ne demanderait pas mieux que d'y retourner. Dans la liste des pays qu'il a visités officiellement depuis son avènement (1933) et que j'ai dressée l'an dernier à l'intention du Département, ne figure curieusement aucun pays occidental.

C'est la France qui, tout naturellement, devrait être le premier pays de l'Occident à lui adresser une invitation ; mais l'affaire d'Algérie nous interdira politiquement de la faire, tant qu'elle n'aura pas été réglée. Aussi des visites comme celle de Mgr le comte de Paris, dont on connaît bien ici tout ce que représente sa maison et dont on a pu admirer les qualités personnelles, est une de ces occasions exceptionnelles qui nous permettront d'entretenir ici la flamme de sympathie qui subsiste à notre égard en attendant que des temps meilleurs nous permettent de la ranimer plus directement.

Séjour en Afghanistan de Monseigneur le comte de Paris

Annexe n° 1 à la dépêche n° 245/CM du 24 juin 1961

[…]

Lundi 19 juin

Départ pour Bamyan avec un convoi de voitures fournies par le palais. M. Saadoullah Gaussy, secrétaire d'ambassade, est chargé d'accompagner monseigneur pour ce voyage de deux jours. M. Le Berre, architecte de la Délégation archéologique française, est également présent.

Le départ ayant eu lieu à 6 heures, la caravane atteint à 14 heures Bamyan où est servi le déjeuner.

Le Prince manifeste le désir de pousser jusqu'au lac de Bandi-Emir et ce trajet supplémentaire pour l'aller et le retour prend 4 heures, ce qui constitue un record de vitesse.

Au retour à Bamyan, les voyageurs ne peuvent demeurer sous la tente royale en raison du vent et la nuit se passe à l'hôtel.

Mardi 20 juin

Dans la matinée, visite de la falaise de Bamyan et circumambulation des idoles par ascension intérieure des niches qui les abritent (le grand Boudha a 53 mètres et représente, selon les archéologues, la plus haute statue rupestre du monde).

Retour à Kaboul à 21 heures après un trajet fatigant.

Asie 1944-..., Afghanistan, vol. 49.

1962 : Entretien sur Berlin et le problème de l'Allemagne

La décision du régime communiste de Pankow, le 13 août 1961, d'arrêter toute circulation et tout trafic entre les deux parties de l'ancienne capitale allemande par la construction d'un mur à peu près infranchissable est certainement l'étape la plus marquante de la Guerre froide. Déjà, pendant plus d'un an, le blocus de Berlin, d'avril 1948 à mai 1949, avait tenté d'isoler totalement Berlin-Ouest du reste du monde. Mais le pont aérien établi à l'époque par les Américains avait permis de ravitailler la ville.

Il n'en reste pas moins que l'isolement de Berlin-Ouest, en pleine Allemagne de l'Est, posait de plus en plus de problèmes tant aux Soviétiques qu'aux trois autres occupants. La situation à Berlin allait d'ailleurs se dégrader au cours du mois d'août 1962, puisqu'en l'espace de quelques jours plusieurs jeunes Allemands seraient tués sans pitié par des policiers est-allemands et l'émotion serait vive lorsque l'un d'entre eux agoniserait pendant plus d'une heure, sans secours, entre les barbelés.

Le document que nous avons reproduit ici date du mois de juillet 1962. C'est en marge de la conférence de Genève sur le Laos que M. Gromyko, ministre des Affaires étrangères soviétique, et M. Couve de Murville, ministre des Affaires étrangères français, ont eu un long échange de vues sur le problème allemand. Le compte-rendu en est particulièrement révélateur des inquiétudes profondes de Moscou en même temps que du langage souvent imagé de ces diplomates. Tant Maurice Couve de Murville que M. Gromyko étaient des interlocuteurs habituels et même si M. Couve de Murville ne parlait pas plus russe que M. Gromyko ne parlait français, chacun d'eux savait parfaitement la langue que parlait l'autre.

Entretien de M. Couve de Murville avec A. Gromyko à Genève le 21 juillet 1962

Après un bref échange de propos sur la dernière séance plénière qui s'est tenue le matin, M. Couve de Murville note que tout le monde était d'accord sur le but à atteindre en ce qui concerne le Laos. M. Gromyko répond qu'il en était bien ainsi, encore que certaines difficultés aient dû être surmontées. Il faudrait qu'il en soit de même pour l'Europe.

M. Couve de Murville. – Il y a en effet, en ce qui concerne les problèmes européens, divergence entre nous sur le but à atteindre.

M. Gromyko. – Nous pensons tous qu'il faut préserver la paix. Quant aux moyens d'y parvenir, nous sommes dans la situation du « chariot de la fable russe, traîné par une écrevisse, un brochet et un singe ».

M. Couve de Murville. – Je crois que nous sommes d'accord pour dire qu'il faut régler les problèmes européens pacifiquement et sur la base du *statu quo*.

M. Gromyko. – Cela est vrai ; mais qu'entendez-vous par *statu quo* ? S'il s'agit de perpétuer en Allemagne les séquelles de la dernière guerre, nous ne sommes pas d'accord et le gouvernement soviétique ne donnera jamais son appui à une politique visant un tel objectif. Celle-ci serait dangereuse. Si toutefois on veut parler de *statu quo*, il faut le faire à propos de la course aux armements, qui implique une menace de guerre.

Nous n'avons pas l'intention de permettre que les tendances revanchardes puissent se consolider, ni de laisser agir ceux qui cherchent à poursuivre en Allemagne les buts particuliers de l'OTAN. Si les Occidentaux appuient une telle politique, ils s'engagent sur une pente glissante. Ils ne cherchent en réalité à maintenir le *statu quo* que dans la mesure où il leur est favorable.

M. Couve de Murville. – Vous parlez des séquelles de la guerre. Mais le *statu quo* territorial est une situation de fait, qui englobe l'état actuel de l'Allemagne. Il est naturel que chacun cherche ce qui est à son avantage. Pourquoi nous le reprochez-vous ? Je ne vous le reproche pas pour ma part. Mais ce qui est certain, c'est qu'un règlement doit se faire sur la base de la situation actuelle en Europe et en Allemagne.

Concernant ce pays, il y a toujours le problème de la réunification. Vous savez bien que personne ne fera la guerre pour le résoudre. La réunification devra s'effectuer plus tard et dans des conditions que personne ne peut préciser à l'heure actuelle. Quant à la situation de Berlin, vous pensez que je ne veux pas la modifier. Telle est bien en effet ma position.

Nous vous avons toujours dit qu'il était possible de conclure de vrais accords. Mais pour cela il faut une détente qui crée une bonne atmosphère et un sentiment de confiance réciproque. Si cela pouvait être obtenu, la solution des problèmes particuliers serait grandement facilitée.

M. Gromyko. – Que la situation à Berlin-Ouest doive changer, voilà qui est incontestable. Cela se fera soit par un accord entre l'Est et l'Ouest, soit sans accord. De toute façon, l'état de choses actuel doit être modifié. Nous pensons que vous êtes assez sage pour vous en rendre compte.

Vous nous avez d'ailleurs donné vous-même l'exemple, en signant un traité de paix avec le Japon, malgré les objections soviétiques. Nous pourrions, pour l'Allemagne, être obligés de vous placer dans la situation devant laquelle vous nous avez mis à propos du Japon.

Ne croyez pas que nous nous opposons à ce que vous ayez de bonnes relations avec la République fédérale. M. Khrouchtchev l'a dit dans plusieurs de ses messages au général de Gaulle. Nous admettons que l'Allemagne, les États-Unis, la France et l'Angleterre vivent en bonne intelligence. Mais nous sommes hostiles à tout ce qui pourrait mettre en danger notre sécurité.

Le peuple russe a supporté de grands sacrifices pendant la dernière guerre à l'époque où nous étions vos alliés. Il est en faveur d'un règlement de l'ensemble des problèmes qui assure la sécurité de l'Europe. Or, comme nous l'avons dit à plusieurs reprises à Genève et ailleurs, l'OTAN poursuit une politique dangereuse, qui menace cette sécurité. Nous regrettons de voir que le gouvernement français s'y associe.

M. Couve de Murville. – Que voulez-vous dire exactement ?

M. Gromyko. – Je parle du règlement du problème allemand et de la situation à Berlin-Ouest.

M. Couve de Murville. – Nous n'avons pas de reproche à nous faire en ce qui concerne le Laos, qui vient de faire l'objet d'un règlement satisfaisant. Mais le problème allemand est autrement important. Notre différend porte essentiellement sur Berlin. Nous sommes en bons termes avec les Allemands de l'Ouest et vous êtes en bons termes avec l'Allemagne de l'Est. Il n'y a pas lieu de se le reprocher mutuellement. Cette situation n'est pas contraire à vos intérêts. Nous avons en réalité le même intérêt que vous à éviter le déclenchement d'une nouvelle guerre. C'est dans cet esprit que nous entretenons de bons rapports avec l'Allemagne nouvelle. Il n'est pas contraire à nos intérêts que vous ayez vous-mêmes des relations étroites avec la République démocratique. Mais il y a effectivement le problème de Berlin, que nous essayons vainement de régler depuis quatre ans.

M. Gromyko. – Nous n'avons pas d'objection à ce que vous soyez en bons termes avec l'Allemagne de l'Ouest. Vous oubliez toutefois que Berlin-Ouest se trouve situé au cœur de la République démocratique et empiète donc sur les droits de celle-ci. Nous ne pouvons tolérer une pareille situation. Ainsi que nous l'avons à maintes reprises déclaré, il s'agit là d'objectifs plus larges que l'Europe. Nous avons en vue les problèmes du monde dans leur ensemble. Ceux-ci ont fait l'objet de discussions en 1958, dont il n'est pas nécessaire de refaire l'historique.

Je voudrais pourtant rappeler que, toutes les fois que se déclare un incendie en Europe, la Russie, la Grande-Bretagne et la France agissent en commun pour l'éteindre. Les trois pays se sont comportés en quelque sorte « comme des équipes de pompiers ». Mais, depuis la dernière guerre, la France distingue mal ceux qui furent responsables de son déclenchement et ceux qui sont ses amis. Elle met dans le même sac ses alliés et ses ennemis. La politique actuelle de la France n'est pas de nature à favoriser une détente internationale. Voilà une constatation de fait.

M. Couve de Murville. – Chacun cherche en effet à défendre ses intérêts. Dans le cas qui nous occupe, il n'est pas nécessaire de discuter du passé. C'est une question particulière. Vous connaissez notre position ; nous connaissons la vôtre. Je ne vois pas comment on peut trouver un arrangement, dans les conditions que vous avez vous-mêmes créées, c'est-à-dire dans une épreuve de force. Il faudrait, je le répète, une atmosphère de détente, qui permette de régler les problèmes.

C'est pour ce motif que nous, Français, n'avons pas approuvé la méthode suivie par les Américains. L'expérience de ces derniers mois nous a d'ailleurs donné raison. Il est clair qu'il ne peut y avoir d'accord entre vous et nous, si l'on part de décisions unilatérales. N'oubliez pas qu'un traité de paix séparé serait une mesure extrêmement dangereuse pour la paix du monde.

M. Gromyko. – Il n'y a pas d'autre issue qu'un tel traité, si les deux côtés ne se mettent pas d'accord. Le point de savoir si une initiative dans ce sens est dangereuse ou non dépend en réalité des activités de l'Ouest. La question ne se pose pas véritablement de savoir s'il faut ou non faire quelque chose. Mais s'il n'y a pas d'entente entre nous, nous serons amenés à agir. Cela ne peut pas faire de doute et je suis sûr que vous vous en rendez bien compte.

Chaque pays peut sauvegarder ses intérêts. Mais là n'est pas la question. Il y a des pays qui travaillent pour la paix ; il y en a d'autres, au contraire, qui agissent en faveur de groupes de pays. Il faut se demander qui a raison et qui a tort. Malheureusement, je ne possède pas d'appareil électronique, vous non plus sans doute, qui nous permette de répondre à cette question.

Il faut être objectif. Je rappelle qu'avant la deuxième guerre mondiale, un certain nombre d'hommes d'État français de la troisième République ont porté des appréciations erronées sur l'URSS. Il faudrait savoir comment le peuple français jugeait lui-même ces hommes politiques. Nous ne croyons pas qu'il y ait de vraie différence entre des gens comme Hitler et Ribbentrop, d'une part, et M. Strauss de l'autre. Or, ce dernier est un membre du gouvernement Adenauer. Sa seule présence à ses côtés caractérise la politique du chancelier.

M. Couve de Murville. – Si nous entrons maintenant dans des polémiques sur les événements de 1938-1939, nous risquons d'être entraînés bien loin.

M. Gromyko. – Nous serions naturellement plus calmes si nous oubliions l'histoire. Mais on ne peut faire abstraction des événements du passé. Les hommes d'État actuels veulent oublier l'histoire. Nous ne pouvons les imiter. S'il s'agissait d'ailleurs de remettre l'arme atomique aux revanchards allemands, c'est la France qui en souffrirait la première.

M. Couve de Murville. – Nous n'oublions pas tout à fait ce qui s'est passé en 1939[1]. Vous savez ce que je veux dire. Mais ce qui est important, c'est le présent et l'avenir. Quant aux armes atomiques, c'est une autre affaire et vous savez quelle est à leur sujet notre position.

M. Gromyko. – Oui, nous la connaissons.

M. Couve de Murville. – Je veux dire notre position, pour ce qui concerne la France et l'Allemagne.

À propos de Berlin, je pense que vous mesurez bien les dangers de ce qui se passerait si vous preniez des décisions unilatérales.

M. Gromyko. – La mesure de ce danger dépend des puissances occidentales et de votre pays. Toute tentative pour influencer la position soviétique en la matière serait vaine. Elle « sentirait la naphtaline ».

M. Couve de Murville. – Je ne vois pas comment l'Occident serait alors responsable.

M. Gromyko. – C'est bien lui qui créerait une situation dangereuse.

M. Couve de Murville. – Ce n'est pourtant pas lui qui ferait intervenir un fait nouveau. C'est bien l'URSS.

1. Le pacte germano-soviétique du 23 août 1939.

M. Gromyko. – Non. Créera le risque celui qui, ripostant à la conclusion d'un traité de paix, rendra inévitable un recours à la force. Je répète que c'est perdre son temps que d'essayer d'influencer les décisions soviétiques à propos du traité de paix.

M. Couve de Murville. – Nous verrons.

Après quelques considérations sur la séance de signature des accords laotiens et sur le rôle respectif des coprésidents de la Conférence, la discussion reprend sur Berlin.

M. Couve de Murville. – C'est l'Union soviétique qui veut prendre une décision contraire aux droits de l'Occident. On ne peut soutenir que c'est celui-ci qui serait responsable.

M. Gromyko. – C'est la France qui porte atteinte aux intérêts de la République démocratique. Si vous acceptiez nos propositions, la situation redeviendrait normale. Pourquoi insistez-vous pour perpétuer l'état de choses actuel ? Berlin-Ouest ne vous apporte rien, vous n'y défendez pas vos propres intérêts. Vraiment, je ne comprends pas quels sont vos intérêts vitaux dans cette ville. Les nôtres sont ceux de la Russie.

M. Couve de Murville. – Je pourrais dire la même chose. Berlin-Ouest n'est pas en URSS et la situation actuelle de cette ville ne porte pas préjudice aux intérêts russes. Ce sont en réalité les Allemands qui y ont un intérêt direct. Pour vous et pour nous, c'est une question de politique générale. Mais, ce qui est grave, c'est que vous transformiez l'affaire de Berlin en une épreuve de force.

M. Gromyko. – Non, nous ne voulons pas faire de Berlin-Ouest une ville russe. Mais elle se trouve au milieu du territoire de la RDA et l'Allemagne occidentale n'a rien à y voir non plus.

M. Couve de Murville. – En effet, Berlin est allemand. Il est au milieu du territoire allemand, et n'a pas de lien juridique avec la République fédérale. Je ne conçois pas que vous puissiez prendre des risques pour la République démocratique. Il s'agit d'une question de politique générale.

M. Gromyko. – Nous voulons nous entendre sur une base mutuellement acceptable. Il ne s'agit pas d'intérêts égoïstes.

Si les vœux légitimes de chacun des pays en cause étaient pris en considération, on pourrait se mettre d'accord. Il y a des possibilités, mais il faut vouloir résoudre le problème.

M. Couve de Murville. – Il faut d'abord créer l'atmosphère propice pour que nous puissions aboutir à des accords. En 1960, on a eu un moment l'impression que de vraies conversations se préparaient. Puis les choses ont changé.

M. Gromyko. – Nous sommes favorables à la recherche de modalités pacifiques. On peut s'entendre sur ces modalités. En revanche, si on veut empiéter sur les droits de la République démocratique, on provoquera une tension au centre de l'Europe, laquelle engendrera la course aux armements. Notre conception de la tranquillité ne va tout de même pas jusqu'à faire litière de nos intérêts.

M. Couve de Murville. – Personne ne vous le demande.

M. Gromyko. – C'est bien cependant ce que nous croyons.

M. Couve de Murville. – Alors, nous nous comprenons bien mal.

M. Gromyko. – Nous ne demandons pas nous-mêmes que vous sacrifiiez vos intérêts. Mais il y a ceux de la RDA.

M. Couve de Murville. – Oui, chacun doit défendre ses intérêts. Peut-être les vôtres ne sont-ils pas exactement les mêmes que ceux de la République démocratique. C'est à vous d'en juger.

M. Gromyko. – Où avez-vous appris une telle chose ?

Je vous confirme que nous voulons régler pacifiquement le problème.

Documents diplomatiques français, 1962, t. II, n° 24.

1962 : De Gaulle, Norstad et la crise de Cuba

Le 1er janvier 1959, le président Batista quittait La Havane et Fidel Castro prenait le pouvoir. Un an auparavant, Castro avait fait une visite triomphale aux États-Unis, accueilli avec enthousiasme par les étudiants de Harvard. Mais, dès le mois d'août 1959, la nationalisation des raffineries de sucre puis, en octobre suivant, celle des raffineries de pétrole amenèrent peu à peu la rupture des relations entre les deux pays. À partir de 1961, Cuba se trouva soumis à un véritable blocus de la part des États-Unis. Dans le même temps, Washington tentait en vain, avec la malheureuse opération de la baie des Cochons, (16 avril 1961) de regagner le terrain perdu. Exclu de l'organisation des États américains à la conférence de Punta del Este en janvier 1962, Cuba avait dès lors besoin d'un autre appui. Et cet appui, ce fut tout naturellement l'Union soviétique, qui devint notamment le principal acheteur de sucre cubain. Du coup, l'Union soviétique vit dans la position avancée de l'île au cœur même d'une mer pour le reste totalement américaine, la possibilité d'installer des bases de missiles. Un avion de reconnaissance américain découvrit, le 14 octobre 1962, l'installation de rampes de lancement dans l'île. Le 22 octobre, le président Kennedy annonça des préparatifs pour un nouveau débarquement, cette fois américain. Dans le même temps, une crise ouverte éclatait entre les États-Unis et l'Union soviétique. Et dès le 25 octobre, le président Khrouchtchev commençait à négocier avant, le 28, de retirer ses fusées contre un engagement américain de ne pas envahir Cuba, et cela sous le contrôle de l'ONU.

Quelques semaines plus tard, en décembre 1962, le président Kennedy et le Premier Ministre britannique MacMillan concluaient à Nassau un accord au terme duquel le Royaume-Uni acceptait de recevoir les fusées américaines Polaris, ce qui liait désormais étroitement la force nucléaire britannique à l'industrie américaine. Pour le président Kennedy, c'était la première étape vers la constitution, entre les États-Unis et une communauté européenne dont l'Angleterre aurait fait partie, d'une force nucléaire intégrée, la force multilatérale (MLF) à laquelle les Européens auraient participé à tous les niveaux. Naturellement, le général de Gaulle ne voulait à aucun prix d'une semblable dépendance à l'endroit des États-Unis. D'où le document ci-dessous, compte-rendu « très secret » d'un entretien entre le général de Gaulle et l'ancien commandant suprême interallié en Europe, le général Norstad, qui avait démissionné de son poste le 20 juillet précédent.

Dans le contexte de la crise de Cuba et des entretiens de Nassau qui devaient s'achever le lendemain, le général Norstad tente en vain de convaincre le général de Gaulle d'accepter un accord du type de celui qui sera suggéré par le président Kennedy. Le président de la République française laisse longuement parler le général allié qui, avec « la permission » de son interlocuteur, expose certaines des « vues qu'il a sur le contrôle de l'armement nucléaire, dont il n'a d'ailleurs pas encore parlé aux Américains ». Pour le général de Gaulle, les vues du général Norstad et celles du président Kennedy, c'est blanc bonnet et bonnet blanc. Après avoir écouté son interlocuteur, le général de Gaulle met fin rapidement à l'entretien. Mais, devinant bien qu'après l'accord de Nassau, l'entrée de la Grande-Bretagne dans le Marché commun serait l'introduction d'un cheval de Troie américain au sein de l'Europe, le chef de l'État français opposera, dès sa conférence de presse du 14 janvier 1963, un veto pour l'heure sans appel à l'entrée de la Grande-Bretagne dans l'organisation européenne.

Entretien entre le général de Gaulle et le général Norstad le 20 décembre 1962

Le général de Gaulle demande au général Norstad ses impressions au moment de son départ. Celui-ci fait part de l'émotion qu'il ressent en quittant son commandement, en abandonnant la vie militaire ; il est particulièrement sensible aux marques de sympathie et d'estime dont il est l'objet, qui ont d'autant plus de prix pour lui qu'elles lui sont témoignées par le général de Gaulle. En ce qui concerne sa tâche, il est conscient de laisser beaucoup de choses inachevées.

Le général de Gaulle lui répond qu'il l'a vu à l'œuvre depuis qu'il est là : que le général Norstad, en exerçant les fonctions particulièrement délicates pour un général que sont celles de commandant interallié, a rempli sa tâche mieux que n'aurait pu le faire qui que ce soit ; ce n'est pas de sa faute si, dans cette alliance, il y a quinze nations ; si l'Amérique est dotée d'une puissance matérielle supérieure à celle des autres pays, ce qui a pu parfois servir le général Norstad, mais ce qui a pu également le gêner en d'autres occasions ; si parmi les nations, il en est certaines dont la personnalité est bien affirmée, mais dont, pour le moment, les moyens matériels ne sont pas à la mesure de leurs désirs et intentions ; et tel est, en particulier, le cas de la France.

Le général de Gaulle demande au général Norstad si, au cours de la récente crise de Cuba, celui-ci a cru que la guerre pouvait éclater.

Le général Norstad refait un historique rapide de la crise telle qu'il l'a vécue, de sa correspondance et de ses conversations téléphoniques avec le président Kennedy. Il en ressort que, tout en pensant que les États-Unis gagneraient la partie, comme ils l'ont fait, il a envisagé que la guerre pouvait découler de la crise cubaine, par une réaction soviétique en Europe, sur Berlin en particulier.

Le général Norstad dit que le président Kennedy a très bien manœuvré : à son avis, il a cette qualité qui ne s'acquiert pas : l'art de faire face aux crises. Les membres de l'entourage présidentiel pourront se gonfler du succès américain; le Président, quant à lui, gardera une attitude mesurée. Il sait maintenant tout ce que comporte la prise d'une décision; il sait que celle-ci peut aboutir à un échec comme dans le cas du débarquement de la baie des Cochons, ou à un succès, comme dans la dernière affaire. En fait, c'est un homme modeste à qui le succès donnera de l'assurance, sans lui tourner la tête.

Pendant la crise, M. Kennedy avait demandé au général Norstad son avis sur la suggestion contenue dans une des lettres de Khrouchtchev d'échanger les bases américaines de Turquie contre les bases soviétiques de Cuba. Sans prétendre avoir eu une influence déterminante sur la décision du Président de rejeter cette proposition, totalement inacceptable (en dépit du caractère déjà périmé des bases turques), le général Norstad dit qu'un de ses arguments avait particulièrement frappé le Président : quel serait l'effet produit sur les pays d'Europe si l'Alliance paraissait se dissocier lorsque les armes soviétiques étaient braquées sur les États-Unis ?

Le général de Gaulle déclare que tout s'est bien passé cette fois-ci, mais en sera-t-il toujours de même ? Et la solidarité de l'Alliance jouera-t-elle toujours ? Il faut l'espérer.

Le général Norstad demande alors la permission d'exposer certaines des vues qu'il a sur le contrôle de l'armement nucléaire, dont il n'a d'ailleurs pas encore parlé aux Américains.

Ne pourrait-on mettre sur pied dans l'OTAN un organisme tripartite, franco-anglo-américain, composé de personnages ayant rang ministériel et délégués directs des deux chefs d'État et du Premier Ministre britannique ? La présidence de ce groupe serait assurée par le secrétaire général de l'OTAN, mais celui-ci n'aurait pas droit de vote.

Cet organisme contrôlerait en particulier l'emploi des moyens atomiques mis par chacune des trois puissances à la disposition de l'OTAN. (Une fois du matériel mis à la disposition de l'OTAN, il ne pourrait être retiré qu'après accord de toutes les puissances). À ce stade et sur une question du général de Gaulle, le général Norstad donne le chiffre des armes atomiques mises actuellement par les États-Unis à la disposition de l'OTAN. Ceci ne veut d'ailleurs pas dire qu'elles soient toutes déployées en permanence, mais elles sont désignées en quelque sorte pour emploi par l'OTAN, les Américains se réservant un autre ensemble de moyens à l'échelon national.

C'est cet organisme qui déciderait du déclenchement des moyens nucléaires : s'il y avait divergence de vues, les décisions seraient prises à la majorité de 2 contre 1.

Ainsi, pense le général Norstad, une certaine satisfaction serait donnée à des points de vue jusqu'à présent opposés : la notion tripartite pourrait satisfaire la France et les autres puissances de l'Alliance auraient la possibilité d'exprimer leur opinion par le truchement du secrétaire général.

Le général Norstad attache beaucoup d'importance à la solution de ce problème du contrôle de l'emploi de l'armement atomique.

À titre d'exemple, le général Norstad dit que lorsqu'il lui est demandé ce qu'il ferait au point de vue atomique en cas de crise très grave, il répond qu'il se mettrait en relation téléphonique avec le président de la République française, le président des États-Unis, le Premier Ministre britannique et le secrétaire général de l'OTAN ; dans un cas comme celui-là, il ne peut être question pour le commandant responsable de la conduite des opérations de ne pas avoir une liaison directe avec les plus hautes instances politiques, d'une part, et, d'autre part, le nombre des autorités politiques dont il devrait prendre l'accord ne peut être que limité.

On en arrive ainsi, de fait, à la conception qu'il venait d'exposer.

Le général de Gaulle dit que toutes ces questions d'organisation seraient dépassées au moment de la crise qui prendrait l'allure d'un torrent submergeant tout et où, sinon instantanément, du moins très très rapidement, toutes les gammes d'armements atomiques interviendraient.

Et c'est cette intervention très rapide qu'il faut préparer. Il sait combien le général Norstad s'y est attaché et que peu de choses dans ce sens avaient été faites avant son arrivée et que, là encore, le général Norstad a assumé ses responsabilités avec un maximum d'efficacité dont on ne peut que lui savoir gré.

Documents diplomatiques français, 1962,
t. II, nos 109, 110, 111, 113, 116, 127.

1965 : Malraux et Mao

Après la reconnaissance de la Chine populaire par la France au début de 1963 et la nomination de Lucien Paye, premier ambassadeur de France à Pékin, le voyage que fit en Chine André Malraux, au cours de l'été 1965, représente une étape capitale dans le rétablissement des relations entre les deux pays.

Ministre de la Culture du général de Gaulle, André Malraux avait déjà effectué pour le compte de celui-ci un certain nombre de missions diplomatiques de grande envergure, dans lesquelles la personnalité de l'envoyé comptait sûrement autant que ce qu'il avait à dire à ses interlocuteurs. D'où, dès 1958 et le retour du Général aux affaires, une véritable tournée de Malraux en Inde, en Iran puis au Japon, au cours de laquelle il explique la situation nouvellement créée en France. Cet « Ambassadeur extraordinaire » effectuera d'autres missions, notamment en Amérique du Sud en 1959, puis de nouveau au Japon, ensuite au Mexique, enfin en Afrique noire en 1960 ; aux États-Unis en mai 1962, en Union soviétique en 1968…

Au cours du voyage de 1965, André Malraux, ministre d'État chargé des Affaires culturelles, va rencontrer à Pékin Mao Tsé-Toung et Chou En-laï (ce sont les romanisations d'alors…). Et, Hervé de Charette, ministre des Affaires étrangères, le soulignera plus de trente ans plus tard, « ce voyage est important à deux titres : c'est la première rencontre avec les autorités chinoises et un membre du gouvernement français après la reconnaissance de la Chine populaire. » Et surtout, c'est au cours de ce périple que Malraux conçoit et commence à rédiger ses *Antimémoires*.

L'auteur de ces lignes a pu, sinon naturellement assister aux entretiens de haut niveau qui furent ceux d'André Malraux avec ses interlocuteurs chinois, du moins accompagner l'auteur des *Conquérants* à travers les rues de Pékin. On sait que la question se pose encore : Malraux avait-il jamais mis les pieds en Chine avant d'écrire son plus célèbre roman ? Toujours est-il que, parcourant les *hutung* de la ville tartare, dans ces quartiers populaires autour de la tour de la Cloche et de la tour du Tambour, non loin du lac de Shi Chai Hai où de rares amoureux osaient déjà se promener main dans la main, Malraux humait l'air, les fumées qui s'échappaient des braseros jusqu'au milieu de l'été, la poussière grise et celle venue de l'ouest par les vents de Gobi, affirmant avec bonheur qu'il retrouvait là toutes les odeurs de *sa* Chine…

Les trois documents que l'on va trouver ci-après sont d'un intérêt naturellement beaucoup plus littéraire que réellement diplomatique. Mais quel intérêt ! On verra d'abord le compte-rendu officiel de l'entrevue du 3 août 1965 entre André Malraux et le président Mao. Le président de la République chinois Liu Shao-shi et le ministre des Affaires étrangères, le maréchal Ch'en Yi, du côté chinois ; M. Paye et M. Yacovlievitch, traducteur officiel et fameux du général de Gaulle, assistaient à la rencontre.

Après cet extrait, envoyé par télégramme dès le 3 août, on trouvera deux passages du compte-rendu fait par Malraux lui-même au retour de sa mission en Chine. D'abord des généralités, lapidaires et grandioses ; puis un passage, toujours rédigé par Malraux, du compte-rendu de l'entretien à proprement parler.

Enfin, deux ans plus tard, Malraux publiait ses *Antimémoires*. Et là aussi, on découvre encore une nouvelle version de la même rencontre, beaucoup plus développée. Il est fort probable que ni M. Paye, ni M. Yacovlievitch, auraient reconnu, au moins dans le détail, la conversation à laquelle ils avaient assisté…

Entrevue d'André Malraux avec le président Mao Tse-Toung, le 3 août 1965, au Palais du Peuple à Pékin

Mao : Vous avez voyagé, n'est-ce pas, vous êtes allé à Yen-an ?

Malraux : Oui, j'ai vu Yen-an, grâce à M. Ch'en Yi. En voyant les grottes où vous avez vécu plus de dix ans, en réfléchissant sur le caractère d'austérité du Chan-si, on comprend pourquoi la révolution chinoise a réussi.

Mao : Ceux qui sont faibles au commencement finissent par vaincre les puissants, c'est une règle. J'ai vu cela dans le maquis.

Malraux : Moi aussi, j'ai commandé un maquis dans le centre de la France.

Mao : À la fin du XVIIIe siècle, en France, le peuple a renversé la royauté, parce qu'un peuple révolutionnaire est plus fort. Les faibles renversent les forts.

Malraux : Les soldats de l'an II, qui ne s'étaient jamais battus, sont devenus les soldats de Napoléon. N'en a-t-il pas été un peu de même en Chine, où personne n'avait réussi avant vous une révolution paysanne ? Comment avez-vous pu faire de ces paysans, qui ne savaient pas utiliser un fusil, des soldats ? Comment avez-vous fait pour créer cet esprit de courage chez des paysans ?

Mao : La chose a été très facile, nous étions tous sur un pied d'égalité, nous mangions tous de même façon, nous n'avions pas le sentiment qu'il existait au-dessus de nous une classe privilégiée. Nous avons fait le travail par étape, nous avons étudié les rapports de classe. On a procédé à la confiscation des grandes propriétés.

Malraux : D'abord, à la réforme agraire ?

Mao : Oui, mais aussi et avant tout à la mise en application d'une politique démocratique. Il a fallu savoir faire la guerre ; on peut être vaincu de temps en temps, mais pas constamment, autrement personne ne veut vous obéir. Il est inévitable qu'on perde de temps en temps, mais il faut avoir moins de défaites que de victoires.

Malraux : Vous avez été habitués à la défaite.

Mao : Nous avons connu deux grandes défaites : nous avons dû abandonner toute la Chine du Sud.

Malraux : Le souvenir de l'armée rouge est resté cependant.

Mao : Au Nord, nous avons établi des bases d'appui, développé le parti, organisé les masses, et élargi les territoires libérés jusqu'à Pékin, jusqu'à Tsi-nan. Une autre chose a été l'expérience que nous avons faite de la bourgeoisie nationale, des intellectuels, de toutes les forces non-réactionnaires qui avaient collaboré en un front unique dans la résistance au Japon, au contraire de la grande bourgeoisie de Tchang Kaï-chek. S'il n'y avait pas eu d'offensive, nous n'aurions pas attaqué.

Malraux : Pourquoi vous a-t-on attaqué ?

Mao : On a cru pouvoir nous liquider.

Malraux : On a aussi cru le parti communiste faible ?

Mao : Oui, on l'a cru faible. Nos bases n'englobaient qu'un cinquième de la population. Contre notre armée d'un million de combattants, Tchang Kaï-chek alignait quatre millions d'hommes, il avait l'appui des États-Unis, nous étions obligés de nous disperser, nous n'étions pas aidés.

Malraux : Tchang Kaï-chek croyait dans les villes ?

Mao : Oui, et à l'aide extérieure, tandis que nous faisions fond sur la population rurale, plus nombreuse.

Malraux : Je me souviens d'une conversation avec Gorki : celui-ci disait que le grand problème du parti communiste chinois était qu'il n'avait pas de villes, et aurait de grandes difficultés à s'en emparer.

Mao : Il vous a répondu comme ça ? Gorki ne connaissait pas la situation en Chine.

Malraux : Il disait que les paysans sont partout les mêmes, mais la situation en Chine était différente. Aujourd'hui, la Chine redevient la grande Chine. Elle a été le premier pays technique pendant des siècles, puis la suprématie est passée à l'Europe, maintenant la Chine redevient un pays moderne et va redevenir la Chine. Que désire le président Mao, refaire une Chine complètement chinoise.

Mao : Il faudra du temps, plusieurs dizaines d'années, il faudra également des amis. Si nous pouvons avoir des contacts, c'est le début de relations amicales. Il y a diverses sortes d'amis, vous en êtes une. L'Indonésie aussi est amie. Aidit est actuellement parmi nous, je ne l'ai pas encore vu. Il existe des points communs avec Aidit, et il en existe également avec vous.

Malraux : Pas les mêmes.

Mao : Pour nous, les États-Unis sont l'impérialisme américain, les Britanniques ont une double face. Votre tournure d'esprit, à vous Français, est meilleure que la nôtre envers les Américains.

Chen Yi : Les impérialistes américains sont soutenus par la Grande-Bretagne.

Malraux : À cause de la Grande Malaisie.

Mao : Échange de bons procédés.

Malraux : Depuis le général de Gaulle, la position de la France est bien définie en matière de décolonisation ; nous avons émancipé tous nos territoires d'Afrique, et aujourd'hui nous dépensons 800 millions par jour pour l'Algérie. Il est un point commun entre la Chine et la France : elles ne peuvent devenir vraiment elles-mêmes tant que dure la double hégémonie russo-américaine.

Mao : (il rit). C'est juste, d'ailleurs chacun a son allié là-dedans et l'un vaut l'autre. Ah, ah, ah !

Malraux : Je ne sais pas bien où nous en sommes en ce qui concerne l'URSS. On le savait sous Staline, mais aujourd'hui, bien que le régime prétende se continuer, on assiste en fait à sa destruction. On assiste à des choses très différentes sous les mêmes mots.

Mao : Il va vers la restauration du capitalisme, événement qui est bien accueilli en Europe, mais non chez nous.

Malraux : Vraiment ?

Le Président Mao : La clique dirigeante y mène.

Malraux : Nous pensons qu'ils veulent le communisme en cherchant quelque chose qui n'est pas le capitalisme, dont ils ne connaissent pas bien la nature, quelque chose d'imprécis.

Mao : Et quelle pagaye règne là-dedans, qui n'a d'ailleurs d'autre but que de tromper tout le monde ! À propos, vos partis socialiste et communiste croient-ils vraiment aux doctrines qu'ils professent ?

Malraux : Le parti socialiste n'a plus que 7 % d'ouvriers, quoiqu'il demeure puissant par l'action syndicale ; il est devenu un parti de fonctionnaires, d'intellectuels, de vignerons dans le cas du Midi. Quant au parti communiste, il est moins paysan que prolétarien et intellectuel. De sentiments il est du côté de la Chine, mais dans le domaine des matières premières, si l'on peut dire, il lui faut être du côté de l'URSS.

Mao : En tant que parti, il est contre nous.

Malraux : Pas les intellectuels et les ouvriers pris isolément. Le parti a ses conflits internes. Nombreux sont ceux qui voudraient s'arranger avec les deux.

Mao : Avec les deux quoi ?

(On explique qu'il s'agit de l'URSS et de la Chine. Mao se tourne vers M. Ch'en Yi et tous deux rient aux éclats).

Un parti peut changer. Les mencheviks, Plekhanov, étaient autrefois marxistes et se reposaient sur Lénine, puis ils se coupèrent des masses et finirent par prendre les armes contre les bolcheviks. Ensuite, il eut d'autres changements parmi ces derniers.

Malraux : Quelle est votre perspective quant à l'avenir du monde ?

Mao : Pour la Chine, deux possibilités sont ouvertes, dont une suit fermement la voie de la construction socialiste, tandis que l'autre est celle du révisionnisme. Dans la société chinoise, il existe des couches conditionnées de telle façon que leur évolution mène vers cette dernière voie. Tout dépend de la façon dont nous résoudrons ce problème. Nous prenons des mesures pour éviter un glissement de ce genre, mais qui peut garantir ce qui se passera dans quelques dizaines d'années ?

Malraux : Cette tendance est-elle répandue ?

Mao : Elle touche des éléments qui ne sont pas nombreux, mais dont l'influence n'est pas négligeable. En 1949, il nous a bien fallu accepter l'héritage de l'ancien régime, intellectuels à la vieille mode, propriétaires grands et petits, paysans riches, journalistes, artistes, écrivains et, ne l'oublions pas, maintenant, les enfants des uns et des autres.

Malraux : Pourquoi les écrivains ?

Mao : Parce que leur pensée est antimarxiste. À la libération, nous avons dû les accueillir tous, écrivains, artistes, bien qu'ils aient été liés au Kouomintang, parce que nous n'avions pas les nôtres.

Malraux: Il est une jeunesse tout à fait orientée vers la Chine de demain, qui envisage la Chine dans le cadre que vous préconisez. Cette jeunesse, je l'ai vue lors de mes voyages, dans les contacts que j'ai pu établir avec les élèves des établissements secondaires, avec les étudiants dans les universités. [...]

Malraux : Estimez-vous plus important d'accroître les surfaces ou les rendements ?

Mao : Il est plus important, pour élever la production, d'accroître les rendements.

Avant de vous dire au revoir, je veux vous demander de transmettre mes meilleurs vœux au général de Gaulle.

Asie 1944-..., Chine, vol. 532, fol. 116-123.

Compte-rendu par Malraux de sa mission en Chine

1 – Nature de ma mission : échange d'informations au niveau le plus élevé.

Informations relatives à l'action des nations gouvernées par mes interlocuteurs, en fonction de la perspective dans laquelle ceux-ci regardent le destin du monde dans les prochaines années.

2 – Le problème est donc :

D'une part, qu'est la France à leurs yeux, et qu'attendent-ils d'elle ?

D'autre part, quel rôle ont-ils l'intention de jouer ?

CHINE

La France les intrigue.

La Révolution française (Sun-Yat-Sen ; et même Mao, à cause de Marx ou non).

Pays capitaliste, mais indépendant des Américains.

Présent en Afrique plus que l'Angleterre aux Indes.

Capable d'une action diplomatique importante, notamment à l'ONU.

Pouvant prêter des techniciens et des mathématiciens.

« Les Chinois sont les Français d'Asie ».

Dirigé par un homme qui a fondé son pouvoir sur la Résistance (comme Mao) dont le prestige est grand (paix en Algérie, décolonisation, stabilisation, indépendance), et le seul dont ils attendent des initiatives inattendues.

Au fond, la France les intéresse parce qu'elle peut avoir sa propre politique : une politique, et non une volonté de neutralité comme celle de l'Inde. Ils pensent que cette politique ne peut qu'affaiblir l'influence américaine. « Or, les États-Unis et la Russie sont les deux seuls pays qui les préoccupent : au second plan, deux sujets d'intérêt, la France et le Japon. C'est tout : la Grande-Bretagne n'est plus qu'un satellite des États-Unis, dont elle a besoin pour conserver la Malaisie.

La politique intérieure et la politique extérieure de la Chine sont inintelligibles si l'on ne précise pas comment elles se fondent sur la biographie politique de Mao.

– Nature de son prestige : Le sage (au sens du théoricien-prophète)

Le héros (la Longue Marche)

Le poète (en langue classique)

Le protecteur (des Chinois pauvres et sous-développés)

L'orateur persuasif

Personnage mythique, beaucoup plus que Staline :

Lénine survivant

Ma réception au Palais du Peuple de Pékin : Mao isolé de tous ses collaborateurs, président de la République compris, par son « aura ».

– Nature de son pouvoir : il dirige le Parti, et tout se fait en Chine par le Parti ou sous sa direction. C'est le Parti qui anime et contrôle l'armée, les organismes d'exécution du plan, la propagande, la police d'État. Et le Parti ne fait pas autre chose que d'appliquer les principes qui ont guidé l'action de Mao pendant cinquante ans.

[…]

En 1935, Tchang-Kaï-chek rassemble des forces de plus en plus considérables : plus d'un million de soldats, contre l'armée rouge. Celle-ci, avec les dirigeants communistes qui ne prennent pas le maquis, part à la recherche d'un territoire communiste, à l'ouest d'abord, au nord ensuite. C'est la Longue Marche : un an, dix mille kilomètres, cent mille hommes au départ, sept mille à l'arrivée à Yenan. Mais toute la Chine connaît Mao, et son armée a convaincu les paysans presque partout où elle est passée.

Technique de Mao : persuasion, organisation, police.

Incident de Si-An

À Yenan, Mao, chef suprême politique de l'armée (le chef militaire en est le maréchal Chuh-Teh, aujourd'hui président de l'Assemblée) est tenu par toute la Chine pour le chef symbolique du communisme chinois, dont l'appareil va peu à peu échapper à Staline pour passer entre ses mains, et pour le rival direct du généralissime Tchang-Kaï-chek.

La reconquête commence. Le matériel américain mis au service de Tchang-Kaï-chek est pris peu à peu par l'armée rouge, chars compris. Tchang veut défendre les villes, que Mao encerclera sans les attaquer et qui tomberont l'une après l'autre. À Yenan, Mao gouverne cent millions d'hommes. En quatre ans, il va conquérir la Chine. Le dernier ambassadeur auprès de Tchang, à son départ pour Formose, sera l'ambassadeur *soviétique*.

Ensuite, le chef spartiate devient maître de l'Empire. En gros, l'objectif étant faire de la Chine l'un des plus grands (ou le plus grand) pays du monde, il emploiera les méthodes de Yenan : l'organisation simultanée de la persuasion et de la police d'État. Les « Cent Fleurs » seront suivies d'une répression, mais 400 000 épurés en Chine, c'est 30 000 en France – le prix de la Commune. Bien que le « Bond en avant » n'ait pas atteint ses objectifs, les résultats obtenus sont plus saisissants, une quinzaine d'années après la Libération, que ceux obtenus par la Russie quinze ans après la Révolution.

Aujourd'hui encore, persuasion et contrainte.

La participation – Étudiants dans les communes un mois par an

– Propagandistes (Madame Chen-Yi)

– Les cadres des usines travaillent à l'atelier une fois par semaine.

À quelle fin ? La résurrection de la Chine, suzeraine des États qui l'entourent, et même de ceux qui s'y rendent. Fêtes fantastiques pour des présidents somaliens !

Pour les paysans pauvres et les ouvriers (dans les usines nouvelles, la condition ouvrière a d'ailleurs changé de nature) le niveau de vie a monté. Et ils ne sont plus des intouchables, mais les *soldats* d'une grande cause. L'esprit militant, dans un pays qui vénérait les fonctionnaires et méprisait l'armée (aujourd'hui reine) domine la Chine entière au moins en tant que mythe, et le mythe va loin. La Chine, comme la Russie, a trouvé, dans son communisme, sa conscience nationale, qu'elle cherchait depuis la fin des Ming (empire Mandchou, puis « colonie de tous les pays »).

La politique intérieure n'est qu'une *organisation de travail* pour la création de la Chine nouvelle.

La politique extérieure, bien qu'animée par les sentiments révolutionnaires du gouvernement, me semble avoir pour premier objet de légitimer l'effort exigé du peuple chinois. Ses desseins ne peuvent être séparés de leur valeur de propagande, et peuvent à l'occasion être modifiés par celle-ci. Mais cette propagande est une prédication.

Cette politique extérieure a été le principal sujet de mes entretiens avec le ministre des Affaires étrangères, puis le Premier ministre.

Chen-Yi, c'est l'essai du disque
Tchou-En-Laï, c'est le disque
Mao, c'est l'Histoire
[...]

Pour la Chine, dit Mao, deux voies sont ouvertes, l'une suit fermement la voie de la construction socialiste, l'autre est celle du révisionnisme. « Il existe dans la société chinoise des couches conditionnées de telle façon que leur évolution mène au révisionnisme. L'avenir sera déterminé par la façon dont nous réglerons le problème. Nous faisons le nécessaire pour éviter ce glissement. Mais qui peut garantir ce qui se passera dans quelques dizaines d'années ? ».

Comme je l'interroge sur l'importance de ces éléments il poursuit : « Ils ne sont pas nombreux, mais leur influence n'est pas négligeable. En 1949, il nous a bien fallu accepter l'héritage de l'ancien régime, intellectuels à la vieille mode, propriétaires petits et grands, paysans riches, journalistes, artistes, écrivains, et nous sommes bien obligés d'accepter maintenant les enfants des uns et des autres.

– Pourquoi les écrivains ?

– Parce que leur pensée est antimarxiste. Après la Libération, nous avons dû accueillir ces gens, bien qu'ils aient été liés au Kuomintang : nous n'avions pas les nôtres. »

Et il est bien vrai que le gouvernement chinois, avec ses militaires et ses administrateurs, qui ont si souvent servi contre Mao, ressemble plus à la cour de Louis-Philippe qu'aux compagnons de Lénine.

– La jeunesse chinoise, dit Paye, est orientée vers la Chine de demain selon vos désirs.

Le Président est perdu dans ses pensées. Il dit, comme pour lui-même : « On peut aussi voir les choses comme ça ». [...]

Asie 1944-..., Chine, 532, fol. 228-251.

Récit dans les Antimémoires[1] *de l'entretien Malraux-Mao-Tsé-Toung*

Pékin

Retour. Hier soir, on téléphone que je veuille bien ne pas quitter l'ambassade. À treize heures, nouveau coup de téléphone : on m'attend à quinze heures. En principe, c'est pour l'audience du président de la République, Liou Shao-shi ; mais le « on » fait supposer à l'ambassadeur que Mao sera présent. Quinze heures. Le fronton du Palais du Peuple repose sur de grosses colonnes égyptiennes, aux chapiteaux-lotus peints en rouge. Un couloir de plus de cent mètres. Au fond, à contre-soleil (dans une salle, je suppose) une vingtaine de personnes. Deux groupes symétriques. Non, il n'y a qu'un groupe, qui semble coupé en deux parce que ceux qui me font face se tiennent à distance derrière le personnage central, vraisemblablement Mao Tsé-toung. En entrant dans la salle je distingue les visages. Je marche vers Liou Shao-shi, puisque ma lettre est adressée au président de la République. Aucun d'entre eux ne bouge.

– Monsieur le Président, j'ai l'honneur de vous remettre cette lettre du président de la République française, où le général de Gaulle me charge d'être son interprète auprès du président Mao Tsé-toung et de vous-même.

Je cite la phrase qui concerne Mao en m'adressant à lui, et me trouve devant lui, la lettre remise, à l'instant où la traduction s'achève. Son accueil est à la fois cordial et curieusement familier, comme s'il allait dire : « Au diable la politique ! » Mais il dit :

– Vous venez de Yenan, n'est-ce pas ? Quelle est votre impression ?

– Très forte. C'est un musée de l'invisible…

La traductrice – celle qu'employait Chou En-laï – traduit sans broncher, mais attend manifestement une explication.

1. Paris, Gallimard, 1967.

– Au musée de Yenan, on attend des photos de la Longue Marche, des Lolos, des montagnes, des marécages… Pourtant, l'expédition passe au second plan. Au premier, ce sont les piques, les canons faits avec des troncs d'arbre et du fil télégraphique ; le musée de la misère révolutionnaire. Lorsqu'on le quitte pour les grottes que vous avez habitées avec vos collaborateurs, on a la même impression, surtout lorsqu'on se souvient du luxe de vos adversaires. J'ai pensé à la chambre de Robespierre chez le menuisier Duplay. Mais une montagne est plus impressionnante qu'un atelier, et votre abri, au-dessus du musée actuel, fait penser aux tombeaux égyptiens…

– Mais pas les salles du parti.

– Non. D'abord, elles sont protégées par des vitres. Mais elles donnent une impression de dénuement volontaire, monastique. C'est ce dénuement qui suggère une force invisible, comme celui de nos grands cloîtres.

Nous sommes tous assis dans des fauteuils de rotin dont les bras portent de petits linges blancs. Une salle d'attente dans une gare tropicale… Dehors, à travers les stores, l'immense soleil d'août. Je distingue maintenant Mao, à contrejour. Le même type de visage rond, lisse, jeune, que celui du maréchal. La célèbre verrue au menton, comme un signe bouddhique. Une sérénité d'autant plus inattendue qu'il passe pour violent. À côté de lui, le visage chevalin du président de la République. Derrière eux, une infirmière en blanc.

– Quand les pauvres sont décidés à combattre, dit-il, ils sont toujours vainqueurs des riches : voyez votre Révolution.

J'entends la phrase de toutes nos Écoles de Guerre : jamais des milices n'ont battu longtemps une armée régulière. Et que de Jacqueries pour une Révolution ! Mais peut-être veut-il dire que dans un pays comme la Chine, où les armées ressemblaient à nos grandes Compagnies médiévales, ce qui était assez fort pour susciter des troupes volontaires l'était aussi pour leur assurer la victoire : on se bat mieux pour survivre que pour conserver. Après l'écrasement des communistes par Tchang Kaï-chek à Shanghaï et à Han-kéou, en 1927, il a organisé les milices paysannes. Or, *tous* les Russes qui se réclamaient du marxisme-léninisme, tous les Chinois qui dépendaient directement d'eux, posaient en principe que la paysannerie ne peut jamais vaincre seule. Les trotskistes comme les staliniens. Sa certitude qu'une prise du pouvoir par les paysans était possible a tout changé. Comment est-elle née ? Quand a-t-il opposé la foule paysanne armée de lances à tous les marxistes d'obédience russe, donc au Komintern ?

– Ma conviction ne s'est pas formée : je l'ai toujours éprouvée.

Je me souviens du mot du général de Gaulle : « Quand avez-vous pensé que vous reprendriez le pouvoir ? – Toujours… »

– Mais il y a tout de même une réponse rationnelle. Après le coup de Tchang Kaï-chek à Shanghaï, nous nous sommes dispersés. Comme vous le savez, j'ai décidé de rentrer dans mon village. Jadis, j'avais connu la grande famine de Tchangcha, avec les têtes coupées des révoltés au haut des perches, mais je l'avais oubliée. À trois kilomètres de mon village, il ne restait pas une écorce, sur certains arbres, jusqu'à quatre mètres de haut : les affamés les avaient mangées. Avec des hommes obligés de manger des écorces, nous pouvions faire de meilleurs combattants qu'avec les chauffeurs de Shanghaï, ou même les coolies. Mais Borodine ne comprenait rien aux paysans.

– Gorki m'a dit un jour, devant Staline : les paysans sont partout les mêmes…

– Ni Gorki, un grand poète vagabond, ni Staline… ne connaissaient quoi que ce soit aux paysans. Il n'y a pas de bon sens à confondre vos koulaks avec les miséreux des pays sous-développés. Et il n'y a pas de marxisme abstrait, il y a un marxisme concret, adapté aux réalités concrètes de la Chine, aux arbres nus comme les gens parce que les gens sont en train de les manger. Après : Staline… il a hésité. Qu'allait-il dire ? Un séminariste ? Que peut-il penser de lui aujourd'hui ? Jusqu'à l'entrée à Pékin, Staline a cru à Tchang Kaï-chek, qui devait écraser ce parti épisodique, pas même stalinien, comme il l'avait écrasé à Shanghaï en 1927. Khrouchtchev, lors de la séance secrète du XXe Congrès du Parti en 1956, affirmait que

Staline avait été prêt à rompre avec les communistes chinois. Dans la Corée du Nord, il avait laissé les usines intactes ; dans les régions qu'allait occuper Mao, il les avait détruites. Il avait envoyé à Mao un travail sur la guerre des partisans, et Mao l'avait donné à Liou Shao-shi : « Lis ça, si tu veux savoir ce qu'il aurait fallu faire – pour que nous soyons tous morts. » Quitte à croire à un communiste, Staline préférait croire à Li-Li-San, formé à Moscou. Les purges ont sans doute été indifférentes à Mao – plus que le rejet de la critique, et que le dédain des masses paysannes. Et sans doute respecte-t-il les immenses services rendus au communisme dans la dékoulakisation, dans la lutte contre l'encerclement, dans la conduite de la guerre. Il y a au-dessus de moi, comme dans toutes les salles officielles, quatre portraits : Marx, Engels, Lénine – et Staline.

Bien que Mao ait appartenu au groupe de jeunes Chinois dont chacun devait gagner la France après avoir appris quelques mots de français, pour travailler dans une usine pendant le temps nécessaire à sa formation révolutionnaire (Chou En-laï a fondé le P.C. chinois à Billancourt), il n'a jamais quitté la Chine, et n'a jamais abandonné sa méfiance à l'égard de la plupart des révolutionnaires revenus de l'étranger, ainsi que des envoyés du Komintern.

– Vers 1919, j'ai été responsable des étudiants du Hounan. Nous voulions, avant tout, l'autonomie de la province. Nous avons combattu avec le seigneur de la Guerre Tchao-Heng-Ti. L'année suivante, il s'est retourné contre nous. Il nous a écrasés. J'ai compris que seules les masses pourraient abattre les seigneurs de la Guerre. En ce temps-là, je lisais le *Manifeste communiste*, et je participais à l'organisation des ouvriers. Mais je connaissais l'armée, j'avais été soldat pendant quelques mois en 1911. Je savais que les ouvriers ne suffiraient pas.

– Chez nous, les soldats de la Révolution, dont beaucoup étaient fils de paysans, sont devenus les soldats de Napoléon. Nous savons à peu près comment. Mais comment s'est formée l'armée populaire ? Et re-formée, puisque parmi les

20 000 combattants arrivés à Yenan, 7 000 seulement venaient du Sud. On parle de propagande, mais la propagande fait des adhérents, elle ne fait pas des soldats…

– Il y a d'abord eu les noyaux. Il y avait plus d'ouvriers qu'on ne le dit, dans l'armée révolutionnaire. Nous avions beaucoup de gens, au Kiang-si : nous avons choisi les meilleurs. Et pour la Longue Marche, ils se sont choisis eux-mêmes… Ceux qui sont restés ont eu tort ; Tchang Kaï-chek en a fait exterminer plus d'un million.

« Notre peuple haïssait, méprisait et craignait les soldats. Il a su très vite que l'armée rouge était la sienne. Presque partout, il l'a bien accueillie. Elle a aidé les paysans, surtout au moment des moissons. Ils ont vu que chez nous il n'y avait pas de classe privilégiée. Ils ont vu que nous mangions tous de la même façon, que nous portions les mêmes vêtements. Les soldats avaient la liberté de réunion et la liberté de parole. Ils pouvaient contrôler les comptes de leur compagnie. Surtout, les officiers n'avaient pas le droit de battre les hommes, ni de les insulter. Nous avions étudié les rapports des classes. Quand l'armée était là, il n'était pas difficile de montrer ce que nous défendions : les paysans ont des yeux. Les troupes ennemies étaient bien plus nombreuses que les nôtres, et aidées par les Américains ; pourtant nous avons souvent été vainqueurs, et les paysans savaient que nous étions vainqueurs pour eux. Il faut apprendre à faire la guerre, mais la guerre est plus simple que la politique : il s'agit d'avoir plus d'hommes ou plus de courage, à l'endroit où l'on engage le combat. Perdre de temps à autre est inévitable ; il faut seulement avoir plus de victoires que de défaites…

– Vous avez tiré grand parti de vos défaites.

– Plus que nous ne l'avions prévu. À certains égards, la Longue Marche a été une retraite. Pourtant ses résultats ont été ceux d'une conquête, parce que partout où nous sommes passés…

(Dix mille kilomètres, dit la traductrice entre parenthèses.)

« … les paysans ont compris que nous étions avec eux, et quand ils en ont douté, la conduite des soldats du Kuo Min-

Tang s'est chargée de les en convaincre. Sans parler de la répression».

Celle de Tchang Kaï-chek. Mais il pourrait parler aussi de l'efficacité de la sienne : l'Armée de Libération n'a pas seulement confisqué les grandes propriétés, elle a exterminé les grands propriétaires et annulé les créances. Les maximes de guerre de Mao sont devenues une chanson populaire : « L'ennemi avance, nous nous retirons. Il campe, nous le harcelons. Il refuse le combat, nous attaquons. Il se retire, nous le poursuivons. » Je sais que son « nous » comprend à la fois l'armée, le parti, les travailleurs d'aujourd'hui et ceux de la Chine éternelle. La mort n'y trouve pas place. La civilisation chinoise avait fait de tout Chinois un individu naturellement discipliné. Et, pour tout paysan, la vie dans l'Armée populaire, où l'on apprenait à lire, où la camaraderie était grande, était plus honorable et moins pénible que la vie au village. Le passage de l'armée rouge à travers la Chine fut une propagande plus puissante que les propagandes conçues par le parti : tout le long de cette traînée de cadavres, la paysannerie entière se leva, le jour venu.

– Quel était l'axe de votre propagande ?

– Représentez-vous bien la vie des paysans. Elle avait toujours été mauvaise, surtout lorsque les armées vivaient sur la campagne. Elle n'avait jamais été pire qu'à la fin du pouvoir du Kuo-Min-Tang. Les suspects enterrés vivants, les paysannes qui espéraient renaître chiennes pour être moins malheureuses, les sorcières qui invoquaient leurs dieux en chantant comme un chant de mort : « Tchang Kaï-chek arrive ! » Les paysans n'ont guère connu le capitalisme : ils ont trouvé devant eux l'État féodal renforcé par les mitrailleuses du Kuo-Min-Tang.

« La première partie de notre lutte a été une Jacquerie. Il s'agissait de délivrer le fermier de son seigneur ; non de conquérir une liberté de parole, de vote ou d'assemblée : mais la liberté de survivre. Rétablir la fraternité bien plus que conquérir la liberté ! Les paysans l'avaient entrepris sans nous, ou étaient sur le point de l'entreprendre. Mais souvent, avec désespoir. Nous avons apporté l'espérance. Dans les régions libérées, la vie était moins terrible. Les troupes de Tchang Kaï-chek le savaient si bien qu'elles propagèrent que les prisonniers et les paysans qui passaient chez nous étaient enterrés vivants. C'est pourquoi il fallut organiser la guerre par cri, faire crier la vérité par des gens que connaissaient ceux qui les entendaient. Et seulement par ceux qui n'avaient pas laissé de parents de l'autre côté. C'est pour maintenir l'espoir, que nous avons développé la guérilla autant que nous l'avons pu. Bien plus que pour les expéditions punitives. *Tout est né d'une situation particulière* : nous avons organisé la Jacquerie, nous ne l'avons pas suscitée. La Révolution est un drame passionnel ; nous n'avons pas gagné le peuple en faisant appel à la raison, mais en développant l'espoir, la confiance et la fraternité. Devant la famine, la volonté d'égalité prend la force d'un sentiment religieux. Ensuite, en luttant pour le riz, la terre et les droits apportés par la réforme agraire, les paysans ont eu la conviction de lutter pour leur vie et celle de leurs enfants.

« Pour qu'un arbre croisse, il faut la graine, il faut aussi la terre : si vous semez dans le désert, l'arbre ne poussera pas. La graine a été, dans beaucoup d'endroits, le souvenir de l'Armée de Libération ; dans beaucoup d'autres, les prisonniers. Mais partout la terre a été la situation particulière, la vie intolérable des villageois sous le dernier régime du Kuo-Min-Tang.

1965 : La guerre linguistique dans les églises belges

La Belgique est un jeune État. C'est seulement en 1831 qu'elle acquit son indépendance, avec l'aide de la France et de l'Angleterre, contre la Hollande qui ne signa qu'en 1839 un traité définitif reconnaissant la souveraineté de Bruxelles.

Après Léopold Ier, c'est sous le règne de Léopold II que les questions scolaires et religieuses commencent à connaître un développement important dans la vie politique belge. Mais surtout, dès les années 1840, la question linguistique commence à se poser. La Constitution n'imposait en effet qu'une seule langue officielle, le français. Il fallut attendre 1873 pour qu'on introduisit l'emploi du flamand dans les tribunaux et 1886 pour que l'on créa une Académie flamande. Enfin, c'est en 1898 que la Loi De Vriendt-Coremans donna au flamand son rang de langue officielle.

Moins d'un siècle après, les querelles repartirent de plus belle et, à partir de 1961, les Flamands, néerlandophones et majoritaires en Belgique, proclamèrent l'exclusion de l'emploi du français sur tout le territoire de leur langue.

L'affaire de l'université de Louvain, située en territoire flamand, secoua tout particulièrement les esprits et l'on dut transférer en territoire wallon la section française de la grande université belge. Enfin, en 1970, on procéda à une révision constitutionnelle faisant de Bruxelles, pourtant peuplée à 80 % de francophones, un territoire de bilinguisme absolu, administré par un exécutif composé paritairement de Flamands et de francophones.

En 1965, les Flamands en étaient encore à marquer des points. Et c'est jusqu'au sein des églises que l'intransigeance des uns et des autres se manifeste. D'où la dépêche en date du 21 septembre 1965 de notre ambassadeur à Bruxelles. Celui-ci fait état de la rigueur avec laquelle le clergé catholique flamand applique les instructions qui lui sont données par ses évêques flamands de ne prononcer aucun mot en français dans les églises flamandes. Or, certaines d'entre elles, notamment sur « l'élégante plage du Zoute », accueillent pendant l'été des populations pour l'essentiel francophones. Protestations, cris d'indignation, manifestations à l'extérieur comme à l'intérieur des églises, jusqu'à la quête faite pendant le service : le bigotisme non plus religieux, puisque tous sont de la même confession, mais linguistique des uns et des autres s'en donne à cœur joie.

Nos amis belges ont, depuis, pris du recul vis-à-vis de ce problème : ils s'amuseront sûrement d'en retrouver une trace dans ce volume.

Henry Spitzmuller, ambassadeur de France en Belgique à Son Excellence Monsieur Maurice Couve de Murville, ministre des Affaires étrangères

Bruxelles, le 21 septembre 1965

La correspondance de cette ambassade a rapporté au Département dans quelles conditions, l'été 1962, des extrémistes flamingants avaient élevé, dans une église située en zone flamande, des protestations bruyantes pendant les prédications en français. Ces démonstrations s'étant renouvelées, l'Épiscopat avait fini par s'incliner, de guerre lasse, et par supprimer les sermons en langue française dans l'église en question.

Depuis lors, d'une part le vote de la législation consacrant l'unilinguisme de la Flandre et, d'autre part, l'application d'une liturgie nouvelle substituant le flamand au latin dans cette région avaient donné d'importants motifs de satisfaction aux flamingants ; cependant nombre de ces derniers continuaient à juger intolérable que, pour permettre aux catholiques francophones en villégiature sur le littoral belge – lequel est tout entier en pays flamand – de comprendre au moins une partie du sermon dominical, l'évêque de Bruges ait admis qu'un tiers de celui-ci fût donné en français dans les paroisses côtières, pendant les mois de juillet et d'août.

Mais ces dispositions, prises par l'évêché en accord avec les représentants du Mouvement populaire flamand VVB n'avaient pas été strictement appliquées par le clergé local ; les dirigeants du VVB en prirent prétexte pour dénoncer le dit accord et marquer solennellement qu'ils ne toléreraient plus désormais « aucun mot de français dans les églises ».

Tout récemment, plusieurs groupements flamingants, en majorité anversois, avaient du reste organisé une « marche » sur Ostende pour protester de nouveau contre l'emploi du français dans les églises de la Côte. En dépit de l'échec de cette manifestation, qui avait été interdite par les autorités locales, l'évêque de Bruges restait sensible à la pression du bas clergé flamand, lequel est en effet bien souvent à la pointe du combat flamingant, car il y voit le moyen de garder avec les masses un contact étroit prenant même souvent la forme d'une véritable sujétion.

Aussi le prélat invita-t-il les curés des paroisses de la Côte à appliquer l'accord de 1964 et à s'en tenir, en dehors des deux mois de pleine saison balnéaire, à l'usage exclusif du flamand pendant les offices. Dimanche dernier, l'entrée en vigueur de ces dispositions dans la chapelle des dominicains de l'élégante plage du Zoute, qui est habituellement fréquentée par une majorité de francophones aisés, bruxellois pour la plupart, a suscité les vives réactions de ceux-ci : à mesure que le prédicateur poursuivait son sermon en flamand, on entendit en effet s'élever des murmures ; bientôt quelques dizaines de personnes quittèrent l'église pour se regrouper sur le parvis et y scander : « en français.... en français »... « plus un sou »... « nous irons dans les catacombes » ! Le prédicateur n'interrompit pas pour autant son sermon et il fut applaudi vigoureusement par les fidèles d'expression néerlandaise. L'incongruité de la manifestation francophone et de la contre-manifestation flamande ne devait pas en rester là : au cours de la quête qui suivit le prône, les francophones laissèrent tomber bruyamment dans le plateau une dérisoire obole, tandis qu'au contraire les fidèles d'expression néerlandaise y déposaient ostensiblement de « gros billets » !

Une délégation de l'Association des francophones de Flandre (AFF) conduite par M. Goffin, secrétaire général de ce groupement, a exprimé, auprès du père supérieur des dominicains du Zoute, le mécontentement provoqué chez les chrétiens d'expression française par la suppression des messes dites en notre langue dans la chapelle appartenant à l'ordre ; les délégués du FDF ont réclamé le rétablissement d'un service en français chaque dimanche, en invoquant notamment la prédominance de l'élément francophone parmi les fidèles, ainsi que le caractère privé du sanctuaire en cause, et en soulignant que la saison touristique s'étend bien au-delà des mois de juillet et d'août et couvre pratiquement tous les week-ends de l'année.

Le père supérieur ayant rejeté cette proposition (en faisant valoir qu'il devait se soumettre aux directives de l'évêché, directives « absolument intransigeantes » et qui lui avaient été rappelées tout dernièrement), l'AFF a lancé aux francophones un appel à la vigilance et s'est réservé le droit de les faire participer, le cas échéant, « à une action de protestation digne et cohérente ».

Spitzmuller

Europe, 1944-..., Belgique.

1967 : Une rencontre manquée entre Karol Wojtyla et le général de Gaulle

À la fin des années 60, les relations entre l'Église catholique et le gouvernement polonais étaient encore très difficiles. Ainsi en 1966, le gouvernement s'opposa à la venue du pape en Pologne pour la célébration du millénaire du pays. C'est dans ce contexte qu'il faut inscrire le « rendez-vous » manqué du général de Gaulle avec celui qui devait devenir Jean-Paul II, l'archevêque de Cracovie Karol Wojtyla. Après un premier voyage officiel en France d'un dirigeant de la République populaire de Pologne en septembre 1965, le président du Conseil des ministres, Joseph Cyrankiewicz, un accord culturel avait été signé à Varsovie par Maurice Couve de Murville, ministre français des Affaires étrangères. En janvier 1967, Paris promettait alors une visite prochaine du général de Gaulle en Pologne, où celui-ci n'était pas revenu depuis 1921, date à laquelle il faisait partie de la mission militaire française dirigée par Weygand.

Cette visite eut lieu du 6 au 12 septembre 1967. Les dirigeants polonais firent au Général un accueil très courtois, celui de la population fut enthousiaste. Le Général se rendit à Varsovie, puis à Cracovie, il alla également à Auschwitz, Katowice et Gdansk où il assista à la messe dominicale. À l'origine, ce voyage devait avoir lieu au mois de juin et il avait été prévu que le Général et Mme de Gaulle seraient salués dans la cathédrale de Cracovie par son archevêque Karol Wojtyla. Le voyage fut retardé, d'où un changement du protocole. Apparemment, c'est le futur Jean-Paul II qui décida de ne pas participer à cette rencontre, afin de ne pas « embarrasser » le général de Gaulle à qui l'on n'avait pas permis de rencontrer à Varsovie le cardinal Wyszynski, primat de Pologne.

On trouvera ici une dépêche postérieure, puisqu'elle date du 5 mars 1968, rédigée par Patrice de Beauvais, consul général de France à Cracovie, à l'occasion d'une longue visite qu'il rendit lui-même le 4 mars à Karol Wojtyla devenu cardinal. Outre les précisions que celui-ci donne sur les raisons de son absence à la cathédrale de Cracovie l'année précédente, l'ensemble de ce texte est passionnant, tant en ce qui concerne la situation de l'Église catholique polonaise à l'époque, qu'en ce qu'il révèle de la personnalité de celui qui serait élu dix ans plus tard, le 16 octobre 1978, sur le trône de saint Pierre.

Au sujet de l'entretien du général de Gaulle avec Karol Wojtyla

Cracovie, le 5 mars 1968

Patrice de Beauvais, consul général de France
à Monsieur l'ambassadeur de France à Varsovie,
en Pologne

Lors de mon arrivée à Cracovie, fin juin 1965, j'avais fait une visite de courtoisie à Mgr Karol Wojtyla, archevêque métropolite, visite que le Prélat me rendit fort aimablement quelque temps après. Depuis lors je n'avais eu l'occasion de rencontrer Mgr Wojtyla que fortuitement, en particulier à l'occasion de la première audition de « La Passion selon saint Luc », œuvre du compositeur cracovien Penderecki qui fut exécutée dans la cour du château royal du Wawel. Pour ne pas risquer de le compromettre aux yeux des autorités, je préférai ne pas l'inviter aux réceptions officielles où venait seulement Mgr Machay, archiprêtre de la basilique de Notre-Dame, décédé en juillet dernier. Cependant, à l'occasion de fêtes comme Noël et Pâques, Mgr Wojtyla m'envoya régulièrement des vœux très cordiaux. L'an dernier, au moment de sa nomination de cardinal, il répondit de façon chaleureuse à mes félicitations.

En mai dernier, c'est-à-dire avant qu'il reçût la dignité cardinalice, Mgr Wojtyla était disposé à accueillir dans sa cathédrale le général de Gaulle dont le voyage en Pologne était prévu pour le début de juin. Je fis savoir à l'archevêque l'heure à laquelle, d'après le programme officiel, le président de la République visiterait la cathédrale, en ajoutant qu'à ma connaissance le général serait heureux de le rencontrer. Il fut donc convenu que Mgr Wojtyla recevrait lui-même avec tout le cérémonial désirable l'hôte de la Pologne.

Lorsque le président de la République visita Cracovie en septembre dernier, le cardinal Wojtyla fut obligé d'avoir une autre attitude comme je le rappellerai plus loin.

Il y a quelques semaines, je fis demander au cardinal s'il ne voyait pas d'inconvénient à ce que je lui fasse une visite. Occupé par des déplacements à Varsovie et dans son archidiocèse, et préparant son départ pour Rome, il me répondit qu'il serait heureux de me voir dès son retour d'Italie. N'ayant jusqu'à présent pas eu de difficultés personnelles avec les autorités du Parti, il ne pensait pas que ma visite pût provoquer un incident.

Rentré de Rome dans l'après-midi du vendredi 1er mars, le cardinal m'invita à venir le voir le lundi 4 mars à 17 heures au palais archiépiscopal.

Je me suis donc rendu hier soir à cette invitation sans avoir l'impression d'être suivi. On pénètre facilement dans la « Curie métropolitaine », vaste bâtiment situé en face du couvent des Franciscains (ou plutôt du square qui a été aménagé sur une partie du terrain appartenant à ce couvent) à quelques pas seulement de l'Hôtel de Ville. Aucun portier n'est là pour interroger les visiteurs qui rencontrent seulement un dédale de couloirs actuellement en réparations. C'est au premier étage qu'on se heurte soudain devant la porte close des appartements du cardinal, et qu'il faut montrer patte blanche.

[...]

Je demandai ensuite s'il y avait un nombre suffisant d'églises en Pologne, et en particulier dans le Sud. « Non, me dit Mgr Wojtyla, il faudrait en construire beaucoup, mais les autorisations sont extrêmement difficiles à obtenir. Dans les nouvelles banlieues, souvent très vastes, il n'y a pas d'églises. Pendant des années, il faut se battre avec l'administration pour obtenir des autorisations toujours révocables.

« À Cracovie, par exemple, beaucoup de gens qui habitaient autrefois la vieille ville ont été obligés de s'installer à la périphérie. Les jeunes ménages ne trouvent pas de logements dans le centre, et doivent aller parfois très loin du lieu de leur travail et de leur paroisse d'origine. L'affaire de Nowa-Hut est particulièrement édifiante. J'avais déjà béni l'emplacement de la future église (après autorisation officielle) lorsque le terrain nous fut confisqué arbitrairement et par la violence. Il a fallu attendre sept ans pour obtenir une nouvelle autorisation de construire, sur un autre terrain ».

Je voulus savoir alors où en était la construction de la nouvelle église : « Il y a quelques mois, j'ai donné le premier coup de bêche pour creuser les fondations. Nous en sommes toujours à ces fondations, et je ne sais combien de temps il faudra pour parvenir au stade suivant, car pour chaque étape de la construction il faut la permission des autorités, bien que les plans aient été approuvés. Il y a en outre le problème des matériaux. Bref, à chaque instant la construction peut-être interrompue sous un prétexte quelconque. Nous avons d'ailleurs, dans mon diocèse, d'autres églises dont la construction est encore en cours alors qu'elle devrait être terminée depuis des années ».

Tout ceci fut dit sur un ton uniforme et serein. On sent que Mgr Wojtyla, ancien protégé du cardinal Sapiéha qui le nomma aumônier des étudiants de Cracovie, est un homme aussi calme qu'intelligent, et que les manœuvres mesquines du régime ne sauraient entamer son dynamisme et sa confiance dans l'avenir du catholicisme polonais. Il sait qu'il peut compter sur la population, qui apprécie vivement sa bonté compréhensive, sa simplicité, son bon sens, ainsi que son caractère à la fois énergique et tranquille.

… « Je suis un jeune cardinal », se plaît-il à répéter, et je ne tiens pas à donner l'illusion que je me substitue à quiconque. Quand le général de Gaulle est venu en septembre dernier, je savais que le programme de sa visite à Cracovie n'avait pas été modifié, mais ma situation n'était plus la même vis-à-vis du primat. Comme vous ne m'avez pas demandé à nouveau d'être présent à la cathédrale, j'ai vu que vous aviez compris, et j'ai considéré cette attitude comme une marque de délicatesse à mon égard. D'ailleurs, je pense que si je m'étais trouvé dans la cathédrale ce jour-là, le général de Gaulle n'aurait pas apprécié une telle décision, compte tenu de l'impossibilité où il se trouvait de rencontrer le primat… »

« Au fond, ajouta-t-il après un moment de réflexion, tout le monde a parfaitement saisi que le général désirait entrer en contact avec un peuple resté fidèle à ses traditions. Il n'était pas nécessaire qu'il rencontrât des cardinaux, mais ses gestes de piété ont touché le cœur de tous les Polonais ».

Je crois qu'en peu de mots le cardinal m'a dit l'essentiel de ce qu'il désirait me faire savoir. Son éloquence, si agissante sur ses fidèles*, n'a rien de commun avec les flots de paroles que déversent quotidiennement les représentants du Pouvoir. Il n'aborde d'ailleurs jamais les questions politiques. Sa personnalité, qui inspire à la fois respect et sympathie, se situe à l'inverse de celles de ses adversaires. Elle n'est évidemment marquée ni par le cynisme utilitaire d'un Gierek, ni par le sectarisme rusé d'un Domagala. Ses vertus évangéliques l'avaient fait distinguer, dès le séminaire, par le cardinal Sapiéha, grand connaisseur d'hommes, qui le considérait comme l'un des plus dignes parmi les prêtres de son archidiocèse et l'avait sans doute proposé pour sa succession. Lorsque le cardinal Sapiéha mourut en juillet 1951, on se trouvait encore en pleine période de persécution stalinienne. L'archevêque de Lwow, Mgr Baziak, réfugié à Cracovie, fut donc appelé à exercer l'intérim en attendant que le gouvernement polonais acceptât la nomination d'un nouvel archevêque. L'année suivante tandis que les arrestations de prêtres se multipliaient à Cracovie, Mgr Baziak poursuivi par la police et épuisé par la maladie se retira à Tarnow, où il mourut. L'archidiocèse fut géré pendant plusieurs années par un auxiliaire, Mgr Jop. Enfin, après de longs atermoiements, le régime accepta en 1958 que l'abbé Wojtyla, à peine âgé de quarante ans, fût sacré archevêque de Cracovie. Il est à l'heure actuelle, à l'âge de 49 ans un des plus jeunes cardinaux de l'Église romaine, et l'espoir des catholiques polonais.

Europe 1944-...

---

*. Lors des cérémonies du centième anniversaire de la naissance du cardinal Sapiéha, en juin dernier, Mgr Wojtyla prononça une homélie qui bouleversa les foules. Les sermons du cardinal sont cependant très rares, mais ses lettres pastorales, toutes consacrée à la foi, sont écoutées avec la plus grande attention.

Mai 68 dans nos consulats d'Allemagne

La déferlante du printemps 1968 en France a eu, en somme, comme toute les révolutions que l'on a pu apercevoir ici, entre les lignes des comptes-rendus qu'on en faisait à Londres, à Berlin ou à Vienne, ses échos dans la correspondance diplomatique française. C'est ainsi que François Seydoux de Clausonne, ambassadeur de France en République fédérale d'Allemagne, a pu recevoir autour du 15 mai 1968 un certain nombre de dépêches de divers consulats en RFA faisant état des « manifestations de solidarité » qui se sont développées à Hanovre, Hambourg, Francfort ou Mayence. Chaque fois, c'est le même scénario. Prévenu à l'avance ou non, par la police ou par des informateurs, le consul général fait barricader portes et fenêtres, ranger prudemment au garage tout ce qui peut ressembler à une voiture neuve, puis attend de pied ferme 150 à 300 manifestants, généralement qualifiés de « hirsutes » ou plus simplement de « chevelus mais débraillés », drapeau rouge en tête du cortège. Tout cela vous a un côté bon enfant, cependant on laisse le lecteur imaginer l'inquiétude qui peut étreindre un représentant de la France en ces moments-là : ces charmants jeunes gens, chevelus ou hirsutes, tenteront-ils de faire irruption dans l'enceinte consulaire ? Pour avoir nous-même protégé du mieux que nous l'avons pu un établissement français à l'étranger contre une douzaine de manifestants et les trente ou quarante journalistes qu'ils avaient réunis pour témoigner de leur engagement, nous savons ce que sont ces angoisses. Pour nous, c'était trente ans après 1968, une poignée de jeunes Italiens protestaient contre la reprise des explosions atomiques à Mururoa.

En 1968, Jean de Soubeyran, consul de France à Hanovre, était sommé par haut-parleur de sortir de son consulat et de venir discuter avec le peuple. À Hambourg on placardait à droite de la porte d'entrée une affiche de 1 m 50 sur 0 m 60 portant une inscription en lettres rouges ; à Francfort, M. Millot, consul général de France, voyait 500 manifestants pénétrer dans le jardin du consulat pour être repoussés et se replier ensuite sur l'Institut français dont les portes étaient grandes ouvertes ; à Mayence enfin, un jeune indicateur avait prévenu la veille un employé du consulat de ce qui allait se dérouler le lendemain. Rien de tout cela ne fut bien grave… Mais consuls et consuls généraux rendent ainsi compte à leur ambassadeur de ce qui se déroule dans leur circonscription. L'ambassadeur en informera ensuite Paris…

Manifestation dite « de solidarité » à Hanovre

Jean de Soubeyran, consul de France à Hanovre à
Son Excellence Monsieur l'ambassadeur de France à Bonn

15 mai 1968

Un groupe de manifestants hirsutes évalué à 120 par moi-même, à 200 par la police locale et à 300 par la presse, a envahi hier à 19h 30 h environ, la petite rue paisible du quartier résidentiel où se trouve le consulat de France, brandissent une banderole « *Frankreich streikt. Deutschland schweigt*[1] » et le drapeau Viet-cong, mêlé aux pavillons français et allemands, puis s'est installé devant le consulat. Ai-je besoin de préciser que toutes les somptueuses voitures habituellement rangées devant les villas avaient complètement disparu du secteur. –

Un « orateur » qui, je l'ai appris par la suite, est un chansonnier de Hanovre, a lu (en allemand pour les manifestants) la déclaration, dont le texte est ci-joint, et s'est lancé dans les lieux communs habituels sur la solidarité révolutionnaire, assortis de critiques virulentes du gouvernement français. –

Ensuite, j'ai été sommé par haut-parleur de descendre dans la rue afin de venir discuter directement et librement « avec le peuple ».

Ayant catégoriquement refusé, par l'entremise d'un officier de police, ce genre de proposition, j'ai toutefois reçu une délégation de trois étudiants qui voulaient me remettre un message (le même qui avait été lu précédemment).

Après une vibrante *Marseillaise* chantée par une Allemande de telle façon qu'on aurait pu croire à un numéro de cirque, j'ai été de nouveau pris à partie par haut-parleur pour une éventuelle conversation, et conspué après mon refus répété. –

Quelques discours incendiaires, entrecoupés d'insultes au chef de l'État, ont terminé cette comédie de plein air, et les participants ont été priés de se retrouver un peu plus tard dans

1. La France fait grève. L'Allemagne se tait.

une salle où leur était annoncée la présence d'un professeur français de faculté qui, lui, ne se déroberait pas – bien au contraire – à une libre discussion sur les récents événements de France.

Il s'agirait, semble-t-il, du professeur Sagave, directeur du séminaire des Études germaniques à la Sorbonne.

Études de Hambourg

15 mai 1968

Robert Picard, consul général de France à Hambourg à Son Excellence Monsieur François Seydoux de Clausonne, ambassadeur de France près la République fédérale d'Allemagne à Bonn

Je me réfère à ma dépêche nº 83 du 6 mai 1968 par laquelle j'avais fait savoir à Votre Excellence que 300 étudiants hambourgeois avaient manifesté devant le consulat général de France le 6 mai de 16 h 15 à 16 h 40 en signe de solidarité avec les étudiants parisiens.

J'avais signalé *in fine* que le porte-parole des étudiants de Hambourg, Peter Chrosziel, avait crié à ses condisciples, en se retirant, qu'ils devraient revenir si les circonstances l'exigeaient.

Dans la nuit du samedi 11 au dimanche 12 mai, à une heure qu'il est difficile de préciser, mais qui doit se situer après minuit, des étudiants sont effectivement revenus au consulat général et ont laissé les témoignages suivants de leur passage :

1 – fixation d'un morceau d'étoffe rouge d'environ 1 m par 1 m 50 à la hampe de drapeau du poste.

2 – apposition à droite de la porte d'entrée d'une affiche d'environ 1 m 50 par 0 m 60 portant l'inscription à la peinture rouge : « *Solidarität mit den kämpfenden französischen Genossen*[1] ».

1. Solidarité avec nos camarades français en lutte.

3 – peinture d'une étoile rouge sur le pilier droit de la grille d'entrée du consulat.

4 – inscription à la peinture rouge sur une longueur d'une quinzaine de mètres et en gros caractères sur le mur de la propriété qui fait face au consulat du même slogan que ci-dessus.

Ces actes de vandalisme ont été découverts le dimanche matin. La police, alertée, est venue constater les faits et a pris plusieurs photos.

Il est regrettable – le commissaire l'a reconnu lui-même – qu'après les événements du 6 mai la police n'ait pas jugé utile de surveiller plus étroitement l'immeuble consulaire.

Depuis lors, cette surveillance est effectuée nuit et jour par une équipe de policiers en civil : l'inscription portée sur le mur d'en face a été effacée par la ville dès dimanche.

Manifestation du SDS à Francfort-sur-le-Main

7 mai 1968

A. Millot, consul général de France à Francfort-sur-le-Main à Son Excellence Monsieur l'ambassadeur de France près la République fédérale d'Allemagne, Bonn

À la suite des désordres qui se sont produits au Quartier latin, le SDS a organisé hier, pour la première fois, une manifestation contre ce consulat général.

Dans la nuit, des croix gammées avaient été dessinées sur la façade de l'immeuble avec l'inscription « Vive UNEF ».

Vers 10 h du matin, la police m'annonça que les étudiants se rassembleraient à la fin de l'après-midi devant le consulat et me demanda si je consentirais à recevoir leurs représentants.

Je devais participer à 18h à une cérémonie organisée par la communauté israélite de Francfort en présence de l'ambassadeur d'Israël et je répondis que j'accueillerais volontiers la délégation si elle se présentait avant 17h30.

Des fonctionnaires de la police vinrent photographier les inscriptions à la fin de la matinée et me déclarer que la municipalité prendrait en charge le nettoyage de la façade (ils souhaitaient aussi savoir si je porterais plainte, je répondis par la négative).

Dans l'après-midi, j'appris que des tracts très agressifs à notre égard avaient été distribués à l'Université et que la marche sur le consulat serait entreprise après un « *teach-in* » qui aurait lieu à 17 heures dans une des salles de cours. La police me proposa l'appui d'une quinzaine d'hommes qui, sans se montrer, prendraient position à l'intérieur de nos bureaux et interviendraient si j'avais besoin de leur concours. Je déclinai cette offre mais décidai de ne pas quitter le consulat avant la venue des manifestants.

Ceux-ci arrivèrent au nombre de 500 vers 18 heures, scandant en français les slogans : « Libérez nos camarades » et « UNEF vaincra » (une seule pancarte, intitulée « Les étudiants du *Romanisches Seminar* »). Ils sonnèrent et demandèrent non pas que je reçoive une délégation mais que je les accompagne à l'Université pour discuter avec eux en réunion publique sur les troubles de Paris.

Je refusai cette invite : en revanche, j'allai moi-même les saluer et leur confirmer ma proposition de recevoir 4 ou 5 de leurs représentants.

Après en avoir délibéré, ils acceptèrent « à condition que les journalistes soient admis » ; j'accédai à ce désir, mais par la grille, entr'ouverte pour laisser passer la délégation, ils commencèrent à pénétrer en force dans le jardin.

Je fis tenir fermée la porte de l'immeuble pour éviter qu'ils ne s'y engouffrent et n'occupent les bureaux, mais je revins m'adresser à eux pour m'étonner de leur attitude et leur reprocher de ne pas avoir tenu parole.

Ils délibérèrent : certains voulaient prendre d'assaut le bâtiment, mais la majorité s'y refusa. Beaucoup de ces jeunes gens n'étaient pas hostiles ; quand j'apparaissais certains applaudissaient et me faisaient des signes amicaux. Ils semblaient être en totalité de véritables étudiants. « Ce serait une trahison envers nos camarades français que d'accepter ici, pour solde de tout compte, une petite heure de conversation bourgeoise avec le consul, s'écria Krahl, chef du SDS de Francfort. Qui d'entre vous veut aller s'entretenir avec lui ? ». Personne n'osa lever la main.

Krahl suggéra alors d'aller poursuivre la démonstration à l'institut français pour appeler nos professeurs à participer à la grève de solidarité, décidée à Paris par une partie du corps enseignant. Je fis prévenir par téléphone l'institut.

Quand le cortège y arriva, les portes étaient ouvertes et les manifestants furent librement admis. Beaucoup d'étudiants du *Romanisches Seminar* se trouvaient dans l'institut pour la première fois car ils n'y mettent jamais les pieds ; le directeur, M. Padoux, en profita pour leur distribuer les prospectus de publicité de l'établissement. Il se prêta également à une discussion qui se déroula dans la confusion mais sans incident (voir la lettre adressée par M. Padoux à notre conseiller culturel).

La police n'est apparue à aucun moment ni devant le consulat ni devant l'institut (deux voitures cependant surveillaient à distance les événements et des forces importantes étaient en alerte).

Ce matin, les comptes-rendus de la presse nous sont très favorables, y compris celui de la *Frankfurter Rundschau*, toujours soucieuse de ménager le SDS. La *Frankfurter Allgemeine Zeitung* a même titré : « Échec du SDS devant la diplomatie française (*SDS scheitert an französischer Diplomatie*) ».

Des personnalités de la ville ainsi que des correspondants anonymes ont téléphoné hier soir et ce matin au consulat pour nous féliciter de notre attitude et dire que si l'on avait toujours procédé à Francfort avec autant de modération et d'esprit de conciliation, les désordres antérieurs eussent été évités.

Je ne suis pas tellement convaincu que cette conclusion soit justifiée. Ces manifestations qui sont organisées comme un spectacle à épisodes, avec petits coups de théâtre et recherche du sensationnel afin de tenir en haleine les participants, peuvent à tout moment connaître des développements incontrôlables.

Manifestation d'étudiants à Mayence

Le 8 mai 1968

Le consul de France à Mayence à Son Excellence Monsieur François Seydoux de Clausonne, ambassadeur de France près la République fédérale d'Allemagne, Bonn

J'ai l'honneur de rendre compte à Votre Excellence des faits suivants :

Hier, mardi 7 mai, en fin de matinée, un jeune homme s'est présenté au consulat et a glissé rapidement dans le creux de l'oreille de l'employée, qui se trouvait au comptoir de la chancellerie, que les étudiants de l'université de Mayence devaient manifester devant le consulat dans le courant de l'après-midi, pour marquer leur solidarité avec les étudiants de la Sorbonne.

Le préfet de police m'appelait peu après pour m'informer et était étonné que je sois déjà au courant.

Vers 4h30, plusieurs journalistes, bien que je n'aie pas alerté la presse, arrivaient au consulat (*Südwestfunk, Allgemeine Zeitung, Deutsche Presse Agentur*).

Le cortège, qui s'était formé à la gare, très ordonné et sérieusement encadré par un service d'ordre bon enfant, débouchait bientôt au coin de l'avenue portant des pancartes (*Freiheit für Frankreich* – Axe Bonn-Paris-Madrid) et scandant : « Ouvrez la Sorbonne – Rousseau[1], ouvre la porte ».

L'*Allgemeine Zeitung* les a évalués à 150 ; des jeunes, au demeurant très sympathiques, plus quelques chevelus et débraillés, avec un drapeau rouge.

1. Le consul.

Ils ont paru surpris de me trouver sur le seuil de la porte, leur demandant : « Que désirez-vous ? ».

J'avais naturellement fait baisser les volets et fermer les portes de la cour et du garage, car, ayant reçu l'avant-veille mes deux nouvelles voitures, en remplacement de celles qui ont été incendiées à Pâques, j'estimais utile de prendre certaines précautions.

Ces jeunes, qui manifestaient contre l'autorité, se sont alors assis sagement par terre sur l'ordre de l'un de ceux qui paraissaient mener le jeu.

Il s'en est ensuivi un échange de questions et de répliques, ne rimant à rien et d'ailleurs incompréhensibles dans le brouhaha, mais qui a paru leur donner satisfaction, car ils ont fini par applaudir.

J'ai accédé à leur demande de me remettre une pétition et ai laissé entrer une délégation de trois membres (en fait six se sont faufilés avant qu'on ait pu fermer la porte) qui ont rédigé sur le comptoir de la chancellerie un texte que j'ai accepté, car il ne semble pas subversif, et que je transmets, ci-joint, à Votre Excellence.

Europe 1944-..., Allemagne, vol. 1415.

———

Mai 1968 : Voyage officiel du général de Gaulle en Roumanie

Pendant que se développait la révolte étudiante en France, avec ses échos pittoresques en République fédérale d'Allemagne, le général de Gaulle, du 14 au 18 mai, était en visite officielle à Bucarest. Avant de finir, aux yeux du monde entier, comme un dictateur honni, misérablement exécuté à la lumière blafarde des projecteurs d'une télévision faussement purificatrice, Nicolae Ceaucescu fut longtemps considéré comme l'un des rares hommes d'État communiste à avoir su, parfois courageusement, garder ses distances avec l'Union soviétique. Élu au secrétariat général du parti communiste en 1965, il devint chef de l'État en 1967. Son souci était d'abord une indépendance nationale dans le domaine économique, mais aussi, plus progressivement, dans sa politique étrangère et militaire. C'est ainsi que, dès 1967, Ceaucescu établit des relations diplomatiques avec l'Allemagne fédérale et refusa de rompre avec Israël lors de la guerre des Six Jours. Il exprimera de même son désaccord avec l'intervention des Forces du pacte de Varsovie en Tchécoslovaquie et continuera à maintenir de bonnes relations avec la Chine populaire alors même que celle-ci était mise au ban des autres pays communistes.

Dans le même temps, néanmoins, la baisse du niveau de vie dans son pays, les travaux pharaoniques qu'il entreprit de faire dans la capitale, son attitude plus tard à l'endroit des mineurs en grève, lui valurent peu à peu l'hostilité d'une grande partie de la population.

Mais quand le général de Gaulle se rend en visite officielle en Roumanie, Nicolae Ceaucescu est encore au faîte de son pouvoir et de sa popularité. Le compte-rendu, établi par le secrétariat général de l'Élysée, du tête-à-tête du général de Gaulle avec M. Ceaucescu constitue un exemple typique de tour d'horizon de deux chefs d'État qui, pour avoir l'un et l'autre des attitudes semblables sur certains problèmes, n'en demeurent pas moins sur la défensive. Le général de Gaulle sait les efforts qui sont ceux du président roumain pour se désengager vis-à-vis de l'Union soviétique, de même M. Ceaucescu va-t-il dire au général de Gaulle que les États-Unis « pratiquent une politique de domination et qu'il est nécessaire d'agir afin que cette politique ne puisse nuire à l'humanité ». On admirera la rhétorique du général de Gaulle qui, ouvrant l'entretien à la demande du président roumain, commence par un large tour d'horizon qui recouvre l'ensemble de la planète, de l'Inde et du Pakistan aux pays de l'ancienne Indochine française en passant par les Philippines et Cuba, la Russie qui, « il est vrai, nous a joué quelques mauvais tours », et les pays de l'Europe centrale communisante. Lorsque, plus tard dans la conversation, le président roumain insistera sur l'idée « qu'un régime comme le nôtre n'est pas imposé de l'extérieur », le général de Gaulle rétorquera, du tac au tac, que ce n'est pas le cas de « la Prusse » ! De même, lorsque M. Ceaucescu évoquera le droit de la Roumanie à se développer librement, on imagine le ton du général de Gaulle pour lui répondre : « Nous vous prenons comme vous êtes » ! Pied à pied, le Général conteste les affirmations du président roumain sur la Communauté économique européenne tout en approuvant la volonté de la Roumanie de se dégager de l'emprise trop supranationale du COMECON : « Nous vous aimons, c'est pourquoi nous nous intéressons à vous ! ».

Presque en conclusion de ces pages consacrées à la diplomatie française dans sa grandeur comme dans ses aspects plus anecdotiques, il était essentiel de montrer la maîtrise de l'un des plus grands négociateurs qui ait présidé aux destinés de la France face à un despote retors qu'on faillit prendre pour un grand homme.

Entretien en tête-à-tête du général de Gaulle et de Nicolae Ceaucescu

Mardi 14 mai 1968

M. Ceaucescu. Je voudrais exprimer ma satisfaction, dire combien nous sommes heureux de votre visite en Roumanie. Je voudrais également, si vous êtes d'accord avec moi, que nos entretiens soient sincères et très ouverts. À présent, selon l'habitude roumaine, j'aimerais vous donner la parole puisque vous êtes notre hôte, Monsieur le Président.

Le général de Gaulle. Je suis très touché, comme je vous l'ai dit tout à l'heure, par la réception qu'on m'a réservée dans votre pays. J'ai dit mon impression et je veux vous dire encore une fois merci.

Nous parlerons donc franchement de tous les sujets qui nous intéressent, je vous dirai où nous en sommes et ce que nous poursuivons. Tout d'abord, nous avons renoncé aux conquêtes, et puis nous avons renoncé aux anciennes colonies. En effet, nous n'en voulons plus, des anciennes colonies, et puis nous avons également changé d'état d'esprit envers ces pays. Nous ne voyons plus en eux des sujets, nous les considérons maintenant comme des éléments aptes à se développer, en d'autres termes nous voulons les aider. Ce faisant, nous aidons en même temps nos intérêts, c'est certain. Ces pays n'ont pas oublié la France, l'Algérie elle-même ne l'a pas oubliée. Quant aux pays en voie de développement qui n'ont jamais été français, nous nous efforçons d'entretenir avec eux aussi des relations étroites.

Il en va ainsi des pays d'Amérique latine, par exemple, ainsi que de certains pays asiatiques : l'Inde, le Pakistan, le Vietnam, le Laos, le Cambodge. En réalité, tous ces pays qui veulent être aidés, inclusivement d'ailleurs les pays arabes, qui, eux, ont l'habitude de la France, bénéficient de notre aide.

Pour ce qui est des États-Unis d'Amérique, nous avons toujours eu des rapports avec eux. Il ne faut pas oublier que nous les avons aidés à s'affranchir des Anglais au XVIIIe siècle. Nous n'avons jamais été en guerre contre eux, nous n'avons jamais tiré un coup de canon contre eux, bien que nous ayons souvent été amenés à diriger nos canons contre d'autres peuples. Le fait est qu'il y a entre nous l'habitude d'une amitié. Cela est dû aux circonstances, au fait aussi que pendant longtemps les États-Unis n'ont pas été une puissance impérialiste. Nous n'avions donc pas de raison de leur en vouloir. Il est vrai que nous n'avons pas approuvé l'occupation de Cuba, par exemple, ou celle des Philippines prises aux Espagnols, mais ceci n'a pas eu de conséquence, en ce qui concerne nos liens d'amitié. En effet, dans les deux guerres mondiales les États-Unis sont entrés en action, tard il est vrai, néanmoins à nos côtés. Tout cela explique qu'il y ait entre nous une forte tradition d'amitié.

Cependant, après la Seconde Guerre mondiale que les États-Unis ont menée un peu en Europe, mais surtout en Asie, leur puissance s'est accrue et, avec cette puissance croissante, ils sont devenus impérialistes. À cela s'ajoute un certain messianisme américain : ils sont persuadés que leur puissance s'allie à la vérité. Ils croient que le bien est de leur côté et que le mal est leur adversaire. Et c'est sur cette attitude-là que nous ne les approuvons pas. Or, c'est un fait qu'après la dernière guerre, avec le plan Marshall, avec l'Organisation atlantique, les Américains ont, en quelque sorte, pris la conduite des affaires. À cela s'ajoute la puissance du dollar devenu monnaie mondiale. De cela, la France n'en veut pas. Sans compter que les Américains ont voulu prendre notre place en Indochine et qu'ils veulent supplanter d'autres influences en Asie et en Amérique latine. En fait, l'Amérique domine par son argent et son économie. Elle est une puissance énorme. Mais les Américains se font des illusions, ils font aussi des erreurs, ils n'ont pas l'habitude de faire la guerre, d'être envahis, d'être bombardés, comme nous l'avons en Europe, et c'est pourquoi ils ne se gênent pas, ils croient que les choses vont d'elles-mêmes. Or, voilà que les peuples refusent de se soumettre. La France l'a montré, le Vietnam le prouve également.

En Europe, nous avons souvent été en guerre avec l'Allemagne ou avec l'Angleterre. Ce fut toujours l'une ou l'autre, et cela parce que ces trois pays ont toujours été des rivaux : la France, l'Allemagne et l'Angleterre. Avec les Anglais, nous avons été rivaux sur les mers. Avec l'Allemagne, nous avons eu des rivalités sur le continent. Nos guerres ont toujours été faites du fait de l'Angleterre ou de l'Allemagne. Parfois l'Allemagne était alliée à l'Espagne, comme du temps de Charles Quint, parfois à l'Italie, comme à l'époque de Mussolini, mais cela est accessoire.

Envers la Russie, nous avons toujours de bons sentiments, nous sommes ses amis naturels. La Russie, il est vrai, nous a joué quelques mauvais tours. Nous aussi d'ailleurs, avec Napoléon Ier et aussi du fait de la politique de Napoléon III. Mais la Russie nous a joué, elle, un très mauvais tour en 1917 en nous abandonnant, puis en 1940 lorsqu'elle a signé avec Hitler le Pacte de non-agression. Il est vrai qu'ensuite elle a lutté contre l'Allemagne, qu'elle s'est bien défendue et qu'elle a gagné. Ainsi, malgré son régime qui n'est pas le nôtre, nous n'avons pas de sentiments hostiles envers la Russie. Nous avons de bons rapports avec elle, et rien ne nous divise ni en Europe, ni en Orient, ni en Asie.

Ceci dit, malgré ces bons sentiments, nous savons que la Russie est une grande puissance et qu'elle est en train d'accroître sa puissance, et si nous la considérons pacifique aujourd'hui, nous ne savons pas si elle le sera toujours. En conséquence, tout en gardant de bons rapports avec elle, nous veillons à ce que sa puissance n'augmente pas outre mesure.

En disant cela, nous pensons surtout aux pays dits « satellites » et nous pensons surtout à l'état de choses qui a succédé à la Seconde Guerre mondiale, lorsque la Russie a soutenu la venue au pouvoir de régimes et d'hommes de son choix. Or, si ces États étaient annexés, il n'y aurait plus d'équilibre possible en Europe. Ceci concerne la Pologne, la Roumanie, votre pays qui est voisin de la Russie, la Bulgarie, la Hongrie, la Tchécoslovaquie, la Finlande et jusqu'à dernièrement l'Albanie. Tous ces pays qui sont presque tous ses voisins –

la Grèce dans une certaine mesure fut elle aussi concernée, mais il y a eu là un partage d'influence – ; tous ces pays ont subi l'influence de la Russie qui s'y est imposée. Lorsque j'ai vu Staline pendant la guerre, en 1944, il m'a dit que la France devait reconnaître le régime en Pologne, régime composé d'hommes choisis par lui. J'ai refusé et la France n'a reconnu le régime polonais que le jour où tous les autres pays occidentaux l'avaient reconnu.

Nous croyons donc qu'une dépendance trop longue ou même définitive compromettrait l'équilibre en Europe. Dans une telle situation, l'Occident devrait nécessairement s'arranger avec les États-Unis d'Amérique, en d'autres termes il y aurait deux blocs. Cela signifie que pour assurer la paix en Europe, c'est vous, c'est la Pologne, la Tchécoslovaquie, la Bulgarie qui pouvez jouer un rôle capital. J'ai dit qu'il me paraissait normal que vous ayez de bons rapports avec l'Union soviétique, mais il ne faudrait pas qu'elle développe son emprise sur l'Europe de l'Est, car cela aurait pour conséquence une augmentation de l'influence des États-Unis. Ce serait l'Amérique qui s'occuperait à ce moment-là de l'Europe occidentale, ce qui est déjà fait dans une certaine mesure. Or, à cela, la France, l'Allemagne et l'Angleterre ne trouveraient pas leur compte, l'Italie d'ailleurs non plus. Il faudrait éviter que la puissance des États-Unis et celle de la Russie se développent démesurément, sans quoi ce serait la fin de l'indépendance des États.

Parmi les pays de l'Europe centrale et orientale, nous nous intéressons surtout à la Roumanie. Cela à cause des sentiments que vous savez et aussi parce que vous avez su reprendre, non sans mérite, votre liberté d'action dans les domaines économique et politique. Il est fort heureux que la Roumanie ait pu le faire. On pourrait en dire autant de la Yougoslavie, mais le fait est que nous avons moins de penchant pour la Yougoslavie. Nous en dirions autant de la Pologne, si la Pologne n'était aux prises avec une situation spéciale due à son voisinage avec l'Allemagne.

Voilà donc où nous en sommes et ce que nous pensons.

M. Ceaucescu. Je commencerai par répondre aux dernières questions que vous avez soulevées, Monsieur le Président, mais auparavant je voudrais dire que j'apprécie la sincérité avec laquelle vous avez parlé de la situation internationale.

En ce qui concerne la position de la Roumanie, elle doit bien être comprise par rapport à sa position géographique et à son régime, qui la placent dans le cadre des pays qui édifient des systèmes nouveaux. Il est vrai que la Roumanie est un pays qui a conquis son indépendance tardivement et qui a réussi à se constituer en « Grande Roumanie » après la Seconde Guerre mondiale seulement, avec tous les problèmes que cela comportait. Or, en raison de certaines circonstances, en raison de la politique des milieux dirigeants de l'époque et de la situation politique des années 1938-40, la Roumanie a été poussée aux côtés de l'Allemagne hitlérienne. Mais en réalité la Roumanie n'a pas été à côté de l'Allemagne, ni dans la Première, ni dans la Seconde Guerre mondiale. Au moment où les forces de l'intérieur ont pu changer la situation (et aussi à la suite de la victoire remportée par l'Union soviétique, la France et les autres pays alliés) la Roumanie est sortie de la guerre, elle s'est rangée à côté des forces alliées et a combattu de toutes ses forces contre l'Allemagne, jusqu'à la libération de la Hongrie et de la Tchécoslovaquie.

À l'époque, on a apprécié le fait que la Roumanie a été le quatrième pays à apporter sa contribution à la guerre contre l'Allemagne. Il faut dire que beaucoup de choses ont changé en Roumanie. Vous avez, Monsieur le Président, parlé de l'influence de l'Union soviétique. Il est certain que la victoire de l'URSS a joué un grand rôle, mais ce sont les forces de l'intérieur qui ont poussé la Roumanie à sortir de la situation d'État retardataire dans laquelle elle se trouvait, car vous n'ignorez pas que la Roumanie était alors parmi les pays les plus arriérés d'Europe. C'est le peuple entier qui a soutenu les réformes. Et à ce propos, j'aimerais vous citer l'exemple de l'Autriche (ainsi que celui de pays comme l'Iran ou la Finlande) où la présence des troupes soviétiques n'a pas eu pour conséquence l'instauration d'un régime communiste.

Le général de Gaulle. Je n'ai jamais parlé de régimes. Il y a les circonstances, les hommes, les événements, les guerres, en fait, je suis déterministe en manière de régimes. Je pense, voyez-vous, que lorsqu'un pays garde longtemps un régime, c'est qu'il ne peut pas faire autrement. Il est vrai qu'avec les tsars la Russie aurait sans doute été en retard. Pour la Roumanie, un régime comme le vôtre a du bon, il est utile, mais un tel régime serait impossible en France ou en Grande-Bretagne. Il serait également impossible en Autriche, voilà pourquoi les Russes n'auraient pas pu l'imposer. Ce n'est qu'en Russie qu'un pareil régime peut exister depuis cinquante ans, mais cinquante ans ce n'est pas beaucoup dans la vie d'un peuple. En URSS et chez vous, un tel régime est utile, car il fait marcher les gens et fait avancer les choses.

M. Ceaucescu. Je n'avais pas non plus l'intention de parler des régimes politiques. Mais je voulais dire qu'un régime comme le nôtre n'est pas imposé de l'extérieur.

Le général de Gaulle. Sauf en Prusse !

M. Ceaucescu. En ce qui concerne la Roumanie, de par sa position, elle doit avoir de bons rapports avec l'Union soviétique et ses autres voisins. Il y a eu des moments difficiles, mais en général nos rapports ont été bons avec presque tous nos voisins. Il est vrai que nous avons eu quelques difficultés avec la Hongrie qui faisait partie de l'empire des Habsbourg, et parce qu'une partie du territoire roumain se trouvait sous les Habsbourg, mais ces difficultés ont été aplanies. Être en bons termes avec l'URSS, c'est là une nécessité pour la Roumanie.

Le général de Gaulle. Évidemment !

M. Ceaucescu. Nous concevons ces rapports dans le cadre d'États indépendants, qui doivent avoir le droit de se développer librement. Il doit être bien clair que pour la Roumanie, comme pour les autres États de l'Est, le développement est une question vitale. Je veux être sincère, voilà la situation.

Le général de Gaulle. Nous vous prenons comme vous êtes !

M. Ceaucescu. Il existe certaines tendances avec lesquelles la Roumanie ne peut pas être d'accord. Certaines tendances qui peuvent avoir leur origine dans de bonnes intentions, par exemple le Marché commun, mais qui pour nous ne sont pas actuelles, car le développement de ce côté-ci du monde exige que chaque État se développe librement.

Le général de Gaulle. Il n'est pas sûr que la CEE soit une réelle confusion des économies. Nous gardons notre indépendance économique, nous ne consentons que ce que nous voulons bien. Par exemple, nous nous opposons au pouvoir supranational. En réalité, le Marché commun est une association, et non une confusion.

M. Ceaucescu. Ces tendances qui voudraient transformer le COMECON en pouvoir supranational se sont manifestées et elles représentent une des sources de divergence entre nous et l'URSS, mais nous espérons trouver des solutions permettant d'assurer la coopération tout en sauvegardant l'intégrité de chaque pays. La coopération est certainement nécessaire.

Le général de Gaulle. Nous vous aimons, c'est pourquoi nous nous intéressons à vous !

M. Ceaucescu. Il existe des attitudes qui sont dues à des habitudes de penser qui disparaîtront. Il faut du temps pour cela et nous croyons que le temps sert à étayer sur des bases plus solides les relations entre États. Donc, en ce qui concerne l'URSS, nous pensons que ces relations doivent continuer à se développer et qu'elles doivent rester à la base de notre situation. Avec les pays voisins, nos relations sont bonnes, il n'y pas de problèmes particuliers.

Avec la Yougoslavie, nous sommes en bons termes, et les perspectives d'avenir sont positives. Dans la mesure où les intérêts de la Roumanie le dicteront, nous pensons que nos rapports avec la Yougoslavie vont se développer. Nous apprécions beaucoup ce pays, et j'ai l'intention de m'y rendre à la fin du mois.

Nous voulons également promouvoir de bons rapports avec tous les pays européens. Nous n'avons pas de problème litigieux, si ce n'est avec la Grèce, à cause d'une situation particulière.

En ce qui concerne l'Allemagne, nous avons des rapports avec ce pays. L'Allemagne fédérale occupe la première place dans notre commerce extérieur, après l'URSS et la République démocratique d'Allemagne. Nous avons lié des relations diplomatiques avec la RFA. Mais nous avons certaines inquiétudes, certaines craintes, dues par exemple au succès du parti néonazi aux récentes élections. Que l'Allemagne ne puisse plus constituer un danger pour la paix, c'est là une préoccupation pour tous les pays. Or, pour assurer la paix en Europe, paix basée sur l'indépendance nationale de tous les États, il faut trouver le moyen d'empêcher à tout jamais l'Allemagne de devenir un danger pour cette paix. Mais l'Allemagne existe, elle est une réalité, il faut donc trouver une voie qui permette aux deux États allemands de participer au règlement du problème allemand. Pour régler également certains problèmes en République fédérale, il faudrait que cette dernière se décide à avoir des rapports avec la RDA. Sinon, il y aura un état de tension en Europe et un climat dans lequel il sera difficile d'assurer l'essor des pays européens.

Le général de Gaulle. Nous avons encouragé et encourageons la République fédérale à lier des rapports avec la Roumanie, la Tchécoslovaquie, peut-être un jour avec la Pologne (je l'ai dit aux Polonais). En ce qui concerne la RDA, en France, nous ne sommes pas particulièrement pressés de voir la réunification de l'Allemagne. D'autre part, tant qu'il n'y a pas de réunification en Allemagne, sous une certaine forme, il n'y aura pas de tranquillité en Europe. Car il y a deux Allemagne, mais il n'y a qu'un peuple allemand ; il faut donc que les deux Allemagne coopèrent. Nous sommes, de notre côté, fermes et fixes sur les frontières de l'Allemagne, surtout la frontière avec la Pologne. Nous considérons que ce sont des frontières définitives, et nous considérons également que l'Allemagne ne doit pas avoir accès à l'armement atomique. C'est là une condition essentielle de tout règlement de la sécurité en Europe.

M. Ceaucescu. Je suis d'accord avec vous, la réunification n'est pas pressée. Mais il faut trouver une solution. Il est vrai qu'aussi longtemps que ce problème n'est pas résolu, cette situation sera une source de troubles en Europe. Quelle peut être notre contribution à la résolution de ce problème ? Nous pensons qu'il faut que la situation devienne normale, que certains pays occidentaux devraient reconnaître la RDA. Cela aiderait d'ailleurs à la coopération entre les deux Allemagne. Je l'ai dit à M. Brandt et il était d'accord sur ce point. C'est pourquoi, tout en reconnaissant les frontières établies, il faut aider les deux Allemagne à coopérer à long terme. Nous pouvons aider dans ce sens. La France, de son côté, pourrait faire plus dans cette direction. Justement parce que vous, Monsieur le Président, avez mis en œuvre une politique de coopération entre les pays européens, en vue d'une unité qui devrait se réaliser un jour, je pense qu'un pas dans cette direction serait l'établissement de relations avec les deux États allemands. C'est de cette considération que nous partons pour envisager une solution qui pourrait améliorer la situation en Europe. Nous apprécions particulièrement nos relations avec la France. Laissant de côté le passé historique, nous considérons que nos relations sont à l'heure actuelle une des bases de la coopération en Europe. Vous avez dit vous-même que l'URSS était un « pilier » de l'Europe. C'est vrai, mais la France, elle aussi, est un pilier d'une Europe basée sur l'indépendance des États.

Le général de Gaulle. J'ajouterai un mot. Je m'efforce de diriger la politique de la France. La nécessité qui domine tout pour nous, c'est la paix. Nous avons été si démolis matériellement et moralement depuis cent cinquante ans, que rien n'est plus important pour nous que la paix, pour pouvoir refaire notre substance et notre puissance. Quand vous penserez à la France, pensez à la paix. D'où notre opposition aux blocs et à tout ce qui empêche la liberté des nations en Europe de l'ouest comme en Europe de l'est.

M. Ceaucescu. C'est ainsi que j'ai compris et que je conçois la politique de la France. Nous aussi nous considérons que les blocs constituent une entrave au développement et à la paix en Europe, et c'est pourquoi nous nous prononçons contre les blocs. Nous pensons également que lorsque les relations en Europe deviendront normales, cela aura pour effet de liquider les blocs. Notre politique est une politique de paix et de coopération avec tous les pays. Nous voulons trouver des voies pour liquider les blocs et pour le développement des États.

Je suis d'accord avec ce que vous avez dit, Monsieur le Président, au sujet des États-Unis, à savoir qu'ils pratiquent une politique de domination et qu'il est nécessaire d'agir afin que cette politique ne puisse nuire à l'humanité. C'est en encourageant l'indépendance et le rôle des États que l'on peut espérer y parvenir. Il est nécessaire, en outre, d'élargir les rapports avec tous les pays en voie de développement. La Roumanie entretient de bons rapports avec les pays d'Asie, d'Amérique latine, et avec les pays arabes, malgré le fait que pendant les récents événements la Roumanie ait adopté une attitude différente. Nous pensons que les États arabes ont des perspectives de développement à l'avenir et qu'il faut les aider à progresser du point de vue économique et social, et cela non en les subjuguant mais en leur accordant une aide.

Le général de Gaulle. Je suis heureux que nous ayons pu avoir un échange de vues aussi franc. On n'a pas appris grand-chose sur ce que chacun pense, mais nous avons pu préciser nos idées et un tel exercice est toujours utile. Je me félicite donc de cet entretien. Il reste les problèmes de coopération économique et sans doute un petit progrès à réaliser dans la concertation de nos vues politiques.

M. Ceaucescu. Je suis très satisfait de cet entretien.

Documents diplomatiques français, 1962-...,
t. II, nos 109, 110, 111, 113, 116, 127.

Août 1968 : Les Anglais, le peuple et la pilule

C'est pendant l'été 1968 que le pape Paul VI a publié l'encyclique « *Humanae Vitae* », réaffirmant avec vigueur l'attitude de l'Église catholique sur le problème de la limitation des naissances. Il s'agit en fait de l'hostilité du Vatican à l'utilisation de la pilule contraceptive. Nous sommes dans le « *swingin'London* » d'une Angleterre où la mini-jupe s'inscrit au firmament d'une nouvelle culture. C'est aussi l'après-mai 1968, c'est surtout l'Angleterre, Henry VIII a rompu avec l'Église catholique pour à peine plus que cela. D'où la violente réaction d'une opinion publique britannique chez qui l'antipapisme demeure à fleur de peau. D'où la très sérieuse dépêche de l'ambassade de France à Londres, en date du 7 août 1968, décrivant avec un amusement que l'on se garde bien de trop montrer la quasi-unanimité – toutes catégories sociales et même toutes religions confondues – des Britanniques à partir en guerre, contre le pape. Adressée à Michel Debré, alors ministre des Affaires étrangères, cette correspondance qu'on a pourtant abrégée ici est bien caractéristique du travail éternel de tous les secrétaires d'ambassade à travers le monde…

L'encyclique Humanae Vitae *et l'opinion britannique*

Le chargé d'affaires de France en Grande-Bretagne à Son Excellence Monsieur Michel Debré, ministre des Affaires étrangères

– Direction d'Europe –

Londres, le 7 août 1968

Depuis la publication de l'encyclique « *Humanae Vitae* », le problème de la limitation des naissances et celui de l'attitude des catholiques et des non-catholiques sur cette question occupe la première page de tous les journaux britanniques. Dans une société industrielle avancée où l'indépendance de pensée et la liberté d'expression ont toujours été les caractéristiques essentielles d'un christianisme fortement influencé par le monde laïque, on conçoit que la décision pontificale ait fait l'effet d'une bombe, même si la fraction de la population qu'elle touche directement – les catholiques ne sont que 8,3 % de la population d'Angleterre et du Pays de Galles – est relativement limitée. Le problème de la limitation des naissances y est en effet une question que le chrétien non catholique règle seul à seul avec sa conscience et cette manière d'envisager le problème n'a pas été sans marquer l'attitude de toute une partie du clergé catholique. En outre, au regard des licences de la « *permissive society* » qui s'étend chaque jour davantage à tous les secteurs d'une Angleterre débarrassée depuis peu de la gangue de respectabilité victorienne qui pouvait l'étouffer, l'encyclique sur la contraception paraît à la fois rétrograde et contre-nature, voire, selon le mot d'un journaliste catholique, « insultante » pour les couples majeurs qui sont prêts aujourd'hui à assumer leur liberté.

[…]

Pour l'homme de la rue, il ne fait pas de doute que le pape a tort et que les catholiques doivent pouvoir continuer à utiliser les procédés contraceptifs. Selon le *Sunday Times*, 60 % des catholiques ne tiendront donc pas compte de l'interdiction pontificale, et 70 % ne blâmeront pas ceux qui passeront outre.

La page des lettres personnelles du *Times* regorge, d'autre part, depuis huit jours d'indications allant en ce sens. La plupart des journaux se sont également employés à trouver des prêtres catholiques désapprouvant les nouvelles décisions et prêts à faire publiquement état de leur position. Ainsi en va-t-il d'un certain père Fitzpatrick, dont la presse du 5 août note que le sermon dominical – résolument en faveur de l'emploi des techniques contraceptives – a été interdit, ou d'un père Kevin Maguire, qui a affirmé en chaire que les couples catholiques pouvaient continuer sans scrupule à utiliser les pilules en vente sur le marché : il s'agit dans chaque cas de démontrer qu'au sein de l'Église même la foule des fidèles et ses pasteurs ne suit pas le pape dans son austère rigueur.

Quant aux « personnalités en vue du monde catholique » qu'elles soient de droite ou de gauche, tous les journaux s'efforcent également de montrer leur hostilité à la position pontificale. Dès la première heure, M. Norman St John-Stevas, membre du Parlement conservateur, a utilisé tous les moyens à sa disposition – télévision, articles, lettres personnelles aux journaux – pour montrer que les catholiques du XXe siècle ne pouvaient accepter les idées d'un autre temps du souverain pontife. C'est avec une certaine satisfaction d'ailleurs que M. St John-Stevas révèle qu'un lecteur admiratif l'a qualifié de « Dubcek de l'Église catholique ». À l'autre extrémité de l'éventail politique, M. Paul Johnson, qui dirige le *New Statesman* et qui est lui aussi catholique, a publié dans le *Statesman* lui-même et dans le *Daily Mirror* deux articles d'une violence assez étonnante dénonçant les erreurs du « vieux célibataire de Rome », ou des pères conciliaires « vieillards sans expérience sexuelle ». Enfin nombreux sont les dirigeants d'associations catholiques, tel M. Tom Brogan, vice-président de « l'Association Newman » (société d'intellectuels catholiques) qui ont, par voie de presse, fait savoir qu'ils se dissociaient de l'enseignement de l'Église dans cette affaire.

Mais on l'a dit, la réaction ne s'est pas limitée, loin de là, aux seuls catholiques et bien entendu les articles les plus violents ont été le fait de non-catholiques. Il faut noter cependant que l'Église anglicane a fait preuve d'une modération certaine. Dès le 30 juillet, l'archevêque de Canterbury s'est borné à rappeler qu'en 1958 l'Église anglicane avait admis officiellement l'utilisation de techniques contraceptives et que cette décision demeurait bien entendu valable. Le principe en a d'ailleurs été répété le 5 août à la conférence de Lambeth de l'Église anglicane qui se tient actuellement. De nombreux pasteurs anglicans ou des laïques de l'Église d'Angleterre ont également profité de l'occasion qui leur était donnée pour préciser l'ouverture d'esprit et l'humanité des enseignements de leur propre foi.

[…]

Deux éléments expliquent en grande partie la violence de la réaction anglaise. Le premier est l'hostilité traditionnelle de la société anglaise au pouvoir de Rome et à l'autoritarisme pontifical. Au-delà de toute la polémique sur la question même de la limitation des naissances, c'est donc peut-être autant le fond du problème, « l'autoritarisme », que révèle l'attitude pontificale, qui soulève l'indignation de la presse britannique. Il est significatif de remarquer que bien peu de journaux ou de polémistes commentent les effets qu'aura l'encyclique sur le tiers-monde. Au contraire, chacun critique le seul fait que le pape soit intervenu en ce domaine. Il ne va pas sans ironie de rappeler que c'est précisément une intervention du Saint-Siège dans la vie privée d'un roi d'Angleterre qui est à l'origine du schisme anglican. Quand on a quitté l'Église de Rome pour une question de divorce, il est bien évident qu'on ne saurait admettre qu'au XXe siècle le Vatican entende encore régenter la vie intime des ménages. C'est sans doute dans cette perspective que, comparant M. St. John-Stevas à M. Enoch Powell « qui a préservé ce pays du péril noir », un correspondant du bouillant député catholique le remercie de mettre en garde les Anglais « contre un danger bien plus grave que le communisme : le catholicisme ». Et c'est bien en effet au prétendu « totalitarisme de Rome » et à l'autorité du pape que s'en prennent M. St John-Stevas et ceux qui, au sein de l'Église, attaquent avec véhémence l'encyclique. Selon eux, les décisions qui gouvernent la chrétienté ne devraient plus être prises par un seul homme mais selon un système collégial que le deuxième congrès du Vatican aurait en quelque sorte préfiguré.

C'est ainsi que M. St John-Stevas refuse lui-même le « centralisme vatican ». De même Norman Fischer, ancien rédacteur en chef du *Catholic Hérald*, affirme-t-il dans le *Daily Telegraph* du 2 août que le pape n'a pris sa décision qu'en vertu de son « prétendu droit de parler au nom de l'Église ». Et tous les prêtres défroqués d'Angleterre viennent à la rescousse : pour M. Sweeney (*Guardian* – 2 août) la dernière encyclique est « la goutte d'eau qui fait déborder le vase pour ceux qui ne peuvent plus ne pas se rebeller contre l'autorité pontificale ». Pour M. Charles Davis (*Observer* – 4 août), c'est la « banqueroute définitive des enseignements pontificaux ». Dans chaque cas, on ne voit d'autre remède à cette crise qu'une remise en cause des structures actuelles de l'Église qui commencerait par l'abolition du principe de l'infaillibilité pontificale et par l'adoption d'un système de décisions prises à la majorité : c'est ce que réclame sans aucune précaution oratoire Paul Johnson dans son article du *New Statesman* au titre significatif « le pape faillible ».

Face à ce déchaînement, les arguments de Chapman Pincher dans le *Daily Express* du 3 août, annonçant qu'en tant que catholique il ne pense pas que l'encyclique modifiera sensiblement les rapports du pape et des fidèles, paraissent de peu de poids : la presse, dans son ensemble, utilise un réflexe d'antipapisme assez primaire dont l'objet avoué paraît être d'amener la catholicité anglaise à remettre en cause la nature des liens qui la rattachent au Vatican.

Le deuxième facteur qui contribue à expliquer l'attitude britannique sur cette question est le désir de parvenir à l'unité de la chrétienté. Bien que liée directement au problème de l'infaillibilité pontificale et de la soumission à Rome, cette question est soulevée par beaucoup de commentateurs avec plus de sérieux et surtout davantage de bonne foi. C'est avec sincérité que de nombreux journaux regrettent la décision pontificale qui ne fera qu'accentuer le fossé qui sépare le catholicisme des religions réformées. À l'heure de la conférence d'Upsal – où l'on avait déjà regretté que Rome ne soit représenté que par des observateurs – on considère généralement que l'Église catholique, qui avait amorcé avec le deuxième concile du Vatican une phase nouvelle dans son attitude à l'égard du reste du monde chrétien, vient de faire un pas en arrière. À la rigueur du pape Paul, on oppose volontiers la bonne volonté et l'humanité de Jean XXIII : une certaine mélancolie teinte ainsi les écrits de ceux qui, au nom d'un désir fervent de rétablir une certaine unité du monde chrétien, ont le sentiment de voir les premiers résultats de leurs efforts remis en cause. Certainement plus qu'en France, l'idée d'œuménisme est chère à de nombreux Britanniques et c'est pour répondre à leur inquiétude que l'archevêque de Canterbury a pris soin de souligner, au lendemain de l'encyclique, que pour différente que soit sur cette question la position de l'Église anglicane le mouvement en faveur de l'œcuménisme ne devait pas se ralentir.

Telles sont, dans leurs grandes lignes, les réactions de l'opinion britannique à la décision de Paul VI. Certes il s'est trouvé des personnalités pour protester contre la simplification apparente des options telle qu'elle a été traduite par la presse. Un certain Ronald Flaxman, irrité par l'autopublicité de M. St John-Stevas, a écrit au *Times* que si le député conservateur s'arrogeait le droit de parler au nom des catholiques anglais, c'était une fonction qu'il usurpait. De même un député, M. Mahon, a-t-il protesté auprès du Conseil de la presse britannique contre le caractère tendancieux de la majorité des articles sur ce sujet. Il n'en reste pas moins que, dans son ensemble, et pour les raisons que l'on vient de résumer, l'opinion publique est choquée par la décision pontificale.

Rien ne peut mieux traduire ce sentiment que l'éditorial du *Tablet*, l'hebdomadaire catholique anglais le plus influant et le plus sérieux, qui s'ouvre par cet aveu : « C'est sans joie que nous avons accueilli la nouvelle encyclique ». Et l'article s'achève par l'espoir qu'un nouvel examen de la question sera un jour envisagé.

Europe 1944-..., Grande-Bretagne, vol. 188.

Bibliographie succincte

Outre la courte bibliographie ci-après, ce livre n'aurait pu être écrit sans un recours constant à quelques ouvrages que l'on peut qualifier d'usuels et auxquels nous nous sommes abondamment référé.

Les Archives du Ministère des Relations extérieures, Paris, Imprimerie nationale, 1983

Dictionnaire encyclopédique d'histoire, Michel Mourre, Paris, Bordas, 1993

Dictionnaire des Littératures de langue française, J.-P. de Beaumarchais/D. Couty/Alain Rey, Paris, Bordas, 1994

Chronologie de l'Histoire de France, M. Sonnet/ Th. Charmasson/AM Lelorrain, Paris, PUF, 1994

Journal de la France et des Français, Paris, Gallimard/ Collection quarto, 2001

Histoire des Relations internationales, sous la direction de Pierre Renouvin, Paris, Hachette, 1967

Acta Pacis Westsphalicae. Die Französischen Korrespondanzen, t. IV, 1646, Münster, 1999

Andurain de Maÿtié, Arnaud d', *Dépêches diplomatiques 1938-1963. Japon, Allemagne, Quai d'Orsay, Viet-Nam, Afghanistan*, Paris, J&D éd., 1994

Barbey, Jean, *Être roi. Le roi et son gouvernement en France de Clovis à Louis XVI*, Paris, Fayard, 1992

Clemenceau, Georges, *Discours de la guerre*, publiés par la Société des amis de Clemenceau, Paris, Plon, 1934

Documents diplomatiques français :

1920, t. I (10 janvier-18 mai), sous la dir. de Jean Bariéty, Paris, Imprimerie nationale, 1997

1944, t. II (9 septembre-31 décembre), sous la direction de G.-H. Soutou, Paris, Imprimerie nationale, 1996

1945, t. I (1er janvier-30 juin), sous la direction de G.-H. Soutou, Paris, Imprimerie nationale, 1997

1962, t. I (1er janvier-30 juin), sous la direction de M. Vaïsse, Paris, Imprimerie nationale, 1998

1962, t. II (1er juillet-31 décembre), sous la direction de M. Vaïsse, Paris, Imprimerie nationale, 1999

Enaux, Anne-Marie, « Les plénipotentaires français en Westphalie, 1648. » in *La Paix de Westphalie. Vers l'Europe moderne*, Paris, Imprimerie nationale, 1998

Gaillardet, F., *Mémoires du chevalier d'Éon*, Paris, Ladvocat, 1836

Lettres du cardinal Mazarin pendant son ministère, publiées par G. d'Avenel, t. IX (août 1658-mars 1661), Paris, Imprimerie nationale, 1906

Raymond, Jean-François, *La Reine et le Philosophe. Descartes et Christine de Suède*, Paris, Lettres modernes, 1993

Recueil des instructions données aux ambassadeurs et ministres de France, depuis les traités de Westphalie jusqu'à la Révolution française, publié sous les auspices de la Commission des archives diplomatiques du Ministère des Affaires étrangères, Paris, Félix Alcan de Boccaral et Éd. du CNRS

Recueil des lettres missives de Henri IV, publié par M. Berger de Xivrey, t. V (1599-1602), Paris, Imprimerie nationale, 1850

Saint-John Perse, *Œuvres complètes*, Paris, Gallimard, La Pléiade, 1987

Stendhal, *Voyages en Italie*, Paris, Gallimard, La Pléiade, 1973

Testament politique de Richelieu, édité par Françoise Hidelsheimer, Paris, Société de l'Histoire de France, 1995

Thuillier, Guy, *La Première École d'administration, l'Académie politique de Louis XIV*, Genève, Droz, 1996

DU MÊME AUTEUR

Chez le même éditeur :

LONDRES : UN ABC ROMANESQUE ET SENTIMENTAL

Aux éditions Albin Michel :

ORIENT-EXPRESS, I
ORIENT-EXPRESS, II
DON GIOVANNI, MOZART-LOSEY
PANDORA
DON JUAN
MATA-HARI
LA VIE D'UN HÉROS
UNE VILLE IMMORTELLE, Grand Prix du roman de l'Académie française, 1996
ANNETTE OU L'ÉDUCATION DES FILLES
TOSCANES
CHINE
DE LA PHOTOGRAPHIE CONSIDÉRÉE COMME UN ASSASSINAT
ALGÉRIE, BORDS DE SEINE
QUI TROP EMBRASSE
UN CIMETIÈRE ROUGE EN NOUVELLE-ANGLETERRE
DÉSIR D'EUROPE
LE ROSE ET LE BLANC
CALLAS, UNE VIE
MES GRANDS BORDEAUX
ARIA DI ROMA
LA NUIT DE FERRARE
DEMI-SIÈCLE
ÉTAT DE GRÂCE

Aux éditions Gallimard :

LE SAC DU PALAIS D'ÉTÉ, Prix Renaudot, 1971
URBANISME
UNE MORT SALE
AVA
MÉMOIRES SECRETS POUR SERVIR À L'HISTOIRE DE CE SIÈCLE
RÊVER LA VIE
LA FIGURE DANS LA PIERRE
LES ENFANTS DU PARC
LES NOUVELLES AVENTURES DU CHEVALIER DE LA BARRE
CORDELIA OU DE L'ANGLETERRE
SALUE POUR MOI LE MONDE
UN VOYAGE D'HIVER
RETOUR D'HÉLÈNE

Chez d'autres éditeurs :

ET GULLIVER MOURUT DE SOMMEIL, Julliard
MIDI OU L'ATTENTAT, Julliard
LA VIE D'ADRIAN PUTNEY, POÈTE, La Table Ronde
LA MORT DE FLORIA TOSCA, Mercure de France
LE VICOMTE ÉPINGLÉ, Mercure de France
CHINE, UN ITINÉRAIRE, Olivier Orban
LA PETITE COMTESSE, Le Signe
SI J'ÉTAIS ROMANCIER, Garnier
LE DERNIER ÉTÉ, Flammarion
COMÉDIES ITALIENNES, Flammarion
DES CHÂTEAUX EN ALLEMAGNE, Flammarion
BASTILLE : RÊVER UN OPÉRA, Plon
COVENT GARDEN, Sand-Tchou
PAYS D'ÂGE, Maeght
L'AUTRE ÉDUCATION SENTIMENTALE, Odile Jacob

Avec la collaboration de
Micheline Jérome

Photocomposition Nord Compo
59650 Villeneuve-d'Ascq

Impression réalisée sur CAMERON par
BRODARD ET TAUPIN
La Flèche
en décembre 2001

Avec la collaboration de
Micheline Jérôme

Photocomposition Nord Compo
59650 Villeneuve-d'Ascq

Impression réalisée sur CAMERON par
BRODARD ET TAUPIN
La Flèche
en décembre 2001

Imprimé en France
Dépôt légal : décembre 2001
N° d'édition : 18646 – N° d'impression : 10708